한국전쟁 관련 프랑스외무부 자료 VI

[1953. 01. 06~1953. 07. 31 / 장관실문서(1950. 06. 25~1952. 12. 10)]

한국전쟁 관련 프랑스외무부 자료 VI

[1953. 01. 06~1953. 07. 31 / 장관실문서(1950. 06. 25~1952. 12. 10)]

초판 1쇄 발행   2021년 2월 22일

옮긴이	이지순 · 박규현 · 김영
발행인	윤관백
발행처	도서출판 **선인**

등 록	제5-77호(1998.11.4)
주 소	서울시 마포구 마포대로 4다길 4(마포동 324-1) 곳마루 B/D 1층
전 화	02) 718-6252 / 6257
팩 스	02) 718-6253
E-mail	sunin72@chol.com

정가   72,000원
ISBN   979-11-6068-455-1   94900
　　　 979-11-6068-449-0   (세트)

· 잘못된 책은 바꿔 드립니다.
· www.suninbook.com

* 본 『한국전쟁 관련 프랑스외무부 자료 I~VI』은 한국학진흥사업단의 토대연구지
  원사업에 의해 수행되었음(과제번호: AKS-2016-KFR-1220002).

한국전쟁 관련 프랑스외무부 자료 Ⅵ

[1953. 01. 06~1953. 07. 31 / 장관실문서(1950. 06. 25~1952. 12. 10)]

이지순 · 박규현 · 김영 옮김

19세기 중반 프랑스 외방전교회의 한국 전교 때부터 관계를 맺어 온 프랑스는 1839년(己酉年) 조선 정부가 프랑스 사제 3인을 비롯한 수많은 천주교 신자들을 처형한 '기유박해'를 일으키자 극동함대를 파병하여 '병인양요'를 일으켰다. 1866년 프랑스함대의 조선 침범으로 벌어진 병인양요 이후 조선과 프랑스 사이에 우호통상과 천주교 포교의 자유를 주요 내용으로 하는 한불우호통상조약이 체결되며 양국 간의 외교관계가 본격화되었다. 1900년을 전후한 시기 대한제국 정부 내 고용된 외국인 중 프랑스인들이 다수를 점했던 사실은 한국과 프랑스 양국관계의 긴밀성을 보여주는 증거가 되기도 한다. 하지만 을사늑약 체결 이듬해인 1906년 8월 외교관계는 단절되었고, 주한프랑스공사관은 영사관으로 변경되었다. 그 뒤로는 정식 외교관계는 아니지만 개별적인 한불관계가 지속되었다. 1919년 임시정부가 상해 프랑스 조계에 설립되어 1932년까지 독립운동의 근거지로 삼기도 했다. 독립을 위한 임시정부의 첫 외교무대가 1919년 파리강화회의였던 점도 양국 간의 밀접한 관계를 보여준다. 1919년 김규식을 비롯한 신한청년당 대표단이 파리강화회의에 참가하였지만, 일본의 방해로 김규식은 파리강화회의 본 회의장에 들어가지 못했다. 다만 회담장 밖에서 일제 식민지배의 불법과 부당함을 알리는 활동을 전개할 수 있었을 뿐이다. 서구열강 중 임시정부를 공식적으로 처음 인정한 것도 드골의 프랑스 임시정부였다. 1945년 8월 15일 이후 식민지 조선이 해방되고 38도선을 경계로 남북한에 미소 군정이 설치되었으며, 이러한 상황은 의도치 않게 국제 사회의 주목을 받게 되었다. 1947년 냉전(coldwar)이 본격화되며 한반도는 양측의 각축장이 되어버렸다. 프랑스와 한국의 외교관계는 1949년 정식 수립되어 주한프랑스공사관이 다시 문을 열었다. 이 무렵 프랑스는 베트남을 비롯한 동남아시아의 문제 때문에 동아시아에 대한 관심이 높았고 한반도에 대한 관심 역시 커지는 상황이었다.

1950년 6월 25일 한국전쟁이 발발하자 프랑스는 유엔 안전보장이사회 상임 이사국이자 회원국으로서 전투부대 파병을 결정했다. 파병 결정에는 미국의 압력도 작용했지만 다른 한편으로는 동아시아에 대한 프랑스의 관심도 반영되었다. 베트남 문제로 인해 군을 직접 파견할 수 없었던 프랑스는 예비역과 현역으로 구성된 1개 대대와 보충대를 합해 프랑스대대(사령관: 몽클라르Ralph Monclar 중장)를 조직했다. 이렇게 조직된 프랑스대대는 1950년 11월 29일 부산항에 입항한 이후 미 제2사단의 일원으로 참전하여 지평리전투, 철의 삼각지대를 비롯한 각종 고지전(단장의 능선 전투가 대표적임)에 참가하여 눈에 띄는 전적을 올렸다. 프랑스대대는 휴전협정이 체결된 직후 1953년 10월에 한반도에서 철수했다.

한국전쟁에 공식적으로 참전한 국가만 미국을 비롯해 16개국이며, 여기에 중국과 소련을 합하면 세계 모든 강대국이 가담한 국제전적 성격을 지닌 전쟁이었다. 하지만 그동안의 한국전쟁 연구는 미국, 러시아(구소련), 중국 등 관련국들이 생산한 자료들에 근거해 진행된 탓에 남북한, 미국, 중국, 소련 등에 집중되어왔다. 우리는 이들 국가 외에도 유엔의 회원국으로서 유엔군으로 무장병력을 파견한 국가들, 아니면 중립국의 지위 때문에 비무장부대(예를 들어 병원선 등)를 파견한 국가들, 그 외에도 유엔 총회나 1954년 제네바정치회담 등에 참가한 국가들이 있고, 그들이 생산한 자료들이 있다는 점에 주목할 필요가 있다. 특히 프랑스는 한국과 이전부터의 밀접한 외교관계를 토대로 꾸준히 한국 관련 자료들을 생산·수집·분류·보관하고 있으니, 가장 중요한 근현대사 자료로는 한국의 독립운동 관련 사료와 한국전쟁 사료를 들 수 있다. 한국전쟁 관련 프랑스외무부 자료 속에는 주로 도쿄 주재 프랑스대사관 및 베이징, 도쿄, 워싱턴, 생 페테르부르크, 런던 등 세계 주요 도시 주재 프랑스대사관이 프랑스외무부에 전달한 한국전쟁 관련 보고서들이 포함되어 있다. 프랑스는 유럽의 참전국들을 대표하는 국가 중 하나로서 한국전쟁에 대해 방대한 양의 외교문서를 남겼다.

한국전쟁은 냉전문제에 관련된 대표적인 전쟁이다. 또 한편으로는 탈냉전의 문제와도 직간접적으로 연결되어 있다. 이러한 복합적 국제관계 상황에서 프랑스 자료들은 향후 한국전쟁을 비롯한 냉전과 탈냉전 연구에서 무척 중요하다. 프랑스는 미국과 보조를 맞추거나 미국의 발표에 따라 정보를 수집했음에도 미국과 항상 동일한 입장을 취한 것이 아니라 자국의 독립적인 시각을 견지했다. 이러한 까닭에 프랑스의 한국전쟁 자료는 한국전쟁의 단면을 다각도에서 이해하는 데 매우 중요한 자료가 될 수 있다. 본 자료집이 담고 있는 외교문서를 보면 휴전협상의 과정이 미국의 입장이 유엔에서 관철되는 과정이었다고 평가할 수 있지만, 유엔 총회나 휴전회담 전개 과정에서 프랑스가 반드시 미국과 보조를 맞추었다고 보기는 어렵다. 달리 말하면, 제2차세계대전 이후 달라진 미국의 위상이 절대적으로 반영되기는 하지만 프랑스 또한 유엔에서 자국의 입장을 관철시키려고 노력했음을 알 수 있다. 또한 직접 휴전협상국은 아니었으나 각국에 파견된 외교관들을 통해 포로가 된 프랑스 포로들의 귀환을 시도하기도 했다. 당시 프랑스는 한반도보다는 베트남을 비롯한 인도차이나반도에 관심을 기울이고 있었다. 그렇기에 조기 종전을 내세우며 미국과는 다른 입장에서 휴전협상을 인식했고, 프랑스외무부 자료에서는 이러한 프랑스의 입장을 구체적으로 확인할 수 있다.

그동안 한국현대사 연구, 그중 한국전쟁 연구에서 프랑스의 인식과 대응을 정리하는 작업은 활발하지 못했으며 그에 관한 연구도 드문 편이다. 무엇보다 프랑스 사료를 폭넓게 확보하고 깊이 있게 분석하기에는 '언어의 장벽'이 너무 높았기 때문이었다. 반면 프랑스어나 프랑스사 연구자들은 한국현대사를 학문적으로 접근하는 데 일정한 한계를 가졌다. 예를 들어, 국방부 군사편찬연구소에서 한국전쟁기 유엔군의 활동을 정리한 성과가 있으나 프랑스대대의 활동에 초점이 맞춰진 까닭에 단순한 전투의 나열에 그쳤으며, 한국전쟁에 대한 프랑스의 인식과 대응, 각종 활동 등은 제대로 검토할 수 있는 자료라고 할 수 없었다. 본 프랑스외무부 자료집은 이러한 기존 연구의 한계를 뛰어넘을 수 있는 '프랑스 자료의 국역화'라는 점에서 무척 중요한 시도라 할 수 있다.

본 자료집에 실린 프랑스 자료는 미국(워싱턴)과 유엔(뉴욕), 일본, 영국, 소련에 주재한 프랑스 외교관들을 통해 수집된 정보가 주를 이루지만, 그 외에도 세계 각지의 프랑스 외교관들을 통해 수집된 정보를 담고 있다. 이러한 수집 정보를 통해 한국전쟁 당시 프랑스가 어떠한 부분에 집중하고 있으며, 각국에서 한국전쟁의 어떠한 면이 쟁점으로 제기되고 있는가를 검토할 수 있다. 다만, 프랑스의 동향과 동아시아에 대한 프랑스의 인식과 대응을 확인할 수 있는 자료가 많지 않은 것은 아쉬움으로 남는다. 본 자료집의 문서군이 한국전쟁이 핵심적인 주제인 까닭에 그것에 집중될 수밖에 없었다. 본 자료집에 편철된 프랑스 자료의 구체적인 내용을 살펴보면 다음의 몇 가지로 구분할 수 있다.

첫째, 한국전쟁의 발발과 전개, 협정까지의 상세한 과정을 살펴볼 수 있다. 한국전쟁은 한반도에서 발생한 전쟁이지만 미국과 유엔이 개입하는 순간부터 그 성격은 국제전으로 전환되었다. 특히 유엔은 한국전쟁 초기부터 전쟁에 적극적으로 개입했다. 1950년 6월 25일 한국전쟁이 발발하는 순간부터 미국이 참전과 동시에 유엔에 전쟁을 포함한 한국 문제를 상정했기 때문이다. 이때 프랑스는 유엔 회원국의 일원으로 참가했으나 미국의 입장에 일방적으로 동조하지는 않았다. 프랑스는 각국에 주재하는 프랑스 외교관을 통해 여론, 언론 보도, 각국 정부의 입장 등에 대한 정보를 수집하여 자료로 축적하였다. 미국(뉴욕, 워싱턴 등)과 일본뿐 아니라 소련(모스크바)과 중국(베이징), 유럽 각국(동유럽 포함), 동아시아(예를 들어 버마의 랑군) 등 전 세계 각지에 주재하는 프랑스 외교관들을 통해 한국전쟁의 시기별 쟁점에 대한 현지의 여론을 수집하였다. 예를 들면 중공군의 참전 이후 유엔군이 패배하게 되자 미국이 원자폭탄 사용을 검토했을 때, 프랑스는 이러한 원자폭탄 사용 문제에 대한 각국의 여론을 점검하였다. 본 자료집에서는 그러한 프랑스의 정보 수집을 구체적으로 확인할 수 있으며, 이를 통해 한국전쟁 당시 프랑스가 미국의 입장에 동조하면서도 자국만의 독자적인 입장에서 한국전쟁을 어떻게 인식하고 대응했는지를 구체적으로 확인할 수 있다. 한편 한국전쟁 관련 연구자들은 이러한 내용을 통해 한국전쟁에 대한 각국 동향의 직간접적인 정보 인용이 가능할 것이다.

둘째, 한국전쟁기 전황(戰況)의 구체적인 전개를 살펴볼 수 있다. 널리 알려졌듯이 한국전쟁은 '북한의 기습남침 - 낙동강 방어전 - 인천상륙작전과 북진 - 중공군의 개입과 후퇴 - 전선의 고착과 고지전'의 과정을 거치며 전황이 전개됐다. 각 시기별로 각각의 전황이 달라지고 있다. 프랑스 자료는 도쿄의 맥아더사령부(연합군 최고사령부, SCAP, Supreme Commander Allied Powers)에서 발표하거나 미국 정부가 발표한 전황 소식을 수집하여 반영하고 있다. 물론 미국주도의 연합군 사령부를 통한 정보라는 한계가 있으나 그러한 정보에 대한 프랑스의 개별적 시각이나 견해를 엿볼 수 있기도 하다.

프랑스는 많은 정보를 맥아더사령부나 미국 정부를 통해 수집하고 있으나, 때로는 각국에 주재한 현지의 외교관들을 통해 수집하고 있었다. 그런 결과로 때로는 미국의 발표와는 다른 정보를 가지고 있기도 했다. 예를 들어 중공군의 참전에 대한 정보 가운데 난징(南京, 창하이) 주재 프랑스 전권공사 장켈레비치가 1950년 11월 12일자로 보낸 '제국주의의 아시아 개입에 대한 시위'라는 전문에서는 "주한 미군의 잔인성과 중국을 향한 미국의 침략 의도에 반대하는 중국인민들"의 시위와 그에 대한 반응, 그리고 이것이 중국 지원군으로의 입대 등 한국전쟁에 미치는 영향을 기술하고 있다. 또한 중국 내 반공주의 활동에 대한 정보도 수집(상하이 탄약고의 폭발과 뒤이은 난징의 병기창고 폭발 및 인명 피해 등)해 보고하고 있다.[1] 이와 같은 프랑스의 정보 수집 활동은 미국이 아닌 자국의 외교관들을 통해 수집한 정보이며, 어느 정도 제한된 미국의 정보와는 차별화된다고 평가할 수 있다.

---

[1] 문서번호 96-98.

한국전쟁의 전황과 관련한 자료도 다양한 층위로 세분된다. 한국전쟁에 대해 거시적 측면에서 접근한 자료가 있는가 하면, 각각의 전투가 어떻게 전개되고 있는가를 확인할 수 있는 정보도 수집되고 있다. 한국군의 초기 패전과 지연전, 인천상륙작전과 유엔군의 북진, 중공군의 개입, 고지전, 휴전회담 등의 전체적인 전개 양상을 볼 수 있는 정보가 기록되었다. 다른 한편으로 개별 전투 상황을 보고하거나, 맥아더 장군의 북한 정부에 대한 요구, 중공군의 개입에 뒤이은 압록강 수풍댐에 대한 검토 등의 매우 세밀한 정보를 수집하고 있다. 또한 중공군의 개입 이후 전선이 교착되자 프랑스는 '비무장지대(중립지대)'의 설정을 검토하며, 관련국 주재 외교관들을 통해 이것에 대한 정보를 수집하기도 했다. 중국의 참전 이후에는 미국 정부가 최후의 공격을 계획하자 뉴욕에 있던 주유엔 프랑스대사는 유엔군 사령부의 임기 연장에 대해 반대 입장을 밝히기도 했다.[2] 아울러서 공산 측이 제기한 미국의 세균전, 휴전회담 전개 과정에서 제기되는 주요 쟁점 등을 구체적으로 확인할 수 있다. 이렇듯 프랑스 자료는 한국전쟁의 전체적인 전개 양상 외에도 그것의 구체적인 전개 양상을 세밀하게 파악하는 데도 유용한 자료이다.

셋째, 각국에 파견된 프랑스 외교관들을 통해 수집한 각국의 동향을 기록하고 있다. 한국전쟁 초기 소련의 입장은 모스크바 주재 외교관을 통해 소련의 보도와 소련의 예상되는 대응 등에 대한 정보를 수집하며 자체적으로 소련의 입장을 평가하고 있다. 예를 들어 "한국문제는 소련에 있어 별다른 위험 없이 미국의 항전 의지를 측정할 수 있는 기회"라고[3] 평가하는 것과 같이 미국과는 다른 입장에서 한국전쟁 및 소련에 대해 접근하고 있다. 이 점은 유엔에서의 활동에서 두드러지게 나타난다. 즉 프랑스는 미국의 입장에 동조하면서도 개별적인 쟁점에서는 영국과 보조를 맞추는 게 나타나기도 한다.

넷째, 한국전쟁기 프랑스 자료에는 전황 외에도 후방의 상황을 파악할 수 있

---

[2] "우리는 현 상황에서 유엔군 사령부(원문은 통합사령부. 인용자)의 임기 연장에 긍정적이지 않을 것이라는 사실도 추가할 수 있습니다." 미국 정부의 한국에서의 마지막 공격 결정. 문서 번호 3043-3045.

[3] 북한군의 성과. 문서번호 1444-1449.

는 자료도 포함되었다. 예를 들어 1950년 10월 25일자 주유엔 프랑스대사 쇼벨이 뉴욕에서 보낸 전문에는 한국의 피난민을 위해 필수적인 피난민 원조용 모포 100만 장을 요청하고 있다. 물론, 이것은 유엔군사령부에서 유엔을 통해 요청한 것이기는 하지만, 이전의 30만 장 이후 추가로 요청한 것이었다.[4] 후방의 구호 활동에 외에도 후방에서 벌어지고 있는 한국의 정치 상황에 대한 보고도 이루어지고 있다. 아울러서 한국전쟁 기간 한국의 국내 상황에 대해서도 프랑스가 예의주시하고 있음을 확인할 수 있다. 주로 한국 주재 유엔위원단의 외교관들을 통한 정보가 많기는 하지만 미국의 일방적인 정보와는 다른 프랑스만의 인식이 담겨 있음을 볼 수 있다.

다섯째, 본 자료집은 한국전쟁기 유엔군의 일원으로 참전한 프랑스군의 활동을 구체적으로 확인할 수 있다. 특히, 프랑스군은 지평리 전투에서 중공군의 공세에도 불구하고 승리함으로써 중공군의 남하를 저지하였다. 다음은 지평리 전투에서의 프랑군의 활약과 승리를 기록한 외교문서의 내용이다. "지평리 전투는 한국의 전투 중에서 가장 영광스러운 전투 중의 하나로 남을 것입니다. 그곳은 3천 명 정도의 거주민이 사는 작은 도시로, 2월 4일 미군과 프랑스 부대가 주둔하고 있었습니다. 언덕들로 둘러싸여 깊숙이 자리한 이 촌락은 강력한 방어선을 굳건히 지키고 있었습니다. 2월 12일까지 중국 전위부대들은 정찰부대만이 접근해왔습니다. 2월 13일, 적군은 보루를 집중적으로 포위하고자 4개 사단과 함께 그곳에 대한 공격을 개시했습니다. 적군의 돌파에도 불구하고, 제23연대의 사령관은 매 순간 부대의 결집과 각 소대들 간의 연락을 유지하는 데 성공했습니다. 접전 중 적군을 연합군 방어 진지 한가운데로 이끌었습니다. 군화도 신지 않고 팔에 붕대를 맨 부상자의 지휘를 받은 프랑스 지원병들은 침략자를 향해 격렬하게 달려들었고, 상대를 첫 번째 요새 지역 경계까지 몰고 갔습니다. 용기와 끈기로 똘똘 뭉친 미군과 프랑스군은 4일간 그들과 떨어져 있는 연합군 부대의 어떤 지원도 없이 무수한 적군들을 쉼 없이 물리치는 데 성공했습니다." 이 전투에서 프랑스 전사들의 활약은 미국 사령관의 찬사를 받았다.

[4] 문서번호 2314.

제23연대를 지휘하는 차일즈 중령은 특히 다음과 같이 말했다. "프랑스 군인들은 그 어떤 찬사로도 모자랍니다. 그들이 어떤 진지를 공격하면, 그들은 그곳을 점령해버리고 맙니다. 그들이 그것을 차지하고자 하면, 그들은 차지하고 맙니다. 만일 여러분이 그들에게 방어해야 할 지역을 정해주면 그들은 여러분이 돌아올 때 거기에 있을 것입니다. 그들은 제가 만난 이들 중 가장 전투적인 사람들입니다."[5] 그러나 프랑스는 한국보다는 인도차이나 반도가 중요했던 까닭에 정규군을 파견하지 않고 예비군을 파견했다. 이러한 프랑스의 입장에 대해 미국도 인식하며 이해하고 있었다. 아울러서 전선이 고착되는 가운데 포로로 잡히는 프랑스 군인들이 나타나게 되자 자연스럽게 프랑스의 관심도 전황뿐 아니라 포로 문제에 관심을 기울였다. 그리하여 중국을 통하여 프랑스 출신 포로들의 현황을 건네받기도 하는 등 포로 문제에 대해 관심을 기울였음을 확인할 수 있다.

1950년대 초 국제정치에서 프랑스의 위치는 몇 가지로 규정될 수 있다. 소련의 위협에 대항한 서독의 재무장에 대한 거부 입장, 미국의 지원을 받으면서도 국제적으로 제2군 세력으로 추락한 데 대한 반발로 반미주의 강화, 나치독일 타도에 있어 소비에트연방의 기여를 인정하는 공산주의자들의 득세, 전 세계적 탈식민주의화 과정에서 인도차이나(베트남)와 알제리의 문제가 바로 그것이다. 1950년 6월 한국전쟁 발발에 대한 프랑스 내 반응은 이 네 가지 긴장노선이 극도로 복잡하게 상호작용하는 가운데 나타났다. 본 자료집은 프랑스가 이러한 다면적 상황과 시각 하에서 한국전쟁에 어떻게 대응했는가를 보여줄 수 있을 것이다. 한국전쟁 관련 방대한 프랑스외무부 자료의 번역은 이제까지 국내에서 이루어진 적이 없는 최초의 작업으로서, 이는 한국전쟁의 발발과 전개, 협정까지의 상세한 과정을 새롭게 조명해낼 수 있는 한국 현대사 사료의 중요한 부분을 발굴·구축하는 의의를 지닐 것이라 확신한다. 향후 본 자료집을 활용한 한국전쟁에 대한 후속 연구가 보다 풍부하게 활성화되고 진척되기를 기대한다.

[5] 프랑스 군대의 활약. 문서번호 641.

끝으로, 본 자료집이 나오기까지 도움을 아끼지 않은 많은 분들께 깊은 감사의 마음을 전한다. 누구보다 한국전쟁 당시의 국내외 상황의 이해, 역사 용어의 올바른 선택과 주석 작업 등을 위해 많은 가르침을 주신 노영기 교수와 도종윤 교수, 그리고 프랑스 외무부 자료수집과 프랑스어의 적확한 번역에 도움을 준 로르 쿠랄레(Laure Couralet) 씨에게 무한한 감사의 마음을 전한다.

성균관대학교 프랑스어권문화융합연구소 소장

이 지 순

1953년
1월 6일~7월 31일

【1】 한국전쟁과 마주한 중국과 미국(1953.1.6)

[보　　고　　서]　한국전쟁과 마주한 중국과 미국
[문　서　번　호]　미상
[발　　신　　일]　1953년 1월 6일
[수　　신　　일]　미상
[발신지 및 발신자]　파리/프랑스 외무부(아시아-오세아니아 정무국)

　한국전쟁 해결을 위한 인도 결의안에 대한 소련, 중공, 북한 정부의 반대와
아이젠하워 장군의 최근 한국 방문은 갈등의 결정적일 수도 있는 새로운 국면
의 시작을 알리는 것입니다. 현 보고서는 군사작전의 불분명함, 휴전협정의 전
적 실패, 타협의 공허함이 자아낸 상황에서 대치하고 있는 당사국들, 특히 주요
당사국인 중국과 미국의 입장과 가능하다면 그들의 의도에 대해 몇몇의 세부사
항을 제공하려고 합니다.
　중공 지도자들은 최대한 숨기지 않은 그들의 개입에서 기대했던 모든 혜택을
누렸습니다. 전멸의 위기에 놓인 한국 인민 민주주의를 구하면서 그들은 국경
을 지키는 방위권을 보호했고, 중국을 '해방된' 또는 해방시켜야 할 아시아 국가
들의 당연한 보호자로 만들었습니다. 그리고 미국에 대한 증오에 불타는 캠페
인을 일으키고, 당장 유용한 혁명적 행동수단인 외국인 혐오 민족주의를 찬양
하면서 그들의 표현을 빌리자면 그들은 '중국 인민의 단결을 다졌고' 이 기회에
반역자들로 규정된 반대자들을 근본적으로 제거했으며 정치, 경제, 문화, 종교
분야에서 모든 서구의 영향을 근절하여 2년 만에 혁명의 궤도에서 괄목할만한
진전을 이룸과 동시에 새 중국의 내부적 단결과 군사적 잠재력을 강화했습니
다. 하지만 위험은 컸습니다. 핵심은 중국 영토에 전쟁이 확산되느냐 하는 것이
었지만 그 가능성을 베이징 정부는 거의 믿지 않았거나 대국(大國)이라는 짐에
기대어 그리 걱정하지 않은 것 같습니다. 1950-1951년 중국 언론에서 가장 많이

다루어진 주제 중 하나가 일본인들의 중국에서의 부진과[1] 만약 미국이 일본인들의 '장화를 신으려고' 고집할 경우 미국의 앞날에 관한 것이었음을 보면 알 수 있습니다. 지금까지 일어난 일들을 보면 이러한 예상은 옳았던 것으로 보입니다. 한국 내 개입에 필요한 노력 또한 상당했습니다. 미국의 통계에 따르면 1950년 10월부터 1951년 7월까지 중국의 인명 피해는 사망, 부상 또는 포로로 잡힌 사람까지 약 백만 명에 이른다고 합니다. 미군을 38선 너머로 격퇴하는데 필요했던 이러한 희생에 대해 1951년 봄부터는 더 이상 어떤 영토 확장의 보상도 없었습니다. 오히려 중국 공세로 인한 놀라움과 충격 효과가 일어나, 용맹하고 훈련된 수많은 군사들이 방어했던 공산군의 진지가 비교할 수 없을 정도로 강력한 포병과 공군의 지원을 받은 유엔군의 반격으로 위험한 상태에 놓이게 되었습니다. 따라서 1951년 6월 23알 말리크 유엔 소련대사에 의한 휴전제안이 설명될 수 있습니다.[2] 이에 대한 미국의 즉각적 수락은 중국을 내기에서 구했을 뿐만 아니라, 동시에 중국의 실패로 인해 위험에 빠질 수 있었던 중-러 동맹도 지켜주었습니다.

현재 상황은 현저하게 바뀌었습니다. 베이징 언론은 '미 제국주의가 방해하는 반미 운동과 한국에 대한 원조를 제외하면' 중국의 내부 계획은 위대한 혁명운동(농지개혁, 반혁명주의자 제거, 부패 근절 운동)의 마무리 단계에 있다고 전하고 있습니다. 특히 중앙정부의 권한을 강화하기 위한 대대적 행정조직 개편이 결정되었습니다. 저우언라이가 12월 24일 발표한 성명에 따르면, 1949년 설립된 '인민자문위원회'를 대신하여 공동계획조항에 따라 제1기 중국 전국인민대표대회를 선출하기 위한 총선거가 1953년에 개최될 예정입니다. 바로 이것이 정규 정부의 설립으로, 임시기관들 및 군사통제 체제의 폐지로 가는 움직임의 첫 신호들입니다. 중앙집권화 노력은 특히 경제 분야에서 1953-1958년간의 5개

---

[1] 한국전쟁기에 참전한 일본인들의 활동이 부진했다는 의미로 읽힘. 실제로 한국전쟁기 일본인들은 기뢰제거, 중국군 포로 심문 등의 활동을 전개하였고, 과거 일본군이 만들었던 지도를 한국전쟁 때 미군이 사용하였음. 또는 아래의 구절로 볼 때 세균전을 의미할 수 있음.
[2] 1951년 6월 23일 유엔 주재 소련대사 말라크는 「평화의 대가(피의 대가)」라는 제목의 연설을 통해 휴전을 제안하였음.

년 계획을 수립하고 실행함으로써 국가의 산업발전을 가속시킬 국가계획위원회의 창설을 통해 나타납니다. 이미 몇 달 전부터 집중적 선동 캠페인을 통해 중국 국민들에게 이 계획의 지침 원칙을 익히고 그들에게 필요한 노력을 준비하도록 애써왔습니다. 이러한 정보들은 한눈에 보아도 마오쩌둥[3] 정부가 내부의 적들을 청산하고 이제 그의 계획의 긍정적인 부분을 구현하는데 초점을 맞출 것이라 생각하도록 만듭니다. 이러한 상황에서 외부 전쟁은 도움이 되지 않을 것입니다. 계획된 산업발전을 지연시킬 뿐 아니라 그로 인한 물질 및 인명의 희생은 더욱 해로워 보일 것이기 때문입니다. 5개년 계획의 착수와 조만간 그 시작이 대대적으로 발표될 산업 건설은 대규모 전쟁의 맥락에서는 생각할 수가 없습니다. 오히려 중국의 현재 산업적 토대를 파괴할 수도 있기 때문입니다. 다른 한편, 결정적인 순간에 강력하게 공격하고 위험을 감수할 수 있지만 베이징 정부는 최근 몇 년 동안—특히 여러 번의 좋은 기회가 있었음에도 인도차이나에서 군사적 개입을 피하면서— 사실상 돌아서버린 서양과의 전면전을 가능하면 피하고자 하였습니다.

그러나 이것을 베이징 정부의 평화의지로 결론 내리는 것은 경솔한 일일 것입니다. 왜냐하면 5개년 계획은 적대행위가 현재의 형태로 무제한 연장될 가능성을 고려하여 국가의 경제적 활동을 보다 잘 조율하는 것을 목표로 할 수 있기 때문입니다. 중국 당국의 계획에 드러난 주요 지표를 보면 1953년 설정 목표(신설 도로 7,000km, 철도 건설 800km)가 매우 낮게 설정되었고 한국에 대한 중국의 지속적인 노력이 전혀 문제가 되지 않음을 알 수 있습니다. 한편, 마오쩌둥의 심복이자 중국공산당 동북인민정부를 설립하여 소련과의 긴밀한 협력의 길로 이끌고 만주지역의 산업화를 재건하면서 실력을 발휘한 가오강[4]을 지지하는 펑더화이[5] 한국 인민지원군 총사령관과 린뱌오[6] 같은 중국의 가장 유명한

---

3) 마오쩌둥(Mao Zedong, 毛澤東, 1893-1976). 중화공산당 제1대 중앙위원회 주석(1945-1976).

4) 가오강(Gao Gang, 高崗, 1905-1954). 중국인민정부 부주석(1949) 및 국가계획위원회 주임(1952).

5) 펑더화이(Peng Teh Huai, 彭德懷, 1900-1974). 1935년 핑문짐 유신협싱에 소닌. 1955년 숭국 원수가 됨.

6) 린뱌오(Lin Piao, 林彪, 1907-1971). 중화인민공화국 원수. 부총리 겸 총리 권한 대행(1968-1971).

장군들이 자리 잡고 있는 위원회를 보면 경제 건설의 군사적 측면은 당연히 무시할 수 없을 것입니다. 이에 대해서는 지난 4월 실상은 병기부처에 지나지 않는 '기계 산업부처'의 창설을 상기해야 할 것입니다. 더구나 12월 24일 저우언라이 스스로도 경제건설과 한국 원조 운동은 "함께 수행되어 동시에 승리를 거둘 수 있고 승리를 거두어야 한다"고 강조했습니다. 사실 현재 형태로는 한국전쟁이 중국에 이득이 될 수도 있습니다. 중국은 한국전쟁 초부터 당시에는 근근이 배급되었던 산업 장비, 석유 제품 등의 기초적 제품과 특히 중국인민군을 최신 군대로 변형시킬 수 있었던 군사용품들을 소련으로부터 받습니다. 특히 공산군 포병의 화력은 휴전협상이 시작된 이후 상당히 증가했습니다. 게다가 만주, 중국 북부 및 연안 지역의 항공 지원시설이 현저하게 개선되었습니다. 새로운 중국 항공기의 제트기들이 집결되어 있는 지하 격납고가 있는 비행장들이 건설되었습니다. 현재 진행 중인 작전만 제한해서 볼 때 인민해방군 500만 명을 고려하면 인명 손실은 적은 편입니다. 이러한 희생은 중국 부대들이 겪는 전쟁의 피할 수 없는 대가입니다. 최근의 두 가지 사건을 보면 중국의 의도에 대해 좀 더 명확히 설명됩니다.

1952년 9월 모스크바에서 체결된 협정은 뤼순항을 '소련의 보호' 아래 유지했는데, 중국 언론에 따르면 이렇게 함으로써 랴오둥 반도를 통한 중국 침략 가능성을 막는데 기여할 뿐 아니라 만주의 미국 공습이나 연안 봉쇄의 경우에도 중요한 공해군 기지를 확실히 보호할 수 있다는 것입니다. 중국에 관해 최악인 이 가정은 공산당 측에서 한국 분쟁을 평화적으로 해결할 의사가 전혀 없을 경우 나왔을 수밖에 없습니다. 사실 만약 중국이 '지출을 중단'하고 전적으로 내부 업무에 몰두하고자 했다면 그들의 자존심에 매우 중대하다고 당당히 주장한 한 지점을 소련에 이렇게 양보했다는 것이 잘 설명되지 않습니다. 이 경우에는 중공 체제와 일치하는 소련 쪽의 공통된 관심사가 명성을 고려하는 것보다 더 우세했던 것 같습니다. 또한 인도 계획에 대한 공산진영 대변인들의 노골적 거부는 한국의 평화에 대한 의지가 없음을 가장 분명히 드러냅니다. 이 거부의 원인에 대해, 소련은 밖으로 좀 더 유연하고 사실상 부정적인 태도를 취하면서 피할 수 있었던 외교적 패배의 대가를 치르더라도 단호한 'No'로 중국의 등을 떼밀고자 했음을 추측해볼 수 있습니다. 이 가설은 중국이 메논의 노력을 호의적으로 따라왔다고 내세우는 인도 쪽의 느낌에 근거하고 있지만 네루 수상이 인정한 것처럼 베이징의 구체적인 확언에 근거한 것은 아닙니다. 이 두 번째 가설을 뒷받침할 수 있는 더 확실한 근거를 제시하지는 못하지만, 중국이 한국에 한해 모든 평화적 해결을 거부하기로 소련과 완전히 합의를 하고, 온전히 만족스럽지는 않지만 중국이 조심스레 대하고자 하는 한 아시아 국가에 무례한 거부를 할 주도권을 소련에 남겨 두는 것을 선호했다고 해석할 수 있습니다. 게다가 소련은 유엔에 대표를 두고 중국이 갖지 않은 발언권을 쥐고 있기 때문입니다. 아무튼 중국과 소련은 이 일로 자신들의 밀접한 연대를 공개적으로 재확인했습니다. 소련과 독립된 중국 의지의 표명은 전혀 보이지 않습니다. 중국에서조차도 얼마 전부터 중-소 간 우호는 망상적 선전의 대상이 되어왔고, 그들의 동맹은 결코 더 강력해 보이지 않았습니다.

공산주의자들이 분쟁의 종식을 바라지 않는 것이 거의 확실한 것처럼 보이지만, 적절한 심리적 준비의 부재와 군사적 수단의 부재를 볼 때 한국에서 미국을 몰아내기 위한 대규모 공격에 대한 가설 또한 배제되어 보입니다. 이는 비록 그 가능성은 고려하고 있다하더라도 중국인들이 원하지 않는 전쟁의 확산으로 불가피하게 이어질 수밖에 없기 때문입니다. 중국과 소련 정부는 현재 상황을 무기한으로 연기함으로써 중국에는 희생 보상에 대한 상당한 이점을 보장하고, 단 한사람의 희생도 없던 소련은 한국에 대규모의 미군을 묶어두도록 하는 이점이 있다고 결론을 내리는 것이 합리적입니다. 사실 전체적으로 중국만을 위한 이익은 공산주의 진영의 이익 앞에서 사라집니다. 비록 중국이 적에 의해 체포된 모든 중국 병사들이 인민군으로 되돌아오는 것을 바란다고 할지라도 포로 문제 하나로 군사작전의 지속과 그것이 수반하는 엄청난 위험을 정당화하는 것처럼 보이지는 않습니다.

전쟁을 지속하면서 제국주의, 침략, 가장 가혹한 극악무도함으로 고발된 미국에 맞서 그들이 세계적 차원에서 이끄는 반미선전운동을 더욱 자극하는 것이 공산주의자들의 복석인 것 같습니다. '세계 평화 평의회'와 소련 유엔대표단의 막판 개입은 이 선동의 새로운 전형들을 제공하는데, 특히 중국-북한 포로들의

(물론 유도된) 반란 활용의 예를 잘 보여주고 있습니다. 한 예로 대중이 거의 불분명한 의견에 강한 인상을 주게 되는 '세균전' 같은 가장 불합리한 비난을 퍼뜨리면서 공산주의 선전 사무소는 모든 국가, 특히 아시아에서 반미 성향을 확장함과 동시에 소련, 중국, 및 인민 민주주의 국가들의 내부 전선을 공고히 하기를 기대하는 것입니다.

한편, 클라크 장군이 밝힌 것처럼 공산주의자들은 제한된 공세와 반격을 통해 자신들의 손실은 무시하고 군사적으로 최대한 많은 미군을 죽이려는 목적을 가지고 있습니다. 이렇게 발생하는 출혈이 중국보다 미국에게 훨씬 심각할 것이라는 생각에서입니다. 이들 중, 서구 진영의 핵심 세력인 미국은 스스로 싸우고 그 인적 자원은 전혀 무한하지 않습니다. 그와 반대로 중국은 소련 진영의 핵심은 아니지만 그 인구가 미국 인구의 3배에 달합니다. 비록 상대적 가치 비교이긴 하지만 인명손실은 명백히 현 중국의 '유도된' 여론보다 미국 여론에 의해 훨씬 혹독하게 느껴질 것입니다. 인도차이나 분쟁이 사기를 떨어뜨리고 프랑스 경제에 타격을 입히는 것과 마찬가지로, 소련 진영의 지도자들은 시간이 그들에게 유리하게 작용한다는 것과 소모전이 자신들의 세력을 약화시키지 않으면서도 적의 세력을 점차 무너뜨리고 있다고 확신하므로 한국의 언덕에서도 연합전선 만큼이나 조준의 대상이 되는 것은 미국 내부 전선입니다.

공간은 제한되어 있지만 시간은 제한이 없는 이 불확실하고 참혹한 현 전쟁의 형태가 궁극적으로 자신들의 이익에 가장 해롭다는 것을 미국 역시 확실히 알고 있습니다. 미국에 상당한 손실을 초래하고 엄청난 부담을 부과하는 이러한 적대행위는 그들을 위한 어떤 전략적 대가도 보상하지 않으며 아시아인들에게서 날마다 그들의 명성을 조금씩 잃어가고 있습니다. 더욱이 정권을 잡은 공화당은 세계적으로 공산주의 위협에 직면하여 전 정권보다 더 적극적인 태도를 취하기로 각오한 만큼 이 값비싼 작은 전쟁을 지속하면서 적의 계략에 빠져 들어갈 의사가 전혀 없습니다. 따라서 미국의 입장에서는, 만약 『뉴욕타임스』가 최근 한국 '3중 교착상태'라 불렀던 것을 벗어난 어떤 최소한의 해결책이라도 있다면, 전선과 판문점과 유엔에서 현재 상황은 어떤 경우에도 지속될 수 없을 것입니다.

미국 정부는 휴전협상이 분쟁의 평화적 해결에 이르기를 오랫동안 기대해 왔고 그런 의미에서 많은 양보를 했습니다. 공산주의자들의 늑장과 특히 지난 9월 28일 해리슨 장군이 발표한 '최종' 제안의 거부 앞에서 이러한 희망은 포기되었습니다. 그때부터 적은 평화를 원치 않는다고 확신한 워싱턴은 인도 계획의 성공 가능성을 전혀 믿지 않았습니다. 끝없는 전쟁과 출구 없는 협상에 기인한 미국 여론의 피로감과 노여움은 아이젠하워 장군의 당선을 상당한 정도 보장했습니다. 미국 국민은 새로운 대통령을 신임하며 민주당 행정부가 찾지 못했고, 현 상황에서는 전혀 군사적 해결만으로 될 것 같지 않은 이 해결책을 찾도록 그에게 임무를 준 것입니다. 한국에서 귀국한 대통령 당선자는 사실 분쟁을 종결할 '마법'은 존재하지 않으며, 공산주의자들은 우리 자신이 선택한 상황에서 이루어진 사실에만 민감하지 말에 민감한 것이 아니라고 말했습니다. 즉 적이 마침내 양보하고 평화를 체결하도록 압력을 가해야 한다는 것을 매우 분명히 밝힌 것입니다.

아이젠하워 장군이 여행 끝에 작성한 신중한 발표문에서 몇 가지 점이 분명하게 드러납니다. 대통령 당선인은 자신의 선거 기간 중에, 아시아인들은 아시아인들과 전쟁을 하도록 내버려두어야 한다고 했던 발언들을 확인하면서 한국군의 훈련이 가속화되어야 한다고 강조했습니다. 다른 한편, 국방부가 나중에 탄약 공급을 지적했듯이 '일부 물자보급 문제'가 '심각한 규모'에 달했으며 이 문제를 해결해야 했습니다.

만약 미국이 주도권을 다시 잡고자 한다면 전략적으로 두 가지 가능성이 있습니다. 바로 압록강 이북의 공중 폭격에 근거한 전면 공격과 중국 영토에 적대 행위를 확산하지 않는 제한된 공격입니다. 미국 주요 군사 지도자들에 따르면 만주의 적의 후방, 철도 시설, 중국 북동부의 물자 보급 기지들, MIG-15기가 비행하는 비행장들이 제압되지 않는 한 북한의 공산 세력을 완전히 무너뜨리기 위한 지상, 공군, 해군 공세는 불가능합니다. 의심의 여지없이 중국 연안의 봉쇄를 동반하고 대만 국민군이 대륙에 교란작전을 벌이게 될 것이 분명한 중국에 대한 적대행위가 확산은, '일본 또는 일본과 결탁한 다른 국가의 모든 침략에 대항하여' 베이징과 모스크바 간의 방어 동맹을 수립한 조약에 따라 결과적으로 소련군의 개입을 가져오게 될까요? 이러한 가능성은 매우 있을 수 있는 일 또는 예측할 만한 일입니다. 소련은 자신의 주요 동맹국을 궤멸시키는 것을 개입하지 않고 보고 있지는 않을 것입니다. 이와 관련하여 중국은 최근의 모스크바 협상에서 보증을 받았을 것입니다. 그리고 우리는 이미 소련군의 뤼순 항 주둔 유지가 소련을 극동에 더 많이 연관시키려는 중국에 의해 이루어진 일이라는 점에 유의했습니다.[7] 선포된 미국과의 분쟁과 전면전을 피하기 위해 중국 쪽의 소련 개입은 '지원군' 파견의 형태로 이루어질 수 있습니다. 그러나 이런 형태로라도 소련군이 전선에 등장하면 그 결과에 대한 불안은 감히 상상할 수 없을 것입니다. 이러한 위험 감수를 용납하지 않기 때문에 아이젠하워 장군은 많은 미국 군인들의 의견에도 불구하고 12월 5일 언론에 발표한 성명에서 분쟁의 확장 가능성을 상당히 분명하게 배제했습니다.

장군은 최근 많이 논의되었던 이 제한적 공세를 선호하는 것으로 보였습니다. 이 공세의 목적은 한반도에서 방어가 용이한 한 지협까지 전방 선을 약 150km 북쪽으로 밀어내는 것이 될 것입니다. 이러한 공세를 성공해도 '그 자체로' 전쟁을 끝내지는 못할 것입니다. 그러나 전선에서 점차적으로 미군을 한국군으로 교체할 수가 있고, 공격 능력을 상실했을 적을 결국 타협으로 이끌 수도 있는 장점이 있을 것입니다.

그러나 이런 종류의 작전은 특히 공군과 해군 분야에서 상당한 수단의 실행을 필요로 합니다. 왜냐하면 낙하산 투하작전[8] 또는 1950년 9월 북한군을 진압하게 된 작전 유형의 상륙작전에 대비하기 위해 공산군은 전선에 인접한 후방과 연안 쪽에 강력한 방어시설을 갖추었기 때문입니다. 만주에 생긴 면역성 때문에 유엔 공-해군이 실력을 전적으로 발휘하지 못할 것입니다. 이러한 상황에서 클라크 장군은 아주 최근 드장 주일 프랑스대사에게 '제한적' 공세는 실현

[7] 랴오둥 반도의 남쪽 끝에 있으며 1년 내내 얼음이 얼지 않고 수심이 깊어 항구로 전략적 요충지이다. 1878년 중국 북양함대의 작전기지로 지정되었다. 1898년 러시아가 랴오둥 반도를 점령하여 조차권을 얻었음. 포츠머스 조약(1905)에 의해 일본이 지배하기도 했음. 1945년 이후 소련이 지배하다 1955년 소련이 뤼순에서 철수하였음.
[8] 인천상륙작전 이후 미군의 공수부대가 평양 이북의 순천에 투입되었음.

불가능해 보인다고 망설임 없이 밝혔습니다. 그러나 미국이 소지하고 있는 새로운 무기로 결정을 밀고나가 한국 전장에서만 적을 물리칠 수단(성급히 드러내지 않겠지만)은 없는지에 대한 의문의 여지는 있습니다.

다른 한편, 이제 강력해지고 현대화된 한국의 중국 군대는 대부분이 게릴라 부대였을 당시 지니고 있던 거의 잡을 수 없을 정도의 유동성을 상실했다는 점에 주목할 수 있습니다. 수천 발의 포들이 이들을 땅에 묶이게 만들고, 만주 기지의 물자 공급에 대한 의존은 이들을 더욱 취약하게 만듭니다. 이 군대에 대해 승리하기는 물론 1950-1951년보다 더 어려울 수 있지만 동시에 이용하기는 더 쉬울 수 있을 것으로 보입니다. 다른 한편, 모든 상황으로 보아 중국군의 장비는 신식이라 하더라도 미군의 장비와 비교가 되지 않습니다. 연합군 공군의 예외 없이 명실상부한 우월함은 이 사실을 충분히 보여줍니다. 유엔군 또한 대포와 탱크의 질과 양에 있어서 명백한 우월성을 유지하고 있습니다.

'제한적 공세'는 클라크 장군이 전면전의 위험을 증가시키지 않고 유엔 활동에 참여하는 국가들과 상의하지 않고도 내릴 수 있는 유일한 대규모의 군사적 결정입니다. 이 작전의 성공은 물론 큰 희생을 요구할 것입니다. 그러나 그것은 중-소 동맹과 동시에 한국의 미래에 결정적일 수 있습니다. 사실 중국을 공격하면 불가피하게 중국 지도자들이 모스크바 쪽에 더 전적으로 동조하도록 만드는 결과를 가져올 것입니다. 반면 자신의 이익이 아닌 이익을 위해 한국에 투입된 중국군이 실패하면, 중국 영토가 직접적으로 위협 받지 않으면서 외교적 차원에서 적당하게 이용되어, 중국을 일방적으로 이 모험으로 몰고 있을 침략 정책과 국제 연대 정책의 결과에 대해 중국 정부가 숙고하도록 자극할 수 있을 것입니다. 이러한 진행은 물론 매우 가설적입니다. 그러나 아시아, 그리고 특히 인도차이나에서 중국이 실패한다면 그 파장은 가히 막대할 것입니다.

이러한 반성은 최근 워싱턴의 『뉴욕타임스』 외교 특파원이 최근 제기한 질문에 대한 스탈린의 답에 영향을 준 것들 중 하나일지도 모릅니다. "한국전쟁을 끝내도록 하는 것은 소련의 관심사다"라고 한 이 소련 지도자의 말에 대한 정확한 효력에 대해 많은 얘기가 있었습니다. 무엇보다 미국의 평화 의사가 재확인되었어야 한다는 것은 분명합니다. 특히 미국이 한국문제 해결에 대한 인도의 방안에 대해 적대감을 표명했던 투표 직후에 말입니다. 세계가 보는 앞에서 '평화 진영'의 다소 훼손된 명예를 회복해야 했습니다. 미국 언론 전체와 포스터 덜레스 씨조차도 스탈린 대원수가 제시한 평화 보장만 한정 승인부로 수용하면서 이 메시지를 해석한 것으로 보입니다.

그러나 소련의 빠른 대응은 새로운 현상입니다. 이 민첩함의 유일한 목적은 미국 측에서 계획하는 주도권을 방해하는 것일 수 있습니다. 반대로, 이것이 협상에 대한 실질적 희망의 표명이라면, 일부 전례를 볼 때 중-소 진영이 제안할 수 있는 타결의 주요노선을 재구성하는 것은 불가능하지 않습니다. 공산주의자들은 인도의 계획을 거부하면서 보여주었듯이 한국문제의 개별적 타결을 바라지 않습니다. 물론 자신들의 요구가 전적으로 관철된다면 모르겠지만 말입니다. 그들은 그것이 불가능하다는 것을 잘 알고 있습니다. 하지만 이들은 만약 한국의 평화적 해결을 수용함으로써 다른 부분에서 원하는 것을 얻을 수 있다면, 특히 일본과의 평화조약 수정(미국 영향권에 포함된 일본의 재무장은 베이징의 악몽으로 남아있습니다), 대만의 중립화 종결 그리고 부차적으로 공산중국의 인정 및 이 정부의 유엔 가입이라는 타협에 이를 수 있다면 좀 더 광범위한 타결을 거부하지는 않을 것입니다. 아이젠하워 장군과 그의 고문들, 특히 일본과의 평화협정을 맺은 장본인은 한국전쟁의 종결을 위해 이러한 대가를 지불할 준비가 되어 있을까요? 공화당은 자신들이 유화정책을 실시한다고 그토록 비난하던 민주당보다 이 부분에서 훨씬 더 자유로움에도 불구하고 이것은 상상하기가 매우 어렵습니다. 사실 공산주의가 대만을 점령하도록 내버려 두거나 그들이 원하는 대로 미-일 동맹을 포기하는 것은 공산주의를 억압하는 희한한 방법일 것입니다.

이런 상황에서 공산주의자들 쪽에서 전면적 태도 변화가 없는 이상 미국의 신임 대통령은 자신의 취임 이후 이들의 상대적 취약함과 '마지막 결전'의 임박함을 이유로 적이 한국문제의 타결을 수용하도록 압박하거나 다시는 공격을 할 수 없도록 만드는 데 보다 유리한 억압적 상황을 조성할 수 있는 결정을 내리는 쪽으로 가게 될 것으로 보입니다.

그러나 주사위를 던지기 전에 '한국전쟁은 현재 공산주의 침략에 맞선 세계

한국전쟁 관련 프랑스외교문서 Ⅵ [1953. 01. 06~1953. 07. 31 / 장관실문서(1950. 06. 25~1952. 12. 10)]

적 투쟁의 가장 극적이고 가장 고통스러운 단계일 뿐'이고 따라서 한국문제의 해결은 소련에서 찾아야 한다고 믿고 있는 아이젠하워 장군과 그 참모부는 소련과의 직접적인 대화를 통해 미국이 '세계 투쟁의 이 국면을 명예롭게 끝맺을' 수 있을지 진단하기 위해 소련 지도자들의 의향을 다시 한 번 살피려 할 가능성도 없지 않습니다. 포스터 덜레스 씨가 스탈린 대원수의 '인터뷰'에 대해 언급한 성명서의 매우 조심스러운 어조를 볼 때 차기 미국 통치자들은 이러한 협상에 대한 구상을 우선 배제하지 않는 반면 소련 외교의 마지막 교섭에 너무 이른 희망은 걸지 않고 있다고 생각할 수 있습니다.

J. R.

【2】 아이젠하워 정권의 아시아 정책에 대한 예상(1953.1.7)

[전   보]   아이젠하워 정권의 아시아 정책에 대한 예상
[문 서 번 호]   97-109
[발   신   일]   1953년 1월 7일 20시
[수   신   일]   1951년 1월 8일 02시 40분
[발신지 및 발신자]   워싱턴/다리당(주미 프랑스대리대사)

보안

2급 비밀

처칠 씨는 뉴욕에 도착하자마자 아시아에 대한 미국의 우려에 유럽이 우선순위를 두어야 한다고 언론인들 앞에서 주장하면서 자국의 염려처럼 우리 프랑스의 염려에 대해 확실한 대변인 역할을 했습니다. 그렇지만 그는 미국이 앞으로 아시아에 부여할 상대적 중요성을 과장한 면이 없지 않은 것 같습니다. 우리도 알다시피 아이젠하워 장군은 지난 정권과 마찬가지로, 그리고 적어도 여론이 그러한 것처럼 차기 정권이 자유세계 수호의 핵심으로 여기는 유럽에 대해 미국이 지속적으로 상당한 관심을 쏟을 것임을 날마다 되풀이해 표명하고 있습니다. 아이젠하워 정부, 아니면 공화당의 가장 극단적 그룹이 아시아 문제에 들이는 정성은 이곳에서 문제가 날마다 되살아나는 것처럼 보이는 유럽에 대해 무관심해지는 경향에서 비롯된 것이 아니라, 아시아에서의 서구의 위치에 가해지는 치명적 위협에 대한 매우 깊은 인식, 그것의 임박함, 동맹국들이 현재 한국과 인도차이나에서 처한, 그리고 나중에는 아마도 중국과 처하게 될 교착상태로부터 최대한 짧은 시간 내에 빠져나와야 하는 필요성에서 비롯되는 것입니다.

  1. 한국에 대한 공화당의 의도는 우리가 아는 바 분명히 우리의 바람과 일치

한국전쟁 관련 프랑스외교문서 VI [1953. 01. 06~1953. 07. 31 / 장관실문서(1950. 06. 25~1952. 12. 10)]

하지 않습니다. 도쿄 주재 우리 대사관의 전보 제2511호는 지난 달 클라크 장군이 자신을 방문한 인물에게 했던 말들의 전체적 개요를 설명한 바 있습니다.

한국의 미국 사령부는 소모전을 반드시 끝내고자하므로 공세의 재개를 주장하는 것은 당연합니다.

아이젠하워 장군이 이에 관해 자신의 의견을 이미 분명히 말했다는 것은 최근 제가 정계와 가진 대담에서 나온 것이 아닙니다. 클라크 장군은 만주에서 적의 후방에 대항한 대대적 공중개입 없이 한국에서 결정적인 승리를 거둘 수 있다고 확신하지만 실제로 이런 종류의 어떤 조치도 취하지 않을 것이라고 보장할 수 없습니다. 따라서 소련의 대응 가능성 문제는 열려있습니다. 공화당 쪽에서는 자연적으로 부정적으로 대답하는 경향이 있는데, 저는 1950년 가을 맥아더 장군이 중국에 대해 저지른 실수를 반복하지 않을까 염려가 됩니다. 오늘날 상황을 이론적 측면으로 볼 때 공화당의 실수는 당장이 아니라도 불길한 결과를 가져올 수 있습니다.

소련대사가 앙리 보네 프랑스대사와 스웨덴대사 앞에서 논평한 스탈린의 레스턴[1] 기자에 대한 회신은 긍정적인 내용을 담고 있었을 수도 있습니다. 만주에 대한 공중 위협은 소련이 부적절하다고 판단하는 어느 시점에 일어나는 소련 개입을 초래할 수 있는 위험으로 인해 이러한 가정 아래 소련의 독재자로 하여금 전면전을 피할 수 있는 한국의 긴장완화가 바람직하다고 생각하도록 만들지 않았을까요? 만약 이 해석이 정확하다면 미국의 동맹국들은 이곳에서 활동을 계속하면서도 소련에게 부족해 보이는 확신을 주시 않노록 하기 위해 그것을 공개하지 않는 전술적 이점을 분명 누리게 될 것입니다.

2. 대만 해협의 중립화는 원칙적으로 아직 결정되지 않았습니다. 아시다시피 차기 정부는 중국 국민당 군대의 한국 파견에 반대 입장을 취하고 있으며 적이 늘어나는 압력에 먼저 굴복할 때만 극동에 전반적 해결이 가능하다고 보고 있습니다. 푸젠성과 하이난성에 대한 위협이 압력의 요소 중 하나인 것 같습니다.

[1] 제임스 레스턴(James Reston, 1909-1995). 『뉴욕타임스』 언론인.

이러한 경향은 특히 하이난성에 관련하여 심각한 위험을 의미하므로 우리는 그것이 표명되면 확고히 싸워야 합니다. 그러나 중국에서의 장제스의 체제 복귀와 관련해서는 '중국 로비'의 제안을 따르는 국회의원들이 범한 것과 비슷한 오류에서 유래한 것은 아닙니다. 포스트 덜레스 씨는 대만 문제가 극동정책에서 모든 가능한 해결책의 본질임을 알고 있으며, 대만을 중국에서 분리하고 각각 다른 체제에 속한 상태로 유지해야 하는 것을 인정하는 해결책에 우선 적대적이지 않을 수 있습니다.

3. 앙리 보네 프랑스대사가 인도차이나에 관한 포스트 덜레스 국무장관의 우려와 계획에 대해 각하께 보고하였습니다. 이것들은 국무장관 측근의 의견이기도 합니다. 비록 여기서는 아직 자제하고 있긴 하지만, 중국의 공격 가능성을 배제하면서도 우리를 효과적으로 지원할 수 있는 범위 내에서 이 계획이 구체화된다면, 인도차이나에 대해 더 직접적으로 지원해야 한다는 분위기가 팽배합니다. 차기 행정부는 인도차이나에 대한 군사원조를 상당히 확대하기로 결정한 상태입니다. 그들의 이러한 결정이 우리 내부적으로뿐만 아니라 유럽 차원에서 초래할 수 있는 문제들을 외면하지 않으면서도, 전장으로의 증원군대 파견이 바람직하다고 생각할 정도로 이 확대가 상당히 대대적이라도 놀라운 일이 아닐 것입니다. 또한 연합국 내의 국가 원동력을 더욱 확장시키기 위해, 이 국가들에게 일단 전쟁이 끝나면 프랑스 연합에 머물지 아닌지를 자유롭게 밝힐 수 있음을 엄숙하게 선언하라고 어느 순간 우리에게 권할 수도 있습니다.

미 국무부가 오래전부터 고려하고 있는 이 제안은 그 유효성이 확실하지는 않지만 저는 우리 부서에 보고해야 한다고 생각합니다. 왜냐하면 이 제안은 인도차이나의 입지를 강화하기 위해서 뿐 아니라 군사적 결정 요소가 될 수 있다고 생각되는 것들을 우리 프랑스가 통합할 수 있도록 하기 위해 어떤 것도 소홀히 하지 않겠다는 미 차기 정부의 의지를 보여주기 때문입니다. 아이젠하워 정권이 평화의 재정착을 원한다면 실제로 긍정적인 행동만이 그것을 가능하게 할 것이라고 보고 있습니다. 현재 그들은 사실상 막연히 예상할 뿐입니다만 당사국들과 함께 극동지역 전체를 포괄하는 전략을 논의하고 결정하기를 바라고 있습니다. 그들은 우리의 어려움을 가늠하고 있으며, 특히 북아프리카에서 우리를 지원해야 한다는 것을 알고 있습니다. 또한 그들은 유럽 문제와 인도차이나 전쟁이 그것에 미치는 영향을 알고 있습니다. 그리고 그들은 우리가 그들의 우려를 인정하고 공감하기를 바라고 있으며 협력과 신의로 우리와 함께 논의하고자 합니다.

다리당

【3】한국전쟁에 대한 케이시 장관의 성명(1953.1.9)

```
[ 전      보 ]   한국전쟁에 대한 케이시 장관의 성명
[ 문 서 번 호 ]   25/AS
[ 발   신   일 ]   1953년 1월 9일
[ 수   신   일 ]   미상
[발신지 및 발신자]  캔버라/로셰(주호주 프랑스대사)
```

　첨부 문건에 나오는 케이시 외무장관은 어느 언론 발표에서 야당 노동당 총수인 에바트[1] 박사가 한국전쟁 문제를 국제재판소에 회부하자고 제안한 데 따른 호주 정부의 입장을 밝히고자 했습니다.

　외무장관은 에바트 박사가 이 제안을 공식화하면서 전쟁포로들의 본국송환 문제를 생각했어야 한다고 지적한 후 캔버라 당국은 타결에 이르기 위한 모든 시도를 신중하게 검토할 것이지만 이것은 법률이 아니라 정치적 문제임을 강조했습니다.

　그는 "유엔은 4주 전에 총회가 결정한 정책을 추진하고 이 단계에서 공산주의자들의 합의를 얻어낼 희망을 포기하지 않으면서 현명하게 행동할 것"이라고 결론지었습니다.

루이 로셰

---

[1] 허버트 베어 에바트(Herbert Vere Evatt, 1894-1965). 호주 노동당 총수(1951-1960).

【3-1】 별첨 1―케이시 장관의 성명서

조간신문 보도용
1953년 1월 6일 자정 이후 라디오 사용 금지

허버트 베어 에바트 야당 총수가 한국전쟁 종결 문제가 국제재판소의 판사에게 회부할 것을 제안했습니다. 재판소에서 어떤 문제의 판결이 내려질지는 분명하지 않습니다. 에바트 박사는 법정이 전쟁포로의 자발적 송환문제에 대한 판결을 내릴 것이라고 예상하는 것 같습니다.

본인은 국제재판소가 전쟁포로의 문제를 어떻게 다룰 수 있을지 알기가 어렵습니다. 이 문제는 한정된 법적 문제가 아닙니다. 유엔의 압도적 다수가 북한과 중공의 명백한 침략행위에 대해 의사를 표명했습니다. 침략자는 지금까지 침략행위 중지를 철저히 거부하고 있습니다. 이것은 순전한 사실입니다. 우리는 공격적 목적을 추구하면서 자신 및 다른 사람들에게 생명의 손실을 기꺼이 입히려하는 적수를 상대하고 있습니다.

본인은 기계적인 것에 불과한 제안들에 회의적입니다. 본인은 유엔의 대다수가 전쟁포로들의 선택 자유 포기를 지지하고 무력으로 그들의 송환을 강요할 것이라고 생각하지 않습니다. 호주는 다른 모든 자유국가들과 함께 한국전쟁 포로 문제의 공정하고 인도직인 해결책을 주장합니다. 호주 성부는 합의로 이끄는 모든 제안이나 계획을 진정으로 추구해나갈 것입니다. 그러나 본인은 에바트 박사가 제안한 방책이 답이라고 생각하지 않습니다. 이것은 정치적인 문제이지 법률적인 문제가 아니기 때문입니다.

유엔은 4주 전 총회가 발표한 정책을 추진하고 공산주의와 합의에 대한 희망을 포기하지 않는 것이 현명할 것입니다.

【4】 도쿄 회담에 대한 러시아 언론의 반응(1953.1.10)

[전 보]	도쿄 회담에 대한 러시아 언론의 반응
[문 서 번 호]	43
[발 신 일]	1953년 1월 10일 07시 30분
[수 신 일]	1951년 1월 11일 10시 25분
[발신지 및 발신자]	모스크바/족스(주소련 프랑스대사)

오늘 아침『프라우다』는「도쿄 동맹」이라는 제목 하에 이승만 한국 대통령, 클라크 유엔군 총사령관, 요시다 일본 총리의 일본 수도 동시 방문을 논평한 코클로프의 기사를 4면 주요기사로 실었습니다.

기자는 북한 언론과 일본 신문들을 참고하며 클라크, 요시다, 이승만 사이에 진행된 회담은 한국전쟁의 연장을 위한 새로운 총알받이 출처를 찾는 것이 주된 목적이었다고 설명하고 있습니다. 일본에 살고 있는 700,000명의 한국인을 한국으로 강제 이송하는 문제가 검토되었지만 특히 '이승만 도당의 범죄적 이익을 위해 싸우기를' 거부하는 한국 청년들의 저항 때문에 일본을 '인간 탄약의 주요 공급자'로 삼는 문제가 제기되었다고 코클로프는 밝히고 있습니다.

그러나 이 도쿄 회담 참석자들은 그 정도에서 그치지 않고 대만에 자리 잡은 국민당 군대의 참여로 '극동 반공전선'을 형성하는 문제를 검토한 것으로 보인다고 해설자는 설명을 이어갑니다. 그리고 코클로프는 '한국과 중국 국민에게 치명적인 적들(이승만과 클라크)의 일본 회담'은 '미 제국주의자들이 한국전쟁 확대를 위한 새로운 계획을 가지고 있음을 보여주는 것'이라고 쓰고 있습니다. "이전에는 미국이 일본의 군대 복원 이유를 일본의 '방어 목적'으로 설명했다면 지금은 이승만의 방문 이후 일본 군대와 국민당 군대가 미국이 준비 중인 모험에 사용하기 위한 것임을 더 이상 숨길 수 없게 되었다"는 것입니다. 또한 "이승만과 클라크의 일본 방문은 무엇보다 한국과 일본 국민을 이용한 한국전쟁의 확장을 통한 아시아 침략 확대라는 미국의 계획 실현을 위한 새로운 발걸음을 의미하는 것이다"라고 쓰고 있습니다.

코클로프는 "이러한 도쿄 방문을 주최한 미 제국주의는 한국문제의 평화적 해결에는 전혀 관심이 없다. 오히려 그들은 끊임없이 전쟁을 연장할 새로운 방편을 모색하고 있다"고 결론을 내립니다.

한편, 『이즈베스티야』의 쿠드리아프체프 기자는 이 세 가지 '국제적 테마' 중 하나를 같은 주제에 할애하고 있습니다. 그도 역시 한국전쟁을 '아시아 전쟁'으로 이끌어가고자 하는 미국의 욕망에 역점을 둡니다. 그러나 도쿄 회담 당시 남한의 일본 어장과 자산 문제는 배제되었다고 주장하는 『프라우다』의 동료 기자와는 달리, 쿠드리아프체프는 미국이 일본과 한국을 태평양 진영에 '동맹'으로 포함시키지 못하도록 막는 일본과 한국 정부 간의 이 '모순'을 강조하고 도쿄 회담은 바로 이 문제를 해결하기 위한 것이었으리라고 주장했습니다.

족스

【5】 이승만 대통령의 도쿄 초청 방문(1953.1.10)

[전   보]   이승만 대통령의 도쿄 초청 방문
[문 서 번 호]   27-31
[발   신   일]   1953년 1월 10일 02시
[수   신   일]   1953년 1월 11일 11시
[발신지 및 발신자]   도쿄/드장(주일 프랑스대사)

1. 클라크 장군의 초청으로 이승만 대통령은 1월 5일 저녁 도쿄에 도착해서 7일 아침에 떠났습니다.

부인을 동반한 이 대통령은 남한 육해공군 사령관들에 둘러싸여 있었습니다.

1월 5일 언론은 그의 짧은 체류 일정을 보도했습니다. 다음날 미국 대사관에서의 오찬에는 오카자키[1] 씨가 참석하고 영국대사와 저도 초대되었으며, 같은 날 클라크 장군의 관저에서 요시다 총리와 오카자키 외무대신과 함께하는 회담이 있었습니다. 이 회담에는 머피[2] 씨와 클라크 유엔군 총사령관이 참석했습니다. 이 대통령은 떠나기 전, 기자들에게 마지막 발표를 하기도 했습니다.

2. 이 방문은 워싱턴과의 합의하에 움직이는 클라크 장군의 발상에서 왔습니다. 대통령 초청 결정은 나중에 이 대통령의 임박한 방문에 대해 알게 된 일본 지도자들에 의해 개별적으로 이루어졌습니다. 이 대통령은 이에 대한 거절을 심각하게 검토하고 방문은 없을 것이라고 비공식적으로 발표까지 한 후, 강요 끝에 받아들였습니다.

미국 당국의 목표는 일본과 한국 간의 화해를 준비하는 것이었습니다. 지난

---

[1] 가쓰오 오카자키(Katsuo Okazaki, 1897-19765). 일본 외무대신(1952-1954).
[2] 로버트 다니엘 머피(Robert Daniel Murphy, 1894-1978). 유엔 차관보(1953)

한국전쟁 관련 프랑스외교문서 VI [1953. 01. 06~1953. 07. 31 / 장관실문서(1950. 06. 25~1952. 12. 10)]

4월 도쿄와 부산 사이의 협상 중단, 일본과 한국 간의 모든 공식 관계 부재, 나날의 어업 분쟁, 일본에 대한 대통령의 적대적 선언과 비우호적 행동 등이 미국의 동맹인 이 두 나라 간에 현재는 당혹스럽고 미래에는 위험한 상황을 초래하는 것입니다. 일본과 한국 사이의 집요하고 신랄한 적개심은 심각한 사건들을 초래할 수 있으며 아이젠하워 장군의 방문을 계기로 워싱턴에서 준비 중인 계획의 실행을 방해할 수 있습니다. 이승만 대통령에게 보낸 이번 초청은 새로운 미 행정부가 채택하고 있는 것으로 보이는 보다 역동적인 정책의 일환입니다.

3. 어느 정도 언짢은 기분을 내색하지 않은 것은 아니지만 총사령관의 초청을 거부할 수 없었던 대통령은 실행에 옮겼습니다.

대통령은 1월 1일 부산에서 외교 대표단을 접견했을 때, 이 방문은 자신과 일본 정부를 가장 난처한 상황에 빠트리는 실책이며 그것을 취소할 생각이라고 솔직히 밝혔습니다.

그는 도쿄의 기자 회견에서 자신은 클라크 장군을 개인적으로 방문한 것이며 친구들과 며칠만 머물 생각이라고 강조했습니다. 그는 어떤 편견도 가지지 않고 자신을 만나고자 하는 사람은 누구든 기꺼이 볼 것이라고 했습니다. 자신은 일본의 친구가 아니고, 한국은 어떤 나라도 침략한 적이 없으며, 만약 일본이 타협하고자 한다면 한국은 과거를 잊고 일본과 타협점을 찾을 용의가 있다고 밝혔습니다. 그는 협상 중단의 책임은 일본 정부에 돌렸으며 자신은 재협상을 위해 온 것이 아니라고 강조했습니다. 어업 분쟁에 관해서는, 그는 한국의 주장을 완강하게 피력했습니다.

드장

【6】 공산주의자들의 판문점 호송 안전 보장에 대한 미국 정부의 결정(1953.1.13)

[전 보]	공산주의자들의 판문점 호송 안전 보장에 대한 미
	국 정부의 결정
[문 서 번 호]	277-279
[발 신 일]	1953년 1월 13일 18시 35분
[수 신 일]	1951년 1월 14일 0시 35분
[발신지 및 발신자]	워싱턴/다리당(주미 프랑스대리대사)

보안

뉴욕 공문 제11-13호

한국에서 휴전협상이 열리자마자 유엔군사령부는 중공-북한의 요청에 따라 평양과 개성 사이, 그리고 나중에는 평양과 판문점 중립지대 사이에 날마다 두 호송(각 방향으로 1회 호송)의 안전을 보장하였습니다.

각 호송은 6대의 트럭과 3대의 지프차로 구성하기로 결정되었습니다. 유엔군 사령부는 이를 구두로 일방적으로 보장했는데, 공산 대표단과 대표단이 필요한 장비가 자유롭게 통행할 수 있도록 허용하기 위한 것입니다. 이제 유엔군사령 부는 공산주의자들이 개성 지역에서 자신들의 군사력을 강화하기 위해 이 호송을 이용한다고 확신합니다.

그래서 미국 정부는 휴전협정이 현 상태에 머무는 한 이제부터는 각 방향으로 일주일에 1회 호송의 안전 보장만 책임진다고 중-북한 연락장교들에게 전달하도록 마크 클라크 장군에게 허가했습니다.

미 국무부는 위의 지시사항을 대사관에 알리면서 유엔군사령부가 이에 대해 공문을 작성할 때까지 기밀로 유지하도록 요청했습니다.

다리당

【7】 이든 장관의 중국과 한국에 대한 발표(1953.1.23)

[전   보]   이든 장관의 중국과 한국에 대한 발표
[문 서 번 호]   104/AS
[발   신   일]   1953년 1월 23일
[수   신   일]   미상
[발신지 및 발신자]   런던/마시글리(주영 프랑스대사)

　1월 21일 이든[1] 외무장관이 하원에서 했던 한국 휴전협상과 중국에 관한 여러 발표는 주목할 만합니다.

　베이징과 뉴델리 정부 간에 한국 휴전에 대한 인도 계획에 관한 논의에 있음을 알고 있는지 여부를 묻는 한 의원에게 장관은 인도가 제출한 결의안이 거부된 이후 이러한 접촉이 있었는지 모른다고 답했습니다.

　또한 이든 장관은 지난 10월 제주 포로수용소에서 일어난 사건에 관한 보고서가 미국에 의해 전달되었고 이것은 곧 백서로 발간될 것이라고 알렸습니다.

　마지막으로 장관은 베번[2] 의원의 질문에 영국 정부는 중공의 유엔대표 문제에 대한 변경을 요청하는 데 개입할 의향이 없다고 강조했습니다. 이 점에서 그는 여전히 전 정부의 정책을 따라 한국전쟁이 끝나지 않는 한 안보리에서의 중국의 자리는 비어있는 채로 남아 있더라도 이 부분에 있어 어떤 자주적 행동도 바람직하지 않을 것으로 여기고 있습니다.

마시글리

---

1) 앤서니 이든(Anthony Eden, 1897-1977). 영국 외무장관(1951-1955).
2) 어나이린 베번(Aneurin Bevan, 1897-1960). 영국 제40대 국회의원(1951-1955). 제2차 세계대전 후 애틀리 내각의 보건장관으로 입각하여 노동장관 역임(1951). 노동당 급진파의 대표 격이었음.

【8】 극동 미군 주요 지휘관들의 견해(1953.1.25)

[전   보]   극동 미군 주요 지휘관들의 견해
[문 서 번 호]   85-101
[발   신   일]   1953년 1월 25일 01시
[수   신   일]   1953년 1월 26일 11시
[발신지 및 발신자]   도쿄/드장(주일 프랑스대사)

보안

사이공 공문 제53-69호

1. 브리스코[1] 극동 해군사령관은 1월 22일 상부의 지시 아래 중국 해안들을 즉시 봉쇄하고 소련 배들을 포함해 봉쇄를 돌파하려고 하는 모든 선박들을 저지할 준비가 되어있다고 발표했습니다. 그는 이러한 조치로 소련이 제3차 세계대전을 일으킬 수 있을 것이라고는 생각하지 않는다고 덧붙였습니다.

1월 16일 웨일랜드[2] 공군사령관은 만주를 즉시 폭파하는데 필요한 수단이 있으며 증원을 통해 중국 본토의 주요 지역에 맞선 장기적 조치를 취할 수 있다고 말했습니다.

그는 또한 중국 본토의 폭격이 러시아의 전쟁 진입을 자극하지는 않을 것이라는 견해를 표명했습니다.

얼마 전, 아이젠하워의 한국 방문 하루 전날과 그 다음날 클라크 장군은 저와 가진 대담 중에 한국 내부에는 한국전쟁의 군사적 해결책이 존재하지 않는다고

---

[1] 로버트 P. 브리스코(Robert P. Briscoe, 1897-1968). 극동해군사령관(1952-1954).
[2] 오토 P. 웨일랜드(Otto P. Weyland, 1903-1979). 미 극동공군 및 유엔 공군 총사령관(1951-1954).

단언했습니다. 군사적 결정의 모색은 만주 군사작전의 확장으로 이어지게 될 것이라는 것입니다.

그는 중국 해안 봉쇄와 남부 지방의 교란을 검토했었습니다. 또한 남한군대 증원과 같은 차원에서 중국 국민당 병력의 사용도 매우 신중하게 고려했었습니다. 그는 이 병력의 사용이 외교적 차원에서 부딪칠 수 있는 장애물 및 공산 국가들이 유발할 수 있는 반발에 대해 우려했습니다. 동시에 그는 이러한 추이가 모스크바 지도자들로 하여금 전면전에 뛰어들거나 그 전쟁의 발발을 진행하도록 만드는 일은 없을 것이라고 생각하고 있습니다. 그러한 결정이 그들의 생각 속에 이미 있었거나 계획에 예정되어 있지 않은 이상 말입니다.

2. 이처럼 극동의 미군 주요 지휘관들이 한 발언들은 놀라운 견해의 일치를 보여줍니다. 이 발언들은 아이젠하워 장군의 한국 방문 당시 그의 앞에서 언급된 의견들을 반영합니다. 새로 선출된 대통령의 방문 이후, 그리고 그가 백악관으로 돌아간 이후에조차도 군지휘관들이 계속해서 대중에게 같은 의견을 표명하는 것은 새로운 미 행정부의 지배적인 사고방식을 매우 특징적으로 보여주는 것입니다.

이러한 발표를 하거나 이런 말을 하는 장군들은 흥분하거나 충동적이거나 혹은 가벼운 사람들이 아닙니다. 그들은 막중한 책임에 익숙합니다. 그들은 전쟁을 확장시키려 하지 않습니다. 오히려 그들은 적대행위를 끝내고 싶어 합니다.

클라크 총사령관은 특히 미국에서 전쟁과 전쟁 후의 격변기를 만들어낸 이 군정치인들의 매우 전형적인 뛰어난 역량을 가진 인물입니다. 정서적으로 극동 지역보다 유럽에 더 애착을 지니고 있는 클라크 장군은 특히 아시아의 사건이 서구의 상황에 미칠 수 있는 영향에 대해 우려하고 있고 무엇보다 프랑스의 상황에 지대한 관심을 가지고 있습니다. 그럼에도 불구하고 그와 그의 보좌관들은 한국의 현 상황이 굉장히 심각한 위험이 없이는 더 많이 연장될 수 없을 것으로 보고 있습니다.

그들은 현 상황이 미군의 명성에 해롭다고 봅니다. 그것은 극동에서의 미국 게임의 핵심 요소인, 공산주의를 패배시키기 위해 그 도움이 필수불가결한 해외 국가들의 신뢰, 특히 일본의 신뢰를 훼손할 위험이 있습니다. 이런 식으로 현 상황은 미국 정책의 전반을 위험에 빠트리고 있으며 장기적으로 미군 병사의 사기를 약화시키지 않을 수 없습니다. 그것은 상응하는 대가없이 엄청난 인명 피해와 물자 손실을 안겨줍니다. 이렇게 되면 레닌의 신실한 추종자들로써 아시아를 서방에 대항하는 공격 기지로 정하고 인도차이나처럼 한국에서 적대 행위를 무기한 연장하면서 보안체제의 두 주요 지원국인 미국과 프랑스를 저지하고 약화시키려는 소련 지도자들의 계획을 돕게 되는 것입니다.

이러한 미 사령부의 견해를 재확인이라도 하듯, 베이징라디오는 최근 1월 16일, 미군의 3분의 1과 미 공군의 4분의 1이 한국에 머물게 되었으며 따라서 다른 지역에서의 미국의 어떤 규모의 개입도 불가능하게 되었다고 인정했습니다.

소련의 전략가들이 모든 아시아 통제를 장악할 뿐 아니라 서유럽의 방위를 아시아로 돌리려고 모색한다는 확신은 왜 극동 미군의 지도자들이 한국전쟁만큼이나 인도차이나 군사작전을 중요시하며 하나의 동일한 전쟁이 두 가지로 나타나는 것일 뿐이라고 여기는지를 설명해줍니다. 이와 같은 내용은 특히 클라크 장군의 의견입니다.

3. 폭격 및 봉쇄를 통해 중국으로 전쟁을 확장할 경우 소련이 공개적으로 개입하지 않을 것이라는 의견은 미국이 차후 몇 년 간은 핵무기와 항공 분야에서 여전히 지킬 것이라고 믿는 압도적 우월성에 근거하고 있습니다. 극동의 미군 지도자들은 모든 위험을 배제하지는 않습니다. 그러니 그들은 그 위험들에 과감히 맞서는 것이 합리적이라고 생각합니다.

아이젠하워 장군(1월 20일 취임 연설)과 함께 그들은 자유 수호는 약하고 소심한 자들의 손에 오래 머물 수 없다고 생각합니다. 그들은 미국 군대의 상당 부분이 출구 없는 전쟁에서 쇠진하고 사기가 꺾이는 것보다 오히려 해결책을 강요하는 편을 선호합니다. 이러한 논리는 대서양조약기구에 대한 분담금이 어쩔 수 없이 타격을 받게 될 정도로 프랑스가 재정적, 군사적 노력을 제공해야 하는 인도차이나에도 동일하게 적용됩니다.

검토된 결정에 대해 말하자면, 그것은 가장 눈부신 성공 내에서 한반도 또는 인도차이나 내에서만 모색될 수는 없습니다. 이 결정은 중국이 한국전쟁에서 방향을 돌리고 인도차이나 반란에 대한 지지를 포기할 수밖에 없도록 중국에 압력을 가하는 것을 위주로 이루어질 것입니다.

다시 말하자면, 경우에 따라 있을 수 있는 중국 영토 내의 혼란과 함께 강력한 항공 및 해상 작전으로 베이징이 모스크바의 굴레에서 벗어나도록 만드는 것입니다. 더구나 이 목표는 1월 15일 포스터 덜레스 국무장관이 자유세계가 소련과 중공의 '해로운 동맹'이 지속되는 것을 용인할 수 없으며 4억 명의 중국인이 소련 침략의 노예로 전락하는 것을 두고 볼 수 없다고 선언했을 때 그 자신이 스스로 규정한 것입니다.

4. 영국 또한 언젠가는 소련과 중공 간의 동맹이 깨지기를 희망합니다. 그러나 그 방법론에 있어 미국과 정반대의 입장을 가지고 있습니다. 영국인들은 모스크바와 베이징 사이의 분열은 소련의 요구와 압박의 영향으로 언젠가는 불가피하게 일어날 수밖에 없는 내부적 진화의 결과로 일어날 수밖에 없다고 봅니다. 그들은 중국 영토에 대항하는 어떠한 직접적 행위도 해체해야하는 동맹을 더욱 공고히 할뿐이라고 거의 믿고 있습니다. 그들은 잠정적 봉쇄의 효과에 대해서는 회의적입니다. 그들은 장제스의 국민당 병력에 대해서는 불신만 가지고 있습니다. 한국전쟁에 대한 그들의 매우 분명한 의견은 현재 주어진 상황에서는 가장 사소한 문제도 현 상태를 확대할 것이라는 생각입니다. '견디는 것, 단지 그뿐이다'라는 것이 영연방사단을 지휘하는 브리지포드 장군의 의견입니다. 그는 최근 이것을 에슬러 데닝[3] 경에게 털어놓았습니다. 이와 같은 말투는 윈스턴 처칠 총리가 최근 미국을 방문했을 때 발표한 성명들에서도 등장합니다. 하지만 이 성명들은 매우 미온적인 반응을 얻었습니다. 영국 정부는 한국 분쟁의 확대로 이어질 수 있는 모든 주도적 행위에 여전히 혐오감을 표명하고 있습니다.

[3] 에슬러 데닝(Esler Dening, 1897-1977). 주도쿄 영국대사(1952-1957).

5. 새로운 미 행정부가 극동의 미군 지도자들 사이에서 보인 경향과 워싱턴의 공화당원들 사이에 널리 퍼져있는 추세를 어느 정도까지 어떤 형태로 결정에 반영할지 예측하기는 여전히 어렵습니다.

프랑스는 의심의 여지없이 영국과 마찬가지로 온건한 영향력을 행사할 것입니다. 그러나 제가 생각하기 우리는 미국의 견해를 처음부터 거부하지 않도록 조심해야 합니다. 극동에 관한 미국의 태도에 커다란 진전이 있었습니다. 새로운 미 행정부가 규정하려는 세계 정책에서 이전에는 알려지지 않았던 인도차이나가 이제는 한국과 함께 거의 같은 수준에 위치하고 있습니다. 이것은 대서양위원회가 최근 자유세계 수호를 위해 프랑스가 인도차이나에 이바지하는 공헌을 인정한 만큼 우리가 유리하게 활용할 수 있는 중대한 변화입니다. 새로운 미 정부가 다른 곳과 마찬가지로 극동에서도 자신의 방향을 모색할 때, 어떤 해결책을 즉각 거부하거나 채택하는 것이 아니라 파리, 워싱턴, 런던 사이에 오래동안 이 지역에는 없었던 공통된 아시아 정책을 수립하기 위한 상호 논증에 대해 솔직하고 깊은 대화를 해야 할 것으로 보입니다.

드장

【9】 미 공화당 정부와 한국(1953.1.29)

[전   보]   미 공화당 정부와 한국
[문 서 번 호]   375-AS
[발   신   일]   1953년 1월 29일
[수   신   일]   미상
[발신지 및 발신자]   워싱턴/보네(주미 프랑스대사)

아이젠하워 대통령의 집권은 한국 분쟁에 대한 미국 여론의 관심을 다시 불러일으킬 것으로 예상했던 바와 일치했습니다.

마지막 선거운동에서 이 공화당 후보가 약속한 내용은 그를 백악관에 입성하는데 공헌했습니다. 그리고 지난 12월 장군이 서울에서 했던 발표에도 불구하고 미 대중은 새 정부가 선거공약을 지키고 한국의 군사적 결정을 내리기 위해 신속하게 "무언가" 하기를 기대하고 있습니다.

공산주의자들이 인도가 유엔 총회에서 제안한 것을 거부한 이후 미국 여론은 실제로 한국 분쟁의 종식을 위해 더 이상 판문점 협상에 기대를 걸지 않습니다. 포로 송환 문제에 관한 소련과 중공의 태도로 미국 대중은 공산주의자들이 한국의 적대행위 중단을 신중히 모색하지 않는다는 것을 확신하게 되었습니다. 그러므로 전장의 설득력 있는 확신을 동원하여 판문점 회의장의 논거를 뛰어넘어야 했습니다.

게다가 한국에서 귀국하여 "우리는 말로는 설득을 기대할 수 없고 오직 행동만 통하는 적과 마주하고 있습니다"라고 선언한 새 대통령의 의도와 일치하는 것으로 보이는 이러한 행동은 성공 가능성이 있습니다.

이 부분에서 좀 더 큰 규모의 현지 병력을 사용하는 것은 지난 가을 공화당 대통령 후보가 이 의견을 낸 이후 대부분의 미국 언론인들이 되풀이하는 주제가 되었습니다.

한국전쟁 관련 프랑스외교문서 Ⅵ[1953. 01. 06~1953. 07. 31 / 장관실문서(1950. 06. 25~1952. 12. 10)]

그러나 원칙적으로 공화당의 주장에 가장 호의적인 관측통들이 객관적으로 이 주장을 깊이 연구하게 되면, 최근 『뉴욕헤럴드트리뷴』의 특파원 호머 비거트[1]가 그랬던 것처럼 엄청나게 증가한 한국군이 인력 보유가 실질적으로 무한한 중국에 맞서 한국의 군사적 결정을 바꿀 수 있다고 믿는 것은 '위험한 착각'이라고 결론내릴 수밖에 없다는 점은 주목할 만합니다. 사실 한국군은 오래전부터 제대로 숙련된 지휘권을 가지지 못했고, 또 한국인 전투원의 수가 400,000명에서 750,000명으로 늘어났더라도 몇 년 안에 미군 3-4개 사단이 전방에서 철수하는 것 이상은 기대할 수는 없을 것이라고 비거트 기자는 내다봅니다.

중국 군대의 경우, 비록 이 평론가들이 국민당 병력의 사용이 야기하는 정치적 반대에 그치지 않는다 하더라도 이 병력은 매우 작은 도움밖에 되지 않으며 한반도에서 미국 '남자들'을 실질적으로 절감하도록 허용하지는 않을 것이라는 점을 이들은 인식합니다.

급속하게 발전하는 남한 군대와 제한된 중국 국민당 군대가 가져다줄 수 있는 도움이 상대적으로 평가되었지만, 새 정부와의 유대관계가 잘 알려진 잡지 『타임』에 1월 26일 출판된 기사로 판단하자면 한국문제에 대한 군사적 해결을 지지하는 미국인들은 그다지 낙심하지는 않습니다.

이 헨리 루스[2]의 잡지 『타임』은 한국의 교착상태가 정치적 근원에서 온 것이지 군사적인 것이 아니라고 봅니다. 이 잡지에 따르면 전쟁 목표의 설정은 정치적 책임인데 정확히 말해 트루먼 정부는 이 목표를 명확하게 규명한 적이 없다는 것입니다 어떻게 이런 상황에서 일관된 군사 행동을 기대할 수 있을까요?

이 논리에 대해 트루먼 행정부와 유엔이 이 목표를 사실상 규명했지만 제한한 것이라고 대답할 수 있다면 이 잡지의 주장의 첫 부분은 원칙적으로 평가의 대상이면서도 모두 방어가 가능합니다.

만약 미국과 그 동맹국들이 몇 년에 걸쳐 손실을 늘어놓는 대신에 승리를 위해 1-2개월 만에 필요한 희생을 하기로 결정한다면 그들에게 대적하는 공산군

---

[1] Homer Bigart.
[2] 헨리 루스(Henry Luce, 1898-1967). 1923년 뉴스 잡지 『타임』창간.

대를 파괴할 수 있음을 의심하는 진지한 군인은 없다고 밝히는 기사의 다음 부분에 대해서도 마찬가지일 것입니다.

문제가 해결되었다고 가정하면, 다시 말해 중국군이 패했다고 가정하면, 『타임』에 따르면 군사적이기보다는 정치적인 유엔의 한국 목표는 정의하기가 쉽습니다. 그 목표는 다음과 같습니다.

1. 압록강까지 비 공산화된 통일 한국의 복원
2. 모든 새로운 공세를 단념하도록 하기에 충분한 중공 "처벌"

첫 번째 목적의 달성을 위해서 압록강의 '취약한 노선'을 따라 막대한 유엔군을 주둔시켜야할 필요는 없다는 것입니다. 두 번째 목표를 위해 유엔군이 중국 영토로 쳐들어갈 필요는 없습니다.

따라서 일단 위와 같은 기본원칙이 세워지면 한국 연합군의 전략은 분명하다고 『타임』은 보고 있습니다.

그 전략은 다음과 같습니다.

1. 중공군 무너뜨리기
2. 평양 위쪽의 한반도 '말벌허리' 부분에 방어선 설치하기

만약 공산주의자들이 압록강과 이 방어선 사이의 지역을 인정하지 않는다면 한국군은 미 공군의 도움을 받아 중국군만큼 능숙하게 오랫동안 전투를 할 태세를 갖추고 있습니다.

제가 그 단순함과 모순을 지적할 필요조차 없는 이 기사에 대해 자세히 서술한 것은 이 기사가 현재 미국에 매우 광범위하게 퍼져있는 한국전쟁의 해결에 관한 심리상태를 잘 나타내는 것으로 보이기 때문입니다. 그리고 지금까지는 그것이 새로운 행정부의 심리상태라고 생각할 여지는 없다고 봅니다.[3]

3) 아이젠하워의 주요한 대통령선거 공약 중 하나는 '한국전쟁의 조기종식'이었음.

호머 비거트는 최근 자신이 서울에서 『뉴욕헤럴드트리뷴』에 보낸 속보에서 한국의 미 고등 사령부가 미국 대중이 느끼는 조급함을 대체로 공유하고 있고 중공·북한군에 대항한 적대행위 재개를 지지한다는 사실을 숨기지 않았습니다.

아이젠하워 대통령과 그의 주요 민과 군의 고문들은 어느 정도까지 이 조급함에 얽매일까요?

존 포스터 덜레스 국무장관은 이달 27일 미 국영 라디오와 텔레비전으로 방송된 자신의 첫 연설에서 아이젠하워 장군이 한국에서나 인도차이나에서 전쟁을 계속할 때의 장점에 대한 적의 견해를 바꿀 수 있는 방법을 찾을 것이며 그리하여 적도 평화를 추구하게 될 것이라고 밝혔습니다.

이 발표는 어김없이 중공·북한에 대한 중대한 위협으로 해석되었지만 그렇다고 해서 이 내용이 신속히 이행되어야 한다는 것은 아닙니다.

아이젠하워 장군은 서울에서, 그리고 한국에서 귀국하여 이 주제에 대해 드문 발언을 하였는데, 여기서 그는 분쟁의 확산을 혐오한다는 사실을 분명히 보여주었습니다.

그는 유능한 군인으로서 유엔의 전략 및 전술 역량의 한계를 한국의 전선 방문만큼이나 재빨리 알아챌 수 있었습니다.

이런 점에서 며칠 전 연합 사령부가 언론이 불러들였던 제한된 공세의 실패와 미군 제8군의 몇몇 부대에서 발생한 탈영은 분명히 미 여론으로 하여금 숙고하도록 만들었을 것입니다.

반면, 한국에서의 대규모 적대행위 재개는 필연적으로 한반도에 고시적으로 관여하는 정부들 간의 사전 합의의 대상이 되어야 합니다. 저는 그렇게 생각하지 않지만, 새 행정부가 한국에서의 군사적 긴장을 확정적으로 계획했다고 가정하면 현재 이 부분에서 이전 행정부와 같은 어려움에 직면해 있을 것입니다.

사실 우리는 새 행정부가 극동 지역에 적대행위 확산의 위험을 감수해야 할 필요성을 미 동맹국들에게 설득하기 위해 어떤 새로운 주장을 사용할 수 있을지 알지 못합니다.

그러나 아이젠하워 대통령은 자신을 미국 대통령 지리에 올려주고 대부분 그가 한국 분쟁을 종식시킬 수 있기를 바라고 있는 미국인들에게 공산주의 적에 대항한 아시아에서의 투쟁이 이루어지는 방식의 변화에 대한 확신까지는 아니더라도 그러한 인상을 가능한 한 빨리 주어야 할 것입니다.

이를 위해 공화당 정부는 유엔 협력국가들의 사전합의가 필요 없기 때문에 보다 일반적인 틀 안에서 즉각적이지는 않더라도 보다 쉽게 실현할 수 있는 조치를 취하려 할 것으로 예상됩니다. 특히 저는 이 정부가 한국군의 실질적인 증원 외에 1950년 6월 27일 트루먼 대통령의 성명을 수정하여 대만 국민당 군대가 중국 본토의 공격에 개입할 수 있도록 할 것이라 생각됩니다. 이것이 국무장관의 의도에 들어있습니다. 이것이 중공에 약점이 있다는 것과 한국과 인도차이나에서 전쟁을 부추기기(작년 12월 23일 본인의 공문 참조)보다는 잠정적 위협에 대해 스스로 경계해야 한다는 사실을 중공에 보여주기 위한 주요 조치입니다.

동시에 저는 미 정부가 군사적으로 한국에 관여하는 국가 정부들을 대상으로 작년 여름 우리에게 말했던 중공에 대한 봉쇄 강화, 베이징 정부와의 외교 단절, 동북아시아 반도 전쟁에 좀 더 집중적인 참여 계획 등을 재개할 것으로 생각합니다.

다른 한편, 존 포스터 덜레스와 제가 나눌 수 있었던 최근 대담에서 새 행정부가 특히 한국과 인도차이나의 분쟁을 더 긴밀히 연결하여 극동지역에 더욱 적합한 반공정책을 개발하기 위해 애쓸 것이라는 점이 분명해졌습니다. 그러므로 이에 관해 우리가 배치할 수 있거나 추후에 배치할 수 있게 될 능력에 비추어 극동지역에 대한 우리의 더 많은 병력지원이 가져올 장단점을 지금부터 생각하는 것이 중요합니다.

요약하면, 아이젠하워 장군이 앞으로 몇 주 내에 새로운 미국 극동전략을 정한다면 이 결정들은 한국에서 매우 신속히 이행될 가능성이 낮습니다. 이는 미군기의 현재 한계와 한반도 내의 적의 잠재력 때문이기도 하지만 워싱턴 정부가 이 부분에 대해 주요 동맹국들과 철저한 의견교환을 해야 하기 때문입니다.

보네

【10】공산군의 동향(1953.1.31)

[전   보] 공산군의 동향
[문 서 번 호] 124-126
[발   신   일] 1953년 1월 31일 10시
[수   신   일] 1953년 2월 1일 11시 22분
[발신지 및 발신자] 도쿄/드장(주일 프랑스대사)

보안

2급 비밀

국방부에 전달 요망

사이공 공문 제89-90호

1. 얼마 전부터 남부 지방부터 만주에 이르기까지 중국 제46군의 움직임을
지켜본 미 참모부는 이 군대가 지금 한국에 있음이 확실한 것으로 간주합니다.
그 인명수는 36,000명으로 추산됩니다.

여기에 현재 북한에 있는 10개의 중국 군대와 2개의 북한군을 포함하고 있는
대대적 예비 부대들과 합하면 약 3,500,000명의 군인을 보유한 총 35개 사단이
됩니다. 전선에는 적군 중국 12개 군과 북한 3개 군단이 점령하고 있습니다. 북
한의 대대적 예비부대의 집결은 아이젠하워 방문 이후 한국 고개들(평양-원산
또는 신안주-흥남) 중 하나까지 전방을 옮기기 위해 적의 후방에 실시할 잠정적
육해 상륙작전에 대해 떠도는 소문과 무관하지 않은 것 같습니다. 방공의 조직
화와 점점 더 효과적인 해안 방위 조직 또한 이러한 가능성에 대비하기 위한
것으로 보입니다.

2. 미 관측통에 따르면, 중국 사령부는 84대의 제트 폭격기를 포함한 1,128기를 보유한 2개의 연대와 연계하여 언제든 개입할 준비가 되어있는 MIG기 500대의 전방 공군력을 압록강 근처에 배치하고 있다고 합니다. 따라서 비록 공산주의자들이 공격적 행동을 취할 수단은 보유하고 있더라도 현재까지 가까운 미래에 공군작전을 확대하려 한다고 생각할만한 근거는 찾지 못했습니다. 공산 공군의 활동은 지금까지 압록강과 청천강 구간에 제한되어 있습니다.

드장

【11】 중국 국민당 군사력의 사용 결정(1953.2.4)

[전   보] 중국 국민당 군사력의 사용 결정
[문 서 번 호] 165-176
[발   신   일] 1953년 2월 4일 08시 30분
[수   신   일] 1953년 2월 5일 09시 32분
[발신지 및 발신자] 도쿄/드장(주일 프랑스대사)

사이공 공문

국방부에 전달 요망

　군사적으로 당장은 제한적일 수밖에 없다하더라도 2월 2일 아이젠하워 대통령이 알린 대만에 관한 결정은 극동 상황에 커다란 반향을 불러일으키지 않을 수가 없습니다.

　이 결정은 한국전쟁의 새로운 국면과 미국의 태평양 정책의 새로운 장을 열었습니다.

　1950년 7월 27일 트루먼 대통령이 제7함대에 부여한 임무는 두 가지였습니다. 대만에 대한 공산군의 모든 공격을 막는 것과 중국 본토에 대한 국민군의 모든 공격을 방지하는 것입니다. 아이젠하워 대통령이 발표한 새로운 지침은 트루먼의 지시를 단지 부분적으로 변경하고 있습니다. 중국 민족주의 군사력은 중국 본토에 대한 작전을 자유롭게 수행할 수 있습니다. 그러나 공산주의자들은 미군과 충돌하지 않고 대만을 공격할 능력이 없을 것입니다. 아이젠하워는 국민당 보루에 부여된 보호 조치를 철회하지 않았습니다. 그것은 적어도 그의 발표에 함축되어 있습니다.

　그는 다만 제7함대가 더 이상 중국 공산당의 방패 역할을 하지 않을 것이라

고 말하는데 그쳤습니다. 현재 워싱턴에 있는 태평양함대사령관 래드포드[1] 제독은 좀 더 분명했습니다. 그는 제7함대가 대만 해협에서 철회될 것이라는 몇 소식과 관련하여 자신이 믿기에 미 해군은 대만을 보호해야 하므로 그것들은 착오라고 여겼습니다. 브래들리[2] 장군은 2월 2일, 미국은 계속 대만을 보호할 것이며 공산군이 대만을 공격하면 미국 해군, 공군과 충돌할 것이라고 발표하면서 의심의 소지를 없앴습니다.

이것은 단지 대만의 중립화가 끝나는 것이 아니고 중국 국민당과 공산당이 대항하고 장제스와 마오쩌둥이 대항하는 갈등 속에서의 미국의 중립성이 끝나는 것입니다. 이 두 경쟁체제 사이에서 미국은 공개적으로 적극적으로 한쪽 편을 드는 것입니다. 대만은 다시 미국의 지휘 아래, 그리고 의심의 여지없이 증가하는 미국의 지원으로 국민당 병력이 훈련을 계속하고 장비를 갖추는 작전기지가 됩니다. 미 공-해군 병력의 보호를 받는 대만은 동시에 중공-북한군이 만주에서 느끼는 은신처에 상응하는 성역이 될 것입니다.

2. 아이젠하워가 2월 2일 발표한 결정은 한국전쟁의 1950년 6월 27일 성명처럼 이루어집니다. 저는 중화인민공화국의 개입과 휴전협상의 실패 이후로 발생한 상황악화에 주목할 수밖에 없습니다. 이 결정은 중국 본토 남쪽에서의 두 번째 전방이 시작된다는 것을 의미합니다. 이 결정은 한국전쟁과 중국 국공내전을 연결합니다. 그리고 이 결정은 사실 지금까지 매우 고립되었던 중국 국민당을 한국에서 싸우는 유엔군과 인도차이나에서 전투를 벌이는 프랑스-베트남군과 같은 진영에 두려고 합니다.

아시아에서 최고의 소련 대리인이자 이 지역의 모든 공산주의의 기획의 주요 지지자인 공산중국에 대항하는 이 계획은 워싱턴의 지도자들이 극동에서 모스크바를 물리치기 위해 이루려는 세계 정책의 첫 적용에 해당합니다.

---

[1] 아서 윌리엄 래드포드(Arthur William Radford, 1896-1973). 태평양함대사령관(1949-1953).

[2] 오마 브래들리(Omar Bradley, 1893-1981). 미 합동참모본부 의장(1949-1953).

3. 미 사령부와 새 정부는 또한 중국 국민당 군사력을 사용하기로 결정했습니다. 이제 막 내려진 이 결정은 여러 가지 어려움을 일시적으로 해결해야 할 것으로 보입니다. 이승만 대통령은 이 결정에 그다지 호의적이지 않았습니다. 중국 국민당 지도자들은 여기에 별로 관심을 두지 않았습니다. 할당 병력 35,000명 파견의 반복적 제안에도 불구하고 그들은 속으로는 대만에서 군을 파견하는 것을 주저했습니다. 그들은 중국 대륙의 재정복의 큰 꿈을 이루기 위해 자신들의 군사력을 비축해 놓기를 원했습니다. 더 큰 규모의 작전을 개시할 수 있기를 기다리는 연안지대에 대한 공습 전망은 한국에 몇 개의 사단을 파견하는 것이 분명 더 유리합니다. 마지막으로 국민당 군대의 한반도 군사작전 참여는 특정 동맹국과의 사전 협의 없이 결정될 수 없었을 것입니다. 이것은 특히 영국 측으로부터 심각한 분대에 부딪혔을 것입니다. 새로운 미 대통령은 장제스에게 중국에 대한 공격 개시의 자유를 주면서 이전 대통령의 일방적 결정을 독자적으로 변경했을 뿐입니다.

믿을만한 소식통에 의하면 영국 대사관은 새로운 지시가 있을 때까지 모든 논평을 삼가달라는 명령을 받았다고 합니다.

4. 지금부터는 미국 군대와 중공의 공군 및 해군 사이의 충돌 위험을 포함하는 대만의 비중립은 틀림없이 극동의 주요 군사 지도자들이 강력히 권고했던 중국 해안의 봉쇄로 가는 길일뿐입니다.

또한 이 비중립은 제8군의 지휘권 변경과도 비교해보아야 합니다. 이는 의심의 여지없이 적에게서 주도권을 빼앗고 중공이 미군의 힘을 엄격히 느낄 수 있도록 하는 새로운 전략을 실행하려는 결단에 해당합니다.

미국이 1951년 9월 8일 안보협정에 따라 '일본의 동맹국'으로 간주될 수 있는데, 대만의 후견인인 미군이 중국 두 진영 사이의 적대행위에 연루되는 데 따른 문제는 베이징 정부에 의해 1950년 2월 14일 중-소 협약 제1조항에 규정된 조약 해당사유 요소로 거론될 수 있습니다.

대만의 비중립화가 이끌 수 있는 모든 전개 중에서 그 해안이 강력한 소련 기지들 가까이에 위치해있고 소련과 중화인민공화국 사이의 동맹조약이 특히 대항해 맞서는 나라 일본을 가장 깊이 걱정하게 만드는 것이 바로 이것입니다. 미국 측에서는 소련의 개방적 개입을 믿을 만한 이유가 거의 없습니다.

드장

【12】 미 행정부의 전체적 구상(1953.2.6)

[전 보]	미 행정부의 전체적 구상
[문 서 번 호]	183-188
[발 신 일]	1953년 2월 6일 02시 30분
[수 신 일]	1953년 2월 6일 09시 13분
[발신지 및 발신자]	도쿄/드장(주일 프랑스대사)

보안

2급 비밀

사이공 공문 제131-136호

국방부에 전달 요망

1. 유엔 차관보 머피 씨가 주최하고 클라크 장군과 극동 주요 군사지도자들이 참여한 만찬에서 저는 미 제8군의 신임사령관 테일러[1] 장군을 만날 기회가 있었습니다.

클라크 장군은 만주기지를 중립화시키지 않고는 한국에서 연합군의 일정 규모의 공격이 가능하지 않다는 자신의 신념에 대해 다시 한 번 말했습니다. 그는 미 제8군이 지금까지는 적의 임박한 공격 징조를 발견하지 못했다고 덧붙였습니다. 그러나 미 정보기관은 좀 더 장기적으로 공격 계획을 드러내는 것 같은 몇 가지 징후를 예감하기 시작했습니다. 이 징후들 중 하나는 북한에서의 현재 약 800,000명에 달하는 중국 병력수의 강화입니다. 현재 실시되는 공산군의 집결은 대만에 대해 최근 이루어진 결정을 볼 때 이상한 일은 아닙니다.

---

[1] 맥스웰 테일러(Maxwell Taylor, 1901-1987). 미 8군 사령관(1953-1955).

2. 클라크 장군은 저에게 제8군의 신임사령관에 대해 찬사를 아끼지 않았습니다. 두 사람은 오랫동안 서로를 알고 있는 사이입니다.

개인적으로 매우 가까운 두 사람은 함께 일하는 데에 익숙했습니다. 클라크 총사령관에 따르면 미 제8군의 수장으로서의 테일러 장군의 존재는 연합군에게 일급 자산입니다.

테일러 장군은 매우 방대한 지식, 매우 총명한 두뇌와 대단한 에너지를 지닌 사람으로 보였고 클라크 장군을 이해하고 함께 협조하기에 분명 잘 선택된 인물인 것 같았습니다.

앞으로의 사령부에 대해 몇 마디를 나누는 중에 테일러 장군은 연합군 측이 보통 적의 강점은 과장하고 그들의 난관은 무시하는 경향이 너무 많다고 지적했습니다. 그는 연합군 측의 현 진지들이 매우 확고하게 조직되고 튼튼히 장비를 갖춤으로써 큰 유동성이 없던 중공-북한군은 더 둔해졌다는 사실을 매우 확신하고 있는 것처럼 보였습니다. 적의 화포에 관하여는 아직 연합군보다 훨씬 열악하다고 보고 있습니다.

대화는 일반적인 수준에 머물렀지만 테일러 장군의 주요 관심사는 적이 이동 전쟁을 할 수 밖에 없도록 만드는 일 같았습니다. 그러면 미군은 자신들의 강력한 유동성과 화력의 우수성을 잘 활용할 수 있기 때문입니다. 테일러 장군은 육군 참모차장의 자격으로 작전 및 행정 업무를 지휘했고, 미 군사령부와 정부가 중공에 가하기로 결정한 압력의 요인 중 하나였던 공세를 준비하는 임무를 부여받았던 것이 확연해 보입니다.

인도차이나전쟁이든 한국전쟁이든 공산주의에 맞서 극동에서 일어난 전쟁에 대한 전체적 구상은 클라크 장군에게 중요한 것으로서, 말레이시아와 대만도 언급했던 아이젠하워 장군의 국회 연설에서 강력하게 표명되어 있습니다. 새 미국 대통령은 한국전쟁의 모든 군사적 해결에 대한 구상은 필연적으로 이 모든 지역에 영향을 미칠 것이라고 확신했습니다. 이 구상으로만이 오늘날 14개 사단에 이르는 한국군 사단 교육을 촉진한다는 구상처럼 중국 국민당 요새의 비중립화가 실행되는 것입니다.

이 구상으로부터 미국 새 행정부에서 기대되는 다른 계획들도 영감을 받게
될 것입니다.

드장

【13】 미 행정부의 입장(1953.2.11)

[전 보]	미 행정부의 입장
[문 서 번 호]	927-931
[발 신 일]	1953년 2월 11일 19시 10분
[수 신 일]	1953년 2월 12일 01시 30분
[발신지 및 발신자]	워싱턴/보네(주미 프랑스대사)

보안

2급 비밀

뉴욕 공문 41-45호

오늘 저의 동료 중 한 사람이 히커슨[1] 씨에게 차기 유엔 회의에서 한국문제에 관해 미 정부는 어떤 입장을 취할 것인지를 물었습니다.

국무부차관보 히커슨 씨는 존슨[2] 씨가 내린 지시(본인의 전보 제716호 참조)를 시인하면서 포스터 덜레스 국무장관은 이 회의 때 이 주제에 대해 새로운 시도를 하는 것이 적절하지 않으며 워싱턴 정부는 '우방'국가들이 이 견해를 공유하도록 애써야 한다는 생각한다고 밝혔습니다.

게다가 뉴델리 정부는 이 입장을 지지한다고 이미 워싱턴에 알렸습니다. 히커슨 씨는 미 행정부의 입장이 필시 이번 주 말 이 방향으로 결정될 것이며 미 정부는 지금부터 이에 관한 우리 프랑스의 의견을 표명해주면 감사하겠다고 덧붙였습니다.

---

[1] 존 히커슨(John D. Hickerson, 1898-1989). 미 국무부 유엔 담당 차관보(1949-1953).
[2] 알렉시스 존슨(U. Alexis Johnson, 1908-1997). 미 국무부 극동 담당 차관보(1949-1953).

이 국무부차관보에 따르면, 미 당국은 의회가 재개되기 전에 소련 연방 또는 아랍-아시아 그룹의 한 정부가 한국 휴전 체결에 대한 새 결의계획안을 제출할 가능성에 관해 우리 프랑스와 논의할 수 있습니다. 이와 함께 히커슨 씨는 모스크바 주재 미 대사관의 정보에 의하면 비신스키 씨는 2월 마지막 주에 뉴욕에 도착할 계획이라고 확인해 주었습니다.

이런 가능성에 대비하여 미 당국은 동맹 정부들이 12월 3일 채택된 인도의 반-결의문에 대해 합의를 해야 할 것으로 내다보고 있습니다. 미 정부가 우리와 의논할 내용이 이러한 계획에 관한 것일 확률이 매우 높으며 저는 우리가 에에 찬성하는 것이 유리할 것 같습니다.

외교 상원위원회에 의한 덜레스 씨와 브래들리 장군의 청문회가 끝난 후 중국 대륙의 봉쇄 가능성에 관한 몇몇 상원의원들의 발표를 인정하면서 히커슨 국무부차관보는 이 주제에 관한 제 동료의 질문에 미 정부는 중공에 대한 강제 조치의 가중 문제를 동맹국들과 되풀이할 의사가 없다고 대답했습니다.

보네

【14】 호주대표단의 정보(1953.2.13)

[전 보]	호주대표단의 정보
[문 서 번 호]	166-170
[발 신 일]	1953년 2월 13일 17시 30분
[수 신 일]	1953년 2월 13일 23시 30분
[발신지 및 발신자]	뉴욕/오프노(주유엔 프랑스대사)

보안

　저는 호주대표단으로부터 보네 대사가 그의 전보 제927호를 통해 각하께 전달한 내용과 몇 부분에 있어 완전히 일치하는 정보들을 모았습니다.

　최근의 한 대담에서 히커슨 국무차관보는 호주대사 퍼시 스펜더 경에게 미 국무장관이 한국에 대한 차기 토론의 반향을 완화하고 최대로 귀를 기울이는데 매우 신경을 쓰고 있다고 말한 것으로 알려졌습니다. 그는 어떤 계획서에 대한 투표도 없이 결론을 내릴 수 있기를 바랐습니다. 그러나 차관보는 소련의 전략이 분명 미국과 그 동맹국들에게 결의계획안을 제출하도록 강요할 것임을 인정한 것으로 알려졌습니다. 그는 이 경우 그 계획안의 본문이 다음과 같을 것이라고 보고 있습니다.

　1. 12월 3일 계획안 거부를 정식으로 인정할 것.
　2. 거기에 나타나는 제안들을 재청할 것.
　3. 한국 계획 활동에 참여를 늘이도록 요청을 받은 회원국 또는 비회원국들을 향한 재청을 포함할 것.
　4. 새로운 기부를 창출하고 참여국의 부담을 분배하기 위한 기구의 설립을 권고할 것.

한국전쟁 관련 프랑스외교문서 VI [1953. 01. 06~1953. 07. 31 / 장관실문서(1950. 06. 25~1952. 12. 10)]

호주대사는 첫 3가지 항목, 특히 3항에 호의적인 의사를 표명했습니다. 이에 관해 호주는 뉴질랜드와 함께 한국 군사작전에 국가 분담금을 확대하는 데 항상 호의적 입장을 표명해왔음을 우리 외무부는 기억해야 할 것입니다.

4항은 그는 공동대책위원회의 작업 과정에서 미국대표단이 이미 제기했지만 연합국 대표단들이 현실 불가능성을 제기하자 신속하게 철회했던 그 제안을 되풀이한 것입니다. 퍼시 스펜더 호주대사는 미 국무부가 그것에 특별히 몰두한다는 인상을 받지 못했습니다.

마지막으로 히커슨 미 차관보는 예정 의제대로 유엔 한국통일부흥위원회의 보고에 대한 논의로 토론을 이끌어 가는 것이 적절할 것이라는 구상을 낸 것 같습니다. 이러한 전환에 대한 요령은 불분명해 보였고 막후의 모든 노력에도 불구하고 정책위원회가 한국에 대한 토론을 이 중립적이고 시사성이 떨어지는 문서들의 검토에 제한하는 데 동의할 것이라고 기대하는 것은 무의미한 일일 것입니다.

미 대표단은 총회 업무가 재개된 지 10일이 지난 지금 영국과 우리 프랑스가 시도하는 모든 접촉을 계속 피하고 있습니다. 한국문제, 유엔 사무총장, 유엔사무국 인사, 유대인 배척주의 등과 같은 논의의 쟁점이 될 주요 사항들에 대한 미 국무부의 입장은 아직 확정되지 않은 것으로 보입니다. 글래드윈 젭 주유엔 영국대사와 저 자신이 볼 때 적어도 미국에 우리의 견해를 정확히 밝힐 수 있고 세 대표단의 행동 단합을 촉진할 수 있는 사전 대화를 시작하지 못하는 사실이 매우 유감스럽습니다.

오프노

【15】 중공-북한군 증원에 관한 미 참모부의 판단(1953.2.14)

[전   보] 중공-북한군 증원에 관한 미 참모부의 판단
[문 서 번 호] 212-214
[발   신   일] 1953년 2월 14일 01시 00분
[수   신   일] 1953년 2월 14일 09시 06분
[발신지 및 발신자] 도쿄/드장(주일 프랑스대사)

보안
2급 비밀

국방부에 전달 요망
사이공 공문 제156-158호

본인의 전보 제124호와 139호(사이공 공문 88호와 151호) 참조

　1. 미 참모부는 한국에 새로운 군, 즉 36,000명으로 충원된 제24군과 10,600명
을 보유한 제23군 소속 제67사단이 들어왔음을 인정합니다. 이 군대들의 도착
은 최근 보고된 36,000명의 증원에 더불어 추가된 46,000명 이상의 새로운 인원
보강을 의미합니다.
　지난해 10월 제58군과 제24군이 상하이 지역에서 포착되었습니다.
　한국의 중공군은 현재 841,000명으로 추산됩니다. 중공-북한 사령부는 한반
도에 총 1,125,000명의 군인을 배치하고 있습니다.

　2. 최근 2월 10일 회담에서 클라크 장군은 저에게 중공이 한국에 지속적으로
증원군대를 데리고 온다고 설명했습니다. 그는 여러 소문이 나돌고 있는 연합

군 군사작전에 대비한 예방 조치일수도 있고 공세 준비일수도 있다고 자신의 생각을 밝혔습니다. 어쨌든 공산주의 병력이 상당히 증가했습니다. 적은 이제 짧은 시간에 대규모 공격을 기획할 수 있는 힘을 갖추었고 유엔군사령부는 이 가능성도 계산해야 하는 것입니다. 적의 태세는 이러한 공격의 목표가 서울임을 나타내는 것으로 미 참모부는 보고 있습니다.

드장

【16】 미 행정부의 입장(1953.2.11)

[전　　보]	미 행정부의 입장
[문 서 번 호]	1050-1053
[발　신　일]	1953년 2월 14일 19시 00분
[수　신　일]	1953년 2월 14일 01시 05분
[발신지 및 발신자]	워싱턴/보네(주미 프랑스대사)

보안

뉴욕 공문 71-73호

본인의 전보 제1022호 참조

미 국무장관은 어제 저와 나눈 대화에서 알퐁스 주앵[1] 총사령관이 극동 방문 기간 중 한국을 방문한다는 사실을 매우 환영했습니다.

그는 총사령관이 이 방문을 계기로 새로운 남한 군대의 훈련을 가속화하기 위해 미국이 사용하는 방법에 대해 통보받기를 희망하고 있습니다.

물론 조건은 인도차이나와 동일하지 않고 국가 군대의 훈련이 두 국가에서 각각 다른 문제를 제기하지만 유용한 비교와 구상의 유익한 교환을 위한 여지는 있을 것이라고 포스터 덜레스 장관은 제게 말했습니다.

각하께서는 상기 저의 전보를 통해 미 국무장관이 한국과 베트남 군대의 발전을 얼마나 중요시하는지 알고 계실 것입니다. 그는 아시아에서 계속되고 있는, 사실은 하나인 두 전쟁의 해결책, 그리고 북쪽뿐만 아니라 남쪽의 평화 회

---

[1] 알퐁스 주앵(Alphonse Juin, 1888-1967). NATO 중부 유럽 지역 육군연합사령관(1951-1956)이자 유럽연합군 총사령관(1953).

복을 기대하며 전투 대부분의 무거운 짐을 지는 대신 점차적으로 보안 유격대 역할만 하게 될 서방 군대들의 부담을 덜어주는 방법이 거기에 있다고 생각합니다.

대중의 노여움이 공화당 행정부로 하여금 이러한 결과를 달성할 수 있게 할까요? 그것은 확실하지 않으며 국방부든 국무부든 이러한 불확실성을 인식하고 있는 미 당국은 의심의 여지없이 전장에서 프랑스 연합과 미국 군대를 대신하여야 할 아시아 군대를 한국과 가맹국들에 설립하기 위해 가장 신속한 조치를 적용하라고 다급히 요구할 것입니다.

보네

【17】떠나는 밴 플리트 장군의 메시지(1953.2.15)

```
[ 전      보 ]  떠나는 밴 플리트 장군의 메시지
[ 문 서 번 호 ]  222
[ 발  신  일 ]  1953년 2월 15일 01시 00분
[ 수  신  일 ]  1953년 2월 15일 10시 06분
[발신지 및 발신자]  도쿄/드장(주일 프랑스대사)
```

1. 1953년 2월 10일과 12일에 발생했다는 2번의 개성 중립지역 위반에 관하여 공산 측 연락장교들은 2월 13일 또다시 유엔군 사령부가 번번이 협상을 방해하고 있다고 비난하는 의견서를 제출했습니다. 이 의견서는 연합군 측에 협상을 파기할 의도가 있는 것인지 명백하게 밝히라고 권고합니다.

2. 밴 플리트 장군은 전날 테일러 장군에게 제8군의 지휘권을 넘겨주고 2월 12일에 미국으로 가기위해 도쿄를 떠났습니다.

서울을 떠나기 전, 2월 10일 그는 미 8군에게 보내는 서면 메시지를 언론에 제출했습니다. 그 주요 내용은 다음과 같습니다.

"1951년 4월 본인이 도착한지 8일 후, 공산주의자들은 한국전쟁 중 가장 무시무시한 공세를 서울에 개시했습니다. 귀하들은 이겨냈고 도시는 구조되었습니다. 그때 나는 공산군이 우리를 절대 이길 수 없다는 것을 알았습니다. 그들은 패배했고 그들은 그것을 알고 있었기 때문에 2개월 만에 귀하들은 그들이 휴전을 요청하도록 만들었습니다. 귀하들과 나는 평화를 생각할 수 있었고 우리는 제8군의 대열에 더 이상 인명 손실이 없기를 진심으로 바랐습니다.

그러나 몇 년이 지나고 여전히 날마다 생명이 희생되고 있습니다. 군인으로서 우리는 우리의 의무를 이행하고 명령에 복종할 수밖에 없습니다. 우리는 아이젠하워가 한국뿐 아니라 세계에 평화를 되찾아올 방법을 찾을 것이라고 믿습니다."

2월 12일 호놀룰루에 도착한 밴 플리트 장군은 연합군의 전면 공세가 한국을 넘어 적대행위를 확대시키지는 않을 것이라고 밝혔습니다.

밴 플리트 장군은 3월 1일 상원의 국방위원회 앞에서 브래들리 장군은 이러한 작전이 상당한 증원을 필요로 한다고 생각하는데 반해 미 제8군은 현재 대규모의 공격을 개시하고 전선을 무너뜨릴 수 있는 위치에 있다고 생각하는 이유를 설명하도록 요청받았습니다.

국방부에 전달 요망.

드장

【18】 아랍 및 아시아대표단 회의(1953.2.16)

[전 　　　 보]	아랍 및 아시아대표단 회의
[문 서 번 호]	184-186
[발 　신 　일]	1953년 2월 16일 02시 30분
[수 　신 　일]	1953년 2월 17일 03시 20분
[발신지 및 발신자]	뉴욕/오프노(주유엔 프랑스대사)

워싱턴 공문 제12-14호

라이베리아와 태국 대표가 합류한 아랍 및 아시아 대표단들은 개회 전날인 지난 금요일 자연스럽게 특히 한국문제에 관련된 의견을 교환하기 위하여 회의를 가졌습니다.

팔라르[1] 인도네시아 대표는 유엔이 한국문제를 아시아 평화 회복 문제의 일반적 맥락에서 검토해야 할 필요성을 동료들에게 설득하려 노력했습니다. 그는 아랍-아시아 국가 그룹이 한국문제와 전쟁포로 문제뿐 아니라 대만 문제와 유엔에서의 중국 대표의 문제를 해결하기 위한 정책회의 소집에 대한 구체적 안을 제시하자고 제안했습니다. 그는 이 회의가 인도차이나 문제는 물론 모스크바와 베이징이 이 기구를 인정할 수 있도록 일본과의 조약 개정 문제까지도 다룰 수 있다는 구상을 배제하지 않았습니다. 팔라르 씨는 1952년 10월 29일과 12월 2일의 소련 결의안을 뛰어넘었습니다. 더 정확히 말하자면 그는 소련이 정책회의 소집을 요청했을 때 무엇을 염두에 둔 것인지 명백하게 밝힐 것을 제안했습니다.

제가 들은 바에 의하면 팔라르 씨의 견해는 특히 인도 대표로부터 미온적인

---

[1] 람베르투스 팔라르(Lambertus Nicodemus Palar, 1900-1981). 주유엔 인도네시아 대표(1947-1953).

한국전쟁 관련 프랑스외교문서 Ⅵ [1953. 01. 06~1953. 07. 31 / 장관실문서(1950. 06. 25~1952. 12. 10)]

반응을 얻었습니다. 아랍 국가들은 토론의 범위를 넓히는 것이 적절하다는 것에 이의를 제기하지는 않지만 회의를 소집하자고 제안하는 열정은 거의 보이지 않았을 것입니다. 태국 대표는 이런 종류의 계획을 지지하는데 있어 자신에게 기대하지 말라고 했답니다. 이런 상황에서 모든 대표단은 숙고할 시간을 갖기로 합의한 것 같습니다. 이 기간은 각국의 의견으로 내려야할 결정의 핵심 자료를 이루는 미국의 의도를 탐구하는데 사용되어질 것이 틀림없습니다.

이 그룹은 다음 주 목요일에 다시 회의를 열게 될 것입니다.

오프노

【19】미 행정부의 입장(1953.2.17)

[전 보]	미 행정부의 입장
[문 서 번 호]	1118-1124
[발 신 일]	1953년 2월 17일 19시 30분
[수 신 일]	1953년 2월 18일 01시 30분
[발신지 및 발신자]	워싱턴/보네(주미 프랑스대사)

3급 비밀

뉴욕 공문 제98-104호

본인의 전보 제1022호 참조

　오늘 오후 한국에 관한 미 국무부 정기총회에서 알렉시스 존슨 극동 담당 차관보는 미 정부가 방금 한반도의 연합군 총사령관 마크 클라크에게 승인해준 건에 대해 관계자들에게 알렸습니다. 그것은 1949년 8월 12일 전쟁포로들의 처리에 대한 제네바협약 제3장(제82-108조)의 규정에 따라 구금 중에 중죄를 저지른 중공·북한 전쟁포로들의 재판을 진행하라는 승인입니다.

　최근 몇 주 동안 한국 공산군 포로들은 사실 포로 감시관들을 향한 여러 번의 개별 공격을 벌였는데 그것은 이 감시관들 중 많은 이의 사망을 초래했습니다.

　지금까지 유엔군사령부는 연합군 수용소에서 벌어진 개인 및 집단 테러의 범인들을 상대로 소송을 시작하지 않았습니다. 전쟁포로 교환에 관한 규정의 개입이 있을 거라는 희망을 가졌던 것으로 보입니다. 이 희망이 논외의 문제가 되어버리고 공산군 포로들의 반란이 위에 설명한 것처럼 거세어진 지금, 마크 클라크 장군은 범죄자들의 재판을 지금부터 진행하는데 대한 승인을 워싱턴에 요청한 것입니다. 존슨 극동 담당 차관보에 따르면 클라크 장군은 동시에 한국의 연합군 군사지도자들과 이 문제를 상의했다고 합니다.

워싱턴이 연합군 총사령관에 부여한 승인에 따르면 구금 중에 중죄를 저지른 전쟁포로들의 재판 절차는 2차 세계대전 이후 미국 민사재판 절차와 가장 유사하게 수정을 거쳐 준용된 미 군사재판 절차를 따르게 될 것입니다.

유엔군사령부의 소송은 당연히 1949년 제네바협약 제99조에 명시된 원칙을 따를 것입니다.

1951년 10월 12일, 유엔군사령부는 유엔군 구성원들의 재판 절차 규칙을 공표하였습니다. 그것은 필요한 수정 사항들과 함께 중공-북한군 포로들의 재판에 적용되는 규칙과 동일합니다.

피고인이 '군위원회'에 출두한 후에 판결이 내려지면 소송자료는 자동적으로 연합군 총사령관에게로 전달됨과 동시에 '재심 위원회'에 회부되어 판결을 확정할 것인지 완화할 것인지가 결정됩니다.

연합군 총사령관의 최종 판결에 달려 있는 사형선고를 제외하고 이 위원회의 결정은 최종 결정이 될 것입니다.

주한 연합군 군사지휘관들과 이 문제에 대해 논의하면서 클라크 장군은 상기 서술한 법정출석을 요청했습니다. 존슨 차관보는 다음과 같은 설명을 덧붙였습니다.

1. 피고인들은 제네바협약 제105조에 따라 변호인을 선택할 수 있다.
2. 국제 적십자사는 참관인들이 참석할 수 있도록 공개 재판 최소 3주 전에 통고를 받게 된다.
3. 판결은 클라크 장군이 이에 관해 곧 발표하는 선포 이전에 행해진 범죄를 대상으로 한다.

그러나 작년 수용소들에서 발생했던 집단 폭동 주도자들의 재판에 관한 결정은 아직 이루어지지 않았습니다.

존슨 차관보는 관련 정부 대표들에게 필시 며칠 안에 클라크 장군이 공식 발표할 때까지 위 사항들에 대한 기밀 유지를 요청했습니다.

보네

【20】 한국 군사 지원 국가들의 차기 총회를 대비한 회의(1953.2.19)

```
[ 전      보 ]   한국 군사 지원 국가들의 차기 총회를 대비한 회의
[ 문 서 번 호 ]   197-200
[ 발  신  일 ]   1953년 2월 19일 10시 30분
[ 수  신  일 ]   1953년 2월 20일 01시 55분
[발신지 및 발신자]   뉴욕/오프노(주유엔 프랑스대사)
```

워싱턴 공문 제15-18호

미국 상임대사 캐벗 로지 대표는 오늘 아침 한국 파병국가의 대표들을 소집
해 차기 총회에서 토론할 전략에 대해 논의했습니다. 그는 인도 측 제안의 거부
는 포로 문제 해결에 있어 미국이 능란함을 발휘해야 하는 단계는 이제 지났음
을 입증한 것이라고 밝혔습니다. 중공·북한 측이 행동을 취할 때까지 기다릴 수
밖에 없으며 따라서 유엔 차원에서는 어떤 새로운 시도도 하지 않는 것이 낫다
는 것입니다. 자신의 발표에 이어진 토론에서 캐벗 로지 대표는 새로운 결의안
이 12월 3일 결의안보다 적은 수의 표를 모을지도 모르기 때문에 최고의 전략은
이떤 결의안도 제출하지 않는 길일 수 있다고 다소 소심하게 자신의 의견을 피
력할 뿐이었습니다. 영국대사 글래드윈 젭 경은 아랍·아시아 국가 그룹 자체가
어떤 결의안을 제출할 경우를 대비하여 가지고 있었던 평범한 결의안을 준비하
기 원했던 것 같습니다. 그러나 대표단들이 잠정적으로나마 동의한 해결책은
제가 제시하여 특히 그리스와 네덜란드 동료들의 지지를 받았던 결의안입니다.
바로 토론이 시작되면 먼저 총회 의장의 발표를 인정하고, 유엔의 마지막 제안
에 대한 베이징과 평양의 반대를 총회에 알리면서 이 거부에 대한 유엔의 유감
과 우려를 표명하고 추후의 내용에 대한 문은 열어둔다는 내용의 텍스트를 제
출하는 것입니다.

어제 봉쇄와 금수조치에 관해 덜레스 국무장관이 발표한 내용에 대한 언급은 전혀 없었습니다. 그러나 터키 대표는 추가조치위원회의 과거 활동을 조사하고 이 기관이 권고했던 조치를 강화할 가능성을 검토할 어떤 단체를 구성하자고 제안했습니다. 이 제안이 미 대표단과 사전협의 없이 만들어졌을 가능성은 거의 없습니다.

이 의견 교환에 참여한 아시아 대표들은 둘 다 많은 대표들 사이에 퍼져 있는 전쟁포로 송환 문제가 이제 완전히 우리 손을 벗어난 것이라는 인식을 보고했습니다. 태국 대표는 이에 대해 저의 전보 제184호의 정보와 일치하는 내용의 정보를 제시했습니다. 필리핀 대표는 이 토론이 가을과 같은 범위 내에서 이루어질 수 없으므로 토론의 확대를 준비하는 것이 적절하다는 견해를 표명했습니다.

이 회의 이후 언론에 알려지고 오늘 저녁 통신사와 신문들에 의해 게재된 캐벗 로지 미 대표의 발표와는 달리 회의 중에 "한국 공산 제국주의에 맞서기 위해 미래에 취해야 할 조치들"에 관한 문제는 어떤 순간에도 검토된 적이 없었습니다. 이러한 종류의 검토에 접근할 수도 있었던 사르페[1] 터키 대표의 발언은 혼잣말이 되고 말았고 아무도 거기에 응수하지 않았었습니다.

오프노

---

[1] 셀림 사르페(Selim Sarper, 1899-1968). 주유엔 터키 상임대표(1947-1957).

【21】 한국에 관한 영국 국방부장관의 견해(1953.2.19)

[보　고　서]　한국에 관한 영국 국방부장관의 견해
[문 서 번 호]　미상
[발　신　일]　1953년 2월 19일
[수　신　일]　미상
[발신지 및 발신자]　파리/프랑스 외무부(아시아-오세아니아 정무국)

　알렉산더[1] 경은 한국 작전 수행과 관련하여 앞으로의 군사계획이 상황을 바꿀 수 있다고 보고 있습니다.

　유엔군을 4개 사단에서 6개 사단으로 보강함으로써 연합군이 한반도의 '개미허리'[2]까지 올라갈 수 있는 대대적인 공-해군 작전을 개시할 수 있을 것으로 봅니다. 이렇게 단축된 전선은 그 수가 12개 사단에서 20개 사단으로 증가될 한국군 사단들이 전적으로 장악할 수 있을 것입니다. 연합군은 이제 측면에서 배치된 한국군의 안전을 보장하고 공군과 해군 지원을 제공하기만 하면 된다는 것입니다.

　이러한 계획의 실행은 영국의 추산에 의하면 3-4만 명의 사망자와 부상자를 발생시킬 만대한 손실을 낳게 될 것이라고 봅니다. 또한 이것은 현재로서는 그렇지가 않지만 만주에 기반을 둔 전투기의 행동반경 안으로 전선을 옮겨간다는 단점이 있을 수 있습니다. 하지만 이러한 작전은 휴전협정 체결을 용이하게 할 가능성이 있습니다. 실제로 서방 군대가 철수하고 나서 중국 사령부와 한국 본토인들만 서로 맞붙게 된다면 아마 타협이 훨씬 쉬워질 수도 있을 것으로 봅니다.

---

[1] 헤럴드 안레산더(Harold Alexander, 1891-1969). 영국 국방부장관(1952-1954).
[2] 개미허리 고개로 추정됨. 개성시 박연리 동쪽 칠성동에서 장풍군 월고리로 넘어가는 고개로 개미허리처럼 잘록하게 생긴 것에서 파생된 지명.

그러나 알렉산더 경은 북한으로부터의 공산주의의 침투에 따른 5-6년 사이의 남한의 '붕괴' 위험을 무시해서는 안 될 것이라고 내다보았습니다.

【22】 전쟁에 대한 각 열강들의 입장(1953.2.19)

[보   고   서] 전쟁에 대한 각 열강들의 입장
[문 서 번 호] 미상
[발   신   일] 1953년 2월 19일
[수   신   일] 미상
[발신지 및 발신자] 파리/프랑스 외무부(아시아-오세아니아 정무국)

1. 공산주의 입장

한국분쟁의 해결을 위한 인도 계획에 대한 베이징의 반대는 평화적 해결을
위한 희망을 거의 없애버렸다. 최근 자신들의 성명에서 미국에 대한 투쟁을 강
화하자고 중국에 촉구한 저우언라이와 마오쩌둥은 어떤 새로운 제안도 하지 않
았다.

2. 미국 입장

전쟁의 종결은 다음 사항을 고려하고 있는 미국의 첫 번째 관심사이다.

1) 중국 연안 봉쇄 또는 전술적 물자에 대한 금수조치 강화

2) 중국 국민군 한국에 투입

3) 만주 보급로 폭파와 함께 한국에서의 공세. 미국은 자신들의 핵무기와 공
   군력에서의 우월함이 소련의 개입을 막을 것이라고 보고 있다.

3. 영국 입장

1) 반대로 영국은 전쟁의 전면화를 걱정한다.

2) 영국은 어떤 경우에도 베이징과의 전면적 관계단절과 중국에서의 전쟁을
   원하지 않는다.

3) 영국은 효과가 없다고 보고 그 이후 영향을 두려워하는 봉쇄에 반대한다.

4) 처칠 수상은 한국의 현상유지에 대해 아이젠하워 장군의 변호를 자처했다.

4. 프랑스 입장

세계 전반적 상황과 인도차이나에서의 우리 프랑스의 위치에 대한 문제를 감안할 때 미국이 검토하고 있는 자주적 행동에 대해 매우 커다란 신중함이 요구된다.

- 전쟁의 전면화 위험 때문에
- 침략에 대한 직접적 위협이 서구 군사배치의 가장 취약한 부분, 즉 인도차이나를 칠 수 있는 중공의 잠재적 반응 때문에

그러나 인도차이나 전쟁을 종결하고자 하는 우리 프랑스는 다음과 같은 사항을 고려해야 한다.

1) 한국에서의 공산군의 패배는 베이징 정부의 위력과 위상을 약화시킬 것이고, 이에 따라 인도차이나 전쟁의 종결을 앞당길 수도 있을 것이며 극동 문제의 외교적 해결까지 가능할 수 있다.

2) 현상유지
- 중국불패 신화를 유지한다.
- 중국이 지배력을 키울 수 있도록 돕는 것이며, 차후에 공산주의에 의한 아시아 전복의 위험을 증가시킨다.
- 인도차이나 문제 해결의 가능성은 볼 수 없으며 오히려 남아시아에 대한 중국의 압력 강화를 야기할 위험이 있다.

【23】 남일 장군이 유엔연합군사령관에게 보낸 편지(1953.2.24)

[전 보]	남일 장군이 유엔연합군사령관에게 보낸 편지
[문 서 번 호]	263
[발 신 일]	1953년 2월 24일 09시 00분
[수 신 일]	1953년 2월 25일 14시 39분
[발신지 및 발신자]	도쿄/드장(주일 프랑스대사)

　남일 장군은 유엔대표단장 해리슨[1] 장군에게 보낸 2월 23일자 서신에서 미 공군이 연합군 포로 39명의 사망과 157명의 부상자를 내면서 감행한 북한 포로수용소에 대한 9건의 고의 공격 목록을 작성했습니다. 그는 해리슨 장군이 2월 19일 서신을 통해 이에 대해 반박한 것을 두고 수치스러운 일이라고 규명합니다. 그는 휴전협상 과정을 자신의 방식대로 요약한 뒤, 적대행위의 즉각 중단을 요구하는 소련의 제안을 끝으로 전쟁포로 문제는 정책회의의 결정에 맡기기로 했음을 상기시켰습니다. 남일 장군은 다음과 같이 쓰고 있습니다.

　　"한국 휴전협상의 모든 과정은 국제법 및 두 당사자 간의 체결에 대한 유엔 군사령부의 비상식적인 위반의 연속이었습니다. 휴전협상을 방해하기 위해 귀측 진영은 자기 포로들을 향해 총 겨누기를 주저하지 않고 한국의 평화로운 도시 및 시설들에 무차별 폭격과 일제사격을 강화했습니다. 우리 쪽 포로들을 억류할 구실을 만들기 위해 귀측 진영은 무력한 우리 포로들을 광적으로 강제로 진압하여 끊임없이 대량학살을 자행했습니다. 국제법과 협상 중 공동으로 합의했던 휴전협정을 직접적으로 위반한 당신들은 우리 포로들을 억류하려는 비상식적인 제안에 매달리고 있습니다. 게다가 한국전쟁을 확대시키기 위해 휴전협상을 일방적으로 중단했으며, 회의장소 유지를 불가능하게 만들고 협상

---

1) 윌리엄 K. 해리슨(William Kelly Harrison Jr., 1895-1987). 유엔연합군 대표단 수석대표(1953).

을 완전히 파기하기 위하여 협상과 관련된 여러 가지 행정 협약을 점점 무시했습니다. 국제법과 양쪽 진영 사이에 체결된 협정을 지속적으로 위반하며 당신들이 취한 이러한 범죄행위들은 한국 휴전협정을 실현하지 못하도록 만드는 동시에 한국전쟁의 확대라는 당신들의 진짜 목적을 적나라하게 드러내었으며 극동지역 및 세계의 평화를 더더욱 방해했습니다.

전 세계인들의 평화에 대한 갈망을 실현하기 위하여 우리는 끊임없이 전적으로 공정한 제안을 제시했습니다. 이는 즉각적으로 한국의 휴전협정을 체결하고, 소련이 제안한 한국문제의 평화적 해결을 위한 전쟁포로의 전면 송환문제를 위원회에 회부하는 합리적인 제안이었습니다. 국제법과 양 당사자 간의 협정을 위반하고 한국전쟁을 연장하기 위해 휴전협정을 방해하려는 당신들의 술책은 이미 평화를 사랑하는 전 세계 국민들의 분노를 불러일으키면서 비난의 대상이 되었습니다. 한국전쟁을 확대하려는 귀측의 모든 시도는 무거운 반격을 불러올 것이며 당신들은 이 모든 전쟁 범죄에 대한 전적인 책임을 절대로 피할 수 없게 될 것입니다."

드장

【24】 조선통신사의 북한 폭격 상황 결산 배포(1953.2.24)

```
[ 통    신    문 ]   조선통신사의 북한 폭격 상황 결산 배포
[ 문  서  번  호 ]   미상
[ 발    신    일 ]   1953년 2월 24일
[ 수    신    일 ]   미상
[발신지 및 발신자]   모스크바/AFP 통신
```

 타스통신은 북한 조선통신사 내용을 보도했습니다. 북한 조국통일민주주의 전선은 전쟁이 시작된 이후부터 미국과 한국에 의해 북한에 가해진 잔인함과 물질적 피해 상황에 대한 조사위원회의 보고서를 발표했습니다.

 1. 군사 목표물이 없는 도시와 마을의 대량 살상
 민주주의전선은 피해자 숫자에 대한 정보와 함께 폭격을 당한 여러 도시들을 열거했다. 이 보고서에 따르면 1950년 7월 11일부터 1951년 8월 20일까지 약 250건의 공중 폭격으로 총 4,000명이 사망하고 2,500명이 부상을 당했다. 평양시는 그 면적이 52평방킬로미터에 이른다. 조사위원회는 현재까지 이 도시의 1평방킬로미터에 총 1,000개의 폭탄이나 네이팜탄이 떨어졌다고 추산했다. 이 보고서는 대부분의 북한 도시들이 현재 완전히 붕괴되었다고 주장한다.

 2. 1952년 2월 7일부터 4월 9일까지 세균무기 및 화학무기 등의 다른 대량살상무기 사용
 독성 가스 폭탄은 33회 사용되었고 세균무기는 1952년 1월 28일부터 3월 25일까지의 기간 동안에만 400회 사용되었다.

3. 북한 적십자 병원 및 고대 기념물 등 문화 시설 파괴

북한 조국통일민주주의전선은 이러한 사실을 전 세계 사람들에게 알리며 "한국 국민에게 가해진 이 전례 없는 범죄와 무수한 살상에 책임이 있는 '미국 침략자들'과 '이승만 도당' 이 전적으로 받아야 마땅한 엄격한 처벌을 받게 될 것"이라는 기대를 표명했다.

【25】 미국이 부담하는 한국전쟁 비용(1953.2.25)

[전　　　보]	미국이 부담하는 한국전쟁 비용
[문 서 번 호]	853-SC
[발 　신　 일]	1953년 2월 25일
[수 　신　 일]	미상
[발신지 및 발신자]	워싱턴/보네(주미 프랑스대사)

　　미 연합국들은 미국이 한국전쟁과 같은 종류의 '소규모 전쟁'에 익숙해져야 한다고 말했다고 2월 27일자 『U.S.뉴스&월드리포트』가 보도했습니다.

　　"그것은 우리가 백년 넘게 해왔던 것"이라고 영국은 말합니다. 다른 국가들은 "미국이 이제 어른이 되어 세계의 '지도자' 역할을 맡고 있는 지금, 어느 정도 투쟁할 것은 예상해야 할 것"이라고 말합니다.

　　위에서 언급한 시사매거진은 한국전쟁이 '작은 전쟁'이라는 주장에 반대합니다. 이 매거진은 한국전쟁이 오히려 미국에게는 '커다란 전쟁'임을 주장하며 이를 뒷받침하기 위해 다음과 같은 수치를 인용합니다.

　　한국전쟁으로 인해 '베테랑' 지위의 자격과 혜택을 받을 수 있는 미국 군인은 오늘날 1,500,000명에 이릅니다.

　　지금까지 이 한국전쟁이 지속되어온 2년 반 동안 미군 항공기가 투하한 폭탄은 1톤으로 이것은 3년 8개월간 지속된 일본과의 전쟁 중 투하된 폭탄과 거의 동등한 양이고 2차 세계대전 중 독일에 쏟아 부었던 폭탄의 3분의 2에 해당합니다.

　　현재 전투태세인 미국인의 수는 1차 세계대전에 동원된 미국인의 수와 같은 규모입니다.

　　한국에서의 미국 인명 손실은 1차 세계대전 인명 손실의 3분의 1 이상인 130,000명을 초과합니다. 23,000명의 미국인이 사망했고 13,000명이 '실종'된 것으로 보고되었습니다.

미국은 1,200대 이상의 항공기를 잃었습니다. 매달 약 백만 톤의 물자가 한국으로 이송되었습니다.

유엔군 10명 중 7명이 미국인입니다. 인명 손실 비율도 10명의 미국인 대비 군사적으로 한반도에 투입된 다른 국가 인명은 1명(한국인 제외)이었습니다.

한국전쟁은 지금까지 미국 납세자들에게 20조 달러 이상의 손실을 안겼습니다. 이 수치는 '직접적' 지출만 포함한 것입니다. 이리하여 『U.S.뉴스&월드리포트』는 "미국에게 있어 한국전쟁은 조그만 경찰 활동이 아니다"라고 결론짓습니다.

보네

【26】 호주 대표단의 정보(1953.2.26)

[전 보]	호주 대표단의 정보
[문 서 번 호]	225-226
[발 신 일]	1953년 2월 26일 10시 40분
[수 신 일]	1951년 2월 28일 16시 40분
[발신지 및 발신자]	뉴욕/오프노(주유엔 프랑스대사)

매우 긴급

워싱턴 공문 제28-29호

2월 24일자 워싱턴 전보 제1371호 참조

한국전쟁 포로들의 재판 결정에 대한 통합사령부 클라크 장군 발표가 오늘 아침 제1위원회의 한국문제 관련 토론이 끝날 때까지 지연된다면 매우 바람직할 것입니다. 사실 소련대표단의 개입과 선전에 이 새로운 자료를 제공하고 이를 계기로 비신스키 유엔 소련내표에세 포로 내우 문제에 대한 도론을 재개하기 위한 구실을 제공할 필요는 없어 보입니다.

한편으로 통합사령부가 무슨 이유로 이 결정을 그토록 알리려 하는지 이해하기가 어렵습니다. 범죄 혐의로 기소된 포로들을 군사재판소에 회부하는 것 자체는 완전히 합법적이며 제네바협약에 규정되어 있습니다. 모든 사람들은 특히 자신들의 감시관들을 살해한 자들을 포함한 이 포로들이 즉시 기소되지 않았다는 사실에 놀랄 것입니다.

통합사령부는 언제든지 그들을 군사새판에 넘길 수 있으며 오늘에야 해결된다고 해서 그것을 엄숙하게 발표해야 할 어떤 이유도 없습니다. 그렇게 함으로써 이토록 정상적인 결정에 극적인 성격을 부여하여 소련과 몇몇 중립국으로부터 모든 면에서 피하는 것이 바람직할 반응과 논평들을 불러일으킬 위험이 있습니다.

오프노

【27】 미군에 대한 한-미 재정 협의(1953.2.27)

[전 보]	미군에 대한 한-미 재정 협의
[문 서 번 호]	1494-1501
[발 신 일]	1953년 2월 27일 19시 30분
[수 신 일]	1953년 2월 28일 01시 30분
[발신지 및 발신자]	워싱턴/보네(주미 프랑스대사)

해외 재무부와 국방부에 전달 요망

오늘 미 국무부는 한국에 파병한 국가 대표들에게 최근 미국 군인에게 지불된 현지 화폐로의 금액 상환(본인의 1952년 12월 17일자 전보 제8209호 참조)을 위해 미국과 한국 사이에 체결된 재정 합의에 대한 정보를 제공했습니다.[1]

이 정보는 국무부가 어제 저녁 발표된 성명서 내용을 몇 가지 점에서 보충하고 있습니다.

관할 당국이 해당국가 대표들에게 원문을 제출하지 않고 각서 교환 형식으로 소개된 이 합의에 따르면 미국은 1953년 2월 6일까지 동의된 원화로의 선금 지불을 위해 내한민국에 85,800,000달러를 지불하기로 합의했습니다.

물론 미 협상가들은 1달러에 6,000원이라는 공식 환율을 '현실적'으로 받아들이려 하지 않았습니다. 최근 한국 통화개혁이 있기 전 몇 주간의 '자율' 환율이 1달러에 약 18,000원 정도였기 때문입니다. 결국 1952년 12월 16일부터 이루어진 선불금의 상환에는 이 환율이 채택되었습니다. 그 이전의 선불에 대한 환율

---

[1] 한국전쟁이 발발하자 1950년 7월 28일 한미 양측은 '유엔군 경비지출에 관한 협정'을 체결함. 그러나 자금조달 능력이 없던 한국 정부는 한국은행의 발권력에 의존하여 유엔군 대여금을 지급하였음. 이것은 통화 남발로 이어져 인플레이션의 요인이 됨(정진아, 「6·25전쟁기 '백재정'의 성립과 전개」, 『역사와 현실』 51호, 한국역사연구회, 2004).

은 달러 지불 금액의 계산 기준으로 쓰이는 부산의 도매가에 따라 평가되는, 커지는 원화 평가절하에 따라 달라지는 환율입니다.

2월 7일부터 적용되는 규정을 위한 환율은 아직 결정되지 않았습니다. 그런데 국무부 대변인은 환율이 3개월마다 재검토될 수 있을 것이라 설명하면서 이 잠정적 재검토는 도매가격 시세의 변화를 반영할 것이라는 것을 암시했습니다.

법적 측면에서, 현재 미국과 체결한 협정은 1950년 6월 28일 협정의 다른 당사 국가들에 대한 법적 상황에 영향을 미치지 않습니다. 국무부가 저의 동료에게 전달한 미국과 한국 대표들 간에 교환된 각서에는 실제로 다음과 같은 문장이 나옵니다.

"현 각서는 미군을 제외한 유엔군 관련 1950년 7월 28일 재정협약에 의해 규명된 선불금의 한국 원화 취득과 지불에 대한 타협에 영향을 미치기 위한 목적으로 작성된 것이 아니다."

국무부 대표가 설명하지 않았지만 『뉴욕타임스』가 제공한 정보에 따르면, 미국이 제공한 이 달러의 사용은 어떤 공동위원회에 의해 규정될 것이라고 합니다. 이 위원회는 즉시 사용이 가능한 85,800,000달러가 소비재 생산에 60%, 한국 재건에 40%의 비율로 예상되어 있다는 점에 동의합니다. 추후 지급액은 소비재 생산에 사용될 것입니다.

어쨌든 미 당국은 화폐 개혁과 이 재정 결산이 한국 통화에 유익한 영향을 미칠 것으로 기대하고 있습니다. 그러나 미국은 잔존하는 인플레이션 요인에 대한 부담을 숨기지 않습니다. 그리고 바로 이 때문에 원 달러화 환율의 재검토를 예상하는 조항이 협의 내용에 삽입된 것입니다.

회의가 끝난 후, 국무부 대표는 각 정부가 이 협의에 대하여 추가적 정보를 필요로 한다면 해당 대사관들에 문의할 수 있다고 밝혔습니다.

보네

【28】 전쟁포로 재판에 대한 미국의 계획(1953.3.3)

[전   보] 전쟁포로 재판에 대한 미국의 계획
[문 서 번 호] 1535-1538
[발   신   일] 1953년 3월 3일 10시 25분
[수   신   일] 1953년 3월 3일 16시 30분
[발신지 및 발신자] 워싱턴/보네(주미 프랑스대사)

뉴욕 공문 제160-163호

귀하의 전보 제2476호 참조

제 동료 중 한명이 오늘 국무부 극동 담당 차관보 알렉시스 존슨 씨에게 중공
-북한 전쟁포로들의 공판 회부에 대한 유엔군사령부의 결정에 대해 어떤 공시
도 하지 않는 것이 바람직하다고 생각하는 우리 견해의 근거에 대해 알렸습니
다. 미 정부는 전적으로 우리의 견해에 동의하며 미 당국은 클라크 장군에게
최종 지시를 내릴 때 이 점을 염두에 둘 것이라고 존슨 씨는 밝혔습니다. 미국
의 계획은 실제로 다음과 같은 점에서 크게 수정되었습니다.

   1. 유엔군사령부는 제네바협약의 규정을 좀 더 면밀히 지키기 위해 감시관
      들에 대한 공격 혐의로 기소된 포로들뿐 아니라 지난여름 수용소의 '재
      배치' 이후 동료 포로들에 대해서도 같은 범죄를 저지른 포로들까지 재
      판에 회부할 것이다.
      따라서 공산주의자든 비공산주의자든 이렇게 재판에 회부될 것이다.
   2. 대대적 폭동의 주동자들 또한 같은 조건하에서 재판을 받게 된다. 마크
      클라크 장군은 오는 3월 5일 한국의 연합군 파병 대표들을 소집하여 이
      문제에 대한 유엔군사령부의 의도를 알리고 그들과 논의할 예정이다.

따라서 프랑스대대 사령관 역시 위에 언급된 귀하의 참조 전보에서 알려준 관측들을 적절한 시기에 접수하는 것이 매우 바람직할 것입니다.

연합군 파병 대표들과 접촉한 후, 클라크 장군은 최종 승인 계획서를 워싱턴에 제출할 것입니다.

보네

【29】 미 합참의장의 연설(1953.3.3)

[전 보]	미 합참의장의 연설
[문 서 번 호]	1562-1567
[발 신 일]	1953년 3월 3일 19시 00분
[수 신 일]	1953년 3월 3일 01시 30분
[발신지 및 발신자]	워싱턴/보네(주미 프랑스대사)

뉴욕 공문 제164-169호

귀하의 전보 제2476호 참조

어제 플로리다주 팜비치에서 했던 연설에서 자신의 평소 소신에 충실한 오마 브래들리 합참의장은 한국에서 실행될 수 있는 새로운 군사조치에 대한 자신의 견해를 표명하지 않았습니다. 그는 이 군사조치들이 참모장들의 책임을 벗어난 정치적 결정을 내포하고 있다고 판단하고 있습니다.

그러나 자신이 정해놓은 범위 안에서 그는 기술적 설명에 그치지 않았습니다. 그는 '탁상공론가들'이라 부르는 자들에게 답하면서 희생과 위험, 특히 중·소 조약의 적용 가능성과 관련된 것들을 수락하지 않고는 어떠한 결정을 내릴 수 없다고 강조했습니다.

그는 즉시 배제한 연합군의 철수, 그리고 현 상황의 유지라는 두 가지 해결책을 언급한 후, 적에 대한 압박을 높임으로써 경우에 따라 적으로 하여금 지쳐서 양보하게 만드는 추가적 조치의 가능성과 어떤 결정을 내리기 위한 좀 더 광범위한 행동의 가능성을 언급했습니다.

첫 번째 행동은 '높은 수준의 국제적 결정'을 요구할 것이고, 두 번째 행동은 중공파의 공개적 전쟁을 일으킬 수 있으며, 미군의 핵심 부분을 아시아에 투입하게 만들고 세계전쟁으로 발전할 수 있을 것이라고 설명하면서, 그는 이 두 가지 새로운 형태의 행동과 관련하여 동시에 개별적으로 실행할 수 있는 7가지 조치를 나열했습니다.

1. '인원 증원과 산업의 더 적극적인 동원'을[1] 전제로 한 한국의 미군 증대
2. 만주로 공중전 확산
3. 경제적 제재의 강화. 이에 대해 합참의장은 "일부 전략적 생산품이 아직도 적에게 전달되고 있다"고 밝힘
4. 해안 봉쇄. 이 조치의 실행은 "홍콩의 영국 식민지 상황 때문에, 그리고 소련의 지배 아래 있는 두 중국 항구 다롄과 뤼순이 봉쇄될 수도 있기 때문에" 문제가 될 수도 있다.
5. 육 · 해 · 공의 연합 공세
6. 한국군의 신속한 발전
7. '전개되는 상황에 따라' 핵무기 사용

미군 최고 권위자가 자발적으로 모든 정치적 의견을 제거하고 진행한 어제의 이 분석은 한국에서의 신속한 군사적 해결이 동시에 모든 이 결과를 고려하지 않고는 검토될 수 없다는 사실을 대중에게 강조하려는 목적을 지닌 것이 분명했습니다. 유엔군 사령관이었던 밴 플리트 장군의 도착으로 일각에서는 이러한 해결책을 쉽게 적용할 수 있다는 희망이 되살아나는 시점에서 이러한 경고는 시기적절한 것이었습니다.

브래들리 합참의장은 어떤 구체적 제안도 하지 않았지만 자신이 모든 위험을 예상할 수 있는 아시아로의 전쟁 확산은 개인적으로 반대하는 것이 분명해 보입니다. 그는 청중들에게 "만약 전쟁이 유발될 수 있는 것이라면 피할 수도 있는 것"임을 상기시키는 것을 잊지 않았습니다.

보네

---

[1] 한국전쟁의 인력 동원과 산업 동원을 의미.

【30】 중공-북한 전쟁포로 재판(1953.3.4)

[전 보]	중공-북한 전쟁포로 재판
[문 서 번 호]	243-246
[발 신 일]	1953년 3월 4일
[수 신 일]	미상
[발신지 및 발신자]	파리/프랑스 외무부 회의사무국
[수신지 및 수신자]	도쿄/드장(주일 프랑스대사)

귀하에게 제237호 공문으로 전달된 워싱턴 전보 참조

귀하는 프랑스 대대장 또는 그 대변인에게 공개회의 도중 신중한 태도를 고수해주기를 권고해 주시길 바랍니다. 이 문제는 여러 가지가 법적으로 연루되어 있으며 현재 미국 및 영국 정부와 함께 논의의 대상이 되고 있습니다.

판결은 단지 유엔군사령부가 하나의 발현에 지나지 않는 유엔의 이름으로만 이루어질 수 있습니다. 더구나 미국 정부가 제안하는 1949년 제네바협약 조항의 적용은 한국전쟁이라는 특수한 경우에는 간단치 않은 일입니다. 사실 이 협약은 그것을 비준하지 않은 미국이나 영국에 해당사항이 없고, 보호국이 부재하는 현재의 경우 제네바협약은 그 협상가들이 명시적으로 마련해둔 조정의 대상이 되어야 합니다.

이러한 조정은 특정한 기한 이전에 이루어지기가 힘듭니다. 미국 정부가 지금부터 중공-북한 포로들의 재판을 진행하기로 결정한다면 어쨌든 이 결정은 특별 공시의 대상이 되지 못한다는 사실이 중요합니다. 우리가 내세운 정치적, 법적 논거를 미 국무부는 현재 인정하고 있는 것으로 보입니다.

【31】 영국 상·하원에서 다룬 한국문제(1953.3.4)

[통　신　문]	영국 상 · 하원에서 다룬 한국문제
[문　서　번　호]	-35-c-241-
[발　신　일]	1953년 3월 4일
[수　신　일]	미상
[발신지 및 발신자]	런던/프랑스 통신사(AFP)

　영국 국방부장관은 상원에서 있었던 한국 관련 발표에서 적군의 수는 약 100만 명이 넘는 인원으로 지난 10월과 거의 같다고 밝혔습니다.

　적의 장갑차와 포탄의 수는 지난 10월 이후 크게 늘어나지 않았지만 포병의 신속한 재집결을 위한 포병 중대의 새 진지를 준비하는 등 매우 적극적인 모습을 보였다고 발표했습니다.

　알렉산더 국방장관은 두 개의 한국군 사단이 형성됨으로써 유엔군은 강화되었고 현재 전선의 3분의 2를 한국 군대가 맡고 있다고 전했습니다.[1]

　한편, 버치 국방차관은 하원에서 "우리는 적대행위를 종식시키기 위한 모든 노력을 기울일 것입니다. 우리는 인도의 결의안을 지지했고 계속해서 협상을 통해 적대행위를 끝낼 수 있는 모든 기회를 포착할 것"이라고 선언했습니다.

---

[1] 미국은 한국전쟁이 장기화되면서 한국군 20개 사단을 증강시킬 구상을 하였고, 1952년 11월 8일(제12사단, 제15사단)과 1953년 2월 9일(제20사단, 제21사단) 각각 2개 사단씩 총 4개 사단을 증강시킴.

【32】 영국 국방부장관의 한국분쟁에 대한 발표(1953.3.4)

[통　신　문] 　영국 국방부장관의 한국분쟁에 대한 발표
[문 서 번 호] 　-229-c-nr 119-
[발　신　일] 　1953년 3월 4일
[수　신　일] 　미상
[발신지 및 발신자] 　런던/프랑스 통신사(AFP)

　　알렉산더 국방부장관은 오늘 상원에서 열린 한국 분쟁에 대한 연설에서 영국 정부는 정당한 기초 위에서 한국전쟁의 해결을 위해 자신의 권한이 닿는 한 모든 것을 계속할 것이라고 밝혔습니다.

　　한국의 군사적 상황에 관하여 설명하며 알렉산더 장관은 특히 다음과 같이 밝혔습니다.

　　"적의 사격 약화는 분명 적이 탄약을 비축했다는 것을 의미하는 것으로 머지않아 제한 목표물에 공격을 재개할 수 있습니다. 대규모 공세가 임박했다는 징표는 전혀 보이지 않지만 적은 언제든 공격을 개시할 수 있으며, 유엔군은 자신들이 주요 돌파구를 막을 수 있다는 것을 절대적으로 확신할 수 있습니다."

　　이어 국방부장관은 다음 내용을 밝혔습니다.

　　"10월 이후 유엔군의 총 인명 피해는 약 30,000명으로 이 중 약 8,000명이 사망했습니다. 전쟁 발발 이후부터의 영국의 인명 손실은 사망자가 80명, 부상자 및 실종자가 300명에 달합니다. 반면 영연방의 다른 국가들의 인명손실은 약 200명을 기록했습니다. 한국군을 포함한 유엔군의 인명 손실은 380,000명에 이르며 이 중 약 60,000명이 사망했습니다."

【33】 주베이징 스웨덴대사의 정보(1953.3.5)

[전 보]	주베이징 스웨덴대사의 정보
[문 서 번 호]	130
[발 신 일]	1953년 3월 5일
[수 신 일]	1953년 3월 17일 16시 12분
[발신지 및 발신자]	방콕/폴-봉쿠르1)(주태국 프랑스대사)

사이공 공문 제130호
본인의 전보 제129호에 이어

저는 스웨덴 동료에게 이곳에 확산된 일부 소문에 대해 알렸습니다. 한국 포
로문제 해결에 대한 인도의 제안에 관하여 '오해'의 책임을 전 주베이징 인도대
사 파니카 씨에게 돌리는 이 소문들은 필시 공산주의 쪽에서 흘러나온 것으로
보입니다.

문제의 이 결의안 원본을 만든 전 주베이징 인도대사는 상대가 고취된 이유
를 저우언라이의 공감의 정중한 표현일 뿐인 중국의 수긍 방식이라고 여겼을
것입니다.

그런 중 지난 7월 파니카 씨가 방콕을 방문했을 때 그는 1952년 6월 11일로
거슬러 올라가는 중국의 제안에 대해 우리에게 말했었습니다(본인의 전보 제
420호, 사이공 공문 제403호).

위스트랜드2) 씨는 겨우 가을부터 베이징에 주재해 왔지만, 이러한 오해는 인
도대표단이 유엔총회에 최종적으로 제출한 제안에 대한 거부에 기인한다는 것

은 모순될 수 있다고 생각합니다.

그에 따르면 특이할 점은 마오쩌둥 체제의 언론과 라디오가 11월 6월까지 인도의 발의에 대한 비판을 조심스럽게 삼갔다는 사실입니다. 이 날짜는 모스크바에서 결의안에 대한 적대적 선전이 갑자기 시작된 시점입니다.

베이징 공식 외교단에서는 전체적으로 유엔총회가 채택한 결의안의 거부는 소련의 압력 때문이라고 간주하고 있습니다. 사실상 중국 본토는 적대행위를 종결하고 재건과 재정비 그리고 사회사업에 모든 노력을 기울여야 한다는 사실에 의심의 여지가 없습니다. 그런데 저우언라이가 최근 공식적으로 그 반대를 지지한 것에 대해서는, 베이징을 떠나기 전 위스트랜드 부인은, 저우언라이 부인에게서 사적으로 들은 바를 토대로, 한국전 같은 전쟁과 중국이 필요로 하는 규모의 평화사업을 병행하는 것은 불가능하다고 들었다고 합니다.[3]

폴 봉쿠르

---

[3] 1953년 들어 전쟁이 장기화되고 미국의 공습이 계속되자 중국과 북한은 종전과 재건을 적극 사고함.

【34】 한국문제에 관한 회의 보고(1953.3.5)

[전 보]	한국문제에 관한 회의 보고
[문 서 번 호]	278-281
[발 신 일]	1953년 3월 5일 08시 40분
[수 신 일]	1953년 3월 5일 14시 40분
[발신지 및 발신자]	뉴욕/오프노(주유엔 프랑스대사)

워싱턴 공문 제52-55호

어제 오후 회의는 네덜란드 대표 룬스[1] 씨의 다소 무미건조한 발표로 채워졌습니다. 이어 페루 대표 벨라운데 씨는 그 전날 있었던 비신스키 소련 대표의 연설에 평소처럼 열정적으로 대답했습니다.

오늘 아침 전체 토론에서 유일하게 발언을 한 사람은 한국, 더 나아가 아시아에서의 미국 정책의 오랜 과정에 대해 집중 발표한 폴란드 대표입니다. 비신스키 소련대표의 발언과 마찬가지로 스크르제체브스키[2] 씨의 발언은 소련 진영이 12월 3일 결의안 표결 이전의 입장을 확고부동하게 고수하려 한다는 것을 보여주었습니다.

다른 한편, 폴란드 외무장관은 미국 정책이 특히 아시아인들을 '총알받이'로 쓰려한다는 내용을 길게 전개하긴 했지만 소련 대표만큼 아시아대표단들을 서양대표단과 갈라놓으려는 술책을 쓰지는 않았습니다.

오늘 아침 특별히 무미건조했던 회의는 세균전, 쿠바의 미 제국주의 그리고 중-미 조약들 문제에 대한 의사교환으로 끝났습니다. 발언자 명단은 오늘 저녁

---

[1] 요셉 룬스(Joseph Luns, 1911-2002). 네덜란드 외무부장관(1952-1971).

[2] 스타니스와프 스크르제체프스키(Stanisław Skrzeszewski, 1901-1978). 폴란드 외무부장관(1951-1956).

마감될 것이며, 매우 적은 수의 대표단만 참여한 일반 토론은 오는 토요일 완료 될 것으로 예상됩니다.

아랍-아시아 국가들이 유보적 태도에서 벗어나지 않고 시간이 흐르는 반면, 순전히 정치적 성격의 결의안이 표결되지 않고 논쟁을 종결할 수 있다는 미국 대표단의 희망은 커집니다. 그래서 미 대표단은 며칠 전부터 어떤 결의안을 제 출하려는 의향을 표명해온 라틴아메리카 대표들의 발언을 저지하려 애쓰고 있 습니다. 반면 미 대표단은 '한국 재건을 위한 유엔지부 총책임자'의 보고서를 승 인하고 회원국들에게 시작된 활동에 대한 지속적인 기여를 촉구하는 결의안을 발표할 예정입니다.

오프노

【35】 중공-북한 전쟁포로 재판에 관한 프랑스 정부의 입장(1953.3.5)

[전 　　　 보] 　중공-북한 전쟁포로 재판에 관한 프랑스 정부의
　　　　　　　　　　 입장
[문 서 번 호] 　1591-1594
[발 　신 　일] 　1953년 3월 5일 09시 10분
[수 　신 　일] 　1953년 3월 5일 15시 15분
[발신지 및 발신자] 　워싱턴/보네(주미 프랑스대사)

뉴욕 공문 제172-175호

본인의 전보 제1371호 참조

　영국 대사관의 극동업무참사관은 오늘 저의 보좌관 중 한 사람에게 중공-북한 전쟁포로 재판에 관한 프랑스 정부의 입장이 어떠한지를 물어왔습니다. 이 문제는 아직 우리 당국에서 검토 중이라고 대답한 제 보좌관은 우리는 계획된 새로운 조치에 대한 너무 많은 홍보를 하는 데에 따르는 위험에 대해 워싱턴에 경고했다고 답하자, 톰린슨 참사관은 런던에서는 이 새로운 조치에 반대한다고 밝혔습니다. 게다가 이 반대는 외무부보다 국방부에서 더 많이 나왔다고 했습니다.

　영국의 반대는 1949년 제네바협약이 전쟁포로의 잠재적 재판에 대한 모든 공동책임을 배제했다는 사실에 근거를 두었습니다. 이런 상황에서 영국 당국은 미국 정부만이 포로들을 재판해야 한다고 보는 것입니다.

　이에 관해 사람들은 제네바협약에는 이 부분에 대한 어떤 명시적 조항도 없으므로 가능한 최선의 방법으로 적절한 조치를 취하는 것이 좋다고 권고합니다.

　영국 대사관은 오늘 오후 워싱턴에 도착한 이든 영국 외무장관에게 이 문제

한국전쟁 관련 프랑스외교문서 VI [1953. 01. 06~1953. 07. 31 / 장관실문서(1950. 06. 25~1952. 12. 10)]

에 관한 그의 의견을 물어보라는 지시를 받았습니다. 법적으로 이렇게 좋은 입장을 택함으로써 런던은 이 문제에 대한 정치적 영향을 시야에서 놓치는 것 같습니다.

중공-북한 전쟁포로들을 재판하는 임무를 오직 미 사령부에게만 위임함으로써 한국에 군사를 지원한 국가들은 한국에서의 유엔 군사 활동을 단지 미국의 군사 활동으로만 묘사하는 소련 진영의 선전에 훌륭한 논거를 제공하게 될 것입니다.

다른 한편, 항상 우리의 동맹 미국에게 이 분쟁에서 단독으로 행동하지 말고 유엔군사령부의 모든 결정에 대해 사전에 협의할 것을 늘 요청해왔던 우리 프랑스의 입장은 약화될 것입니다.

보네

【36】 남한 정부의 서울 이전(1953.3.5)

[전 보]	남한 정부의 서울 이전
[문 서 번 호]	도쿄 251-254/ 부산 1-4
[발 신 일]	1953년 3월 5일
[수 신 일]	미상
[발신지 및 발신자]	파리/슈만(프랑스 외무부장관)
[수신지 및 수신자]	도쿄/드장(주일 프랑스대사)

　미 국무부가 최근 접수한 정보에 의하면 이승만 대통령은 자신의 정부 소재 지를 곧 서울로 옮길 것을 매우 진지하게 검토하고 있다고 합니다.

　명백한 군사적 이유로 클라크 장군은 이 계획에 매우 반대하고 있습니다. 서울은 전선과 너무 가깝고 현재 상황에서 이 도시의 인구 증가는 온갖 종류의 문제를 야기할 것이기 때문이라고 합니다.

　장군은 이러한 견해를 이승만 박사에게 설명했으나 설득하지 못했다고 염려하고 있습니다. 더구나 그는 합법적으로 남한 정부의 권한 내에 있는 결정에 대해 공식적으로 반대할 수가 없습니다. 그래서 그는 남한에 외교적으로 대표를 두고 있는 정부들이 남한 당국에 자신의 견해를 지지해 주도록 미 정부가 중재해달라고 요청했습니다.

　클라크 장군의 의견은 귀하가 이 문제에 대해 귀하의 전보 제71호에서 본인에게 설명한 바와 동일하므로, 귀하가 알고 있는 이유와 더불어 설명을 전개하여 프랑스 정부는 현 상황에서 남한 정부의 소재지를 서울로 옮기는 것에 대해 우려가 없지 않으며, 군사적 상황의 진전이 이러한 이전을 허락할 때까지 부산에 머무는 것이 매우 바람직하다고 생각한다고 구두 상으로 남한 정부에 전해주시길 바랍니다.

　미 국무부 역시 워싱턴 주재 영국 대사관과 유엔 사무총장에게 중재를 요청

했으므로 영국대사와 부산 주재 유엔 관계자들에게 남한 정부를 대상으로 귀하
와 비슷한 접근방식이 요청될 수도 있습니다.

외교단

【37】 한국전쟁에 대한 밴 플리트 장군의 의회 증언(1953.3.5)

[전 보]	한국전쟁에 대한 밴 플리트 장군의 의회 증언
[문 서 번 호]	1650-1653
[발 신 일]	1953년 3월 6일 11시 25분
[수 신 일]	1953년 3월 6일 19시 15분
[발신지 및 발신자]	워싱턴/보네(주미 프랑스대사)

뉴욕 공문 제185-188호

지금까지 하원의 군사위원회와 외무위원회, 그리고 상원의 군사위원회에서 했던 밴 플리트 장군의 발표들은 일부 여론이 기대하던 새롭고 특출한 요소를 의회에 제공했다고 보이지는 않습니다. 미 제8군의 전 사령관 밴 플리트 장군은 어제 오후, 비밀회의에서 증언했으며 이 주제에 대해 수집된 정보들은 그의 공개 발표들에서 느껴지는 비교적 조심한다는 인상을 주지는 않습니다. 그 핵심 내용은 다음과 같습니다.

1. 현재의 교착상태에서는 군사적 승리만이 가능한 해결책이며, 극동의 평화와 안정 유지뿐만 아니라 세계에서의 미국의 명성과 영향력을 위해서도 필요한 해결책이다.
2. 이러한 승리를 위한 공격을 할 수 있으려면 유엔군사령부를 위한 물적, 인적 자원의 사전 증대가 전제되어야 한다. 특히 미국의 병역 기간은 24개월에서 30개월 또는 36개월로 연장되어야 할 것이다.
3. 전방에 있는 22개 사단 중 현재 전선에 배치된 14개 사단의 한국군은 해당 예비군과 함께 20개 사단의 인명수를 맞출 수 있다.

4. 만약 승리를 거두어 전선이 좀 더 좁혀질 수 있다면 미군의 지원과 통제 하에서 한국이 전선을 책임질 수 있게 될 것이고 미군의 상당 부분이 한국에서 철수될 수 있을 것이다.

그러나 장군은 자신이 현재 어떠한 공세가 가능하고 바람직하다고 판단하는 지에 대해 정확히 말하지 않았고 그 공세의 형태와 목표물에 대해서도 언급하지 않았습니다.

관련 위원회 위원들인 국회의원들은 밴 플리트 장군과의 대담이 끝나자 자신들의 실망감을 숨기지 않았고 장군의 예기치 않은 조심성을 국방부의 지시 탓으로 돌리는 것도 빼놓지 않았습니다. 사실, 행정부 지도자들과 무엇보다 그를 마셜 장군과 함께 그제 점심식사에 초대했던 대통령은 현 상황에서 미 제8군 전 사령관이 의회를 향해 조심스러운 태도를 고수해야 한다고 강조했을 것이라고 생각할 수 있습니다.

다른 한편, 장군의 이러한 진술이 한국의 군사적 해결이 광범위한 노력과 새로운 희생을 감수해야만 검토될 수 있을 것이라고 말한 브래들리 장군의 최근 발언과 일치한다는 점은 유의할 만합니다.

보네

【38】 이승만 대통령의 성명(1953.3.6)

[외교 행낭 공문]	이승만 대통령의 성명
[문 서 번 호]	파리 외교단 302
[발 신 일]	1953년 3월 6일
[수 신 일]	미상
[발신지 및 발신자]	도쿄/드장(주일 프랑스대사)

브리옹발 씨로부터의 문서 제2호

부산 2월 23일 발신, 도쿄 3월 6일 수신

인용

　　이승만 대통령은 남한은 공산주의자들과 싸우기 위해 중국 국민당 병사들이 한국에 오는 것에 대해 관심이 없다고 말했습니다. 그는 "중국인들은 우리를 구하려 애쓰기 전에 자기 자신들을 구하기 위해 노력해야 할 것이다. 우리는 중국 내전이 우리 한국 영토에 옮겨지는 것을 보고 싶지 않다"라며 "미국은 중국이 자기들의 대륙에서 뭔가를 감행할 수 있도록 장제스에게 배와 비행기를 제공했다. 아이젠하워는 자신의 약속을 지켰으니 이제 중국이 기여해야 한다. 그들이 가지고 있는 수단으로 뭔가를 해야 하는 것"라고 덧붙였습니다.

　　이승만 박사는 중국대사의 감정을 상하게 하지 않았을 리 없는 이 성명의 핵심을 변경하지 않고 공보국을 통해 오늘의 보도 자료를 발표함으로써, 한편으로는 타이베이 정부의 요구에 따른 대만의 중립화 철회에 대한 아이젠하워 대통령의 대변인을 자처했고, 또 다른 한편으로는 중국인들도 마찬가지로 자국 군대가 한국에 파견되는 것에 관심이 없다고 주장했습니다. 표현이 어떠하든 이에 대한 이승만 박사의 의견은 새로운 것이 아닙니다. 그는 좀 덜 강렬한 표현을 썼을 뿐 이미 과거에 자주 완곡하게 말했었습니다. 그런데 오늘날의 이러한 신랄한 표현은 이 대통령의 입장에서는 그가 사실은 믿지 않는 미국 의도에 대한 우려보다는 밴 플리트 장군의 퇴임, 그리고 워싱턴에서의 생각의 변화와 함께 현재의 수단을 이용한 한국에서의 즉각적이고 구체적 행동을 향한 자신의 꿈이 사라져버리는 데 대한 분노를 드러내는 것입니다.

브리옹발

인용 끝.

드장

【39】 한국 포로수용소 폭동(1953.3.9)

[전   보] 한국 포로수용소 폭동
[문 서 번 호] 331
[발 신 일] 1953년 3월 9일 02시 30분
[수 신 일] 1953년 3월 9일 12시 52분
[발신지 및 발신자] 도쿄/드장(주일 프랑스대사)

1. 3월 8일 오후 본부의 공문은 일요일 아침 제1B 용초도 북한군 포로수용소 제1구역에서 폭동이 일어났다고 발표했습니다. 유엔군은 대대적 소요가 일어났을 경우의 지침을 적용하며 보안요원에 대한 공격을 진압하고 질서를 회복했습니다. 반란자들 중 23명이 사망하고 42명이 부상을 입었습니다.

다수의 유엔군이 포로들의 투석으로 부상을 입었으나 중상은 아닙니다.

폭동은 7시 30분 비무장상태의 수용소 감동사령관과 그 보좌관이 포로에 대한 식료품 배정을 감독하고 있는 동안 광신적 공산군들에 의해 선동되었습니다. 감동사령관은 규정을 위반한 포로를 수용소 밖으로 해산시키도록 명령했습니다. 포로 대표는 이 명령을 거부했고, 아무런 예고도 없이 60-70명의 수감자들이 투석하는 바람에 두 명의 미군 장교가 쓰러졌습니다.

우연히 지나가던 트럭 운전사가 그들을 구했고 총을 쏘아 반란자들 중 한 명에게 부상을 입혔습니다. 현장에 도착한 수용소 사령관 노마이어 중령은 부상자가 수용소에서 나와 치료를 받도록 하고 책임수감자를 데려오도록 명령했습니다. 수감자들의 거부에 1개 소대가 명령을 따르게 하도록 무독 자극성 가스를 사용하라는 명령을 받았습니다.

그러자 공산 지도자들에 의해 광신자처럼 된 다른 세 수용동의 죄수들은 즉시 반항의 표시로 비명을 지르고 노래를 부르기 시작했습니다. 무독성 가스는 다시 사용되었고 폭도들은 담요로 자신들을 감싸며 계속해 소동을 벌였으며 돌

을 던지며 부대를 공격했습니다.

그러자 노마이어 중령은 집단 탈옥을 막기 위한 대책을 실행에 옮겼고 유엔 보안군은 개별 무기로 사격을 개시했습니다. 이리하여 질서를 되찾았습니다.

수용소 당국에 의하면 포로들은 매우 조직적이었다고 합니다.

2. 용초도 폭동은 3일 만에 두 번째입니다. 목요일 오후 봉암도 수용소 제1구역 G수용동의 민간인 공산주의 수감자들은 선동가를 부르는 수감자들의 무리를 진정시키려는 유엔 감시병들에게 투석하며 공격했습니다. 포로 한 명이 감시병을 공격하다가 살해되었습니다. 유엔군의 인명손실은 없이 질서가 회복되었습니다.

3. 3월 7일 해리슨 장군에게 보내는 편지에서 남일 장군은 18명의 희생자가 사망 또는 부상을 당했고 유엔 본부에 의해 알려지게 되었던 2월 28일부터 3월 4일까지의 사건들을 요약하였습니다. 이 사건들 중 한 건은 3월 3일 용초도에서 발생했습니다. 남일 장군은 이 피비린내 나는 잔혹행위에 항의하며 유엔군사령부는 이 일련의 전쟁범죄에 대한 책임을 피할 수 없을 것이라고 다시 한 번 말했습니다.

드장

【40】 정책위원회의 한국문제 논쟁(1953.3.10)

[전 보]	정책위원회의 한국문제 논쟁
[문 서 번 호]	351-356
[발 신 일]	1953년 3월 10일 21시 10분
[수 신 일]	1953년 3월 11일 03시 10분
[발신지 및 발신자]	뉴욕/오프노(주유엔 프랑스대사)

워싱턴 공문 제88-93호

정책위원회에서 방금 끝난 한국문제 토론의 눈에 띄는 특징 중 하나는 회의 진행 중은 물론이고 그 후까지 아랍 및 아시아 국가들이 보여준 극단적인 신중함이라 할 수 있습니다. 한국 지원 계획 관련 결의안 초안에 관한 간단한 발언들을 제외하면 이 그룹에서 인도와 인도네시아 대표들만이 발언을 하였습니다. 회의 초반에 역할을 한 이후 메논 인도대표는 침묵을 지키지 못했습니다. 그는 모두가 기대한 대로 말했습니다. 그는 자신이 작성한 결의안이 단지 휴전의 조건을 나열한 것은 전혀 아니며 협상의 길을 여는 제안들이라고 상기시켰습니다. 그는 12월 3일 제안들을 최후통첩으로 간주된 것에 대해 유감을 표했습니다. 그는 유엔이 느낀 실망이 낙담으로 변해서는 안 되며, 판문점 또는 다른 어떤 장소에서도 끊임없이 협상하는 것이 유엔에 달려 있음을 재차 강조했습니다. 그러나 그의 마지막 발언은, 합의는 양쪽이 도출해야 하는 것이며 인도는 새로운 제안을 표명할 준비가 되어있지 않다는 것이었습니다. 회담이 시작되기 전 몇 주 동안 팔라르 인도네시아 대표는 평화가 이루어지려면 유엔이 봉착해있는 교착상태에서 단호하게 벗어나야 하고, 휴전 협상이 모든 정치적 협상보다 선행되어야 한다는 생각을 버려야 하며, 1950년 12월 14일 결의안에서 자신의 표명한 것처럼 한국에서의 평화 회복과 그에 관련된 모든 문제에 대해 매우 광범위한 토론을 열기 전에 휴전협정부터 체결해야 할 것이라고 주변 동료들을 설득시키려 애썼습니다. 2년 전 중국에 의해 거부당했던 이 해결 방식은 오늘날 유엔 회원국 대다수에 의해 거부되었습니다. 인도네시아 대표는 휴전협정의 장기적 실패를 고려하여 13개국이 총회를 새로운 방향으로 이끌어내려는 시도를 할 수 있었다고 생각했습니다(본인의 전보 제184호와 제205호). 상황이 적절하지 않고 팔라르 인도네시아 대표가 자신이 준비했던 결의안 제출을 포기했다는 것이 일반적인 판단이었습니다. 3월 6일 그가 발언했을 때에는 어떤 해결에 이를 수 있는 두 가지 방법 모두 양측 중 한쪽에 의해 거부되었음을 유감스럽게 평가할 수밖에 없었습니다. 현재 국제관계가 처해있는 긴장 상태에서는 해결책에 대한 희망을 찾을 수가 없다는 것입니다. 인도네시아 대표는 불신을 해소하기 위해서 무엇을 할 수 있는지 자문하며 소련과 미국의 정상회의가 긴장완화에 이를 수 있는 마지막 기회를 제공할 수도 있을 것이라고 제안했습니다.

메논 인도대표와 팔라르 인도네시아 대표의 별로 설득력 없는 신조의 표명일 뿐인 아시아 국가들의 발언은 이전 회담의 발언과는 대조적이었습니다. 이전에는 더 명확하고 자신감이 있었으며 더 건설적이었거나 아니면 적어도 더 긍정적이었습니다. 이처럼 소극적인 열정과 거의 포기상태에 대한 이유는 아주 간단합니다. 12월 3일 제안에 대한 중국의 거부는 너무 냉담했고 공산주의자의 비타협적 공략에 인도 정부가 대응할 의욕을 가지기에는 너무 충격적이었습니다. 그리고 인도를 빼면 다른 아시아대표단의 권한은 유엔에서 아주 작습니다.

13개국이 포기하게 된 또 다른 이유는 미국 언론이 말하는 것과는 달리 비신스키 소련대표가 평소보다 더 난폭하지 않으면서도 모든 해결책을 거의 막아버렸기 때문입니다. 만약 이 소련 외무장관이 자신의 신념이 절대 확고부동한 것이 아님을 조금이라도 내비치고 이 아랍-아시아 국가 그룹에 비밀스런 요청이라도 했다면 이들은 새로운 타협을 찾기 시작했을 것임에는 의심의 여지가 없습니다.

오프노

【41】 인도차이나 문제에 대한 한국 지도자들의 반응(1953.3.11)

[외교행낭공문]	인도차이나 문제에 대한 한국 지도자들의 반응
[문서번호]	파리 외교단 338
[발신일]	1953년 3월 11일
[수신일]	미상
[발신지 및 발신자]	도쿄/드장(주일 프랑스대사)

브리옹발 씨로부터의 문서 제8호
부산 3월 5일 발신, 도쿄 3월 10일 수신

인용

　"한국 지도자들은 나토 지휘관 주앵 원수의 사이공 방문 이후 레노[1] 씨의 방문과 클라크 장군의 사이공 차기 방문으로 특히 관심을 끄는 인도차이나 문제에 대해 갑자기 약간의 분개와 염려를 느낀 것처럼 보입니다.

　실제로 신태용 국방장관은 지난 3월 1일 다수의 기자들에게 한국문제가 인도차이나에서 일어나는 일보다 더 중요하며 인도차이나에서 승리를 거두는 가장 확실한 방법은 한국전쟁을 신속히 종결짓는 것이라고 발표했습니다. 그는 "프랑스의 근시안적 입장"이 군사적 노력이 한국보다는 인도차이나에 기울여지기를 주장하지만 한국의 평화만이 아시아 전체의 평화로 이어질 것이라고 말했다고 합니다. 그리고 그는 "현재 상황에서 군사적 노력의 우선권은 한국이 아닌 어떤 다른 나라에 주어져서도 안 된다"고 결론을 지었습니다.

브리옹발

---

[1] 폴 레노(Paul Reynaud, 1878-1966). 프랑스 정치인, 국회의원 역임.

인용 끝.

드장

【42】 한국 재건에 관한 결의안 투표(1953.3.12)

[전 보]	한국 재건에 관한 결의안 투표
[문 서 번 호]	379-381
[발 신 일]	1953년 3월 12일 17시 20분
[수 신 일]	1953년 3월 13일 01시 50분
[발신지 및 발신자]	뉴욕/오프노(주유엔 프랑스대사)

워싱턴 공문 제103-105호

　오늘 아침 전체회의로 소집된 유엔총회는 제1위원회가 추천한 한국의 재건에 관한 결의안을 55표 대 5표로 채택하여 전체적인 한국문제에 대한 논의를 마무리했습니다.

　투표는 소련 진영의 5개국 대표들의 발언으로 선행되었습니다. 그들 중 누구도 새로운 요소를 제시하지 못했지만 그들은 모두 그로미코 안보리 소련 영구대표에 이어 "포로수용소에서 범해진 새로운 살인사건들"을 언급했습니다.

　캐벗 로지 미국 대표는 위원회에서 공산주의 세계는 모스크바의 명령에 따라 전쟁을 계속하기로 결정하고 소련은 중국을 지원하면서 갈등을 연장한다는 자신의 발언을 다시 주장했습니다. 그는 전쟁 이후 소련은 러시아 국민들에게 폭정을 가하는 사람들의 비이성적인 두려움 때문에 국민들의 존중과 우정을 잃었다고 선언하며, 미국 군대가 소련 측을 도와 싸웠다는 중상모략에 대해 항의했습니다. 이 발언은 특히 뉴욕 언론에 의해 강조되었습니다.

　이 발언은 유엔을 냉전시대의 무기로 여기는 경향을 비판하고 제3차 세계대전이 불가피하거나 또는 이미 진행 중이라는 거짓된 억측에 대해 항의한 이든 영국 외무장관의 안정을 꽤하는 말들과 대조를 이루었습니다.

　앞서 인도네시아 대표는 강대국들의 정상회담을 권하는 그의 제안(본인의 전보 제351호)이 폭넓은 지지를 얻었고 여러 측에서 그에게 결의안을 주도하라고 재촉했다고 선언했습니다. 그러나 팔라르 씨는 유엔의 여러 주요 회원국들이 자신에게 그러한 회담을 열 시기가 적절하지 않다고 말했다고 덧붙였습니다.

오프노

【43】 밴 플리트 장군의 샌프란시스코 방문(1953.3.12)

[공 문]	밴 플리트 장군의 샌프란시스코 방문
[문 서 번 호]	1133/AS
[발 신 일]	1953년 3월 12일
[수 신 일]	미상
[발신지 및 발신자]	샌프란시스코/루이 드 기렝고(주샌프란시스코 프랑스총영사)
[수신지 및 수신자]	워싱턴/보네(주미 프랑스대사)

샌프란시스코 주재 총영사 루이 드 기렝고[1] 씨로부터의 문서 제39호

샌프란시스코 3월 3일 발신

2월 25일 아침, 한국에서 미 제8군을 지휘했던 밴 플리트 장군은 군 수송선을 타고 샌프란시스코에 위치한 포트메이슨 군 부두에 하선하여 자신의 동기생인 미 제6군 사령관 스윙[2] 장군의 접견을 받았습니다.

군 당국의 접견을 받은 후 시청에서 민간 당국의 환영회가 있었고 거기서 엘머 로빈슨[3] 시장은 밴 플리트 장군에게 명예의 검을 수여하였습니다.

이어 장군과 그를 수행한 인사들은 5만 명의 박수갈채 속에서 이 도시를 가로질렀습니다.

미 제6군 사령관은 이 기념식에 프랑스 국기를 넣을 수 있도록 제게 허가를 요청했고 '영연방 클럽', '샌프란시스코 상공회의소' 그리고 '다운타운 어소시에이션'에 의해 팰리스 호텔에서 주최된 식사자리에 저를 초대했습니다.

---

1) 루이 드 기렝고(Louis de Guiringaud, 1911-1982). 주샌프란시스코 프랑스총영사, 주유엔 프랑스 상임 대표, 외무장관 역임.

2) 조셉 M. 스윙(Joseph M. Swing, 1894-1984). 미 제6군 사령관(1951-1954).

3) 엘머 E. 로빈슨(Elmer E. Robinson, 1894-1982). 샌프란시스코 시장(1948-1956).

대부분이 영사단인 천 명 가량의 사람들이 참여한 이 환영회가 끝날 무렵, 밴 플리트 장군은 짤막한 연설을 하며 특히 다음과 같은 발언을 했습니다.

"한국 전선을 잃는다면 한국 이상의 훨씬 더 많은 손실을 의미하게 될 것입니다. 일본과 아시아 나머지 지역들도 머지않아 잃게 될 것이고 태평양은 공산주의의 통제 하로 전락하고 말 것입니다. 영국과 미국이 지중해가 공산주의의 호수로 바뀌는 것을 용납할 수 없는 것만큼이나 캘리포니아가 이런 일이 일어나는 것을 용납하지 못할 것이라고 나는 확신합니다."

"한국은 러시아가 지원하고 스탈린이 이끄는 공격에 직면한 첫 번째 자유 전선입니다."

"미 제8군 내부에 역사상 유례가 없는 유엔 부대가 있습니다. 이 부대는 서로 다른 언어를 사용하는 여러 국적의 병력들이 공동의 명분을 위해 함께 싸울 수 있다는 희망차고 구체적인 증거를 보여주고 있습니다."

"유엔군 전선을 지키는 보병 22개 사단 중 14개 사단을 이루는 한국군은 우리가 아시아에서 보유하고 있는 가장 다수의 현대적인 병력입니다."

밴 플리트 장군은 저녁에 열린 기자 회견에서 미 제8군은 맡게 될 모든 임무를 성공적으로 완수할 준비가 되어 있다는 사실을 강조했으나 유엔군이 곧 공격에 나설 수 있을지의 여부 문제에 대해서는 어떤 발언도 거부했습니다.

【44】유엔군 전쟁포로(1953.3.13)

[전   보] 유엔군 전쟁포로
[문 서 번 호] 237/SC
[발 신 일] 1953년 3월 13일
[수 신 일] 미상
[발신지 및 발신자] 도쿄/드장(주일 프랑스대사)

휴전협정의 유엔연합군 대표단 수석대표 해리슨 장군은 3월 13일 남일 장군에게 보낸 편지에서 연합군이 특히 순천 포로수용소에서 지난 11월 26일 자기 편 포로들에게 폭격을 가했다는 공산주의자들의 비방을 부인했습니다.

그는 제네바협약 제23조에 의거하여 전쟁포로들의 안전에 대한 책임을 공산당국에 물었고, 유엔군은 허가했는데도 공산당국은 수용소에 공정한 참관인 파견 허락을 오랫동안 거부했을 뿐만 아니라 수용소의 위치에 대해 그가 간절히 요청했던 정보를 유엔군 사령부에 제공하는데 역시 오랜 시간을 끌었다고 상기시켰습니다.

이 정보들 중 일부는 틀린 것으로 밝혀졌고 많은 수용소가 제네바협약에 명시된 것처럼 가시적으로 표시되지 않았었다고 해리슨 장군은 밝혔습니다.

결과적으로 언제든지 공습으로 인해 유엔 포로들이 사망하거나 부상당할 경우 근본적인 책임은 북한 당국 쪽에서 찾아야 할 것이라고 유엔대표단 수석대표는 주장했습니다. 해리슨 장군의 서신을 우리 외무부 앞으로 첨부합니다.

드장

【45】 한국정부 서울 이전(1953.3.15)

[전 보]	한국정부 서울 이전
[문 서 번 호]	364-368
[발 신 일]	1953년 3월 15일 03시 30분
[수 신 일]	1953년 3월 15일 15시 00분
[발신지 및 발신자]	도쿄/드장(주일 프랑스대사)

브리옹발 씨로부터의 문서 제9호

인용

귀하의 도쿄 전보 제251호 참조

이승만 대통령은 지난 11월 19일자 본인의 전보 제71호를 통해 보고한 것처럼 사실상 정부를 서울로 다시 옮기는 일을 기정사실로 이끌기 위한 작업을 공식적으로 알리지는 않았지만 분명 계속해서 추진해왔습니다. 그리고 밴 플리트 장군이 그를 대하는 전반적 태도가 그를 말리는데 도움이 되지 않은 것은 분명합니다.

미국대사는 수많은 기관들이 마주하게 될 재정착의 어려움과 특히 현 군사적 상황에서 세 번째 피난에 놓일 수 있는 위험이 여전히 존재한다는 점을 감안할 때, 자신은 개인적으로 서울 복귀를 반대한다고 저에게 털어놓았습니다.

군 당국의 뒤에 가려 전반적으로 역할이 희미해질 것을 염려하는 것으로 보이는 미국대사는 이 면에서 유익한 개입을 할 수 있다고 믿는 것 같았습니다.

더 최근 삼일절 기념식 직전에, 저는 이 기념행사가 서울에서 거행되는 것을 서울로의 수도 복귀 신호로 보는 언론의 경향에 대해 미대사와 영국 동료에게 일리넌시 외교난이 이 행사에 내한 진통직 소내에 응하는 깃이 시의직질한 것인지에 대해 의문을 제기했습니다.

그러자 문제의 이러한 측면에 주목한 미국대사는 이 행사 때 일반적으로 이루어지는 외교단 수석의 연설을 중국대사가 부재한 자리에서 해달라는 한국 측의 요청을 자신이 이미 받아들인 것에 대해 후회를 표했습니다. 그는 지금에 와서 그것을 철회하는 것은 불가능하다고 생각하고 있습니다.

한편 그레이엄 씨는 앞서 영국 외무부로부터 서울로의 수도 복귀에 대한 대통령의 계획에 적극적으로 반대하라는 지시를 받았으므로 저의 의견에 기꺼이 동의한다고 밝혔습니다. 그러나 그는 이 문제에 대해 적극적으로 표명하기가 어렵다는 점을 자신의 정부에 알려야 하겠다고 덧붙였습니다. 그러나 이 문제는 클라크 장군의 서울 방문 이후 모든 심각성이 갑자기 사라졌습니다. 어제 발표된 성명에서 실제로 대통령은 최근 몇몇 정부기관이 서울에 재정착한 것은 공공건물의 수리를 활성화하려는 목적밖에 없음을 분명히 하며 국민들에게 정부의 서울 복귀 가능성에 관한 소문에 신경 쓰지 말 것을 당부했습니다. 아마 우리 외무부는 이 문제의 최근 변화로 인해 우리 외교사절이 대통령에게 즉각 실제적 교섭을 해야 할 긴급성이 없어진다고 판단할 것입니다. 이러한 맥락에서 저는, 우리 외무부의 동의 아래, 미국과 영국 동료에게 이 문제에 관해 저에게 남겨진 여유에 대해 알려주고 앞으로 이 문제가 제기될 경우 분명한 발언보다 더 효과적인 합의된 접근방식을 제안하려고 합니다.

인용 끝.

드장

【46】 소련-북한 협약 체결 4주년에 대한 소련 언론의 반응(1953.3.17)

[전   보]   소련-북한 협약 체결 4주년에 대한 소련 언론의 반응
[문 서 번 호]   529
[발   신   일]   1953년 3월 17일 11시 00분
[수   신   일]   1953년 3월 17일 17시 47분
[발신지 및 발신자]   모스크바/족스(주소련 프랑스대사)

소련과 조선민주주의인민공화국 사이의 경제 및 문화 협약 체결 4주년을 맞아 대부분의 주요 일간지는 "소련과 북한 국민들 간의 우애어린 협력"과 우정을 축하하고, 북한의 발전을 미국의 "식민지" 상태로 전락해버린 남한의 서글픈 상황과 대조하며 북한체제의 업적을 치하했습니다. 이 신문들은 실제로 한국문제의 평화적 해결을 얻기 위해 소련이 펼친 노력을 상기하고 미국이 추구하는 침략정책을 규탄했습니다.

『프라우다』는 사설에서 "양국 간의 온전하고 전적인 권리의 평등과 모든 주권적 권리의 보호와 '국가 이익'에 대한 상호 존중을 보장하고 평화를 보장하고자 하는 열망에 의해 규정된 소련-북한 협정의 공정하고 숭고한 매우 인간적인 성격"을 상조했습니다.

『이즈베스티야』는 서명이 없는 한 기사에서 동일한 주제를 전개했습니다. 그것은 "산업, 문화, 과학, 문학, 예술, 공교육 분야에서 비범한 발전을 이룩한" 북한과 "이승만이 이끄는 소수의 비열한 반역자들과 함께 미국이 판을 치고" 또 "국민은 외국 침략자들과 대리인들에 의해 자유를 박탈당하고 몰락하고 약탈당한" 남한을 비교하는 데 중점을 두었습니다.

『모스코브스카야 프라우다』는 소련-북한 간 우정의 역사적 토대를 상기했습니다. "민족의 독립을 위한 소련 인민의 투쟁에 막대한 영향력"을 발휘한 10일 혁명과 한국에 자유를 가져다준 사건인 "제2차 세계대전 중 소련군에 의한 일본

제국주의 주요 병력의 패배"는 한국에 민주주의 발전의 가망성을 열어주었다"
고 서술했습니다.

『크라스나야즈베즈다』에서 보옌코프 기자 역시 평양의 'Sado en Pyeng' 공장
노동자들을 위해 조선 인민이 스탈린 대원수에게 보낸 감사장 본문을 인용하며
소련과 조선 인민을 하나로 잇는 우정의 관계를 강조했습니다. "이 편지는 조용
한 아침의 나라 인민의 가장 시적인 작품 중 하나"라고 기자는 설명했습니다.
그리고 그는 이 편지에 서명한 '조선 애국자'들이 16,767,680명이었고 그중 남한
사람이 9,940,000명이었다고 덧붙였습니다.

『크라스니플롯』에 칼럼을 쓴 V. 페도로프 기자는 중국 인민지원군의 도움을
받은 조선인민군이 미국의 개입에 가한 "막대한 패배"와 "자유와 독립을 위해
투쟁하는 식민지 및 종속된 국가 사람들에게 용기를 주는 모범을 보인" 조선
인민의 영웅적 행위를 강조했습니다.

마지막으로, 조선 평화수호위원회 위원장 한설야[1] 씨는 「평화라는 이름의 우
정」이라는 제목으로 『리테라투르나이아가제타』가 출간한 한 기사에서 조선 인
민의 최종 승리에 대한 자신의 신념을 표명했습니다.

족스

---

[1] 한설야(1901-미상). 1946년 북조선문학예술총동맹 조직. 1960년대 초기에 숙청당한 것으로 알
려져 있음.

【47】 클라크 장군과의 대담(1953.3.17)

[전 보]	클라크 장군과의 대담
[문 서 번 호]	375-378
[발 신 일]	1953년 3월 17일 08시 00분
[수 신 일]	1953년 3월 17일 13시 28분
[발신지 및 발신자]	도쿄/드장(주일 프랑스대사)

사이공 공문 제278-281호

본인의 전보 제364호 참조

브리옹발 씨가 제공한 정보는 최근 3월 4일부터 6일까지의 한국 방문에서 돌아온 클라크 장군이 제게 준 정보에 의해 확증되었습니다.

클라크 사령관은 3월 9일 이승만 대통령에게 분명하게 이야기했고 대통령은 당분간 정부를 서울로 이전하는 것을 단념하고 전날 그 사실을 공개적으로 발표했다고 제게 말해주었습니다.

클라크 장군의 반대는 단지 지원체제의 어려움에만 근거한 것은 아닙니다.

사실 그는 만약 공산군이 전력을 다한다면 전선에서 50km밖에 떨어지지 않은 서울까지는 밀어붙여 이곳을 재점령할 수도 있을 거라고 생각합니다. 그의 요청으로 저는 2월 23일 주앵 원수가 한국을 방문했을 당시 주한 프랑스대리대사에게 이 문제에 주목하게 하고 그 자신과 그 동료들에게 외교사절단을 수도로 되돌아오도록 사정할 수 있으니 조심하라고 경고했었습니다.

이 대담 도중, 클라크 장군은 자신이 10일 이승만 대통령과 어장에 관하여 논의했다고 덧붙였습니다. 그는 머지않아 2월 4일과 같은 사건은 더 이상 없을 것으로 기대한다고 했습니다.

더구나 이승만 대통령은 한일관계 정상화의 필요성을 인식하고 이를 목적으로 지난여름 이후 중단되었던 협상을 재개하는 데 동의한다고 밝혔다고 합니다. 이 정보는 일본 외무장관 앞에서 클라크 장군이 밝힌 것입니다.

사실, 지난봄부터 중단되었던 일본과 한국의 대화가 회복되기를 바라고 있는 미국 측의 희망은 정부가 당면한 문제를 해결하지 못하게 만드는 일본 의회의 해산으로 다시 실망하게 될 우려가 있습니다.

드장

【48】 중공-북한 포로 재판(1953.3.18)

[전 보]	중공-북한 포로 재판
[문 서 번 호]	1883-1889
[발 신 일]	1953년 3월 18일 12시 00분
[수 신 일]	1951년 3월 18일 18시 10분
[발신지 및 발신자]	워싱턴/보네(주미 프랑스대사)

뉴욕 공문 제210-215호

중공-북한 포로 재판에 관한 귀하의 3월 4일자 전보 제1143/SC호 참조

저의 보좌관 중 한 사람이 이달 10일 상기한 귀하의 공문에 포함된 견해를 이 문제에 관한 우리 법률고문 자문의 주요 요점을 기재한 우리 대사관의 의견서와 함께 미 국무부에 전했습니다.

미 국무부는 오늘 위 의견서에 대한 답변을 저에게 보냈습니다. 이 공문의 전문은 차기 외교행낭으로 보내드리겠습니다. 이 공문에서 국무부는 유엔군사령부 군사법원의 판결은 유엔의 이름으로 작성된나는 점을 기입하는 것이 바람직하다고 보는 점에서 우리 프랑스의 의견에 동의한다고 밝혔습니다.

미 국무부의 의견서는 정확히 말해 한국 연합군 활동의 '국제연합'적 성격을 고려하여 유엔군사령부를 위임받은 미국 정부가 한국에 군대를 파견한 국가 대표들에게 이 군사법원에 배석해줄 것을 요청했으며 따라야 할 절차와 규칙에 대해 그들과 의논했다고 밝히고 있습니다.

이 절차의 형태(귀하의 3월 4일자 공문의 제2항)와 관련하여 미 정부는 양 당사자에 의해 정식으로 승인된 보호 기관늘이 부재함으로써 발생아는 문세에 대해 "특별히 의식하고" 있다고 밝혔습니다. 그러나 이에 관해 미 국무부 의견

서는 이러한 상황이 연합군 활동의 '국제연합'적 성격 때문이 아니라 공산 당국의 태도에서 비롯된 것이며 공산 진영이 보호국의 역할을 담당할 국제기구의 창설에 동의할 준비가 되어있다고 생각할 근거가 전혀 없다고 지적하고 있습니다.

또한 미 정부는 중공-북한 전쟁포로와 관련하여 그들의 정부가 상호 원칙 위에서 보호기관의 지정을 허용하지 않았다는 이유로 포로들이 고통 받지 않도록 국제 적십자사와 유엔군사령부의 '변함없는 성실함'이 적합한 방식으로 보장할 것이라고 생각합니다.

결론적으로 프랑스 정부가 위와 같은 사항을 인식한 후 유엔군사령부가 제안한 조치를 "적절하고 공정하다"고 판단하게 되기를 바란다고 국무부의 의견서는 표명하고 있습니다.

이 의견서를 저의 보좌관에게 전달하면서 존슨 극동 담당 차관보는 이 주제에 관한 영국 외무부 법률사무국의 이의를 받아들이지 않은 영국 내각이 중공-북한 전쟁포로 재판에 관한 미국의 계획을 받아들인다고 워싱턴에 알려왔다고 밝혔습니다. 영국 법률사무국의 견해는 우리 프랑스와 반대였습니다. 왜냐하면 영국 법률고문들은 이 재판이 단지 미국의 관할이지 유엔군사령부의 관할이 아니라고 보기 때문입니다.

존슨 씨에 따르면, 미 정부는 클라크 장군에게 이 문제에 대해 진행하라는 허가를 아직 내리지 않았고 이에 관한 유엔군사령부의 활동에 우리 프랑스가 협조해줄 것을 매우 희망하고 있다고 합니다. 이에 관한 우리 프랑스의 입장을 미 정부에 전달할 수 있도록 각하께서 빠른 시일 내에 저에게 알려주시면 감사하겠습니다.

보네

【49】 중국과 한국(1953.3.18)

[보 고 서] 중국과 한국
[문 서 번 호] 375-378
[발 신 일] 1953년 3월 18일
[수 신 일] 미상
[발신지 및 발신자] 파리/프랑스 외무부(아시아-오세아니아 정무국)

중국과 한국

아이젠하워 정권 도래와 스탈린 죽음 이후 중·미 갈등의 변화

　미국의 새로운 정권 도래와 스탈린 원수의 죽음이라는 올 초의 두 차례 큰 사건은 극동 상황과 특히 주요 전장이 한국인 미-중공 간의 갈등의 변화에 중요한 영향을 미치지 않았습니까?

　문제가 이러하므로 본 보고서는 우선 미 정부가 최근 취한 조치들을 검토함으로써 그것들이 의미하는 새로운 힘의 균형과 가까운 장래에 채택될 수 있는 결정들, 또 이 새로운 상황에 직면한 적들의 반응, 그리고 소련 독재사의 죽음이 중-소 동맹에 미칠 수 있는 영향들을 살펴볼 계획입니다.

　새로운 미 행정부가 '도래'하면서 동서양 간 갈등의 전장에 그 초기 징후가 나타난 것은 일본과의 평화조약 협상부터였음을 드러낸 극동에 관련된 중요한 결정들이 이어졌는데 그것은 바로 자유세계의 자주적 행동 재개, 그리고 적어도 정책적 차원의 방어에서 공격으로의 이행 등입니다.

　대치병력의 상황을 뒤흔들 수 있는 주요 정치적 군사적 결정을 내리는 쪽은 더 이상 1950년과 1951년처럼 중소 진영이 아니라 민주진영이 된 것입니다. 그 결과 전쟁이 진행되는 분위기에서 미국과 그 동맹국에 유리한 중대한 변화가

일어나게 됩니다. 이전에는 분명 걷잡을 수 없을 정도로 증가하는 혁명 운동의 확장이 불가피하고 나아가 역사적 필연성으로 여겨졌던 상황에 직면하여 모든 것이 절망과 붕괴로 이어지는 것처럼 보였던 극동의 반공산주의 국가들과 군대들은 그들의 병력과 동맹국들의 힘이 커지면서 다시 희망을 되찾게 됩니다.

아시아의 심리적 분위기의 이러한 변화는 하루아침도 아니고 한두 달 만에 이루어진 것이 아닙니다. 그것은 중공의 승리로 무너지고 미국 군사력의 재조직과 일본이 정치적 군사적 강국이자 서방의 동맹으로 부활함에 따라 회복된 힘의 균형의 변화를 보여주는 것입니다. 그런데 이러한 변화는 자유세계가 획득한 우위를 부각하고 활용하기로 결의한 정당이 미국에서 정권을 잡으면서부터 특히 두드러지게 됩니다.

이에 관해 공화당 행정부가 취한 첫 번째 조치인 대만의 '중립화 해제'는 특히 중요해 보입니다. 이 조치는 사실 (1950년 6월 국민당은 하이난 성을 막 잃은 상태였고 당연히 중국 본토에 맞서 대규모 작전에 전념할 수 있는 상태가 아니었기 때문에) 미 제7함대의 대만에 대한 일방적 보호를 위장하기 위해 트루먼 대통령이 고안해낸 법률적 소설을 끝내게 만들었습니다.

물론 아이젠하워 장군은 이 결정이 즉각적이고 실질적인 결과를 가져오리라고 예상하지는 않았습니다. 그는 무엇보다 이를 통해 미국의 힘을 과시하고 중국 본토에서 일어나는 일을 받아들이지 않는다는 미국의 거부, 그리고 아무도 속지 않는 중립성의 신화를 공식적으로 종료하고자 하는 바람을 보여주고자 했습니다.

미 공화당 지도자들은 장제스 총통을 중국 전체 정부의 합법적 승계자처럼 보이게 함으로써, 그가 대륙의 재정복을 시작하도록 내버려둠으로써, 그리고 흥정 없는 미국의 정신적 물질적 지원을 제공함으로써 변함없는 것으로 알려진 중-소 연대의 결과를 끌어내었고 중국 내전에서 미국의 교전상태를 암묵적으로 승인하였으며 미국이 그토록 자주 규명하는 '세계적' 전략 원칙에 따라 트루먼 대통령이 채택한 한국전쟁에 대한 제한 정책은 사실상 포기하였습니다. 그들은 이를 통해 중대한 심리전을 이행하는 것입니다.

부분적으로는 만족시키고자 했던 미국 여론의 환영을 받았지만 이 결정은 자유국가에서 다양한, 대부분의 경우는 불리한 논평을 불러일으켰습니다. 그러나 그것은 가장 직접적으로 관련된 중국인들, 특히 1년 전부터 대만 정부에 호의적 변화를 나타내고 있는 1,200만 명의 화교들에는 만족한 성과를 거둘 수도 있습니다.

대만에 대한 조치보다는 덜 극적이지만 남한 군대의 강화는 당장에 있어 더 중요성을 띠고 있습니다. 대한민국 군대는 현재 300,000명의 병력이 14개 사단으로 나뉘어 연합전선의 60%(1951년 30%)를 맡고 있습니다. 반면 미군은 전선의 30%(1951년 50%), 다른 유엔국가 병력은 15%(1951년 20%)만 지키고 있습니다. 새로운 남한 부대의 '연속' 훈련으로 곧 6개의 새로운 사단을 조직하여 국가의 방어 전체[1]를 이 새로운 군대에 맡길 수 있어야 하고 이제부터 극동 지역의 군사적 정치적 상황을 평가할 때 이 새로운 군대를 고려해야 합니다. 이러한 발전은 갑작스럽거나 예상치 못한 것은 아니며, 모든 것이 미국의 새로운 지도자들의 공은 아닙니다. 그러나 그들의 등장은 아시아의 방어는 아시아인들에게 맡기는 정책에 좀 더 체계적이고 조직적인 성격을 부여했고 이 정책은 한국에서와 마찬가지로 인도차이나에서도 곧 열매를 맺게 될 것입니다.

한편 지난 1월 20일에 이은 몇 주 동안 세계는 미국이 중공에 대해 심각한 새 집단조치를 제안할 것이라고 믿을 수도 있었습니다. 정치적 시의적절함에 대한 고려, 특히 영국이 강력히 반대할 것이라는 확실성과 동시에 아시아 국가 대부분의 적대감에 대한 고려 등이 미국 정부가 유엔에 중국 봉쇄를 요구하지 못하도록 만들었습니다. 이 부분에서 미국 여론을 유일하게 만족시킨 것은[2] 영국 국기를 단 선박이 다른 국가에서 오는 전략물자를 중국과 북한에 수송하는 것에 대한 금지, 의심스러운 외국 선박의 영국 항구 정박 금지 등과 같은 금수조치 강화에 대한 이든 영국 외무장관의 동의였습니다. 실제 효과보다 상징적인 이 결정은 적어도 영국 정부에 의해 기꺼이 내려졌고 '시티 오브 런던'계에서는 매우 미미한 반응이 있을 뿐이었습니다. 중국과의 무역에 관련된 대기업의

---

1) [원주] 예비 병력으로, 그리고 필수불가결한 공·해군 지원을 제공해야 하는 유엔군은 유지.
2) [원주] 상호안전보장본부(Mutual Security Agency)에 의해 결정된 조치들을 제외하고.

경우 사실상 거래는 계속됩니다. 심지어는 동베를린에서 얼마 전부터 이루어진 거래 결과에 실망한 중국인민정부의 중계자들이 홍콩으로 복귀한 것이 관찰되었습니다. 영국정부에 의해 금지된 중국으로의 수출 전략물자 목록이 심각하게 수정되지 않는다면 상황은 크게 달라지지 않을 것입니다.

영국의 번영과 홍콩의 운명까지 달려있는 중국을 대상으로 한 영국 무역은 전체적으로 합법적이며 1951년 2월 유엔이 취한 결정을 존중하고 있습니다. 그러나 공산진영에서 나오는 석유 물자들이 특히 스칸디나비아 국가들과 핀란드 해운회사들을 통해 중국에 인도되는 것과 스리랑카가 고무 수확물의 전체를 베이징에 인도하기로 약속한 무역조약을 실행하는 것은 미국 정부의 가장 많은 염려를 사고 있습니다. 그러나 이 거래를 종식시킬 수 있는 조치들은 (그중 효과적인 봉쇄를 보장할 수 있는 국민당 해군의 강화를 예로 들 수 있는) 심각한 문제를 야기하는 데에다 미국은 너무 빨리 서두르거나 중립국들과 정면으로 충돌하고 싶지는 않아 보입니다.

이에 관해 메이어[3] 총리와 비도[4] 외무장관의 워싱턴 방문 중에 최근 영국이 내린 조치와 유사한 조치가 프랑스 정부에 요청될 수 있습니다. 특히 전략물자의 목록에 대한 재검토를 우리 프랑스에 제안할 수 있습니다. 이러한 요청을 피하는 것은 당연히 어려울 것입니다. 왜냐하면 이 문제는 프랑스에게는 영국만큼 중요하지 않은데다 극동의 자유세계 방어에 있어 인도차이나에서 미국의 주요 파트너로서의 역할을 하고 있는 프랑스의 전반적인 정책과 공동의 적에게 일부 반 전략적 물자를 인도하는 사실 사이에서 나타날 수 있는 모순 때문입니다.

미국이 최근 취한 모든 조치가 물론 그것만으로는 중공-북한 공산주의자들의 침략을 격퇴시키는 것이 불가능합니다. 그런데 한국전쟁은 당장에 미국의 주요 근심거리로 남아있습니다. 아이젠하워 장군이 그 임무 수행의 어려움을 인정했음에도 불구하고 자신의 선거 공약을 잊었다고 생각할 근거는 전혀 없습니다. 그러므로 미 정부가 1953년 주요 목표를 이 전쟁의 종식 또는 적어도 한국의

---

[3] 르네 메이어(René Mayer, 1895-1972). 프랑스 내각총리(1953)
[4] 조르주 비도(Georges Bidault, 1899-1983). 프랑스 외무부장관(1953-1954)

수렁에서 벗어나는 것으로 정했다고 당연히 가정할 수 있습니다. 이와 관련하여 세 가지 가능성이 검토될 수 있었습니다.

1. 미국 및 기타 외국 할당 병력들은 점차적으로 남한 군대의 사단들로 교체되면서 유엔군은 현재 위치에 머무를 수 있으며 적의 잠정적인 공격을 격퇴하는 일만 할 수 있을 것입니다. 그러나 이러한 가설 하에서는 무궁무진한 예비군을 보유한 중국 군대보다는 미국과 남한에 비용이 더 많이 들 것입니다. 게다가 이러한 상황은 미국의 군사적 명성에 해로울 것이며 재정복한지 얼마 되지 않는 주도권을 잃게 되는 결과를 가져올 수도 있습니다.

2. 만주 공산군의 침략 기지를 파괴하기 위한 중국에 대한 대대적 공세는 현재 결정되지 않은 것으로 보입니다. 그것이 가져올 전면전 발발의 위험(미국은 그것을 전혀 믿지 않는 것 같으므로)때문이 아니라 우리가 알고 있는 아이젠하워 장군의 신중성과 어울리지 않는 이러한 행위는 미지의 세계로 뛰어드는 것이니만큼 미국의 동맹국들은 이러한 모험을 따르지 않을 것이기 때문입니다. 그러나 미국이 이끄는 신경전 차원에서 중국으로의 전쟁 확산의 위협은 끊임없이 거론될 것으로 예상됩니다.

이러한 가정에는 미국과 중국 국민당 참모들에 의해 검토된 남중국 교란작전이 결부됩니다. 특히 하이난 성 공격은 매우 신중하게 고려되었을 것입니다. 자신들의 영토 남쪽 지역이 침략당할 경우 중공이 반격을 시도할 수 있는 인도차이나가 받을 수 있는 영향을 생각할 때 프랑스의 관점에서 이 계획은 확실한 위험을 내포하고 있습니다.

3. 알렉산더 영국 국방장관이 추천한 유형의 작전, 즉 적의 국지적 패배 이후 유엔군을 남한군대로 대체하고 한반도의 '말벌허리'를 공격하는 작전은 실현 가능해 보이지만 삼사만 명의 병력이 필요하므로 매우 많은 비용이 요구될 것입니다. 공산주의자들은 전반과 후방 모두에서 방어력을 상당히 향상시켰으며 그들의 배치는 계획된 상륙작전과 낙하작전을 어렵게 만듭니다. 그러나 밴 플리

트 장군의 미국 귀국 당시 진술은 워싱턴이 현재보다 "더 적극적인 작전"을 향해 나아가고 있다는 사실을 알려줍니다. 미 군사 지도자들은 제한적 공세의 성공을 위한 대가를 치르거나 새로운 무기를 동원할 준비가 되어있는 것일까요?

최근 미국의 결정과 그에 이어질 수 있는 결정들에 직면하여 적의 우려가 나타납니다. 중공은 미국의 중국 침략에 대한 대만의 1950년 6월 '중립화' 선언 이후부터 이미 명백한, 실제로 자신들에게는 원칙상 달라질 것이 없는 대만의 '중립화 해제'에 대해 가끔 암시만 해왔습니다. 그러나 이 사건은 그들의 우려를 자극했고 스스로 자백한 바와 같이 중국 중부와 남부 해안 지역에 방어 태세를 갖추도록 만들었습니다. 미국의 의도를 확실히 알지 못하는 그들은 한국전쟁과 더불어 자신의 영토도 지켜야 하는 입장에 놓이게 된 것입니다.

그러나 여기서 그 영향은 매우 국소적이고 상대적으로 매우 미미합니다. 좀 더 전체적으로 보면 당연하고 예상 가능했던 중공의 반응은 소련과의 단결을 강화시키는 것이었습니다. 중국 외무장관 저우언라이의 소련대사를 동반한 다롄과 뤼순 항구 방문은 중국이 파기 불가능한 중소 동맹의 결속을 강조할 수 있는 새로운 기회였습니다. 중국 외무장관의 연설과 공식 언론의 논평들을 통해 뤼순항구 지역에 소련군 주둔을 유지하는 이유가 다시 한 번 부각되었습니다. 그것은 이 지역의 전략적 중요성을 증명하는 것이고 소련의 이익보다는 중국의 이익에 더 직접적으로 부합하는 것으로 보입니다. 사실, 소련군의 존재 자체로 만주에 대한 잠정적 침략에 면역이 된 소련 공·해군 기지는 중국 북방의 방어에 중요한 역할을 할 수 있을 것입니다. 다른 한편 이들의 존재는 중국 봉쇄에 걸림돌이 되고 있습니다.

그러나 저우언라이의 방문을 통해 우리가 알다시피 일본의 침략 또는 "침략 행위를 위해 일본과 직접 또는 간접적으로 협력하는 다른 모든 국가"가 침략할 경우 양측의 상호지원을 명시한 중소 협약의 전반적 범위와 한계를 밝힐 수는 없었습니다. 소련은 특히 이 문구의 해석에 대해 항상 매우 신중한 태도를 취해왔으며, 중국이 미국의 직접적인 군사 압력의 대상이 될 경우(이 경우 미국은 일본의 기지를 사용하게 될 것이므로 어쨌든 전쟁발발의 원인으로 거론될 수 있음) 중국을 지원할 의도가 있는지에 대해서는 항상 명시하지 않았습니다.

소련이 극동지역에 너무 위험하게 관여하기를 원하지 않으며 심각한 사건이 발생할 경우 모든 행동의 자유를 확보하고자한다는 인상을 피할 수가 없습니다. 이 느낌은 중공이 1945년 이후 가능한 한 직접적으로 소련을 끌어들이려 끊임없이 노력해오고 있다는 확신과 부합합니다. 1952년 9월과 마찬가지로 1950년 2월 동맹조약 서명 당시에도, 최종 합의가 체결된 시점에서 요청자의 위치에 있었던 쪽은 중화인민공화국이었습니다. 공식적 약속이 있든 없든 소련이 자신의 주요 동맹국의 패배에 무관심한 관객으로 목격만 하는 것은 어렵거나 불가능할 것이고 한국에서 중국이 보여준 것처럼 갈등에 개입하는 여러 가지 방법이 존재한다는 사실에는 변함이 없습니다.

우리는 공산진영의 구도와 균형을 크게 바꾸어놓을 수도 있는 스탈린 총통의 죽음이 중-소 관계에 어떤 영향을 미칠지에 대해 생각해 볼 수 있습니다. 인민 민주주의가 어린 아이들이라면 소련과 중국의 관계는 지금까지 부모와 장남 사이의 관계에 비교될 수 있었습니다.

이런 상황은 소련의 물질적 힘과 동시에 마르크스주의 세계에서 소련공산당이 맡았던 지도자 역할, 그리고 스탈린의 명성에 기인합니다. 그런 스탈린의 사망은 마오쩌둥을 마르크스-레닌주의의 이론가이자 전례 없는 승리로 그 영광이 인정된 행동파이며 세계 공산주의 지도자들 중 가장 위엄 있는 지도자로 만듭니다. 마오쩌둥이 레닌의 상속인이자 전우였던 스탈린에게 표방했던 경의와 감탄의 감정을 말렌코프5)에게 느낄 수는 없습니다. 스탈린은 사망했어도 소련의 힘은 남아 있습니다. 그리고 3월 9일 중국 주석 스스로가 다음과 같이 기술했습니다.

> "소련 공산당은 여전히 세계에서 가장 진보되고 가장 경험이 풍부하며 이론적으로 가장 잘 무장된 당이다." "이 당은 우리에게 모델이었고 모델이며 미래에도 우리의 모델일 것이다."

---

5) 게오르기 말렌코프(Gueorgui Malenkov, 1902-1988). 소련 내각총리(1953-1955).

그럼에도 불구하고 여러 가지 사실들을 통해 소련의 새로운 지도자들이 중국과의 동맹을 얼마나 중요하게 간주하는지와 동시에 소련과 중국과의 관계가 얼마나 미묘한지를 볼 수 있습니다.

중-소 동맹 유지의 필요성이 스탈린의 사망을 알리는 소련 공산당 중앙위원회의 결의문에 이어 스탈린의 장례식에서 발표한 말렌코프 총리, 베리야[6] 부총리 및 몰로토프[7] 외무장관 세 사람의 연설에서까지 언급되었다는 사실은 주목할 만한 내용입니다. 소련의 엄격한 외교의례는 공식 선언과 예식에서 유럽 위성국들보다 먼저 중국을 배치했습니다. 그리고 소련 및 외국 인사들 앞에서 저우언라이는 말렌코프 총리 바로 옆자리에서 스탈린의 장례식을 참관했습니다. 중요한 인물 쿠즈네초프가 파니우시킨 소련대사를 대체하여 베이징 소련대사로 파견되는 동시에 외무부차관으로 임명되었습니다. 이리하여 베이징 주재 소련대사에게 모스크바 주재 중국대사와 동일한 자격을 부여하게 됩니다.

스탈린 사망의 논리적 결과는 중-소 관계의 단절이나 느슨함이 아니라 중국이 소련과 거의 평등한 지위로의 승격을 부여하는 것으로 보입니다. 소련이 과거보다 더욱 중국의 열망과 이익을 고려하게 될 가능성이 매우 높습니다.

이 새로운 상황은 당연히 어려운 문제들을 일으킬 것입니다. 특히 누가 아시아에서 주도를 하게 될까요? 1950년 이후부터 아시아 대륙에서 일어난 사건들은 1949년 11월 중화전국총공회에서 류사오치[8]가 규정한 도표(중국혁명을 모델 삼은 식민지와 및 반식민지 국가에서의 혁명전쟁의 필요성)에 따라 베이징이 점점 확실하게 아시아 공산주의 결탁의 중심으로 부상하도록 만들었습니다. 이 역할은 당연히 확고해질 것입니다. 그러나 이 양국의 당장의 정치적 관심은 때로는 모순되지 않을까요? 특정한 외국 혁명운동, 특히 소련과 중국이 다양한 명목으로 감독을 자처할 수 있는 일본과 한국 공산당의 통제에 대해 대립은 없을까요?

한편, 소련의 중국에 대한 기술적 물질적 지원 문제는 계속 발생할 것입니다.

[6] 라브렌티 베리야(Lavrenti Beria, 1899-1953). 소련 내각부총리(1953).
[7] 바체슬라프 몰로토프(Viatcheslav Molotov, 1890-1986). 소련 외무장관(1953-1956).
[8] 류사오치(Liu Shaoqi, 劉少奇, 1898-1969). 중화인민공화국 부주석(1949-1954).

소련이 중국에 한국전쟁을 계속할 수 있도록 상당한 군사 지원을 하면서 동시에 산업화 계획을 제대로 실행하는데 필요한 물자를 제공할 수 있을 가능성은 매우 희박합니다.

이에 관하여 중국 5개년 계획은 발표되지 않았으며 베이징 정부 전문가들의 소련 파견의 결과에 대해서는 아무것도 밝혀진 것이 없다는 사실에 유의해야 합니다. 반면 스탈린의 사망을 알린 보도 자료에서 알 수 있듯이 소련의 새로운 팀은 그 권력을 공고히 하기 위해 소련 인구를 겨냥한 소비재의 양을 늘리게 되었고 중국으로의 송달은 절충될 수밖에 없었습니다.

여기서 매우 주의 깊게 그 변화를 살펴야할 문제는 바로 여기에 있는데 우리 서구의 입장에서는 긍정적인 정치활동의 토대를 그 위에 세울 수가 없습니다. 중-소 동맹의 분열 가능성에 관한 공론은 냉혹한 진실에 부딪치는데 특히 외부 파괴와 내부 강화라는 공동의 계획으로 결속되어있는 이 두 세력의 주요 관심 사가 적의 세계 앞에서 밀접한 동맹을 요구한다는 사실에 걸립니다. 미국의 위협에 군비를 재무장한 일본의 위협까지 더해지는 순간에 그 동맹이 덜 필요해 보이지는 않을 것입니다.

마오쩌둥은 그의 성격, 그의 업적과 과거를 볼 때 티토[9]와 전혀 비슷한 점이 없고 소련의 중국 정책은 유고슬라비아 정책과는 매우 달라 보입니다. 외부의 위험이 사라지고 세계의 대부분이 공산주의 진영에 합류하여 세력권 분할 문제 가 심각하게 발생하지 않는 한 두 동맹국간의 분열은 거의 불가능한 것처럼 보 입니다.

우리가 중국이 극동에서 주도하게 될 상황에 대해 만족해야 한다는 것을 증 명하는 것은 아무것도 없습니다. 무엇보다 특정 인도계 또는 영국계에서 널리 퍼진 소련의 호전적 주도행위를 마지못해 따르는 중국의 이미지는 신화의 영역 에 속하는 것으로 보이며, 최근 몇 년 동안의 사건들은 오히려 중국이 성장 의 지와 자신의 힘을 과시하고자 하는 열망으로 고취된 신생국처럼 공격적이지만

[9] 요시프 브로즈 티토(Josip Broz Tito, 1892-1980). 유고슬라비아 사회주의 연방공화국 2대 대통 령(1953-1980).

서구에 대해 깊이 적대적인 동시에 계산적인 모습을 보여줍니다. 지금까지 중국은 모험적인 외부 정책에 있어 소련에 비해 잃을 것이 별로 없었고 오히려 내부 상황을 통합하는 이점을 찾아내기까지 했습니다.

서방 국가들이 이 문제들을 합리적으로 처리할 수 있는 유일한 길은 침략은 이익이 되지 않는다는 것과 그들이 뛰어든 한국에서의 모험은 가망이 없다는 것을 중공에 보여주고 동시에 소련과의 관계 단절은 아니더라도 관계 완화라는 특정 조건 하에서 존재할 수 있는 가능성을 지키는 것입니다.

중국까지 적대행위를 확산하지 않은 한국에서의 지역적 군사적 승리는 이 두 가지 필요성을 충족시킬 수도 있을 것입니다. 궁극적으로는 오늘날 극동에서 서방 국가들과 그 동맹국들이 드러내는 위력을 공산진영, 특히 중국이 깨닫고 1945년부터 1950년까지 자기들이 정복한 진지들을 걱정할 때 이 지역에 평화에 대한 희망이 나타날 수 있을 것입니다.

【50】 클라크 장군에게 보낸 김일성과 펑더화이의 메시지(1953.3.29)

[전 보]	클라크 장군에게 보낸 김일성과 펑더화이의 메시지
[문 서 번 호]	420
[발 신 일]	1953년 3월 29일 02시 40분
[수 신 일]	1953년 3월 29일 10시 20분
[발신지 및 발신자]	도쿄/르 제니셀(주일 프랑스대사관원)

3월 28일 베이징라디오에서 방송되었던 대로 공산군 장군들이 클라크 장군에게 보낸 최근 메시지 전문을 다음과 같이 각하께 전해드립니다.

"우리는 2월 22일 귀하의 서신을 받았습니다. 심각하게 병이 들었거나 부상을 입은 전쟁포로들을 우선으로 본국 송환하는 문제에 대하여 양측의 휴전협상 대표들은 사실상 한국 휴전계획 제31조에서 기술된 인도주의적 원칙에 따라 합의에 이르렀습니다.

단지 휴전협상의 중단으로 인하여 합의된 조항들이 이후에 효력을 발휘하지 못했습니다.

결과적으로 지금까지는 양측의 병자 및 부상자 포로들을 본국으로 송환하는 것은 불가능했습니다.

이제 귀하가 병들고 부상당한 전쟁포로들에게 제네바협약을 적용할 준비가 되었다고 선언했으므로 우리 측은 유사한 의향을 표명하며 적대행위 기간 동안 양측의 부상당했거나 병이 든 포로들을 교환하자는 제안을 전적으로 수용합니다.

이 제안은 제네바협약 제109조의 규정에 따라 이행되어야 합니다. 동시에 우리는 적대행위 기간 중의 병자 및 부상자 전쟁포로 교환문제의 합리적 해결은 선생쏘보에 관안 보는 문세의 용이안 해결로 이이져야 히고 긴 세계 사람들이 열망하는 한국 휴전으로 연결될 수 있어야 할 것입니다.

따라서 우리 측은 양측 휴전협정 대표들이 즉각 판문점에서 대화를 재개할 것을 제안합니다.

또한 우리의 연락장교는 귀하 측의 연락장교와 만나 협상 재개의 날짜를 논의하고 결정할 준비가 되어있습니다."

서명: 김일성, 펑더화이

국방부에 전달 요망.

르 제니셀

【51】 중공-북한의 새로운 제안에 대한 영국언론의 반응(1953.3.31)

[전 보]	중공-북한의 새로운 제안에 대한 영국언론의 반응
[문 서 번 호]	1520-1524
[발 신 일]	1953년 3월 31일 16시 50분
[수 신 일]	1953년 3월 31일 17시 00분
[발신지 및 발신자]	런던/마시글리(주영 프랑스대사)

중공-북한의 새로운 제안은 당연히 오늘 아침 언론의 1면을 차지했습니다. 그런데『데일리헤럴드』같은 특정 신문들은 "중국이 한국에 평화를 제공하다" 라고 대서특필하는가하면 다른 신문들, 특히『데일리텔레그래프』는 유보적인 태도를 보이며 판문점 회담이 실제로 재개되었다는 사실을 제목에 넣고 공산측의 이러한 자주적 행동에 대해 상당히 불분명한 소개를 하고 있습니다.

중공-북한의 새로운 제안이 체면을 잃지 않기 위해 인도의 결의계획안을 무조건 수용한 것은 아니지만 어쨌든 연합군 측이 유엔에 제출한 수용할만하다고 여겨지는 다수의 제안과 유사하다고 대다수의 사설들은 지적합니다. 비록 자발적 본국 송환이 원칙적으로는 수용되지 않았지만 실제로는 받아들여진 것이고, 새로운 제안이 휴전협정에 이르고자하는 공산 진영 쪽의 진정한 열망을 담고 있다면 더 이상 그 무엇도 협정체결을 막지 못할 것입니다. (물론 특히 중립국 지정에 관해 새로운 난관도 상상할 수 있음) 그러므로 새로운 제안은 면밀히 조사되어야하고 중공-북한의 선의는 시험해볼 필요가 있습니다.

판문점 협상의 과거를 보면 이러한 조심성이 설명됩니다. 그러나『맨체스터 가디언』은 우리의 불신을 너무 노골적으로 드러냄으로써 상대측의 철수를 부추긴다면 대단히 유감스러운 일일 것이라고 썼습니다. "우리는 마비되지 않고 용의수도할 수 있다고 이 신문은 덧붙입니다.

『타임』의 사설도 같은 결론을 맺습니다. 자유세계는 실제로 그러한 것보다 평화를 덜 열망하는 것처럼 조작당하지 않는 것이 중요하다고 이 신문을 강조합니다. 그러므로 중공-북한의 새로운 제안이 진지하게 검토되어야하고 요컨대 그렇게 보이지만 이 제안이 진실인지 아니면 여전히 잘못된 희망을 주는 것인지의 여부를 판단하기 위한 모든 노력을 기울이는 것이 바람직합니다. 한편『맨체스터가디언』은 이 민감한 협상이 판문점이 아닌 다른 곳에서 "군인들보다는 외교관들에 의해" 이루어지기를 선호합니다.

마시글리

【52】 중공-북한의 새로운 제안에 대한 영국 외무부의 입장(1953.3.31)

[전 보]	중공-북한의 새로운 제안에 대한 영국 외무부의 입장
[문 서 번 호]	1535-1538
[발 신 일]	1953년 3월 31일 22시 30분
[수 신 일]	1953년 3월 31일 22시 45분
[발신지 및 발신자]	런던/마시글리(주영 프랑스대사)

보안

본인의 전보 제1515-1519호와 제1520-1524호 참조

『타임』과『맨체스터가디언』같은 신문들이 중공의 최근 주도적 행위에 대해 곁들인 논평은 영국 외무부의 지배적인 견해를 매우 정확하게 반영합니다. 사람들은 꽤 확신을 하고, 이든 외무장관은 저우언라이가 제시한 이토록 구체적인 교섭제안을 배제하는 것처럼 보이지 않아야 할 필요성에 대해 워싱턴에 전부로 알렸습니다

또한 스탈린의 사망으로 소련에 대하여 강해진 베이징 정부가 공산주의 정책의 노선을 굽히도록 하기 위해 어느 정도로 소련에 부담을 줄 수 있었는지 파악하지 못한 상태에서 서구 세력은 전반적인 계획의 진행과 마주하고 있다는 사실은 더 이상 의심할 여지가 없습니다.

어쨌든 이와 관련하여 우리는 소련이 관여하기를 바랄 수 있는 분열 책략의 위험을 모르지 않습니다. 오늘 영국 사무차관은 오늘 저에게 "만약 소련이 자신에게 어떤 기회가 주어진 것이지 마침내 깨닫게 된다면 상황은 확실히 매우 흥미롭지만 동시에 매우 위험한 환경에서 전개될 것이며, 소련의 속셈이 무엇이

든 수용 가능한 조건하에서 우리에게 대화가 제안된다면 당신의 나라 프랑스에서나 우리 영국에서나 여론은 더 이상 정부의 회피를 허락하지 않을 것이며, 일단 한국 휴전에 대한 동의가 이루어지면 유럽문제에 관한 회의가 매우 신속하게 시작될 가능성이 높다"고 말했습니다.

그러므로 우리는 새로운 전략이 서구 세력에게 처하게 만들 위험에 대해 주의하고 있습니다. 그렇다고 최근 중국의 주도적 행동에 대해 긍정적 입장 표명을 늦출 수 있다고 생각하지 않기 때문에 영국대사가 워싱턴에 이 사실을 말하도록 지시를 받았습니다.

마시글리

【53】 포로송환 합의와 저우언라이의 변화(1953.3.31)

[전   보]   포로송환 합의와 저우언라이의 변화
[문 서 번 호]   91-92
[발 신 일]   1953년 3월 31일 12시 25분
[수 신 일]   1953년 3월 31일 10시 25분
[발신지 및 발신자]   베이징/장켈레비치(주베이징 프랑스대표)

　　오늘 아침 중국 언론은 어제 일자의 보고서를 보도했습니다. 이에 따르면 모스크바에서 귀국한 저우언라이가 정부의 총리이자 외무장관의 자격으로, 제네바협약 제109조에 따라 병들거나 부상을 입은 포로들의 송환을 위해 중공-북한 수뇌부와 유엔 수뇌부 사이에 이루어진 합의에서, 평소와는 다른 정중한 톤과 함께 전체주의 체제가 아니면 있을 수 없는 완벽한 반전과 약간은 때늦은 양보 정신으로, 억류당국의 이의제기 없이 본국으로 송환될 의향이 있는 포로의 즉각적 교환과 그렇지 않은 포로들은 아무런 압력 없이 그들의 열망의 진정성을 지원해줄 중립국에 인도한다는 지난 12월 3일 유엔 결의의 핵심 부분조차도 수용할 준비가 되어있다고 밝혔습니다.

장켈레비치

【54】 부다페스트에서 개최되는 세계평화회의의 주제(1953.4.1.)

[전 보]	부다페스트에서 개최되는 세계평화회의의 주제
[문 서 번 호]	132
[발 신 일]	1953년 4월 1일 21시 45분
[수 신 일]	1953년 4월 2일 07시 59분
[발신지 및 발신자]	부다페스트/들라랑드(주헝가리 프랑스대사)

『자바드 넵』의 논설은 오늘 아침 전쟁포로 교환과 휴전협상의 재개와 관련한 중국·북한의 제안을 설명하면서 4월 10일 부다페스트에서 개최되는 세계평화회의에서 이 주제에 부여하는 "특별한 중요성"에 주목하였습니다.

"몇 달 전부터, 미국 의회 의원들, 신문 편집자들, 미국의 장성들과 산업자본가들은 한국문제의 해결 가능성들을 논했지만, 그들에게 그러한 가능성들은 봄의 공세에서 핵무기의 사용까지 나아갔습니다. 그러한 가능성들은 평화협상의 추구를 수반하지 않습니다.

"하지만 평화진영은 그러한 노력을 계속했습니다. 12월에 빈에서 열린 회의에서, 모든 이들은 예전에 없던 흩어지지 않는 단결력으로 한국전쟁의 종결을 요구했습니다.

"김일성 동지의 제안과 저우언라이 동지의 선언은 평화를 위해 이끈 투쟁에서 예외적인 중요한 단계를 이룹니다. 그들의 제안과 선언은 말렌코프 동지의 언급들을 정당화시킵니다. 현재는 상호 합의 기반의 평화적 해결에 있어 어떤 논쟁거리가 되는 문제도 없습니다.

"워싱턴의 소식들은 미국의 몇몇 정부 조직들이 그러한 데탕트를 잘못되거나 위험할 수 있다며 불안하게 바라보고 있습니다. 전쟁과 살상으로 부유해진 이들은 이미 전쟁의 종식이 느슨해진 재무장의 지연을 가져올까 신경이 날카로워져 있습니다.

"제국주의자들이 인민들의 주의 어린 시선을 느낄 때에만이 한국문제의 해결책을 찾을 수 있을 것입니다. 4월에 부다페스트에서 개최되는 세계평화회의가 특별한 중요성을 부여하는 것을 바로 이것 때문입니다. 회의는 평화를 수립하고, 다시금 피를 흘리는 일을 막아낸다는 전 세계인의 의지를 표명할 것입니다.

"한국의 평화는 커다란 부분에서 세계평화 강화에 기여할 것입니다."

들라랑드

【55】 소련과 중국의 모스크바 회담에서 데탕트의 입장 표명(1953.4.1)

[전 보]	소련과 중국의 모스크바 회담에서 데탕트의 입장 표명
[문 서 번 호]	627-632
[발 신 일]	1953년 4월 1일 07시 30분
[수 신 일]	1953년 4월 1일 12시 08분
[발신지 및 발신자]	모스크바/족스(주소련 프랑스대사)

　1년 이전부터 한국 휴전협상의 종결을 중단시킨 유일한 점에 대해 중국이 취한 결정은 도처에서 데탕트의 긍정적 신호로 읽혀졌습니다. 서구는 상대 진영의 평화의 맹세를 믿기 전에 시험해보고자 했습니다. 그러한 시험은 그러한 선언 이후 합의가 한국에서 이루어지지 않으면 너무나 기가 막힌 일이므로 받아들여졌습니다.

　이러한 결정은 베이징과 모스크바의 합의 이후 이루어졌으며, 거기에는 어떠한 의문점도 없습니다. 전체 문안은 오늘 아침부터 『프라우다』에 공개되었고, 모스크바에 2주 이상을 머물렀던 저우언라이가 베이징에 돌아온 6일 후 실렸습니다. 그러한 의견교환 중에 한국에 억류된 민간인 석방을 위한 런던의 중재가 제안되었습니다. 소련과 중국의 두 대표자의 합의는 완벽해보였습니다. 둘 중의 누가 주도권을 쥐었는지 알기는 쉽지 않으며, 그것이 소련이란 것도 명확하지 않습니다. 모스크바에서 한국 사태를 바라보는 서양의 관찰자들에게는 언제나 미국에서도 평판이 좋지 않고 유럽에서는 더욱 평판이 좋지 않은 전쟁을, 게다가 소련에 대한 중국의 종속을 더욱 강화시키고 연장시키는 전쟁을 중단시키려 끼어드는 일에 소련은 아무런 흥미도 없을 것으로 보였습니다(본인의 12월 19일자 전보 제2440호). 반대로 우리는 공중 폭격이 점점 더 심해지고, 중국 영토를 침범할지도 모르는 강력한 공격을 야기할 수 있으며, 여하튼 중국의 새 지도자들이 공을 들이는 것으로 보이는 재건 작업을 늦추는 등 중국이 전쟁을 끝내려고 하게끔 만든 이유를 더욱 잘 알고 있습니다. 만일 이러한 분석이 정확하다면 최근의 모스크바 회담에서 전쟁에 종지부를 찍자고 주장한 것은 소련이 아니라 중국일 것이며, 말렌코프 씨는 스탈린이 고집스럽게 유지했던 억제시키고 제동을 거는 식의 정치를 재개할 수 있을 것이라고 믿지는 않았을 것입니다.

하지만 이러한 데탕트의 태도는 전적으로 말렌코프 씨가 지난 3월 9일 붉은 광장에서 확정한 정치의 일반 범주 속에 들어가는 것입니다. 그는 일반적인 서구인들, 미국인들 그리고 특히 아이젠하워 대통령이 매우 민감할 수밖에 없는 점으로서 소련의 정치에서 스탈린의 계승자가 부여한 새로운 방향을 구체화하였습니다.

족스

【56】 병들고 다친 포로송환 문제에 대한 클라크 장군과 저우언라이의 서신 교환 (1953.4.1)

[전 보]	병들고 다친 포로송환 문제에 대한 클라크 장군과 저우언라이의 서신 교환
[문 서 번 호]	427
[발 신 일]	1953년 4월 1일 08시 00분
[수 신 일]	1953년 4월 1일 11시 40분
[발신지 및 발신자]	도쿄/르 제니셀(주일 프랑스대사관원)

본인의 전보 제420호에 이어

클라크 장군이 공산군 장성들에게 보낸 답변의 번역문을 아래 동봉합니다. 이러한 답변은 3월 31일 14시에 판문점에서 있었습니다.

인용

　　1953년 2월 22일 본인의 서한에 대한 답변으로 1953년 3월 28일 귀하의 서한을 받아 영광이며, 귀하께서 전쟁 기간 중 심각한 부상을 입은 자와 병자들 전체의 송환을 이행하자는 우리의 제안에 합당한 준비가 되어 있음을 이해하게 되었습니다.

　　결과적으로, 개별적 포로 교환에 필요한 조치를 취하기 위해 각 국가를 대표하는 관료나 장군이 이끄는 관련 단체의 회동이 가능한 한 빨리 판문점에서 이루어지기를 제안합니다.

　　전쟁 기간 동안 병들고 다친 전쟁 포로들의 교환이 모든 문제를 더욱 쉽게 해결해주기를 바라는 마음은 본인도 귀하와 같습니다.

　　결과적으로, 본인은 대표단들에 의한 휴전협상 재개를 위해 우리 쪽 관련 단체가 귀하의 단체와 회동하도록 필요한 지시를 내릴 준비가 되어 있습니다.

　이 문제에 대한 귀하의 제안은 귀하께서 유엔의 제안들을 받아들일 준비가 되어 있거나 혹은 귀하께서도 대표단의 회동 재개에 기반이 될 수 있는 건설적인 제안을 하실 것임을 함축하고 있는 것으로 보입니다.

　심각하게 병들고 다친 모든 포로들의 송환을 다룰 양 진영의 관련 단체의 회동 일정 문제에 대한 귀하의 결정이 내려지는 대로 본인에게 알려주시기 바랍니다.

국방부에 전달 요망.

인용 끝.

르 제니셀

【57】 저우언라이의 선언문(1953.3.30)

[전 보]	저우언라이의 선언문
[문 서 번 호]	미상
[발 신 일]	1953년 3월 30일
[수 신 일]	1953년 3월 30일
[발신지 및 발신자]	도쿄/르 제니셀(주일 프랑스영사)

저우언라이의 선언문

1953년 3월 30일

 "유엔 사령관 클라크 장군이 1953년 2월 22일 전쟁 중의 부상자와 병자들, 양 진영의 전쟁포로 관련하여 제시한 제안을 함께 검토한 중화민국의 중앙 정부와 한국의 민주공화국 정부는 같은 결론에 이르렀으니, 말하자면 1948년 제네바협정의 C10조항의 규정에 따라 전적으로 이러한 문제의 공평한 해결에 이를 수 있을 것이라는 결론에 이르렀다.
 이것은 전적으로 명백히 전체 전쟁포로의 문제를 더욱 수월하게 해결하는데 주요한 영향을 끼칠 것이다. 전체적으로 한국에서의 전쟁 중지와 휴전협상의 종결을 보장해줄 전쟁포로 문제를 해결해야 할 순간이 온 것으로 보인다.
 중국과 북한은 모두 한국 인민군 대표들과 중국의 지원병 대표들이 한쪽의 휴전협상에, 그리고 유엔 사령부의 대표들이 다른 쪽에서 전쟁 중 부상당하거나 병든 전쟁포로의 교환 문제에 대한 협상에 착수해야 하고 전쟁포로 문제의 전체 해결을 모색해야 한다는 의견이다.
 한국에서 1년 이상 전부터 전개되어 온 협상은 이미 휴전조약을 위한 기초들을 마련했다. 개성과 판문점에서의 협상 도중, 양 진영의 대표들은 전쟁포로에 대한 문제만을 제외하고는 모두 합의에 이르렀다.

우선, 전 세계가 관심을 두고 있는 한국에서의 "종전" 문제에 대해 양 진영은 이미 다음과 같은 합의에 도달했다. "양 진영의 수장들은 명령을 내려 휴전협정 조인 이후 12시간 안에 한국에서의 전적인 전투 중단이 사령부 산하의 모든 군대들, 즉 육·해·공의 모든 군대와 군인들에게서 시행되고 있는지를 감시할 것이다(휴전협정안의 제12항)."

두 번째로, 거기에다 양 진영은 휴전협정을 위한 많은 중요 형식들에 합의를 이루었다. 군사분계선의 설정 문제와 비무장지대의 설치 문제에 대해, 양 진영은 이미 휴전협상의 승인이 발효될 때 양측 사이에 존재하는 접선이 군사분계선이 되고 "게다가 양측 군대 사이에 비무장지대를 설치하기 위해 서로가 위에서 말한 곳에서 2킬로미터의 폭으로 물러날 것에 합의하였다……. 이것은 전쟁을 다시 일으키게 할 수 있는 사건들의 발생을 피하도록 완충지 역할을 하게 하려는 것이다(휴전협정안의 제1항)."

휴전협정의 시행과 위반에 대한 감독 관련하여, 양 진영은 이미 중국과 북한의 최고사령부가 임명한 5명의 최고위원과 유엔이 임명한 5명의 최고위원으로 구성된 휴전협상군사위원회가 창설되어 전쟁포로 송환을 맡은 위원회의 감시와 감독 및 모든 휴전협정 합의의 위반 협약과 해결을 포함하는 휴전협상합의의 이행 감독을 책임지도록 이미 합의하였다(휴전협정안의 제19, 20, 24, 25, 56항). 양 진영은 또한 중국과 북한이 동시에 임명한 중립국 체코와 폴란드의 2명의 최고위원과 유엔군 사령관이 임명한 중립국 스위스와 스웨덴의 2명의 최고위원으로 구성된 중립국감시위원회 설치에 합의하였다. 이러한 위원회의 감독 하에, 감시기구들은 앞서 언급한 국가들에서 임명된 관료들로 설립될 것이다. 이 감시기구들은 다음의 북한 항구에 설치될 것이다. 신의주, 청진, 흥남, 만포, 신안주. 그리고 다음의 남한 항구들에 설치될 것이다. 인천, 대구, 부산, 강릉, 군산. 그들의 임무는 양 진영이 한국에서 개별적 군사력, 항공전투, 장갑차, 무기와 군수품 증대 중단의 조치들을 이행하는지에 대해 감독하고 감시하는 것이다(그러한 조치들에 의해 규정된 교대와 교체와는 별도임). 그러한 기구들은 비무장지대 밖에 위치한 몇몇 지역에 특별감독감시단 파견을 결정할 수 있을 것이며, 또한 휴전협상의 유지를 보장하기 위해 휴전조약의 위반은 고발될 것이다(휴전협정안의 제36, 37, 40, 41, 42, 43항).

게다가, 양 진영은 "휴전조약의 조인과 발효 이후 3개월 기한 안에 특별히 지명된 대표자들이 한국에 있는 모든 외국 군대의 철수 관련한 문제 등을 협상을 통해 해결하게끔 한 단계 더 높은 정치회담이 열릴 수 있도록 쌍방의 군사대표가 양측의 관련국 정부에 추천할 것"에 합의했다(휴전협상안의 제60항).

위에서 밝힌 바와 같이, 휴전협상의 경과 속에서 단 하나의 문제(전쟁포로 문제)가 휴전협상의 종결을 막았다. 그리고 이 문제에서도, 양측은 송환문제를 제외하고 전쟁포로의 조치에 대한 휴전협상안의 조항에 합의하였다. 만일 한국에서의 휴전협상이 5달 동안에 중단되지 않았다면, 이미 오래 전에 전쟁포로의 송환문제에 대한 해결책을 찾았을 것이다.

유엔사령부가 전투 중 병들고 부상당한 전쟁포로 교환문제를 제네바협정의 제111조의 조항에 맞게 해결할 것을 제안하면서, 양 진영이 상호이해의 정신으로 한국의 휴전조약에 이르려는 진정한 열망을 가졌다고 보고 이 문제에 대한 공평한 해결에 이어 전쟁포로 전체에 대한 좀 더 용이한 해결책이 얻어질 것으로 생각한다.

전쟁포로 문제에 대해, 중국과 북한 정부는 항상 공평한 해결책은 1949년의 제네바협정, 특히 118조의 조치들에 알맞게 전쟁 중지 이후 즉시 전쟁포로의 석방과 송환에 대해 있어야 한다고 항상 생각한다. 그렇지만, 이 문제에 대한 양측의 대립이 한국에서의 휴전조약의 체결에 계속된 장애물이 되어왔으니, 세계인들의 평화에 대한 염원에 답하기 위해, 평화지속의 계속된 정책과 한국에서의 신속한 휴전조약의 체결을 위해 지속적으로 노력하고자 하는 중국과 북한 정부는 휴전조약 체결을 위해 이 문제에 대한 대립을 상쇄할 필요한 조치를 취할 준비가 되어 있다.

이러한 목적에서, 중국과 북한 정부는 협상에 있어서 양측이 즉시 전쟁 중지 이후 송환을 원하는 수용된 모든 전쟁포로들을 풀어주고, 나머지 포로들은 그들의 송환문제에 대한 공평한 해결책을 위해 중립국으로 보낼 것을 제안한다.

앞서 이러한 제안을 하면서, 우리는 어떤 식으로도 제네바협정의 118조에 나온 원칙으로서, 전쟁중지 이후 즉각적인 전쟁포로의 해방과 송환의 원칙을 포기하지 않으며, 전쟁포로 중 송환을 거부하는 몇몇 사람들에 대한 유엔의 어떠한 주장도 받아들이지 않는다.

한국에서의 피비린내 나는 전쟁의 종결과 한국문제의 평화적 해결만이 극동 및 세계의 안전과 평화라는 문제에 연결되기 때문에, 우리는 이러한 새로운 조치를 취하는 것이다. 그리고 우리는 전쟁중지 이후 반대 진영의 억압과 협박 하에 불안감을 가지고 있고 고국에 돌아가기를 두려워하는 우리 포로들이 중립국으로 보내지고 그러한 설명들이 관련국들에 의해 주어지기를 제안한다. 그렇게 해서 그들의 송환 문제는 공평하게 해결될 것이며 한국의 휴전조약 성립에 어떤 걸림돌도 없게 될 것이다.

우리는 한국에서의 전쟁을 멈추게 하기 위해 중국과 북한 정부가 취한 이러한 새로운 조치가 그 아들들이 한국의 양쪽 진영에서 전쟁을 하는 사람들의 열망에 부합하는 것이며 전 세계인들의 근본적인 열망에도 일치하는 것이라고 확신한다.

만일 유엔사령부가 평화를 추구하려는 신념이 있다면, 우리 측의 이러한 제안을 받아들여야 할 것이다."

1953년 3월 30일, 베이징.

【58】 저우언라이의 스위스대사 접견(1953.4.2)

[전   보]   저우언라이의 스위스대사 접견
[문 서 번 호]   38-40
[발   신   일]   1953년 4월 2일 16시 48분
[수   신   일]   1953년 4월 2일 18시 46분
[발신지 및 발신자]   베른/쇼벨(주스위스 프랑스대사)

  저우언라이가 아주 최근 주중 스위스대사를 불렀습니다. 그는 대사에게 제1, 12, 19, 20, 24, 25, 35, 37, 41, 44, 56, 60항이 판문점에서 합의되었다고 말했습니다.

  그는 휴전협상이 발효되기 위해서 감시기구 조직, 비무장지대 설치, 적십자의 혼합기구활동과 같은 다른 조항들에 대해 하나의 합의가 필요하다고 덧붙였습니다.

  저우언라이는 게다가 레조니 씨에게 포로 교환에 관한 제안을 알렸습니다. 제게 그러한 정보들을 건네준 젠더 씨는 그러한 의사교환이 베이징에 주재한 다른 외교사절단에도 주어졌는지에 대해서는 아직 알지 못합니다.

  그는 이때 스위스대사가 그러한 기밀을 독점하고 있다고 덧붙였습니다.

  그로부터 그러한 정보를 얻은 것이라면, 베이징 정부가 포로문제에 있어 스위스가 중립국의 역할을 맡게 하려고 했음을 추론할 수 있을 것입니다. 연방재판소는 그것이 현재 주어져 있는 아시아의 안을 유지하려는 것이라고 판단했습니다.

쇼벨

【59】 중국 정부의 태도에 대한 외무부의 신중한 접근(1953.4.2)

[전 보]	중국 정부의 태도에 대한 외무부의 신중한 접근
[문 서 번 호]	1564-1567
[발 신 일]	1953년 4월 2일 18시 40분
[수 신 일]	1953년 4월 2일 18시 50분
[발신지 및 발신자]	런던/마시글리(주영 프랑스대사)

절대보안문건

보안

어제 저녁 모리스 슈만 씨와의 전화 통화 참조

외무부는 파리 주재 영국 대사관이 워싱턴 주재 영국 대사관처럼 화요일 저녁 한국과 인도차이나 관련한 프랑스-미국 공문에 대해 명령이 내려진 정보를 글로 이행한 것을 알지 못했습니다. 이든 씨가 몸이 불편해 조금 늦게 전송되었지만 월요일부터 준비된 지시는 몇몇 기자들이 던진 질문과 하원이 제기한 질문이 동기가 된 것이었습니다. 유엔이 개입하지 않는 무대에 대한 중국의 태도와 유엔의 한국에서의 행동 사이에 성립된 관계를 어떻게 정의 내릴 수 있을까요?

같은 이치의 관심사들이 몇몇 유엔대표단들 사이에서는 표출되는 것을 염려하는 외무부는 양쪽 정부가 소통 중인 문제의 정확한 범위에 대해 몇 가지 설명을 줄 기회에 대해 파리와 워싱턴의 주의를 이끌어야 한다고 생각했습니다.

다른 한편으로는, 워싱턴의 공문에 뒤이은 최근의 중국 정부의 태도는 한국의 사태와 극동문제 전체 사이에 성립된 관계가 휴전협상이 종결을 더욱 어렵게 만들 수 있다는 논쟁거리를 만들 것으로 보이며, 외무부는 실제 협상의 본

단계에서 더욱 확대될 정치 안에 있어 위험성이 있다고 계속해서 생각하고 있
습니다.

마시글리

【60】 한국문제에 대한 몰로토프의 담화문(1953.4.2)

[전   보] 한국문제에 대한 몰로토프의 담화문
[문 서 번 호] 640
[발   신   일] 1953년 4월 2일 08시 00분
[수   신   일] 1953년 4월 2일 12시 15분
[발신지 및 발신자] 모스크바/족스(주소련 프랑스대사)

아래와 같이 "한국문제에 대한 몰로토프의 담화문" 번역문을 외무부로 전달합니다. 오늘 아침 모든 신문들은 이것을 첫 면에 실었습니다.

3월 28일 김일성 북한인민군 최고사령관과 펑더화이 중국군 사령관이 클라크 한국 주둔 유엔군 사령관에게 병들고 다친 포로 교환에 대해 보낸 답변이 실렸습니다.

이 답변은 양 진영의 병들고 다친 포로 교환에 공감하고 판문점 협상 도중 이러한 질문에 대해 이미 합의가 이루어졌으며 협상의 중단은 이러한 교환의 이행을 방해하고 있음을 강조하고 있습니다. 게다가 답변은 군사작전 기간과 관련해서는 제네바협정의 109조의 규정들에 합당하게 병들고 다친 포로의 교환을 이행하는 데 동의했습니다. 그와 함께 이러한 교환은 모든 포로문제에 있어 곤란함이 없이 해결에 이르러야 한다고 강조했습니다. 답변 말미에는 휴전협상을 즉시 재개할 것을 제안했습니다.

그런 다음 저우언라이 중국 외무부장관과 김일성 북한 최고사령관의 협의가 베이징과 평양에서 이루어졌습니다. 중국 정부와 북한 정부는 병들고 부상당한 포로의 교환 제안에 동의하며 모든 포로문제의 신속한 해결에 동의하고 처리할 준비가 되어 있다고 선언했습니다.

이를 통해, 중국과 북한 정부는 다시금 한국전쟁의 중단과 유선협상 소인의 발언에서 주도가 두드러지게 되었습니다.

소련 정부가 중국과 북한 정부의 훌륭한 태도에 전적인 지지를 표명하는 것은 당연하며 이러한 행위가 전 세계의 열렬한 지지를 이끌어 내리라는 데에 의심의 여지가 없습니다. 소련 정부도 이러한 제안에 미국 정부도 합의할 것이라는 확신을 나타냈습니다.

소련 정부는 지속적으로 한국전쟁의 중단과 공평한 휴전협상의 성립을 위한 모든 행보를 지지했습니다.

시작은 스탈린 소련 정부 서기장이 1950년 7월부터 인도의 네루 수상의 메시지에 답하면서였습니다.

우리가 알고 있듯이, 1951년 6월 안전보장이사회의 소련 대표가 뉴욕 라디오에서 한 발언은 한국 휴전협상 개시의 기초가 되었습니다. 우선 평양에서, 그 다음 개성에서 이루어진 휴전협상은 포로송환 문제를 제외하고 모든 휴전조약의 조건에 대한 합의에 이르렀습니다. 하지만 그러한 협상은 지난해 10월 클라크 장군에 의해 파기되었습니다. 그것이 휴전협상의 종결을 방해하였습니다.

족스

【61】 한국문제에 대한 몰로토프의 담화문(1953.4.2)

[전 보]	한국문제에 대한 몰로토프의 담화문
[문 서 번 호]	640
[발 신 일]	1953년 4월 2일 11시 00분
[수 신 일]	1953년 4월 2일 17시 04분
[발신지 및 발신자]	모스크바/족스(주소련 프랑스대사)

중국과 북한은 포로 처리 방식에 대한 제네바협정의 제109조에 합당하도록 병들고 부상당한 포로의 교환을 이행하려는 클라크 장군의 제안을 받아들였습니다.

이러한 제네바협정의 조항은 휴전협정의 종결에 앞서는 시기에, 전투가 아직 끝나지 않았을 때 모습을 갖추었습니다. 이제 양측이 개입하여 조인할 수 있게 된 그러한 조항의 적용에 대한 합의는 병들고 다친 포로의 교환이 더 이상 지체 없이 시작하는 데 어떤 장애도 없게 만들었습니다.

김일성 북한 최고사령관과 펑더화이 중국 사령관의 앞선 서한에서는, 단지 2월 22일자 클라크 장군의 병들고 다친 포로 교환 제안에 동의한 것뿐만 아니라 한국전쟁을 끝내기 위한 휴전협상의 재개를 제안하기도 했습니다.

북한과 중국 정부가 협의해낸 3월 30일자 저우언라이 외무부장관의 발표는 병들고 다친 포로들의 교환을 이행하는 것뿐만 아니라 휴전협상의 조인과 한국 전쟁의 종결을 가져올 포로송환의 문제까지 전체적으로 해결할 것을 제안하고 있다는 사실에 특별한 주의를 기울이는 것이 좋겠습니다. 그들 쪽에서는 중화 인민공화국과 조선민주주의인민공화국 정부가 병들고 다친 포로 문제의 합리적 인 해결에 이어 양측이 상호타협의 정신 속에서 한국에서 휴전조약을 체결하려 는 진정한 열망을 통해 인도되도록 제안하고 있습니다.

이러한 질문이 휴전조약으로 이끄는 데 있어 한국에 참전 중인 국가들 사이에서의 유일한 의견 불일치로 남아 있으면서, 한국전쟁의 종결과 평화에 이르려는 열망으로 이끌린 중국과 북한 정부는 이러한 문제의 궁극적 해결을 위해 새로운 발걸음을 내디뎠습니다. 그들은 양 진영이 휴전협상을 재개하고 즉시 전쟁을 중단한 이후 양측에 억류되어 있는 모든 포로들을 송환시키고 다른 이들은 송환문제의 공평한 해결을 보장하기 위해 중립국에 인도할 것을 제안했습니다. 이러한 제안은 포로송환 문제를 공평하게 해결하고 한국 휴전협상의 종결에 남아 있는 장애물들을 제거할 가능성을 제공했습니다.

족스

【62】 클라크 장군의 서한에 대한 중국·북한의 답변(1953.4.3)

[전   보]   클라크 장군의 서한에 대한 중국 · 북한의 답변
[문 서 번 호]   2422-2427
[발   신   일]   1953년 4월 3일 20시 05분
[수   신   일]   1953년 4월 3일 02시 35분
[발신지 및 발신자]   워싱턴/보네(주미 프랑스대사)

보안

뉴욕 공문 제259-264호
본인의 전보 제2364-2377호 참조

존슨 씨는 중국 · 북한 연락 관료가 오늘 아침 연합국 연락 관료에게 전한 서
한문을 전하고 이 문서에 대한 미 국무부의 첫 설명들을 전하기 위해 오늘 제
동료 중 한 사람을 호출하였습니다.

이것이 마크 클라크 장군의 서한에 대한 중국-한국 사령부 답변의 기본적 내
용입니다. 그것은 병들고 다친 포로들의 교환에 필요한 준비들을 결정하기 위
한 고위층 관료들 간의 회의를 열 것을 제안하고 있습니다.

   "우리는 귀 당국의 서한에서 내놓은 제안들을 받아들이며, 4월 6일 판문점
   에서 예비 교섭이라는 명목 하에 양측의 병들고 다친 포로들의 교환 문제를
   해결하고 휴전협상의 재개 날짜를 논하고 발표하기 위해 우리의 연락 담당관
   이 귀 당국의 연락 담당관을 만날 준비가 되어 있음을 본 서한을 통해 전합니
   다. 겨우언라이 씨 측이 선언문 사본을 동봉합니다."

이 문안을 해석하면서, 그리고 특히 "예비적인"이란 표현을 해석하면서, 존슨 씨는 자신의 문안 작성이 중국·북한이 병들고 부상당한 포로들의 교환에 대한 합의 가치로서 휴전협상 재개에 대한 보장을 받아내고자 함을 이해하게 만들 수 있다고 강조했습니다. 앞선 전보에서 전해 드렸듯이, 미국 정부는 첫 문제의 만족할만한 해결책이 휴전협상 재개에 이르기 위한 공산주의자들의 의도를 테스트하는 것처럼 간주되면서 두 가지 문제 사이에서 명백한 관계를 찾지 못할 것입니다.

존슨 씨는 하지만 클라크 장군이 월요일과 혹은 앞으로 회의가 있을 다른 날 자신을 대신할 관료에게 이제 미국 정부가 알고 있는 저우언라이의 선언을 참조하고 중국과 북한이 이러한 선언의 실행 제안을 하게끔 하라고 명령 내렸습니다. 그러한 제안은 병들고 다친 유엔사령부에 의해 검토될 것입니다.

이처럼 미국 정부는 매우 신중하게 확실한 안전장치를 마련하면서 판문점 협상을 재개하는 방향으로 가는 것으로 보입니다.

보네

【63】 몰로토프 씨의 발표에 나타난 소련의 입장 해석(1953.4.3)

[전 보]	몰로토프 씨의 발표에 나타난 소련의 입장 해석
[문 서 번 호]	658-663
[발 신 일]	1953년 4월 3일 14시 00분
[수 신 일]	1953년 4월 3일 18시 00분
[발신지 및 발신자]	모스크바/족스(주소련 프랑스대사)

한국에 대한 몰로토프 씨의 발표는 중국과 소련 간의 관례적인 역할 분담을 존중하고 있습니다. 지난 12월, 모스크바는 유엔의 제안이 "모호하고, 불공평하고 비합법적"이라는 『프라우다』의 어조로 발표하도록 피어슨 씨가 보낸 메시지에 대한 중국의 답변 공표를 기다렸습니다. 이번에 『프라우다』는 저우언라이의 발표를 그대로 게재했으며, 이틀 후 몰로토프 씨는 "이러한 제안의 전적인 공평성을 잘 인식하고 있으며" 소련 정부는 "그것의 완전한 실행에 협력할 준비가 되어 있다"고 덧붙였습니다.

모든 일이 마치 소련에게 중국의 계획을 승인하고 옆에서 돕는 역할이 주어진 것처럼 보였고, 그것은 결국 그런 상황이 되는 것 같았습니다(본인의 전보 제627호).

이러한 소련의 태도 표명은 정치 전반의 주요 사건들에 연관된 것이었으니, 지난 3월 9일 말렌코프의 담화 이후 처음으로 상당한 데탕트의 손짓을 표했기 때문입니다. 소련의 입장이 가지는 의미는 그가 영향력이 미미한, 하지만 그 일을 예고하는 다른 표명에 이어 개입한 것인 만큼 더욱 명백합니다. 이 말은 몰로토프 씨의 발표가 새롭게 가져온 기술적 요소가 이어질 일들에 지불해야 할 대가를 규정하고 있음을 확인해야 한다는 것입니다.

그 대가, 그것은 중국만이 아니라 한국의 유엔 가입, 나시 밀해 극동에 대한 미국 정치의 새로운 방향에 대한 것입니다.

필시 몰로토프 씨가 절제된 용어로 그것을 발표한 점을 알아두어야 할 것입니다. 그는 중국과 한국에 대한 인식은 "긴급한 문제들"에 속하고, 그 나라들의 유엔 가입은 "유엔 기구의 이익에 부합하며 평화를 공고히 하는 데 기여할 것"이라고 말합니다. 그러한 형식은 최후통첩의 어조가 아니며, 요구가 명확했음에도, 그것은 모든 조치의 사전 조건으로서 표명되지 않았습니다. 하지만 주제는 소련의 외교적 노력이 취하는 의미가 무엇보다 자신의 행동 역량을 보여줄 유엔 분야를 가리키는 데 있습니다.

현재 상태에서, 몰로토프 씨는 그러한 계획에서 중국과 소련의 위상이라는 두 가지 질문을 제기합니다. 하지만 첫 번째는 여건이 허락되면 해결될 수 있는 문제지만, 유엔이 남한의 안전 보장을 포기할 수 있을지, 게다가 남북한이 통일될 수 있을지는 해결하지 힘들어 보입니다. 그 문제는 현재 상태에서 해결책이 없으며, 혹시 몰로토프 씨가 실질적 흥정 요소를 목적으로 첫 번째에 연관시킨 것은 아닌지 생각해 볼 수 있습니다.

데탕트는 분명합니다. 그것은 행동을 전제로 합니다.

족스

【64】 클라크 장군의 서한에 대한 중국·북한 군 사령관의 답변(1953.4.3)

[전   보] 클라크 장군의 서한에 대한 중국·북한 군 사령관의
                 답변
[문 서 번 호] 666
[발   신   일] 1953년 4월 3일 14시 00분
[수   신   일] 1953년 4월 4일 11시 46분
[발신지 및 발신자] 모스크바/족스(주소련 프랑스대사)

외무부로 아래와 같이 클라크 장군의 서한에 대한 김일성과 펑더화이의 답변
번역문을 보냅니다. 평양에 있는 신화통신 기자가 준 문서입니다.

  "우리는 1953년 3월 31일 장군의 서한을 받았습니다.
  우리는 장군이 편지에서 밝힌 제안에 동의하며, 양측의 병들고 다친 포로
교환 문제의 사전 검토를 수행하기 위해, 그리고 마찬가지로 휴전협상 재개일
문제를 검토하고 해결하기 위해 중국·북한 관계자들이 1953년 4월 6일 판문
점에서 미국 관계자들과 회동할 준비를 할 것임을 알려드립니다."
  "포로송환 관련 제안에 대한 중화인민공화국 정부의 발표문과 조선민주주
의인민공화국 정부의 발표문 사본을 아래 동봉합니다."

  서명: 조선인민군 사령관 김일성
       중국인민지원군 사령관 펑더화이
       1953년 4월 1일."

                                                              족스

【65】 공산진영의 제안에 대한 미국의 여론과 워싱턴 관가의 반응(1953.4.4)

[전 보]	공산진영의 제안에 대한 미국의 여론과 워싱턴 관 가의 반응
[문 서 번 호]	2475-2484
[발 신 일]	1953년 4월 4일 19시 00분
[수 신 일]	1953년 4월 5일 01시 15분
[발신지 및 발신자]	워싱턴/보네(주미 프랑스대사)

뉴욕 공문 제265-274호

한국문제에 대한 공산진영의 최근 제안들은 상대방의 의도에 대한 불신이 지배하는 복잡한 감정과 더불어 미국 여론에 받아들여졌습니다. 비록 그것들이 평화적인 모습과 군인들을 돌아오게 하고 재정적 부담도 줄여줄 휴전협상에 대한 기대를 나타낸다 하더라도 말입니다. 밴 플리트 장군이 국회 앞에서 한 선언이 제한된 군사적 공격 준비를 하려는 듯 보였던 순간, 판문점 협상의 실질적 재개에 대한 기대는 아시아에서 좀 더 '긍정적인' 정치 발전에 관련된 논의들의 흐름을 끊게 하고 생각지 못했던 범주의 문제를 제기하게 만들었습니다.

회의적 시각이 계속 존재했음에도, 언론이 예외 없이 중국·북한의 속내를 확인하려는 관가의 의견이 있었음에도 불구하고, 전반적으로 판문점 협상 재개와 더불어 병들고 다친 포로 교환에 대해 합의가 이루어질 것이라는 기운이 우세했습니다. 그러기에 언론 사설들은 모스크바에서 결정된 전술의 변화 원인에 대해 알고자 하고, 적이 종전이 이익이라고 판단한 이유를 파헤치려 합니다. 지난 12월 유엔에서 격렬히 거부했던 제안들에 가까운 조건들을 이제는 받아들이는 것으로 보이니 말입니다. 가장 자주, 게다가 무질서하게 나온 논쟁들은 다음과 같습니다. 중국에 대한 군사적·경제적 압력의 강화를 결정한 워싱턴 행정권력의 탄생, 크렘린 새 지도층의 체제 강화의 필요성, 전투 재개가 중국이 미국에 맞서기 위해 아시아에서 꺼내든 선전의 이득을 경감시킬 위험, 서구 군사력의 신속한 재건을 이끌 공격적 전략 대신 길게 보아 자유국가의 동맹을 해체시키고 독일과 일본의 재무장 계획을 포기시키려는 좀 더 온건한 전략으로 대체하려는 욕망, 자본주의 경제의 전적인 붕괴, 디플레이션 정치의 시행을 통해 무엇보다 미국에 유리하게 되어 있는 것의 전면에서의 붕괴라는 마르크스의 견해가 실제 표출되는 것을 보려하는 바람이 그러한 논쟁들입니다.

그러한 마지막 두 논쟁은 그것들이 수반하는 내용들을 추출하려 노력했던 논설위원들이 가장 빈번하게 거론했던 것입니다. 몇몇은 이미 냉전의 현실적 조건들에 맞지 않는 경제적 심리와 구조의 표시로 해석한 증권가의 신경과민을 유감스럽게 생각했습니다. 그들은 상대방의 목표가 변하지 않은 채 이제 진정한 '냉전'이 시작되는 것이며, 서구에게는 막중한 시험이 바로 이것이라고 강조합니다. 그들은 특히 방위자금의 한계라는 의미에서 미국이 이미 받고 있는 심각한 압박이 극복할 수 없는 정도는 아닌지 의문을 가집니다. 핸슨 배드윈[1] 씨는 어제 『뉴욕타임스』에서 이 점에 대한 미 국방성의 걱정에 대한 소문을 퍼뜨렸습니다. 반면 동일 신문은 사설란에 "우리는 강해야 하고 더욱 강해져야 한다"라는 제목을 실었습니다.

아시아의 전체적인 상황에 대한 한국에서의 불확실한 휴전협상의 결과에 대해서, 신문들은 매우 신중한 태도를 취하고 있습니다. 『워싱턴포스트』만이 몰로토프 씨의 최근 선언을 참고하여 한국의 장래 위지와 유엔에서의 중국의 내표성을 거론합니다. 이 후자에 대한 서구의 통일된 관점이 떠오르는 동서관계의 새로운 국면에서 이전보다 더욱 필요한 것으로 강조하며 말입니다. 하지만 그러한 표시는 고립되어 있고 대다수의 논설들은 오히려 미국이 실제로 이점에 대해 양보할 준비가 되어 있지 않다고 인식합니다. 레이 크롬리[2]는 『톨스트리트저널』에서 휴전협상이 한국에서 이루어질 경우 앞으로 몇 달 안에 극동에 대

---

[1] Hanson Badwin.
[2] Ray Cromley.

한 미국 정치의 전반적 노선을 명확히 할 수 있다고 생각했습니다. 그의 견해에 따르면, 공산진영에서 나온 제안이 진정한 것이라면, 워싱턴 정부는 무력전투를 청산하려고 하겠지만, 중국이 인도차이나와 말레이시아 침략을 계속하지 않는 데 동의하지 않는 한 중국에 대한 압박 정치를 포기하지는 않을 것이라고 합니다. 미국 부대는 한국과 일본에 주둔할 것이며, 대중국 수출금지는 엄격히 계속해서 적용될 것이며, 프랑스-베트남 군대는 필요한 모든 지원을 받을 것이며, 중국 국민당 부대의 재무장은 희생양이 된 모든 국가들 혹은 침략을 당한 국가들에 필요한 안전보장을 포함하여 극동에서의 전반적 타결이 이루어질 때까지 계속될 것입니다. 그는 이 점에 대해 덜레스 씨가 어제 기자 회견에서 주장하였고 최근의 미·불 회담의 내용 속에 나타난 바 있듯이 중국에 충분히 경고를 해야 한다고 언급합니다.

그러한 『톨스트리트저널』의 사설은 워싱턴 관가에 가장 일반적으로 퍼져 있는 감정을 반영하고 있는 것으로 보입니다. 게다가 그와 같이 규정되는 정치는 행정부의 주요 관심사인 것으로 보입니다.

보네

【66】 저우언라이의 메시지에 대한 일본의 반응(1953.4.4)

[전 보]	저우언라이의 메시지에 대한 일본의 반응
[문 서 번 호]	439-443
[발 신 일]	1953년 4월 4일 01시 00분
[수 신 일]	1953년 4월 4일 12시 07분
[발신지 및 발신자]	도쿄/르 제니셀(주일 프랑스대사)

한국에서의 휴전협상 종결의 길을 열어줄 것 같은 저우언라이의 놀라운 두 가지 메시지는 어느 정도의 염려와 함께 일본에서 환영받았습니다. 이 나라에서 전쟁 중단이라는 확실한 결과는 결국 일본 경제가 일부 부담하는 미국 군대의 요구 중단일 것입니다. 이것은 전쟁 초 이후 10억 달러까지 상승하였습니다.

신문들은 대개 태도를 공산진영 쪽에서 적어도 임시적인 데탕트에 대한 의지를 표명하고 일본이 소련과 중국의 관계 문제를 좀 더 용이하게 해결하게끔 하는 태도라고 호평했습니다.

신문들은 또한 일본 제국이 공산국들과의 자유로운 관계 속에 있는 권한에 대해 커다란 환상을 부추기지도 않으며, 미국이 자국의 경제적 균형을 유지하도록 필요한 조치를 취하기를 간설히 희망합니다.

외교 전문가들은 어느 정도의 회의적 시각과 더불어 중국의 시도를 환영했습니다. 그들은 대개 크렘린이 결정적 책임을 가지고 있다는 생각을 공유하고 있습니다. 그들은 소련을 다스리는 새로운 내각은 서방 국가들에 대한 저항 의지와 무력을 약화시키는 만큼 지지를 굳건히 해줄 평화적 시기를 필요로 한다고 봅니다. 그들의 생각으로는, 이러한 휴전협상은 미국이 지난 12월 3일의 인도안에 제시된 것보다는 공산진영의 요구에 좀 더 가까운 포로송환 절차에 동의한다면 큰 어려움 없이 종결될 것으로 보였습니다. 그늘은 한국선생이 종실된다 해도 중국 공산당이 지배와 전복 계획을 추구할 것이고 전체 평화의 전망은 매우 멀리 있다고 생각합니다. 그들은 베이징 정부가 다른 전쟁에 전념하지 않는 대신 중국 국경에서 다른 충돌 지역들 특히 태국과 버마에 대한 공격을 계속할 것이라고 생각합니다.

국내 정치에 있어서, 몇몇 신문들은 휴전협상의 전망은 뉘앙스는 다르지만 양쪽 모두 일본의 재무장 반대를 주장하는 좌파 사회주의자들 쪽과 요시다 씨 당(黨) 쪽으로부터 지지받을 수 있을 것이라고 주장합니다. 이번 일이 모든 참여자들이 재무장의 지지자들이 될 연합 내각의 도래를 막을 수 있을 것으로는 보이지 않습니다.

르 제니셀

【67】판문점 협상의 상황 총정리(1953.4.9)

[전 보]	판문점 협상의 상황 총정리
[문 서 번 호]	2558-2566
[발 신 일]	1953년 4월 9일 10시 30분
[수 신 일]	1953년 4월 9일 17시 30분
[발신지 및 발신자]	워싱턴/미상

보안

뉴욕 공문 제2558-2566호

오늘 미 국무부에서 열린 한국 관련 회의 중, 히커슨 씨는 판문점에서 어제에 이어 오늘 계속된 관련 단체 간의 협상에서 나타난 상황을 총정리했습니다.

1. 어제 4월 6일 회의 중, 다니엘 연합해군사령관은 9개 조항 발표의 형식으로 유엔군사령부의 입장을 밝혔다. 관련 부서는 이것의 기본사항을 재차 제시했다. 오늘 아침 공산군사령부는 이 내용을 논의의 기초로 받아들였다고 알려왔다. 하지만 특히 협정의 체결과 병들고 부상당한 포로들의 효과적인 교환, 송환의 일일 주기, 교환 절차 동안 판문점 지역에서 유엔군과 중국군 병력의 지속적 제한 간의 검토 시한에 관해 수정을 제안할 권리를 고수하였다.

2. 반대로 공산군사령부는 송환을 거부하는 자들을 제외하고 심각하건 아니건 간에 병들고 부상당한 모든 포로들은 제네바협정의 제109조 3항에 따라 판문점에서 교환될 것임을 받아들였다. 그렇게 해서 어제 중국·북한 측 위원장이 제네바협정의 제109, 110조에 기초하여 즉각 송환이 허용되는 심각하게 병들고 부상당한 사람들과 전투 중 중립국으로 이송될 경증 환자와 부상자들을 구별하려는 것으로 보였던 것과 반대로, 공산군사령부는 그러한 구분을 고집하

지는 않았다. 하지만 공산군사령부 대표는 다음과 같이 밝혔다. "우리는 곧장 송환되지 않을 모든 전쟁포로의 중립국 이송 요구 권리를 유지할 것이다." 미 국무부가 그러한 내용에서 확인한 것은 중국·북한 측이 이야기하고자 하는 것이란 병들고 부상당한 이들까지 포함하여 송환을 거부하는 모든 전쟁포로에 다름 아니라는 점이었다. 공산군 대표자들은 심각하게 병들고 부상당한 포로들의 중립국 이송 거부가 특별한 경우에 한정된다는 점을 강조하려는 것으로 보였다.

3. 그들은 목요일 혹은 금요일 대략 이틀 안에 그들이 억류하고 있는 송환 가능한 병들고 부상당한 포로들의 수를 알려주기로 했다.

다니엘 해군사령관은 어제 유엔군 측에서는 이러한 교환의 범주에서 송환 가능한 포로들의 수를 이미 알고 있다고 전했다. 히커슨 장군은 유엔군사령부가 작성한 수치는 여러 범주의 병들고 부상당한 포로들 사이에서 분류를 한 것은 아니며, 다만 "가능한 가장 폭넓은 해석"을 제공하기 위해 국적별로 분류한 것이라고 덧붙였다. 클라크 장군은 아마도 2월 22일의 서한에서 심각한 환자와 부상자의 경우만을 거론했지만, 3월 28일의 공산군 측 답변이 이 문제를 다시 제기하지 않는 것처럼. 유엔군사령부는 잠재적 합의의 범주를 고수했다.

4. 중국·북한 측은 아직 세부 행정절차의 해결을 관계 위원들에 맡기자는 유엔군사령부의 제안에 답하지 않았다.

5. 그들은 유엔군사령부가 두 번이나 표명했던 제안에 더 이상 대답하지 않았다. 첫 번째는 4월 5일자 서한에서였고, 두 번째는 전쟁포로 문제 전체를 위해 저우언라이의 제안 실행을 위한 조건들에 대한 설명을 듣고자 했던 어제 판문점에서의 회담이 끝나고서였다.

(이후 원문 누락)

【68】 대(對) 유엔군 세균전 고발 관련하여(1953.4.8)

[속 기 록]   대(對) 유엔군 세균전 고발 관련하여
[문 서 번 호]   미상
[발 신 일]   1953년 4월 8일
[수 신 일]   미상
[발신지 및 발신자]   뉴욕/오프노(주유엔 프랑스대표)

제7차 유엔총회 제1위원회

앙리 오프노의 발언 속기록

1953년 4월 8일 수요일

대(對) 유엔군 세균전 고발

'한 마리 제비가 돌아왔다고 봄이 온 것은 아니다'란 프랑스 속담이 있습니다. 분명 그렇지만 하늘에 있는 제비들의 모임은 새로운 계절이 돌아왔음을 알립니다.

3수 전부터, 정확히 말해 3월 15일 이후부터, 우리는 하늘에서 제비들을 세는데 우리의 시간을 보내고 있으며, 저는 저에 앞섰던 여러 연사들이 표명했던 감정들, 즉 제비들 중 몇몇을 놀라게 해 놓칠 수도 있고 평화와 봄이 찾아온 하늘 속에 제비들이 모이는 것을 방해할 수도 있는 현재의 논쟁에서 아무 것도 말해서는 안 된다는 감정을 공유하고 있습니다.

하지만 우리에게 부과된 억제와 절제의 의무는 침묵을 지키는 데까지 가서는 안 되며, 프랑스 대표단은 프랑스와 함께 현재 위원회에 제출된 결의안을 지지하는 다른 대표단과의 결속을, 특히 일 년 이상, 미국 동료가 며칠 전에 이 문제에 표명했던 분노를 이해하기에 충분한 비난과 비방의 가증스러운 선전의 대상

이었던 미국 정부와의 전적인 결속을 공개적으로 표명하는 것이 전적인 의무라고 생각합니다.

우리의 논쟁 대상이 되는 문제는 새로운 것이 아닙니다. 그것은 이미 안전보장이사회에서와 마찬가지로 군축회의에서도 다양한 각도에서 철저한 방식으로 검토되었습니다. 우리 대표단은 특히 우리 앞에 놓인 부담금의 무용성과 안전보장이사회에서 요구되었던 조사의 합법성에 대해 동시에 가장 분명하게 의사를 표명했습니다.

저는 아무 것도 지난 6월과 7월 이후 아무 것도 이러한 입장을 바꾸게 하지 못했다고 말해야만 합니다. 연합사무국을 통해 우리에게 전해진 소련 대표단의 의도에 대한 새로운 보고서, 이른바 한국과 중국에서의 세균전에 대한 사실을 검토할 국제과학위원회의 보고서는 우리도 역시 알고 있고 철저한 검토에도 어떤 증거도 얻지 못한 이전의 보고서와 비교해 아무런 새로운 것도 담고 있지 않습니다. 저는 이전의 것과 마찬가지로 조심스럽게 이 새로운 보고서와 수많은 참고사항을 읽었지만 그것은 헛되다는 감정만을 남겼습니다. 거기에 날인된 서명을 읽어나간 슬픔과 우울을 말하겠습니다. 그러한 서명은 각 줄에서 주저함과 때로는 양심의 갈등을 읽을 수 있는 사람들의 것입니다.

이 새로운 보고서는 이전의 것 이상의 아무것도 알려주지 않는데, 이는 제시한 여러 요소들 사이에서 우리의 확신을 이끌어내기에 충분한 기본적인 관련성이 부족하기 때문입니다. 사람들은 비행과 용기의 낙하, 세균의 발견을 이야기하지만, 사건들 이후 개입된 사람들, 즉 고발인들이 택한 조사원들이 오랫동안 전반적으로 매달렸던 조사에서 그러한 세 요소는 어떤 명백한 관계로 연결되지 못했습니다. 조사원들이 그곳에 있기 전에 몇 날, 몇 주, 혹은 몇 달 비행기들은 항시 하늘을 누볐습니다. 사람들은 비행기 소리를 듣고, 때로 용기를 발견하지만, 용기를 발견했을 때, 그것은 보통 비어 있었습니다. 아무 것도 씨앗이 비행기에 의해 투하되었다고 증명해주지 않습니다. 용기를 발견하지 못할 때, 사람들은 씨앗을 지닌 벌레들을 공기 중에 날려 보냈을 것이라고 말합니다. 가장 설득력 있는 유일한 검증인 씨앗을 지닌 벌레를 가득 담은 용기를 투하하는 비행기의 목격은 이 보고서에도 이전 보고서에도 단 한 번도 나오지 않습니다.

씨앗들은 분명 무수히 발견됩니다. 저도 몇 년을 중국에 살았습니다. 저는 그 곳에서 모든 계절에 걸쳐 아무의 방해를 받지 않고 여행을 많이 했습니다. 중국의 마을과 시골을 산책하는 동안 저는 많은 모기, 벼룩, 그 외에도 다른 벌레들을 정말 많이 보았다는 점을 말해야 할 것 같습니다. 그러한 벌레들은 여행객들에게 조심성 없이 기분 나쁜 방식으로 나타나는 데 한국전쟁을 기다리지 않았습니다.

이러한 보고서들을 되돌아보며, 저는 비판적이고 과학적인 정신이 어떤 증거의 단초를, 가장 세심한 정신들, 아니면 이념적이거나 다른 이유로 그것들을 발견한 사람들의 정신을 긴장시킬 수 있는 무언가를 발견할 수 있을 것이라고는 진정 생각하지 않습니다.

우리 앞에 놓인 새로운 요소는 자백으로, 한 장군과 장교의 자백입니다. 어떤 상황에서 그러한 자백을 받아냈는지 우리는 정확히 모릅니다. 우리 영국 동료가 밝혔듯이, 그것은 우선적으로 의심이 가게 하는 너무 풍부한 상세함과 명확성을 갖고 있습니다. 마찬가지로 그것은 모순적이기도 하고 부정확하기까지 합니다. 그것은 그로스 씨가 부인했고 이미 우리가 명확히 철저한 검토를 하게 허락했던 (우리는 그렇게 인정한 것을 기쁘게 생각합니다) 상황들을 언급합니다.

여하튼, 그리고 어떻든 간에, 그러한 자백을 한 사람들이 과거의 모든 압력의 영향을 벗어나지 않았을 뿐만 아니라 미래의 모든 압력에 대항하여 보호받지도 못한다는 점을 고려해야 하는 상황 속에서, 그러한 자백을 인정한다는 것과 공정위원회에 의해 지명된 조사관들이 수집하지 않은 것들에 어떤 가치를 부여하는 것은 절대 불가능합니다. 다른 측면에서는, 그러한 자백이 그 자백으로 인해서건 혹은 그것의 철회로 인해서건 어떤 두려워할 것이 없는 사람들에 의해 이루어지지 않았기에 우리는 그것에 어떤 가치도 부여할 수 없습니다. 이 점에 대해서는 강조할 필요도 없습니다. 다른 이들이 저보다 앞서 그렇게 했습니다. 하지만 며칠 전부터, 우리는 몇몇 자백이 어떤 상황에서 강요되었는지 더 알아야 할 이유가 생겼습니다. 열셋 혹은 열네 명의 의사보다 한 명의 장교 혹은 한 명의 장군에게 이러한 성격의 자백을 하게 하는 것이 더 어려울리 없습니다.

제가 안전보장이사회에서 말할 기회를 가졌기에, 우리가 중요하게 생각하는 지점으로 되돌아올 필요가 있다고 생각합니다. 그것은 그러한 선전이 전개되었던 상황과 근원입니다. 우리는 부인할 수 없는 문서들, 제가 언급한 신문기사들을 통해 알고 있습니다(관심이 있는 분들은 안전보장이사회의 의사록을 참고하십시오). 유엔에 대한 흑색선전이 있기 적어도 보름 전, 중국 신문이 인근 국경지역에서 커다란 전염병, 특히 콜레라가 발생했다는 사실을 알렸습니다. 그 신문은 전염병 환자와 사망자들의 수를 알려주었습니다. 이러한 비참한 상태를 알린 얼마 후 흑색선전이 시작되었습니다. 폭격기가 투하한 세균에 대한 전적인 책임을 떠맡게 하면서 말입니다.

제가 중국에 살았다고 이미 말했습니다. 저는 중국인을 좋아하고 찬미합니다. 하지만 중국인은 특징이 있습니다. 상상력의 힘과 불신이 매우 크다는 것입니다. 우리는 과거와 현재에서 수많은 사례를 알고 있습니다.

중국 전역에서 거세게 인 외국인 혐오증 대선전을 탄생하게 한 1900년 신축조약은 상당한 수의 유럽인 학살로 나타났습니다. 그 기원에는 유럽인에 대해 퍼진 전설이 있는데, 그에 따르면 유럽인들, 특히 선교사들은 사진촬영 대상으로 삼도록 눈알을 빼내 유럽에 팔기 위해 중국인을 죽이거나 중국인의 무덤을 파버린다는 것입니다. 이것은 모순적으로 보일 수 있습니다. 당시 천만 명 정도가 이러한 전설을 믿었으며, 그것은 세계 역사상 유례없는 외국인 혐오의 대중적 움직임으로 나타났습니다. 저는 현재 중국에서의 선전선동이 거의 유사한 기원을 가지고 있다고 확신합니다.

근자에 중국에서 양산된 선교사와 가톨릭 신자들에 대한 선전 선동의 또 다른 예도 있습니다. 철의 장막 다른 편에 있는 수많은 나라들에서 가톨릭교회와 그 대표자들에 대한 때로는 잔인한 박해가 있었습니다. 하지만, 사람들이 비난한 것은 호전적인 열강과 제국주의자와의 공모와 배신이었으며, 미국, 영국, 프랑스 등의 정보부처에 봉사하는 것이었습니다. 결코 사람들은 살인자들을 비난하지 않았습니다. 몇 년 동안 즉 1948년 이후 오늘까지 중국의 모든 라디오와 언론이 중국에 있는 영·미·프의 선교사들과 종교인들에 대해 비상식적인 방식으로 널리 퍼뜨린 것은 이러한 비난이었습니다.

놀라운 몇 가지 사례를 알려드리겠습니다. 특히 1951년 난징과 간동에서, 지

한국전쟁 관련 프랑스외교문서 VI [1953. 01. 06~1953. 07. 31 / 장관실문서(1950. 06. 25~1952. 12. 10)]

역 신문들은 프랑스 종교 교육기관 2곳에 위탁된 어린이들의 살해에 대한 끔찍한 이야기를 실었습니다.

여러분들은 프랑스 혹은 다른 나라의 종교인들이 중국에서 아이들을 키우기에 너무 가난한 가정에 의해 길거리에 버려진, 심각한 위생 상황에 놓인 아이들을 거두었다는 것을 알고 계십니다.

종교인들은 아이들을 죽이려고 거두었다고 비난 받았습니다. 한 중국 신문은 난징의 프랑스 수녀들이 11월과 2월 사이에 거둔 577명의 아이들 중 372명이 그 수녀들에 의해 죽임을 당했으며, 1950년 1월에 같은 종교 기관에 의해 거두어진 2,251명의 아이들 중 2,116명이 죽었다는 사실을 애도했습니다. 외국의 수녀들은 결코 중국 아이들을 인간으로 생각하지 않았다는 것입니다.

저는 이런 종류의 사례를 얼마든지 댈 수 있습니다. 프랑스 수녀들이 고난을 겪었습니다. 인물모습은 잔인하게 입을 비죽거리는 모습, 고아원 화장실에 아이들 시체의 해골 조각들과 더불어 뿔 모양 모자를 쓴 마녀로 나타납니다. 1868년에 방추(Bangche)에 생트-앙팡스 고아원에서는, 아이들을 매장한 묘지가 발견되었습니다. 사람들은 곧 공식적 조사에 착수했습니다. 수녀들이 바로 그 해골들을 파내야 했고, 중국 민족들에 적대적인 제국주의 열강의 계획을 위해 그녀들이 나서서 죽였다고 말하고 죄를 자백하도록 강요받았습니다.

다음과 같은 점에 대해 근거를 대보겠습니다. 그러한 비방을 받아야 하는, 그러한 비방이 적어도 명백하게 일반 대중들 사이에서 전반적으로 순진하게 받아들여지는 나라에서, 세균 무기의 사용에, 세균의 확산에 관련된 그와 같은 비난이 자연발생적으로 중국에서뿐만 아니라 국민이 매우 발달한 비판의식을 갖지 못한 다른 나라에서 나타나고 믿어질 수 있다는 것은 놀랍지 않습니다.

제가 던지는 돌은 그처럼 속아 넘어간 군중, 오래전부터 모든 외국인을 수상한 적으로 생각해온, 상상력이 작용하는 국민들에게가 아닙니다. 만일 그들이 이미 그러한 얘기들을 꾸며내지 않았다면, 국가들 사이의 증오의 무기로 변모시키지 않았다면, 최근에도 조금은 약하지만 번져 있던 선전의 무기로 바꿔놓지 않았다면, 우리는 그러한 꾸며낸 얘기들, 비방들에 사로잡힌 이들에 대해 가장 심한 비난을 할 수 있습니다.

이제 그럼 조사의 문제로 오겠습니다. 합법적이고 필요불가결한 조사가 필요한 모든 이유들이 드러났고, 제 생각에 모든 것은 이 문제에 대해 준비되어 있기에, 이 문제를 한없이 되짚어볼 필요는 없어 보입니다.

온건한 어조를 띤 조린느 씨는 최근의 발언에서 논쟁을 조금 빗나가게 하고 했던 것으로 보입니다. 사실상, 그는 기본적으로 두 가지 점에서 자신의 논거를 내세우려 했습니다. 하나는 미국이 1925년의 제네바의정서를 비준하지 않았다는 것입니다. 다른 하나는, 북한과 중국의 대표들이 제1차 위원회의 논의에 참석하도록 초대받지 못했다는 것입니다.

첫 번째 논거는 완전히 주제 밖의 것으로 보입니다. 미국은 1925년의 제네바의정서를 비준하지 않았습니다. 그것을 후회할 수 있습니다. 저는 그것을 후회합니다. 하지만 그것은 미국에만 관련된 일입니다. 미국은 기권하는 데 다소 선의의 이유가 있었고, 그러한 이유들은 강력해 보였습니다. 미국 정부가 1925년의 의정서를 비준하기 않았기 때문에, 미국이 세균무기를 사용했다고 주장하는 것은 제 생각에 조금 무모한 정신적 유희로 보입니다.

우리에게 제출된 해결안의 논의에 중국과 북한의 참석하는 것과 관련해서는, 우리는 조사를 여기서 하지는 않을 것입니다. 우리 앞에 바로 고발인들이 있습니다. 그들이 미국에 적대적으로 내세우는 사실, 미국에 적대적으로 끔찍한 비난을 하는 사실 자체에 의해, 그들은 이러한 비난이 공평한 조사원들에 의해 검토되어야 함을 거부할 권리가 없습니다. 그 조사원들을 그들에게 갈 것입니다. 중국과 북한은 그들이 지금까지의 자체 조사에서 밝혀낸 모든 것을 조사 위원회에 제출할 수 있을 것입니다. 그들은 그것을 자유롭게 할 수 있을 것입니다. 그들이 자신들의 비난을 떠 받들 증거들을 내세우는 데 있어 어떠한 제한도 없을 것입니다. 하지만 제가 반복해서 말하지만, 이 일은 지정된 조사위원회의 일이며, 총회의 제1위원회의 일이 아닙니다. 결과적으로 현재 여기 북한·중국 분들은 논쟁에 있어 제게는 순전히 궤변으로 보이는 다른 검토를 할 수 있을 것으로 보입니다. 우리가 지금 논의하는 문제가 그들이 그 문제에 대해 설명해야 하는 것이 아니라, 그들의 고발에 대해 해명해야 하는 것이기 때문입니다. 이 점은 절대적으로 명백한 것이며, '분할주의'라고 말하고 싶지 않습니다만, 결국 우리 소련 동료가 이 문제에 대해 도가 지나친 방식으로 자신의 여러 충직한 동료들과 함께 요구한 논쟁을 우회시키는 행동일 뿐이라고 생각합니다.

인도네시아 대표는 우리가 주목할 만한 문제를 제기했습니다. 그는 조사위원회가 그 지위뿐만 아니라 구성에 있어서도 똑같이 양쪽 진영에 의해 수락되어야 한다고 아주 적절하게 말했습니다. 그때 저는 그가 옳다고 인정하려 했고, 만일 모두의 희망대로 북한과 중국 정부가 그들의 영토에 유엔이 지정한 조사위원회를 받아들였다면, 반면 이 위원회의 구성에 참여하겠다는 목소리를 냈다면, 제 생각에, 그 위원회에 연관된 우리 대표단과 일정 수의 대표단들은 현재 위원회에 제출된 해결안을 제시하기 위해 그 점에 대한 논의에 착수할 수 있도록 수락했을 것입니다.

여하튼, 우리가 고발자로 자처하기는 불가능해 보이며, 고발의 검토를 거부하기도 힘들어 보입니다. 아무 것도 더 이상 제비의 도착에 동참할 수 없을 것입니다. 감히 말씀 드리자면, 어찌되었든, 고발한 나라들에서 유엔이 제안한 조사위원회가 자신들의 영토를 자유롭게 통행하도록 수용하는 태도가 점점 커져가는 만큼, 좀 더 커다란 범주에서, 몇몇 문제에 대해 그리고 이미 몇 주 전부터 세계를 양분한 양측 사이에 구축되기 시작한 신뢰와 협동의 분위기를 발전시킬 것을 지향하고자 합니다. 이러한 조사위원회는 이전의 위원회들이 모두 그렇게 했듯이 고발의 합법성과 위법성에 대해 검토할 수 있을 것입니다.

프랑스 대표단이 위원회가 가진 해결안에 지체 없이 협조하고 위원회가 이러한 의사를 표명하는 것은 모두 그러한 이유에서 온 것입니다.

【69】 소련 대표 비신스키 장관의 발언(1953.4.10)

[전 보]	소련 대표 비신스키 장관의 발언
[문 서 번 호]	671-673
[발 신 일]	1953년 4월 10일 20시 50분
[수 신 일]	1953년 4월 11일 01시 50분
[발신지 및 발신자]	뉴욕/오프노(주유엔 프랑스대표)

워싱턴 공문 제204-206호

본인의 전보 제650호에 이어

비신스키 씨는 오후 발언의 주요 부분을 한국문제에 할애했습니다. 국제법과 그 적용이 모든 전쟁포로의 송환을 요구하고, 병들고 부상당한 포로들의 교환을 지원자들에게만 국한시키는 제네바협정의 제109조는 규정을 확인시키는 예외적인 것일 뿐이라고 강력하게 주장한 후, 1949년의 협정은 모든 부분에서 적용되어야 한다고 강조했습니다. 그는 휴전 결론을 위한 계속적인 소련의 제안들을 열거하면서 발언을 이어갔고, 3월 30일과 31일 중국·북한의 선언들에 포함된 제안들로 넘어가기 위해 판문점에서 이루어진 진전들을 되짚었습니다. 그는 그 선언들이 고국으로 돌아가기를 거부하는 포로들은 중립국에 위임할 것을 제시하고 있음을 매우 강조하면서 그것을 열렬하게 지지했습니다. 4월 1일 몰로토프의 선언들에 연결시키면서, 그리고 중국과 북한이 합법적인 표명을 통해 유엔에 기여하는 만큼 빨리 해결될 수 있을 것이라고 선언한 이후, 그는 휴전협상의 종결 이후 즉각적인 휴전을 선언하는 폴란드의 제안에 대한 검토를 회피하며 자신의 발언을 마쳤습니다.

미국 언론, 특히 『뉴욕타임스』가 비신스키 씨의 이러한 발언의 의미를 저우언라이의 제안과 대립되는 것으로 왜곡시켰다는 것은 유감입니다. 실제로, 소련

대표는 중국 총리와 마찬가지로 전체적 송환의 원칙을 재확인시켰고, 저우언라이처럼 이 원칙이 송환에 비자발적인 포로들은 중립국에 위임시키는 것에 반대되지 않는 것을 함축적으로 받아들였습니다. 반면, 비신스키 씨의 발언에서 부족했던 것은 소련 정부가 휴전협상의 신속한 종결을 바라고 있다는 것에 대한 표시였습니다.

호프노

【70】 남일 장군의 답변서 관련하여(1953.4.10)

[전   보]   남일 장군의 답변서 관련하여
[문 서 번 호]   2657-2660
[발   신   일]   1953년 4월 10일 20시 20분
[수   신   일]   1953년 4월 11일 02시 20분
[발신지 및 발신자]   워싱턴/보네(주미 프랑스대사)

뉴욕 공문 제303-306호

미 국무부에서 오늘 오후 열린 한국 회의 도중, 히커슨 씨는 병들고 부상당한 포로들의 교환에 대한 합의가 오늘 저녁 판문점에서 이루어질 것이라고 밝혔습니다.

관련 그룹 사이에 이 문제 관련하여 10일 이행된 협상의 몇 가지 세부사항을 제시한 이후, 국무차관은 전쟁포로 문제 전반을 겨눈 저우언라이의 제안 시행 조건에 대한 4월 5일 클라크 장군의 서한에 이달 9일자로 남일 장군이 답변한 것을 전한 교섭자에게 전했습니다.

이러한 답변은 클라크 장군이 원했던 어떠한 명확성도 제공하지 않았으며, 어떤 측면에서는, 제기 중인 문제에 대한 중국·북한의 비타협적인 태도의 증거가 됩니다. 남일 장군은 사실 이 교섭에서 휴전협상의 체결 이후 모든 포로들의 송환 원칙에 있어 공산주의자들의 '흔들림 없는' 지지를 재확인하는 것입니다.

중국·북한 진영에게 있어 전쟁포로 송환이 두 기간에 걸쳐 행해지는 것을 수용하는 것은 그들이 그 원칙을 포기함을 의미하지 않습니다.

"중국·북한 진영은 송환을 원치 않는 포로들이 있다는 것을 깨닫지 못하고 있습니다." "자신들이 처한 위협과 압력 조치들에 따라 고국으로 돌아가는 것을 두려워하는 포로들"을 중립국에 위탁하는 것은 중국·북한 측에 의해 제공될 설

명 덕분에 그들의 두려움이 근거가 없으며 그에 따라 "송환 문제의 적절한 해결"에 이르도록 하는 것을 목적으로 하고 있습니다.

저우언라이의 제안을 실행하는 "구체적" 조치들과 관련하여, 남일 장군은 그러한 조치들이 양측 진영 대표단 사이의 "동동한" 협상 과정에서만 논의될 수 있다고 주장했습니다.

항공우편을 통해 남일 장군의 답변서를 전달합니다.

보네

【71】 폴란드의 제안문에 대한 논쟁(1953.4.11)

[전   보] 폴란드의 제안문에 대한 논쟁
[문 서 번 호] 690-692
[발   신   일] 1953년 4월 11일 17시 40분
[수   신   일] 1953년 4월 12일 00시 40분
[발신지 및 발신자] 뉴욕/오프노(주유엔 프랑스대표)

워싱턴 공문 제207-209호

　제1차위원회는 어제 아침 폴란드의 논점에 대한 논쟁을 이어갔습니다. 그로스 씨는 우선 소련의 정치에서 이해할 수 있는 최근의 변경 원인이 다른 나라 그룹의 확고부동함과 일관성에 있었음에 주목하면서 비신스키 씨의 발언에 답했습니다. 폴란드 제안의 다양한 부분들을 검토하면서, 미국 대표는 어떤 해결책도 한국문제에 긍정적이지 않았으니, 발언권이 판문점의 협상자들에게 있었기 때문입니다. 게다가 포로 송환 없는 '종전'은 이들을 사실상 볼모로 만들 것입니다. 폴란드 제안문의 두 번째 부분은 더 이상 받아들일 수 없는 것이었으니, 무장해제에 대한 논쟁은 결국 비신스키 씨가 논쟁의 재개를 정당화시키기 위해 새롭고 건설적인 것을 아무 것도 제시하지 않았음이 확인되었기 때문입니다. 마지막으로 폴란드 제안의 세 번째 부분은 북대서양조약에 근거 없는 비난을 했는데 그러한 국가들의 동맹은 헌장에 의해 허용되었고, 북대서양조약기구는 국제기구와 마찬가지로 평화로운 목적을 추구하기 때문입니다. 그로스 씨는 소련은 평화협정을 원할 수 있지만 이것은 우리가 그들에게 기대하는 것 이상의 행동들이라고 발언을 끝맺었습니다.

　오전 발언의 나머지는 소련 대표의 부정적 발언 앞에서 느낀 깊은 유감을 유창하게 표한 벨라운데[1] 씨가 차지했습니다. 그런 다음 중국 대표 슈(Hsu) 씨가

극도의 격한 논조로 특히 유대인 배척주의를 암시하며 소련 정치와 나치 정치를 비교 묘사하였습니다. 그는 현재 진행 중인 한국 협상에서 그 결과를 두렵게 만드는 유엔의 용인 조치를 비난하며 발언을 끝맺었습니다.

마지막으로 랑겐호프 씨가 발언을 이어갔습니다.

오프노

---

1) 빅터 안드레스 벨라운데(Victor Andres Belaunde), 페루 유엔 대표.

【72】 포로 협상 관련한 한국 외무부장관의 발언(1953.4.11)

[전   보] 포로 협상 관련한 한국 외무부장관의 발언
[문 서 번 호] 458-461
[발   신   일] 1953년 4월 11일 08시 00분
[수   신   일] 1953년 4월 11일 11시 27분
[발신지 및 발신자] 도쿄/르 제니셀(주일 프랑스영사)

4월 5일자 부산 발송, 4월 10일자 도쿄 도착

인용

　　"우리가 기대하는 것과는 반대로, 공산진영의 선언 속에서 병들고 부상당한
포로 교환 제안에 관련된 휴전협상의 재개 전망은 지금까지 이승만 대통령 측
에도 어떤 별다른 반응을 유발시키지 못했습니다.
　　그렇지만 워싱턴에 있는 양유찬[1] 주미대사와 뉴욕에 있는 임병식[2] 주유엔
대사의 발언은 분명한 지시의 결과였을 것입니다.
　　여기서도 정부의 유일한 반응은 변영태[3] 외무부장관이 서울에서 한 발언
속에 담겨 있습니다. 그는 최근 공산주의자의 제안이 전쟁을 연장하려는 '술
책'이라고 묘사하면서 공화국 정부가 최근에 재안한 5개 원칙 속에 담긴 다
음의 최소 조건들에 답하는 제안만이 만족스럽게 여겨질 것임을 상기시켰습
니다.

[1] 양유찬(1897-1975). 주미 한국대사 역임(1951-1960).
[2] 임병직(1893-1976). 외무부장관, 유엔대사 역임.
[3] 변영태(1892-1956). 외무부장관 역임(1951-1954).

- 한국·만주 국경 밖으로의 중국 공산군 철수.
- 북한군의 무장해제.
- 북한 체제에 대한 제3 열강의 군사적, 재정적 또는 다른 모든 지원의 중단.
- 한국문제를 다루는 모든 종류의 국제회의에 대한민국 공화국 대표의 참석.
- 대한민국 공화국의 영토의 지배 혹은 보존에 영향을 끼치는 모든 행동과 시도의 무효.

4월 2일 국회 쪽에서는 그 결과들이 유엔이 원래 발표한 목적에 반대되는 결의안으로서 모든 휴전협상에 대한 원칙적 반대를 반복하는 결의안을 채택했습니다.

한국의 통일과 재건. 마찬가지로 공산주의자의 '술책'을 거부하고 유화 정책의 위험한 결과를 파악하는 이 결의안은 유엔이 "승리할 때까지 투쟁을 하도록" 권합니다. 이러한 주제는 본래 좀 더 명료한 용어로 항상 "압록강까지 전진"을 목표로 외치는 언론 전체와 공유하는 것입니다.

병들고 부상당한 포로 교환에 대한 단일 계획에 대해, "송환에 반대하는 모든 반공산주의자 포로들이 대한민국에서 나왔고 그러한 대로 대한민국 정부에 의해 다루어질 것"이라는 외무부가 취한 최근의 견해는 몇 가지 양보의 여지를 담고 있을 수 있습니다.

인용 끝.

르 제니셀

【73】 유엔포로수용소에서 공산군 포로들의 전투태세(1953.4.12)

[전   보] 유엔포로수용소에서 공산군 포로들의 전투태세
[문 서 번 호] 152/SC
[발   신   일] 1953년 4월 12일
[수   신   일] 미상
[발신지 및 발신자] 도쿄/드장(주일 프랑스대사)

전쟁포로수용소에서 공산주의자의 행동

북한 혹은 중국군 전쟁포로가 억류되어 있는 수용소에서 공산주의 구성원들에 대한 인용된 행동에 대해 유엔사령부가 수행한 검토를 외무부로 전달합니다.
매우 철저하고 수많은 자료를 수반한 이러한 검토의 목적은 공산주의자들이 제네바협정의 체계적인 위반 속에서 유엔 수용소에 있는 전쟁포로들을 끊임없이 전투적인 목표에 이용하는 것을 드러내려는 데 있습니다. 중국·북한 군대 지도자들에 대해, 철조망 뒤에 있는 군인들은 다양한 형태와 전적으로 새로운 방식으로 전투 부대에 의해 군사지역에서 이끄는 전투에 계속적인 공헌을 해야 합니다. 이러한 포로 부대는 공산군을 지휘하는 엄격히 숨겨진 지도자들에 의해 조직되고 그것은 유엔사령부가 계속해서 고려해야 하고 감시와 통제 강화에도 불구하고 경계를 계속해야 하는 정치·군사적 힘을 내보입니다.
첨부한 검토와 분석은 특히 전투를 목적으로 한 포로들의 체계적 활용에서 판문점에서 공산군 측 대표단 단장이자 북한군 참모장 남일 장군과 그의 부하인 정찰대장 이상조의 핵심 역할을 보여줍니다.

드장

【74】 미국의 신중치 못한 언론에의 공개에 대한 비판(1953.4.13)

[전 　　　 보]	미국의 신중치 못한 언론에의 공개에 대한 비판
[문 서 번 호]	698-702
[발 　 신 　 일]	1953년 4월 13일 11시 50분
[수 　 신 　 일]	1953년 4월 13일 17시 50분
[발신지 및 발신자]	뉴욕/오프노(주유엔 프랑스대표)

보안

워싱턴 공문 제214-218호
본인의 워싱턴 공문 제2629-2661호 참조

저는 『뉴욕타임스』가 앙토니 르비에로[1] 씨의 누설을 게재하기 전날 밤 경고 했습니다. 누설 내용은 극동문제 해결 관련 공화국의 행정 계획에 대한 것이며 우리 정보수집 관료는 '여론 조사' 성격으로 밝혀지는 그들의 주제에 대한 저의 감정을 염려했습니다.

만일 그러한 것이 이 기사의 목적이었다면 목적을 이루었으며, 미 국무부는 유엔 측의 반응을 신속히 알아볼 수밖에 없었습니다. 미국의 안을 "고려하기에 는 너무 터무니없다고" 영국 동료에게 말했으며 그 안을 "불확실하다고" 판단했 던 중국 대표에 대한 비판적 반응은 순식간에 전체 모두에게 있었습니다. 가장 온건한 사람들은 그처럼 충격적인 생각들이 너무 이르게 돌아갈 수 있는지 놀 랐고, 그러한 생각들 대부분이 유엔이 극동에서 추구해야 할 최종적 원칙들 혹 은 임무와 양립 불가능함을 강조했습니다.

---

1) Anthony Leviero.

국회와 여론의 압력은 백악관에 주어졌으며 그 내용들에도 어떤 모호성도 없다는 것에 대한 반박은 일시적으로 사람들의 마음을 진정시켰습니다. 그러한 반박은 그들을 전적으로 안심시키지는 못했습니다. 중국 민족주의자들과 일부 남한 사람들, 소련 사람들과 그들의 동맹국들은 분명 경계 태세에 있으며 다른 곳에서는 그러한 계획들이 그것을 구상한 사람들을 나타낸다는 속생각들 또는 비현실주의자와 대면하여 염려가 계속되고 있습니다.

이 경우 그와 같은 작전의 부적절함과 위험성에 대해 우리 미국 동맹국의 관심을 우호적으로 끌어당기기에 시의적절할 것입니다. 한국에서의 휴전협정은 아직 조인되지 않았으며 무엇보다 관점들이 논의되고 논의의 여지가 있을 때 그것의 결론을 너무 이르게 누설하는 것은 신중해 보이지 않습니다. 단순한 여론 조사의 범주로 귀결되고 폐기된 계획으로 평가되더라도, 포스터 덜레스 씨가 언론 상대에게 발표한 계획들은 불신만을 일깨웠거나 그의 친구들을 당황하게 만들었을 뿐이며, 그렇게 해서 일시적으로 그의 계획을 고립된 상황에 놓이게 했을 뿐입니다. 우리가 향후의 협상을 용이하게 준비할 수 있으려면 그와 같은 방식은 전혀 아니어야 합니다.

오프노

【75】 저우언라이의 메시지에 대한 프랑스·영국과 미국 간의 의견 차이(1953.4.14)

[전　　　　　보]	저우언라이의 메시지에 대한 프랑스 · 영국과 미국 간의 의견 차이
[문 서 번 호]	716
[발　신　일]	1953년 4월 14일 20시 10분
[수　신　일]	1953년 4월 15일 02시 10분
[발신지 및 발신자]	뉴욕/오프노(주유엔 프랑스대표)

다음 전보로 폴란드의 논점에 대한 논의 때 브라질 대표가 오늘 제출한 계획안을 전달하겠습니다. 무니즈 씨가 책임지고자 했던 이 문서는 글래드윈 젭 경과 제가 시도했던 첫 계획과 미국의 원래 계획과의 고된 합의의 결실입니다. 제가 영국 동료와 공유한 일 중의 하나는 해결안에 3월 31일 저우언라이의 메시지에 대한 주의 환기를 나타나게 하는 것이었습니다. 이러한 언급은 오늘 합의가 된 계획안에 나타납니다. 반면 우리는 미국의 반대 앞에서 중국 정부의 발표에 대한 의회의 환영을 밝히기를 포기해야 했습니다.

오프노

【76】 브라질의 해결안(1953.4.14)

[전 　　　 보] 브라질의 해결안
[문 서 번 호] 717-719
[발 　신 　일] 1953년 4월 14일 20시 25분
[수 　신 　일] 1953년 4월 15일 02시 25분
[발신지 및 발신자] 뉴욕/오프노(주유엔 프랑스대표)

워싱턴 공문 제224-226호

본인의 이전 전보에 이어

브라질 해결안의 프랑스어 번역문

인용

"유엔총회,

총회는 헌장에 나타난 목적으로서 평화와 화합에 유리한 상태를 만들기 위해 어떠한 노력도 아끼지 않을 것임을 굳건히 재확인하면서,

유엔사령부가 병들고 부상당한 포로들의 교환을 위한 협상을 시도한 이후 중국 정부의 외무부장관이 1953년 3월 31일 총회의장에게 전한 통지에 유의하면서, 또한 마찬가지로 이 문제에 있어 유엔군사령부와 공산군 지도부 간의 의사 교환에도 유의하면서,

한국에서의 정당하고 원만한 휴전협상이 현재의 국제적 긴장을 완화하는 데 크게 기여할 것이라고 확신한다.

1. 병들고 부상당한 전쟁포로 교환 문제에 대해 한국에서 합의가 조인된 것에 상당한 만족을 느낀다.

2. 병들고 부상당한 전쟁포로 교환이 지체 없이 이루어지고 다음 있을 판문
   점 협상이 곧 유엔의 원칙과 목적에 부합한 한국의 휴전조약 결론에 이
   르기를 희망한다.
3. 현재 의사일정이 끝나자마자 회기를 끝내기로 하며, 의장은 지금 회기에
   서의 업무들을 계속하고 한국문제 검토를 재개하기 위해 다시금 의회를
   소집한다.

(이하 판독 불가)

【77】 중국·북한의 제안에 대한 유엔군사령부의 답변 준비(1953.4.14)

[전 보]	중국·북한의 제안에 대한 유엔군사령부의 답변 준비
[문 서 번 호]	2763-2773
[발 신 일]	1953년 4월 14일 19시 30분
[수 신 일]	1953년 4월 15일 01시 30분
[발신지 및 발신자]	워싱턴/보네(주미 프랑스대사)

보안

뉴욕 공문 제331-341호

알렉시스 존슨 씨는 미국 당국이 지난 3월 30일과 31일 저우언라이와 김일성 최고사령관이 요구한 한국의 휴전협상 재개와 관련하여 내린 결론을 프랑스 정부에 알려주기 위해 오늘 아침 제 동료 중 한 사람을 호출했습니다.

이 문제에 대해 중국·북한에 답변하기 전에 존슨 씨는 기본적으로 유엔군사령부는 다음과 같은 점을 원했다고 밝혔습니다.

1. 병들고 부상당한 포로들의 교환에 대한 공산주의자들의 제안의 진실성을 확인할 것.
2. 전쟁포로 문제 전체를 겨눈 저우언라이와 김일성의 제안 실행 조건들에 대한 설명을 받아낼 것. 첫 번째 항목에 대해서는, 유엔군사령부는 판문점에서 지난 금요일 이루어진 합의에 만족스럽게 평가합니다. 두 번째 항목에 대해서는, 남일 장군의 답변이 기대했던 어떤 명확함도 제시하지 못했습니다(본인의 전보 제2657호).

한국전쟁 관련 프랑스외교문서 VI [1953. 01. 06~1953. 07. 31 / 장관실문서(1950. 06. 25~1952. 12. 10)]

유엔군사령부는 그럼에도 이러한 마지막 요소가 중국·북한 교섭단체가 휴전협상 재개를 위해 4월 11일 1회 이상 표명한 요구에 답을 받지 못한 채 끝나도록 했다고 판단하지는 않았다고 존슨 씨는 전했습니다. 바로 이러한 이유에서 워싱턴 당국은 해리슨 장군이 남일 장군에게 전한 메시지를 작성하도록 검토했던 것입니다.

존슨 씨는 우리 동료에게 아직 몇 가지 세부적 변경이 필요하지만 내일 남일 장군에게 전달되기 위해서는 최종 문구가 오늘 워싱턴에서 승인되기를 바라면서 이 메시지를 알려주었습니다.

이 문서는 현재의 형태로는 다음과 같이 읽혀집니다.

1. 유엔군 최고사령관은 휴전협상 대표단 전체 회의의 재개에 관련된 문제를 논하기 위해 4월 17일 내지 18일 교섭단체를 맡을 것을 지시했습니다. 그러한 것은 1953년 4월 11일 장군의 교섭단체에 의해 요구되었습니다.

2. 유엔사령부는 장군께서 장군의 수용소의 공식적인 상황을 소개한 발표문을 검토했지만, 1953년 4월 5일 클라크 장군이 서한을 통해 요구했던 저우언라이 외무부장관과 김일성 최고사령관의 발언들에 관한 명확한 내용이 없습니다. 하지만 클라크 장군의 3월 31일 서한에 담긴 제안에 대해 4월 1일 보낸 답변 속에 장군의 상관들이 제시한 합의로 인해, 유엔사령부의 제안을 수락할 준비가 되어 있거나 회의 재개에 유효한 기반을 제공할만한 비교적 건설적인 제안을 할 준비가 되어 있는 것으로 추정됩니다.

저우언라이 외무부장관과 김일성 최고사령관의 발언에 관해서는, 유엔사령부는 다음과 같은 준비가 합당하고 건설적으로 보이며 전쟁포로 문제의 신속한 해결을 이끌 수 있을 것으로 보입니다.

1. 중립국은 그 역량이 이러한 종류의 사태에서 전통적으로 잘 알려진 스위스와 같은 나라가 될 것이다.

2. 실천적 공감 속에서, 곧바로 본국으로 송환되지 않는 전쟁포로들은 한국에서 중립국의 보호 하에 맡겨질 것이다.

3. 개별 억류자에 접근이 가능하도록 중립국에 의해 조치들이 취해질 60일의 기간 경과와 같이 합당한 기간 이후, 중립국은 자국 보호 하에 있는 이들의 평화적 배치를 위한 조치를 취할 것이다.

마지막 조항에서, 해리슨 장군은 끝없는 방식으로 다시금 협상을 지연시키기를 원치 않는 유엔군사령부의 의도를 강조했습니다.

위의 문서를 해석하면서, 존슨 씨는 다음과 같이 주장했습니다.

1. 자국 정부는 중립국이 진정 그래야 하고, 결과적으로 모든 '위성' 정부를 배제하였다.

2. 미국 정부의 눈에는, 고집을 부리는 포로들을 한국으로부터 다른 나라로 보내는 것은 비현실적으로 보이며, 특히 한국인의 경우에 그렇게 보인다.

3. 유엔군사령부는 중립국이 선택한 한국에 있는 섬이나 어떤 장소에서 조치를 취하도록 할 준비가 되어 있다.

4. 미국 당국은 포로들이 '중립지대'에 머무는 동안의 시기를 미리 확정하는 것을 가장 중요한 문제로 생각하고 있다.

5. 17일과 18일의 교섭단체회의에서, 유엔군사령부 대표들은 대표단전체회의 재개를 위해 4월 23일로 제안했다.

미 국무부는 이미 중립열강 선택 문제로 워싱턴 주재 스위스 공사를 만났습니다. 존슨 씨는 스위스 공사는 미국의 의도에 원칙상 호의를 나타냈으며, 즉시 베른에 결정을 맡겨 답변을 기다리고 있습니다.

보네

【78】 한국의 통일에 대한 계획(1953.4.14)

```
[ 전        보 ]   한국의 통일에 대한 계획
[ 문 서 번 호 ]   568 AS
[ 발   신   일 ]   1953년 4월 14일
[ 수   신   일 ]   미상
[발신지 및 발신자]   런던/마시글리(주영 프랑스대사)
```

한국의 통일에 대한 클라크 장군의 계획 추정

전체 언론은 여전히 한국 관련 계획에 대한 미국 기자들과 덜레스 씨의 논쟁의 최근 반향에 몰두하고 있는데 비해, 4월 12일자 『선데이타임스』쪽에서는 첫 면에 도쿄에서 작성된 것으로 보이는 리처드 휴즈[1] 씨의 통신문을 실었습니다. 이 기사는 한국의 장래에 대한 클라크 장군과 그의 보좌진들의 현재 생각들에 대한 정보를 제공하고 있습니다.

이 기자에 따르면, 도쿄에서 전개 중인 계획들은 통일 한국의 건설에 대한 것입니다.

우선 유엔의 협상사는 첫 번째 조건으로 모든 외국 군대의 철수를 제시할 것입니다. 공산진영 측에서 예전부터 요구해온 그러한 철수는 결국 이제 유엔을 위해 필요해졌습니다. 2천 100만 명이 거주하는 나라에 지원된 40만 명의 남한 군대 앞에서, 북한 군대는 50만 명의 전투병사에 불과합니다. 극동 지역에서 가장 중요했던 남한의 산업시설 전체는 어느 순간 이제 산산조각이 났습니다. 게다가 유엔군 수용소에서 석방된 북한군 10만 명이 김일성의 군대를 강화시키거나 혹은 반대로 그들의 마음이 흔들려 약화시킬 것인지 궁금합니다.

---

1) Richard Hughes.

외국군대 철수와 동시에, 한국 전역의 투표를 감시하기 위해 유엔, 중국, 중립국 대표들을 포함한 위원회 설립이 제안될 것입니다. 그러한 위원회의 구성은 아직 착수되지 않았으나, 클라크 장군의 보좌진들은 중국의 승낙을 위해 멀리 갈 준비가 되어 있습니다.

필시 휴전선까지의 북한 재건을 위한 공산주의 측의 강경한 외교적 공세가 있을 것입니다. 하지만 경제적 염려는 그러한 공세를 완화시키고 미국과의 협상 가능성을 제공할 것입니다. 단지 공산주의 열강의 도움을 통한 북한의 원상회복은 결국 기본적인 관심사 중의 하나가 자국의 산업시설 프로그램을 실현하는 데 있는 중국에게는 너무 커다란 짐이 될 것입니다.

저희 대사관도 알아보고는 있습니다만 리처드 휴즈 씨가 어떤 사람인지 전혀 알려지지 않았기에 매우 조심스럽게 이러한 정보를 전달합니다.

마시글리

【79】 유엔 사무총장에게 보내는 프랑스의 의견서(1953.4.14.)

[전 보]	유엔 사무총장에게 보내는 프랑스의 의견서
[문 서 번 호]	568 AS
[발 신 일]	1953년 4월 14일
[수 신 일]	미상
[발신지 및 발신자]	런던/마시글리(주영 프랑스대사)

사무총장에게 보내는 의견서

I. 한국 휴전협상 제60조에 계획된 정치회담의 권한

1952년 4월 28일 유엔사령부가 제안하고 공산진영의 북한·중국 대표들이 수용한 휴전협상의 제60조는 다음과 같습니다.

"한국문제의 평화적 해결을 위해, 양측의 군사령부는 양 진영의 관련국 정부들에 휴전조약이 조인되고 발효되는 3개월 안에 한국문제의 평화적 해결, 한국의 모든 외국군대의 철수 문제 등을 협의하기 위해 진전된 단계에서 양측의 대표가 참여하는 정치회담의 소집을 요구한다."

이러한 모호한 작성법은 계획된 정치회담 도중 대만 관련 문제들과 공산 중국의 국제적 위상의 문제를 제기하려 하는 공산진영 측의 제안을 배제시키기 위한 것이었습니다. 적절한 때에 인도차이나 문제를 없애기 위해 이러한 조항에 의거하는 것이 불가능한지 질문할 수 있습니다.

아시아에서 다른 주요 문제들에 있어 의사일정의 확대를 허용할 수 있도록 미국이 "…… 등"이란 단어를 검토할 수 있는지 요청한 우리 워싱턴 대사관에, 미 국무부는 문제가 검토되었다고 대답했습니다. 미 국무부의 유능한 관료는 개인적으로 유엔군이 유엔 회원국 자격으로 참석할 정치회담에서 한국 외의 다른 나라의 문제들을 검토할 임무를 부여하는 것은 어려워 보인다고 덧붙였습니다.

모스크바는 현재 한국과 인도차이나 문제 사이의 모든 관련성에 반대한다고 분명히 주장했습니다.

II. 정책의 규정 요소들

만일 휴전조약의 제60조에 계획된 정치회담의 의사일정에 인도차이나 문제를 올리는 것이 불가능하다면, 우리의 도쿄 주재 대사에게 인도차이나 사태에의 무간섭 약속을 베이징으로부터 받아내도록 요구하는 것을 클라크 장군의 권고사항들에 포함시키도록 하는 임무를 맡길 수 있을 것입니다.

차후의 단계에서는, 미 국무부가 제안했듯이 중국과의 평화협상의 범주에서 인도차이나 문제를 검토하는 별도의 회담을 검토할 수 있을 것입니다.

여하튼, 소련의 분리 작전이 있는 가운데, 극동에 있는 서구 세 열강 정치가 긴밀한 협조의 필요성을 지속적으로 인식하고, 돌발적으로 나올 수 있는 관점 대립의 공개적 표출을 피하는 것이 적절합니다.

III. 라오스 문제

프랑스연합에 참가한 가맹국 장관은 사실상 유엔의 모든 소환에 적대적이며, 여기서 출발해 사흘이면 파리에 도착하는 사방 왕자는 이 점에 대해 그에게 전적인 안도감을 주었습니다. 반면 르투르노(LETOURNEAU) 씨는 현재 라오스가 희생양이 된 외부 공격에 대한 베트남 정부의 고발 선언문 공표에 반대하지 않는 것으로 보입니다. 하지만 그것이 악순환에 손을 대는 것은 아닐까요?

IV. 사이공에서 외교고문의 지위

V. 인도차이나에 구금된 중국인

4월 10일 중국 정부는 프랑스 정부가 공식적으로 전체 구금자 송환을 약속한다는 주명시조건 하에 인도차이나에 구금된 중국인을 받아들일 준비가 되어 있다고 대만에 있는 우리 대리대사에게 알려왔습니다.

【80】 중국의 제안에 대한 세계의 환영(1953.4.15)

[전   보]   중국의 제안에 대한 세계의 환영
[문 서 번 호]   746/748
[발   신   일]   1953년 4월 15일 07시 30분
[수   신   일]   1953년 4월 15일 12시 41분
[발신지 및 발신자]   모스크바/족스(주소련 프랑스대사)

『뉴욕타임스』부터 『암리차 바자르 파트리카』[1]까지 40여 개의 신문사들을 언급하지 않아도 세계 언론의 상세한 분석은 오늘 아침의 문학잡지에 한국의 포로들 관련한 중국의 제안에 만장일치의 환영을 보여주는 기회를 제공하였습니다. 미국 언론마저도 호의적으로 언급하였습니다. 소련의 문학잡지는 증시의 추락과 그것이 미국에 야기한 것을 언급하긴 해도 『월스트리트저널』이 다음과 같이 쓰는 것에 주저 없이 찬사를 표했습니다.

  "전쟁은 끔찍한 일이지만, 어떤 이들이 끔찍한 전망으로 평화에 대해 얘기
  하는 것을 더욱 끔찍하게 생각한다."

문학잡지는 한국전쟁을 인도차이나 전쟁에 연결시키려 했던 몇몇의 시도를 고발하기 위해, 한국에서 협정을 바라는 미국의 유럽유엔군 측의 격렬한 반응을 유발시킬 것이라고 주장하면서 그러한 시사들에 답변하는 제임스 레스턴을 언급합니다. 그 문학잡지가 호의를 보이지 않는 유일한 언론은 서독의 문학잡지입니다. 서독의 몇몇 신문들(『Spandauer Volksblatt』, 『International-Kurier』, 『Deutsche Zeitung』)은 그들의 맹세를 냉전의 연장이라고 시니컬하게 부릅니

---

1) 『암리차 바자르 파트리카Amritsa Bazar Patrika』, 인도의 일간지.

한국전쟁 관련 프랑스외교문서 Ⅵ [1953. 01. 06~1953. 07. 31 / 장관실문서(1950. 06. 25~1952. 12. 10)]

다. 독일에서도 몇몇 냉전 지지자들을 비난하는 "절도 있는 목소리"는 보입니
다. 다른 곳에서는, 전 세계(인도, 인도네시아, 일본, 영국, 스칸디나비아, 스위
스)는 환영하고 열광했습니다.

족스

【81】 만장일치로 브라질 안 채택(1953.4.16)

[전 보]	만장일치로 브라질 안 채택
[문 서 번 호]	738/739
[발 신 일]	1953년 4월 16일 15시 50분
[수 신 일]	1953년 4월 16일 21시 50분
[발신지 및 발신자]	뉴욕/오프노(주유엔 프랑스대표)

절대우선문건

　오늘 아침 제1차위원회의 회의 시작부터, 폴란드 대표는 한국문제 해결을 위한 자국의 안의 첫 부분을 꺼내들었고 다른 두 가지인 무장해제와 북대서양조약에 대해 즉각적 투표를 요구하지 않았습니다.

　이러한 태도가 예상하게 한 브라질의 안에 대한 만장일치의 표결은 전날의 아랍의 연설자들에 답하는 이스라엘 대표의 불시의 발언과 이에 대한 상대방 대표들과 체코 및 소련의 격렬한 반박으로 2시간 지연되었습니다.

　그런 다음 제가 폴란드 대표단에 그러한 화해와 타협의 태도에 대한 전체위원회의 감사를 표했습니다. 아이티, 이집트, 그리스, 캐나다, 유고슬라비아, 인도네시아의 대표들의 투표에 대한 의견들을 들을 이후, 위원회는 출석한 60표 만장일치로 브라질의 해결안을 채택하였습니다. 이러한 결과에 모든 사람들과 대표단은 열렬한 박수를 보냈습니다.

　이러한 결과는 3월 31일 저우언라이의 메시지를 참고한 미국이 원래 계획에 내용을 덧붙이지 않고서는 이룰 수 없는 것이었습니다. 미국 대표단은 그 메시지를 참고하는 것을 거부했으나 제 쪽에서 캐벗 로지[1] 씨가 개입하여 수락

---

1) 헨리 로지(Henry Cabot Lodge, 1902-1985). 미 공화당 상원의원(1947-1953), 유엔 상임대표, 베트남 주재 대사, 파리회담 수석대표 역임.

하게 만들었습니다.

오프노

【82】 미국 수정문의 중국·북한으로의 전달(1953.4.16)

[전 보]	미국 수정문의 중국 · 북한으로의 전달
[문 서 번 호]	2825/2827
[발 신 일]	1953년 4월 16일 17시 50분
[수 신 일]	1953년 4월 16일 23시 30분
[발신지 및 발신자]	워싱턴/보네(주미 프랑스대사)

보안

우선문건

뉴욕 공문 제331호에 대한 본인의 전보 제2763호 참조

1. 남일 장군에게 보내는 해리슨 장군의 메시지는 워싱턴 시각으로 오늘 밤 중국 · 북한 교섭 담당자에게 전달될 것입니다.

2. 다음의 수정이 이 메시지 작성에서 이루어졌습니다.

　　제1항: 4월 18일 혹은 이 날짜 이후 원하는 가까운 때에 곧 상대방 교섭단
　　　　　체와 만난다.
　　제3항: 3항 밑에, "합리적 기한, 예를 들어 중립국이 자신들이 보호하고 있
　　　　　는 개인들의 태도를 정하도록 관련 당사자들에 기회를 주는 동안 60
　　　　　일 정도가 지난 후에, 중립국은 배치 등의 조치를 취할 것이다.

3. 메시지의 4번째와 마지막 항은 다음과 같이 읽힌다.

4) 유엔사령부는 적어도 수용할만한 합의는 합당한 기한 안에 이루어질 수 있을 것이고, 다시 그러한 회의를 중단하는 것이 바람직할 것이라고 전체대표단회의가 밝혔다고 생각한다.

4. "중립국"으로 지명되는 정식 방법을 아직 수락하지 않은 헬베티아 정부는 워싱턴 정부의 권한을 빌어 연합사령관의 자격으로 처신하며 해리슨 장군의 발표에서 스위스의 이름을 언급했습니다.

보네

【83】 일본과 한국 휴전협상의 전망(1953.4.16)

[전   보] 일본과 한국 휴전협상의 전망
[문 서 번 호] 329/AS
[발   신   일] 1953년 4월 16일
[수   신   일] 미상
[발신지 및 발신자] 도쿄/르 제니셀(주일 프랑스대사관원)

일본과 한국 휴전협상의 전망

4월 11일 유엔과 공산진영 열강 대표들의 병들고 부상당한 포로 교환에 대한 판문점 조인을 설명하면서, 도쿄의 언론은 그 사건이 일본을 정치 위기 한복판에 놓이게 한 것을 아쉬워했습니다.

무엇보다 현재 사태를 신속하게 처리하려 고심하는 요시다 내각의 공식적 표명이 없이, 그들이 유권자의 투표를 바라는 순간에 신문들은 정당들이 국제 상황의 전개에 대해 내놓는 해석들을 조심스럽게 실었습니다.

한편, 그들은 정부의 공백 상태에서 막강한 일본 행정부가 국제적 이익을 보호하기 위해 취하는 조치들에 특별한 중요성을 부여합니다.

* * *

민주진영과 공산진영 간의 지속적인 평화 구축의 근본 문제라는 그들의 직접적 관심사로부터 벗어나면서, 일본의 정당들은 한국의 휴전협상의 상대적인 신속한 종결을 만장일치로 믿었습니다. 모두는 일본에 새로운 상황을 불러올 수 있는 어려움들, 특히 경제적 어려움이 있다 해도 유혈사태의 중단이 바람직하다고 주장했습니다.

한국전쟁 관련 프랑스외교문서 Ⅵ [1953. 01. 06〜1953. 07. 31 / 장관실문서(1950. 06. 25〜1952. 12. 10)]

1. 요시다 쪽 자유당의 분위기는 그러한 어려움들을 최소화시키는 데 전념하고 있습니다. 모든 경우에 있어, 사토(SATO) 총무는 일본의 재무장을 현재의 경제적 가능성에 종속시키는 정치의 지혜를 강조합니다.

그래도 미국 군대의 '특별 지휘'는 충격을 멈추지 않을 것이며, 민주주의의 충성스런 연합국인 일본은 그 때 워싱턴과 열도의 민생안정을 위해 필요한 협약을 맺을 수 있을 것이라고 주장합니다.

한편으로 중국, 다른 한편으로는 소련과 일본의 관계에 관해서, 일본 정당들은 당연히 유엔 대다수의 공산진영에 대한 태도를 취할 것입니다.

우익 사회당도 마찬가지로 도쿄와 베이징 간의 미래 관계 해결을 유엔에 맡기고 있습니다.

일본과 중국의 교역도 국제기구에 의해서만 유익하게 결정될 수 있을 것으로 보입니다. 다른 한편으로는, 카와가미 씨의 정당은 일본 산업이 지나치게 미국 군대의 요구에 기반을 두게 한 요시다 내각의 경제 정책 구상의 부재를 신랄하게 비판하면서, 자유당이 일본의 생활수준을 유지하는 데 있어 유일한 실질적 방법으로 권장한 미국과의 협약들에 대해서도 비난하였습니다.

2. 자유당의 때를 기다리는 신중함과 우익 사회당의 소심함이 모든 다른 당들의 나약함과 우유부단함을 나타냅니다.

진보당집행위원회 대변인은 4월 13일 "몇 가지 실질적 방법을 통해" 지체 없이 일본과 중국 공산당 사이의 긍정적인 교역의 흐름을 만들기 위해 "국제관계의 첫 소강상태"를 이용하는 것이 적합하다고 밝혔습니다. 그의 말에 따르면, 그러한 태도가 일본 국민에게 끼친 심리적 결과는 "미국의 재정적 힘을 통한 용이함"을 통해 그것과 합리적인 재무장을 결합시킨다면 두려워할 것은 아니라고 합니다.

하토야마 씨의 자유당의 논조도 이러한 관점과 매우 가깝습니다. 자유당 당수는 일본의 재무장은 전적으로 공산 열강에 대한 선린정책과 양립할 수 있다고 주장합니다. 그것은 "국제적 위신"의 척도이며, 일본 정부가 우선 전쟁 상태가 일본과 중국 사이처럼 일본과 소련 사이에도 중단되는 것을 선언하는 신중함을 취한다면 베이징은 그것을 평가할 것입니다.

상원의 보수 그룹은 "부흥 클럽"이라고 말합니다. 의회의 많은 독자적 인사들이 "이런 방식이건 저런 방식이건 중국 대륙과의 외교관계 재건 착수"를 요구하기 위한 승인 절차에 돌입했습니다.

독립 그룹에는 최근 중국에서 돌아온 코라 의원과 사이온지 의원이 소속되어 있습니다. 좌익 사회당의 주요 자문가 마츠모토 의원은 3월 말에도 여전히 베이징에 있었습니다. 현재의 사건들은 그에게 일본 경제의 굳건한 기반 구축의 기본 조건으로서 중국 대륙과의 교역 재개를 내세웠던 자신이 속한 당의 선견지명을 분명히 확인시켜주는 것으로 보였습니다.

그는 이러한 재개가 재무장과 양립할 수 있다고 생각하지 않았습니다. 그에 따르면, 일본의 산업은 평화적 종결에 있어 자국의 활동을 지체 없이 변화시켜야 하고 도쿄 외교관은 미국이 곧 이승만과 장제스의 "허수아비 체제"에 전보다 덜 굳건한 지원을 할 것이라는 가정을 철저하게 검토해야 할 것이라고 합니다.

* * *

가이무쇼 씨는 현재 한국 휴전협상이 가져올 수 있는 반향을 걱정하느라 마츠모토 씨의 초대를 기다리지 않았습니다.

도쿄에서 외무부 고위 관료들과 남한 특사단장인 김 장관 사이의 협상은 공식적으로 15일에 재개되었습니다.

일본 당국은 이번에는 양국 정부가 예전 자신들의 입장을 그대로 고수하며 협의가 신속히 전개될 여지가 없다고 일본 언론에 밝혔습니다. 부차적으로, 휴전협상이 한국에서 종결될 경우, 일본 정부는 현 한국(이승만 정부의 공식 명칭) 정부를 한국 전체를 대표하는 정부로 인정할 수 없다고 생각하는 쪽으로 기울고 있다고 일본 당국은 강조했습니다. 대만의 경우처럼, 서울은 "제한된 인정"만을 받을 수 있을 것입니다.

도쿄의 언론은 일본이 그럼에도 한국의 국제적 부흥을 대비하여 정상적인 접촉을 유지하고자 할 것이라고 밝히고 있습니다.

일본 상공부는 자신들이 이러한 부흥의 토대를 세우고자 하는 희망을 숨기지 않습니다. 일본의 기술자들이 도쿄 사무소에서 한국 재건에 대해 한 조사에 따르면, 1953년 7월 1일에서 1954년 6월 30일까지 시기에 있어 그러한 기구의 예산은 1억 3천만 달러에 달하는데, 이는 현재 예산(7천만 달러)의 두 배가 됩니다. 이 마지막에 대해 일본에서 통과된 발주는 5백만 달러를 넘어서는 데 비해, 그 액수는 다음에는 4천만 혹은 5천만 달러까지 증가하게 될 것입니다. 이러한 부분은 일본 산업에서 10분의 7의 비율로 UNKRA[1]에 출자하는 미국을 위해 취해진 것입니다. "특별 요구"의 인하를 부분적으로 보충하는 방식으로서 일본은 매년 300만 달러가 증가되었습니다.

게다가 상공부는 다음 8월을 위해 "일본-중국 교류발전 일본협회" 의장으로, 1939년 가이무쇼에서 무역 관계 국장이자 1941년 외무부차관을 지낸 야마모토 구마이치가 현재 베이징에서 조직하는 상품견본시장에 "순전히 기술적 관점"에서 관심을 갖고 있다고 밝힙니다. 221개 일본 회사(도쿄 105개, 오사카 86개, 나고야 30개)가 이번 여름에 상업도시에서 자회사 제품들을 전시할 것을 제안하였습니다.

* * *

결국 본능적으로 움직이는 일본 현실주의는 평상시 국가의 존재가 제기하는 문제를 해결하기 위해 타협을 모색합니다. 싫든 좋든 민주진영 속에 포함된 일본 제국은 입장의 유연성을 통해 이러한 상황에서 최선을 택하고자 합니다. 일본에게는 정치 분야만큼 경제 분야에서도 미국과의 협력은 기본적인 것입니다. 그 반향이 워싱턴에 걱정스럽게 비쳐질 수 있는 주도적 행동들에서 대수롭지 않은 모습을 보이는 것에 좀 더 신경을 쓸 따름입니다.

---

[1] United Nations Korean Reconstruction Agency. 유엔 한국 재건단(1973년 해체).

【84】 한국 국회와 학생 시위(1953.4.25)

[전 보]	한국 국회와 학생 시위
[문 서 번 호]	501/503
[발 신 일]	1953년 4월 25일 09시 00분
[수 신 일]	1953년 4월 25일 21시 07분
[발신지 및 발신자]	도쿄/드장(주일 프랑스대사)

브리옹발 씨로부터 25일자 도착. 4월 22일자 제12호

어제 아침 회의에서, 국회는 만사를 제쳐놓고 3천만 한국인의 통일을 위한 캠페인의 선두에 서서 지지하기로 만장일치로 결정하였습니다.

그 발의는 사람들이 트루먼 정치를 바라보는 바를 살펴본 윤치영 부통령에 의해 제안되었습니다.

　　"평화를 위한 미국의 최근 입장이 화해의 정치를 반영하고, 한국의 자유선
　　거에 대한 미국의 제안은 커다란 말의 실수가 되고 말았습니다."

국회는 유엔국가들과 관련국들에 한국 국민의 결정을 납득시키는 임무를 띤 대표들을 보내기로 했습니다.

오후는 이 문제에 대해 이승만 대통령과 토의했고, 오늘 아침 국회는 다시 그러한 결정들을 확인하기 위해 모였고 그것을 시행하기 위해 무기한 휴회되었습니다.

영어로 된 『코리아타임스』는 첫 번째 발의를 인용하였지만, 한국어로 된 잡지는 국회가 "3천만 한국인의 전체 의지로 요청하는 북진 통일을 겨냥하는 국제

적 움직임의 선두에 섰다고" 알렸습니다.

다른 한편으로는, 국회는 "북진통일운동발전위원회"의 설립을 중단했습니다.

그 내용은 오늘 오후 거대한 학생 시위에 의해 발표되었고, 이러한 분위기 속에서 내일 오전 또 다른 거대한 시위가 예고되었습니다.

드장

【85】 남일 장군의 6개 항목 제안(1953.4.28)

[전   보] 남일 장군의 6개 항목 제안
[문 서 번 호] 508
[발   신   일] 1953년 4월 27일 08시 30분
[수   신   일] 1953년 4월 27일 12시 55분
[발신지 및 발신자] 도쿄/드장(주일 프랑스대사)

　1952년 10월 8일 이후 중단된 휴전협상은 어제 4월 26일 전체회의로 재개되었습니다. 남일 장군은 기초적 논의로 6개 항목을 제안하였습니다.

　　1. 휴전협상 발효 이후 2달 안에 양 진영은 송환을 원하는 모든 전쟁포로들을 그룹별로 귀환시키는 데 어려움이 없도록 해야 한다.

　　2. 송환 조치 종결 이후 1달 안에, 포로를 억류시키고 있는 진영은 남은 포로들을 공동합의로 지명된 중립국으로 보내야 하고 그들을 군사통제로부터 풀어주어야 한다. 그러한 포로들은 관련 당국들이 지정한 지역에서 중립국 당국 소관으로 넘어갈 것이다.

　　3. 중립국에 포로들이 도착한 이후 6달 동안, 그 국가들은 고국으로의 귀환에 대한 모든 정보들과 그곳에서 평화로운 삶을 누릴 권리를 이해를 넓히기 위해 필요한 모든 설명들을 포로들에게 해줄 수 있도록 중립국에 대표단을 보내는 기구를 갖추게 될 것이다.

　　4. 중립국에 도착한 6달 안에, 그리고 위에 명시한 필요한 설명들에 따라, 국가 당국은 중립국 송환을 요구하는 모든 이들의 신속한 귀환을 용이하게 해야 한다. 이러한 송환에 관한 세부 행정절차는 중립국 당국과 포로 수용 당국 간의 협력을 통해 해결할 것이다.

　　5. 현재의 제3, 4항에 명시된 6달의 기한을 넘길 경우, 여전히 중립국 보호

하에 남겨진 포로들은 휴전협정의 제4항 6조에 규정된 정치회담을 통해 처리한다.

6. 포로들이 중립국에 체류하는 동안의 모든 협의 비용은 송환비용을 포함하여 포로들이 속한 국가들이 부담한다.

해리슨 장군은 남일 장군에게 4월 16일 다음과 같은 서한을 내보이며 몇 가지 조항을 상기시켰습니다.

1. 중립국은 이런 사안에 자격을 갖춘 스위스와 같이 관례적으로 잘 알려진 국가가 될 것이다.
2. 편의성을 위해 한국 안에서 중립국의 보호를 받게 될 것이다.
3. 합리적인 이유로 인해 중립국이 보호 중인 개인들의 결정을 관련국들에 제출해야 할 60일 지날 경우, 중립국은 보호 중인 이들의 편의를 위한 조치를 취할 것이다.

해리슨 장군은 유엔 사령부가 한국 밖으로의 포로 송환은 어떤 이유에서든 고려하지 않고 있지만 여러 실제적 난관들(교통, 숙소, 행정업무)을 포함하여 원치 않는 기한을 전제로 한다고 강조했습니다. 포로 석방은 여러 달 연기될 것입니다. 공산진영이 제안한 6달의 기한은 너무 길고 넉넉하게 60일이면 충분하다고 주장했습니다.

몇 시간의 중난 이후, 남일 장군은 6달의 기한은 필수적인 의견을 고수했습니다. 해리슨 장군은 결론적으로 공산진영이 휴전협상을 위해 건설적이고 합리적인 기초로 간주될 만한 어떤 제안도 하지 않았다고 생각했습니다.

국방부에 전달 요망.

드장

【86】 공산진영의 제안에 대한 회의적 견해(1953.4.28)

[전 보]	공산진영의 제안에 대한 회의적 견해
[문 서 번 호]	509
[발 신 일]	1953년 4월 28일 01시 00분
[수 신 일]	1953년 4월 28일 09시 39분
[발신지 및 발신자]	도쿄/드장(주일 프랑스대사)

　4월 27일 오전 두 번째 회의에서, 해리슨 장군은 공산진영이 지난 밤 제안한 조건들은 포로들이 공산국으로 돌아가거나 무기한 억류되거나 둘 중에서 선택해야 하는 것이라고 밝혔습니다. 그러한 6개의 조항은 그러므로 전쟁포로 문제에 대한 수용할만한 해결 기반이 될 수 없었습니다. 그러한 조항들은 유엔군 제안이 문제의 신속한 해결을 위해 받아들일 만한 것이었던 데 비해 건설적이지도 합리적이지도 않았습니다. 다른 한편으로는 중립국 열강인 스위스의 거부가 근거 없기도 하지만 예사롭지 않습니다.

드장

【87】 휴전협상에서 스위스 감독관들의 중립적 행동 강조(1953.4.28)

```
[ 전        보 ]   휴전협상에서 스위스 감독관들의 중립적 행동 강조
[ 문 서 번 호 ]   JO/LN
[ 발    신    일 ]   1953년 4월 28일
[ 수    신    일 ]   미상
[발신지 및 발신자]   파리/슈만(프랑스 외무부장관)
```

우편 교신

이달 22일자 본인의 전보 제57호 참조

오늘 프티피에르 씨를 돌려보내며, 판문점에서 해리슨 장군이 송환을 원치
않는 포로들을 보호할 스위스 후보를 고려하는 방식에 그가 성나 있음을 알았
습니다. 연방 정부는 열흘 전부터 워싱턴이 하는 이 일에 대해 같은 상태를 유
지하지 않았습니다. 정치부 국장은 통신사들의 보고서를 읽으며 그 전개를 따
라갑니다. 하지만, 한국에 있는 미국 대표단의 처신은 유감스럽게도 "누구로부
터의 중립상태"로서 드러나지 않는 데 매우 열중한 한 나라를 위험에 빠뜨릴
수 있습니다.

사실, 프티피에르 씨는 미국인들이 다가올 때 드러내는 데 신경을 썼다고 말
했습니다. 그는 의회는 이 문제에 대해 알 수는 없을 것이며, 문제에 대한 모든
기술적 자료들을 전적으로 알면서 양 진영의 호출에 대해 심의할 수 있을 뿐이
라고 했습니다.

해명으로, 정치국은 오늘 오후 미국의 공관들에 이달 4일에 전한 문서 또는
각서의 요지를 공개할 것을 제안했습니다. 이 문서는 포로 문제를 다루지 않지
만, 스위스 감독관들의 휴전협상 관리에의 참여를 다루고 있습니다. 이것은 다
른 것들 중에서 스위스 감독관들은 휴전협상에 있어 한 진영이 아닌 양 진영의

설명과 이름으로 행동해야 했음을 명확히 밝혔습니다.

마지막 소식으로, 공문은 아주 늦은 저녁에야 언론에 전해질 것입니다.

【88】 영국 언론의 휴전협상에 대한 관점들(1953.4.29)

[전 보]	영국 언론의 휴전협상에 대한 관점들
[문 서 번 호]	1906-1910
[발 신 일]	1953년 4월 29일 20시 05분
[수 신 일]	1953년 4월 29일 20시 15분
[발신지 및 발신자]	런던/마시글리(주영 프랑스대사)

외무부가 현재 판문점 협상의 추이(본인의 전보 제1894-1897)를 따르는 상대적인 침착함은 영국 언론의 몇몇 해설자들과는 다릅니다.

그들은 최근의 협상이 야기한 실망을 강조합니다. "우리가 모두에게 기대하는 새로운 출발 대신, 우리는 이전 휴전협상의 가장 비일비재한 결과였던 쓸데없는 비난과 야유로 되돌아옵니다"라고 『데일리메일』의 논설위원이 오늘 썼습니다. 이 보수 일간지는 해리슨 씨가 언론에 한 발언에서 내보인 조급함과 그가 공산주의자의 태도를 가리키는 지칭들을 숨기지 않았습니다. 이러한 지칭들은 중국·북한 사람들이 합의에 이르려고 시도하면서 "체면을 지키기" 위해 할 수 있는 노력을 좀 더 용이하게 하지 못했습니다.

다른 한편으로는 미그기를 몰고 오는 모두 적군 조종사에게 보상을 약속한 클라크 장군의 놀라운 주도적 행동은 여러 언론 기구에 의해 혹독하게 비판받았습니다. 전날 밤 노동당 상원의원들에 의한 상원에서 표출된 신랄한 비판에 더해, 일간지들은 심리적 관점에서 논의해볼만한 그의 성격을 차치하고도 그러한 행동은 여하튼 특별히 시의적절하지 못했다고 평가합니다.

같은 일간지들, 특히 『뉴크로니클』과 『데일리메일』은 외교자문 자격으로 로버트 머피 씨의 지명을 축하했습니다. 그들은 그처럼 정치에 개방된 의회 앞에서, 그리고 남일 장군과 중국·북한의 이사들이 인내심을 가진 타협으로 기울고 있는 상황에서, 극동을 잘 알고 클라크 장군의 신임을 받고 있는 외교관이 미국의 장군들을 보좌하는 것이 나쁘지 않다고 생각합니다.

다른 한편으로는, 『타임스』와 『맨체스터가디언』의 기자들이 주목했듯이, 미 국무부와의 긴밀한 관계를 확인시켜 주는 외교자문의 지명은 협상의 마지막 국 면에 있어 군사적인 관점만큼 정치적 관점에도 중요성을 부여합니다.

마시글리

【89】 이승만 대통령의 발언들(1953.4.29)

[전 보]	이승만 대통령의 발언들
[문 서 번 호]	513
[발 신 일]	1953년 4월 25일
[수 신 일]	1953년 4월 29일
[발신지 및 발신자]	도쿄/드장(주일 프랑스대사)

브리옹발 씨의 4월 25일자 전보 제16호. 1953년 4월 28일 도쿄 도착.

인용

　　본인의 전보 제13호에서 말씀드렸던 분쟁을 야기할 수 있었던 표명들에 대한 답변으로 이승만 대통령은 어제 저녁 "정부는 국가의 자율적인 약진을 멈출 수 없고 국민들이 그들의 권리 안에서 조직하는 군중집회에 장애물을 치지 않겠다"고 선언했습니다. "하지만 국민은 모 연합국들과 오해를 낳을 염려가 있는 악의적인 모든 행동과 말을 삼가야 한다고" 했습니다.

　　이번에 그는 휴전협상의 재개 이후 지켜보던 상태의 침묵으로부터 나와 "한국 국민이 살 아 남을 수 있는 유일한 기회는 영토에서 한 번에 중국 공산주의자들을 몰아내고 통일과 평화를 실현하는 것이라는 정부와 국민의 공통적이고 근본적인 확신"을 강조했습니다. 그는 그것이 바로 "우리 정부가 선언을 통해, 우리 국민이 집회를 통해 중국 공산주의자들이 한국에 있게 되는 모든 휴전협상에 굳건히 반대한다는 것에 동의하는 이유이다"라고 덧붙였습니다.

브리옹발

인용 끝.

드장

【90】 미 국무부의 휴전협상 상황 요약(1953.4.29)

[전 보]	미 국무부의 휴전협상 상황 요약
[문 서 번 호]	3191-3193
[발 신 일]	1953년 4월 29일 10시 50분
[수 신 일]	1953년 4월 29일 16시 00분
[발신지 및 발신자]	워싱턴/보네(주미 프랑스대사)

뉴욕 공문 제453-455호

1. 언론은 판문점에서의 휴전협상 재개에 대해 정확하고 상세한 방식으로 설명하고, 알렉시스 존슨 씨는 한국에 대한 미 국무부의 오늘 회의에서 협상 재개 이후 보이는 양 진영의 입장을 요약했습니다. 현재까지 존슨 씨는 중국·한국 대표단이 협상의 실제적 성격이 살아있는 판문점으로 되돌아오지는 않을 것 같다고 주장했습니다. 워싱턴 관가는 그럼에도 협상의 방향을 예단하기는 너무 이르다고 판단합니다.

2. 유엔군사령부가 몰두했던 유엔군 측 송환포로들의 발언에 대한 철저한 검토를 통해,[1] 교환 합의의 결과 공산주의자들로부터 벗어날 수 있었을 상당수의 병들고 부상당한 포로들이 적군의 수용소에 억류되어 있음이 드러났습니다. 이 문제에 대한 조사는 계속되었습니다. 하지만 지금까지 몇몇 미국 감독관들은 중국·북한의 선의를 진지하게 의심해 보아야 하는 요소가 거기에 있는 것이 아닌지 의문을 가지고 있습니다.

---

[1] 미송환 포로들의 문제임. 유엔군 포로들 중에서 선전용으로 동원된 사례가 있다는 의미.

3. 휴전협상에서 유엔군사령부의 특별자문으로 로버트 머피 씨의 지명에 대해, 존슨 씨는 이러한 지명은 다음과 같다고 강조했습니다.

    1) 임시적인 것이다.
    2) 순전히 군사적인 성격의 휴전협상에는 관여하지 않는다.

보네

【91】 영국 신문들의 미 국무부의 조치에 대한 비판적 견해(1953.5.1)

[전 보]	영국 신문들의 미 국무부의 조치에 대한 비판적 견해
[문 서 번 호]	1946-1951
[발 신 일]	1953년 5월 1일 15시 55분
[수 신 일]	1953년 5월 1일 16시 00분
[발신지 및 발신자]	런던/마시글리(주영 프랑스대사)

오늘 아침 『타임스』는 여러 영국 신문들에 의해 이미 표명된 의견들(본인의 전보 제1906-1910호)을 다시 게재하면서 특별히 미그기 1대에 10만 달러의 보상을 하겠다는 미국의 제안에 대해 엄중한 판단을 내리고 있습니다. 신문은 이러한 시도를 어리석고 시의적절하지 못하다고 평가하는 데 주저하지 않았습니다.

독립적인 신문은 게다가 이러한 조치를 옹호하기 위해 잘못 선택된 용어들로 윈스턴 처칠이 지난 밤 노력했던 방식을 전혀 좋게 평가하지 않습니다. 반대 의원들의 신랄한 비판에 대한 답으로, 수상은 결국 의회에서 국제법 개론의 몇 페이지를 인용한 후 전투 시기에 그러한 시도가 비합법적인 것으로 여겨질 수 있다고 생각하지는 않는다고 밝혔습니다. 필시 그는 시의적절함이 논쟁의 여지가 있다는 것을 알았습니다. 하지만 그는 여하튼 미국 정부가 그러한 명령의 결정을 하는 데 있어 미리 영국 정부의 의견을 물어야 한다고 생각하지 않았습니다. 그는 결과적으로 몇몇 의원들의 미 국무부에의 항의 절차 요구를 거부했습니다.

해리슨 장군에 주도한 판문점 협상의 방식에 대해 며칠 전부터 영국 언론에 나온 상당히 비판적인 내용과 관련해서는, 오늘 아침 『맨체스터가디언』의 논설에서도 한 반응이 보였습니다. 이 신문은 송환을 거부하는 포로들의 보호국으로 아시아의 나라를 선택하는 것에 반대하면서, 유엔대표단의 단장의 발언을 미 국무부가 지체 없이 반박한 것에 찬사를 보냈습니다. 이 자유당 신문은 아무 것도 중립성에 의구심을 보내는 아시아 나라들을 더 이상 거슬리게 하지 않을 수 있었던 것으로 큰 실수를 모면했다고 덧붙였습니다. 『맨체스터가디언』은 특히 인도에 대해 그러한 관점을 적용했습니다. 신문에 따르면, 인도는 특히 계획된 역할을 잘 할 것이며, 아마도 충분히 기술적 방식으로 이러한 실행을 처리할 수 있는 유일한 아시아국이라고 합니다.

도쿄에 있는 클라크 장군이 자문으로 머피 씨를 지명한 내용으로 돌아오며, 『맨체스터가디언』은 이러한 조치가 해리슨 장군의 "요령 부족"이 야기하는 염려를 물리칠 수 있을 것으로 생각하지는 않았습니다. 신문에 따르면, 외교관들이 군대의 제복을 입는 상황에 있어야 한다 해도, 도쿄가 아닌 판문점에서 지명되었어야 한다고 봅니다.

마시글리

【92】 비자발적 포로 보호를 맡을 중립국 선택에 대한 해리슨 장군의 발언들 (1953.5.1)

[전 보]	비자발적 포로 보호를 맡을 중립국 선택에 대한 해리슨 장군의 발언들
[문 서 번 호]	516
[발 신 일]	1953년 5월 1일 02시 00분
[수 신 일]	1953년 5월 1일 10시 53분
[발신지 및 발신자]	도쿄/드장(주일 프랑스대사)

1. 협상 재개 이후 4월 30일 다섯 번째 전체회의에서, 해리슨 장군은 중립국에 대한 합의가 이루어지지 않는 한, 공산국 제안의 중립적 요소들을 엄밀히 논의할 필요성이 없다고 주장했습니다. 공산주의 측이 택한 나라의 이름을 모르면서, 그는 그 나라의 중립성 문제를 검토할 수 없었습니다.

그는 아시아국은 반드시 공산주의 국가들이 지배하는 지역 가까운 곳에 자리해야 할 것이라고 한 점에 주목해야 하며 그렇게 되면 정치적·경제적으로 그들의 영향 하에 놓이게 될 것이라고 생각했습니다.

2. 포로 송환과 관련하여, 해리슨 장군은 전투 첫해 억류된 유엔군 65,000명에 대해 12,000명만이 전쟁포로 목록에 있다는 점과 포로 대다수가 제네바협정과는 반대로 비합법적으로 인민군에 섞여 있음을 상기시켰습니다.

장군은 그에 더해 아직 유엔에 억류되어 있는 한국인들 중 남한에 정착하기를 원하는 이들은 공산 측의 제안에 예고되었던 대로 무한정 억류시키기보다 한국 동포들과 섞이도록 즉각 석방되어야 할 것이라고 강조했습니다. 중국 공산군 대표들이 그러한 한국인들이 북한으로 돌아가야만 한다고 고집하는 것은 이상할 것입니다. 그러한 포로들에게 자유를 주는 것은 오히려 전적으로 당연한 일이며, 이는 송환 문제와 보호를 맡은 국가의 업무를 더욱 용이하게 할 것입니다. 또한 휴전협상의 합의를 순조롭게 하고 전 세계의 인간적이고 올바른 사람들이 기쁘게 환영할 일입니다.

3. 어제 날짜로 군사령부에서 다시 언급했던 해리슨 장군의 발언들은 연합국 대표단 단장이 포로들의 보호를 맡게 될 중립국으로 아시아 국가를 선택하는 것에 반대한다고 말했다는 몇몇 통신사들의 주장을 정당화하지는 않습니다.

국방부에 전달 요망.

드장

【93】 유엔 측의 병들고 부상당한 포로들의 송환 이행 촉구(1953.5.2)

[전   보] 유엔 측의 병들고 부상당한 포로들의 송환 이행
                       촉구
[문 서 번 호] 527
[발 신 일] 1953년 5월 2일 11시 00분
[수 신 일] 1953년 5월 2일 11시 43분
[발신지 및 발신자] 도쿄/드장(주일 프랑스대사)

1. 5월 1일 회의에서, 해리슨 장군은 어제 4월 30일자 발언에 주어졌던 부정확한 설명들을 해소시키려는 발언을 했습니다. 유엔사령부는 한 나라의 지정학적 상태가 중립국 선택 혹은 제외의 결정적 요소가 되는 하등의 이유도 없는 것으로 본다고 했습니다.

중립성과 역량은 요구되는 기본 자격이며 그것은 고유한 장점들에 따라 결정되어야 할 것입니다. 유엔사령부 대표단 단장은 상대가 지명할 어떤 나라라도 받아들일 준비가 되어 있다고 말했습니다. 해리슨 장군은 다음과 같이 발언을 마쳤습니다.

"만일 여러분이 더 나아가고 싶다면, 추천할 나라를 밝혀 주십시오. 만일 거절한다면, 오늘의 논의는 더 이상 할 얘기가 없습니다."

2. 존 C. 다니엘 제독은 오늘 아침 교섭담당자들의 회의에서 공산진영은 제네바협정의 제109조와 1953년 4월 11일의 합의 적용에 따라 4월 26일자로 계획된 병들고 부상당한 전쟁포로들에 더해 유엔의 다른 포로들 875명을 송환시킬 것을 요구했습니다. 그는 송환을 원하면서 제네바협정의 제109조와 4월 11일 합의에 명시된 조건들을 채우는 병들고 부상당한 한국인 141명과 다른 국적의

234명을 확인시켜줄 것을 수락한 발언들에 이러한 요구의 근거를 두었습니다. 제독은 자신들 쪽에서는 유엔사령부가 원하는 조건에 부합하는 모든 이들을 송환시키기 위해 병들고 부상당한 공산군 포로들을 가장 자유로운 정신 속에서 계속 검토할 것을 강조했습니다.

1953년 4월 11일의 합의를 선의를 가지고 시행하거나 제네바협정에서 결정된 의무에 부합하려는 데 대한 공산진영의 거부는 휴전협상 대표단이 해결해야 할 더 광범위한 문제들에 대해 공산진영이 진정 합의를 원하는 것인지 의구심을 품게 한다고 제독은 말했습니다.

국방부에 전달 요망.

드장

【94】 판문점 협상에 대한 영국 관가의 긍정적 견해(1953.5.4)

[전 보]	판문점 협상에 대한 영국 관가의 긍정적 견해
[문 서 번 호]	2002-2005
[발 신 일]	1953년 5월 4일 17시 50분
[수 신 일]	1953년 5월 4일 18시 00분
[발신지 및 발신자]	런던/마시글리(주영 프랑스대사)

오늘 아침 『타임스』에 실린 외교 담당 기자의 기사는 판문점 협상에 대한 영국 관가의 의견을 요약하는 것으로 보입니다.

며칠 전부터 영국 언론이 수많은 면들을 할애했던 것처럼 유엔의 협상자들에 대해 지나친 염려를 내보이지도 않고, 신랄한 공격도 없이, 기자는 판문점에서 여전히 책략의 가능성을 위한 자리가 있어야 했다고 전합니다. 기본적인 것은 비강제적인 송환 원칙, 지난해 겨울 이끌었던 협상의 유일한 돌부리가 그대로 있다고 그는 쓰고 있습니다. 만일 그러하다면, 협상이 "곤경에 빠지도록" 내버려 둘 이유가 없습니다. 바로 그것은 런던에서 표출된 의견이라고 그는 강조합니다. 필시 유엔대표단이 송환을 거부하는 포로들을 중립국에 배치하자는 공산 측의 제안에 제기한 반박 논거들은 수긍할 만한 것입니다. 그렇지만 그러한 배치의 비실제적인, 아마도 비실용적인 성격에도 불구하고, 그것이 가진 난관들은 극복할 수 없는 것이어야만 했습니다.

중립국 지명에 대해서는, 해리슨 장군이 모든 것을 유보하면서 아시아국 선택이 수용될 수 없는 것으로 제외시키지 않았기에 이제는 명확해졌다고 『타임스』 기자는 말을 이어갑니다. 그러므로 이 점에 대해서도 양측은 합의에 이를 수 있을 것이라고 기자는 결론을 맺었습니다.

마시글리

【95】 파키스탄 대사의 중립국 관련 제안(1953.5.4)

[전　　　　보]	파키스탄 대사의 중립국 관련 제안
[문 서 번 호]	3301
[발　신　일]	1953년 5월 4일 20시 00분
[수　신　일]	1953년 5월 4일 01시 00분
[발신지 및 발신자]	워싱턴/보네(주미 프랑스대사)

보안

뉴욕 공문 제492호

　동료 중 한 사람이 미 국무부에서 오늘 수집한 정보에 따르면, 지난주 초 도쿄 주재 파키스탄 대사가 로버트 머피 씨에게 개인 자격으로 자신의 나라가 휴전조약 이후 자국으로 돌아가기를 거부하는 중국·북한 포로 보호를 맡는 중립국 역할을 할 것을 제안했다고 합니다.
　파키스탄 대사는 그리고 나서 자국 정부에 타진했고 곧바로 원칙적 승인을 받았습니다.
　미 국무부는 파키스탄 당국이 뉴델리, 양곤, 자카르타 당국처럼 그들의 영토에 중국인 14,000명을 포함하여 50,000명이 실제로 들어오는 것에 기분 좋게 생각하지는 않는다고 생각하는 편입니다.

보네

【96】 휴전조약 성사에 대한 긍정적 전망(1953.5.5)

[전 보]	휴전조약 성사에 대한 긍정적 전망
[문 서 번 호]	549-550
[발 신 일]	1953년 5월 5일 01시 00분
[수 신 일]	1953년 5월 5일 08시 59분
[발신지 및 발신자]	도쿄/드장(주일 프랑스대사)

사이공 공문 제380-383호
본인의 이전 전보에 이어

공산진영과의 협상에 이어진 난관들과 지체에도 불구하고, 유엔사령부의 느낌은, 특히 클라크 장군과 머피 씨의 느낌은 중국·북한이 휴전조약을 원하는 것이었습니다.

한국에서 강적에 부딪치면서, 공산진영은 좀 더 용이한 성공을 추구합니다. 그것은 어떤 지역에서 평화를 이끄는 것보다는 최소한의 저항선을 따라 아시아로 공격을 해나가는 것에 관련됩니다.

머피에 따르면, 미국 정부와 사령부는 그러한 작전을 잘 이해하고 있으며 직접적인 반대를 통해 행동하기를 삼가며 휴전조약을 맺는 데 이를 것입니다. 가용적인 군사적 수단의 한 부분을 통해 인도차이나로 전진해 나가는 데 수월하므로, 그들도 한국에서의 휴전조약을 원하고 있는 것입니다.

드장

[전 보]	미 국무부의 문제시되는 발언들
[문 서 번 호]	911-913
[발 신 일]	1953년 5월 5일 10시 00분
[수 신 일]	1953년 5월 5일 16시 00분
[발신지 및 발신자]	뉴욕/오프노(주유엔 프랑스대표)

워싱턴 공문 제312-314호

『뉴욕타임스』는 어제 호에 5월 2일 아틀랜틱 시티에서 전 미주리 주 의원이자 미 국무부의 공보부장으로 임명된 암스트롱 씨의 발언 내용의 요약문을 실었습니다.

암스트롱 씨는 무엇보다 "새로운 냉전" 속에서 미국 행정부가 취한 원칙적 결정 중의 하나는 "조만간" "유엔군을 위해 싸우기를 원했을 모든 중국·북한 포로들이 즉각적 석방"을 이끌겠다는 것입니다.

그는 다음과 같이 덧붙였습니다.

"중국·북한 포로들을 중립국에 배치한다는 것은 명백히 불공정한 처사입니다. 한국 포로들은 그들의 조국에 있습니다. 당연히 그들은 석방되어야 할 것입니다. 그 자리에 머무르려 하고 자신의 조국 해방을 위해 싸우고자 하는 이들은 그렇게 할 수 있어야 합니다. 소련 지도자들에 따르면 중국인들은 지원병들입니다. 만일 지금 그들이 대만에 가고자 하고 조국의 해방을 위해 싸우고자 한다면 그렇게 하도록 도와야 합니다."

방금 지명된 암스트롱이 지속적으로 입수해야 하는 공식적 직무는 그러한 문제에 충분히 염려를 표출하는 것입니다. 특히 만일 우리가 그러한 문제들을 송환을 거부하는 모든 북한 포로들 또는 적어도 "어떤 순간에 남한으로 온" 이들의 해방을 검토한 이들과 4월 30일자 신문을 통해 해리슨 장군에 동의한 이들에 연결시킨다면 말입니다.

그러한 대책들은 단지 유엔이 취한 입장과 유엔이 택한 원칙들에 위배되는 것만이 아니라 모든 주제들을 앗아가서 판문점 협상의 실패를 불가피하게 만들 것입니다.

암스트롱의 발언은 현재까지 미 국무부의 어떤 검토 대상도 되지 않았습니다.

오프노

【98】 소련 관료의 한국 종전과 아시아 상황에 대한 견해(1953.5.6)

[전　　　　보]	소련 관료의 한국 종전과 아시아 상황에 대한 견해
[문 서 번 호]	258
[발　신　일]	1953년 5월 6일
[수　신　일]	1953년 5월 7일 10시 49분
[발신지 및 발신자]	브뤼셀/리비에르(주벨기에 프랑스대사)

　어제 저녁 대사관의 1등서기관이 브뤼셀 주재 소련무역대표단 사람과 가진 대담을 외무부에 문서로 전달하는 것이 유용해 보입니다.

　부탕[1] 씨를 저녁 식사에 초대한 자그레브스키[2] 씨는 한국의 종전이 임박했다고 믿는지 물었습니다. 제 동료는 한국전쟁의 진화가 인도차이나 반도의 전투 악화를 야기하는 것은 아닌지 두려움을 표명하면서 긍정적으로 대답했습니다. 소련 관료는 거기에 자신의 생각에 모든 것은 다 잘 될 거라고 가장 자연스러운 어조로 말했습니다. 하지만 그는 "그것은 중국의 일입니다"라고 덧붙였습니다. 마치 그 상황의 책임을 베이징 정부에 돌리려는 것처럼 말입니다. 게다가 그는 예전에 모스크바에서는 아시아 평화의 불가분성에 대한 아이젠하워 대통령이 발언들에 찬성하지 않았다고 넌지시 말했습니다.

리비에르

---

1) Boutang.
2) Zagrevski.

【99】 남일 장군의 8개 항목 제안(1953.5.7)

[전   보]   남일 장군의 8개 항목 제안
[문 서 번 호]   930-931
[발   신   일]   1953년 5월 7일 20시 35분
[수   신   일]   1953년 5월 8일 01시 35분
[발신지 및 발신자]   뉴욕/오프노(주유엔 프랑스대표)

워싱턴 공문 제318-319호

　오늘 아침 신문에 다시 게재된 남일 장군의 8개 항목 제안은[1] 총회가 12월
3일 투표한 인도의 안을 거의 원문대로 손질한 것입니다. 그 제안들은 송환 거
부 포로들의 운명이 결정되고 난 후 기한의 규정과 이러한 최종 결정을 취하는
정치회담의 재개와 관련해서만 차이가 있습니다.
　그러한 항목들의 첫 번째에 대해서는 아마도 중국·북한이 계획한대로 합의
가 가능합니다. 두 번째에 대해서는, 남일 장군은 인도의 최초의 안의 규정을
수정했습니다. 미국의 요구로 영국과 프랑스가 우리 프랑스의 안으로 합친 것
입니다. 메논 씨가 그것을 수정할 것을 승낙하고 유엔에 그러한 포로들의 운명
을 결정하는 임무를 맡기는 것이었습니다. 타협의 예상은 여기서 매우 피해가
기 어려울 것입니다.

---

[1] ① 휴전협정 이후 2개월 이내에 송환을 원하는 포로를 집단적으로 송환. ② 폴란드·체코슬로
바키아·스위스·스웨덴의 4개국과 인도 등 5개국 중립국송환위원회 설치에 합의. ③ 송환되
지 않은 포로들은 중립국송환위원회로 이관. ④ 4개월 이내의 설득 기간. ⑤ 설득 기간 내
송환을 원하는 포로는 즉각 송환 추진. ⑥ 4개월 이후 남은 포로는 휴전협정(초안) 제4조 제60
항에 규정된 정치회담에 일임. ⑦ 중립국 송환위원회 관리기한내 본국송환에 필요한 경비를
포함한 포로에 대한 모든 경비는 그들이 속하고 있는 국가에 의해 지출. ⑧ 본 제안의 각 조항
과 이에 따른 협정은 모든 포로들에게 주지시켜야 함(김보영, 2008, 앞의 논문, 231쪽 재인용).

여하튼 중국·북한은 협상을 유엔의 해결안 범주 안에 놓으려는 자세를 취하면서 유엔에 대해 도덕적 우세함을 강조했습니다. 해리슨 장군이 이러한 상황에서 앞서가지 못하며 그들에게 가능성을 남긴 것은 유감입니다.

오프노

【100】 송환을 거부하는 포로들의 이송에 대한 영국의 견해(1953.5.8)

[전 보]	송환을 거부하는 포로들의 이송에 대한 영국의 견해
[문 서 번 호]	2043-2047
[발 신 일]	1953년 5월 8일 12시 25분
[수 신 일]	1953년 5월 8일 12시 35분
[발신지 및 발신자]	런던/마시글리(주영 프랑스대사)

보안

판문점 협상의 전개를 바라보는 이곳에 어느 정도의 불편한 감정이 없는 것은 아닙니다. 이틀 전 의회에서 이 문제에 대한 질문들이 제기되었고 수상 쪽에서 내놓은 난처한 답변들은 그러한 감정을 증명합니다.

지금 미국 정부가 휴전조약을 체결하고자 하는 것이 확실하다면, 휴전협상을 이끌고 있는 장군들의 배후 생각이 사실상 매우 의심스럽게 보이며, 게다가 우리는 군대관계의 현재 상태에서의 휴전조약은 그들에게 몇 가지 염려를 야기할 것임을 잘 알고 있습니다. 특히 맘에 들지 않는 것은 회의가 끝나고 해리슨 장군과 그의 동료들이 언론에 전하는 설명들입니다. 협상에 유리한 분위기를 만드는 것은 최상의 방법이 아니라고 생각합니다. 로이드 씨가 제게 알려준 바에 의하면, 몇몇 견해가 그 문제에 대해 최근 워싱턴에서 발표되었습니다.

그러한 지배적인 염려 속에서, 사람들은 북한 사령관의 최근 제안에 대해 더더욱 만족감을 가지고 있습니다. 왜냐하면 상대편이 앞으로 새로운 한 발을 내딛는다고 생각하기 때문입니다.

하지만 그러한 제안들이 현재 상태의 심각한 난관들을 없애줄지 확실치는 않습니다. 스웨덴이 한국에 억류된 포로들의 보호를 위해 한국에 파견부대를 보낼 것이라고 생각하지 않습니다. 스위스는 더 생각하지 못합니다. 한편, 남한 정부는 대륙의 영토에 폴란드나 체코와 같은 공산국으로부터 온 이들의 정착을 허용할까요?

문제를 둘로 나누는 것이 현명할 것이라는 생각이 어제 저녁 외무부에서 나왔습니다. 중국 포로들은 중독 치료와 보호 기간을 위해 파키스탄에 보내져야 합니다. 현재 워싱턴의 마음에 들려고 하고 미국의 밀가루가 필요한 파키스탄은 결국 그러한 일에 동참할 것입니다. 우리도 그것을 확신합니다. 한국 포로들 관련해서는, 보호 시기는 한국 자체에서 결정되어야 할 것입니다. 어떤 조건일지는 우리도 아직 분명하게 알지 못합니다. 비록 특별히 이러한 해결책에서만이지만, 한국 밖으로의 포로 이송을 거부하도록 상대를 이끌어온 후 그렇게 다시 돌아가는 것은 매우 예민한 문제입니다.

마시글리

【101】 판문점 대표단이 발표한 8개 항목의 제안서(1953.5.8)

[전 보]	판문점 대표단이 발표한 8개 항목의 제안서
[문 서 번 호]	564
[발 신 일]	1953년 5월 8일 02시 30분
[수 신 일]	1953년 5월 8일 15시 08분
[발신지 및 발신자]	도쿄/드장(주일 프랑스대사)

판문점에서 대표단에 의해 5월 7일 발표된 8개 항목의 제안서는 다음과 같습니다.

1. 휴전조약 체결 이후 2달 안에, 양 진영은 어떤 어려움을 만들지 않고 송환을 원하는 전쟁포로들을 송환시켜야 하고 휴전협정의 제3조 51항에 규정에 맞고 양 진영의 감독 속에 교환한 최종 명단에 일치하게끔 그룹별로 그들이 속한 진영으로 데려다주어야 한다.

2. 곧장 송환되지 않는 전쟁포로들이 그들의 나라로 귀환하는 것을 용이하게 하도록, 양측이 동수로 지명한 5개국의 대표들로 중립국송환위원회를 구성하고 설립한다. 즉 폴란드, 체코슬로바키아, 스위스, 스웨덴이 될 것이다. 다시 말해 휴전협정의 제2조 34항에 규정된 4개국과 양측에 모두 수용하는 인도가 될 것이다.

3. 곧장 송환되어야 하는 포로들을 제외하고, 현재의 제안 제1항에 규정된 대로 양 진영의 모든 전쟁포로들은 억류하고 있는 측의 보호와 군사적 통제로부터 벗어난 수감 장소들에 있으며, 제2조에 규정된 대로 포로들을 받아들여 보호할 중립국송환위원회에 맡겨지게 될 것이다. 중립국송환위원회는 합법적 역할과 책임을 다하기 위해 일시적 결정권 하에 전쟁포로 통제의 권한을 가지게 될 것이다. 이러한 권한의 효율적 실행을

보장하기 위해, 중립국송환위원회의 회원국에는 동일한 수준의 군사력을 제공할 것이다.

4. 곧장 송환되지 않는 전쟁포로를 받아 보호를 맡은 이후 중립국송환위원회는 이러한 보호 이후 4개월 안에 즉각 필요한 조치들을 취할 것이다. 포로들이 속해 있는 중립국들은 고국으로의 귀환, 특히 평화로운 삶을 영위할 고국으로 돌아갈 수 있는 절대적 권리에 관한 모든 것에 대해 알려주고, 그들의 두려움을 없애줄 필요한 설명들을 모든 포로들에게 제공하기 위해 전쟁포로들이 억류되었던 같은 장소에 담당자를 보낼 자유와 편의성을 가진다.

5. 중립국송환위원회가 전쟁포로들을 받아들인 후 4개월 안에, 그리고 관련국들에 의한 설명이 주어진 이후, 모국으로 돌아가고자 하는 의사를 표명한 전쟁포로들은 그들을 억류 중인 수용소가 어떤 장애가 되지 않고 중립국송환위원회의 도움으로 그렇게 할 수 있을 것이다. 그러한 전쟁포로의 귀환을 위한 세부 행정사항은 위원회와 양 진영 사이의 논의를 통해 정해질 것이다.

6. 제4, 5조에 규정된 4개월의 기한이 지난 후에 여전히 위원회의 보호 아래 있는 포로들이 남아있다면, 그들의 운명은 휴전협정의 제4조 60항에 규정된 정치회담을 통해 해법을 논의할 것이다.

7. 귀환 여비까지 포함하여 중립국송환위원회의 전쟁포로 보호 기간 동안 발생한 모든 비용은 포로들이 속한 나라들이 지원하게 될 것이다.

8. 뒤따르는 이러한 제안의 기한과 준비들은 모든 전쟁포로에게 알릴 것이다.

국방부에 전달 요망.

드장

【102】공산군 측의 제안에 대한 분석(1953.5.9)

[전   보]   공산군 측의 제안에 대한 분석
[문 서 번 호]   566-572
[발   신   일]   1953년 5월 9일 01시 30분
[수   신   일]   1953년 5월 1일 11시 30분
[발신지 및 발신자]   도쿄/드장(주일 프랑스대사)

사이공 공문 제397-403호
1953년 5월 8일, 도쿄

1. 일반적 관점에서, 어제 공산진영이 판문점에서 내놓은 8개 항목의 제안은 결정적 전환점이 될 것입니다.

기대치 않은 방식으로, 남일 장군은 송환 거부 포로들의 중립국으로의 물리적 이송에 관해 매우 단호해보였던 입장을 버렸습니다.

미국 측의 대조적인 단호한 거절은 단지 그렇게 많은 사람들의 통제와 수송을 포함한 상황의 복잡성을 피하려는 근심에서 나온 것만은 아닙니다. 아마도 폭동의 형태를 띤 이승만 쪽의 매우 격렬한 반응을 야기하지 않고 한국 국적의 전쟁포로 34,000명의 망명을 검토한다는 것은 유엔 사령부에는 절대 불가능한 일이었습니다. 여하튼, 유엔군 측 대표단의 마음속에는 한국 밖으로의 이송이 불가피하다면, 중국으로의 귀환을 거부하는 14,000명의 중국인들에게만 적용할 수 있습니다.

2. 일견 5월 7일의 제안은 전체적으로 합리적이고 협조적인 것으로 보입니다.

한국 밖으로의 이송 거부 외에, 그것은 중국·북한 측의 중요한 양보를 포함하고 있습니다. 주된 것은 9달에서 4달로 다시 데려다주는 송환 거부 포로들의

운명이 결정되는 기한에 관한 것입니다. 다른 한편으로는, 보호를 보장하기 위한 중립국 지명에 관한 논쟁은 근거가 없어졌습니다. 인도를 포함시켜 양 진영이 이미 동의한 국가들을 기본적으로 포함하여 검토한 중립국위원회에 대해 유엔사령부측에서 이보다 더한 반대가 없다는 것입니다.

두 가지 점은 여전히 어려움을 풀어나가야 할 것으로 보입니다.

공산진영의 제안 이후, 전쟁포로를 수용하고 있는 국가만이 4개월의 기한 동안 설명을 해줄 임무를 띤 파견단을 중립위원회의 보호 하에 있는 포로들에게 보내는 것이 허용될 것입니다. 그렇게 해서 공산주의자들이 그들의 교육 방식을 적용할 수 있는 일방적인 행위가 전쟁포로들에게 행해지는 것입니다. 다른 한편으로는, 4달의 기한 이후, 송환을 결정하지 않은 포로들의 운명을 결정하는 것은 정치회담이 맡게 될 것입니다. 너무 많은 선례들이 그러한 회담이 무한정 지속될 수 있음을 보여줍니다. 유엔군사령부는 전쟁포로가 자신이 원하는 대로 석방되어 자유롭게 되는 데 2달의 기한을 요구할 것으로 예견됩니다. 그럼에도 그러한 두 가지 난관의 어느 것도 극복할 수 없어 보이지는 않습니다.

3. 7번째 제안은 유엔군사령부를 강화하려는 것입니다. 무엇보다 너무 급하게 결론을 내리지 않고 중국·북한(최소한 중국)이 휴전조약 조인을 간절히 바라고 있다고 유엔사령부에 확신을 주려는 것입니다. 그것은 또한 강력한 방식은 공산주의 파트너와 최상의 성공을 제공하는 것이라는 감정을 미국의 협상자들에게 확인시키려는 것입니다. 맘대로 할 수 있는 자유를 전혀 가지지 못한 채 워싱턴이 긴밀하게 그날그날 내린 지시를 받은 해리슨 장군은 논의 중 아시아국가들 문제에 대한 4월 30일의 발언처럼 어느 정도 시의적절한 몇 가지 발표를 할 수 있었습니다. 하지만 유엔군사령부가 1년 이상 지속된 논의를 무한정 연장시키려고 하지 않았다는 점을 중국·북한 측에 분명하게 강조했을 때 그는 근본적으로 자국 정부와 의견을 같이했습니다.

드장

【103】 공산군 측의 제안에 대한 분석(1953.5.9)

[전 보]	공산군 측의 제안에 대한 분석
[문 서 번 호]	566-572
[발 신 일]	1953년 5월 9일 09시 20분
[수 신 일]	1953년 5월 9일 19시 53분
[발신지 및 발신자]	도쿄/드장(주일 프랑스대사)

사이공 공문 제406호

1. 5월 9일 회의에서, 해리슨 장군은 5월 7일 공산군 측의 새로운 제안에 대해 유엔사령부가 검토에 들어갔다고 밝혔습니다. 하지만 몇몇 항목에서는 보충 설명이 필요해 보였습니다. 그는 남일 장군에게 새로운 제안이 4월 26일 제안들, 특히 첫 번째 제안에서는 무한정 억류되어 있어야만 했을 송환 거부 포로들의 궁극적 운명에 관해서 어떻게 미흡한 점을 개선했는지 물었습니다.

게다가 4월 26일의 제안에서 보호는 단 하나의 중립국에 맡겨야 했습니다. 새로운 제안에서는, 그것은 5개 열강에 맡겨졌습니다. 이러한 집단 보호는 새로운 문제점을 제기했습니다. 해리슨 장군은 그런 다음 중립국송환위원회, 포로들의 생필품 공급, 언어 문제, 군대의 활용, 하부 기구 등의 결정에 관한 차이점들을 제기했습니다. 공산군 측은 여러 문제점들을 적었고 다음날로의 연장을 제안했습니다.

2. 해리슨 장군이 표명한 설명 요구가 드러내는 관심사는 전반적으로 좋은 징조로 간주되었습니다. 유엔군대표단 단장은 언론에 자신이 몇 가지 질문을 제기한 것이 유엔군사령부가 5월 7일 공산군 측이 논의의 기반으로서 제안한

것에 대한 거부를 의미하지 않는다고 강조했습니다.

국방부에 전달 요망.

드장

【104】유엔군 측이 제기한 질문들에 대한 남일 장군의 답변(1953.5.11)

[전 보]	유엔군 측이 제기한 질문들에 대한 남일 장군의 답변
[문 서 번 호]	592
[발 신 일]	1953년 5월 11일 02시 30분
[수 신 일]	1953년 5월 11일 11시 50분
[발신지 및 발신자]	도쿄/드장(주일 프랑스대사)

1시간 동안 지속된 어제 5월 10일 판문점 회의는 전날 밤 유엔군대표단 단장이 제기한 13개 문제에 답하는 남일 장군의 발언으로 시작했습니다. 그 발언은 주로 중립국송환위원회에 맡겨진 지 4개월 후에도 여전히 본국으로의 송환을 거부하는 전쟁포로들의 처리 문제에 할애되었습니다.

공산주의자들은 포로들의 최종 목적지 문제는 휴전협정의 제6조에 규정된 정치회담에서 해결할 것을 요구했습니다. 유엔사령부 대표단은 그러한 조건 속에서 결정은 무한정으로 연장될 수 있고 전쟁포로들은 무기한 감금상태에 놓일 수 있다고 생각했습니다.

공산주의자들은 그 문제는 전혀 일어나지 않을 것이라고 반박했습니다. 그들에 따르면 4개월 동안 양측에서 보낸 관계자들을 통해 모든 설명을 들은 후 더 잘 이해한 포로들이 본국으로 돌아가기를 두려워할 거라고 상상하기는 힘들다는 것입니다.

해리슨 장군은 거기에 의심스러운 것 이상의 중요한 가정이 있다고 생각했습니다.

그는 또한 송환 거부 포로들에게 공산주의자들이 하는 설명의 본질에 관해 여러 문제점을 제기했습니다.

중립국송환위원회의 권한 행사에 관한 문제에 답하면서, 남일 장군은 그러한 결정들은 다수결로 정해져야 한다고 주장했습니다.

국방부에 전달 요망.

드장

【105】 유엔총회의 이전 해결안의 폐기에 대한 견해(1953.5.12)

[전 보]	유엔총회의 이전 해결안의 폐기에 대한 견해
[문 서 번 호]	985-987
[발 신 일]	1953년 5월 12일 20시 00분
[수 신 일]	1953년 5월 12일 02시 40분
[발신지 및 발신자]	뉴욕/오프노(주유엔 프랑스대표)

워싱턴 공문 제255-257호

그러한 합의의 결론에 잇따른 정치회담이 한국전쟁과 직접적이고 명백한 관계가 없는 문제들에 관심을 두거나 두지 않는 휴전협정안 제6조에 보이는 '없애다'란 표현에 주어진 내용이 어떠하건, 그것은 우리가 지금까지 논하지는 않았지만 크게 제기될 위험이 있는 문제입니다.

중국에 반해 회원국들이 취한 억류 조치들은 1951년 2월 1일 총회의 해결안의 결과입니다. 그렇게 실행한 나라들은 분명 자국의 선택 상황이나 시기에 따라 그러한 조치들을 취소하거나 혹은 철회하는 데 있어 자유입니다. 그것은 순전히 권고를 따라 행한 것이기 때문입니다. 그럼에도 불구하고 그 나라들 중 대부분은 그들에게 권한 총회가 이끌어주기를, 달리 말하면 1951년의 해결안을 폐기하기를 바라고 있습니다.

억류 조치들은 군사명령 조치들입니다. "한국 침략자들에게 어떤 물품이건 제공하는 것을 삼가라"고 국가들에게 권유한 것은 게다가……

(부분 판독 불가)

아마도 미 국무부 사람들은 지금부터 이 문제에 대해 다양한 각도에서 검토하는 것이 좋을 것입니다.

오프노

【106】 미국 비행기의 중국 영토 침입에 대한 저우언라의 항의(1953.5.12)

[전 보]	미국 비행기의 중국 영토 침입에 대한 저우언라의 항의
[문 서 번 호]	141-142
[발 신 일]	1953년 5월 12일 13시 16분
[수 신 일]	1953년 5월 13일 01시 45분
[발신지 및 발신자]	베이징/장켈레비치(주중 프랑스대사)

저우언라이는 평소의 웅변적 태도를 고려해 볼 때 그가 내세우는 사실의 심각성으로 평정심을 잃고 25대에 달하는 미국 비행기가 이달 안둥 지역 영토를 10회, 11회 두 번에 걸쳐 침입했다고 항의하였습니다. 그 비행기들은 50여회의 폭탄투하를 통해 시민들 중 250명 이상이 죽거나 다치게 만들면서 전단지를 살포했다는 것입니다.

그는 그러한 침략 속에서 적군 비행기가 한국전쟁이 시작된 이후 이 나라에 저지른 모든 침략들 중 최고의 살인행위를 보는 것 같다고 했습니다. 그것은 판문점 협상에 해로운 영향을 끼치게 되어 있는 일종의 "도발"이라는 것입니다. 하지만 그는 세계의 여론은 그러한 어두운 계획을 실패로 돌아가게끔 하리라고 확신한다는 데 열의를 보였습니다.

장켈레비치

【107】 유엔군사령부 측의 반대안 제출(1953.5.12)

[전   보] 유엔군사령부 측의 반대안 제출
[문 서 번 호] 3535-3537
[발   신   일] 1953년 5월 12일 18시 00분
[수   신   일] 1953년 5월 12일 00시 40분
[발신지 및 발신자] 워싱턴/보네(주미 프랑스대사)

보안

뉴욕 공문 제581-583호

본인의 전보 제3508-3521호 내용인 유엔군사령부의 반대제안들은 판문점에
서 5월 13일에 발표될 것입니다(워싱턴 시각 5월 12일 22시).

한국에 대한 오늘 회의에서, 히커슨 씨는 해리슨 장군이 발표하고 미 국무부
이 어제 우리 대사관과 영국, 호주, 뉴질랜드, 캐나다, 남아프리카공화국의 대사
관에 알린 반대안의 경제활동을 드러내지 않았습니다. 그는 반대안의 공개가
임박해 있음과 그것이 기본적으로 목표하는 것에 대해 언급했습니다.

  1. 송환 거부 포로들의 신문 시기를 명확한 방식으로 확정하기
  2. 공산군 부대는 유엔군 배후의 한국에 머물지 않기
  3. 중립국위원회의 폴란드와 체코 회원국이 사전에 명백한 방식으로 이 기
     구의 권한들을 규정하는 음모에 맞서 포로들을 보호하기

클라크 장군과 해리슨 장군의 주장에 따르면, 히커슨 씨는 자신들이 공산주
의자들로부터 그들에게 요구한 5월 7일 8개 항목 제안의 몇 가지 수정 요구를

관철시키지 못한다는 결론에 이르렀다고 합니다. 이것이 바로 유엔군사령부가 중국·북한 측이 언급해야 할 세부적인 것에 대한 반대안 제출을 결정하게 했다는 것입니다.

보네

【107-1】 별첨 1—중국 공산주의자들에 대해 취한 억류 조치의 잠재적 철회

계획

한국 휴전협상의 다음번 종결 가능성은 오프노 씨가 5월 12일 보고에서 미국무부에 1951년 2월 1일 유엔이 결정한 중국 공산주의자에 대한 억류 조치의 잠재적 철회 문제에 대한 다양한 각도의 검토를 제안하도록 이끌었습니다.

유엔에 있는 우리 대표가 지적했듯이, 군사적 명령에 의한 그러한 조치들은 베이징 정부에 전투를 멈추고 한국에서 군대를 철수하도록 호소하려는 것이지 분쟁의 전반적 해결을 호소하려는 것은 아닙니다.

이러한 문제가 조약의 제60조에 규정된 정치회담 측의 검토 대상이라는 것은 논리적으로 보입니다. 억류 조치의 폐기 조건은 분명 한국에서 중국군의 철수입니다. 이 문제의 해결은 적어도 부분적으로 정치회담이 성공할 경우에나 이루어질 수 있을 것입니다.

어떤 종류의 제한 없이 비공산국들과 중국 간의 규칙적 거래 유통의 회복은 틀림없이 중국 정부를 통해 베트남에 무기와 전략적 장비 제공을 용이하게 해 줄 것입니다.

그러한 상황 속에서, 우리는 혹시 관련국들과의 합의, 특히 미국, 영국, 일본, 태국과의 합의로 소련과 유럽의 위성국들 관련하여 제정했던 것과 유사한 전략 물품 수출 통제 체제를 적당한 시기에 조정하면서 억류와 인도차이나의 ▢ ▢ ▢ 간 명백한 관계의 부재를 호도할 가능성이 있지 않을까 의문을 가질 수 있습니다. 이러한 ▢ ▢ ▢는 비밀스런 성격을 가질 것이며, 시기가 오면 유엔이 결정한 억류에 대해 언급할 자리를 가지게 것이며, 전반적 극동의 평화 재건과 더불어 사라질 것입니다.

【108】 공산군 측의 제안에 대한 미국의 반대안 준비(1953.5.13)

[전 보]	공산군 측의 제안에 대한 미국의 반대안 준비
[문 서 번 호]	602-604
[발 신 일]	1953년 5월 13일 01시 00분
[수 신 일]	1953년 5월 13일 09시 47분
[발신지 및 발신자]	도쿄/드장(주일 프랑스대사)

사이공 공문 제438-440호

머피 씨와 어제 대화를 나눈 후 유엔사령부는 중국·북한이 휴전조약을 원한다고 확신합니다. 공산주의자들은 최종적으로 모든 포로들의 송환을 얻어내려는 방식으로 행동하고자 할 것입니다.

정치회담으로 돌려보내는 것은 어떤 다른 목적이 없습니다. 미국 정부는 이 회담이 여러 해 지속될 수도 있고 끝나지 않을 수도 있다는 잠재적 가능성을 이해해야 합니다. 미국 정부는 기본적으로 너무 길지 않은 기한을 정하려 하고 전쟁포로들이 석방되는 데 목표를 두고 있습니다.

포로들에게 설명할 임무를 맡을 공산진영 관계자들의 행동은 마찬가지로 분쟁의 소지가 될 수 있습니다. 그것에는 어떤 보장 조건들이 있어야 할 것입니다.

결국, 제3조에 규정된 중립국의 군대 파견은 예민한 문제를 제기합니다. 필요하다고 판단된 전체 병력은 6,000명입니다. 이승만 씨는 자국 영토에 폴란드와 체코 병사들이 있게 되는 것을 결코 허용하지 않을 것입니다. 기존에 있는 혹은 송환된 혹은 석방된 한국 군인들이고 중국의 전쟁포로만 남는다면 문제 해결은 좀 더 용이합니다. 중국 포로들은 따로, 예를 들어 섬에 머물게 할 수 있습니다. 현재의 양상으로는, 공산진영의 제안 제3조는 전혀 실현 불가능입니다. 미국 정부는 대체로 조종하기 힘든 이승만 씨가 채택한 제안들을 단순히 그대로 거절할 수는 없습니다.

위의 참작 사항들을 이해하는 유엔군사령부는 아직 완성되지는 않았지만 2, 3일 내로 내놓을 수 있는 반대안을 통해 5월 7일의 제안에 답변하려 준비하고 있습니다.

드장

【109】 한국 휴전협상에 대한 미국 여론 조사(1953.5.13)

[전 보]	한국 휴전협상에 대한 미국 여론 조사
[문 서 번 호]	3567
[발 신 일]	1953년 5월 13일 11시 00분
[수 신 일]	1953년 5월 13일 16시 40분
[발신지 및 발신자]	워싱턴/보네(주미 프랑스대사)

뉴욕 공문 제584호

갤럽에서 실시한 최근 조사 결과는 미국 여론 대다수가 한국 휴전협상의 성공을 바라고 있는 것으로 나타났습니다.
다음과 같은 질문이었습니다.

  "미국이 지금 한국의 평화적 해결을 위해 노력해야 합니까, 아니면 전쟁을
  계속해야 합니까?"

질문을 받은 사람들 중 84%가 양자택일 중 첫 번째에, 12%가 두 번째에 긍정적으로 대답했고, 4%가 아무 의견도 내지 않았습니다. 조사원들이 그런 다음 협상 해결을 바라는 사람들에게 만일 "그러한 결과에 이르기 위해, 유엔 측의 양보에 찬성할 것인가 혹은 그렇지 않을 것인가, 공산군 측도 그렇게 하는 것이 좋은가"에 대해 물으니, 62%가 상호양보에 찬성하고 6%가 유보적이고 15%가 찬성하지 않거나 의견을 내지 않았습니다.

보네

【110】 미국의 반대안에 대한 프랑스 당국의 견해 전달(1953.5.12)

[전　　　　보]	미국의 반대안에 대한 프랑스 당국의 견해 전달
[문 서 번 호]	3569-3576
[발　신　일]	1953년 5월 13일 13시 15분
[수　신　일]	1953년 5월 13일 19시 20분
[발신지 및 발신자]	워싱턴/보네(주미 프랑스대사)

보안

2급 비밀

절대우선문건

뉴욕 공문 제585-592호

오늘 아침 미국 언론은 해리슨 장군이 판문점에서 어제 내놓은 반대안 분석을 통해 본국 송환을 거부하는 중국 포로들과 달리 북한 포로들은 휴전조약 이후 시민권을 얻을 수 있을 것이라고 전했습니다. 존슨 씨가 월요일 저녁 북한과 숭국 사람들 간에 어떤 차이노 두시 않았던 유엔군사령부의 반대안을 실명해준 제 동료는 즉시 로버트슨의 보좌관에게 자신이 내용을 잘 이해한 것인지 혹시 언론에 주어진 내용이 맞는 것인지 물었습니다.

존슨 씨는 제 동료가 자신이 한 얘기를 잘 이해한 것이며 월요일 저녁 작성했던 반대안에는 중국인과 북한인의 구분이 없었다고 대답했습니다. 제 동료가 표명한 변화는 매우 정확하며 일요일 낮에 클라크 장군의 급한 요구로 제시한 것이었습니다. 존슨 씨는 우리 대사관에 제 때 알려주지 못한 것을 사과했습니다. 그는 우리에게 연락을 취하려 했지만 되지 않았고 세심하게 주의를 기울이지 못한 점을 후회했습니다.

클라크 장군은 워싱턴 정부에 현재 수용소에 커다란 정신적 혼란 속에서 본국 귀환을 거부하는 북한 포로들이 있다고 강조했습니다. 그는 5개국 위원회의 심문을 위해 그 포로들을 새로운 수용소를 옮길 경우 초래될 커다란 혼란을 염려했습니다.

제 동료는 이러한 제안이 해리슨 장군이 이달 5일 했던 것과 같은 제안이며 공산군 측이 단박에 거절했던 것임을 알아차렸습니다. 프랑스 정부는 그러한 제안이 한 발 뒤로 후퇴하게 만든다고 생각한다고 밀레 씨는 덧붙였습니다. 외무부는 제가 즉시 그런 의미의 행보를 했던 것을 기억할 것입니다.

모두는 미국의 제안이 중국·북한 측으로부터 처음과 같은 반응을 받을 것이라고 믿었습니다. 게다가 유엔군사령부는 중국과 북한 사람들을 구분하면서 스스로의 입지를 약하게 만들었습니다. 존슨 씨는 클라크 장군과 해리슨 장군의 견해로 보면 공산 측 대표단이 특히 중국인들의 처리에 관심을 두고 있으며 북한 사람들에 대한 관심은 그보다 훨씬 덜하다고 대답했습니다. 또한 우리는 북한 사람들이 중국 사람들과 달리 본국 영토에 있다는 사실을 통해 중국인들과의 구분을 정당화할 수 있었습니다.

제 동료는 혹시 그들의 기대와는 반대로 중국·북한 측이 중국인들에 대해서만큼 북한인들에 대해서도 타협할 수 없다고 나올 경우 미국 당국이 어떻게 할 것인지를 물었습니다. 존슨 씨는 현재 명확하게 답변할 수는 없다고 밝혔습니다.

밀레 씨는 오늘 아침 존슨 씨와의 의견 교환 기회를 이용하여 프랑스 당국은 12월 3일 인도 안에 따른 판문점에서의 상대방의 제안을 미국 정부가 마음에 내켜하지 않는 것을 이해하지 못하겠다고 다시금 강조했습니다. 그것이 바로 해리슨 장군이 중국과 북한 사람을 분리한 것이 우리의 공감을 사지 못하는 이유입니다. 존슨 씨는 이 문제에 대해 공산주의자들이 인도의 안을 거부했다고 평소처럼 논의를 전개시켰습니다. 그는 그들이 그것을 받아들였다면, 미국 당국은 그들의 입장을 재검토할 수 있었을 것이라고 인정했습니다. 미국 정부에게

중요한 것은 근본적으로 한편으로는 자발적 송환 원칙의 존중이며, 다른 한편
으로는 포로 송환 기한의 사전 확정이라고 그는 결론 내렸습니다.

보네

【111】 미국의 반대안에 대한 영국과 캐나다, 일본의 견해(1953.5.13)

[전 보]	미국의 반대안에 대한 영국과 캐나다, 일본의 견해
[문 서 번 호]	3577-3582
[발 신 일]	1953년 5월 13일 17시 50분
[수 신 일]	1953년 5월 13일 23시 50분
[발신지 및 발신자]	워싱턴/보네(주미 프랑스대사)

보안

뉴욕 공문 제593-598호

오늘 오후 제 동료 중 한 사람이 영국 대사관에서 극동문제 담당자에게서 수집한 정보를 통해 보면, 우리가 생각할 수 있는 것과 반대로 미국 사령부가 한국에서의 휴전협상을 이끈 방식에 최근 런던 정부가 워싱턴 당국에 대해 눈에 띄는 반응을 보였다는 어떤 것도 없습니다.

톰린슨 씨에 따르면, 5월 5일, 휴전협상 이후 송환 거부 북한포로를 즉각 석방하라는 해리슨 장군의 제안은 현재까지 외무부의 설명 대상이 아니었다고 합니다. 영국 대사관 참사관도 그것은 합리적인 해결책으로 생각하며 영국 정부는 지금까지 미국 주재 자국 대사관에 반대안의 나중 문서를 가능해지는 대로 보내줄 것을 요구하는 데 만족하고 있다고 합니다.

톰린슨 씨는 사람들이 한국 밖으로 송환 거부 포로들을 보낼 수 있는 얼마간의 시간이 있는지 논의했고, 도쿄 주재 영국대사는 중국포로들을 파키스탄으로 보내고 북한포로들을 즉각 석방시키는 것에 호의적인 모습을 보였다고 덧붙였습니다. 결론적으로, 영국인들은 자발적 포로송환의 원칙에 대해 그들의 동의를 되풀이하면서 미국 협상자들에게 세부적 내용에 있어 비타협적인 모습을 보이지 않기를 요구하는 데 그친 것으로 보입니다.

반대로, 톰린슨 씨가 제 동료에게 말해준 바에 따르면, 캐나다 당국은 인도의 안에서 멀어지는 미국의 경향에 대한 우리의 우려를 공유합니다. 캐나다 대사는 오늘 이 문제와 관련하여 캐나다 당국을 대신하여 미 국무장관을 만날 것입니다.

캐나다 사람들은 마찬가지로 '내용' 문제에 대한 만장일치의 규정을 걱정합니다. 사실상 이 규정은 유엔군 포로에도 똑같이 적용되어야 합니다. 논리상 폴란드 혹은 체코의 의견이 유엔군에 속한 몇몇 포로들의 송환을 막는 것을 걱정할 수 있습니다. 이러한 우려는 필시 송환을 거부하는 유엔군 포로는 적을 것이라는 점에서 정당화될 수는 없어 보입니다.

게다가 유엔군사령부가 알지 못할 수도 있는 상황들이 있다는 것을 간과해서는 안 됩니다. 클라크 장군이 이승만 대통령을 현재 만난 것이 유발시킨 소요로 이것은 마지막 순간에 어제 해리슨 장군이 내놓은 반대안을 수정하게 만들었습니다.

송환 거부 북한포로들의 수용소 안에서의 소요는 인도의 안이 채택되던 순간에 없었던 요소이며, 이 마지막 전개 없이도 이미 충분히 복잡했던 문제의 해결을 더욱 복잡하게 만들게 되었다는 것을 숨겨서는 안 됩니다.

보네

【112】 유엔군사령부 측의 반대안 제출(1953.5.13)

[전   보] 유엔군사령부 측의 반대안 제출
[문 서 번 호] 3584-3591
[발   신   일] 1953년 5월 13일 19시 00분
[수   신   일] 1953년 5월 13일 01시 00분
[발신지 및 발신자] 워싱턴/보네(주미 프랑스대사)

그저께 저녁과 어제 처칠 씨와 애틀리 씨가 하원에서 발표한 내용들 속에 나
타나는 극동에서의 잠재적 합의 조건과 한국에서의 휴전협상에 할애된 부분들
은, 오늘 아침 미 의회에서 주된 연설자가 장제스 장군과 이승만 대통령에 대해
우호적인 것으로 알려진 공화당 정치위원회 의장인 놀랜드였으므로 더욱 격렬
한 반응들의 대상이 되었습니다.

의회의 논쟁에서 벗어난 요소를 "극동의 뮌헨"처럼 인정된 것으로 해석하면
서, 캘리포니아 상원의원은 미국에 대해 단독으로 행동할 준비를 할 가능성을
거론하기까지 했습니다. 그의 발언은 게다가 다음과 같은 점을 제기했습니다.

1. 49,000명의 송환 거부 포로들을 중국·북한이 제안한 5개국 위원회에
   맡기는 일은 "심각한 오류"일 것이다. 5개국은 베이징 정부를 인정했다.
   인도 역시 공산주의자의 입장을 지지하고 응원했다.
2. 미국은 무엇보다 러시아와 중국 공산 측으로부터 북한에서의 자유선거
   를 승인하겠다는 약속들을 얻어내지 않은 채 어떤 휴전 합의도 받아들
   여서는 안 된다. 그렇지 않으면, 한국 통일의 전망은 "최악의 가정 속에
   서는 불가능하거나, 최상의 가정 속에서는 멀어지거나 할 것이다."
3. 유엔에서 미국의 주요 동맹국들은 "중국 공산진영이 유엔에 받아들여지
   고 안전보장이사회의 자리를 차지하도록 요구할 준비가 되어 있다." 미

국은 그럴 경우 이러한 움직임에 동의하거나 혼자서 다시 스스로 동맹국들 혹은 유엔의 지원을 확보하지 못하는 한 소련의 지원을 받는 중국 공산국의 분노와 마주할 것이다.

4. 뮌헨의 히틀러가 체코가 자국의 마지막 영토 요구임을 예고한 것과 같은 상황 속에서 중국 공산국이 대만을 요구하리라는 것을 예상하는 것은 당연하다. 하지만 만일 그들이 "우리 시대에 평화를 이룰 것"이라는 것을 믿는다면, 처칠 씨와 베번 씨는 3차 세계대전이 피할 수 없다고 할 것이다. 왜냐하면 놀랜드 씨는 만일 우리 연합국이 국제공산주의에 의해 그토록 압도당한다면, 그들은 분명 그 나라들이 최근 30개월 동안 한국에서의 전쟁에 이기기 위해 취할 수 있는 조치들을 취하는 것을 막기 위해 그들의 영향력을 사용할 것이기 때문이라고 덧붙였다. 어떻게 그들이 중국 공산주의자들의 피할 수 없는 요구에 저항기를 우리가 그들에게 기대할 수 있는가?

캘리포니아 상원의원의 이러한 발언은 경우에 따라서는 중국 문제에 대한 다양한 관점에 대한 미국의 양보로 이해되어 한국의 휴전협정 종결에 의해 열려 있는 극동에 대한 협상의 전망 앞에서 의회의 부분적 염려의 표현일 뿐입니다. 하지만 그러한 반응은 마찬가지로 미국의 미국 자신에 대한 후퇴를 고려하지 않는, 그렇지만 "독립적인" 정치의 채택을 요구하는 주요 그룹의 지원을 충족시키며 고립주의 흐름에서 남겨진 것을 강화하려는 경향입니다. 분명히, 놀랜드 씨, 그 어떤 영향력 있는 인사도 이 얘기에시는 판문점 협상이 결론나기를 바라는 행정부의 대변인도 대다수 여론의 대변인도 아니었습니다.

(이하 판독 불가)

보네

【113】미국 신문에 게재된 미국의 제안서 내용(1953.5.14)

[전 보]	미국 신문에 게재된 미국의 제안서 내용
[문 서 번 호]	1004-1009
[발 신 일]	1953년 5월 14일 19시 15분
[수 신 일]	1953년 5월 14일 0시 45분
[발신지 및 발신자]	뉴욕/오프노(주유엔 프랑스대표)

보안

워싱턴 공문 제366-371호

워싱턴 전보 제3508, 3569호의 내용인 미국의 제안서가 오늘 아침 신문에 게재되었습니다. 지역 신문들이 언급했듯이 3,400단어의 26개 조항들로 구성된 이 긴 문서의 모든 세부적 조치들을 분석할 필요는 없어 보입니다. 하지만 그것의 주요 조항들은 통신사들이 제게 전달한 불충분한 보고서보다는 좀 더 분석될 필요가 있습니다.

(부분 판독 불가)

3. 제1조는 위원회의 설립을 예정합니다. 보호위원회의 명칭은 그 기능에 알맞게 주어질 것입니다. 그것의 체제와 구성(폴란드, 체코, 스위스, 스웨덴, 인도, 인도가 의장직을 맡음)은 여기서 적군에게 양보한 것 같이 나타났습니다. 그것은 유엔에게 한 양보라고 말하는 것이 더 정확할 것입니다.
동일 조항은 다른 한편으로는 군대와 위원회 조치 시행자가 예외적으로 인도에 의해 채워질 것이라 명기하고 있습니다. 그 자체로는 그러한 조치는 합리적으로 보입니다. 이 조항은 군대의 무장은 운반이 용이한 무기만을 포함하도록 하고 있습니다. 위원회 4개국의 보좌관을 각 10명으로 제한하고 있습니다.

결국, 이 조항은 포로들을 다루는 방식에 관련된 유엔의 제안 제3조를 거의 전적으로 재론하고 있습니다. 하지만 그것은 "무기 사용의 위협" 언급을 통해 전쟁포로에 대해 무력 사용을 하지 않겠다고 규정하는 구문을 보충합니다. 특히 그 부분들이 포로들에 대해 강제권을 사용하지 않는 것을 확인하도록 위원회의 활동을 통제할 수 있을 것으로 예상합니다. 이 마지막 규정은 위원회에 맡겨진 업무의 본질을 해칠 뿐이고, 예를 들어, 남한 대표가 강제권이라는 것에 대해 위원회 회원국들 한 나라와 같은 개념을 가지지 않을 경우 새로운 어려움의 원인만 제공할 뿐입니다.

4. 제2조는 결과적으로 송환 거부 포로들에 대한 위원회의 인도는 휴전조약 조인 이후 2달 내에 2킬로미터 반경 내 비무장지대로서 유엔사령부가 지정한 장소에서 이루어질 것입니다. 위원회의 인도 의장은 또한 행정수단과 방위군의 필요를 충족시키기 위해 유엔사령부에 요청할 수 있습니다. 같은 조항은 결국 위원회가 포로들이 보호를 담당하는 합법적 책임을 수행할 수 있도록 하는 유엔의 제안 제10조를 재론하고 있습니다.

오프노

【114】 인도의 안과 미국의 반대안과의 차이에 대해(1953.5.15)

[전 보]	인도의 안과 미국의 반대안과의 차이에 대해
[문 서 번 호]	234-2237
[발 신 일]	1953년 5월 15일 22시 40분
[수 신 일]	1953년 5월 15일 22시 50분
[발신지 및 발신자]	런던/마시글리(주영 프랑스대사)

보안

워싱턴 공문 제233-236호. 뉴욕 공문 제25-28호
본인의 전보 제2158호 참조

외무부의 관심이 업무에 있어 특히 판문점 협상의 전략 자체에 관한 문제에 대해 집중되어 있음을 미 국무부는 유의했을 것입니다. 우리는 해리슨 장군이 처음부터 인도의 해결안에 밀접한 관련이 있는 제안들을 발표할 위험성에 주목합니다. 혹은 협상이 점차 좀 더 수락하기 힘든 양상으로 빠지거나, 유엔대표단이 거의 절대적인 비타협적 입장으로 굳어질 위험성에 주목합니다. 우리는 대표단이 극동의 사고방식에 얼마나 적응하지 못했는지 잘 알고 있습니다.

오히려 이 문제에 대한 시각을 매우 잘 알고 있는 국무장관이 송환 거부 포로들의 최종 처리에 관한 인도의 안 내용은 미국에 의해 마지못해서만 인정되었다는 사실을 걱정하지 않았던 것은 아닙니다. 어떤 범주에서는, 해리슨 장군이 제출한 최근의 제안과 인도의 안 사이에, 이 문제에 대한 심각한 견해 차이는 서로 다른 해법에 도달하는 것을 멈추고자 한 의도에 부합하지 않을까요?

비록 로이드 씨가 이 문제에 대해 분명한 정보를 주기 위해 나타나지 않았다 해도, 저는 그가 이 점에 관한 미 국무부의 조처들을 살펴보기 위해 마킨스 씨

를 부르려고 했음을 알아챘습니다. 중국·북한 측 스스로 인도의 안에 영향을 받은 방식을 제안할 경우 유엔대표에 의한 조직적인 거부의 태도가 야기할 난관들로 그의 주의를 끌면서 말입니다.

만일 국무장관이 충분히 광범위해 보이는 이 과제를 실천에 옮긴다면, 그는 영국 전체 언론이 드러낸 경향들을 매우 정확히 표명할 것입니다.

마시글리

【115】 미국 신문에 게재된 미국의 제안서 내용(1953.5.15)

[전   보]   미국 신문에 게재된 미국의 제안서 내용
[문 서 번 호]   1012-1019
[발   신   일]   1953년 5월 15일 11시 35분
[수   신   일]   1953년 5월 15일 18시 40분
[발신지 및 발신자]   뉴욕/오프노(주유엔 프랑스대표)

보안

워싱턴 공문 제372-379호
본인의 전보 제1004호에 이어

5. 제3조는 유엔의 제안 제7조와 중국·북한의 제안 4항에 해당됩니다. 12월 3일의 해결안이 포로들에게 "무엇이 그들의 권리인지를 설명하고 그들의 본국 귀환에 관한 모든 정보를 제공하는" 부분들에 충분한 자유를 부여하고, 그러한 내용들을 재론하는 안은 전쟁포로들과의 접촉을 없애는 것을 목표로 하고 있다고 덧붙이는 데 반해, 미국의 안은 송환을 앞에 두고 포로들의 입장을 "확인하는 것"에 대해 논합니다. 하지만 차이점은 단지 이러한 절차들을 이끈 생각에만 있는 것이 아닙니다. 미국의 안은 기한을 축소시킬 뿐만 아니라 아마도 과도한 방식으로 포로들에 접근할 수 있는 대표들의 수(1,000명당 1명)를 축소하는 양상을 분명히 하고 있습니다. 그 조항은 접촉이 위원회 각 국가의 대표가 있는 가운데 이루어져야 한다고 규정합니다. 이러한 규정은 필시 공평한 것이지만 대표들의 수가 모자랄수록 결국 포로들과 그들 국가 권한 사이에 교섭 범위를 특히 제한할 것입니다. 제9조는 유엔의 규정 제9조를 그대로 거론합니다(위원

한국전쟁 관련 프랑스외교문서 Ⅵ [1953. 01. 06~1953. 07. 31 / 장관실문서(1950. 06. 25~1952. 12. 10)]

회에 도움을 청하는 포로의 권리).

6. 제4조에는 두 가지 주목사항이 있습니다. 판문점의 교환 지점을 통한 송환을 규정하는 첫 번째 항은 제가 최근 국무부에 주의를 요청한 것으로 "무력에 의한 송환이 아닌 것"과 "자발적 송환"의 개념 사이에서 몇몇 사람들이 가질 전형적인 혼돈을 불러오는 작성입니다. 거기에는 사실상 "송환될 권리를 사용할 것을 결정할" 전쟁포로의 문제가 있습니다.

두 번째 부분은(11항)에서는, 2달 안에 이 권리를 사용하지 않는 전쟁포로는 시민 생활로 돌려보내질 것이라고 규정하고 있습니다. 위원회는 해산할 것입니다. 협상 실패의 바탕에 존재하는 요구를 구체화시키는 이 규정의 중요성을 강조하는 것은 쓸데없는 일입니다. 저는 이미 그것이 2달 후[1] 조건 없는 석방을 원하는 미국의 주장과 정치회담에 의한 마지막 권한에 송환거부자의 운명이 결정되기를 바라는 중국·북한의 주장 사이의 타협점에 대해 형성된 유엔의 해결안에 일치하지 않았다는 점을 강조했습니다.

7. 제5조는 인도의 청구로 열릴 적십자의 방문을 다루고 있습니다. 제6조는 미국인의 개념으로는 거의 전 지역을 출입하는 자를 포함하는 언론의 권리에 대한 것입니다. 유엔의 신용을 얻은 언론은 남한에서 전개되는 모든 절차의 증인이 될 수 있을 것입니다. 상대적으로, 어떤 위트와 함께 북한군에게서 신용을 얻은 언론도 북한에서 전개되는 절차를 지켜볼 자유가 있다고 덧붙였습니다.

제7조와 8조는 보호위원회와 전쟁포로들의 유지비용을 보장하는 방식을 상

---

[1] 60일 내에 송환을 원하지 않는 송환 거부자들을 둘러싼 양측의 입장. 1963년 6월 8일 제146차 본회담에서 '중립국 송환위원회 관련 협정' 체결. "송환을 원하는 모든 포로는 60일 내에 송환한다. 송환에 영향을 미치거나 또는 송환을 막기 위하여 힘에 의한 위협을 사용하지 않는다. 60일 후에도 송환을 선택하지 못한 이들은 중립국송환위원회에 인도한다. 그 후 90일 동안 포로의 소속 국가가 대표를 파견하여 포로들의 고국으로 복귀할 권리에 대한 설명하게 한다. 설명은 중립국송환위원회의 각 회원국 대표와 억류 측에서 나온 대표 앞에서 실시한다. 90일간의 기한이 마감되면 나머지 송환거부포로는 징치회담으로 넘기며, 그 회담에서는 30일간의 기한 내에 포로처리 결정을 한다. 그 기간 후에도 남는 포로는 민간인 신분으로 석방하고, 그들이 원할 경우 중립국으로 가도록 중립국송환위원회가 지원한다."

세하게 규정하고 있습니다. 전체 원칙은 비용은 위원회에 속한 구성원들과 포로들이 있는 영토의 당사국이 맡는다는 것입니다. 반대로 제네바협정에 따라 송환 비용은 송환포로의 본국이 부담할 것입니다. 우리는 중국·북한이 포로들의 모든 생계비와 수송비는 그들의 속한 나라가 부담하도록 제안한 것을 기억할 것입니다.

제9조는 합의 기한이 자신들의 송환 권리를 사용하지 못한 포로들이 그것을 알게 되는 것에 관계하는 것을 규정합니다(5월 7일 중국·북한의 제안 제8조에 다시 거론된 유엔의 해결안 제11조).

제10조는 보호위원회의 활동에 관계합니다. 비무장지대 밖에서는, 즉 수용소 주변 2킬로미터 반경을 제외하고는, 위원회 인사는 이동 국가 당국에 의해 경호를 받을 것입니다.

8. 마지막 항목은 위원회에서의 투표 문제를 거론합니다. 위원회와 여기에 속한 기구들이 만장일치의 기반에서 역할을 수행해야 함을 명기하고 있습니다. 달리 말하면, 5개국은 주어진 포로송환을 결정하는 데 있어 합의상태에 있어야 합니다. 만일 이 국가들이 그렇게 하지 않으면, 어떤 결정도 이루어질 수 없으며, 포로들은 그대로 있어야 하고, 11조에 따라 2달 후에 석방될 것입니다. 인도의 완벽한 공정성을 신뢰하지 못하면서 혹은 적어도 모든 경우에 폴란드와 체코의 압력에 저항할 수 있는지에 대해 신뢰하지 못하면서, 미국 안의 작성자들은 위원회에서 스위스와 스웨덴의 대표들에게 투표 권리를 부여하는 것이 신중하다고 판단했습니다.

전체적으로 분석된 문서는 유엔 해결안의 수많은 규정들을 통합하려는 결과의 흔적을 보입니다. 또한 그것은 계획된 체제의 실제적 적용과 원활한 기능을 위해 중요한 몇 가지 세부사항들을 세심하게 해결하고자 하는 의도를 가졌습니다. 한편, 저는 계획안의 몇 가지 긍정적 측면을 적었습니다. 우리는 기본적으로 미국 대표단이 지난 12월 3일 뉴욕에서 투표한 해결안과 모순되는 규정들을 담고 있다고 결론 내리면서, 그럼에도 그러한 규정들이, 만일 그것들이 엄격하게 유지된다면, 현재로는 예측 불가능한, 중국의 완전한 항복이 없는 한 일어날 법하지 않는 휴전조약의 신호를 주는 것을 강조할 수밖에 없습니다.

오프노

【116】 중공, 인도, 캐나다, 미국 정부의 입장(1953.5.16)

[전 보]	중공, 인도, 캐나다, 미국 정부의 입장
[문 서 번 호]	1021-1022
[발 신 일]	1953년 5월 16일 18시 20분
[수 신 일]	1953년 5월 16일 18시 30분
[발신지 및 발신자]	뉴욕/오프노(주유엔 프랑스대표)

보안

워싱턴 공문 제380-381호, 오타와 공문 제1호

다얄[1] 주유엔 인도대사가 주베이징 인도대사로부터 수신한 전보들을 읽고 전한 말에 따르면, 중국 정부는 해리슨 장군이 제시한 대안 중 상당수가 협상의 여지가 있다고 판단하고 있다고 합니다. 그러나 반대로 저우언라이 장관은 송환위원회가 송환을 거부하는 북한군 포로들의 의사를 재확인해보지도 않고 즉각 석방하는 일은 있을 수 없으며 이런 요구를 계속한다면 휴전은 전적으로 불가하다는 입장을 밝혔다고 합니다.

이번 만남에서 다얄 대사는 제게 이 같은 정보와 함께 인도 정부의 관심사에 대해서도 알려주었는데 그 내용은 이날 네루 총리도 연설 중에 설명한 바 있습니다. 이 연설이 유엔 내에 적지 않은 파장을 일으킨 것 같습니다. 오늘 점심식사를 함께 한 폴 마틴[2] 캐나다 보건복지부장관 겸 유엔총회 캐나다 수석대표도 전적으로 같은 의견이라고 했습니다. 그는 캐나다 정부가 판문점 회담 추이

---

[1] 라제시와르 다얄(Rajeshwar Dayal, 1909-1999). 주유엔 인도대사.
[2] 폴 조셉 제임스 마틴(Paul Joseph James Guillaume Martin, 1903-1992).

에 촉각을 곤두세우고 있으며 최근 며칠간 있었던 변화 상황을 심각하게 우려
하고 있다는 말을 전했습니다. 또 생로랑³⁾ 총리가 최근 아이젠하워⁴⁾ 미 대통령
과의 면담에서 미 대통령은 한반도 평화 회복을 진심으로 바라는 반면, 민간적
으로나 군사적으로나 다른 강력한 요소들이 이에 역행한다는 확신을 받았다고
덧붙였습니다.

오프노

---

3) 루이 생로랑(Louis Stephen St. Laurent, 1002-1973). 캐나다 정치가, 제12대 총리(1940-1957).
4) 드와이트 D. 아이젠하워(Dwight D. Eisenhower, 1890-1969). 미국 정치가, 제34대 대통령(1953-
   1961).

【117】 중화민국의 항의(1953.5.16)

[전　　　　보]	중화민국의 항의
[문 서 번 호]	255-257
[발　신　일]	1953년 5월 16일 19시 30분
[수　신　일]	1953년 5월 16일 18시 00분
[발신지 및 발신자]	타이베이/카탕1)(주타이베이 프랑스대사)

예궁차오2) 중화민국 외무부장은 북한군이 단순 반역자들일 뿐 전쟁당사자는 아니라고 주장하며 엊그제 중화민국 입법원 앞에서 판문점 협상의 원칙 자체를 거세게 공격했습니다. 외무부장은 중공의 유엔 가입 승인 가능성에 반대하면서 이를 막기 위해 중화민국 정부는 주저 없이 "효과적인 수단"을 동원할 거라고 알렸습니다.

일부 중국 신문에서는 이 같은 선언이 투표 거부권 행사에 대한 노골적 의사 표시라고 보고 있습니다.

이어 외무부장은 정치 회담의 권한을 확대하자는 의견에 항의했습니다. 이 회의가 휴전 체결 이후로 예정되어 있는데 그 자리에서는 반드시 한국과 밀접히 연관된 문제들만 논의되어야 한다는 게 장관의 말입니다.

어제 중화민국 외무부는 유엔 측 협상 대표들이 판문점에서 제시한 대안 중 일부 사항에 대한 중화민국 정부의 반대 입장을 담은 통첩을 주중 미국대사에게 전달했습니다.

이 대안들뿐 아니라 윈스턴 처칠3) 영국 총리의 최근 연설, 스티븐슨4)의 태

---

1) 조르주 카탕(Georges Philippe Jules Cattand, 1902-1989). 주타이베이 프랑스대사(1953-1956).
2) 예궁차오(George Kung-chao Yeh, 葉公超, 1904-1981). 중화민국 초대 외무부장(1949-1958).
3) 윈스턴 처칠(Winston Churchill, 1874-1965). 영국 총리(1940-1945, 1951-1955).
4) 아들라이 스티븐슨(Adlai Ewing Stevenson Ⅱ, 1900-1965). 미국 일리노이 주지사(1949-1953). 1952년과 1956년 민주당 대통령 후보로 아이젠하워와 대결해 낙선(이 인물로 추정).

도, 심지어 최근 교황이 했다는 발언 내용까지도 모두 정부 관계자들과 언론에 매우 격한 반응을 일으켰습니다.

카탕

【118】 판문점 회담에서의 양측의 입장차(1953.5.16)

[전　　　보]	판문점 회담에서의 양측의 입장차
[문 서 번 호]	610
[발　신　일]	1953년 5월 16일 01시 00분
[수　신　일]	1953년 5월 16일 11시 43분
[발신지 및 발신자]	도쿄/드장(주일 프랑스대사)

1. 5월 14일 회담에서 공산 측 대표들은 전날 해리슨 장군이 26개 사항으로 제시한 대안에 대해 단호히 거부 의사를 밝혔습니다.

남일 장군은 그 제안이 전적으로 수용 불가하다고, 현 회담의 기반을 훼손하는 경향이 있으며 최근 거부해온 것이라고 밝혔습니다.

공산 측 대표단은 본국 송환을 거부하는 한국 국적 포로들을 석방하려는 유엔 사령부의 계획에 항의했습니다. 이에 연합군 대표단은 공산 측도 억류하고 있던 유엔군 포로 62,000명 중 50,000명을 이런 식으로 분명히 풀어주고서 실제로는 공산군에 자동 편입시키지 않았냐며 이는 명백한 제네바협약 위반이라고 반박했습니다.

또 한편으로 연합군 대표단은 공산 측이 중립국송환위원회의 결정을 다수결에 부칠 것을 제안함으로써 자신들이 그토록 소중히 여기는 만장일치 원칙을 피하고 있다고 응수했습니다. 공산 측은 해당 5개 중립국 중 2개국이 위성국인 만큼 그쪽에 압력을 행사해 과반을 조종하려는 게 분명하다고 말입니다.

회담 이후 해리슨 장군은 주요 사항들에 대한 두 대표단의 시각이 확연한 차이를 보이고 있다고 발표했습니다. 양 진영은 상대방 제안을 조금도 만족스럽지 않게 여긴다고 말입니다. 회담 이후 공산 측 특파원들은 상당히 회의적인 기사를 실었는데, 병자나 부상자를 교환하기 위해 중립지대 내 북중 측에 세워졌던 여러 막사를 해체한 것이 바로 유엔 사령부가 26개 항목을 제안한 것에 대한 응답이라고 적었습니다.

2. 5월 15일 회담이 1시간 20분간 지속되는 동안 양측은 의견차를 전혀 좁히지 못했습니다. 통신사들에 따르면 협상 난항이 또다시 우려됩니다.

국방부에 전달 요망.

드장

【119】 판문점 회담 보고서(1953.5.16)

[전　　　보]	판문점 회담 보고서
[문 서 번 호]	3641-3649
[발 　 신 　 일]	1953년 5월 16일 18시 10분
[수 　 신 　 일]	1953년 5월 16일 18시 40분
[발신지 및 발신자]	워싱턴/보네(주미 프랑스대사)

뉴욕 공문 제613-621호

오늘 오후 국무부에서 열린 한국 관련 회의에서 15개국 대표들에게 지난 5월 14일자 판문점 회담 보고서가 배포되었고, 정오가 되어갈 무렵 국무부에 도착한 어제 회담 보고서를 히커슨 유엔 담당 국무차관보가 낭독했습니다.

이 두 회담에서는 협상에 진전이 없었습니다. 실제로 현재 논의가 여러 세부 사항들에 한정되어 있는 것 같긴 하나 그 여러 사항들에 대해 어떤 측에서도 이렇다 할 양보는 없었으며 논의 분위기는 눈에 띄게 날카로워졌습니다.

양측 수석대표 모두 상대 진영의 제안 중 일부를 받아들일 수 있다고는 했으나 입장차가 여전하다는 것이 최근 48시간 동안 다시금 확인되었습니다. 5월 13일 회담에서 유엔 사령부는 자신들의 새로운 제안 사항들과 5월 7일자 북중의 계획을 비교하는 형태로 이러한 입장차를 강조한 바 있습니다. 한편 어제와 그제 남일 장군은 5월 13일자 제안에 대해 다음과 같은 주요 논지를 제시했습니다.

1. 송환을 거부하는 한국 포로들을 휴전협정이 발효되자마자 석방하는 것은 강제 억류와 다름없으므로 받아들일 수 없다.
2. 송환거부 포로들을 책임지겠다는 중립국위원회는 5월 13일자 제안에 따르면 '위원회의 정당한 임무를 실질적으로 수행'하지 못할 수 있다. 인도가

유엔군에, 행정 및 보안 업무 보장을 위한 병력을 중립국 중 한 곳에서 제공해줄 것과, 타 중립국들의 대표 수를 제한할 것과, 절차 문제를 제외하고는 만장일치 원칙을 세울 것을 요청할 가능성.

3. 이런저런 제약들은 '해당 진영'이 송환거부 포로들에게 설명을 제공하는 데 필요한 편의와 자유를 가로챌 수 있다.

4. "오랜 억류 기간 동안 쌓인 두려움이 해소되지 않았을" 미송환 포로들에 대한 최종 조치는 "한국문제의 평화적 해결 요소"이므로 정치회담에 부쳐져야 한다. 2개월이라는 "비상식적인" 기간이 지나고 현장에서 그들을 풀어주는 것 또한 "가장된 형태의 강제 억류"와 다름없다.

이 같은 논지에 대한 답변으로 연합군 측 수석대표인 해리슨 장군은 공산군이 "현장에서" 한국인 50,000명을 석방했으며 그 가운데 상당수가 북·중 병력에 투입된 일을 상기시켰습니다. 장군은 공산 측이 평소 만장일치 원칙을 선호하더니 이 경우엔 다수결을 선호하는 데 놀라움을 표했습니다. 장군은 "중립국위원회가 부과하는 제약"의 목적은 포로들을 만일의 압력으로부터 보호하는 데 있을 뿐이며, 정치회담이 송환거부 포로 문제를 해결해줄 수 있을 거라는 생각은 "말도 안 된다", 왜냐하면 만일 그 회담에서 이 문제가 빠르게 해결될 수 있다면 회담에 참석하게 될 정부들의 예고편이나 다름없는 두 대표단이 지금 이 문제를 해결하지 못할 이유가 없기 때문이라고 했습니다. 게다가 연합사령부는 위원회를 '장악'할 생각이 없으며, 인도가 지원을 요청할 수도 있는 군대는 위원회 관할이 될 것이고 결국 그러한 요청은 제기될 가능성이 있다는 것이지 의무는 아니라고 말했습니다. 끝으로 장군은 5월 13일자 제안의 제5항에 규정된 둘레 2㎞는 북·중 측이 원할 경우 더 확대될 수 있다고 덧붙였습니다.

오늘 히커슨 국무차관보는 상황에 관한 언급은 일절 삼간 채 최근 두 차례의 판문점 회담이 예전에 난관에 봉착했던 몇몇 기억을 되살릴 수 있다는 말만 했습니다.

5월 14일자 회담 보고서를 오늘 항공우편으로 외무부로 보내드립니다.

보네

【120】 포로송환에 관한 프랑스 외무부의 입장(1953.5.16)

[전   보] 포로송환에 관한 프랑스 외무부의 입장
[문 서 번 호] 미상
[발   신   일] 1953년 5월 16일
[수   신   일] 미상
[발신지 및 발신자] 파리/파로디(프랑스외무부 사무국장)

워싱턴 공문 제6060-6062호

뉴욕 공문 제1290-1292호

런던 공문 제6669-6671호

도쿄 공문 제842-844호

보안

귀하의 전보 제3569호 참조

  이번 같은 경우 미 국무부가 이달 11일 각하에게 전달된 대안의 주요 수정
사항을 우리 측에 알리지 못한 점이 아쉽습니다. 국무부가 행동에 들어가기 전
에 미 당국은 우리가 우리 측 견해를 낼 수 있도록 배려해야 했습니다. 가령
앞서 전보 제5825호에서 말씀드렸던 것 같은 경우에는 우리 측에서 의견을 낼
수 있었는데 말입니다.

  본질적인 부분에서 볼 때 문제의 수정사항이, 12월 3일자 결의안과 관련해
연합군 측 협상단이 또 한 발짝 물러선 게 아니라는 점은 부정할 수 없을 것입
니다. 북·중이 그 결의안을 탐탁지 않아 하면서도 타협해온 과정을 알고 있는
여론이 미국은 그 반대로, 결의안에 스스로 찬성표를 던졌으면서도 도리어 그

로부터 멀어지는 태도를 보이는 데 대해 결국 놀라지 않을까 우려되는 부분이 있습니다.

북한 사람들 내에 동요 분위기가 팽배하다고 해서 그들이 한국 내 진영을 바꾸는 걸 용납하지 않는 건 충분한 설득력을 얻지 못할 것이며, 어쨌든 비강제적 본국 송환 개념을 불러일으키는 방식이 지나치다고 여겨질 수 있습니다.

공산당은 선전을 통해 말도 안 되는 논리를 펴면서 심지어 미국이 어떤 한국인 포로도 내보낼 생각이 없다고 주장할지도 모릅니다. 그들이 제시한 이달 13일자 대안에 따르면 사실상 그들은 감시자의 개입 전혀 없이 휴전 발효일에 이 포로들 중 본국 송환을 원하는 자가 아무도 없다고 선언해버리면 그만이라고 말입니다.

외무부
파로디

【121】 인도 정부의 입장(1953.5.16)

[전　　　보]	인도 정부의 입장
[문 서 번 호]	미상
[발　신　일]	1953년 5월 16일
[수　신　일]	미상
[발신지 및 발신자]	파리/파로디(프랑스외무부 사무국장)

사이공 공문, 카라치 공문

뉴델리 공문, 런던 공문

도쿄 공문, 모스크바 공문

방콕 공문, 워싱턴 공문

캔버라 공문, 뉴욕 유엔 공문, 오타와 공문

보안

1급 비밀

　말리크[1] 인도대사가 사무국장을 찾아와 인도차이나 반도와 한국 휴전 문제에 관해 면담했습니다.

　인도대사의 말에 따르면, 인도 정부는 한국의 휴전으로 베트남이 중국으로부터 더 큰 원조를 얻기 용이해질 위험은 없을 거라는 생각입니다. 오히려 그 반대로, 한국 휴전이 이루어진다면 동남아 지역에 긴장 완화 분위기가 조성될 것이라 생각하고 있습니다. 뿐만 아니라 인도 정부는 휴전협정 체결을 기회로 이 문제가 중국 정부와 함께 다루어지기를 바라고 있습니다. 중국이 인도차이나

---

[1] 하디트 말리크(Hardit Singh Malik, 1894-1985). 주프랑스 인도대사(1949-1956).

반도 문제에 간섭하지 않겠다는 공식 성명을 내도록 말입니다. 말리크 대사는 인도 정부에 이런 방향으로 중국 정부의 의중을 떠볼 생각인지 물었으나 아직 답변을 듣지 못했습니다.

한편으로 인도 정부는 판문점 협상의 전개 방식에 대해 우려하고 있습니다. 미국 대표단의 강경한 태도, 이승만 대통령이 미 대표단에 영향력을 행사하는 것으로 보이는 영향력, 인도 정부의 결의안이 규정하는 것과는 다른 조치들에 대해 우려합니다. 미 대표단이 앞세우려 애쓰는 유엔은 이 결의안을 수락한 바 있습니다. 인도 정부는 중국 대표단이 이 결의안을 통째로 적용할 의향이 아직 없는 것으로 판단하고 있습니다. 중국 정부로서는 제시된 조건에 즉각 동의하지는 않고 우선 체면치레만 하려는 것이라고 말입니다. 인도 정부는 특히 워싱턴에서 캐나다 정부가 개입해 유엔이 세운 원칙에만 한정해줄 것을 미 국무부에 요구한 점을 반기고 있습니다. 끝으로 인도 정부는 프랑스 정부도 이와 유사하게 개입해주기를 바라고 있습니다.

외무부
파로디

【122】 캐나다 정부의 우려 전달(1953.5.17)

[전   보]   캐나다 정부의 우려 전달
[문 서 번 호]   1031-1033
[발   신   일]   1953년 5월 17일 11시 00분
[수   신   일]   1953년 5월 17일 16시 00분
[발신지 및 발신자]   뉴욕/오프노(주유엔 프랑스대표)

보안

워싱턴 공문 제385-387호, 오타와 공문 제3-5호

오늘 데이비드 존슨[1] 주유엔 캐나다대사가 저희 쪽 동료 한 명에게 전한 말
에 따르면, 판문점 협상 전개 방식에 관한 캐나다 정부의 우려 각서를 주미 캐
나다대사가 미 국무부에 제출했습니다.

롱[2] 주미 캐나다대사는 이미 지난 몇 주에 걸쳐 캐나다 정부의 지침을 미
국무부에 수차례 구두 전달했었으나 최근 협상 추이를 지켜보고는 정부에 보다
강력하게 개입할 것을 몸소 조언해왔습니다. 오타와에서 작성된 각서는 주요 3
개 항목에 대해 미 정부의 주의를 촉구하는데, 이 항목들은 캐나다 정부가 생각
하기에는 유엔이 연합사령부에 전달한 지침이라 판단되는 12월 3일자 결의안과
양립 불가능합니다. 첫 번째는 북한군 포로 즉각 석방, 두 번째는 송환거부 중
국 포로를 2개월간 국제위원회의 관리 하에 두었다가 석방하고 그 문제를 정치
회담에 소환할 수 없도록 하자는 것이며, 세 번째는 위원회 각 회원국들에 거부

---

[1] 데이비드 존슨(David Johnson, 1902-1973). 주유엔 캐나다대사(1951-1955).
[2] 험프리 흄 롱(Humphrey Hume Wrong, 1894-1954). 주미 캐나다대사(1946-1953).

한국전쟁 관련 프랑스외교문서 Ⅵ [1953. 01. 06〜1953. 07. 31 / 장관실문서(1950. 06. 25〜1952. 12. 10)]

권을 주는 것입니다. 캐나다 대표는 티네3) 대사에게 이 조치의 가능성을 미 국
무부에서 이미 얼마 전부터 검토해왔으며, 앞으로의 제안서에 포함되어야 한다
고 주장한 사람은 포스터 덜레스4) 국무장관이라고 전했습니다.

　각서는 매우 분명한 용어로 작성된 것 같습니다. 캐나다 정부는 충분한 의견
을 내지 못했으므로 앞으로 휴전회담이 실패로 돌아간다 해도 자신들은 책임이
없다는 말로 각서 내용이 마무리되었다고 합니다.

오프노

---

3) 자크 티네(Jacques Tiné, 1914-2008).
4) 존 포스터 덜레스(John Foster Dulles, 1888-1959). 미 국무장관(1953-1959).

【123】 포로 송환 문제 협상 경과(1953.5.17)

[전 보]	포로 송환 문제 협상 경과
[문 서 번 호]	612
[발 신 일]	1953년 5월 17일
[수 신 일]	1953년 5월 18일 09시 46분
[발신지 및 발신자]	도쿄/드장(주일 프랑스대사)

1. 어제 5월 16일자 회담 결과 해리슨 장군의 제안에 따라 휴전협상이 5월 20일까지 중단되었습니다. 그 전날 연합군 측 수석대표는 5월 13일자 연합군 측 제안의 중요 4개 항목에 대한 공산 측의 반박에 답했었습니다. 그 항목들에 따르면 중립국위원회를 유엔 사령부 감독 하에 두게 되는 것 아니냐는 북·중 측 반박에 대한 대답이었습니다.

연합군 수석대표는 유엔 송환위원회의 관리 아래 있는 포로수용소로부터 포로 억류 측이 물러나야 하는 거리를 수정하자는 제안을 유엔 사령부는 거부하지 않는다고 했습니다.

감독위원회가 포로 억류 측에 무장 병사와 담당 인력을 요구할 권리는 단순히 위원회가 본래의 책임을 다하게 해주는 것뿐이라고 했습니다. 뿐만 아니라 그 인력은 인도 분견대 수석 장교의 지휘 아래 놓일 것이라고 말입니다.

오직 인도만이 분견대를 파병한다는 점에 대해 해리슨 장군은 인도를 가장 먼저 지목한 게 공산 측 아니냐며, 이 역할을 수행하는 데 있어 인도의 능력과 공정성을 북·중 측에서 미심쩍어하는 거냐고 물었습니다.

해리슨 장군은 만장일치 투표를 해야 한다고 하면서 이는 위원회가 그 보호 아래 있는 포로들을 위하는 방향으로 행동하도록 강제하는 절차라고 했습니다. 이것이 유일하게 유엔 사령부가 요구하는 바이지만 그 이하로는 안 된다고 말입니다. 해리슨 장군은 이렇게 결론지었습니다.

한국전쟁 관련 프랑스외교문서 Ⅵ [1953. 01. 06~1953. 07. 31 / 장관실문서(1950. 06. 25~1952. 12. 10)]

"당신들은 우리의 주요 목적이 당신들의 목적과 정확히 반대된다고 주장하고 있다. 그 주장에 동의한다. 우리 제안은 강제 송환을 피하고, 인격적 권리를 보호하며, 포로 보호를 위해 맡은 바 역할을 수행할 수 있는 기구를 설치하기 위한 것이다. 반면 당신들의 제안은 결국 포로들을 당신들의 통제 아래로 강제로 끌어가려는 것일 뿐이다. 이제 당신들이 제안할 차례다."

2. 16일자 회담에서는 무익한 주장만 오갔습니다. 공산 측은 연합군 측이 중상모략과 거짓을 일삼으며 말도 안 되는 제안을 정당화하려 한다고 비난했습니다. 해리슨 장군은 공산 측이 전날의 주장만 되풀이하는 것은 토론에 아무 도움이 되지 않는다며 회담 연기를 제안했습니다.

3. 신문들은 지난 5월 15일 뉴델리에서 판디트 네루 인도 총리가 낸 성명을 다시 실었습니다. 이 성명은 공산 측이 8개 항목으로 낸 제안이 연합군 측 제안보다 작년 12월에 유엔 총회가 채택한 문서에 훨씬 더 가깝다면서 옹호하는 내용입니다. 또 신문들은 국무부의 5월 16일자 성명도 실었습니다.

4. 어제 도쿄 사령부 심리전부(部) 책임자인 케네스 한센[1] 대령은 어떤 강제적 송환도 용인하지 않을 것이라는 원칙을 고수하는 일이 어서 휴전을 달성하는 일보다 중요하다고 선언했습니다. 대령은 공산주의에 등을 돌린 매우 높은 비율의 북·중 포로들의 운명을 공산주의 지배하에 고통 받고 있는 에스토니아에서부터 불가리아, 체코슬로바키아에 이르는 국민 모두가 예의 주시하고 있다고 밝혔습니다.

국방부에 전달 요망.

드장

---

[1] 케네스 한센(Kenneth K. Hansen, 1905-1959). 미 육군 대령. 미 육군 심리전 본부 산하 민간정보교육국(CIE, 포로 재교육 기관)에서 활동.

【124】 미 국무부의 성명(1953.5.미상)

[전 보]	미 국무부의 성명
[문 서 번 호]	3670-3676
[발 신 일]	1953년 5월 17일 09시 40분
[수 신 일]	1953년 5월 17일 14시 40분
[발신지 및 발신자]	워싱턴/보네(주미 프랑스대사)

보안

뉴욕 공문 제629-635호

프랑스 외무부는 5월 15일 늦은 저녁 미 국무부가 한국 휴전 협상과 관련해 발표한 성명서 내용에 대해 이미 언론기관들을 통해 알고 있을 것입니다. 성명서에서 미국 정부는 휴전을 이루겠다는 의지를 재확인함과 동시에 전쟁 포로의 비강제적 송환 문제가 중요 선결문제라고 판단하는 이유를 설명했습니다.

(부분 판독 불가)

1. 순전히 한국의 측면에서는 미국 여론이 그만 끝나기를 ㅁ ㅁ ㅁ 바라는 분쟁을 종결짓기 위해.
2. 국제적 측면에서는 소련에 새로 들어선 수뇌부의 의도를 시험하기 위해.

한국 평화에 대한 이 같은 염원이 미국 지도부를 부추기고는 있지만 어쨌든 아래와 같은 미국 정부의 심중은 알아둘 필요가 있습니다.

1. 미 정부는 중립국위원회의 권한과 역할을 가능한 한 세밀히 규정하기를 원합니다. 위원회는 포로수용소 내에서 분명 일어날 수 있는 중대한 문제의 발생 가능성을 최대한 줄이고자 송환거부 포로들을 신문하는 역할을 합니다.
2. 미 정부는 이 포로들의 신문 기간이 한없이 연장되는 걸 결코 원치 않습니다.

그 점에 관해 미 정부는 이 문제가 북·중이 제안한 형태, 즉 시간 제약이 없는 '정치위원회'의 소관이 아니라 판단합니다. 그런 형태는 지난 12월 3일 가결된 인도 정부의 결의안과 배치됩니다. 게다가 포로 처리에 관해 끝없이 토론하느라 이 회담의 직무가 처음부터 막혀버리는 일은 없도록 해야 할 것입니다.

이렇게 볼 때 미 행정부는 만일 공산측이 받아들일 경우—현재까지 일어나지 않은 일이지만— 인도 정부의 결의안 마지막 부분을 따르지 않기는 쉽지 않을 것 같습니다.

또한 휴전 협상이 연장되는 데 따라 공화당 과격파들이 미 정부에 압력을 넣으려 할 수 있음을 염두에 두어야 할 것입니다.

윈스턴 처칠 총리와 애틀리 전 총리의 최근 연설 중 중공에 관한 부분에 대해 언론과 몇몇 미 의회 의원들이 폭발하고 말았다고 해서 이 분야에 대한 미 행정부의 입장이 나아지지 않은 건 두말할 필요도 없습니다. 이 같은 난관이 더 커지지 않도록 미 행정부가 어제의 성명을 발표한 거라고 알렉시스 존슨[1] 미 극동 담당 국무부차관보가 얼마 전 한 동료에게 말했습니다.

알렉시스 존슨 부차관보의 말에 따르면 공산 측 제안에 찬성하는 네루 인도 총리의 연설이 국무부에 알려졌을 때 이 성명은 작성되던 중이었습니다. 그러

---

[1] 알렉시스 존슨(Alexis Johnson, 1908-1977). 미 극동 담당 국무부차관보 역임.

니 이 성명이 발표된 것은 네루 총리의 성명에 대한 답변은 아닙니다.

보네

【125】 인도 정부의 입장(1953.5.17)

[전 보]	인도 정부의 입장
[문 서 번 호]	미상
[발 신 일]	1953년 5월 17일 09시 25분
[수 신 일]	미상
[발신지 및 발신자]	파리/파로디(프랑스외무부 사무국장)

사이공 공문 제256-259호, 카라치 공문 제247-250호

뉴델리 공문 제338-341호, 런던 공문 제6657-6660호

도쿄 공문 제838-841호, 모스크바 공문 제1600-1603호

방콕 공문 제244-247호, 워싱턴 공문 제8040-8043호

캔버라 공문 제296-299호, 뉴욕 유엔 공문 제1283-1286호,

오타와 공문 제484-487호

1급 비밀

보안

말리크 인도대사가 사무국장을 찾아와 인도차이나 반도와 한국 휴전 문제에 관해 면담했습니다.

인도대사의 말에 따르면, 인도 정부는 한국의 휴전으로 베트남이 중국으로부터 더 큰 원조를 얻기 용이해질 위험은 없을 거라는 생각입니다. 오히려 그 반대로, 한국 휴전이 이루어진다면 동남아 지역에 긴장 완화 분위기가 조성될 것이라 생각하고 있습니다. 뿐만 아니라 인도 정부는 휴전협정 체결을 기회로 이문제가 중국 정부와 함께 다루어지기를 바라고 있습니다. 중국이 인도차이나 반도 문제에 간섭하지 않겠다는 공식 성명을 내도록 말입니다. 말리크 대사는

인도 정부에 이런 방향으로 중국 정부의 의중을 떠볼 생각인지 물었으나 아직 답변을 듣지 못했습니다.

한편으로 인도 정부는 판문점 협상의 전개 방식에 대해 우려하고 있습니다. 미국 대표단의 강경한 태도, 이승만 대통령이 미 대표단에 영향력을 행사하는 것으로 보이는 영향력, 인도 정부의 결의안이 규정하는 것과는 다른 조치들에 대해 우려합니다. 미 대표단이 앞세우려 애쓰는 유엔은 이 결의안을 수락한 바 있습니다. 인도 정부는 중국 대표단이 이 결의안을 통째로 적용할 의향이 아직 없는 것으로 판단하고 있습니다. 중국 정부로서는 제시된 조건에 즉각 동의하지는 않고 우선 체면치레만 하려는 것이라고 말입니다. 인도 정부는 특히 워싱턴에서 캐나다 정부가 개입해 유엔이 세운 원칙에만 한정해줄 것을 미 국무부에 요구한 점을 반기고 있습니다. 끝으로 인도 정부는 프랑스 정부도 이와 유사하게 개입해주기를 바라고 있습니다.

외무부
파로디

【126】 포로 문제에 대한 영국 외무부의 입장(1953.5.18)

[전　　　보]	포로 문제에 대한 영국 외무부의 입장
[문 서 번 호]	2265-2266
[발　신　일]	1953년 5월 18일 20시 50분
[수　신　일]	1953년 5월 18일 20시 55분
[발신지 및 발신자]	런던/마시글리(주영 프랑스대사)

보안

각하의 전보 제6669호 참조

　해리슨 장군의 최근 제안들 가운데 북한군 포로에 관한 특수 조항을 마지막 순간에 포함시킨 것 때문에 프랑스만큼 영국도 놀란 모양입니다.

　이 조항이 시기적절치 않게 포함된 데 대해 영국 외무부는 프랑스 외무부와 같은 심정입니다. 영국 외무부가 중립국으로의 이송을 말하던 시점에는 포로를 두 부류로 분류하고 실질적 타협을 이룰 생각이었지만 지금은 그런 제안이 부 성적 측면밖에 없는 것 같다고 여기고 있습니다.

　영국 외무부는 억류된 북한군과 남한 여론 모두에서 커져가는 신경질적인 반응이 미국에 제기하는 예민한 문제를 분명히 의식하고 있습니다.

마시글리

【127】 프랑스 외무부의 우려(1953.5.18)

[전   보] 프랑스 외무부의 우려
[문 서 번 호] 미상
[발 신 일] 1953년 5월 18일
[수 신 일] 미상
[발신지 및 발신자] 파리/파로디(프랑스외무부 사무국장)

워싱턴 공문 제6103-6106호

런던 공문 제6744-6747호

뉴욕 공문 제1298-1301호

오타와 공문 제488-494호

(워싱턴 제외한 전체): 다음의 전보를 워싱턴에 전달합니다.

(상체) 각하의 전보 제3670호 참조

내부적 문제에 대해 인지하고 있습니다. 그중 가장 큰 문제들은 바로 대통령 편에서 나타나고 있고 그것이 행정부 업무를 어렵게 만들고 있다는 것을 말입니다.

그러나 행정부는 상대측에 제시하는 조건을 평가하는 데 있어 좀 과장하는 경향이 있는 것 같습니다. 그래서 포로 신문이 "끝없이" 연장될 가능성을 □(판독 불가)하는 주장은―□□□ 후에는 만약 휴전이 이루어지지 않을 경우 그들의 현 상황이 연장되는 것보다 더 암울하진 않을 것입니다― 어떤 결과에 도달함으로써 얻을 이익과 비교할 수 없을 것입니다.

연합군 측 주장의 몇 가지 항목들이 가진 이 같은 약점 때문에 여론은 미국이 결실을 보고자 하는 마음은 있는지 의심의 눈초리를 보내기 시작했습니다. 우리가 미국의 진정성에 대해 확신하고 있는 만큼 다른 곳에서 그 진정성이 위태로워지는 모습을 보이는 게 몹시 우려됩니다.

우려에 빠진 건 우리뿐만이 아닙니다. 워싱턴에 ㅁㅁㅁ를 열지 않은 캐나다 같은 우방국들도 함께 우려하고 있는 걸 보셨을 겁니다. 네루 총리의 반응처럼 다른 나라들도 공개적으로 비판하고 있습니다.

따라서 미 국무부뿐 아니라 정부 관계자들 사이에서도 여러분이 전혀 삼가지 않았듯이 ㅁㅁㅁ 우리 의견을 기회가 될 때마다 계속해서 표명하는 게 중요합니다.

외무부
파로디

【128】 미 정부의 입장에 관한 『데일리헤럴드』 기사(1953.5.19)

[전 보]	미 정부의 입장에 관한 『데일리헤럴드』 기사
[문 서 번 호]	2271-2273
[발 신 일]	1953년 5월 19일 20시 35분
[수 신 일]	1953년 5월 19일 20시 40분
[발신지 및 발신자]	런던/마시글리(주영 프랑스대사)

전날 윈스턴 처칠 수상에게 여러 노동당 의원들이 제기했던 질문을 이어받아 오늘 조간지 『데일리헤럴드』는 판문점에서 유엔대표단이 어떤 태도를 취했는지 미국이 우방국들에게 알리는 데 거의 관심이 없는 것 같다고 규탄했습니다. 유엔대표단은 유엔이 승인한 절차와는 다른 제안을 했는데, 미 정부는 관련된 다른 국가들과 이에 대해 의논하거나 이 같은 새로운 입장을 해명하는 데 신경도 쓰지 않는다고 말입니다.

계속해서 이 노동당 기관지는, 얼마 전 윈스턴 처칠 수상과 캐나다 정부가 발표한 의견을 미국 정부가 고려했다고 볼 수 있다고 적었습니다. 그러나 미국 협상단의 의도는 계속해서 비밀로 남아 있다고 했습니다. 그래서 월요일 저녁 런던에서는 해리슨 장군에게 전달된 최신 지침에 대해 전혀 모르고 있었던 것입니다. 이전과 마찬가지로 협상가들의 입장은 회담 보고서를 통해서만 알려질 것이며 그때가 되어야 미 정부가 스스로 자초한 혼돈에서 어떤 전략을 써서 빠져나올 생각인지 알 수 있을 것이라고 『데일리헤럴드』는 적었습니다.

마시글리

한국전쟁 관련 프랑스외교문서 VI [1953. 01. 06~1953. 07. 31 / 장관실문서(1950. 06. 25~1952. 12. 10)]

【129】 중화민국의 대미 항의 통첩(1953.5.19)

[전   보] 중화민국의 대미 항의 통첩
[문 서 번 호] 267-271
[발   신   일] 1953년 5월 19일 12시 45분
[수   신   일] 1953년 5월 19일 09시 20분
[발신지 및 발신자] 타이베이/카탕(주타이베이 프랑스대사)

본인의 전보 제255-257호 참조

랜킨[1] 미대사는 5월 15일 예궁차오 중화민국 외무부장으로부터 받은 통첩
사본을 얼마 전 제게 대외비로 전달토록 했습니다. 판문점 협상의 몇 가지 사항
에 항의하는 내용이었습니다.
이 서류의 원본은 다음 번 외교행낭으로 외무부에 전해드리도록 하겠습니다.
그중 주요 구문을 아래에 프랑스어로 번역해드립니다.

"상당수 국민의 운명이 걸려 있는 만큼 중국 정부는 이 점에 목소리를 높일
권리와 의무가 있는 것 같다. 이는 유엔의 권한에 속하는 모든 일을 직접 관련
된 일로 보도록 하는 유엔 회원국으로서의 자격을 고려해서 하는 발언이 아니
다. 중국 정부는 현재 판문점에서 진행 중인 협상의 어려움을 증대시킬 수 있는
모든 과정을 피하길 원하기에 다음의 사항들에 관한 소견만을 내놓으려 한다.
1. 본국 송환을 거부하는 포로들을 담당하기 위한 중립국위원회를 설치한
다는 생각은 유엔 헌장의 원칙에 어긋난다. 현재 한국에서 벌어지고 있는 사
건들은 두 국가나 다국 간 특정 군사 충돌의 결과가 아니라 유엔 헌장에서
명시한 바에 합의한 유엔 회원국들이 내린 결정이 시행된 것이다.

---

1) 칼 L. 랜킨(Karl L. Rankin, 1898-1991). 주대만 미국대사(1950-1953).

이러한 행동 앞에서 어떤 유엔 회원국도 중립적이라 자처하거나 그렇게 여겨질 것을 바랄 수 없다.

2. 공산 측이 제안하는 방식을 따르건 유엔이 잠정적으로 수용한 방식을 따르건 간에 이른바 중립국위원회는 유엔에 속하지 않은 국가인 '스위스'만이 구성할 수 있다. 다른 4개 국가 중 2개 국가는 소비에트연방의 위성국이고, 소련이 자발적 송환 원칙에 반대한다는 점은 익히 알려져 있다. 그런 위원회가 어떻게 중립적이라고 간주될 수 있는지 생각하기 어렵다.

3. 중국 정부는 포로들이 일단 위원회 관리 아래 놓이고 나면 위원회 소속 여러 회원국들이 즉각 포로들의 정신에 개입해 공산주의 이념을 다시 심고 자신들의 공포 정치 체제에 따른 기타 모든 절차를 이용해 영향을 줄 거라 믿는다. 바로 이것이 중립성이라는 얼굴을 하고서 자발적 포로 송환 원칙을 해칠 가장 효과적인 방법이다.

중국 정부는 상기 협의 내용에 대한 매우 강력한 반대의사를 기록케 하고자 한다. 또한 미국이 중국의 의견을 진지하게 고려하여, 미국의 선도로 유엔이 중국 정부 및 기타 수많은 정부들의 지지 하에 정식으로 채택한 자발적 포로 송환 원칙을 확고히 지지하기를 촉구한다."

카탕

【130】 포로 송환에 관한 남한 외무장관의 성명(1953.5.19)

[전 보]	포로 송환에 관한 남한 외무장관의 성명
[문 서 번 호]	614
[발 신 일]	1953년 5월 19일 01시 00분
[수 신 일]	1953년 5월 20일 15시 04분
[발신지 및 발신자]	도쿄/드장(주일 프랑스대사)

브리옹발 씨의 1953년 5월 10일자 제18호 전보, 5월 19일 도쿄 수신

인용

"송환거부 포로에 관해 공산 측이 최근 제안한 해결안 8개 항목을 검토한
남한 외무장관은 남한에 남기를 희망하는 포로들에게 또다시 공산주의 이념
을 불어넣으려고만 하는 이 기획을 한국 정부는 결코 받아들일 수 없다고 어
제 저녁 성명을 냈습니다.

변영태 외무장관은 2개 중립국, 2개 공산국, 1개 공산주의 동조국으로 구성
된 위원회가 하는 결정에는 모두 공산주의 목소리가 담길 것이며 그뿐 아니라
이 위원회가 병력은 강압적인 분위기를 일으켜 분명 그 결정을 강제 집행하게
될 거라고 말했습니다.

장관은 이렇게 덧붙였습니다. '송환거부 투쟁에 목숨을 바치고 있는 나라에
공산군을 끌어들이고 충성스런 시민들을 공산주의 지지자들을 생산해내는 뇌
개조 작업에 내맡기고자 하는 제안을 합리적이라고 여길 사람은 아무도 없다.
공산 측 제안을 받아들이는 것은 우리 주권을 포기하는 행위이다. 뿐만 아니
라 우리 정부는 북한군 전쟁 포로를 공산국가인 북한으로 송환할 가능성이 있
는 모든 국제 관리 원칙에 반대한다. 이 같은 조치가 시행될 것이라는 소식만

으로도 포로들은 자살로 내몰릴지 모른다. 우리는 그들이 즉시 석방될 것을
요구하는 바이다.'"

브리옹발

인용 끝.

드장

【131】 미 극동 담당 국무차관보와의 면담(1953.5.19)

[전 보]	미 극동 담당 국무차관보와의 면담
[문 서 번 호]	3725-3728
[발 신 일]	1953년 5월 19일 □시 00분
[수 신 일]	1953년 5월 20일 02시 00분
[발신지 및 발신자]	워싱턴/보네(주미 프랑스대사)

보안

긴급

뉴욕 공문 제646-649호

어제 저녁 사적으로 대화를 나누던 중 로버트슨[1] 극동 담당 국무차관보는 한국 휴전을 이루고자 하는 미 정부의 열망을 다시 한 번 확인시켜 주었습니다. 그러나 휴전은 아무 조건에서나 달성될 수는 없다면서 말입니다. 로버트슨 차관보는 전쟁 중에 주중 미 대사관 참사관, 베이징 협상 때 마셜 장군 밑에서 보좌관을 시낸 터라 마오쩌둥 주식과 지우언리이 총리를 잘 알고 있기에 그들의 볼셰비키 신념은 굳건하다고 생각합니다. 그는 '휴전'이 동요를 지속시키는 결과를 초래해서는 안 된다고, 아시아에 과격파 선전을 선동하는 논의를 이끌어 내거나 중국 지도부가 동남아에서 공산주의 움직임을 더 적극적으로 지지하도록 부추기고 그에 따른 전쟁을 초래해서는 안 된다고 했습니다. 미국 여론은 한국 내 적대행위가 끝나면 완화되겠지만 말입니다.

차관보는, 그 말인즉슨 미 행정부가 동맹국과의 완전한 합의를 유지하고 협

---

1) 월터 로버트슨(Walter S. Robertson, 1893-1970). 미 국무부 극동 담당 차관보(1953-1959).

상 추이에 관해 동맹국 측이 미 정부에 밝힌 소견을 고려하기 위해 할 수 있는 모든 것을 하기로 했다는 뜻이라고 했습니다. 차관보는 한국 내 작전에 참여한 여러 국가들이 표명한 의심과 비판의 목소리에 부응하려면 미국의 최근 제안 중 어떤 점을 수정해야 좋을 것 같은지 제 의견을 물었습니다. 저는 그런 의견 차를 없애려면 미국이 인도의 결의안을 따라야 할 것 같다고 답했습니다. 그 결의안은 4개월간의 포로 억류 이후 만약 문제가 해결되지 않는다면 유엔에 이 문제를 회부하고, 분명히 과반이 구성되어 만족스러운 해결안을 주어야 하며 연합군 측과 미국이 모두 군건히 수호하는 원칙을 준수할 것임을 미국에 보장하고 있습니다. 만일 공산 측 협상가들이 아직 수락하지 않고 있는 이 절차를 그들이 또다시 거부할 경우 그 여파에 대한 책임을 자유 진영은 공산 측에 돌릴 것입니다. 로버트슨 차관보가 시인한 바에 따르면, 미 정부는 인도 결의안 방향으로 제안을 수정한다면 동맹국 정부들이 크게 만족할 거라고 확신하고 싶은 듯 합니다. 그의 경우에는 이 절차를 호의적으로 생각하는 게 분명해 보였습니다.

보네

【132】 인도 결의안 수락에 관해(1953.5.20)

[전 보]	인도 결의안 수락에 관해
[문 서 번 호]	1072-1075
[발 신 일]	1953년 5월 20일 □시 00분
[수 신 일]	1953년 5월 20일 14시 40분
[발신지 및 발신자]	뉴욕/오프노(주유엔 프랑스대표)

워싱턴 공문 제403-405호
워싱턴 전보 제3725호 참조

해리슨 장군이 새로 제시할 제안에 관해 한국 작전에 연관된 주요 강대국들과의 실질적 합의를 이루기 위해 미 정부가 판문점 협상 재개까지 5일의 추가 연장 시간을 부여한 것은 분명 바람직한 일이라 할 수 있습니다. 그런 점에서 기쁘게 받아들일 수밖에 없는 점은, 로버트슨 차관보가 보네 대사의 소견을 청했고 미국의 제안을 가능한 한 인도 제안에 담긴 권고안에 가깝게 할 필요가 있다는 보네 대사의 의견을 차관보가 호의적으로 수락했다는 것입니다.

이 권고안은 복잡하고 완곡하게 작성되어서 구상과 토의에 참여하지 않은 사람은 그 효력을 정확히 어림잡기 어렵습니다. 그런 연유로 권고안을 준비하고 승낙할 책임이 있던 유엔대표단들이 해석 작업에 간접적으로만 연관된 점은 유감입니다. 판문점 협상단의 지침 역할을 하기 위해 그 작업에 투입되어야 하는 사람들인데 말입니다. 그 때문에 유엔 총회의 의사가 수차례 다소 의도적으로 왜곡되었고, 필요한 수정이 제때 이루어지지 못했습니다.

한 가지 예만 들자면, 해리슨 장군이 송환거부 포로들의 운명이 5개국으로 구성된 중립국송환위원회의 손에 맡겨지는 것을 수락함으로써 인도의 결의안 조치를 따른다는 얘기를 들었습니다. 이는 표면적으로만 맞는 말이었습니다.

실제로는 이 위원회에 예정된 해리슨 장군의 역할은 총회가 그에게 할당했던 역할과 본질적으로 다릅니다. 책임 제약에 있어서도 그렇고, 절차 부과에 있어서도 그렇습니다. 또 그의 결정권을 둘러싼 제약에 있어서도 말입니다.

미국은 차치하고 ☐ ☐ ☐ 유엔이 그 방식을 적용함으로써 생겨나는 소견들을 사실상 멀리하게 만드는 작업 방식의 중대한 문제점들을 고치기에는 이미 너무 늦은 것 같습니다. 그 문제점들은 한국문제 처리를 뉴욕에서 워싱턴으로 넘기고 사실상 가능한 한 유엔의 권한 밖으로 빼돌리기로 한 데서 비롯됩니다. 만약 다른 절차를 따랐다면 아마 협상은 처음부터 보다 합리적인 방식으로 재개되었을 것이고, 그게 아니어도 오늘 미 정부는 협상을 시작하기로 한 것 같습니다.

오프노

【133】 휴전안에 대한 미 정부의 입장(1953.5.20)

[전   보] 휴전안에 대한 미 정부의 입장
[문 서 번 호] 1079-1084
[발   신   일] 1953년 5월 20일 20시 00분
[수   신   일] 1953년 5월 20일 20시 15분
[발신지 및 발신자] 뉴욕/오프노(주유엔 프랑스대표)

□ □ □ 공문 제409-414호

절대우선문건
보안

본인의 이전 전보 참조

현재 미 정부가 주목하고 있는 4개 항목은 가장 중요한 □ □ □ 같습니다.

1. 위원회에 체코와 쏠란드 파견대 제공
이 같은 공산 측 요구는 유엔 결의안에 맞지 않는 만큼 연합사령부가 이에 완강히 반대하는 것은 당연합니다. 이 유엔 결의안은 위원회에 제공할 병력에 관해 훨씬 덜 엄격한 체계를 규정해왔습니다. 북·중 측 안을 적용할 경우 어떤 일들이 초래될지 알기 때문에라도 그 안을 적용하면 안 된다고 하는 게 당연합니다.

2. 북한군 석방
결의안의 전반적인 정신과 배치될 뿐만 아니라 미국을 제외한 도처에서 그토

록 비판받는 이런 조치는 협상을 실패로 이끌 수 있을 것 같습니다. 협상 도중 느닷없이 끼워 넣은 이 새로운 요구사항이 결국 제외되어야 한다는 데는 아무 이견이 없을 것입니다. 송환거부 포로들이 기한 없는 구금의 대상이 되는 걸 막기 위한 모든 조치를 취한다면, 이승만 정부가 이 점에 대해서 뿐 아니라 다른 점들에 대해서도 취하고 있는 전적으로 비합리적인 입장을 버리기로 설득되지 않을 거라고는 생각하기 어렵습니다.

3. 송환거부 포로 구금 기한 확정

유엔 결의안 17번째 문단 내용은 실상 이 구금 기한을 확정하는 것입니다. 보네 대사가 로버트슨 차관보에게 주장한 것처럼 유엔에 이 문제를 회부하면 연합군 측이 수호하는 원칙 방향대로 문제가 해결될 것이 보장됩니다. 게다가 지난 가을에 있었던 논의 자리에서 총회 2/3의 과반이 무기한 구금에 반대하고 있음을 증명한 바 있습니다.

4. 중립국송환위원회의 만장일치 규칙

이는 별도로 검토될 수 없는 문제로, 위원회 권한과 절차 규정이라는 더 큰 틀 안에서 다루어져야 합니다. 그런 점에서 5월 13일에 연합사령부가 제안한 결의안(본인 전보 제1004호 3번과 5번 참조)에 담긴 내용은 미리 위원회를 연관 지을 뿐 아니라 특히 억류 세력을 위원회 활동 수행에 결부시키면서 유엔 결의안이 부여한 임무의 성격을 바꾸려는 취지가 있습니다. 그러니 만일 이쯤에서 다수결 원칙으로 돌아가는 게 좋다면, 위원회 권한 수행 방식과 관련된 규칙을 완화하거나 적어도 이러한 규정들에 좀 더 일반적인 성격을 부여하는 것도 좋을 것입니다.

오프노

【134】 유엔군 사령부의 입장(1953.5.20)

[전　　　　　보]	유엔군 사령관의 입장
[문 서 번 호]	632-639
[발　신　일]	1953년 5월 20일 02시 30분
[수　신　일]	1953년 5월 20일 14시 50분
[발신지 및 발신자]	도쿄/드장(주일 프랑스대사)

　얼마 전 클라크 장군은 휴전 협상 중단 기간을 5일 연장하기로 했었는데 내일 협상이 재개될 것이라고 알려주었습니다.

　그는 휴전이 여전히 가능하다고 생각하고 있었습니다. 하지만 공산 측 반응이 어떻게 나오든 유엔 사령부가 5월 13일자 제안서에 규정된 입장을 고수할 것이 확실합니다.

　사령관은 제게 미 사령부가 미 정부와 완전한 합의를 이룬 결정에 있어서 이승만 대통령의 태도가 중요한 요소였음을 숨기지 않았습니다.

　1. 미 사령부는 송환을 거부하는 북한군 포로 35,000명을 휴전이 발효되자마자 석방하고 민간인 신분으로 돌려보내기로 했습니다. 그러나 이는 유엔군 포로 50,000명을 "전방에 풀어줬다"고 인정하는 공산 측 태도를 따라하는 셈이 될 뿐입니다.

　저는 그 무리 가운데 분란 조장 임무를 띤 공산주의 요원들이 있을지 걱정되지 않느냐고 장군에게 물었습니다. 장군은 문제의 포로들은 한국군의 도움으로 세심하고도 엄격하게 걸러진 이들이라고 대답했습니다. 게다가 이미 민간인 억류자 41,000명을 풀어줬었지만 그로부터 아무런 문제도 발생하지 않았습니다. 장군은 한국 국민이 중립국위원회 아래 놓이는 걸 이승만 대통령이 용인하지 않을 거라고 덧붙였습니다.

미 행정부와 잦은 어려움을 겪으며 해명하는 동안 이 노련한 대통령은 미 사령부에서 한국 군대를 철수시키고 한국군 단독으로 공격하거나 휴전이 되더라도 전쟁을 이어가겠다고 위협을 가한 적도 있었습니다. 여기에는 많은 ㅁ ㅁ ㅁ 이 있습니다. 그러나 미국은 그가 한국 포로들을 송환위원회로 보내 공산주의자들의 교화 방식에 내맡기는 걸 완강히 반대할 거라고 확신하고 있었습니다.

이제 상기 위원회는 중공군 14,500명만 담당하기로 확정되었습니다.

2. 이승만 대통령의 태도는 감독위원회에 할당되는 무장병력에 관한 결정에도 영향을 미쳤습니다.

대통령에게 체코슬로바키아나 폴란드 병사를 한국 영토에 주둔시키는 것을 따르도록 강요하는 것은 불가능했습니다.

한편 이 병사들은 가장 열렬한 공산주의자들 가운데 선발된 게 확실했습니다. 이들은 공산 측이 일으키려는 중대한 사건들의 발단이 될 수도 있습니다. 따라서 유엔 사령부는 인도에서 파병할 가능성이 있는 병사들을 제외한 다른 병사들은 받지 않을 것입니다. 반대로 사령부는 유엔 관할 지역에 있는 수용소 내 질서 유지를 위해 요구되는 병력을 인도 분견대 사령관에게 제공할 준비가 되었다고 합니다.

3. 미 사령부는 포로 '설명' 임무를 맡을 공산주의 요원들의 활동이 아무 제약이나 감시 없이 이루어지도록 좌시하지도 않을 것입니다.

4. 끝으로 특히 사령부는 무엇보다도 합리적인 기한이 정해지고 그 이후로는 미송환 포로들이 풀려나는 걸 원했습니다. 공산 측이 생각하는 무기한 구금은 결코 받아들이지 않을 것입니다.

공산 측과의 경험들을 비추어 볼 때 실상 협약 제60조에 명시된 정치회담이 오스트리아 협약에 관한 회담 이상이 되지 않을 가능성을 심각하게 생각하게 되었습니다.

저는 장군에게 5월 13일자 미국의 제안은 확정 기한을 명시할 뿐 아니라 정치회담 회부를 배제한다고 알렸습니다.

유엔총회에서 지난 12월 채택된 인도 결의안과 비교해 큰 차이가 바로 여기에 있습니다.

저는 장군에게 이 결의안의 틀 안에서 유엔사령부의 제안을 유지할 가능성은 없는지 물었습니다.

드장

【135】 유엔군 사령관의 입장(1953.5.20)

[전 보]	유엔군 사령관의 입장
[문 서 번 호]	640
[발 신 일]	1953년 5월 20일 01시 00분
[수 신 일]	1953년 5월 20일 13시 45분
[발신지 및 발신자]	도쿄/드장(주일 프랑스대사)

보안

이전 전보에 이어

　장군은 사령부가 중공 송환거부 포로의 최종 거취를 정치회담에 부친다는 데 동의할 거라고 제게 완전히 비밀리에 알렸습니다. 그 결정을 일정 기한 내에 내린다는 조건에 말입니다. 여기에는 협상의 여지가 있으나 중요한 건 연합군 측 대표단의 의도가 너무 일찍 밝혀지지 않는 것이었습니다.

　장군은 제게 상기 정보에 관한 비밀을 엄수해 달라고 부탁했습니다.

　무슨 일이 있어도 미 정부와 사령부는 협상이 무기한 장기화하게 두지 않기로 했다고 합니다.

드장

【136】 주한 프랑스대사의 보고 내용(1953.5.20)

[전 보]	주한 프랑스대사의 보고 내용
[문 서 번 호]	644(우편 전달)
[발 신 일]	1953년 5월 20일
[수 신 일]	미상
[발신지 및 발신자]	도쿄/드장(주일 프랑스대사)

파리 외무부 전보 제644호

브리옹발 씨의 1953년 5월 16일자 제20호 전보, 5월 20일 도쿄 수신

인용

한국 지도자들은 휴전 협상 원칙 자체에 반대하는 태도를 전혀 버리지 않은 채 판문점 협상 추이에 따라 생겨나는 각 면면에 번번이 항의하는 데 혈안이 되어 있습니다. 공산 측의 8개 항목 제안서에 대한 변영태 장관의 비난과 북한 구 포로들을 어서 석방하라는 그의 주장(본인 전보 제18호)이 특히 5월 13일자 연합군 제안 내용에 얼마나 영향을 미쳤을지 의문이 생길 수 있습니다.

해리슨 장군에게 이 수정안을 전달하던 시점에 클라크 장군이 서울에서 이 승만 대통령과 예정된 시간을 넘겨가며 면담을 진행해 비밀에 부친 것을 보면 적어도 계획 중인 협상 방향에 대한 한국의 반응을 미리 파악하려고 애쓴다는 것을 보여주는 듯합니다.

최근 도쿄에서 브릭스[1] 주한 미국대사와 머피[2] 주일 미국대사와 클라크

---

[1] 엘릭스 O. 브릭스(Ellis O. Briggs, 1899-1976). 주한 미국대사(1952-1955).
[2] 로버트 머피(Robert Daniel Murphy, 1894-1978). 주일 미국대사(1952-1953).

사령관이 나눈 대화, 그리고 브릭스 대사가 요즘 서울에서 계속 지내고 있는 점과 마찬가지로 이번 면담을 봐도 어쨌든 한국의 태도가 내포한 위협은 충분한 불안을 조장해서, 미국은 아마도 이승만 대통령을 더 타협적인 자세로 이끌기 위해 노력하고 있을 걸로 생각됩니다. 그러나 공산측도 거부한 후인 13일부터 연합군 제안에 쏟아진 "놀람과 실망, 분노"의 반응으로 판단해보면 그 노력은 큰 성과가 없는 것 같습니다. 정부와 국회의 반응도 다르지 않아, 여기에서는 "공산 측 제안을 수락하는 것"으로 여겨졌습니다.

그러는 사이 서울에서는 별난 소문이 돌고 있습니다. 이승만 대통령의 완고하고 결정적인 휴전 반대 입장 때문에 대통령 개인을 향한 테러가 우려되어 그를 둘러싼 보안 조치가 강화되었다는 소문입니다. 그러나 이는 결정적 행동에 들어가기 직전에 합리적인 모양새를 만들어놓고 유용한 분위기를 조성하려는 이승만 박사의 의도적 책략이라는 생각이 듭니다.

브리옹발

인용 끝.

드장

【137】 미 극동 담당 국무부차관보와의 면담(1953.5.20)

[전 보] 미 극동 담당 국무부차관보와의 면담
[문 서 번 호] 3746-3757
[발 신 일] 1953년 5월 20일 10시 00분
[수 신 일] 1953년 5월 20일 16시 15분
[발신지 및 발신자] 워싱턴/보네(주미 프랑스대사)

보안

뉴욕 공문 제664-675호

우리 동료 한 명이 오늘 알렉시스 존슨 미 극동 담당 국무부차관보에게 5월 13일자 연합사령부의 수정안과 12월 3일자 인도 결의안 조치의 차이 때문에 프랑스 정부 관계자들이 크게 우려하고 있음을 재차 알렸습니다. 게다가 프랑스 대사관은 이 수정안 내용을 보고 받았을 때, 그러니까 5월 11일에 즉각 그 점을 알린 바 있습니다. 북한군 포로와 관련해 중대한 변경 사항이 생기기도 전에 말입니다. 그랬기 때문에 우리는 연합사령부의 최근 제안이 북·중 측에 받아들여질 가망은 전혀 없고, 그 제안서는 유엔의 입장을 약화하고 있으며 그럼으로써 정부는 한국의 휴전을 정말로 성사시킬 마음이 없는 거라 주장하는 공산측 선전에 심지어 도움을 주고 있다고 늘 생각해왔다고 동료는 말했습니다.

그렇기 때문에 미 행정부가 문제를 재검토하고 있는 시점에 우리는 □ □ □ 연합사령부의 입장이 인도 결의안에 담긴 정신과 거기에 쓰인 글자를 가능한 한 그대로 따르는 데 전념하고 있음을 다시 한 번 강조하려 한다고 동료는 말을 이었습니다.

물론 우리는 이 분야에 있어 미 정부의 일이 어렵다는 것을 인지하고 있었습

니다. 상대방인 공산 측과 남한이 저마다의 조처를 내세우고 의회가 분열한 데서 생기는 어려움이 있다는 걸 말입니다. 또한 프랑스는 미국이 한국전쟁에서 주도적 역할을 하고 있기 때문에 협상에서도 특별한 권리를 얻고 있다는 것도 이해하고 있었습니다.

(부분 판독 불가)

연합사령부가 한국 휴전 □ □ □
존슨 부차관보는 우리 소견을 미 행정부에 알려준 방식에 대해 미 정부가 감사하게 생각했고 우리가 준 정보와 제안이 "값진" 것이었다고 대답했습니다. 그는 인도차이나 반도 문제에 있어서 미국이 프랑스를 원조하는 것과 관련한 의회 논의가 예정돼 있는 만큼 우리가 휴전 협상과 관련해 미 정부에 개입한 것이 우리에게는 더욱 민감한 일이라는 것도 알고 있었습니다.

존슨 부차관보는 현재 미 당국이 최근 이곳에서 프랑스와 영국, 캐나다 정부로부터 전달 받은 의견들을 고려해 5월 13일자 수정안을 인도 결의안에 최대한 맞춰가며 수정하려 노력 중이라고 명확히 알렸습니다.

존슨 부차관보에 따르면, 이와는 반대로 지난 금요일 네루 총리의 연설 같은 경우 미 정부의 일을 특별히 의회 차원에서 더 어렵게 만들었다고 합니다. 존슨 부차관보는 미 정부가 다음의 4개 문제에 주목하고 있다고 말했습니다.

1. 휴전 이후 체코와 폴란드 공산군의 한국 영토 내 주둔. 존슨 부차관보는 "이 점에 대해 우리는 타협의 여지가 없을 것이며 우리가 인도 군대에 관해 만든 제안에 만족할 것"이라고 말했습니다.
2. 북한군 석방
제 동료는 미 행정부가 그들과 관계된 인도 결의안의 조치를 그대로 취하기를 강하게 권고했습니다.
존슨 부차관보는 그 같은 해결책을 배제하진 않는 것 같았으나 남한 측과 의회 일각이 어려움에 부딪히고 있음을 강조하려 했습니다.

3. 송환거부 포로 구금 기한 확정 필요성

존슨 부차관보는 밀레[1] 주미 프랑스 대사관 참사관에게 인도 결의안에 개입이 규정된 유엔이 이 주제에 관해 미국의 견해에 호의적일 거라 생각하느냐고 물었습니다. 제 동료는 유엔 회원국 다수는 (그리고 특히 프랑스 정부는) 이 주제에 관해 그 어떤 식으로도 끝나지 않을 논쟁에 빠지길 원치 않는 게 너무나 분명하다고 대답했습니다.

4. 5개 중립국위원회의 중요 결정 시 만장일치 규칙.

미 행정부는 12월 3일자 결의안에 포함된 다수결 원칙으로 돌아가는 걸 아직도 상당히 망설이고 있는 것 같았습니다. 그리고 이 점에 대해 존슨 부차관보는 이 특정 사항에 대해 워싱턴에서는 관계 정부들의 의견을 알고 싶어 한다고 말했습니다.

제 동료는 이 부문에 있어 우리가 인도 결의안의 조처를 항상 호의적으로 생각하고 있다고 대답하면 된다고 생각했습니다.

면담을 마치면서 밀레 씨는 5월 13일자 제안의 수정 문제에 관해 적당한 때를 봐서 의견을 듣고 싶다는 우리 측 생각을 강조했습니다. 새로운 안이 나오고 나면 경우에 따라 만장일치가 행해질 수도 있다는 것이 사실 북·중이 이 안을 받아들이도록 하기 가장 적절한 요소 중 하나였습니다.

보네

---

[1] 주미 프랑스 대사관 참사관이었던 피에르 밀레(Pierre Millet)일 것으로 추정됨.

【138】 전쟁포로 송환에 관한 유엔의 수정안(미상)

[전   보]   전쟁포로 송환에 관한 유엔의 수정안
[문 서 번 호]   미상
[발   신   일]   미상
[수   신   일]   미상
[발신지 및 발신자]   미상

1. 휴전협정 효력 발생 2개월 후 양측은 각자가 감시 중이며 체포되던 시점에 속해있던 진영으로 송환되길 요구하는 모든 전쟁포로를 아무 이의 없이 송환하고 그룹 별로 넘겨주도록 한다. 송환은 휴전안 제3조에 나와 있는 조건에 따라 실행된다. 이 포로들의 보다 신속한 송환을 위해 양측은 휴전협정 조인 이전에 각 해당 국적에 대해 직접 송환할 전체 포로 수를 서로에게 통보한다. 상대측에 각 그룹을 넘길 때는 각각의 포로수용 번호와 계급, 수를 명시한 명부를 국적별로 준비해 함께 보낸다.

2. 휴전 발효일에는 구금되어 있는 동안 송환될 권리를 행사하지 않기로 결정한 모든 한국 국적 전쟁포로는 민간인 신분으로 돌아간다. 자신이 이전에 속해 있던 진영의 군사적 통제 아래 있는 지역으로 돌아가길 추후에 희망하게 되는 자들은 휴전협정안 제59항의 조건에 따라 송환 허가를 받게 된다.

3. 포로감독위원회 직권 범위
1) 휴전 이후 모든 전쟁포로가 송환될 권리를 행사할 수 있도록 보장하기 위해 양측은 스웨덴, 스위스, 폴란드, 체코슬로바키아, 인도에 전쟁포로감독위원회 대표 1인씩을 지명하도록 요구해야 한다. 이 위원회는 한국에서 구금되어 있는 동안 송환될 권리를 행사하지 않기로 결정하고 휴전 발효일

에 민간인 신분으로 돌아가지 않은 전쟁포로들을 한국에서 담당하는 기능을 한다.

전쟁포로감독위원회는 판문점 부근 비무장지대 내에 본부를 세운다.

감독위원회가 전쟁포로 감독을 담당하는 장소에 감독위원회와 같은 방식으로 구성되는 2개 부속위원회가 설치된다.

2) 감독위원회의 기능과 책무 수행 보조에 요구되는 모든 인력 및 병력은 인도가 단독으로 제공한다. 감독위원회 의장과 집행관도 인도 대표들이 맡는다.

다른 4개 강대국 대표들도 각 국가마다 10명을 넘지 않는 선에서 동수의 협력 인력을 보조받을 수 있다. 이 문단에서 말하는 모든 인력의 소지 무기는 헌병대 무기 같은 소형무기이다.

3) 상단 1번째 문단에 언급된 전쟁포로들을 대상으로 송환을 막거나 부추기려는 어떤 강요나 위협도 있어서는 안 된다. 그들 개인에 대한 어떤 폭력이나 존엄성 침해나 명예훼손은 어떤 경우에도 어떤 목적을 위해서도 허용되지 않는다(하단 7번째 문단 참조). 전쟁포로감독위원회와 위원회 각 대표들은 이를 감독할 의무가 있다. 양 진영 각각은 타 진영으로의 귀환을 요청한 포로들이 이 같은 결정을 강요받지 않았는지 감독위원회의 적격 대표들과 함께 규명하는 일을 담당할 대표들을 둔다.

제네바협약에 명시된 조건과 이 협약의 정신에 따라 전쟁포로들은 어떤 순간에도 인격적인 대우를 받아야 한다.

4) 휴전협정 효력 발생일 이후 송환될 권리를 행사하지 않거나 이 날짜에 석방되어 민간인 신분으로 돌아가지 않는 모든 전쟁포로는 가능한 한 빠른 시일 내에, 적어도 휴전협정 효력 발생일로부터 60일 이전에는 군사적 통제와 억류 측 감독으로부터 풀려나 억류 측이 지정하는 한국 내 구역에서 감독위원회에 위임된다.

5) 이전 문단에서 규정한 부지는 감독위원회가 통제를 담당하게 되는 시점에 억류 측 군사력을 전쟁포로수용시설 구역으로부터 2㎞ 이상 철수시켜 비무장화해야 한다.

6) 상기 5번째 문단의 조치를 고려하여, 인도 대표는 전쟁포로시설이 물리적으로 소재한 지역의 군사적 통제를 시행하고 있는 억류 세력에 인도가 제공한 군대를 증강시키는 데 필요할지 모를 행정 및 보안 병력 제공을 요구할 수 있다. 그렇게 제공된 병력은 인도 보안군 사령관의 작전 통제권 하에 놓인다.

7) 상기 3번째 문단의 조치를 고려하여, 본 협정의 어떠한 조치도 감독위원회가 자신의 임시 관할 하에 있는 포로들을 통제하기 위해 갖는 법적 책무 및 책임 수행 권한을 침해하는 것으로 해석될 수 없다.

8) 각 진영은 감독위원회의 감독 아래에서는 송환에 대한 각 측 포로들의 태도를 확인하거나 점검할 수 있다.

그러기 위해 각 진영 대표들은 포로들을 찾아가 그들의 권리를 설명해주고 송환에 관한 모든 유용한 정보를 줄 수 있는 권한을 지니며, 이때 아래의 조치를 따른다.

a) 본 감찰을 담당하는 대표 수는 감독위원회 감독 하에 있는 전쟁포로 1,000명당 1명을 넘지 않으며, 최소 5명 이상 되어야 한다.

b) 본 감찰을 담당하는 대표들이 포로들을 접촉할 수 있는 시간은 감독위원회가 정하며, 일반적으로 제네바협약 제53조 규정을 따른다.

c) 모든 감찰 및 면담은 감독위원회 각 회원국 대표 1인의 참석 하에 성사된다.

d) 감찰에 관련된 추가 조치 사항은 감독위원회가 결정하며, 상기 3번째 단락에 명시된 내용을 따른다.

9) 감독위원회에 위임된 포로들은 이 위원회와 위원회 대표 및 소속 기구에 요구나 의사를 전달하고, 개인 신상에 관한 모든 것에 대해 바라는 바를 이들에게 표현할 자유와 권리가 있다. 이때 이 모든 사항은 감독위원회가 이러한 목적으로 취해 둔 조치에 의거한다.

10) 감독위원회의 감독 하에 있는 모든 전쟁포로 중 송환될 권리를 행사하기로 한 자는 감독위원회의 각 회원국 대표 1인 씩으로 구성된 공동위에 이를 알려야 한다. 그 같은 결정을 알린 뒤에도 포로는 여전히 감독위원

회의 감독을 받으며 판문점의 전쟁포로 교환 장소로 인도되어 휴전협정에서 명시한 절차에 따라 송환된다.

11) 감독위원회에 전쟁포로 감독을 완전히 이관하고 나서 60일까지 송환될 권리를 행사하지 않은 전쟁포로는 풀려나 민간인 신분을 획득하게 되며, 이때 감독위원회는 직무를 멈추고 해산한다.

12) 감독위원회에 위임된 전쟁포로를 위한 적십자의 주요 활동은 인도가 제공한다. 이때, 감독위원회가 제시하는 규칙을 따른다.

13) 감독위원회는 언론의 자유를 보장해야 한다.

   a) 유엔 사령부로부터 신임장을 받은 언론 대표들이 남한 내 활동 전체를 지켜볼 수 있게 허가한다.

   b) 북한인민군과 중국인민지원군으로부터 신임장을 받은 언론 대표들이 북한 내 활동 전체를 지켜볼 수 있게 허가한다.

14) 각 진영은 각자의 군사 통제 지역 내에 있는 전쟁포로들의 주거와 생활을 지원하기 위한 필수 물자를 각 전쟁포로시설과 인접한 곳에 승인된 한 곳의 인도 지점을 통해 위원회로 전달한다.

15) 판문점 교환 장소에서부터의 전쟁포로 송환 비용은 제네바협약 제118조에 따라 해당 포로가 귀속되는 측에서 부담한다.

16) 감독위원회는 억류 측 군사 통제 지역 내에 위치한 전쟁포로시설에 필요한 용역을 보장하고 편의를 제공하기 위해 규정된 비무장 인력 제공을 억류 측에 요구할 권리가 있다.

17) 감독위원회는 전쟁포로들에게 최대한의 의료 원조를 제공해야 한다. 억류 측은 감독위원회의 요청이 있을 경우 가능한 한 진료를 제공해야 한다. 장기 치료나 입원 치료가 요구되는 경우에는 더욱 그렇다. 감독위원회는 이 같은 입원 치료 기간 동안 전쟁포로의 관리를 책임져야 한다. 억류 측은 이 같은 관리를 도와야 한다. 치료가 끝나면 전쟁포로는 상기 4번째 문단에 명시된 대로 전쟁포로시설로 돌려보낸다.

18) 감독위원회는 의무와 직무를 완수하기 위해 적법하게 요구될 수 있는 원조를 양측으로부터 얻을 자격이 있다.

19) 각 진영은 각각의 군사통제지역 내에 소재하는 감독위원회 인력에 주거와 생필품을 제공할 책임이 있으며, 비무장지대 내에서 이와 같이 지원하는 일에는 양 진영이 동등하게 기여한다. 세부적 합의 사항들은 매번 감독위원회와 억류 측이 조율한다.

20) 억류 각 측은 감독위원회에 관해 23번째 문단에 명시되어 있는 것과 같이 상대측 감찰관들이 자신 측 지역 병참선을 경유하거나 각 전쟁포로시설 안이 아닌 그 주변에 위치한 한 지점에서 체류하는 동안 그들을 보호할 책임이 있다. 감독위원회는 전쟁포로시설 내부라 하더라도 대표들에 대한 책임을 진다.

21) 억류 각 측은 상대측이 지명한 감찰관들이 자신의 군사통제지역에 있을 때 그들에게 교통, 주거, 통신, 기타 필요사항을 제공해야 한다. 이는 상환을 조건으로 제공된다.

22) 억류 세력의 감독 하에 있으면서 송환될 권리를 행사하지 않는 모든 전쟁포로에게 본 협정 사항들을 알려야 한다.

23) 감독위원회와 위원회 인력, 송환 전쟁포로의 이동은 상대측 사령부와 감독위원회가 정한 병참선을 통해 이루어진다. 이 병참선들을 명시한 계획안이 상대측 사령부와 감독위원회에 제공되어야 한다. 5번째 문단에서 밝힌 비무장지대 내부를 제외하고 상기 4번째 문단에 명시한 부지 근방을 이 인력이 이동할 때에는 이동이 이루어진 지역 내에 위치한 측 인력의 통제 및 호위를 받는다.

24) 본 협정의 해석은 감독위원회 소관이다. 감독위원회 또는 감독위원회로부터 기능을 위임받거나 할당받은 부속 기구들은 절차상의 문제를 제외하고는 만장일치 원칙을 기반으로 업무를 수행한다. 절차상의 문제에 관한 결정은 다수결 투표에 부친다.

25) 감독위원회는 감독 중인 전쟁포로들의 상황뿐 아니라 위원회의 기능 및 책무와 관련된 기타 모든 문제에 관해 각 진영 사령관에게 주1회 보고토록 한다.

26) 본 협정이 양측 및 언급된 5개 강대국의 동의를 얻으면 휴전 발효일에
   그 효력이 발생한다.

(미상)

【139】 판문점 협상(미상)

[통   첩]   판문점 협상
[문 서 번 호]   미상
[발   신   일]   미상
[수   신   일]   미상
[발신지 및 발신자]   미상

통첩

일주일 전부터 판문점 협상이 또다시 어려운 길로 들어섰습니다. 이는 이달 13일 미국이 반대제안서를 만든 데 따른 것으로, 이 제안서에는 이후 말씀드릴 성격의 2가지 추가 요구사항이 담겨있습니다.

이 주제에 관한 5월 13일자 회의사무국 최신 통첩을 참조해보면 협상 재개 이후 부딪혔던 문제 세 가지 중 두 가지 즉, 중립국 선정과 포로 이송 문제는 해결된 것으로 여길 수 있었다는 게 기억날 것입니다.

첫 번째 사항에 대해서는 사실 양측 모두 5개 중립국(스위스, 스웨덴, 체코슬로바키아, 폴란드, 인도)으로 구성된 위원회가 송환거부 포로를 담당하는 데 동의합니다. 미국만이 이 위원회 기능에 여러 실질적인 조건을 제시해 상대측들의 반발을 일으켰습니다.

중립국으로의 물리적 포로 이송에 관해서는 5월 7일 공산 측이 이 문제를 포기했고 그때부터 미국은 이 양보를 수용했으며 앞서 언급한 통첩에 적은 것처럼 세부 양태, 특히 한국 내 포로 감독 문제에 대해서는 여전히 논의 중이었습니다.

따라서 세 번째 문제만이 아직 남아있는 것으로 보이는데, 이 문제야말로 가장 심각한 것입니다. 송환거부 포로의 운명에 관한 최종적 해결 원칙에 대해 합의가 되지 않고 있기 때문입니다.

그러나 말씀드린 것처럼 미국이 이달 13일자 수정안에서 다음의 두 가지 조건을 제시하는 바람에 상황이 복잡해졌습니다. 북·중이 즉각 거부 의사를 밝힌 조건들입니다.

1. 휴전이 조인되자마자 유엔군은 송환을 거부하는 모든 북한군 포로를 석방하고 그에 따라 이 포로들은 중립국위원회의 조사 및 송환 권한에서 벗어난다. 이에 따라 위원회는 중국군 포로만 담당할 수 있으며, 그 수는 미국이 제시한 바에 따르면 13,500명이다.
2. 상기 위원회의 결정은 만장일치로 성사되어야 하며 절차상의 문제에 관해서만 예외로 한다. 그러므로 각 포로의 향방을 결정할 때는 위원회 5개 회원국 중 한 국가가 거부권을 행사할 수 있다.

이러한 조치는 위원회 내에서 사실상 중재 역할을 하게 될 인도의 태도에 대한 미국의 불신에서 비롯된 것입니다.

어쨌든 이달 13일 미국이 제기한 추가 요구 사항 두 가지는 인도가 제시해 지난 12월 3일 가결된 총회의 결의안과 무관한 내용입니다.

그 때문에 판디트 네루 총리가 사흘 전 공식 성명에서 이 문제에 관한 공산 측 입장이 미국보다 유엔의 결의안에 더 가깝다고 슬쩍 알린 것일지도 모릅니다.

판문점 회담은 며칠간 중단되었고 5월 25일 재개될 예정입니다.

(미상)

【140】 연합국 간 사전 협의에 관한 영국 외무부의 입장(1953.5.22)

[전 보]	연합국 간 사전 협의에 관한 영국 외무부의 입장
[문 서 번 호]	2347-2350
[발 신 일]	1953년 5월 22일 21시 45분
[수 신 일]	1953년 5월 22일 22시 45분
[발신지 및 발신자]	런던/마시글리(주영 프랑스대사)

보안

각하의 전보 제6928호(뉴욕 공문 제1076호) 참조

유엔 측에서 판문점 협상을 진행하고 있는 가운데 해리슨 장군에게 지령이 발송되기 전 16개 강대국들(또는 적어도 그중 주요국들)끼리 사전 협의할 필요성이 있다는 오프노 대사의 소견은 명백히 근거 있는 말입니다.

그러나 저는 이 점에 대한 영국의 입장에 관해 윈스턴 처칠 총리가 5월 11일 연설(본인의 전보 제2101호)에서 했던 말을 하원에서도 재차 반복했던 점을 상기해야 한다고 생각합니다. 미국은 한국전쟁에서 지나치게 큰 부분을 점하고 있어 협상을 지휘할 권리를 가짐과 동시에 책임도 함께 지는 데 반해 영국 같은 관계국들은 우방국으로서의 조언자 역할밖에 못하고 있다고 한 것 말입니다.

게다가 이는 총리의 개인적 입장이 아닙니다. 실제로 영국 외무부는 미국이 일부 정부의 사전 승인을 얻어야 하는 데서 초래될 실질적 어려움을 주장하지 않고, 이 같은 절차에 심각한 단점이 있을 수 있다고 알리고 있습니다. 즉, 미 정부는 우방국들의 동의를 얻어야 한다는 걸 수락하는 대신 사실상 그 국가들에게 승인한 제안을 굳건히 지지하기로 약속한 거 아니냐고 요구할 수만 있을 거라는 겁니다. 그러면 이 제안은 실전에서 최후통첩에 준하는 성격을 띨 정도

로 더욱 확고해질 겁니다.

현재로서는 미 국무부가 추후에 연합국들의 의견 뒤로 물러날 수 있는 가능성이 남아 있기에 이 절차에 유연성이 남아 있습니다. 그 유연성 덕분에 너무나 분명한 난점들이 상쇄된다는 게 영국 외무부의 입장입니다.

마시글리

【141】 영국 외무부의 반응(1953.5.22)

[전　　　보]	영국 외무부의 반응
[문 서 번 호]	2357-2359
[발　신　일]	1953년 5월 22일 22시 30분
[수　신　일]	1953년 5월 22일 21시 45분
[발신지 및 발신자]	런던/마시글리(주영 프랑스대사)

각하의 전보 제6899호(도쿄 공문 제632호) 참조

영국 외무부에 접수된 에슬러 데닝[1] 경의 5월 18일자 정보에 따르면, 송환거부 북한군들에 대한 즉각 석방 제안을 공산 측 협상단이 받아들인 방식에 대해 클라크 장군과 그의 참사관들이 진심으로 놀란 것 같습니다. 에슬러 데닝 주일 영국대사는 이 제안이 이승만 대통령의 의견을 고려했을 때 필요한 것뿐 아니라 북한 사령부가 남한군 포로 50,000명에 대해 어떤 절차를 밟았는지 생각하면 지극히 당연한 것이라고 총사령관이 판단했다는 느낌을 받았습니다.

따라서 이 문제에 관해 5월 20일 클라크 장군이 드장 대사에게 언급한 사항을 영국 외무부 참사관으로부터 전달받은 알렌[2] 정무차관보는 놀람과 함께 약간의 우려를 표했습니다.

그러나 알렌 차관보는 프랑스와 캐나다, 영국 대사관이 표한 의견을 미 국무부가 고려해줬으면 하고 바라고 있습니다. 차관보는 밀레 대사가 수집한 정보와 일치하는 정보를 미 국무부로부터 받고서 이에 관해 꽤 긍정적으로 생각하게 되었습니다.

마시글리

---

[1] 에슬러 데닝(Esler Maberley Dening, 1897-1977). 주일 영국대사(1952-1957).
[2] 데니스 알렌(William Denis Allen, 1910-1987). 영국 외무부 극동 담당 정무차관보(1953-1956).

【142】영국 총리의 입장(1953.5.22)

[전   보] 영국 총리의 입장
[문 서 번 호] 2363-2364
[발   신   일] 1953년 5월 22일 21시 00분
[수   신   일] 1953년 5월 22일 21시 50분
[발신지 및 발신자] 런던/마시글리(주영 프랑스대사)

　어제 영국 총리는 판문점 협상에 관해 노동당 의원들로부터 여러 질문을 받아 답하던 중, 아직 미결 상태인 주요 문제로서 위원회 할당 병력 문제와 포로 억류 최종 기한 문제만을 언급했습니다.

　윈스턴 경은 미국이 협상 지휘권을 가지고 있을 뿐 영국 정부의 개입이라고는 솔직한 의견을 주는 것뿐이라면서, 미국도 영국만큼 휴전 성립을 희망하고 있다고 확신하나 공산군 파병대를 보낼 경우 심각한 어려움에 부딪힐 수 있으며 스위스군 파병도 문제를 일으킬 수 있다고 말했습니다.

　총리는 스트레이치 영국 전 전쟁부장관의 추가 질문에 대한 답변으로, 정말로 마무리 지을 마음이 있는지 없는지 확신할 수 없는 상대와의 협상이 얼마나 어려운지를 상기시킨 후 이렇게 덧붙였습니다.

　　"제 생각엔 리지웨이 장군이 대성공을 목전에 앞둔 상황에서 유엔이 협상
　　을 수락한 게 실수였습니다. 18개월이 지났는데도 이 논의는 끝날 기미가 보
　　이지 않습니다."

　　　　　　　　　　　　　　　　　　　　　　　　　　　　마시글리

【143】 프랑스 외무부의 입장(1953.5.22)

[전   보]   프랑스 외무부의 입장
[문 서 번 호]   미상
[발   신   일]   1953년 5월 22일 00시 00분
[수   신   일]   미상
[발신지 및 발신자]   파리/파로디(프랑스외무부 사무국장)

워싱턴 공문 제6□05-6307호
뉴욕 공문 제1378-1380호
런던 공문 제6980-6982호
도쿄 공문 제937-939호

(워싱턴 제외한 전체): 다음 전보 워싱턴에 전달
(전체) 각하의 전보 제3746호 참조

별도로 보내드린 도쿄 전보 제632호에 담긴 정보는 존슨 미 극동 담당 국무
부차관보의 말과 정확히 일치하지 않습니다. 이로부터 생겨나는 의심들은 해소
하는 게 좋을 것입니다.

이승만 대통령의 허풍에 넘어가면 안 됩니다. 북한과 중국 포로 즉각 석방
원칙은 우리 외무부 생각으로는 철회해야 할 것입니다.

5개국 위원회에서 거부권이 행사될 가능성에 관해 우리는 미국의 시각에 더
공감이 갑니다. 인도의 동향을 보면 연합국의 의견은 다수결을 통과하지 못할
위험이 있기 때문입니다. 미국은 12월 3일 결의안에 규정된 중재자를 다섯 번째
회원국으로 대체한 실수에 대한 책임을 지고 있습니다. 그러나 이 만장일치 문
제만 가지고 일의 해결을 한없이 늦춰서는 안 될 것입니다.

군사 분견대에 관해 인도로 족하다는 데 우리는 동의하고 있으며, 이를 미국방부에 확언해도 좋습니다.

끝으로, 우리가 새 수정안을 충분히 미리 보고받아 제안서 제출 전에 여유 있게 검토해볼 수 있다는 확언을 받으시는 게 좋을 듯합니다.

외무부
파로디

【144】 미국의 수정안(1953.5.23)

[전 보]	미국의 수정안
[문 서 번 호]	1112-1114
[발 신 일]	1953년 5월 23일 14시 15분
[수 신 일]	1953년 5월 23일 19시 25분
[발신지 및 발신자]	뉴욕/오프노(주유엔 프랑스대표)

보안

절대우선문건

워싱턴 공문 제429-431호

워싱턴 전보 제3877호 참조

미국이 새로 작성한 수정안은 전반적으로 만족스러운 것 같습니다. 송환을 거부하는 북한군과 중공군 포로 전체를 대상으로 의사를 재확인하고, 송환위원회의 결정을 단순다수결로 하는 것을 수락한다는 내용입니다. 연합군 측 협상단은 12월 3일 결의안의 주요 조치들을 따를 예정입니다. 협상단이 절대 떠나선 안 되었던 자리로 돌아가는 것입니다. 다른 한편으로 명백한 것은, 송환위원회가 채택하게 될 절차는 실질적으로 연합군 측과 세부적으로 논의될 수 없다는 점입니다. 그렇긴 하지만 미국은 인도 결의안 정신에 따르면 위원회가 이 절차의 결정권자이며 포로들은 위원회의 감독과 책임 하에 조건 없이 위임된다는 점을 잊으면 안 될 것입니다. 미국이 계속해서 위원회의 활동과 결정을 지켜보고 감독할 권리가 있고, 북한 및 중공 대표들이 자국민 포로와 접촉하는 규정에 있어서 위원회를 대신할 수 있다고 자처하는 건 유엔의 규정에 어긋납니다. 아마도 바로 이 점이, 미 국무부의 자문을 받은 동맹국 대표들이 충분히 주장하지 않은 점일 것입니다. 미국이 이 주제에 관해 북·중 측과의 협상을 일절 거부하지 않기를 바라야 합니다.

이런 상황에서 프랑스 정부는 제안이 새로 수정된 것 없이 북·중 측에 제출되었다는 것을 확인하는 즉시, 프랑스는 제안에 대한 의견을 요청 받았고 이 제안이 유엔 결의안에 합치된다는 걸 확인한 뒤 흡족하게 이에 동의했다고 알리면 여러모로 좋을 듯합니다.

오프노

【145】 한국전 및 휴전 협상 상황(1953.5.26)

[전 보]	한국전 및 휴전 협상 상황
[문 서 번 호]	662-667
[발 신 일]	1953년 5월 26일 02시 30분(1953년 5월 25일 도쿄 작성)
[수 신 일]	1953년 5월 26일 12시 35분
[발신지 및 발신자]	도쿄/드장(주일 프랑스대사)

보안

2급 비밀

사이공 공문 제472-477호

5월 29일자 공산 측 신화통신이 배포한 남일 장군의 성명서는 클라크 장군이 제게 알려준 미국의 입장(본인의 전보 제632-640호 참조) 중 주요 항목들을 거부하는 것이나 다름없습니다.

남일 북·중 대표단 수석대표는 송환을 거부하는 중공군 전쟁포로 14,000명과 북한군 전쟁포로 35,000명을 다루는 문제에 있어서 어떤 차이도 단호히 거부했습니다. 그는 이 북한군 포로들이 휴전 발효와 동시에 풀려나 한국 내 □□□이 같은 것이 유엔 사령부가 통제하는 영토에 강제 억류되는 것이나 마찬가지가 되어버리는 걸 반대합니다. 그는 즉시 송환되지 않는 북한군 및 중공군들을 중립위원회로 보내야 한다고 주장합니다. 그리고 위원회를 구성하는 강대국 각각이 군 분견대를 제공해야 한다고, 다시 말해 남한에 공산군을 들여보낼 것을 요구하고 있습니다. 그는 미국이 포로 해설 요원들의 활동을 보장해주려는 데 반대하며, 이는 중립위원회 활동을 마비시키고 전쟁포로를 급기야 강제 억류시킬 용납할 수 없는 제재라고 말합니다. 남일 장군의 성명서는 연합국 간 견해차를 심화시키는 것이 주요 목표일 것입니다.

휴전 발효 직후 북한군 포로 석방, 5개 중립국의 군 분견대 파병, 포로 정찰 담당관들에 대한 자율권 부여 문제에 대해 미국의 몇몇 우방국들, 특히 영국이 미국의 입장이 완전히 정당화되지 않는다고 생각하는 경향이 있었을 거라는 걸 공산 측은 모르지 않습니다. 공산 측은 또한 □□□ 미 사령부가 이승만 대통령과 매우 심각한 어려움에 노출되지 않고 양보하지 □□□. 그런데 □□□ 완벽히 조직되고 훈련된 16개 사단을 포함해 병사 300,000명으로 구성된 군대가 이제는 가장 중요한 군사적 역할을 하고 있습니다. 남한군 14개 사단은 □□□, 11개는 전선에 □□□ 마침내 미군 2개 사단, 남한군 3개 사단인 5개 사단이 속한 1개 전략 예비대를 구성할 수 있었고 며칠 전 활동 태세를 갖춘 신설 남한군 2개 사단이 곧 생겨날 것입니다. 미 참모본부의 계획에는 신설 4개 한국군 사단 창설이 예고되어 있습니다. 남한은 원조를 받은 나라에서 미국의 주요 동맹이 되었습니다. 적대행위 전개에서뿐 아니라 앞으로 있을 수 있는 휴전 조정에 있어서 남한이라는 요소의 중요성은 5월 25일부터 남한 장군 3명을 휴전 대표단 구성원에 합류시키기로 결정함으로써 확인되었습니다. 클라크 장군의 최근 한국 방문에 뒤이어 내려진 이 결정이 더 충격적인 이유는, 미 사령부가 영국군 장교의 휴전회담 참석은 단 한 번도 허가한 적이 없기 때문입니다.

이런 상황에서는 협상이 재개되는 이 시점에 어떤 기준으로 타협이 이루어질 수 있을지 가늠하기가 거의 불가능합니다.

드장

암호과 추신: 본 전보는 오류가 많은 관계로 배포가 지연되었음. 누락된 단어들과 긴 판독 불가 구문에 대한 반복이 요청되었음.

【146】 미 정부의 타협안(1953.5.27)

[전   보] 미 정부의 타협안
[문 서 번 호] 677-678
[발   신   일] 1953년 5월 27일 01시 00분(1953년 5월 26일 도쿄
                    작성)
[수   신   일] 1953년 5월 27일 09시 50분
[발신지 및 발신자] 도쿄/드장(주일 프랑스대사)

2급 비밀
보안

사이공 공문 제489-490호
본인의 전보 제668호에 이어

오늘 점심식사 자리에서 총사령관은 제게 머피 주일 미국대사가 준 정보를 확인시켜주었습니다. 그는 어제 판문점에서 제시된 수정안이 미 정부 측에서 볼 때 얼마나 많이 양보한 것인지를 강조했습니다.

총사령관은 이승만 대통령에게 이를 알리고 그 필요성을 이해시키는 일을 맡았는데 접견은 매우 곤혹스러웠습니다. 이승만 대통령은 놀라고 기겁하며 화를 냈습니다. 그는 미국의 결의안에 반대할 수 없었지만 매우 씁쓸해하며 결정을 보류했습니다.

한편 클라크 장군은 만일 공산 측이 휴전을 원한다면 그들이 앞으로 공평하고도 유리한 조건에서 짧은 시일 내에 이를 달성할 수 있다고 판단합니다. 그는 연합군 측이 타협하는 방향으로 더 나아갈 수 있다고는 생각지 않습니다.

사실 미 정부가 동의한 타협 사항은 도쿄 사령부가 권장했고 가능하다고까지

생각했던 바를 한참 넘어섭니다. 그쪽에서 원칙적으로 미국의 수정안을 지난 12월 유엔 총회가 □ □ □ 휴전협정에 맞출 필요성을 인정했다 해도 말입니다.

드장

【147】 미 유엔 담당 국무차관보의 보고(1953.5.26)

[전　　　　보]	미 유엔 담당 국무차관보의 보고
[문　서　번　호]	3932-3937
[발　　신　　일]	1953년 5월 26일 17시 10분
[수　　신　　일]	1953년 5월 27일 00시 50분
[발신지 및 발신자]	워싱턴/보네(주미 프랑스대사)

뉴욕 공문 제731-737호

한국문제에 관한 미 국무부 회의에서 히커슨 유엔 담당 국무차관보는 연합사령부의 최신 제안을 최고 단계의 기밀에 부쳐야 한다고 또다시 요구했습니다(본인의 전보 제3877호).

이 지침을 현재까지 미국의 해당 부서들은 이례적으로 엄격히 준수해왔고, 정보가 어느 정도 유출된 것은 남한 정부 관계자들 사이에서 일어난 것으로 보입니다.

남한 정부 관계자들은 예상했다시피 5월 13일자 연합군 측 결의안에 가한 변경 사항들을 매우 불편하게 받아들였습니다. 이 문제에 대해 제 동료 중 한 명이 제기한 질문에 대한 대답으로 히커슨 차관보의 한 보좌관은 이승만 대통령이 연합사령부의 새 제안 사항들을 알린 클라크 장군에게, 자신은 절대로 거기에 찬동할 수 없다고 매우 단호히 말했다고 했습니다.

게다가 주미 한국대사는 한국에 군사적으로 개입하고 있는 다른 국가 대사들과 달리 미 국무부로부터 5월 13일자 제안에 가한 변경 사항에 대해 사전에 보고 받지도 못한 상태였습니다. 아마 그 때문에 한국 대표가 오늘 오후 국무부 회의 참석을 거부한 것 같습니다.

이 회의에서 히커슨 차관보는 5월 25일 판문점 '비밀회의'가 어떻게 전개되었느지 상세히 설명한 후에, 6월 1일까지 휴전협상 중지를 외친 해리슨 장군의 고집에 못 이겨 북·중 대표단이 결국 이 일자를 받아들였다고 했습니다. 북·중 대표단은 원래 5월 29일 회담 재개를 요구했었는데 말입니다. 반드시 6월 1일에 협상을 재개하겠다는 뜻을 위해 해리슨 장군은 현재 회담이 놓여 있는 "상황의 심각성"을 들먹였을 뿐 아니라 연합 사령부가 모든 전쟁포로 문제를 일체 재검토한 후에 내놓은 제안 사항들을 공산 측 대표단이 철저히 연구해봐야 할 필요도 있다고 했습니다.

5월 25일 회의가 끝나기 전에 북·중 수석대표는 송환거부 전쟁포로 문제를 결국 "저 역시 전쟁당사자인" 유엔 기구에 위임하려는 연합군 측의 마지막 제안 사항은 "용납할 수 없다"고 지적했습니다. 그런 제안은 결국 포로들을 중립국위원회에서 감독하다가 연합군 진영의 군사적 통제 아래로 되돌려 보내려는 거라면서 말입니다.

공산 측 대표는 이 같은 제안의 목적은 "강제 억류"를 실현하려는 게 분명하다고 선언했습니다. 공산 측 대표단은 이 때문에 이 제안을 받아들일 수 없다고 말입니다.

북·중 측 대표는 판문점 '집행회의'가 재개되면 연합군 측 제안의 다른 사항들에 대한 소견도 알리겠노라고 했습니다.

보네

【148】 미 대통령의 성명(1953.5.28)

[전   보]   미 대통령의 성명
[문 서 번 호]   3983-3987
[발   신   일]   1953년 5월 28일 08시 00분
[수   신   일]   1953년 5월 28일 15시 15분
[발신지 및 발신자]   워싱턴/보네(주미 프랑스대사)

뉴욕 공문 제751-755호

어제 저녁 아이젠하워 미 대통령이 발표한 한국전쟁 포로 문제에 관한 성명의 번역문을 별도 전보로 보내드립니다.

이 서류는 여러 가지로 주목해야 할 필요가 있습니다.

이 성명은 북·중이 연합군 측의 최신 제안서를 검토하고 있는 시점에 발표되었습니다. 한편 남한 정부는 이런 조건에서 체결될지도 모르는 휴전에 강력히 반대를 외치고 있으며, 비밀리에 전해 받은 이 제안서의 요지를 거리낌 없이 폭로하기까지 하고 있습니다.

대통령은 미국이 현 협상 단계를 "비공개" 성격으로 하자는 월요일 판문점에서의 합의를 지키고 있다고 하면서 미 정부가 건설적인 취지에서 이 단계에 임하고 있음을 상기시키려 했습니다. 동시에 그는 확인된 "유출" 건들에 대한 미국의 책임을 부인하면서 남한 당국이 계산적으로 비밀을 유출했음을 암묵적으로 비난했습니다.

한편 대통령은 연합국 측 입장의 본질적 원칙, 특히 비송환 포로의 억류 기한을 예정할 필요성에 대해 언급하면서, "수정의 여지가 없는 기본 요소들"로 여겨지는 이 원칙들에 기반한다는 조건 하에 절차 문제를 협상해 조정해야 한다는 말도 빼놓지 않았습니다.

끝으로 그는 공산 측뿐 아니라 남한 지도자들을 향해서도, 이 입장은 미 의회 양당 다수의 합의를 얻은 미국과 그 우방국들의 전적인 동조를 받고 있으며 유엔 54개 회원국으로부터 공식 승인을 얻은 원칙을 그대로 반영한다고 강조했습니다. 미 정부로부터 나온 이 같은 성격의 성명이 지난 12월 총회에서 채택된 결의안을 따른 것은 판문점 회담 재개 이후 처음 있는 일입니다.

미 의회에 타협을 거부하는 ㅁ ㅁ ㅁ 소수 반대 의견이 있음을 대통령이 숨기지 않은 것도 흥미롭게 볼 점입니다. 예를 들어 놀랜드 상원의원이나 주드[1] 하원의원이 미 행정부의 논리를 납득하지 못했음이 실제로 드러나고 있습니다. 그러나 대통령은 이런 상황을 인정하면서도, 미 정부는 핵심을 희생하지 않고서 협상 타결에 이를 수 있도록 진심으로 협상을 이어가고 싶다는 뜻을 밝힘으로써 이를 무시하고 있음을 공개적으로 드러냈습니다.

보네

---

[1] 월터 주드(Walter Judd, 1898-1994). 미 하원의원(1943-1963).

【149】 아랍 및 아시아 국가 대표단들의 입장(1953.5.29)

[전 　　　 보]	아랍 및 아시아 국가 대표단들의 입장
[문 서 번 호]	1180
[발 　 신 　 일]	1953년 5월 29일 20시 20분
[수 　 신 　 일]	1953년 5월 30일 01시 20분
[발신지 및 발신자]	뉴욕/오프노(주유엔 프랑스대표)

워싱턴 공문 제479호

어제 판문점 협상에 관해 아랍 및 아시아 국가 대표단들의 의견 교환이 있었습니다. 회의가 끝나자 그쪽 대변인은 최근 진전사항에 만족한다는 동의가 이루어졌다고 발표했습니다. 이는 뉴델리에서 보내온 정보와 일치합니다. 특히 미국이 최신 제안서를 제출하기 전 며칠간 아랍 및 아시아 국가 대표단 대부분이 걱정에 사로잡혔던 것과는 대조적입니다. 이 대표단들이 5월 21일에 회동했을 당시 일부 회원들은 사석에서 살짝 한 말이긴 하나 총회 소집을 요구할 생각이었습니다.

오프노

【150】 한국 전선의 상황(1953.5.30)

```
[ 전        보 ]  한국 전선의 상황
[ 문 서 번 호 ]  686-687
[ 발   신   일 ]  1953년 5월 30일 16시 45분
[ 수   신   일 ]  1953년 5월 30일 12시 34분
[발신지 및 발신자]  도쿄/드장(주일 프랑스대사)
```

사이공 공문 제496호

중동부 구역(금성 남동쪽)에서 전투가 계속되고 있습니다. 남한군 제5, 제8사단이 지난 며칠 전 내주었던 전초기지 수복에 실패했습니다.

서부전선 문산 북방 판문점 중립지대 근방에서 적군이 미 제25사단 진지를 공격해오는 바람에 이 사단 전진 부대들이 주저항선으로 후퇴할 수밖에 없었습니다. 영연방 사단에 대해 적군의 격렬한 공격이 있었으나 격퇴되었습니다.

5월 28일 중 적군이 모든 전선에 대포 75,000발을 발포했습니다.

클라크 장군은 순전히 군사적 관점에서 볼 때 적군이 이처럼 다시금 열띤 공세를 퍼붓는 걸 보면 어떤 포용 의도도 보이지 않는다는 의견입니다. 총사령관은 이것이 오히려 판문점 회담 재개 준비를 염두에 둔 연출이자 연합국 측 최신 제안에 대한 공산 측의 답변 성격으로 보인다고 했습니다. 장군은 북한 정규군이 전투를 이어갈 태세가 완벽하다는 걸 보여주려는 거라고 생각합니다.

국방부에 전달 요망.

드장

【151】 영미 간 마찰(1953.5.31)

[전 보]	영미 간 마찰
[문 서 번 호]	696
[발 신 일]	1953년 5월 31일 01시 00분
[수 신 일]	1953년 5월 31일 11시 00분
[발신지 및 발신자]	도쿄/드장(주일 프랑스대사)

보안

사이공 공문 제503호
본인의 이전 전보에 이어

　영국 기업 소속 선박을 이용한 중국 공산군 이송 문제에 관한 국무부 보고서를 5월 28일 한 상원의원이 배포했는데, 이 보고서는 영미 간 불편한 심기를 드러내는 또 하나의 징후입니다. 5월 26일 윈스턴 처칠 총리가 연합국의 최신 제안을 승인한 것으로도 이를 없애진 못했습니다. 이 같은 불편함을 해소하고 미국과 영국 간 정책을 어느 정도 조화시키는 것이 다음 번 버뮤다 회담의 가장 껄끄러우면서도 주요한 과제 중 하나가 될 듯합니다.

드장

한국전쟁 관련 프랑스외교문서 VI [1953. 01. 06~1953. 07. 31 / 장관실문서(1950. 06. 25~1952. 12. 10)]

【152】 남한 측 입장(1953.5.31)

[전 보]	남한 측 입장
[문 서 번 호]	697
[발 신 일]	1953년 5월 31일 08시 00분
[수 신 일]	1953년 5월 31일 11시 47분
[발신지 및 발신자]	도쿄/드장(주일 프랑스대사)

국방부에 전달 요망

통신에 따르면 변영태 남한 외무장관 겸 총리서리가 어제 5월 30일 부산에서 남한 기자들에게 만약 휴전이 연합군의 최신 제안에 기초해 맺어질 경우 남한 군은 유엔 사령부를 떠날 수도 있다고 선언했습니다. 그럼으로써 남한 정부가 필요하다고 판단하는 모든 행동에 자유로이 착수할 것이라고 말입니다.

장관은 남한 군경이 감독위원회 5개 중립국에서 파병하는 어떤 외국 군대의 상륙도 막으라는 지시를 받게 될 것이라고 덧붙였습니다. 또 5개 중립국의 이 같은 시도를 막기 위해 우리는 우리 군을 투입해 유혈 사태가 벌어지는 한이 있더라도 후퇴하지 않을 준비가 되었다고 말했습니다.

한편 휴전 대표단 남한 수석대표인 최덕신[1] 장군은 5월 29일 해리슨 장군에게 보낸 공개 서신에서 공산 측이 5월 25일 연합군 측 수정안의 몇 가지 항목을 즉각 거부했었다고 주장했습니다. 이 서신에서 장군은 연합군 측 제안 내용에 관한 일련의 정보를 주었으나 아직 이에 대해 확인이나 반박은 없습니다.

최덕신 장군의 이 서신은 휴전 협상단 미국 대표들 사이에 큰 불만을 불러온 것으로 보입니다. 브릭스 대사는 이승만 대통령을 따라 부산 근방 진해의

---

[1] 최덕신(崔德新, 1914-1989). 남한군 육군 소장. 휴전회담 대표 역임.

해군기지를 방문했으며 거기서 대통령은 해군사관학교 진급식에 참석할 예정입니다.

아이젠하워 미 대통령이 주요 군민 협력인사들과의 한국전쟁 특별회의를 끝낸 뒤 어제 5월 30일 이승만 대통령에게 두 번째 친서를 전달했다는 발표가 있었습니다.

드장

【153】 한국 협상과 인도차이나반도 협상 연계

[전   보] 한국 협상과 인도차이나반도 협상 연계
[문 서 번 호] 미상
[발   신   일] 미상
[수   신   일] 미상
[발신지 및 발신자] 미상

장관께 보내는 통첩문

주제: 한국 협상과 인도차이나반도 협상 연계

　지난 5월 프랑스와 미국 정부는 극동지역 내 평화 문제를 각각 따로 떼어 생각할 수 없다는 데 매우 분명히 동의했습니다. 그날부로 아이젠하워 장군과 포스터 덜레스 장관은 한국에서의 □□□ □□□와 인도차이나반도 문제가 해결되기를 바라는 뜻을 여러 차례 표했으나 그 이상의 의도는 구체적으로 밝히지 않았습니다.
　이에 대해 두 가지 □□□를 들 수 있습니다.

　1. 휴전이 조인되면 우리는 주프랑스 인도대사가 제시한 것처럼 제3국(인도가 될 수도 있음)의 중재로 베이징 정부와 접촉하여 인도차이나반도 문제에 대한 불간섭 약속 및 보장을 요구할 수 있으리라 생각합니다. □□□
　이 과정에서 여러 난관에 부딪힐 수도 있습니다. 미국과 연합국들이 모두 협상에 참여하지 않는다면 프랑스와 미국 간, 그리고 프랑스와 베트남 간 관계에 심각한 위기가 초래될 수 있습니다. □□□
　요구한 약속에 대한 대가로 우리는 순전히 프랑스 선에서의 보상만 □□□

수 있는데 중국은 이를 불만족스럽게 여길 우려가 있습니다.

□□□ 모든 정황상 공산 진영의 정치적으로 중대한 결정들은 중국이 아닌 소련에서 이루어지는 것으로 보입니다.

결국 이 방법으로는 우방국들을 우리로부터 멀어지게 만들고 확고한 성공 가능성 □□□ □□□ 않게 만들 수 있습니다.

2. 한국 정치회담 중에 우리 측에서 인도차이나반도 문제 검토를 요구할 수 있으리라 생각합니다.

이 회담의 관할 범위를 한국 밖 문제로까지 확장시킬 것을 1952년에 공산 측이 희망했으나 미국이 거부했습니다. 특히 공산 측은 이를 통해 대만 문제와 베이징 정부의 유엔 가입 문제를 소환하고자 했습니다.

인도차이나반도 문제에 관해서는 양측의 입장이 뒤바뀝니다. 프랑스, 미국 정부와 반대로 공산 측은 이 문제와 한국문제 간에 어떤 연관을 짓는 것도 반대했기 때문입니다.

관할 범위 확장 가능성에 대한 합의는 쌍방의 양보가 있어야만 가능할 것입니다. 인도차이나반도 문제가 □□□ 소환되려면 중국 문제도 일정 부분 의제에 올라야 할 것입니다.

그러나 그것도 휴전이 조인되고 한국문제에 대한 협상 자체가 긍정적으로 나아갈 경우에나 가능하리라 생각됩니다. 따라서 그런 가능성을 염두에 둘 수 있을 만큼 회담 권한이 충분히 커야 할 것입니다.

(태국을 제외하면) 회담에 출석하거나 초청되는 강대국(프랑스, 영국, 미국, 중공, 소련)만이 인도차이나반도 문제에 직간접적으로 관계되어 있습니다. 이 문제의 핵심 사항을 베트남 정부와 베트민을 배제시킨 채 남북한과 필리핀은 참석시킨 자리에서 검토할 수는 없습니다. 이는 전쟁을 종식시키기 위해 회담 중 검토될 수 있는 강대국들의 공동 행동 양식입니다.

(이하 판독 불가)

【154】 남한 측 입장(1953.6.1)

[전 보] 남한 측 입장
[문 서 번 호] 699
[발 신 일] 1953년 6월 1일 08시 00분
[수 신 일] 1953년 6월 1일 10시 36분
[발신지 및 발신자] 도쿄/드장(주일 프랑스대사)

언론 정보에 따르면 이승만 대통령은 아이젠하워 미 대통령의 친서에 대한 답신으로 5월 31일 그에게 5월 25일자 연합군 측 수정안을 철회해달라는 요청문을 보냈습니다.

5월 30일 진해 해군사관학교에서 브리스코[1] 제독과 미 제7함대 사령관인 클라크 제독이 참석한 가운데 대통령은 연설을 통해, 휴전이 성립되더라도 중공군이 한국에 머무르는 한 남한은 전투를 계속할 것이라고 선언했습니다.

이어서 대통령은 남한의 열망에 반한다고 판단되는 휴전은 모두 무효라고, 한국 평화 문제의 당사자는 무엇보다도 한국이라고 덧붙였습니다. 또한 이승만 대통령은 5월 29일에 최덕신 휴전회담 남한 수석대표가 연합군 측 최근 제안의 철회를 요구하기 위해 해리슨 장군에게 보낸 서신에 선석인 동의를 표했습니다. 대통령은 최덕신 장군을 강철 같은 사람이라고 소개하며 장군의 정신은 나라 전체에 귀감이 된다고 말했습니다.

대통령은 남한 국민들이 전쟁을 원치 않는다고 지적한 다음, 미국도 어떻게든 평화를 달성하길 원할 거라고 넌지시 말했습니다. 어제 5월 31일 열린 연락장교 회의에서 공산 측은 현재 이어지고 있는 본회담 중단을 6월 4일 오전 11시

---

1) 로버트 브리스코(Robert P. Briscoe, 1897-1968). 미 극동해군사령관(1952-1954).

까지 연장하자고 요구했고 연합사령부는 이를 수락했습니다. 남한 측 연락장교는 회의에 참석하지 않았습니다.

국방부에 전달 요망.

드장

【155】 남한 정부의 태도에 대한 미 정부의 반응(1953.6.1)

```
[ 전        보 ]   남한 정부의 태도에 대한 미 정부의 반응
[ 문 서 번 호 ]   4085-4093
[ 발   신   일 ]   1953년 6월 1일 19시 00분
[ 수   신   일 ]   1953년 6월 2일 00시 55분
[발신지 및 발신자]  워싱턴/보네(주미 프랑스대사)
```

보안

뉴욕 공문 제809-817호

오늘 오후 제 동료 중 한 명이 연합사령부의 최신 제안 내용에 대한 남한 당국의 태도 때문에 불거진 상황에 관해 알렉시스 존슨 미 극동 담당 국무부차관보와 이야기를 나눴습니다.

이 국무부 고위 관계자의 말에 따르면 미 정부는 이 상황을 "매우 심각"하다고 판단하고 있습니다. 그리고 이 상황에 대해 미국과 남한의 수뇌부가 일주일 전부터 거의 끊임없이 논의를 이어가고 있다고 했습니다. 이 섬에 관해 아이젠하워 대통령이 브릿지스[1] 상원 임시의장을 통해 이승만 대통령에게 친서를 보냄으로써 논의에 직접 개입한 게 확실한 것 같습니다.

존슨 부차관보는 한국 정부가 미 정부와 직접적으로, 또 미 정부를 통해 유엔과도 대립하고 있는 논의를 악화시키지 않으려고 미 당국은 남한 정부가 최근 수차례 내놓은 거의 도발에 가까운 성명들에 대해 지금까지 공개적으로 입장을 취하지 않고 있다고 말했습니다. 뿐만 아니라 이 같은 대립은 미국 내 정치적

---

[1] 스타일스 브릿지스(Styles Bridges, 1898-1961). 미 상원 임시의장(1953-1955).

차원에서 모두가 주지하듯 공화당 내 집결에 있어 위험 요소이기도 합니다.

게다가 여기에서 알기로는 이승만 대통령이 지금까지 개인적으로 "관계가 끊어지는" 일이 없도록 주의해왔는데 여기에서는 이를 고무적인 요소로 보고 싶어 합니다.

결국은 5월 25일자 연합사령부 제안에 대한 북·중의 반응이 남한 정부의 태도를 시험하게 될 것이며, 이에 관해 미 국무부는 적어도 지금으로서는 공산 측의 호의적 반응을 별로 기대하지 않는다는 점을 주목할 필요가 있습니다. 휴전 협상을 다음 수요일에 재개하자는 공산 측의 최근 요구가 □□□ □□□일지 모른다 해도 말입니다.

존슨 부차관보는 다음의 두 가지 주요 요소가 남한의 현재 태도를 결정한다고 했습니다.

1. 통일 국가에 대한 열망.
2. 휴전이나 평화 협정 이후 미군이 한국 영토에서 철수하면 한국 홀로 중국에 맞서게 될 수 있다는 "병적인" 우려.

이 같은 우려는 과장된 것처럼 보일 수도 있지만, 국무부가 한국에서 귀국한 여러 공직자나 선교사들로부터 수집한 증언에 따르면 충분히 있을 수 있는 일입니다.

미 정부는 이 부분에 있어 남한 당국을 안심시키려 애쓰고 있습니다. 이에 관해 남한 정부가 미국에 원조 협정 체결을 요청했다는 게 사실인지를 묻는 제 동료의 말에 존슨 부차관보는 그렇다고 하면서 이 문제가 현재 미 관할 부서에서 검토 중이라고 대답했습니다. 존슨 부차관보는 이 문제가 원칙과 형식에 있어 어려움에 직면해 있다고 말했습니다. 한편으로는 미국이 지금까지 아시아 대륙에 있는 어떤 국가와도 그런 류의 협정을 체결하길 거부해왔고, 또 한편으로는 "한국이 그 대가로 우리에게 해줄 수 있는 게 뭐냐"는 질문이 생긴다는 것입니다.

첫 번째 사항에 관해 존슨 부차관보는 미국이 현재 이상으로 한국에 군사적 개입을 할 수는 없을 것이라고 설득했습니다. 그리고 두 번째 사항에 관해서는 남한의 군사 잠재력이 극히 중요한 새로운 요소라 생각한다고 대답했습니다.

이 같은 정보로 볼 때, 미 정부가 결국은 남한 측에 ㅁㅁㅁ를 보장해줄 것이라 생각해볼 수 있습니다. 그것이 남한 측에 내키지 않는 휴전 조건을 받아들이도록 할 유일한 방법임을 안다면 말입니다.

존슨 부차관보는 한반도에 군사 개입 중인 16개 정부가 휴전 이후 내놓게 될 성명의 중요성과 그 성명이 얼마나 엄중한 경고성을 갖는지를 남한 당국에 알리려고 노력했다고 말했습니다. 그러나 이승만 대통령과 그의 협력자들은 유엔의 보장 사항이 가지는 실질적 가치는 믿지 않고 미국의 보장 내용에만 관심이 있다고 말입니다.

보네

【156】 휴전에 관한 대한민국 정부의 입장 재표명(1953.6.3)

[전 보]	휴전에 관한 대한민국 정부의 입장 재표명
[문 서 번 호]	702
[발 신 일]	1953년 6월 3일 01시 00분
[수 신 일]	1953년 7월 3일 11시 45분
[발신지 및 발신자]	도쿄/드장(주일 프랑스대사)

6월 1일 어제 진해에서 이승만 대통령이 주재한 국무회의 뒤, 변영태 외무장관 겸 총리서리는 남한의 입장이 변함없다고 발표하였으며 대한민국 군 당국과 민간 고위 인사들이 이미 발표한 다양한 담화를 되풀이했습니다. 그는 한국의 분단과 한국 영토 내 중공군의 잔류를 방치하는 모든 휴전안에 반대한다는 남한 정부의 입장을 재표명했습니다. 그리고 남한 정부가 수정안을 제시할 것이라고 덧붙였습니다.

한편 같은 날, 남한 측 휴전회담 대표 최덕신 장군은 연합군 측 수석대표 해리슨 장군과 협의했습니다. 최덕신 장군 본인이 제공한 정보에 따르면, 그는 유엔이 인간의 자유를 수호한다는 본연의 이상을 저버린다면, 유엔은 한국뿐만 아니라 그 어느 곳에서도 좋은 결과를 얻을 수 없을 것이라고 해리슨 장군에게 전한 듯합니다. 그는 현재 상황에서는 6월 4일 차기 휴전회담에 참석하지 않을 것이라고 덧붙였습니다.

국방부에 전달 요망.

드장

【157】 휴전에 대한 남한 정부의 입장(1953.6.3)

[전 보]	휴전에 대한 남한 정부의 입장
[문 서 번 호]	706-708
[발 신 일]	1953년 6월 3일 03시 00분
[수 신 일]	1953년 6월 3일 14시 39분
[발신지 및 발신자]	도쿄/드장(주일 프랑스대사)

부산 5월 25일 발신, 도쿄 6월 2일 수신

인용

  "이승만 대통령은 무엇보다 회담에서 한국문제가 다뤄질 수 있다는 점에서 3국 회담, 더 나아가서는 4강 회담 계획이 구체화하는 것을 우려하고 있습니다. 그래서 그는 어제 당장 이 점에 대한 견해를 밝히는 것이 좋다고 판단하며 이번에도 슬쩍 이런 말을 했습니다." 한국문제에 대한 해결책은 반드시 "5가지 원칙과 특히 한국 내 중공군 철수 원칙"을 바탕으로 얻을 수밖에 없을 것이라고 말입니다.

  이 의견은 곧장 변영태 외무장관의 손을 거쳐 길고 신랄한 성명으로 탄생했고, 이는 공보처를 통해 발표되었습니다.

  변영태 외무장관은 한국의 분할이 얄타 회담 때문이고, 한국에 대한 신탁통치 이사회의 계획은 모스크바 삼상회의 때문이라 대단히 강조하면서 "한국인들은 국제 사회의 실험쥐 역할을 더는 원치 않는다"라고 밝혔습니다. 그리고 "한국인들은 과거의 애석한 경험으로 인해 강대국들이 이웃국의 운명을 결정하려고 조직하는 국제회의들을 경계하게 되었다"라면서, "그럼에도 이처럼 이웃국 자신의 이익이 걸려있으니, 이웃국도 이를 회의에 참여일 자격이 있을 것"이라고 설명했습니다.

그는 마지막으로 "그렇다고 해서 우리 정부는 우리가 이들 회의에 반드시 참여해야 한다고 주장하는 것이 아니다"라며, "단지 우리는 협상가들이 우리의 명백한 입장, 즉 한국의 분단을 방치하고 한국 내 중공의 잔류를 허용하는 모든 휴전을 거부한다는 뜻을 존중하는 격을 갖추길 바란다"라고 설명했습니다.

드장

【158】 남한에 대한 미국의 원조 계획(1953.6.4)

[전 보]	남한에 대한 미국의 원조 계획
[문 서 번 호]	719-723
[발 신 일]	1953년 6월 4일 08시 00분
[수 신 일]	1953년 6월 5일 13시 15분
[발신지 및 발신자]	도쿄/드장(주일 프랑스대사)

사이공 공문 제512-516호

1. 미국 정부의 자칭 확실하다는 출처로부터 미국-필리핀 조약을 모델로 하는 한미상호 원조협정을 체결하면 휴전을 수용하겠다고 이승만 대통령이 제시했다는 정보가 전해졌는데, 이를 어떻게 보면 좋을지 어제 앨리슨[1] 주일 미국대사에게 여쭈었습니다.

앨리슨 대사는 이승만 대통령이 이 문제를 제기한 것이 처음이 아니라며, 미국 정부는 남한의 요구들을 거의 호의적이지 않은 눈으로 평가해왔다고 했습니다. 미국의 주된 거부감은 이 협정의 적용 구역을 확정하기 어렵다는 데 있습니다. 만약 이 협정을 한반도 전체에 적용한다면, 미국의 책임 범위는 현재 유엔 회원국으로서 맡은 책임 범위를 훨씬 넘어서게 됩니다. 반대로 이 협정을 남한에 한정하여 적용한다면, 남한 정부가 오히려 불리해집니다. 남한 정부는 한반도 전체의 통치를 소명으로 여기기 때문입니다.

한편, 이러한 상황은 대만 및 중화민국 정부의 경우와도 유사합니다.

더구나 지금까지 미국 정부는 아시아 대륙에서 군사적 성격의 약정을 맺는 것을 피해왔습니다. 미국 참모본부는 여전히 도서 중심의 전략에만 집중하고

---

1) 존 무어 앨리슨(John Moore Allison, 1905-1978). 주일 미국대사(1953-1957).

있습니다.

2. 앨리슨 대사는 한국의 휴전 전망으로 인해 남한 지도부에 격렬한 동요가 일었기 때문에, 지금 같은 상황에서 미국 정부는 이 문제를 다시 고려하게 될 수도 있다고 생각합니다. 하지만 지금까지의 기본 노선에 변화를 일으킬 결정은 아직 전혀 내려진 바 없습니다.

반면, 미국 정부는 추후 휴전이 이루어지더라도 남한에 대한 군사적, 경제적 지원을 계속하고, 이 부문에서 이승만 대통령에게 전폭적인 약속을 할 강한 의지가 있습니다. 더구나 이승만 대통령은 아이젠하워 대통령과 친서를 교환하던 중, 이미 최근에 이러한 약속을 받았습니다. 이 사실은 이승만 대통령이 이틀 전부터 개인적으로 누그러진 태도를 보이고, 6월 2일 한미 협력의 절대적 필요성에 관한 담화를 발표한 것과 아마 무관하지 않을 것입니다.

3. 휴전 뒤 남한에 군사 원조를 지속하는 문제에 관해서는 며칠 전 연합군 측 휴전회담 대표 클라크 장군도 제게 같은 내용의 정보를 전했습니다. 그는 미국이 현재 16개 사단에 4개 사단을 추가할 계획이라고 했습니다. 필요한 예산은 확보한 상태입니다. 미국 정부는 남한이 경제적, 재정적으로 20개 사단 규모의 군대를 보유할 수 없다는 것을 잘 알고 있습니다. 클라크 장군은 "우리는 남한이 강력한 군대를 유지하는 데 필요한 지원을 필요한 만큼 지속할 각오가 되어 있다"며 "큰 비용이 들겠지만, 우리에게는 여전히 가장 경제적인 해결책이다"라고 설명했습니다.

드장

【159】공산군 측 수정안 내용(1953.6.4)

[전   보] 공산군 측 수정안 내용
[문 서 번 호] 4214-4219
[발   신   일] 1953년 6월 4일 21시 00분
[수   신   일] 1953년 6월 5일 02시 30분
[발신지 및 발신자] 워싱턴/보네(주미 프랑스대사)

1급 비밀

보안

절대우선문건

뉴욕 공문 제845-850호

공산군 측이 5월 25일자 연합군 측 제안에 대해 답변한 어제 판문점 회담의
예비 보고서가 방금 미 국무부로 전달되었습니다.

오늘 오후 히커슨 유엔 담당 국무차관보는 공산군 측이 답변으로 수정안을
전달했으며 일단은 그 내용이 고무적으로 보인다고 한국선생 참전국 대표들에
게 설명했습니다. 그는 "건설적인 한 걸음을 내디뎠다"라고 말했습니다. 어찌
되었든 양측 대표단은 앞으로 추가 회의를 열어야 할 것이라고도 말입니다. 한
편, 회의를 이틀간 중단해달라고 요청한 이는 연합군 측 휴전회담 수석대표 해
리슨 장군이었습니다.

미국과 일본에서는 다음 회의를 기다리는 동안 공산군 측 수정안에 숨겨진
함정은 없는지 신중을 다해 검토 중입니다.

마지막으로 히커슨 국무차관보는 지금으로서는 수정안의 내용을 더 자세히

밝힐 수 없지만, 가능한 한 이른 시일 안에 공산군 측 답변의 세부 내용을 관련국 정부들에게 알리겠다고 강조했습니다. 그는 그래도 관련국 정부들이 섣부른 낙관은 자제하길 당부했습니다.

히커슨 국무차관보가 이 같은 내용을 발표한 뒤, 알렉시스 존슨 극동 담당 국무부차관보는 제 동료 중 한 명인 밀레 주미 프랑스대사관 참사관을 통해 미국 정부는 남한 정부와 여전히 "가장 심각한 어려움을 겪고 있다"라고 우리에게 전했습니다. 연합군 측 대표 클라크 장군과 브릭스 주한 미국대사는 오늘 저녁 (워싱턴 현지 시각) 이승만 대통령을 만날 예정입니다. 존슨 국무부차관보는 "어떤 결과가 나올지 알 수 없다"라고 밝혔습니다.

밀레 참사관이 이승만 대통령의 최근 발언이 더 고무적으로 보인다고 알리자, 존슨 국무부차관보는 그 뒤로 국방부장관을 필두로 한 일부 남한 고위인사들의 담화가 발표되어 그러한 희망이 물거품이 되었다고 답했습니다. 밀레 참사관이 남한 정부는 정확히 어떤 부분에 집중적으로 저항하는지 묻자, 존슨 국무부차관보는 다음에 적은 그대로 답했습니다.

"남한 국민은 휴전을 원하지 않거나, 어쨌든 한국에서 중공군을 내보내지 않고 통일을 보장하지 않는 휴전은 없다는 견해다."

남한은 인도군의 입국에 여전히 반대하고 있습니다. 존슨 국무부차관보는 밀레 참사관이 어제 자 공산군 측 수정안에 관해 묻자 다음과 같이 밝혔습니다.
5월 25일자 연합군 측 제안을 거의 그대로 담았다.
송환거부 포로의 운명을 유엔이 최종적으로 결정하도록 하자는 제안을 더는 거부하지 않았다.
공산군 측은 5월 25일 판문점 회담에서 이 방식에 대해 "있을 수 없는 일"이라고 평가한 바 있습니다.
미 국무부 관할 부서는 위 정보들에 대해 비밀 엄수를 요청했으나, 이미 미국 언론은 한국은 물론, 미 국무부 쪽에서도 흘러나온 것으로 보이는 정보를 빌어 공산군 측 수정안이 연합군 측 최근 제안과 내용 면에서 매우 유사하며, 휴전 가능성이 전례 없이 높다고 보도하고 있습니다.

보네

【160】 공산군 측의 수용 사항(1953.6.5)

[전　　　보]	공산군 측의 수용 사항	
[문 서 번 호]	735-315	
[발 　신 　일]	1953년 6월 5일 04시 00분	
[수 　신 　일]	1953년 6월 5일 09시 40분	
[발신지 및 발신자]	도쿄/드장(주일 프랑스대사)	

절대우선문건

2급 비밀

보안

국방부에 전달 요망

5월 25일자 연합군 측 제안에 대해 어제 공산군 측이 판문점에서 제시한 답변은 사실 미국이 중요하게 여기는 모든 사항을 수용하고 있습니다. 오늘 아침 머피 주일 미국대사는 제게 이 같은 내용을 전하며 이제 상황을 매우 낙관적으로 본다고 말했습니다.

공산군 측은 포로의 최종 처리 문제에 관해서 두 번째 제안(유엔에 맡기는 방안)을 사실상 거절했습니다. 대신, 첫 번째 제안(기한을 정하고 정치회담에서 결정하는 방안)을 수용하고, 휴전 발효 후 최대 120일 이내에 송환거부 포로를 석방하는 데 동의했습니다.

그들은 인도가 단독으로 무장 병력을 파견하는 방안에도 동의했습니다. 또한 양측은 송환위원회가 다수결로 의사를 결정하자는 것에도 합의를 이루었습니다.

이 외에도 포로에게 해설하는 요원의 활동을 충분히 보장하고, 특히 언론이 이를 참관할 수 있도록 하는 사안에 대해서도 합의했습니다.

유일하게 수정이 이루어진 사항은 군사분계선 확정 문제입니다.

　군사분계선은 원칙적으로 1951년 11월 27일 양측이 합의한 선으로 확정되어야 합니다. 하지만 공산군 측도 연합군 측과 마찬가지로 일부분 조정을 바라고 있습니다.

　내일부터 재개될 본회담은 군사경계선을 확정하고 이에 따라 중립지대까지 확정하는 문제에 할애될 것입니다.

　머피 대사는 휴전협정이 며칠 후, 거의 틀림없이 6월 중에, 즉 버뮤다 회담 전에 조인되리라 생각합니다.

드장

【161】 말리크 주영 소련대사의 견해(1953.6.6)

[전 보]	말리크 주영 소련대사의 견해
[문 서 번 호]	2483-2488
[발 신 일]	1953년 6월 6일 19시 00분
[수 신 일]	1953년 6월 6일 19시 10분
[발신지 및 발신자]	런던/마시글리(주영 프랑스대사)

보안

빈 공문 제137-142호
모스크바 공문 제7-12호

　그루버[1] 오스트리아 외무장관은 런던을 떠나기 전 모리스 슈만[2] 프랑스 외무부장관을 다시 만나고자 어제 오후에 그를 방문했습니다.

　그루버 장관은 말리크[3] 주영 소련대사를 만나고 오는 길이었습니다. 먼저, 말리크 대사는 한국의 휴전협정 체결을 비관적으로 봤습니다. 그는 우리는 가능한 한 양보했다고 말하며, 우리의 제안은 이미 인도 결의안의 수준을 넘어섰음에도 불구하고 미국은 줄곧 새로운 어려움을 만든다고 지적했습니다. 월스트리트의 자본가들과 그들의 호전성에 대해서도 마찬가지로 불만을 표출했습니다. 평화를 향한 새로운 행동이 이루어질 때마다 뉴욕 증시가 대폭 하락하는

---

1) 칼 그루버(Karl Gruber, 1909-1995), 오스트리아 외무장관(1945-1953).

2) 모리스 슈만(Maurice Schumann, 1911-1998), 프랑스의 기자, 작가, 정치가. 당시 프랑스 외무부 부장관(Secrétaire d'État aux Affaires étrangères, 1951-1954).

3) 야코프 말리크(Yakov Aleksandrovich Malik, 1906-1980). 주유엔 소련대사(1848-1952, 1968-1976). 주영 소련대사(1953.05-1960).

사실이 그 호전성의 증거일 것이라면서 말입니다.

말리크 대사는 오스트리아문제로 넘어가서, 독일문제의 해결이 가시화하기 전까지는 평화협정에 대한 합의에 이르기 힘들 것이라고 넌지시 말했습니다. 그루버 장관은 이러한 식의 시각에 강하게 반발하면서, 소련의 이익을 위해서라도 독일과 오스트리아문제를 연결 짓지 않는 것이 좋다는 주장을 끈질기게 펼쳤습니다. 두 국가의 문제를 함께 생각하는 것은 두 국가 사이에 실질적인 이익의 연대를 조성하는 것이라며, 이에 따른 결과는 점령국들이 추구하는 목적과 정면으로 배치될 위험이 있다고 설명했습니다.

다음으로 말리크 대사는 버뮤다 회담이 프랑스와 영국 정책의 대미 종속도를 높일 것이라고 우려를 표했습니다. 이와 관련해 그루버 장관은 슈만 부장관에게 만약 4국 혹은 5국 회의를 여는 방향으로 나아가야 한다면, 프랑스 정부가 회담 장소로 빈을 제안하거나 지지해 주면 감사할 것이라고 말했습니다. 실제로 빈은 중립지역으로서, 주요 4열강이 주둔하고 있으므로 스톡홀름보다 더 편리하고, 베를린보다 더 독립적이지만 상징성은 적다는 것입니다.

같은 날 저녁, 버킹엄 궁전에서 열린 모임에서 슈만 부장관은 말리크 대사를 만났고, 그루버 장관이 그에게서 들었다는 말과 거의 같은 이야기를 직접 들을 수 있었습니다. 그런데 이번에 말리크 대사는 프랑스와 영국이 미국으로부터 정책을 분리할 때 얻을 수 있는 이점과 그러할 경우 두 국가와 소련 사이에 열릴 협력 가능성을 더욱 강조했습니다.

마시글리

【162】 주미 영국대사관이 얻은 정보(1953.6.6)

[전 보]	주미 영국대사관이 얻은 정보
[문 서 번 호]	2501-2503
[발 신 일]	1953년 6월 6일 1□시 35분
[수 신 일]	1953년 6월 6일 18시 45분
[발신지 및 발신자]	런던/마시글리(주영 프랑스대사)

보안

워싱턴 전보 제4214호와 도쿄 전보 제733호 참조

주미 영국대사관은 공산군 측의 답변 내용에 관해 꽤 자세한 정보를 얻었는데, 그 내용은 송환거부 포로의 최종 처리 문제에 관해 드장 주일 프랑스대사가 보고한 바가 정확했음을 보여줍니다. 휴전 발효 후 120일 기한이 지난 뒤 송환거부 포로는 "민간인 신분을 되찾는다"는 데에 공산군 측이 동의한 것입니다.

한편, 공산군 측은 인도가 중재자와 집행자의 임무를 동시에 수행한다는 점을 수용하면서, 오직 인도만이 송환위원회에 병력을 제공한다는 점에도 동의한 것으로 보입니다. 하지만 이 점에 관해서는 보충 설명이 요청될 것으로 보입니다.

또한 미 국무부는 주미 영국대사관에 이승만 대통령의 태도가 심각히 우려된다고도 전했습니다.

대관식을 맞아 런던을 방문한 대한민국 총리는 어제 윈스턴 처칠 영국 총리와의 만남을 요청했으나 처칠 경은 사과의 뜻을 밝혔습니다.

마시글리

【163】 휴전협정에 관한 소련 언론의 보도(1953.6.6)

[전 보]	휴전협정에 관한 소련 언론의 보도
[문 서 번 호]	1233-1234
[발 신 일]	1953년 6월 6일 15시 00분
[수 신 일]	1953년 6월 6일 16시 38분
[발신지 및 발신자]	모스크바/족스(주소련 프랑스대사)

소련 언론은 일주일이 넘도록 한국의 휴전회담에 대해서는 일절 보도하지 않다가, 어제 6월 6일 회담 연기 소식을 간단하게 전한 베이징 쪽 속보만 보도했습니다.

오늘 아침 소련 언론은 뉴욕에서 온 타스통신의 속보를 보도했습니다. 이 속보는 미국에 퍼져 있다는 낙관론을 첫 문장에 반영하고 있다는 점에서 흥미로워 보입니다.

속보는 통신사들의 보도에 따르면, 판문점 회담에 참여한 양측은 한국의 휴전협정을 체결하기 직전임이 명백하다고 전하고 있습니다. 또한 속보는 AP통신을 인용하며 유엔사령부 대표가 열흘 전 작성한 제안에 대한 답변은 이 제안을 실질적으로 수용한 것으로 여겨지며 "견해차는 미미하다"라고 전했습니다.

속보는 마지막으로 미국의 한 주요 관직자의 말에 따르면 포로교환협정은 6일에, 휴전협정은 다음 주에 체결될 것으로 보인다는 AP통신 서울 특파원의 보도를 전했습니다.

족스¹⁾

---

1) 루이 족스(Louis Joxe, 1901-1991). 프랑스 정치인, 주소련 프랑스대사(1952-1955).

【164】 포로 송환 문제 관련 협의(1953.6.6)

[전   보] 포로 송환 문제 관련 협의
[문 서 번 호] 4324-4326
[발   신   일] 1953년 6월 6일 00시 35분
[수   신   일] 1953년 6월 7일 00시 35분
[발신지 및 발신자] 워싱턴/보네(주미 프랑스대사)

뉴욕 공문 제877-879호

보안

1급 비밀

6월 6일 판문점 회담에서 연합군 대표단은 다음 세 가지 문제를 제기했습니다.

1. 포로에게 해설할 요원들의 숫자. 공산군 측은 최근 답변에서 포로 1,000
   명당 요원 10명을 요구했습니다. 어제 연합군 대표단은 이를 5명까지 받
   아들일 의향이 있다고 알렸습니다(즉, 5월 25일자 제안보다 2명 더 늘어
   난 숫자입니다).
2. 무선통신 설비
   1) 이 설비의 용도는?
   2) 설비를 조작할 전문가는 포로 1,000명당 5명 혹은 10명이 될 해설
      인원과는 별개인지?
   공산군 대표단은 첫 번째 질문에 대해 해당 설비는 정부와 통신하는 용도
로만 사용될 것이라고 답했습니다.
   두 번째 질문에 대해서는 통신 요원은 해설 인원과 별개라고 밝혔습니다.

한국전쟁 관련 프랑스외교문서 Ⅵ [1953. 01. 06~1953. 07. 31 / 장관실문서(1950. 06. 25~1952. 12. 10)]

3. 포로의 최종 처리

공산군 측의 4일자 답변을 보면, '문자 그대로' 송환거부 포로들이 '정치회담' 30일 뒤에 자동으로 민간인 신분을 되찾는다고 이해할 수 있습니다.

공산군 측은 이 결정에 이의를 제기하지 않았고, 1번 문제에 관한 연합군 측 수정안에는 24시간 뒤 답변하겠다고 밝혔습니다.

즉, 위 정보에 따르면 아직 해결하지 못한 문제는 단 두 가지인 것으로 보입니다.

1. 포로에게 해설하는 요원들의 숫자
2. 무선통신 설비 사용

보네

【165】 휴전협정에 관한 언론 보도(1953.6.7)

[미   상] 휴전협정에 관한 언론 보도
[문 서 번 호] 1239
[발   신   일] 1953년 6월 7일 09시 45분
[수   신   일] 1953년 6월 7일 11시 57분
[발신지 및 발신자] 모스크바/족스(주소련 프랑스대사)

　언론은 판문점 회담에 관한 타스통신의 낙관적인 전보를 계속 보도 중입니다. 베이징에서 온 한 전보는 6월 7일 새로운 회담이 열린다는 소식만 전했습니다. 한편, 뉴욕에서 온 또 다른 전보는 공산군 측이 유엔사령부 측 제안을 사실상 수용하여, 미국에서는 한국의 휴전협정 체결을 기대하는 여론이 힘을 얻고 있다고 전했습니다. 『월스트리트저널』의 워싱턴 특파원은 휴전협정 체결 뒤 미국의 정책에 어떤 전망이 열릴지 분석했습니다. 또한, 런던에서 온 전보는 영국 언론 대부분이 주요 지면에 도쿄와 서울의 소식을 싣고 있는데, 이에 따르면 미국 공식 대표들이 공산군 측 답변에 대한 발언에 신중함을 보인다고 전했습니다. 이와 관련해 『데일리메일』은 제안에 대해 일부 설명이 필요하다는 것은 확실하지만, 영국과 연합국은 제안에 대체로 동의할 것으로 예상된다고 보도했습니다. 마지막으로 파리에서 온 전보는 AFP통신이 서울에서 보낸 속보를 인용하여, 미국은 한국의 휴전협정이 가까운 시일 내에 체결될 것으로 예상한다고 전했습니다. 협정이 다음 주에 체결될 가능성도 있다는 것입니다.

족스

【166】 이승만 대통령의 입장(1953.6.7)

[전 보]	이승만 대통령의 입장
[문 서 번 호]	755-756
[발 신 일]	1953년 6월 7일 01시 00분
[수 신 일]	1953년 6월 7일 09시 19분
[발신지 및 발신자]	도쿄/드장(주일 프랑스대사)

브리옹발 씨로부터의 공문 제5□호
부산 6월 3일 발신, 도쿄 6월 6일 수신

　"이승만 대통령이 화가 난 채 한국은 미국이 원하는 바를 따라야 한다고
언론에 말하긴 했지만, 그가 아이젠하워 대통령의 강력한 압박에 결국 굴복한
것 같다는 소식과 관련한 공식 발표는 아직 없습니다.
　이승만 대통령은 능란하게도 휴전에 동의하는 조건으로 다음 4가지 사항을
내걸었다고 알려집니다. 이는 미국이 남한과 방위조약을 체결하고, 남한에서
의 대대적인 군사적, 경제적 원조를 유지하며, 남한이 한국 통일을 이루는 것
을 반대하지 않겠다고 약속하고, 휴전협정에 조인하고 포로를 교환하는 즉시
모든 외국 군대가 한국에서 철수하도록 보장하라는 것입니다. 어쨌든 이 모든
조건은 미래를 향한 충분한 위협을 내포하고 있어, 상황이 변할 때까지 판문
점 회담 양측의 활동을 마비시킬 수 있는 것이 사실입니다.
　어쨌든 결사반대라는 입장을 포기할 처지에 내몰린 이승만 대통령이 판문
점 □ □회담에서 그가 두려워하는 결정이 곧 내려지는 것을 늦추고, 미국 여
론이 자신에게 유리한 쪽으로 기우는 데 필요한 시간을 벌기 위해 애쓰고 있
다고 볼 수 있습니다."

드장

【167】남한의 태도 변화(1953.6.7)

[전　　　　보]	남한의 태도 변화
[문 서 번 호]	757-759
[발　신　일]	1953년 6월 7일 03시 00분
[수　신　일]	1953년 6월 7일 11시 19분
[발신지 및 발신자]	도쿄/드장(주일 프랑스대사)

브리옹발 씨로부터의 공문 제30호
부산 6월 1일 발신, 도쿄 6월 6일 수신

　　"아이젠하워 미국 대통령이 이승만 대한민국 대통령에게 가하는 압력의 면
면에 관해 의도적으로 유출한 듯 보이는 정보와 연합군 측 휴전회담 수석대표
해리슨 장군이 받은 28일자 서한 내용에 관한 지역 신문의 어제 보도는 최근
남한의 태도 변화를 일부 보여줍니다.
　　실제로 아이젠하워 대통령은 이승만 대통령에게 어떤 비판, 어떤 위협도
미국이 적절한 조건의 휴전을 추진하는 것을 막지 못할 것이며, 한국에 있는
미군과 연합군의 안전이 미국의 주된 관심사로 남아있기에, 이들의 안전 문제
가 모든 가능성에 대처하기 위해 취할 행동을 결정할 것이라고 통지한 것으로
보입니다. 또한, 아이젠하워 대통령은 약속 혹은 은근한 경고의 성격으로 미
국은 언제나 한국을 군사적, 정치적, 경제적으로 지원할 용의가 있다며 부언
했다고 알려집니다.
　　다음날 남한 측 대표 최덕신 장군이 해리슨 장군에게 보낸 서한은 미국의
5월 23일자 제안을 조목조목 신랄하게 비난하고, 제안을 철회하라고 간곡히
요청하는 규탄 문서로 예상됩니다. 그렇지만 최덕신 장군은 이 서한의 두 번
째 부분에서 6월 1일 이후 새로운 제안을 작성하자고 권하고, 그때는 남한도
새 제안을 작성하는 데 참여해야 할 것이라고 밝혔습니다.

한국전쟁 관련 프랑스외교문서 VI [1953. 01. 06~1953. 07. 31 / 장관실문서(1950. 06. 25~1952. 12. 10)]

이후, 미국에서 특히 태프트 미 상원의원의 담화를 계기로 의견 대립이 일어났다는 소식에 이곳의 분위기가 희망에 들뜨자 이승만 대통령은 최덕신 장군의 서한 두 번째 부분에서의 □ □ □ 양보를 유감스럽게 생각했을 가능성이 있습니다.

어쨌든 어제 한국 인사들 사이에서는 미국대사가 이승만 대통령의 반대의사에 대한 설득을 포기했다는 소문이 돌았습니다."

드장

【168】 남한의 휴전협정 수용설로 인한 동요(1953.6.7)

[전 보]	남한의 휴전협정 수용설로 인한 동요
[문 서 번 호]	760-762
[발 신 일]	1953년 6월 7일 03시 00분
[수 신 일]	1953년 6월 7일 10시 24분
[발신지 및 발신자]	도쿄/드장(주일 프랑스대사)

브리옹발 씨로부터의 공문 제29호
부산 5월 30일 발신, 도쿄 6월 6일 수신

　　"서울의 한 언론 보도에 따르면, 대한민국 정부가 휴전 협정안에 '비공식적으로' 동의했다고 전해집니다. 아마도 남한 측 휴전회담 대표 최덕신 장군이 연합군 측 수석대표 해리슨 장군에게 보낸 28일자 서한이 이런 보도가 난 계기가 된 듯합니다. 어제 이 소식으로 인해 대한민국 국회는 큰 충격에 빠졌고, 외무장관과 국방부장관에게 즉시 이에 관해 질의하기로 했다고 알려집니다.
　　부산에서는 이 동요가 매우 뚜렷이 확산하였으나, 이로 인해 한국인 자신들보다 외국 인사들이 더 큰 피해를 본 건 아닌지 알 수는 없었습니다. 여하튼 저는 어제 오후 스웨덴 병원에서 열린 모임에서 미국 고위 장교들과 이야기를 나누었는데, 이들은 제게 만일을 생각하여 도시에서 ㅁㅁㅁ까지 이어지는 통행로의 보안을 위한 조처가 내려졌다고 말했습니다. 이는 무엇보다 공산군 측이 판문점에서 연합군 측 제안에 대한 답변을 전달할 것으로 보이는 6월 1일을 대비해서입니다.
　　그런데 어제저녁 대한민국 공보처는 최덕신 장군이 해리슨 장군에게 개인적으로 전했을 가능성이 있는 제안들의 모든 공적 구속력을 부인한다고 발표했습니다.
　　그 사이, 이승만 대통령은 돌연 서울을 떠나 진해로 향했습니다. 그곳에서 열리는 해군사관생도의 진급식에 참여하기 위해서라고 했습니다. 하지만 사실 이승만 대통령은 이를 통해 브릭스 주한 미국대사와 테일러[1] 미8군 사령관의 지속적인 청원을 피하고, 다른 한편으로는 진해에서 4일간 머물며 정확히 6월 1일에 중요한 각료회의를 열 계획이라고 발표함으로써 그가 현재 진행 중인 협상을 마비시킬 수 있다고 보는 불안감을 그대로 가져가려 할 가능성이 높습니다."

드장

---

[1] 맥스웰 테일러(Maxwell D. Taylor, 1901-1987). 미8군 사령관(1953-1955).

【169】미 대통령 친서에 대한 남한의 반응(1953.6.7)

[전   보]　미 대통령 친서에 대한 남한의 반응
[문 서 번 호]　4330-4331
[발   신   일]　1953년 6월 7일 18시 00분
[수   신   일]　1953년 6월 7일 22시 30분
[발신지 및 발신자]　워싱턴/보네(주미 프랑스대사)

보안

절대우선문건

뉴욕 공문 제883-884호

평문으로 된 별도의 전보로 아이젠하워 미국 대통령이 이승만 대한민국 대통령에게 보낸 6월 6일자 친서 영문본을 전달합니다.

이 친서는 한국 시각으로 6월 7일인 어젯밤에 연합군 측 휴전회담 대표 클라크 장군과 브릭스 주한 미국대사가 이승만 대통령에게 전달했으며, 이들은 이승만 대통령에게 이성을 되찾고 휴전 성사를 저지하려 하지 말라고 다시 한 번 요청했습니다.

오전 일과가 끝날 무렵 워싱턴에 도착한 일차 보고서들에 따르면, 이승만 대통령은 알 수 없는 태도만 보였다고 알려집니다. 한편, 아이젠하워 대통령의 친서가 매우 건설적인 내용이었음에도, 대한민국 외무장관은 미국 파견원들에게 미국 대통령의 친서는 대한민국 대통령이 그에게 5월 30일에 전한 요청에 부응하지 않는 답변이었다고 언급했습니다.

보네

[미   상] 아이젠하워 대통령의 친서에 대한 AFP통신의 보도
[문 서 번 호] 미상
[발   신   일] 1953년 6월 7일
[수   신   일] 미상
[발신지 및 발신자] 워싱턴/미상

아이젠하워 미국 대통령이 이승만 대한민국 대통령에게 보내는 친서 이후

워싱턴, 6월 7일, AFP통신

아이젠하워 미국 대통령이 백악관에서의 긴 비밀회의 끝에 이승만 대한민국 대통령에게 보낸 친서는 미국의 극동 정책에 상당한 변화가 있음을 보여준다.

미국은 최초로 아시아 대륙에 있는 국가인 남한에 상호방위조약을 제안했다. 보상 없이는 휴전 조건을 수용치 않겠다는 이승만 대통령의 절대적인 거부가 끔찍한 혼란을 일으켰고 이를 해결할 다른 방법이 없었던 것이다.

상호방위조약의 내용은 아직 결정되지 않았지만, 아이젠하워 대통령은 미국이 필리핀이나 뉴질랜드, 호주와 체결한 조약의 수준을 따를 것이라고 명시하며 이미 그 한도를 정했다. 이들 조약에는 자동개입 조항 대신, 공격이 발생할 시 협의한다는 내용만 있다.

아이젠하워 대통령은 남한이 모든 외국 군대의 한국 철수를 요구한 데에는 답하지 않았다. 또한, 즉각적인 한국 통일의 가능성에 대해서도 언급하지 않았다. 반대로 그는 이 통일이 오직 평화적인 방법으로만 실현될 수 있다는 사실을 강조했다.

사실 이번 친서는 미 공화당 행정부의 한국 정책을 명확하게 정의하는 최초

의 문서다. 이 최신의 정의는 세 단계에 걸쳐 이루어졌다.

1. 대선 운동 초부터 아이젠하워 대통령은 종전에 대한 확고한 의지를 보였다. 오래전부터 아이젠하워 대통령은 맥아더 장군이 트루먼 미 전 대통령에 의해 해임된 당일 했던 비공식적인 발언에 공감하고 있었다. "한국전쟁은 정치적으로나 군사적으로나 난관에 직면했다"라는 발언이었다.

(부분 판독 불가)

워싱턴 - 아이젠하워 미국 대통령의 친서 이후(2)

2. 공산군 측의 첫 번째 양보 이후, 아이젠하워 대통령은 세계 평화를 위험에 빠뜨리지 않고서는 한국을 무력으로 통일할 수 없다는 것을 깨달았다. 그가 공산군 측에서 합의를 향한 진지한 의지를 발견하던 중이었다.

3. 그 이후, 남한은 협상에서 발을 뺐고, 비타협적인 모습으로 미국을 들끓게 만든 끝에 결국 아이젠하워 대통령이 오늘의 제안을 작성하도록 만들었다.

오늘 연락이 닿은 몇몇 의원들은 아이젠하워 대통령의 해법에 전반적으로 긍정적인 태도였다. 월리[1] 미 상원 외교위원장은 해법의 기본 노선에 동의했다. 태프트 공화당 상원 원내총무 역시 해법에 동의했지만, 그는 해법이 불완전하다고 생각하고 영국 및 프랑스가 참여하는 태평양 동맹을 계속 강력히 주장했다. 이 계획은 아직 구체화하지 않았지만, 점차 무르익고 있으며 미 정치권에서는 존 포스터 덜레스 미 국무장관이 이에 우호적일 것이라 주장한다.

낙관론자들은 휴전협정이 오늘 밤 체결되리라 생각한다. 백악관은 국무부만큼이나 신중한 입장을 보이고 있다.

(미상)

---

[1] 알렉산더 월리(Alexander Wiley, 1884-1967). 미 공화당 상원의원(1939-1963).

【171】 휴전회담에 관한『프라우다』의 보도(1953.6.8)

[전   보]   휴전회담에 관한『프라우다』의 보도
[문 서 번 호]   1241
[발   신   일]   1953년 6월 8일 08시 00분
[수   신   일]   1953년 6월 8일 10시 23분
[발신지 및 발신자]   모스크바/족스(주소련 프랑스대사)

모스크바에서 월요일에 발행되는 유일한 신문인『프라우다』는 6월 8일 휴전
회담 대표단의 새로운 회담을 알리는 타스통신의 속보를 전한 뒤, 같은 주제에
관한 타스통신의 속보 셋을 보도했습니다.

뉴욕에서 온 첫 번째 속보는 이렇게 밝힙니다.

"한국에서의 회담에 대해 특히 미국 신문들의 관심이 계속되고 있다. '주중
으로 협정이 조인될 가능성이 있다'라는 언론 보도가 보여주듯이 말이다."

두 번째 속보는 영국의 일요판 신문들이 현재 한국의 휴전협정 체결이 그 어
느 때보다도 임박한 상황이라고 강조하면서 국제 상황을 해설하고 있다고 전했
습니다. 그리고 영국『옵서버』의 외교 논설위원의 말을 인용했습니다.

"영연방 총리회의의 참석자들은 한국의 휴전협정 문제에 가장 큰 중요성을
부여하며 극동문제에 있어 놀라운 의견 일치를 이루었다. 총리들은 모두 한
마음으로 공산군 측의 새로운 제안은 협정 체결에 대한 중공 정부의 진지한
태도를 보여준다고 발표했다."

마지막 속보는 캐나다 오타와에서 온 것입니다.

"『라디오-몬트리올』이 보도하듯이, 오늘 뉴욕에서 아이젠하워 미국 대통령의 아다미[1] 보좌관은 한국에서의 회담이 이른 시일 내 협정 체결을 기대하게 만든다고 밝혔다."

족스

---

[1] Adami.

【172】 전쟁포로 처리에 관한 협정 조인(1953.6.8)

[전 보]	전쟁포로 처리에 관한 협정 조인
[문 서 번 호]	770
[발 신 일]	1953년 6월 8일 09시 00분
[수 신 일]	1953년 6월 8일 12시 4□분
[발신지 및 발신자]	도쿄/드장(주일 프랑스대사)

　　연합군 측 휴전회담 수석대표 해리슨 장군과 공산군 측 수석대표 남일 장군
은 오늘 6월 8일 14시 판문점에서 전쟁포로에 관한 예비 협정에 조인했습니다.
1953년 4월 28일 이후로 그 내용이 확정된 휴전협정을 체결하려면 행정적 성격
의 문제 몇 가지만 해결하면 됩니다.

　　유엔의 한 대변인은 이 주제에 관해 다음과 같이 발표했습니다.

　　유엔사령부는 공산군 측과 전쟁포로 문제에 대해 합의를 이루었으며, 양측은
오늘 오후 판문점에서 이에 부합하는 협정에 조인했다. 조인은 비공개 회담에
서 이루어졌으나, 양측은 협정을 즉시 공개하는 데 동의했다.

　　이 협정은 휴전협정이 아니라는 점을 유념해야 한다. 이 협정은 전쟁포로 문
제만을 다룬다. 아직 해결해야 할 행정적 성격의 사아이 몇 가지 남아있다. 다
음 본회담은 6월 9일 11시에 열릴 예정이다.

　　국방부에 전달 요망.

드장

【173】 전쟁포로 처리에 관한 협정 내용(1953.6.8)

[전　　　　보]	전쟁포로 처리에 관한 협정 내용
[문　서　번　호]	771-772
[발　　신　　일]	1953년 6월 8일 09시 00분
[수　　신　　일]	1953년 6월 8일 12시 43분
[발신지 및 발신자]	도쿄/드장(주일 프랑스대사)

국방부에 전달 요망

1. 6월 8일 14시 판문점에서 조인된 협정의 명칭은 '포로교환협정'입니다.
협정은 다음을 규정합니다.

양측은 휴전협정 발효 뒤 2달 이내에 각 측이 수용하는 포로 중 포로가 될
당시 속했던 곳으로 송환되고자 하는 이들을 지체 없이 집단으로 나누고 직접
송환한다. 송환은 휴전협정안 제3조의 관계 규정을 따라 이행한다. 이러한 인원
의 송환 절차를 단축하기 위해 각 측은 직접 송환될 인원의 국적별 총인원 수를
휴전협정 조인 전에 통지한다. 상대방에 인도되는 포로의 각 집단에는 국적별
로 작성한 명단을 지참시키고, 명단에는 성명, 계급(계급이 있는 경우), 수용번
호 또는 군번호도 기재한다.
　양측은 송환되지 않는 모든 나머지 포로를 중립국송환위원회로 넘겨 다음 규
정에 따라 처리케 하는 데 동의한다.

2. 협정의 나머지 부분은 '중립국송환위원회 직권의 범위'라는 제목의 26개
항으로 된 규정입니다. 이 전보의 다음 부분에서는 주요 규정을 분석했습니다.

한국전쟁 관련 프랑스외교문서 Ⅵ [1953. 01. 06~1953. 07. 31 / 장관실문서(1950. 06. 25~1952. 12. 10)]

제1항. 모든 전쟁포로가 휴전 뒤에 그들의 피송환권을 행사할 기회를 얻도록 보장하기 위하여 양측은 스웨덴, 스위스, 폴란드, 체코슬로바키아 및 인도에 중립국송환위원회를 구성할 위원을 각각 1명씩 임명하도록 요청하고, 이렇게 설립된 송환위원회는 억류국의 관리를 받는 동안 피송환권을 행사하지 않은 포로를 한국에서 수용한다. 송환위원회는 그 본부를 판문점 인근 중립지대에 두며, 송환위원회와 같은 식으로 구성된 산하 기관을 송환위원회가 포로의 수용을 책임지는 지점에 주재시킨다. 양측 대표는 송환위원회와 산하 기관의 활동을 참관할 수 있으며, 이에는 해설과 면회도 포함된다.

제2항. 중립국송환위원회를 지원할 무장 병력과 집행 인원은 전적으로 인도가 제공한다. 제네바협약 제132조의 규정에 따라 인도 대표는 중재자가 된다.

인도 대표는 송환위원회의 의장과 집행자이기도 하다. 나머지 4개국의 대표는 50명을 넘지 않는 보조 인원을 둘 권리가 있다. 본 단락에서 규정한 모든 인원의 무기는 헌병용 무기에 한한다.

제3항. 전쟁포로들은 어떠한 폭력의 대상도 될 수 없으며, 이들의 인간으로서의 존엄성을 존중해 대우해야 한다.

제4항. 피송환권을 행사하지 않은 전쟁포로들은 휴전 발효 뒤 60일 이내에 중립국송환위원회로 넘긴다.

제8항. 중립국송환위원회는 필요한 모든 조치를 취하여, 전쟁포로를 관리하게 된 후 90일 이내에 포로의 소속국가들이 모든 편의를 가지고 대표들을 파견해 포로에게 필요한 모든 설명을 다음 조건에 따라 제공할 수 있도록 한다. 이 임무를 맡은 대표들의 수는 포로 1,000명당 7명을 넘지 못한다. 이들의 면회 시간은 제네바협약 제53조에 따라 송환위원회가 정한다. 면회는 송환위원회의 각 국가 대표 1명씩과 억류국 대표 1명의 입회하에 진행한다.

제10항. 중립국송환위원회의 관리 하에 있는 동안 피송환권을 행사하기로 결정하는 모든 전쟁포로는 송환위원회의 각 국가 대표 1명씩으로 구성된 기관에 성원을 세술한다. 송환위원회의 구성원은 이 성원의 집행 여부를 다수결로 결정한다.

포로의 관리를 송환위원회로 넘긴 뒤 90일 기한이 끝나면, 제8항에 규정한 대표들의 포로에 대한 접근 권한은 종료되며, 피송환권을 행사하지 않은 포로 처리 문제는 휴전 협정안 제60항에 규정한 정치회담에 넘겨 결정한다. 정치회담은 30일 이내에 이 문제를 해결하도록 노력하고, 이 기간에 포로는 계속 송환위원회의 관리를 받는다. 송환위원회가 포로의 관리를 책임진 지 120일이 지나면, 피송환권을 행사하지 않은 모든 포로는 송환위원회의 선포로 민간인 신분을 부여받는다. 중립국에 가기로 선택한 자는 그곳에서 송환위원회와 인도 적십자사의 협조를 받는다. 이 작업은 30일 기한 내에 완수해야 하며, 이 기한이 지난 뒤 송환위원회는 임무를 중단하고 해산을 선포한다. 송환위원회의 해산 이후 상기 민간인 중 누구라도 고국에 돌아가기를 희망한다면, 그가 소재하는 지역의 당국은 그의 귀국에 협조한다.

제12항. 중립국송환위원회가 관리하는 포로를 위한 용역은 송환위원회가 공포한 규정에 따라 인도 적십자사가 제공한다.

제13항. 중립국송환위원회는 신문과 기타 보도 기관이 본 협정에 규정된 모든 활동을 참관할 자유를 보장한다.

제14항. 양측은 자신의 군사 통제지역 내에 있는 전쟁포로의 생필품과 주거를 보장하고, 각 전쟁포로 수용시설 부근의 정해진 지점에서 필요한 지원 물자를 중립국송환위원회에 전달한다.

제19항. 양측은 자신의 군사 통제지역 내에 있는 중립국송환위원회 소속 인원의 생필품과 주거를 보장하고, 중립지대 내의 지원에 관해서는 공평하게 부담한다.

제25항. 중립국송환위원회는 양측 총사령관에게 주간 보고서를 제출한다.

제26항. 본 협정은 휴전 발효와 함께 효력을 나타낸다.

본 협정은 영어, 한국어, 중국어로 작성되었으며 세 문건은 각각 효력을 가진다.

드장

【174】 아이젠하워 대통령의 친서에 관한 미 언론 반응(1953.6.8)

[전 보]	아이젠하워 대통령의 친서에 관한 미 언론 반응
[문 서 번 호]	4348-4350
[발 신 일]	1953년 6월 8일 19시 40분
[수 신 일]	1953년 6월 9일 00시 40분
[발신지 및 발신자]	워싱턴/보네(주미 프랑스대사)

뉴욕 공문 제901-903호

　미국의 모든 언론은 아이젠하워 미국 대통령이 이승만 대한민국 대통령에게 6월 6일에 보낸 친서를 뜨겁게 환영하고 있습니다. 무엇보다 언론은 친서에서 한미군사원조조약의 체결을 제안하고, 미국의 경제적, 재정적 지원을 약속한 것을 환영하고 있습니다.

　아이젠하워 대통령이 친서에서 미국은 한국의 통일을 바라며 이 과업을 위해 전념하고자 한다는 바람을 다시금 피력한 부분도 언론에서 매우 긍정적인 평가를 받고 있습니다. 이와 관련하여 미국 언론은 아이젠하워 대통령이 친서에서 한국의 통일을 달성하기 위해서 무력을 사용하지 않겠다는 미 정부의 의지를 드러낸 부분을 강조하고 이를 지지하고 있습니다.

　논설위원들은 한미상호원조조약의 체결 방안에 우호적임에도 불구하고, 이에 관해 다른 충고들을 합니다. 실제로, 일부는 이 조약이 유엔이라는 틀 안에 들어가야 한다고 생각한다면, 다른 이들은 미 상원의 태프트 의원이 제안하고 월리 의원이 찬성했듯이 프랑스와 영국이 협력하는 태평양조약을 권장합니다. 더구나 아이젠하워 대통령은 4월 6일자 서한에서 이에 동감하는 듯 보였습니다. 하지만 그는 이를 더 장기적으로 바라보는 듯했습니다.

　일부 논설위원들은 이러한 동맹에 반드시 아시아 국가를 포함해야 한다고 강조합니다. 그렇지 않으면 동맹이 실효성 없는 회의처럼 되리라는 생각 때문입니다.

오늘 아침 아이젠하워 대통령을 접견한 놀랜드 미 상원의원이 상원 연설 중, 판문점에서 막 확정된 대로의 휴전협정 조항들에 찬성했다는 것을 유념해야 합니다.

보네

【175】 포로교환협정 체결에 관한 남한의 반응(1953.6.9)

[전 보]	포로교환협정 체결에 관한 남한의 반응
[문 서 번 호]	773-774
[발 신 일]	1953년 6월 9일 02시 00분
[수 신 일]	1953년 6얼 9일 10시 35분
[발신지 및 발신자]	도쿄/드장(주일 프랑스대사)

브리옹발 씨로부터의 공문 제34호
6월 8일 발신, 도쿄 6월 9일 수신

"어제 휴전협상 대표단은 회담을 3회기 연달아 진행하였으나, 대한민국에
서는 어떤 대표도, 어떤 연락장교도 참여하지 않았습니다.

오후 두 시, 연합군 측 휴전회담 대표 클라크 장군은 급히 서울에 도착했
고, 그 즉시 이승만 대한민국 대통령을 접견하여 아이젠하워 미국 대통령의
개인적인 메시지를 전달했습니다.

이 메시지를 통해 아이젠하워 대통령은 미국과 유엔이 지지하며 포로가 강
제 송환되지 않도록 보호하는 휴전 제안에 대한민국 정부가 찬성해야 한다고
엄중히 알린 것으로 보입니다. 또한, 아이젠하워 대통령은 만약 대한민국이
이 제안에 따를 경우, 미국은 아래 사항을 이행할 준비가 되어있다고 덧붙인
듯합니다.

- 상호방위조약 체결 계획
- 무력을 제외한 모든 방법을 통한 한국의 통일 추진
- 한국 재건

이날 오전에 이승만 대통령은 항복과 다름없는 휴전 조건에 한국은 동의할

수 없을 것이며, 대한민국 국민은 전쟁을 단독으로 이어가기를 각오해야 한다고 밝힌 상태였습니다.

이와 동시에, 대한민국 내무장관은 준비상계엄령을 선포하고, 3주째 미국에 체류 중인 대한민국 육군 참모장을 소환했으며, 강화 훈련 차 곧 미국에 가기로 되어있는 많은 장교의 일정을 취소했습니다.

아이젠하워 대통령의 메시지와 클라크 장군의 ㅁ ㅁ ㅁ은 이승만 대통령을 굴복시키지 못한 것이 분명했습니다. 저녁에 대한민국 외무장관은 검토 중인 휴전을 대한민국 정부는 용납할 수 없다고 발표했습니다."

드장

【176】 남한 정부의 휴전 동의 소식 부인(1953.6.9)

[전 보]	남한 정부의 휴전 동의 소식 부인
[문 서 번 호]	775
[발 신 일]	1953년 6월 9일 02시 20분
[수 신 일]	1953년 6월 9일 10시 35분
[발신지 및 발신자]	도쿄/드장(주일 프랑스대사)

브리옹발 씨로부터의 공문 제33호
6월 6일 발신, 도쿄 6월 9일 수신

   "대한민국 정부는 언론이 재차 보도한 남한의 휴전 동의 소식을 다시 한 번 공식 부인했습니다.

   반복되는 이 보도들은 결국 일부 인사들이 할 수 있었던 순전히 비공식적인 발언을 바탕으로 하거나, 심지어는 이번 경우처럼 본인의 공문 제31호에 기술한 네 가지 조건 중 마지막 두 가지를 전혀 모른다는 데에서 나온다는 사실에 주목해야 합니다.

   이승만 대통령이 불확실한 분위기를 유지하기 위해서 언론의 이러한 경향을 이용하는 것은 사실입니다. 하지만 그의 ㅁㅁㅁ이 진정한 반대 정신에 근거하고 있어서 무력을 쓴다 한들 이를 충분히 누그러뜨려 그가 휴전협정에 조인하도록 만들 수는 없을 것으로 생각해야 합니다.

   그런데 남한의 신식 지도자들은 남한의 단독 군사행동 가능성에 대해 환상을 갖지 않는 데 반해, 이곳의 미국 인사들 쪽에서는 두 가지 가능성만 예로 들더라도 남한이 '중립국송환위원회'의 병력에 대한 반감 또는 한국인 포로 석방을 위해 가능한 시도를 수용하는 것에 대한 반감으로 심각한 어려움을 일으킬 수 있다는 것을 인정하고 있습니다."

드장

【177】 군사분계선 조정 협의 시작(1953.6.9)

[전 보]		군사분계선 조정 협의 시작
[문 서 번 호]		4392
[발 신 일]		1953년 6월 9일 23시 00분
[수 신 일]		1953년 6월 10일 02시 10분
[발신지 및 발신자]		워싱턴/보네(주미 프랑스대사)

뉴욕 공문 제91□호

  한국의 휴전협정 조항에 따라 1951년 11월 23일 정해진 군사분계선은 이 협정이 최종적으로 체결되는 순간 존재하는 전선에 맞게 조정되어야 합니다.

  6월 9일 판문점 회담에서 공산군 측 수석대표 남일 장군은 휴전을 늦추지 않기 위해 휴전협정 체결 이후에 군사분계선 조정 작업을 진행하자고 요구했습니다. 하지만 연합군 측 수석대표 해리슨 장군은 이에 반대했습니다. 이에 따라 쌍방 대표단은 이제 막 이 작업에 돌입하게 되었습니다. 1951년 11월 당시 이 작업에는 약 3주가 소요되었으나, 이번에는 기간이 더 줄어들 가능성도 있습니다.

보네

【178】 미 국무부에 대한 프랑스 외무부의 요청(1953.6.9)

[전 보]	미 국무부에 대한 프랑스 외무부의 요청
[문 서 번 호]	미상
[발 신 일]	1953년 6월 9일 16시 15분
[수 신 일]	미상
[발신지 및 발신자]	파리/파로디(프랑스외무부 사무국장)

보안

절대우선문건

타전: 워싱턴 공문 제7243-7248호

공문 참조: 뉴욕 공문 제1613-1618호, 런던 공문 제8049-8054호 및 8055-8059호

귀하의 전보 제4343호 참조

미 국무부가 한국의 휴전협정 체결이 임박해서야 답변을 주었다는 사실이 유감스럽습니다. 답변이 지연됨에 따라 이제는 우리가 직접 협상을 시작할 수 있는 여지가 거의 남지 않게 되었습니다. 귀하의 전보 제3190호에 담긴 화신과는 달리 미 정부가 몸을 사리고 있는 협상을 말입니다.

귀하도 언급하셨다시피, 프랑스에서 우리는 우리가 무엇보다도 크게 마음 쓰는 문제에 대해 놀라운 무관심을 표한 것이라고밖에 해석할 수 없을 이 일로부터 크게 상심할 것입니다.

사실 저는 계획 중인 네 번째 문단을 선언에 추가하자고 나머지 14개국 정부 각자에게 산발적으로 제안하는 것이 위험할 수 있다고 생각합니다. 일부는 이를 수용하고, 일부는 기부하며, 다른 일부는 또 망설일 것입니다. 그리고 이러한 상황으로부터는 선언 자체를 위기에 빠뜨릴 수 있는 혼란이 발생할 수 있습니

다. 그러므로 우리가 어쨌든 더 시도할 수 있는 노력을 하나의 지점에 집중하는 것이 중요합니다. 이 경우에 그 지점은 워싱턴입니다.

만약 미 국무부가 진지한 입장이라면, 미 국무부는 그 자신도 염려한다고 우리에게 공언하는 문제에서 비롯된 제안이 성사될 수 있도록 우리를 도와야 합니다.

그러니 16개국 대표들을 통상적인 회의 중 하나에 소집하고, 그들에게 네 번째 문단을 추가하자고 끈질기게 제안할 것을 미 국무부에 요청해 주십시오. 이처럼 미국이 구심점이 되는 전략을 쓴다면, 모든 동요를 피할 수 있으며 어쨌든 선언을 공식화할 수 있을 것입니다. 만약 대표들이 그들의 정부로부터 답을 얻기 전에 휴전이 이루어진다면, 현 상태 그대로의 선언이라도 공식화할 수 있을 것입니다.

미 국무부가 이 의견에 찬성했는지 신속히 알려주시기 바랍니다. 저는 주영 프랑스대사가 영국 정부의 지원을 요청하도록 부탁하겠습니다. 영국 정부가 우선은 16개국 회의에서 이 제안을 지지하고, 다음으로는 영연방 정부들이 그들의 워싱턴 주재 대표들에게 긍정적인 지시를 내리도록 독려할 수 있게 말입니다.

외무부
파로디

런던 공문, 1953년 6월 8일자 워싱턴 전보 제4343-4347호
아시아-오세아니아국 공문

【179】 스위스 정부 발표가 불러온 혼란(1953.6.10)

[전 보]	스위스 정부 발표가 불러온 혼란
[문 서 번 호]	86-88
[발 신 일]	1953년 6월 10일 20시 30분
[수 신 일]	미상 20시 55분
[발신지 및 발신자]	베른/쇼벨[1])(주스위스 프랑스대사)

6월 9일 스위스 연방각의 회의 끝에 언론에 공개된 스위스의 중립국송환위원회 참가에 대한 스위스 정부의 성명으로 인해 오늘 해외 및 스위스 국내 언론에 모순되는 해석들이 실렸습니다.

그래서 저는 무엇보다 "남한을 포함한 모든 전쟁 당사국으로부터 위임된 임무"라는 표현을 어떻게 해석하면 좋을지 문의하기 위해 즉시 스위스 외무부에 사람을 보냈습니다.

정책국장이 자리를 비운 상황에서 그의 직속 부하인 드크루[2]) 씨는 제 동료에게 이와 같은 구체적인 기술이 사실은 혼란을 야기했다고 설명했습니다.

스위스 연방각의는 원칙적인 승인을 표명하면서, 관계국의 하나로 남한을 언급해야 한다고 생각했다고 합니다. 남한이 자체 병력으로 붙잡은 포로를 억류하고 있으며, 이 포로를 유엔 권한 하의 포로와는 별개로 관리하고 있다고 믿었기 때문입니다.

이제 이러한 측면에서의 실수를 깨달은 연방 당국은 그들의 뜻을 분명히 하고 그들은 스웨덴이 채택한 것과 같은 입장이라는 것을 밝히는 성명을 새로 발표할 것으로 보입니다.

---

1) 장 슈벨(Jean chauvel, 1897-1979), 주유엔 프랑스대사, 유엔 상임대표단 단장 역인. 이후 주스위스 프랑스대사(1952-1954).
2) 장 드크루(Jean Decroux, 1903-1977), 스위스 외무부 정무부실장(1950-1953), 스위스 외교관.

드크루 씨는 제 동료에게 이승만 대통령이 스위스의 성명에 등장하는 표현을 즉각적으로 활용하여 스위스 정부가 조금은 당혹스러워했고 속뜻 없이 작성한 성명이 세계적 반향을 일으킨 데에 적잖이 놀랐다는 사실을 감추지 않았습니다.

쇼벨

【180】 휴전계획에 대한 한국의 반발(1953.6.16)

[전   보]   휴전계획에 대한 한국의 반발
[문 서 번 호]   830-832
[발 신 일]   1953년 6월 16일 02시 30분
[수 신 일]   1953년 6월 16일 10시 47분
[발신지 및 발신자]   도쿄/드장(주일 프랑스대사)

부산발
6월 14일자 제37호

각료회의를 마친 후 변영태[1] 외무장관은 유엔군이 마음대로 휴전협정 따위를 체결하고 한국에서 철수할지라도 한국군은 한국에서 철수하지 않는다는 것, "다시 말해 자진해서 동원 해제할 수 없다는 것"을 깨달아야 한다고 외신에 발표했습니다. 그는 현재 논의 중인 협정안을 용납할 수 없다고 재차 밝히며 "유엔이 우리가 동의할 수 없는 휴전을 진행하려는 것을 우리가 막지 않는 만큼 유엔도 우리에게 그것을 강요하지 말아야 한다. 유엔군과 한국이 갈라서게 되더라도 좋은 관계로 남자"고 덧붙였습니다.

한편, 아이젠하워 미 대통령의 제안에 이미 거부 의사를 비친 이승만 대통령이 어제는 휴전 시행 후에만 가능하다는 합의 약속에 대해 자신은 신뢰하지 않는다고 밝혔다 합니다(본인의 전보 제34-35호).

일부 미 언론 사설은 변영태 외무장관의 발표가 제3의 형태의 휴전을 암시하는 것이라고 믿고 있습니다. 그 어조가 한국 측 입장 강화를 반영하는 듯하고, 이를 보여주는 꽤 우려스러운 다른 요소들도 존재합니다. 특히 미 군부가 내린

---

[1] 변영태(卞榮泰, 1892-1969). 외무장관(1951-1955), 국무총리, 7,8,9차 UN총회 한국 대표 역임.

일부 조치(휴전협상에 관한 이수영[2] 대령의 라디오 담화 이후, 한국에서는 라디오 검열이 이뤄지다가 어제 저녁에야 해제되었습니다), 그리고 시위 당시 미군경 중 일부가 안타깝게도 과잉 진압함으로써 발생한 다양한 불상사에 대해 한국 정부와 언론은 격렬한 반감을 보이고 있습니다.

그러나 무엇보다도 시위 자체의 태도와 강도가 격해지면서 미 군부는 우려를 감추지 못하고 있으며, 특히 서울에서는 어제 이미 시위 참가자들과 자국 경찰 간 격렬한 충돌이 발생해 십여 명이 심각한 부상을 입은 것으로 알려졌습니다. 이처럼 시위가 돌연 과격해진 것은 잠복해 있던 공산분자들과 무관하지 않을 수 있습니다. 어제 한국 정부도 이를 우려해 이틀간 시위를 금지했습니다.

드장

---

[2] 이수영(李壽榮, 1921-1972). 휴전회담 당시 대령이자 한국군 연락장교단장. 이후 외교관으로서 유엔대표부참사관, 공보부장관, 주불 한국대사 등을 역임.

【181】한국 전선의 상황과 미 전쟁포로 송환 계획(1953.6.16)

[전 보]	한국 전선의 상황과 미 전쟁포로 송환 계획
[문 서 번 호]	839-842
[발 신 일]	1953년 6월 16일 08시 00분
[수 신 일]	1953년 6월 16일 12시 35분
[발신지 및 발신자]	도쿄/드장(주일 프랑스대사)

보안

사이공 공문 제602-605호
국방부에 전달 요망

1. 오늘 오전 참모본부는 최근 발생한 적군 공격과 관련해 유엔군 장교들에게 세부지침을 내렸습니다.

6월 13일과 14일, 미 제3사단 진지(금화 서부)는 연대 규모의 중공군 병력에게 공격당했습니다. 적군은 격퇴되었습니다.

중부전선 동쪽, 남한군 제5사단과 교대한 제3사단 진지는 14일에 중공군 1개 연대, 15일에 중공군 3개 연대의 공격을 받았습니다. 남한군은 약 6㎞를 밀려나며 760명 사망, 2,700명 부상, 500명 실종이라는 막중한 피해를 입었습니다.

한편 고성 인근 전선 극동부에서는 남한군 제15사단이 며칠 전 빼앗겼던 전초기지 앵커 힐[1]을 탈환했습니다.

전투는 거센 포격과 유엔군 측 맹렬한 공습이 동원될 만큼 격렬했습니다.
유엔군 포병은 6월 14일 낮 260,000발, 어제 310,000발을 쐈습니다.

---

[1] 351고지. 이 고지 일대가 배의 닻 모양을 닮아 '앵커 힐(Anchor hill)'로 불림.

유엔 공군은 3일간 4,836회 출격했고, 7대가 고사포에 격추당하는 손실을 입었습니다.

어제 15일 저녁에는 서울에 공습경보가 내렸습니다. 적군 비행기 2대가 서울 상공에 출몰해 1대가 격추되었습니다.

2. 오늘 오전 미 참모본부는 휴전 체결 후 석방될 미 전쟁포로의 본국 송환 조치를 발표했습니다. 송환은 배편을 통해 한국에서 미국으로 직접 이루어진다는 것이 원칙입니다.

휴전 협약에 규정된 모든 조치가 점차 조율 중에 있습니다.

드장

【182】 분계선 획정에 관한 합의(1953.6.16)

[전 보]	분계선 획정에 관한 합의
[문 서 번 호]	4601-4605
[발 신 일]	1953년 6월 16일 1□시 00분
[수 신 일]	1953년 6월 17일 00시 55분
[발신지 및 발신자]	워싱턴/보네(주미 프랑스대사)

보안

뉴욕 공문 제970-974호

알렉시스 존슨 부차관보는 오늘 오후 열린 한국 관련 미 국무부 회의에서 유엔군과 공산군 연락장교 간에 새로운 분계선 획정에 관한 합의가 오늘 이뤄졌다고 전했습니다. 본 합의는 오늘 저녁 판문점에서 개최될 양측 대표단 본회의를 통해 비준 절차를 거쳐야 합니다.

따라서 어제 포스터 덜레스 고문의 기자회견 발표와 달리, 분계선 획정 지연은 현재 한국 전선 중부에서 진행 중인 중공군 공격 때문은 아닌 듯합니다.

더욱이 미 참모본부는 그것이 대대적 공세의 시작을 의미한다고 보지 않는 분위기입니다.

오늘 저녁 대표단이 새로운 분계선 획정을 수용하더라도 즉시 휴전이 체결될 수 있다는 뜻은 아닙니다. 협약의 일부 조항을 수정해야 하고, 특히 제51조는 지난 6월 8일 체결된 전쟁포로 송환 합의에 맞추어 조정해야 합니다.

게다가 휴전 조치 시행 상황을 감독할 중립국위원회 구성원들의 한국 입국일도 명시해야 할 것입니다.

원칙적으로 이 위원회는 휴전 체결 12시간 후 정전에 돌입하는 시점에는 활동 준비가 마쳐져 있어야 합니다. 그러나 통합사령부도 정전 시점과 위원회 활동 시작점 사이에 약간의 시간차를 수용할 의사가 있습니다.

오늘 오전 스위스 정부는 자국의 1차 감독단이 6월 25일 출국할 수 있다고 국무부에 알렸습니다. 스웨덴 정부도 자국 감독단이 이달 21일에 출국 예정이라고 밝혔지만 확정된 것은 아닙니다. 이 두 나라의 감독단은 미국을 경유해 한국에 입국할 것입니다.

한편, 중립국송환위원회 참여 제안을 받은 5개국 정부는 모두 조건 없이 임무를 수행하겠다고 워싱턴에 답한 상태입니다.

이 두 번째 위원회의 한국 입국일은 그 성격상 휴전 체결에 영향을 미치지는 않습니다. 원칙적으로 이 위원회 활동은 휴전 후 수주가 지난 다음에야 시작될 것이기 때문입니다.

보네

【183】 한국 전선의 상황과 공산군의 의도(1953.6.16)

[전   보]　한국 전선의 상황과 공산군의 의도
[문 서 번 호]　4627-462□
[발   신   일]　1953년 6월 16일 20시 00분
[수   신   일]　1953년 6월 17일 01시 35분
[발신지 및 발신자]　워싱턴/보네(주미 프랑스대사)

뉴욕 공문 제975-977호

미 국방부에서 입수한 정보에 따르면, 바로 전 주 공산군 포병은 북중군 포와 박격포를 기간 중 최대 규모로 배치했습니다. 금요일 104,000대, 일요일 119,000대, 월요일 112,000대였습니다.

유엔군 측 공군 출격도 지난주가 사상 최대 규모였습니다. 총 8,000회가 넘는 출격 중 2,126회가 어제 이뤄졌고, 그와 별개로 해병대 항공기도 어제 하루 동안 626회 출격했습니다.

미 참모본부는 현재 한국 전선 중부에서 일어나고 있는 이러한 공산군 공격의 원인을 다음처럼 보고 있습니다.

1. 분계선 확정 시점에 북·중(북한과 중국) 입지를 공고히 하려는 의도.
2. 중공군 위력을 과시하고, 그럼으로써 북·중(북한과 중국) 진영의 휴전 체결 의도가 군사적 필요 때문이 아닌 평화의지 때문임을 보여주려는 프로파간다 목적.
3. 유엔군을 최대한 남으로 밀어내는 것이 공산군에 유리하다는 계산. 그래 야 휴전 체결에 따라 2km 퇴진 시, 현재 전선을 그대로 고수할 수 있음.

보네

【184】 휴전계획에 대한 한국의 반발(1953.6.11)

[전   보]   휴전계획에 대한 한국의 반발
[문 서 번 호]   801-804
[발 신   일]   1953년 6월 11일 08시 00분
[수 신   일]   1953년 6월 11일 11시 17분
[발신지 및 발신자]   도쿄/드장(주일 프랑스대사)

브리옹발의 전보 제35호. 6월 10일 발신, 12일 도쿄 수신

한국 측 입장은 아무 변화가 없었습니다. 아이젠하워 대통령이 한국이 먼저 휴전 반대 의사를 철회하면 미국도 그중 두 조항을 지지하겠다고 발표한 직후, 지난 일요일, 이승만 대통령은 대국민담화를 가졌으며 이를 계기로 한국은 입장을 굳힌 듯합니다.

눈에 띄는 변화는 한국 정부 입장이 더욱 강경해졌다는 것뿐입니다.

8일과 9일 두 차례 서울에서 열린 대규모 각료회의 및 정부와의 연장회의 이후, 국회는 어제 오후 장시간 회의를 통해 아래 네 조항을 만장일치로 결의했습니다.

1. 대한민국 정부가 제시한 '5원칙'과 이승만 대통령이 아이젠하워 대통령에게 제안한 조항들을 무시하는 모든 휴전에 결사반대한다.

2. 정부는 송환을 거부하는 한국인 포로를 즉시 석방하고, 중화민국 국민당 정부에도 동일한 의사를 표하는 중국인 포로를 석방하게 해야 한다.

3. 외국 군대가 우리 정부는 동의하지 않는 휴전 조건을 시행하고자 우리 주권을 무시한 채 영토 침입을 강행할 경우, 대한민국은 자국 방어권을 행사하게 될 것이다.

4. 전방과 후방에서 북진 준비 조치를 즉각 진행해야 한다.

　어제는 휴전 반대와 북진 통일을 주장하는 시위가 전국 곳곳에서 벌어졌습니다. 시위는 일사불란했습니다.
　유엔 및 연합국 대표들의 인격을 존중해 달라는 이승만 대통령의 화려한 대국민담화나 외교공관 인근 지역 및 유엔 인사를 위해 경찰력을 집중 배치하라는 명령과 매한가지로, 이 시위들은 이미 익숙해진 쇼에 불과할 것입니다. 그러나 지금과 같은 긴장 무드 속에서는 한국 내 민족주의 감정을 지속적으로 건드릴 수 있는 사고가 발생할 수 있다는 사실을 간과해서는 안 됩니다.

드장

【185】 반공포로 석방(1953.6.18)

[전 보]	반공포로 석방
[문 서 번 호]	860
[발 신 일]	1953년 6월 18일 09시 30분
[수 신 일]	1953년 6월 18일 15시 58분
[발신지 및 발신자]	도쿄/드장(주일 프랑스대사)

1. 6월 18일자 사령부 공문에 따르면, 18일 자정이 조금 넘은 시각, 유엔군사령부 4개 수용소에서 공산군이 아닌 북한 전쟁포로들이 조직적인 대규모 탈출을 시도했습니다. 탈출 시도는 제6수용소(논산), 제7수용소(마산), 제9수용소(부산)에서 일부 성공했고, 제5수용소(상무대) 포로 중 소수도 탈출했습니다. 이런 탈주에 대비한 경보 장치가 가동되었습니다. 해당 수용소들은 병영 울타리와 담장 곳곳이 허물어져 짓밟혔습니다. 탈출에 성공한 전쟁포로 수는 아직 알려지지 않았으며 책임장교가 집계 중입니다. 포로 중 사상자 여부는 알려지지 않았고, 유엔군 측 사상자는 없습니다. 혼란한 조짐이 보이는 즉시 병력을 보강할 예정입니다. 수용소는 모두 질서를 회복했습니다.

2. 사령부가 위 공문을 발송할 당시, 통신사들은 남한군 헌병총사령관 원용덕[1] 장군이 6월 18일 자정을 기점으로 자신이 지휘하는 부대가 남한군 수용소 내 반공 전쟁포로 감시를 전담할 것을 명령했었다고 알렸습니다. 이 소식은 남한 내 모든 라디오 채널을 통해 전파되었습니다. 통신사들에 따르면, 남한군 라디오는 얼마 후 공산군이 아닌 모든 북한 전쟁포로가 새벽 5시부로 석방되었음을 알렸습니다. 발표는 남한군 헌병총사령관(원용덕 장군) 이름으

---

[1] 원용덕(元容德, 1908-1968). 남한군 헌병총사령관.

로 이뤄졌으며, 동시에 그는 조국 통일 완수를 위한 국민 단합을 호소하고 이러한 목표 달성을 위해 자유진영의 협조를 구했습니다. 또한 외국 전쟁포로에게도 행동을 촉구했습니다. 이는 공산군이 아닌 중국인 포로를 겨냥한 것으로 보입니다.

남한군이 입수한 정보에 따르면, 탈출에 성공한 비공산군 포로는 부산에서만 5,000명에 달합니다. 그 외 지역에 관한 수치 자료는 유엔군 당국이 검열한 것으로 알려졌습니다. 원 장군은 조국에 남아있는 신성불가침한 주권을 보존하기 위해 제네바협약 서문 제12조에 의거해 행동했다고 밝혔습니다.

3. 이승만 대통령은 북측 반공포로를 석방하도록 자국 헌병대에 명령했음을 공식 시인했습니다. 언론사 공문에서 그는 다음과 같이 밝혔습니다.

"제네바협약 및 인권 수호의 원칙에 따라 한국의 반공포로는 이미 오래 전에 석방되었어야 했다. 본인이 이러한 바람을 전했을 때 유엔군 당국은 대부분 동감했으며 원칙적으로 동의했다. 그러나 우리는 복잡한 국제 정세 탓에 너무 오랫동안 포로를 붙잡아두었다. 이제는 유엔군과 공산군 간 합의로 상황이 더없이 복잡해졌고, 그로 인해 심각한 여파가 일어 적군의 바람대로 우리 민족 간 내부 분열이 초래될 수 있다. 이를 막기 위해 본인은 전적으로 본인의 책임 하에 6월 18일 오늘 한국의 반공 전쟁포로 석방을 명했다. 유엔군사령부나 기타 관련 당국과 협의하지 않고 행동한 까닭에 대해서는 설명할 필요 없이 자명하므로 생략한다."

이어서 그는 각 지방 관할 지사, 경찰, 국민들에게 석방된 포로를 보살펴 줄 것을 당부했습니다. 이 과업을 위해 한국인과 우방국 사이에 불필요한 오해가 생기지 않도록 협조 바란다는 말도 덧붙였습니다.

4. 서울이 라디오 보도를 접한 일본 신문들은 오늘 오전 입수한 보고서에 따르면 석방 포로 수가 14,000명에 달한다고 전했습니다. 금일 12시, 남한 헌병

대는 석방 포로를 헌병대 특별 허가 없이 붙잡으려는 자는 중형에 처할 것이라고 시민들을 대상으로 경고했습니다. 서울 라디오에 따르면 남한 당국은 애국자로 지명된 반공포로들이 남한군에 입대하여 남한군과 함께 공산군에 맞서 싸우기를 기대하고 있습니다.

국방부에 전달 요망.

드장

【186】 유엔 군사정전위원회와 반공포로 석방(1953.6.18)

[전   보] 유엔 군사정전위원회와 반공포로 석방
[문 서 번 호] 862
[발   신   일] 1953년 6월 18일 10시 00분
[수   신   일] 1953년 6월 18일 15시 58분
[발신지 및 발신자] 도쿄/드장(주일 프랑스대사)

1. 6월 17일 어제, 클라크 장군은 현재 혼슈와 홋카이도 북쪽 일본 주둔 미 제16군단장인 블랙시어 M. 브라이언[1] 장군을 유엔 군사정전위원회(UN MAC) 미국 주요 대표로 임명했습니다. 이 위원회는 미국 대표 5명과 북·중 대표 5명을 포함하며 협약 제19조에 명시한 군사정전위원회에 속합니다. 브라이언 장군은 6월 18일 한국으로 출발해 문산에 사령부를 구축할 계획입니다. 사령부의 일반참모부 총장은 위원회에 속하지 않은 데일리[2] 장군이 될 것입니다. 그 외에 클라크 장군이 임명한 위원회 구성원 2명은 서태평양 구축함 편대사령관인 W.K. 멘델홀[3] 해군소장과 주한 미 제5공군 사령관 부관인 E.H. 언더힐[4] 여단장입니다.

2. 6월 18일 오늘 오전, 총사령부가 배포한 전쟁포로사령부 공문에 따르면 6월 16일 정오 제7포로수용소(마산)에서 시위가 발생해 포로 2,000명이 가담했습니다. 수용소장이 즉시 시위를 금지했음에도 포로들은 천과 깃발을 계속해서

---

1) 블랙시어 모리슨 브라이언(Blackshear Morrison Bryan, 1900-1977). 미군 준장. 한국전쟁 당시 주한 미군 제24보병사단을 지휘.
2) 존 P. 데일리(John P. Daley). 미군 준장.
3) 윌리엄 K. 멘델홀(William K. Mendenhall). 미 해군 소장. 군사정전위원회 유엔 측 위원.
4) 에드워드 H. 언더힐(Edward H. Underhill, 1964-1983). 미 공군. 군사정전위원회 유엔 측 위원.

흔들었다고 합니다. 시위는 무독성 최루탄을 동원한 후에야 진압되었고 양측 모두 사상자는 없었습니다. 본 사건은 인근 고개에서 참전 중상자들이 조직하고 2,500명이 참여한 것으로 알려진 시위를 목도하면서 촉발되었습니다.

국방부에 전달 요망.

드장

【187】 반공포로 석방에 관한 미군 측 보고(1953.6.18)

[전   보]   반공포로 석방에 관한 미군 측 보고
[문 서 번 호]   4720-4731
[발   신   일]   1953년 6월 18일 21시 10분
[수   신   일]   1953년 6월 19일 02시 10분
[발신지 및 발신자]   워싱턴/보네(주미 프랑스대사)

우선문건
보안

뉴욕 공문 제999-1010호

　오늘 오후 국무부는 북한 전쟁포로 탈주에 관한 알렉시스 존슨 부차관보의 보고를 듣기 위해 남한을 제외한 한국전쟁참전국 대표들을 소집했습니다.

　발표를 시작하며 존슨 부차관보는 1950년 7월 15일 이승만 대통령이 자진해서 남한군을 통합사령부 지휘 하에 두었던 사실을 상기했습니다. 최근 몇 주간 수차례에 걸쳐 열린 한미 회의에서 이승만 대통령은 클라크 장군과 해리슨 장군, 주한 미대사에게 무슨 일이 있어도 1950년 7월 15일의 결정을 번복하지 않을 것이며 적어도 사전 협의 없이 진행하진 않을 것이라고 자발적으로 밝혔습니다.

　이어서 존슨 부차관보는 포로수용소 조직에 관한 몇 가지 세부 사항을 언급했습니다. 수용소들은 한국 본토에 위치했고 모두 통합사령부 관할이었습니다. 각 수용소는 미국인으로만 구성된 행정팀의 지원을 받아 미국인 사령관이 지휘했으며 수용소 외부의 헌병대만 남한이 담당했습니다. 남한 헌병 대비 미군의 비율은 6:1-5:1 수준이었습니다. 사령관들은 북한 포로들이 송환 거부 의사를 몇 달 전부터 인지하고 있었고, 상황에 따른 모든 경계와 대비를 철저히 하

도록 지시받은 바 있습니다.

그러나 클라크 장군은 전선 상황을 고려할 때 남한 헌병대를 다른 국가 군대로 대체하는 것은 감수하기 어려운 위험이라고 판단했습니다.

존슨 부차관보는 수용소 사령관들이 자신들은 모든 사태에 대비할 수 있으리라 "단단히 착각"했었다고 덧붙였습니다. 국무부 고위급 인사인 그는 사령관들이 포로 석방을 노린 외부 공격에만 대비했음을 인정했습니다.

탈출은 여러 수용소에서 동시다발적으로 발생했고, 남한 당국의 지원에 힘입어 치밀하고 조직적으로 진행되었음을 부인할 수 없습니다.

포로들은 출입구가 아닌 철조망을 통해 탈출했지만 헌병대는 이를 전혀 막지 않았습니다. 미군 측이 폭동 시 행동 지침에 따라 즉시 대처했으나 클라크 장군은 화기 사용을 절대 자제하도록 권고한 상태였습니다. 결국 한국 시각 6월 18일 13시 30분, 북한군 포로 25,131명이 탈출하고 1,942명이 붙잡혔으며 18명이 사망, 32명이 부상했습니다.

클라크 장군은 즉시 해리슨 장군을 시켜 북중 대표단에 전언을 보내게 했습니다. 전언의 내용은 별도의 전보를 통해 각하께 송부합니다. 동시에 클라크 장군은 이승만 대통령에게 서신을 보냈습니다. 이 서신도 별도의 전보를 통해 각하께 송부합니다. 이 두 번째 전보는 새로운 명령이 있을 때까지 보안에 부쳐져야 합니다.

본 문제와 관련해 오늘 오전 백악관에서 긴급 국가안보회의가 마친 후, 포스터 딜레스 고문은 간략한 성명을 발표했고 그 내용은 이미 언론에 유포되었습니다.

이 성명에서 존슨 부차관보는 아이젠하워 대통령이 이승만 대통령에게 친서를 보냈다고 밝혔습니다. 그는 아이젠하워 대통령 서신에 담긴 구체적 내용은 아직 밝힐 수 없지만, 남한군의 통합사령부 소속 여부를 이승만 대통령 측에 즉각적이고 확정적으로 확인하기 위해서라며 포괄적으로 답했습니다.

딜레스 고문도 어제 워싱턴을 방문한 남한 총리서리와 논의를 가졌습니다. 남한 총리서리는 오늘 오후 급히 본국으로 돌아갔습니다.

존슨 부차관보는 한국 상황의 변화를 예단하기에는 아직 일러 보인다며 다음 내용을 덧붙였습니다.

1. 탈출한 포로에 관해서는 대대적인 재감금이 사실상 불가능해 보인다.
2. 휴전에 관해서는
   1) 공산군이 이 사건을 어떻게 이용하려 할지에 따라 체결 여부가 갈린다.
   2) 통합사령부의 남한군 지휘권 회복 가능성에도 영향을 받는다. 이것은 휴전뿐 아니라 유엔군 전체의 보안도 걸려있는 사안이며, 이와 관련해 사령부는 현장에서 상당한 재량권을 필요로 한다.

존슨 부차관보는 '모든 걸 잃었다'는 인상을 주지 않도록 자제했고, 다음과 같은 몇 가지 고무적인 요소가 존재한다고 말했습니다.

1. 남한군 참모장이 자신은 "음모"에 가담하지 않았음을 명확히 밝히려 한 점.
2. 워싱턴과 남한 총리서리 간 논의에서 전체적으로 희망의 여지가 없지 않았다는 점.

존슨 부차관보의 보고 후 질문들이 이어졌고, 질문은 수용소 내 분위기를 알고 있었음에도 왜 보다 신속하게 남한 헌병대를 교체하지 않았는가가 주를 이뤘습니다. 이에 존슨 부차관보는 미군 관할당국이 그 경우 오히려 우려하던 사태가 발생할 가능성이 있다고 판단했기 때문이라고 답했습니다.

북한 포로 탈출이 미국에 큰 충격을 준 것은 틀림없습니다. 무엇보다도 휴전 체결이 백지화될지 모르는 위기 속에 수많은 미군과 유엔군 병사들의 생명까지 위험에 처하기 때문입니다.

미 국회는 이미 즉시 조사에 착수해 사건의 책임 소재를 철저히 규명할 것을 요구했습니다. 어쨌거나 미 여론이 얼마나 한국 휴전 체결을 원하고 있는지 보여주는 대목입니다.

보네

【188】 프랑스의 수정에 대한 에티오피아의 부정적 반응(1953.6.19)

[전 　　　 보]	프랑스의 수정에 대한 에티오피아의 부정적 반응
[문 서 번 호]	195-197
[발 　 신 　 일]	1953년 6월 19일 01시 30분
[수 　 신 　 일]	1953년 6월 19일 □시 41분
[발신지 및 발신자]	아디스아바바/롱상(주에티오피아 프랑스대사관원)

보안

긴급

본인의 전보 제190-192호 참조

저는 오늘 아침 아토 아크릴루[1] 씨와 대화를 나누었습니다. 이 분은 제게 프랑스가 원하는 첨가는 정부쪽을 자극하지는 않을 것이며 워싱턴 주재 에티오피아 대표는 이러한 원칙적 동의를 알고 있을 것이라고 라고 밝혔습니다. 그는 그럼에도 에티오피아는 원안의 선언에 서명했고 그처럼 뒤늦게 합의된 첨가수정을 달가워하지 않는다고 분명히 했습니다. 게다가 그는 제게 미국 정부도 이러한 지체를 유감스럽게 생각한다고 말했습니다.

한편, 저는 미국이 그들의 우리와의 합의에 대한 다른 설명 없이 에티오피아에 정보를 알려주었다는 것을 알고 있습니다. 미국은 그 방면에서는 모든 행보는 우리의 책임이라고 생각합니다. 아디스아바바 주재 미국 대표는 결국 첨가의 경우 어떤 수정도 없는 프랑스 문안만을 허용하겠다는 지침을 내렸습니다. 요컨대 아토 아크릴루 씨가 새로운 조인을 이행하기에는 너무 복잡하다고 생각

---

[1] Ato Aklilou.

하거나 생각하는 척 하는 것으로 보입니다.

　대다수의 관련국들이 요구된 첨가를 수락했다면, 에티오피아는 지배적인 흐름을 따랐을 것입니다.

　에티오피아는 우리의 행보를 지지하기 위해, 게다가 순전히 거기에 답변하기 위해서도 특별한 행동을 취하지 않을 것입니다.

롱샹

【189】 포로 탈주에 대한 의견 교환(1953.6.19)

[전 보]	포로 탈주에 대한 의견 교환
[문 서 번 호]	2748-2755
[발 신 일]	1953년 6월 19일 20시 00분
[수 신 일]	1953년 6월 19일 20시 55분
[발신지 및 발신자]	런던/마시글리(주영 프랑스대사)

보안

　남한에 억류된 북한 포로들의 대규모 탈주에 대해 이승만 대통령의 정부는 외무부를 놀라게 하지 않았습니다(본인의 전보 제2642호). 이승만 대통령은 오늘 아침 영국 신문에 실린 만장일치 의견을 공유합니다(본인의 전보 제2725호). 차관의 수석보좌관은 신랄한 논설들이 한국 대통령에게 끼칠 수 있는 영향에 대해 어떠한 혼동도 하지 않습니다. 다만, 미국의 적극적인 행동이 어떤 결과를 초래할 수도 있습니다.

　이 점에 대해, 로저 마킨스 경은 어제 미국 정부가 가능한 빨리 남한군대에 대한 유엔군사령부의 권한을 재정립하기로 결정했다는 포스터 덜레스 씨와의 짧은 대화내용을 외무부에 알려왔습니다. 필시 우리는 이 일에 대해 이승만 씨의 협력을 생각할 수는 없고 이 사람을 자리에서 내려오게 할 수도 없어 보입니다. 법적으로 정당화될 수 없는 이러한 성격의 주도적 행동은 예전의 대통령들이 그의 지지자들 곁에서 누렸던 매우 분명한 인기와 극심한 대조를 이룹니다. 다른 한편으로, 아이젠하워 대통령이 제공한 보장이 남한 정부의 휴전협상 조항 존중을 전제로 했다는 점을 내세우는 단호함이 이승만 씨에 대해 미칠 효력에 대해서 외무부는 매우 회의적입니다.

　그럼에도 몇 가지 희망이 있습니다. 우선 포로들의 탈주가 비군사적 절차를 통해 올라간 것으로 보이고, 그들 쪽에서는 감시가 묵인에 의해서라기보다 소극성에 의해 뚫린 것 같습니다. 다음으로는, 어떤 면에서도 포로 사태에 연루되지 않은 남한 군대의 참모총장과 유엔군최고사령부의 매우 좋은 관계입니다.

필시 클라크 장군이 스스로 남한사령부 안에 변동을 가져오는 것이 불가능하지만, 남한 군대 참모총장의 도움으로 수용소를 지키는 한국 부대를 미국 부대로 교대하거나 이러저러한 부대에 맡겨진 임무들을 변경하는 것이 그의 권한입니다. 만일 이러한 교대가 이행될 수 있다면, 그리고 만일 탈주자들이 상당한 비율로 붙잡힌다면, 휴전협정은 다시금 종결될 수 있을 것입니다.

더구나 베이징라디오는 미국이 이 일을 처리하는 데 사용하는 방식이 그들의 진정성에 대한 테스트일 것이라고 주장하는 데 만족하며 신랄한 해석의 순간에 아무 것도 하지 않았습니다. 알렌 씨는 이 문제에 대해 최소한 이승만 씨의 과도함이 서구의 진정성에 대한 테스트 안에서 공산주의자의 진정성에 대한 테스트의 하나여야만 하는 것을 변화시키는 것을 보리라는 제 동료 중 한 사람의 지적에 전적으로 같이 했습니다. 알렌 씨는 외무부가 그러한 행보의 실제적 유효성을 과장하지 않고 유엔군사령부의 한국에 대한 동일한 승인으로부터 나온 영국 정부의 명백한 의무 위반 부인을 공식적으로 표명하는 메시지를 보낼 가능성을 검토하고 있다고 결론 내렸습니다.

의회가 사무국이 그러한 의미로 내밀게 될 제안들을 승인할 경우, 외무부는 한국에 참전한 다른 정부들과 함께 우리에게도 곧장 알려줄 것입니다.

마시글리

【190】이승만 대통령의 태도에 대한 영국과 미국의 우려(1953.6.19)

[전 보]	이승만 대통령의 태도에 대한 영국과 미국의 우려
[문 서 번 호]	1324
[발 신 일]	1953년 6월 19일 11시 00분
[수 신 일]	1953년 6월 19일 18시 57분
[발신지 및 발신자]	모스크바/족스(주소련 프랑스대사)

　　모든 언론은 오늘 반공주의자로 송환을 거부하는 북한 전쟁포로 25,000명의 석방 앞에서 영국과 미국의 걱정을 반영하는 런던과 뉴욕 주재 타스통신의 세 가지 보고서를 게재했습니다. 이승만 스스로 발표한 숫자는 34,00명에 달했습니다. 부산 주재『유나이티드프레스』의 기자에 따르면, "남한 정부는 휴전 이후 더 이상 증원될 수 없을 병력을 16개에서 20개 사단으로 유지하기 위해 남한 군대에서 석방된 20,000명의 포로를 징집할 의도를 가지고 있을 것이다"라고 했습니다.

　　의회에 대정부질문을 하면서, 런던에서 온 공문은 휴전협상 계획을 주저하는 "이승만의 작전"을 염려하는 영국 하원의원의 감정에 파문을 일으켰습니다.

　　결국 뉴욕의 공문은 덜레스 씨가 기자간담회에서 이승만의 행동을 "유엔군사령부의 권한 침해"라고 규정했습니다.

족스

【191】 남한의 상황에 대한 미국 정부의 단호한 대처(1953.6.19)

[전   보]   남한의 상황에 대한 미국 정부의 단호한 대처
[문 서 번 호]   863-868
[발   신   일]   1953년 6월 19일 03시 00분
[수   신   일]   1953년 6월 19일 11시 52분
[발신지 및 발신자]   도쿄/드장(주일 프랑스대사)

보안

사이공 공문 제616-621호
본인의 전보 제778-848호 참조

1. 이승만 대통령이 휴전협정에 대해 완고한 반대를 표명하게 했던 조치들 중에서, 반공포로의 석방은 가장 가능성이 있는 조치였습니다.

유엔군사령부는 우리 대사관이 이미 지적했던 이유로 상당히 염려했습니다. 사령부는 게다가 점진적으로 어느 수용소도 남한 사람들의 독점적인 보호에 남겨지지 않는 소지를 취했습니다.

18일 이전에는 어떤 사건도 일어나지 않았고, 사령부의 염려는 수그러지기 시작했습니다. 유엔군사령부는 적어도 휴전협정 조인 이전까지는 큰 사건이 발생하지 않기를 희망했습니다.

그러한 상황에서, 비록 예측 가능했고 실제 오래전부터 알고 있었다 할지라도, 대통령이 취한 조치는 오늘 하루 종일 대혼란이 일었던 도쿄 군사령부에게는 놀라움을 안겼습니다.

2. 대통령이 취한 주도적 행동의 결과는 매우 심각할 수 있습니다. 공산주의자들은 결과적으로 포로문제에 대한 6월 8일 합의는 이행될 수 없는 것이고 모든 협상을 다시 해야 한다고 주장할 수 있을 것입니다.

다른 한편으로 유엔군사령부가 스스로 오랫동안 휴전협정 발표 직후 35,000명 반공포로들을 석방하겠다고 밝히고, 이러한 조치가 5월 13일의 유엔군 제안에 규정된 상황에서 미군사령부는 이승만 대통령과의 은밀한 합의로 공산군 측에 의해 비난받고 몇몇 연합국에 의해서 의심받는 것까지도 염려해야 합니다.

이 점에 대해 런던과 뉴델리로부터 압박을 받은 미국 정부가 남한과의 심각한 마찰을 매우 꺼렸던 사령부에 손을 썼다는 사실은 잘 알려져 있습니다.

그러한 결정을 증명하기 위해, 이승만 대통령은 그러한 문제를 서로 얘기한 유엔당국이 그와 합의했다는 점을 상기시켰습니다.

처음으로 이 대통령이 숨김없이 유엔군사령부에 맞서고, 사령부에 속한 군대의 수장, 즉 남한 헌병대 사령관에게 규정에 위배되는 행위를 명령한 것에는 변함이 없습니다.

그로 인한 미국 정부의 상황은 이승만 대통령이 많은 사람과 개인적인 우의를 향유하고 대부분의 지도자와 미국 군대 수장에 대해 평가하는 것만큼, 그가 휴전협정에 관해 취한 비타협적인 태도가 한국에서의 그의 개인적인 입지를 상당히 강화시킴과 동시에, 유엔군사령부에 그의 권위를 약화시키기보다 오히려 그것에 도움이 되게 한 만큼 더욱 복잡해졌습니다.

3. 게다가, 다른 복잡한 일들이 감시·송환위원회를 맡아야 하는 중립적인 열강 정부들로부터 제기될 수 있습니다. 사실 인도와 스위스 정부는 무엇보다 유보적이었고 명백히 남한 정부의 태도에 관련된 몇 가지 보장조건의 수락에 달려 있었습니다. 군중 소요로 인해 사전에 오랫동안 예고되었고, 비밀리에 준비되었고, 모든 책임을 강력하게 주장하는 이승만 대통령의 개인 명령에 대해 갑자기 결행된 지난밤의 작전은 특히 포로들에 대한 협정과 휴전협정의 체결을 위해 남한에서 수행해야 할 개별 공산주의자의 다양한 부류들에 대해, 인도가

보내야 했던 징집군대의 안전에 대해 퍼부었던 다른 위협에 대해 새로운 확고
함을 보여주었습니다.

드장

【192】 15개국 한국 참전국들의 결의안 공표 계획(1953.6.19)

[전   보] 15개국 한국 참전국들의 결의안 공표 계획
[문 서 번 호] 4740-4741
[발   신   일] 1953년 6월 19일 13시 05분
[수   신   일] 1953년 6월 19일 19시 00분
[발신지 및 발신자] 워싱턴/보네(주미 프랑스대사)

보안

뉴욕 공문 제1011-1012호

한국 휴전협정의 결말이 나는 대로 24시간 안에 외무부로 알려드리겠습니다.
15개국 결의안에 서명한 정부들은 결의안 전문을 공표할 것입니다.

미국 정부는 그와 동시에 이 전문을 유엔 사무총장에게 전달할 것입니다. 같
은 결의안이 한국에 참전한 유엔회원국들 수도에서 공표된다는 것도 알리면서
말입니다.

대부분의 관련국들 역시 개별적으로 유엔 사무총장에게 문제의 문서를 뉴욕
주재 자국 대표들을 통해 미국 형식을 따라 전달하도록 했다고 워싱턴에 알렸
습니다.

보네

【193】 미 국무장관의 현 상황 발표(1953.6.19)

[전 보]	미 국무장관의 현 상황 발표
[문 서 번 호]	4753-4764
[발 신 일]	1953년 6월 19일 20시 10분
[수 신 일]	1953년 6월 19일 01시 15분
[발신지 및 발신자]	워싱턴/보네(주미 프랑스대사)

보안

2급 비밀

뉴욕 공문 제1013-1024호

포스터 덜레스 씨는 오늘 오후 북한 포로들의 탈주에 따른 한반도의 최근 전
개상황을 알리기 위해 한국 참전국들의 대사들을 호출하였습니다. 당연히 한국
대표는 제외하고 말입니다.

국무장관은 아이젠하워 대통령이 어제 이승만 씨에게 보내는 메시지 속에서
자신의 군대를 유엔군사령부의 권한 하에 두겠다는 남한 국가 수장이 취한
1950년 7월 15일의 갑작스러운 결정과 최근까지 이 대통령이 그의 미국 중재자
들에게 사전적 협의 없이 그러한 결정을 번복하지 않겠다고 한 약속을 상기시
켰다고 밝혔습니다. 아이젠하워 대통령은 또한 이전의 약속을 명백히 어긴 이
대통령의 행동으로 인해 생긴 매우 심각한 상황을 강조했습니다. 이러한 행동
은 사실 한국의 유엔군사령부의 통일성을 위협했으며, 사령부의 권한 속에 신
뢰의 부족을 초래하며 미래 계획의 성공을 위기에 빠뜨렸습니다.

덜레스 씨는 그런 다음 브루스 씨가 전한 미국 대통령의 메시지를 읽은 후
이 대통령의 설명은 남한 지도의 태도 변화를 보여주지 않았다고 밝혔습니다.

이 대통령은 사실 자신이 미국 중재자들에게 한 약속들은 전투 지역에서 남한 군대의 잠재적 후퇴에 관해서일 뿐이지 포로문제에 대해서는 아니라고 주장했습니다.

덜레스 씨는 미국 정부가 가지고 있는 증언들은 이 대통령이 단지 전쟁포로 문제만 겨냥하는 것이 아니라 분명하고 명백하게 휴전협정의 종결을 방해하려는 것이라는 점에 더 이상의 의심의 여지가 없는 것 같다고 말을 이어갔습니다. 유엔군사령부의 의사는 이와 같이 미 국무장관이 늘 그러한 합의의 조인을 위해 노력을 다했음을 강조합니다. 중국·북한 측은 오늘 저녁 판문점 대표단의 전체회의를 요구했으며, 우리는 이 대통령이 결정한 행동에 공산주의자들이 어떻게 반응할지 볼 수 있을 것입니다.

덜레스 씨는 다음으로 탈주 상황과 존슨 씨가 어제 건넨 같은 정보로 탈주 포로들을 체포할 수 있었던 기회들에 대해 전했습니다. 그러한 정보가 알려지자, 휴전협정에 이르도록 해주었던 상황들을 지금 재정립하는 것이 불가능하리라는 점은 자명합니다. 결국 상황은 현재 매우 불투명합니다. 우리는 이 대통령의 향후 태도를 사실상 예단할 수 없습니다. 또한 최근 몇 달 동안 북한포로들보다 중국포로들의 처리에 관심을 보였던 공산주의자들의 반응도 예측할 수 없습니다. 만일 유엔군사령부와 남한 간의 갈등이 자신들의 군사 계획에 새로운 전망들을 열어준다면, 중국·북한 측이 그들의 전략적 구상들을 재검토할 수도 있습니다.

덜레스 씨는 극동 담당 미 국무차관이 수요일 아침 이 대통령의 초청으로 휴전협정 문제의 여러 관점들에 대해 지방 관청들과 의논하기 위해 남한으로 떠나려던 시점에, 최근의 전개에 따라, 그가 로버트슨 씨에게 그의 출발을 물릴 것을 요구했다고 밝혔습니다. 이 대통령과 남한 당국이 미 국무차관의 방한 계획이 취소되지 않을 것을 청하자, 로버트슨 씨는 필시 일요일 혹은 다음 월요일에 떠날 것입니다.

국무장관은 또한 남한의 총리와 그 내용들이 몇 가지 희망을 안겨줄 수 있는 "매우 확고부동한 대화"를 가졌다고 밝혔습니다. 하지만 "서울의 분위기는 워싱턴의 분위기가 아니었고" 이 문제에 대해 헛된 기대를 해서는 안 되었습니다.

그의 발표 이후 제기된 여러 질문들에 답변하면서, 덜레스 씨는 자기가 알기로는 송환에 적대적인 중국포로들 사이의 갈등은 없었고 지금은 수용소 안에 송환을 거부하는 9,400명 북한포로만 있다고 했습니다.

미 국무장관은 유엔군사령부의 결의안 공표 가능성을 검토할 것을 허락했습니다. 이 결의안은 분명한 어조로 이 대통령의 행동을 규탄하면서 이 사태로부터 공산주의자의 선전을 꺼내든 당파에 저항할 것입니다.

만일 휴전협정이 체결되었다면, 비록 남한이 그러한 조치들을 시행했더라고 지금 말할 수는 없었을 것입니다. 명백히 거기에 가장 심각한 위험으로 가득한 상황이 있습니다.

오늘 저녁 판문점 회의는[1] 최고의 중대성을 갖고 있다고 덜레스 씨는 거듭 말했습니다. 공산 측의 결정이 전쟁포로 문제를 넘어서는 관심사에 의한 것인지 볼 수 있을 것입니다. 만일 그들이 휴전협정 준비가 되어 있음을 표명한다면, 유엔군사령부도 그렇게 할 것입니다.

보네

---

1) 휴전회담.

【194】 파리 발신 공문(1953.6.19)

[전   보] 파리 발신 공문
[문 서 번 호] 미상
[발   신   일] 1953년 6월 19일
[수   신   일] 미상
[발신지 및 발신자] 파리/브루스트라[1](프랑스외무부 사무국장)

보안

워싱턴 공문 제7886-7897호.   웰링턴 공문 제173-174호

뉴욕 공문 제1794-1795호.   방콕 공문 제495-496호

런던 공문 8825-8826호.   브뤼셀 공문 제1317-1318호

한국의 휴전협정의 경우 16개 열강의 결의안

   16개 열강의 결의안에서 제4조의 첨가에 관한 우리의 협상 상태는 다음과 같
습니다.

   첨가 수락: 미국, 영국, 벨기에, 그리스, 터키, 태국, 뉴질랜드.
   원칙상 수락, 하지만 다른 국가들의 입장 확인 이후: 캐나다. 네덜란드, 에
티오피아.
   원칙상으로는 호의적인 호주와 필리핀이 입장을 분명히 표명하지 않은 채
자국의 최종 입장 표명을 위해 다른 국가들의 입장을 기다림.

---

[1] 뱅상 브루스트라(Vincent Broustra). 프랑스 외무성 회담사무국장. 프랑스대사 역임.

438 한국전쟁 관련 프랑스외교문서 VI [1953. 01. 06~1953. 07. 31 / 장관실문서(1950. 06. 25~1952. 12. 10)]

콜롬비아와 남아프리카공화국의 책임 당국은 아직 연락을 취하지 못함.

워싱턴, 뉴욕, 런던에만 전합니다. 우리 대표들이 중심지에서 노력을 다해주기를 바랍니다.

브루스트라

【195】 한국 휴전협정의 결과들(1953.6.19)

[전 보]	한국 휴전협정의 결과들
[문 서 번 호]	232/AMHK
[발 신 일]	1953년 6월 19일
[수 신 일]	미상
[발신지 및 발신자]	홍콩/갈룰라(주홍콩 프랑스대사관 무관보좌관)

외교각서

프랑스외무부사무국

(정보부)

한국 휴전협정의 결과들

한국에서의 휴전협정이 임박해 보이는 때에, 그 결과들에 대한 제 의견을 전달해드려야 한다고 생각합니다. 이어서 드린 제 결론은 우리(서구연합국과 무엇보다 프랑스)가 잃은 것이 많고 얻은 것이 적다는 것입니다.

* * *

1. 서구에 대한 중국 공산주의의 근본적인 적개심

이 문제에 대해 상세히 전개한 1952년 2월 26일 제 외교각서 N°56/AMHK "중국의 외교정치의 바탕"을 다시 첨부합니다.

중국 외교정치는 다음의 원칙을 따릅니다.

"세계 혁명의 성공을 확신할 것."

이것은 헛된 문구일까요 혹은 반대로 명백한 사실일까요?

이데올로기적 계획에 대해서, 그것은 전투적 마르크스주의의 정의 그 자체입니다. 중국 공산주의는 열광적으로 예외 없이 그것을 지지합니다. 그들은 피식민국 혹은 반(半) 피식민국에서 혁명의 기술에 있어 기본적으로 주요한 공헌을 했다고 주장합니다. 그들의 혁명적 신념, 그들의 엄격함. 완고함은 다음의 것을 확인시켜 줍니다. 만일 어느 한 공산국이 공산주의 독트린을 거부한다면, 그것은 중국이라기보다 소련이 될 것입니다.

중국 공산주의는 자본주의 국가들을 쓰러뜨리고 해방시키려는 자신들의 의도를 숨기지 않습니다. 전쟁은 "해방 전쟁"이므로 성스럽고 완전히 정당한 전쟁으로 간주되어야 한다는 공문을 인용하는 것이 쉬울 것입니다. 실제로 중국 초등학교에서, 사람들은 아이들에게 언젠가는 미국을 해방시킬 거라고 말하면서 그들의 애국심을 타오르게 합니다.

올해 초, "미국에의 저항 - 한국 원조"라는 유명한 캠페인이 국가가 정한 첫 번째 임무가 되었습니다. 중국이 휴전협정을 체결하려는 현재 이러한 과제가 바뀌었을까요? 결코 아닙니다.

친구와 적을 구분하는 데 부적격함은 사실 중대한 범죄이며 중국 국민은 휴전협정의 의미를 오해하지 않는 것이 그 언제보다 더 중요합니다. 휴전조약은 공산 세계와 자본주의 세계 사이의 투쟁에서 전략적 부대시항일 뿐입니다.

만일 우리가 지금 중국을 그 독트린이 아닌 행위로 판단한다면, 체제의 설립 일자인 1949년 이후 취한 모든 조치들과 대외뿐만 아니라 국내의 계획이 궁극적으로 세계 혁명의 승리를 이루려는 것이었음을 확인하게 될 것입니다. 자본주의 국가와 싸우기 위해서, 중국은 내부에서 강해야 하고 강력한 군사 체제를 갖추어야 합니다. 결과적으로, 잠재적인 모든 적대 계급들, 그리고 투쟁에서 나약함의 원인이 될 계급들은 제거되어야 하거나 명령에 따르게 해야 합니다. 토지소유주, 부르주아, 지식인 등이 여기에 속합니다. 절대 권력은 격렬한 50여 명의 혁명가들의 손에 집중되어 있습니다. 모든 국가의 원천은 군사체제를 강화하는 데 집중됩니다. 비참한 국가에서, 군대는 넘치는 특권을 누립니다.

우리는 그러므로 중국이 우리에게 사실상 적대적이라는 점과 중국과 우리 사이에는 우리가 어떤 것도 취할 수 없는 전반적인 불일치가 존재한다는 점을 항상 인식해야 합니다.

그러한 상황에서, 휴전협정이 전반적 해결의 전주곡이 될 거라고 희망하는 것, 현재 이익이기 때문에 중국이 원한 전략적 방책 이외에 다른 것이 있을 거라고 믿는 것은 위험한 착각입니다.

* * *

2. 어째서 중국은 현재 휴전협정을 원하는가.

그 설명은 중국 내부의 상황과 소련과 중국 사이의 현재 관계 속에서 찾아집니다.

1) 중국의 딜레마: 국내 혁명 혹은 위대한 정치?

1949년 권력을 차지한 중국 공산 정부는 이론상 모든 일을 하는 데 있어 국내 혁명을 이루기 위해 결집할 것이냐 세계 혁명을 위한 투쟁에 실질적으로 참여할 것인가 두 가지 정책 중에 선택권을 가졌습니다.

여기서 소련과 중국 사이에 존재하는 명백한 편차를 눈여겨봐야 합니다. 1949년에는, 소련이 국내 혁명을 이룬지가 오래되었습니다. 소련은 1927년과 1937년 사이에 전반적으로 고요한 세계 속에서, 무엇보다 평화로운 국제 정세 속에서 그것을 완수했습니다. 그러한 유리한 상황에 만족하지 않고, 소련은 스스로에게 완전히 돌아가서, "한 국가 안에서의 혁명"을 이끌기 위해 "전체 혁명"을 거부했습니다. 자본주의 생산품에 자유롭게 접근하면서, 국제교류의 흐름에 폭넓게 참여하면서, 소련은 커다란 어려움 없이 산업화될 수 있었습니다. 그런 덕택에, 전쟁 이후, 자국의 정책수단을 사용하는 열강으로 떠올랐고, 행동에 옮길 준비가 되었습니다.

중국은 훨씬 더 불리한 상황에서 혁명을 완수해야 합니다. 무기 경쟁 속에서 두 진영으로 나뉜 세계, 분리된 교류의 흐름. 소련은 자국 정책 수단을 가졌고, 중국은 중국의 수단과 더불어 소련의 정책을 가졌습니다.

무엇이 딜레마일까요? 간단히 말해 중국은 실제적으로 선택권이 없다는 것입니다. 만일 중국이 국내 혁명에 매진한다면, 행위에 옮길 준비가 되어 있을 때에는 일본이 전쟁 이전의 위치를 탈환한 아시아를 보게 될 위험이 있습니다. 만일 중국이 집결 정책을 택한다면 아시아의 상황은 아직 유동적이어서 중국은 자본주의 진영을 결집하게 만들 위험이 있습니다. 그것이 어제도 아닌 지금 중국이 아시아에서 대처해야 하는 것입니다.

하지만 만일 중국이 그러한 것을 지나친다면, 혁명의 기회를 놓칠 위험이 있습니다. 왜냐하면 중국은 국경까지 혁명과 위대한 정책을 이끌기 위한 충분한 자원이 없기 때문입니다.

2) 선택의 기한이 촉박하다.

이러한 문제에 봉착한 중국은 지금까지 선택의 기한을 미뤄왔습니다.

실제, 중국은 이론적으로 혁명의 파괴적 단계로 들어가기 시작했습니다. 중국은 바닥부터 꼭대기까지 이전 사회를 뒤엎었습니다. 중국은 국가의 정치적, 행정적, 사상적, 경제적 뼈대를 만들었습니다. 이러한 단계는 "값이 적게 드는 혁명"의 단계입니다. 중국은 재정적 투자도 얻지 못했을 뿐만 아니라 중국 자산가들이 숙석하고 숨긴 모든 "지방"과 모든 국가자원을 취하는 제도를 받아들였습니다. 1937년과 1947년, 국민당 하에서, 중국의 예산은 미국 달러로 5억 달러 정도에서 정해졌고 1953년에는 120억 달러에 달합니다.

그렇지만 이러한 "값이 적게 드는 혁명"은 끝났습니다. 중국이 만일 혁명이 소멸되기를 원치 않는다면 지금은 건설적 단계로 넘어가야 합니다. 그것은 산업국가로 바꿔야 하는 단계입니다. 필시 "값비싼 단계"가 될 것입니다.

중국이 파괴적인 혁명을 한 만큼, 중국은 한국에서의 전쟁을 이끌 수 있었습니다. 하지만 시간은 더 이상 비생산적인 소모에 있지 않습니다. 중국은 기꺼이 산업화를 위한 자국의 가용 자원이 취약함을 인정했습니다. 한국전쟁을 살찌웠던 "지방"과 시민전쟁 이후의 첫 번째 제거 작업이 용해되었습니다. 중국은 1년 생산량밖에 가지고 있지 않습니다.

만일 중국이 한국전쟁에서 빠른 군사적 해법을 어렴풋이 보았다면, 아마도 15분 이상 노력을 다하는 데 주저하지 않았을 것입니다. 만일 그러한 해결책이 없다면, 반대로 전쟁은 정체된 채로 있을 것이고, 자원이 기본 요소가 되는 작전 속에 있을 것이며. 미국은 자원의 풍요로부터 오는 모든 이득을 향유할 것입니다.

3) 휴전협정은 선택을 지연시키는 절반의 조치입니다.

그와 같이, 선택은 촉박해지고, 거역할 수 없게 되었습니다. 하지만 중국은 선택권이 없습니다. 중국이 우유부단하게 무너질까요? 중국은 절반의 조치를 찾을 것이고 한국에서의 휴전협정은 그러한 조치들 중의 절반입니다.

결국 휴전협정은 어떤 전반적인 문제도 해결하지 못할 것입니다. 그것은 중국이 몰두한 일들과 규정들을 해치지 못할 것입니다. 중국이 원할 때 최소한의 핑계를 가지고 그것을 깰 수 있습니다. 반대로 휴전협정은 선택의 기한을 뒤로 물리는 유예와 어려운 내부 사정에 즉각적인 위안이 될 것입니다.

4) 스탈린의 사망은 중국·소련의 편차를 완화시킵니다.

산업화로 넘어가기에 바쁜 중국은 이론상 1952년 12월 달부터 휴전협정을 원했습니다. 어째서 중국은 1953년 5월까지 기다렸을까요?

스탈린의 죽음이 상황에 새로운 요소를 가져왔기 때문임은 부인할 수 없습니다. 모든 전문가들은 스탈린의 죽음이 권력 다툼과 더불어 그의 후계 문제가 결정적으로 해결될 때까지는 소련을 약화시킬 것이라는 데 의견을 같이 합니다. 소련은 현재 외부에서 때를 기다는 경향이 있습니다. 그러므로 가까운 장래에 중국과 소련의 경향이 일치할 것입니다. 편차는 소련이 공격 정책을 재개할 때 다시 벌어질 것입니다. 하지만 이제 중국은 유예상황을 이용할 것입니다.

3. 중국에 대한 한국전쟁의 결과들

만일 우리가 휴전협정의 결과들을 평가하고자 한다면, 이번 전쟁의 중국에 대한 영향을 검토하는 것을 필수적입니다.

1) 전쟁과 함께, 중국은 혁명을 서둘렀습니다.

한국전쟁에 끼어 들 때까지, 마오쩌둥과 그의 동료들은 느리고 현명하고 필요한 경우에만 폭력을 사용하는 유연한 혁명을 내세웠습니다. 기한은 20년, 그 이상도 가능합니다.

1950년 6월부터, 느림, 지혜, 설득은 휴지통에 버려지고 중국은 갑자기 3개에서 5개의 유명한 반대편 캠페인에 이어지는 열광적인 민중선전으로 과격한 혁명으로 빠져들었습니다. 2년 안에 예전 사회는 백지로 돌아갔습니다. 하지만 어떠하든, 대단한 경제적 비약, 피해를 측정하기 위한 1950년 초의 열광을 상기하는 것으로 충분합니다.

공산주의자의 군주론을 알아가면서, 한국전쟁과 중국의 국내 혁명의 가속화 사이에 원인부터 결과까지의 관계가 있다고 저는 확신하지 못합니다. 아마도 단순한 우연의 일치는 있을 것입니다. 왜냐하면 1950년에 체제가 여기저기에 통제기구를 설립했고 그것은 선석으로 과격한 혁명으로 가지 위한 것이었기 때문입니다. 아마도 마오쩌둥은 작은 분량보다는 한 번에 숙청을 단행하는 것이 낫다고 생각한 것 같습니다. 여하튼, 그러한 일치는 당황스러운 것이었습니다.

2) 중국 자원의 큰 부분이 탕진되었습니다.

1950년, 중국은 자국 군대를 복원하기 시작했고, 병력은 1,800,000명까지 늘어났습니다. 한국전쟁과 함께, 그들은 4,000,000명(1,000,000명 증감)을 넘어섰습니다. 소련이 한국에 잠전한 중국 군내의 모든 상미를 무싱으로 재공힐 것을 수락하면서, 이 전쟁은 중국 재정을 고갈시키는 짐이 되었음에 틀림이 없습니다. 공산 중국의 예산 검토는 1950년 3억 9천만 달러, 1951년에 24억 6천 9백만 달러, 1952년에 43억 천만 달러의 손실을 보여줍니다.

3) 수출금지는 다만 서구에서만 처분할 수 있는 상품을 중국에 금지시켰습니다.

수출금지에서는 몇 가지 틈새가 있었습니다만, 전체적으로 그것은 효과적이었습니다. 그 증거는 중국의 주요 항구인 상하이, 텐진, 칭다오가 죽어버렸습니다. 상하이는 전쟁 이전 세계에서 6번째 항구였습니다.

중일전쟁과 오랜 시민전쟁의 폐허 상태를 재건하고자 노력했던 예민한 시기에, 중국은 설비의 기반들을 절단했습니다. 중국이 그것을 소련과 그 위성국들인 공산국에게서 끌어낼 수 있을까요? 적은 양이면 분명 가능합니다. 상당한 양이면 분명 그렇지 않습니다. 그럴만한 이유는, 중국이 어떤 경로로 그것을 할 수 있을까요? 시베리아 횡단철도는 동쪽 시베리아와 한국에 있는 중국 군대의 배꼽 줄입니다. 그것이 중국 경제에 필수적인 민간 물자를 보충적으로 운반할 수 있을지는 의문입니다.

4) 수출금지는 중국 수출의 정체를 가져왔습니다.

미국은 중국의 주요 고객 중의 하나였습니다. 그들은 더 이상 아무 것도 사지 않습니다.

다른 한편, 중국 2차 생산품밖에 없습니다. 콩, 비단, 계란, 차, 향신료, 약간의 텅스텐과 주석. 관건이 되는 생산품은 석탄이며, 일본만 관심을 가지고 있습니다(극히 사실입니다).

해운회사들이 중국으로 향하는 화물을 찾지 못하기 시작하면서부터(중국이 상대가 팔기를 거부하는 전략물품만을 사기를 고집하기 때문에), 중국은 자국의 생산품을 수출하기 위한 화물을 찾지 못합니다. 생산품들은 창고에 쌓입니다.

5) 전쟁은 체제와 군중 사이를 갈라놓았습니다.

1950년, 체제에 대한 민중의 열광은 부인할 수 없는 것이었습니다. 오늘, 전반적인 불평은 당국이 공개적으로 걱정하는 바입니다. 체제는 파라다이스를 약속해놓고, 땀과 피와 눈물만을 주었습니다.

돈이 필요하고 또 필요해지면서 그것은 상인들과 산업을 망쳤습니다. 그들은 적들이었으므로, 그것은 중요하지 않았습니다. 하지만 체제는 농부들에게 세금을 내게 하고 더 내게 했습니다. 그러한 세금을 얻기 위해, 체제는 관리자들의 뒤를 찼고, 관리자들은 자기 차례에 국민의 뒤를 찼습니다.

결과는 굶주림, 보통 농장의 일에 매여 있어야 하는 순간에 농부의 도시로의 탈출, 전반적인 나태함. 신경병의 유행.

* * *

4. 휴전협정의 결과들

지금 중국에게 무엇이 휴전협정의 행복한 결과인지 예상하기란 용이합니다. 그것은 경제, 정치, 군사 모든 분야에서 느껴질 것입니다.

1) 휴전협정은 중국의 재정적 어려움을 곧장 완화시킬 것입니다.
그것은 결과적으로 한국에서 중국 자원의 손실이 중단되는 것을 의미합니다.

2) 휴전협정은 중국의 대외 무역을 재개를 보장할 것입니다.
사실 미국이 수출금지의 연장을 제기할지는 의문입니다.

3) 휴전협정은 체제에 대한 민심을 되돌려 줄 것입니다.
휴전협정에 뒤따르는 경제적 긴장완화는 베이징 정부가 국민에 대한 압박을 풀게 해줄 것입니다. 필요한 선전의 양에 수반된 세금과 당국 권한의 유연화는 불평분자들의 집결을 용이하게 할 것입니다.

4) 유선협성은 숭국이 역명을 계속하게 해둘 것입니다.
중단된 혁명은 죽은 혁명입니다.

오늘날 중국의 혁명은 어떤 것입니까? 그것은 5개년 계획에 의해 구체화된 산업화입니다. 한국에서의 비생산적인 소비의 중단은 이 계획에서 투자될 가능성이 있는 중국 물자를 풍요롭게 할 것입니다. 수출금지의 종결은 중국에 서구적 설비의 기반들을 열어줄 것입니다.

5) 중국은 군사장비를 현대화시키고 강화시킬 수 있을 것입니다.

중국은 한편으로는 막대한 산업을 발전시킬 것이고 다른 한편으로는 전투적 활기가 더 이상 한국에서의 작전 이행에 의해 소모되지 않을 것이기 때문입니다. 중국의 군대에서는, 방점은 질에 있을 것이고 숫자에도 있을 것이다.

6) 중국은 주도권을 쥐고 있을 것입니다.

우리는 공산국들이 휴전협정을 마음대로 깰 수 있음을 잘 알고 있습니다. 반대로 우리는 민주주의 국가들이 그렇게 할 수 있다고 생각지는 않습니다. 그러한 상황에서, 추정한 것이건 실제적인 것이건 미국의 모든 계산은 중국에게서 주도권을 뺏기 위해 중국이 진지하게 생각하기 시작하는 순간 초기에 그것을 없애버릴 것입니다.

7) 중국은 자국이 선택한 모든 방면에서 압력을 행사하는 데 있어 다시 자유로워질 것입니다.

중국의 거대한 군대가 한국에 펼쳐지는 동안, 중국은 원칙적으로 한국에서만 행동할 수 있었습니다. 휴전협정 이후, 중국은 대만과 동남아시아에 위협을 가할 수 있을 것입니다.

8) 중국은 유엔 가입 기회를 강화시킬 것입니다.

그 문제는 이미 뜨겁게 논의된 바 있습니다. 그것은 게다가 서구 진영에 불협화음을 낳을 수 있는 계기가 될 것입니다.

9) 중국은 아시아에서의 선전을 강화할 수 있을 것입니다.

한편으로는 아시아와의 무역의 미끼를 통해, 다른 한편으로 중국이 아시아에 할당할 수 있는 상당한 자금 덕분에 그렇습니다.

* * *

5. 휴전협정의 인도차이나에 대한 결과들

인도차이나는 위험하지 않은, 약간의 비용이 드는, 일종의 이득이 되는 한국입니다.

휴전협정이 체결되자마자 중국이 인도차이나로의 노골적인 공격에 전념할 것인지는 의문입니다. 그러한 작전은 상당한 위험을 제기하고, 중국도, 소련도 지금 그렇게 하고 싶어 하지는 않습니다.

또한 한국에서의 전투 중단이 중국으로 하여금 베트남 전쟁 물자를 풍족하게 해줄 것이라고 믿는 것은 잘못된 생각입니다. 이러한 인도차이나 전쟁의 성격은 베트남에 더 이상 몰두하는 것을 금합니다. 중국이 인도차이나에 대한 노력을 강화하는 것은 경제적 혹은 논리적 이유 때문이라기보다 정치적 이유 때문입니다. 이 전쟁에 개입하면서, 중국은 동남아 전체에 숨 돌릴 겨를을 주지 않을 것이며, 우리가 아시아의 상황을 해결하기 위해 부분적 집결을 활용하는 것을 방해할 것입니다.

한국은 막다른 골목입니다. 한국을 둘러싼 바다 저편으로, 이 국가는 일본에 이릅니다. 일본은 중국에 대해 적어도 예상 가능한 미래에 접근할 수 없는 대상이 됩니다. 인도차이나는 반대로 상당히 넓은 길, 마르크스주의자의 전략가에 소중한 최소한의 저항선을 따르는 도로를 열어놓습니다.

남한에 대한 공격은 전형적인 전투였습니다. 인도에서도 버마에서도 그러했습니다. 인노차이나 선생은 반대로 처음부터 독립전쟁으로 보였고, 대부분이 아시아 국민들은 현실에 눈을 감았습니다.

한국에서 중국은 직접 관여해야만 했지만, 인도에서는 베트남을 통해 행동했습니다.

한국에서 중국은 가장 강력한 서구 열강을 상대해야 했습니다. 중국은 비싼 입장의 전쟁을 치러야 했습니다. 인도차이나에서는, 중국은 최소 3개 열강들과 간접적으로 부딪쳤습니다. 이 전쟁은 막중한 경비를 요구하지 않았습니다.

중국이 인도차이나로 눈을 돌리기 위한 군사적 요소가 그 정도인 만큼, 한국에서의 휴전협정에 이어, 중국이 베트남에 화해를 바랄 것이라고 생각하는 것은 신중하지 못해 보입니다. 쉽게 우리가 베트남의 소모전을 전적으로 과소평가하지 않는 이상 말입니다.

* * *

6. 결론

중국 공산국은 냉혹한 적입니다. 그러한 적을 우리가 감시하건 그러지 않건 우리는 전쟁 중에 있습니다. 이러한 사실은 더 이상 논의의 여지가 없습니다. 이론적으로, 우리의 모든 행동은 끝까지 가려는 목표를 가져야 할 것입니다.

휴전협정은 그렇다면 누구에게 이득일가요? 저는 무엇이 중국에 대해 불행한 결과일 수 있는지 헛되이 찾아보았습니다. 저는 아무것도 찾지 못했습니다. 중국의 상황이 지금 결코 좋지 않음에도 불구하고, 중국은 최대의 이익을 판문점에서 얻었습니다. 중국은 바라지 않았던 성공으로 1951년 6월 유예를 보장하기 위해 협상을 요구할 때의 타격을 되풀이했습니다.

우리는 이미 소련을 제지하는 데에도 힘들어하고 있습니다. 우리가 중국에 그렇게 하는 두 번째 국가가 되도록 한다면 어떻게 될까요? 한국전쟁은 우리에게 중국의 맹렬한 군대를 적은 비용으로 흡수하고 고갈시키는 기회, 소련과의 관계를 악화시키는 기회, 중국 국민에게 지도자에 대한 반감을 심어주는 기회를 주었습니다. 그것은 대체로, "정당한 시간에, 정당한 자리에서, 정당한 전쟁"이었습니다.

우리의 동맹을 이끄는 미국 정부가 매듭을 짓기 위한 선거 약속 외에 다른 이유를 가지지 않기를 바라는 것 외에 남은 일은 없습니다. 왜냐하면 미국과 중국 사이의 소모전에서, 미국이 첫 번째로 참아내지 못한다면 우리의 미래는 어두울 것이기 때문입니다.

무관보좌관 갈룰라 대위

【196】 북한포로 석방 사태에 대한 여러 언론의 관점(1953.6.20)

[전 보]	북한포로 석방 사태에 대한 여러 언론의 관점
[문 서 번 호]	1332
[발 신 일]	1953년 6월 20일 13시 00분
[수 신 일]	1953년 6월 20일 19시 55분
[발신지 및 발신자]	모스크바/족스(주소련 프랑스대사)

　　오늘 모든 언론은 25,000명 북한포로의 석방 사태 속에서 미국의 은밀한 합의를 고발하는 개성에 있는 신화통신 기자의 보고를 다시 거론하는 베이징의 타스통신 보도문을 실었습니다. 기자에 따르면, 이승만은 포로들을 석방하려는 의사를 발표할 것이고, 원칙상 합의를 표명했다고 합니다. 그 사건에 미국의 개입에 관한 또 다른 증거는 문제의 4개 수용소 보호를 맡은 중국·북한 병사가 미국 장교사령부에 있었다는 사실입니다. 미국이 이승만의 의도를 완전히 알았다 해도, 그들은 포로 석방 이후에만 남한의 감독과 교대했을 것입니다.

　　뉴욕의 타스통신은 유엔 사무총장 함마르셸드[1] 씨의 발표를 언급합니다. 그에 따르면 포로석방은 유엔의 입장과 전적으로 배치되는 심각한 사건입니다. 뉴욕 타스통신의 두 번째 통신문은, 잘 알려진 한 사람이 만일 평화가 쟁취되지 않는다면, 모든 나라들에서는 그러한 상황을 만든 미국을 고발하려 할 것이라고 주장했다고 전합니다.

　　마지막으로 런던의 타스통신은 영국 언론의 불평을 전합니다. 『타임스』는 "미래는 남한의 권력을 손에 넣기 위해 좀 더 합리적인 정당이 존재하지 않는지 보여줄 것"이라고 주장합니다. 『데일리익스프레스』는 혹시 이승만 씨가 군사작전을 수행하려는 것이라면, 혼자서 그렇게 하게 내버려두어야 한다고 생각합니다.

---

1) 다그 함마르셸드(Dag Hammerskjöld, 1905-1961). 유엔 사무총장(1953-1961).

『데일리익스프레스』는 이승만과 결별할 것을, 만일 필요하다면 그의 정부를 전적으로 내려놓아야 한다고 조언합니다.

그 문제에 대한 유일한 해석은 『리테라투나야 가제타』[2]의 기사로, 평화에 대한 적의 도발 앞에서 세계 여론의 지탄과 염려를 전합니다.

[2] Literatournaya Gazeta. 소련 작가연합 기관지.

【197】 북한포로 석방에 대한 미국의 입장(1953.6.20)

[전 보]	북한포로 석방에 대한 미국의 입장
[문 서 번 호]	871-875
[발 신 일]	1953년 6월 20일 01시 00분
[수 신 일]	1953년 6월 20일 09시 20분
[발신지 및 발신자]	도쿄/드장(주일 프랑스대사)

보안

우선문건

2급 비밀

사이공 공문 제623-627호

1. 공산주의자들은 내일 아침 전체회의를 요구했습니다. 유엔군사령부는 북한포로들이 석방에 대한 항의를 예상하고 있습니다.

뜻밖의 사건에 대해 유감을 표하고, 끼어들지 않을 수 없는 난처한 사건에 화가 나 있는 데 대해, 유엔군사령부가 공산진영에 제의할 어떤 가능성이 있든 간에, 유엔군은 그것을 지나치게 비극적인 것으로 생각하는 않는 경향을 가진 것으로 보입니다. 그들은 무엇보다 그것을 일종의 테스트로 여김에 틀림이 없습니다. 만일 중국·북한이 휴전협정을 실제로 원한다면, 이승만의 행동은 종결 전날에도 협상을 깨뜨리지는 않을 것입니다. 반대로 만일 그들이 논의를 계속하거나 무한정 조인을 연기하기 위해 그것을 이용한다면, 그들은 휴전협정을 맺고 한국전쟁의 평화적 해결을 찾으려는 의도 속에서 좀 덜 성실하게 나올 것입니다.

공산주의자들의 장난을 막기 위해, 유엔군은 무엇보다 그들 사이에 불신과 반감을 불러올 수 있는 모든 것을 삼가야 할 것입니다.

또한 이른바 국경에서 풀려났다는, 하지만 실제로는 북한 군대에 섞어놓은 48,000명의 남한 사람들 감추기에 의해 공산군이 전쟁포로에 대한 논의를 시작했음을 상기하는 것은 시의적절할 것입니다.

2. 오늘 급하게 만난 클라크 장군과 머피 장군은 당연히 매우 바빴습니다. 그들은 공산군들과 함께 할 어려운 해명들을 예상했습니다만, 휴전협정이 어쩔 수 없을 정도로 위태로워졌다고는 생각하지 않았습니다.

언뜻 보기에 사람들은 수용소에서 문제의 남한 감독관들을 미국인들로 교대시키지 않은 유엔군사령부를 비난하려고 할 수 있습니다. 사실, 문제는 더욱 복잡합니다.

클라크 장군은 그러한 교대를 생각했습니다만 상당한 숫자의 포로들을 감독하는 데 있어 그것은 격렬한 공격이 실제 이루어지는 국경에서 대기할 수 있었던 때 미국 전투 부대를 빼내야만 했을 것입니다.

다른 한편으로는, 미국사령부는 채택된 안전조치가 무엇이든 간에 반공포로들은 집단 탈출을 시도할 것이라고 생각했던 진정한 이유로, 미군이 총을 쏴야만 하는 강제상황 속에 놓이는 것을 택하지 않았습니다. 만일 미국 병사들이 상당한 수의 포로들과 싸워야 했다면, 공산군 선전은 그러한 학살을 이용할 것입니다.

군사령부는 필시 내일 언론에 그들의 입장을 해명하는 내용이 실리도록 할 것입니다.

드장

【198】 북한포로들의 탈출에 관해(1953.6.20)

[전 보]	북한포로들의 탈출에 관해
[문 서 번 호]	876
[발 신 일]	1953년 6월 20일 10시 20분
[수 신 일]	1953년 6월 20일 14시 35분
[발신지 및 발신자]	도쿄/드장(주일 프랑스대사)

보안

우선문건

1. 오늘 아침 게재된 6월 17일자 편지 속에서, 이 대통령은 아이젠하워 대통령이 개인적으로 전한 휴전협정을 위한 협력 호소를 거절했습니다. 한국의 통일은 휴전협정의 종결 이후 평화적 노선을 통해 추구되어야 했습니다.

이승만 씨는 만일 유엔이 몇 가지 이유로 휴전협정의 종결처럼 한국에 참여하기를 그만두거나 완전히 물러나려고 한다면, 그것에 대해 할 말이 없다고 썼습니다.

반면 우리는 미국과 공산군 측의 협상가들 사이에 판문점에서 중단된 휴전협상의 사항들을 받아들일 수 없습니다. 그러한 사항을 검토하지 않았기 때문이 아니라 그것이 한국이라는 국가의 어떤 죽음을 의미하기 때문입니다.

(부분 판독 불가)

2. 워싱턴 공문에 따르면, 아이젠하워 대통령은 이 대통령에게 미국 정부가 남한이 26,000명의 탈출 포로들을 체포할 수 있도록 모든 노력을 펼치기를 기대한다고 표명했습니다.

3. 다소 많은 북한포로들의 탈출은 감시관들의 개입에도 불구하고 어제 낮과 오늘 아침에 이루어졌습니다. 포로들 중에는 부상당하거나 죽은 사람들도 있습니다.

국방부에 전달 요망.

드장

【199】 수용소 포로들에 대한 사령부의 조치(1953.6.20)

[전 보]	수용소 포로들에 대한 사령부의 조치
[문 서 번 호]	879-884
[발 신 일]	1953년 6월 20일 08시 30분
[수 신 일]	1953년 6월 20일 13시 54분
[발신지 및 발신자]	도쿄/드장(주일 프랑스대사)

보안

국방부에 전달된 사이공 공문
국방부에 전달 요망

1. 클라크 장군의 미 참모부 제3사무국장인 머제트 장군은 어제 교섭단체장들을 소집했습니다. 그들에게 포로문제를 알리려 한 것입니다.

이전에 6월 18일에는 125,000명 전쟁포로 중 105,000명이 북한포로들이고 20,000명이 중국포로들이었습니다.

전체 중 북한인 35,000명, 중국인 14,500명을 더한 74,000명은 송환을 원합니다. 그 중국인들은 제주도에 있으며 탈출할 수 없습니다.

35,000명의 반공 북한인들은 주요 7개 수용소와 보조적인 2개 수용소로 분산되었으며, 한국의 남서쪽 9개 지역에 있을 것입니다. 그러한 수용소 각각의 사령관과 행정업무의 수장은 미국인이었습니다.

지난 번, 이 대통령은 자신은 휴전협정을 받아들이지 않을 것이며, 행동의 자유를 재개할 의사를 표명했습니다. 군사령부는 실제적 조치들을 검토했습니다.

클라크 장군은 수용소 감시에 있어 남한 사람들을 교대하지 않기로 결정했습니다. 그는 사령관들에게 미국인의 생명이나 한국인 감시관들의 생명이 위협받을 때를 제외하고는 필요하면 총격 무기 말고 유독가스를 사용하여 탈출을 막으로라고 명령했습니다.

포로들을 석방하라는 명령은 이 대통령에 의해 내려졌고 대통령 직속 헌병총사령관 원용덕[1]이 시행했습니다. 한국군 참모총장 백 장군은 아니었습니다.

남한의 통신사령관인 헤렌[2] 장군은 2개의 보병 전투를 준비합니다. 18일과 19일 밤의 사건 이후, 그는 수용소의 감시가 미국인에 의해 방비되도록 명령했습니다. 작전은 19일 아침에는 실행되지 않았습니다.

971명의 탈출자들은 체포되었습니다. 탈출하지 않은 나머지 반공 북한포로들 9,400명은 최고의 보안을 자랑하는 수용소에 집결시켰습니다.

2. 이러한 발표 이후, 장군은 몇 가지 질문에 대답했습니다.

이 대통령이 군사행동 관련하여 유감스러운 결정을 취할 것이라고는 생각하지 않습니다. 남한인들이 휴전협정에 규정된 조치들을 시행하지 않을 경우 특히 군사분계선 2킬로미터 반경에서는 다양한 조치들이 검토되었습니다.

사령부는 미국인들과 남한인들 사이에 사소한 마찰들을 피하는 방법으로 남한 군대의 재편성을 계획하고 있습니다.

드장

---

1) 원용덕(1908-1968). 한국군 제2군단 부군단장, 헌병총사령관 역임.
2) 토마스 W. 헤렌(Thomas Wade Herren, 1895-1985). 한국병참관구사령관.

【200】 중국·북한 최고사령관의 서한문(1953.6.20)

[전   보] 중국 · 북한 최고사령관의 서한문
[문 서 번 호] 889
[발   신   일] 1953년 6월 20일 10시 30분
[수   신   일] 1953년 6월 20일 15시 31분
[발신지 및 발신자] 도쿄/드장(주일 프랑스대사)

1. 공산군 측의 요구로 오늘 6월 20일 11시 유엔군사령부 대표들과 중국 · 북한 대표들이 모였습니다. 공산군대표단 단장 남일 장군은 전쟁포로 25,000명의 탈주 관련하여 18일 해리슨 장군의 편지에 대한 답변으로 김일성 최고지도자와 펑더화이 장군이 서명한 편지를 읽었습니다.
　회의는 11시 25분에 산회하였고, 다음의 회의를 위한 어떤 날짜도 정하지 않았습니다.

2. 클라크 장군에게 보내는 서한문

　"우리는 남일 장군을 통해 해리슨 장군의 1953년 6월 18일 편지를 받았습니다.
　이 편지에서 장군은 남한 보안부대와 외부의 도움과 더불어 남한 정부 고위계층이 합력하여 사전에 비밀리에 계획되어 제5, 6, 7, 9수용소에 억류된 북한군 포로들 25,000명이 탈주했고 6월 18일 포로수용소를 빠져나갔다고 하셨습니다. 게다가, 남한의 이승만 씨는 명백하게 남한군대에 대한 그의 명령으로 그러한 전쟁포로들이 풀려나도록 허락했다는 것입니다. 양 진영이 전쟁포로 송환문제에 합의 서명을 한지 겨우 열흘밖에 안되었습니다. 장군이 직접 통제하는 남한군대와 정부는 의심의 여지없는 방식으로 이러한 합의를 위반

했습니다.

송환되지 않은 전체 전쟁포로의 절반 이상이 되는 25,000명이 소위 석방 명령과 외부 행동과 협력한 내부 보안부대의 비밀 행동 덕분에 포로수용소를 곧바로 떠나게 하고, 공개적으로 그들이 그러한 포로들을 전쟁포로의 힘으로 목적을 달성하려는 방식으로 남한군대에 편입시킬 준비가 되어 있다고 밝히면서 말입니다. 6월 19일에는 다른 전쟁포로들이 수용소를 떠났습니다. 그러한 상황에서, 우리는 이러한 사건이 극히 심각하다고 생각하지 않을 수 없습니다.

얼마 전부터, 남한의 이승만 도당은 한국의 휴전협정에 반대한다고, 북진하겠다고, 나라를 통일하겠다고, 송환 거부 한국전쟁포로들을 풀어주겠다고 떠들어댔습니다.

장군은 그러한 문제를 모르지 않을 것입니다. 하지만 장군은 그러한 사고를 예방하기 위해 어떠한 조치도 취하지 않았습니다. 그것은 전쟁포로에 대한 합의를 위반하고 휴전협정의 실행에 장애물을 치기 위해 오랫동안 준비된 이 계획의 실행에 있어 장군의 수용소가 고의로 이승만 도당의 공범임을 증명합니다.

우리는 이러한 사고에 대한 중대한 책임이 장군께 있다고 봅니다.

우리 진영은 오래전부터 그리고 여러 번에 걸쳐, 장군 쪽 진영이 그토록 선전했댔던 전쟁포로의 강제 송환을 방해한 정책이 순전히 작위적이고 현실적이지 않은 사실에 대해 장군의 주의를 부탁했습니다. 반대로 전쟁포로를 무력으로 억류할 가능성은 존재하고 매일 더해갑니다. 우리는 그러한 것에 반대합니다. 우리가 방금 겪은 이승만 씨에 의해 전쟁포로에게 행해진 위압과 탈주와 사건은 전쟁포로에 대한 강제 역류가 반박할 여지가 없게 되었음을 증명합니다. 그러한 태도는 곧 그러한 사건을 야기할 수밖에 없고 조인 준비가 된 휴전협정에 영향을 미칠 수밖에 없었습니다.

이 사건이 가져온 극도로 심각한 결과들을 생각해보면, 우리는 다음과 같은 질문을 던질 수 있을 뿐입니다.

유엔군사령부는 남한의 군대와 정부를 통제할 수 있는가? 반대의 경우, 남한에서의 휴전협정은 이승만 도당을 포함시키는가? 만일 그러한 도당이 포함되지 않는다면, 남한 측의 휴전협상을 성사시키는 데 얼마나 확실한 조건이 되겠는가? 만일 반대로, 포함된다면, 장군은 지금은 자유의 상태가 된 25,052 명 전쟁포로들 전체의 즉각적 회수에 대해 책임이 져야 할 것입니다. 즉 풀려 나거나 강제로 억류된 이들, 남한 군대 속에서 편성된 이들 말입니다. 장군은 게다가 그와 같은 사건이 절대 앞으로 일어나게 하지 않겠다는 약속을 해야 합니다.

　　장군의 답변을 기다립니다. 김일성과 펑더화이."

국방부에 전달 요망.

드장

[전 보]	반공포로 석방 사태로 인한 미국과 이승만 대통령의 관계
[문 서 번 호]	890
[발 신 일]	1953년 6월 21일 01시 45분
[수 신 일]	1953년 6월 21일 10시 58분
[발신지 및 발신자]	도쿄/드장(주일 프랑스대사)

1. 6월 18일 이승만 씨에게 전달되고 어제 공개된 편지에서, 클라크 장군은 대통령에게 한국의 육·해·공군에 대한 전반적 권한을 강하게 피력했습니다. 그는 1950년 여름, 한국 대통령이 유엔군사령부에 전한 편지 내용을 상기시켰습니다. 그것은 전투 기간 동안 남한군사령부를 유엔에 위임한다는 것이었습니다. 그는 또한 대통령이 브릭스 대사에게도 클라크 장군의 지휘 하에 있는 남한 군대에 관련하여 장군과의 철저하고 숨김없는 논의 이전에 일방적인 조치를 취하지 않을 것을 약속했다고 강조했습니다. 반공포로들을 풀어준 이승만 대통령의 태도는 그러한 약속을 철회한 것입니다.

클라크 장군은 당시 자유의사로 자진해서 이 대통령이 한 개인적 약속을 일방적으로 파기한 것에 매우 충격을 받았다고 썼습니다. "저는 현재 귀하의 성급하고 충격적인 태도에서 나온 극단적 결과들을 존중할 수 없습니다. 그것이 최근 몇 년 동안 우리가 많은 희생을 치루며 나눈 공동전선에 가져올 수 있는 결과들을 가늠하기란 불가능합니다.

2. 펑더화이 쪽에서는, 총리 임무를 수행하는 남한의 외무부장관이 어제 클라크 장군에게 전한 편지에서 한국 국민에게 무방비의 반란을 자극하지 말 것을 요구했습니다. 그는 또한 미국이 보호하고 억류하고 있는 북한 반공포로 9,000

명의 석방을 주장했습니다.

3. 남한 정부는 한국이 획득한 26,000명의 새로운 시민에 대한 구제 계획을
승인했습니다. 이 계획은 식량, 주거비, 의복의 지원을 규정하고 있습니다. 반
면, 여러 남한 인사들과 외무부장관은 정부가 남한군대에 석방된 북한인들을
편입시키는 것에 반대했습니다.

4. 백두진[1] 남한 총리는 아이젠하워 대통령과 포스터 덜레스 씨와의 회담을
이승만 대통령에게 알려주기 위해 워싱턴을 출발해 6월 20일 부산에 도착했습
니다.
신문은 이승만 대통령의 초대로 오게 될 극동 담당 미 국무차관 로버트슨 씨
의 한국 도착을 전합니다.

국방부에 전달 요망.

드장

---

[1] 백두진(1908-1992). 국무총리 역임(1953-1954).

【202】 최근의 포로 탈주에 대한 견해(1953.6.21)

```
[ 전        보 ]  최근의 포로 탈주에 대한 견해
[ 문 서 번 호 ]  891-895
[ 발   신   일 ]  1953년 6월 21일 08시 00분
[ 수   신   일 ]  1953년 6월 21일 12시 50분
[발신지 및 발신자]  도쿄/드장(주일 프랑스대사)
```

즉시 런던, 워싱턴, 뉴욕에 전달
본인의 전보 제889호, 사이공 공문 제642호 참조

1. 클라크 장군에게 전해진 중국 · 북한 사령관의 6월 20일 편지는 송환에 대한 공산군 측의 내용을 재론합니다.

돌아가기를 거부하는 공산포로는 전혀 없습니다. 강제송환 문제는 그러므로 억지입니다. 진짜 문제는 미국사령부의 공산군 전쟁포로 억류 조치입니다. 북한 전쟁포로 25,000명은 남한군대에 편입되기 위해 도망치도록 되어 있었을 것입니다.

2. 유엔군사령부는 문제의 전쟁포로들을 석방시키려는 남한의 계획을 모를 수 없습니다. 그러므로 유엔군사령부는 6월 8일 합의의 위반에 있어 공범입니다.

3. 공산군사령부가 그 사건으로부터 끄집어내려 하는 결과 관련해서, 클라크 장군에게 보내는 서한문은 명확하지 않습니다.

한 가지 점은 알고 있습니다. 공산주의자들의 눈에는 이 대통령의 태도가 협상의 파기로 이끌려는 것으로 보이지도, 양측이 수락한 휴전협정안을 문제 삼으려는 것으로 보이지도 않는다는 것입니다.

다른 사실이 나옵니다. 협상, 즉 대표단의 회의는 여러 번 유엔군의 결정에 의해 결렬되었던 것처럼 공산군의 주도적 행동에 의해 계속해서 결렬되었다는 것입니다.

중국·북한사령부는 협상의 재개와 관련지을 것으로 보입니다.

    a) 풀려난 전쟁포로 2,5000명의 체포에 대한 협상으로, 하지만 그것은 공산군의 주장에 따르면, 무력에 의한 체포가 될 것입니다.

    b) 같은 일이 다시는 일어나지 않게 하겠다는 분명한 약속에 대한 협상으로, 달리 말하면, 유엔군사령부가 실질적으로 남한 군대와 정부를 통제하겠다는 약속입니다.

4. 이 대통령의 성격과 정신 상태로 보아, 다른 한편으로는 탈주 포로들 관련하여 남한 정부가 이미 취한 조치들은 이행하기 쉽지 않을 것입니다.

어떤 다른 말썽이 일어나지 않는다고 가정하면서, 우리가 최소한 염려할 수 있는 것은 휴전협정의 체결이 지체되는 것입니다.

드장

【203】 정치회담을 바라보는 네덜란드의 관점(1953.6.22)

[전   보] 정치회담을 바라보는 네덜란드의 관점
[문 서 번 호] 448-453
[발   신   일] 1953년 6월 22일 19시 00분
[수   신   일] 1953년 6월 22일 22시 40분
[발신지 및 발신자] 헤이그/가르니에[1](주네덜란드 프랑스대사)

보안

각하의 전보 제1322호에 답변합니다.

　오늘 오후 대화중에, 외무부 사무국장은 제게 룬스 씨의 마음속에 그것은 휴전협정 조인 이후 한국문제에 바쳐져야 하는 정치회담에 대한 것이라고 밝혔습니다. 우리는 여기서 모든 참전 열강들이 거기에 관여할 것이라고 생각합니다. 헤이그 내각은 현재 그것이 한 계획안에만 관련된 것이 아니라 지금부터 우리가 조금씩 염려하는 것에 관련되었다는 것을 모르지 않습니다. 미국을 잘 아는 쪽에서 수집한 몇몇 소문에 따르면, 그리고 네덜란드 대표단이 이해한 바에 따르면, 미국 측에서 중국 공산국, 남북한, 일본, 등등, 그리고 인도네시아까지 포함하여 여러 나라의 군집과 더불어 회담의 범주를 매우 크게 확대할 것이라고 생각합니다. 게다가 네덜란드를 걱정하게 만든 것은 그 문제에 대한 어떤 명확한 정보도 없는 상태에서, 뉴기니 섬의 문제가 한 때 혹은 다른 때, 논의 중에 호의적이지 않은 분위기 속에서 연상되었던 이 마지막 국가의 언급입니다. 또

---

[1] 장-폴 가르니에(Jean-Paul Garnier, 1904-1973). 주 네덜란드 프랑스대사(1949-1955). 터키 및 체코슬로바키아 대사 역임.

한, 뉴욕은 네덜란드가 만일 거기에 초대된다면 회담에 협력하려는 의사를 가졌을 거라고 착각을 하는 것 같습니다.

런던에서는, 영국이 획득한 정보들은 사람들이 현재 그 대상이 한국문제에만 국한되어 있는 회의로만 인식하고 있다고 생각하게 합니다. 비록 이 경우에는 아직은 입장이 최종적으로 결정된 것으로 보이지는 않았습니다. 판 튜일 남작은 저의 행보를 통해 추론할 수 있다고 믿었습니다. 그리고 만일 그러하다면, 그것은 파리에만 관련된 것이지 할 말이 있는 수많은 열강들이 참여하는 아시아 문제의 전반적 검토를 생각하지 않는 것입니다.

제 대화자는 네덜란드 정부는 그럴 경우 "그러한 문제들에 무관심한 것"으로 비난받을 위험이 없기를, 너무 고립되기 않기를 원한다고 분명히 했습니다. 거의 모든 다른 국가들이 다시 모이는 것을 수락한다면 말입니다. 하지만 커다란 애로사항 없이 네덜란드는 별도로 혼자될 수는 없을 것이고, 그들은 그것을 다행스럽게 생각할 것입니다.

저는 룬스 씨의 비밀 이야기들이 특히 때가 되었을 때 네덜란드에 이러한 유보적인 태도의 선택을 용이하게 하려는 생각을 우리에게 부여하려 했다고 생각했습니다.

판 튜일 남작은 게다가 얼마나 많은 네덜란드 당국자들이 현재 논의의 전개에 관련된, 유용한 때 그들이 방향을 정하는 데 도움이 될 수 있는, 가능한 최대의 정보를 우리에게서 얻으려 하는지 숨기지 않았습니다.

가르니에

【204】 반공포로 관련 클라크 장군의 발표(1953.6.22)

[전 보]	반공포로 관련 클라크 장군의 발표
[문 서 번 호]	896
[발 신 일]	1953년 6월 22일 03시 00분
[수 신 일]	1953년 6월 22일 12시 22분
[발신지 및 발신자]	도쿄/드장(주일 프랑스대사)

클라크 장군은 어제 6월 21일 다음과 같은 발표를 내보냈습니다.

1. 최근 반공포로들의 탈주와 연관된 한국 정부의 행동은 사령관으로서의 본인에게 부여된 권한에 직접적인 상처를 입혔습니다. 한국은 1950년 여름 전투기간 동안 자발적으로 자국의 모든 육·해·공 군대의 사령부에 대한 지휘를 유엔사령관에게 위임했을 때 그러한 권한을 인식하고 있었습니다. 1953년 6월 18일 사건 이전에 그러한 권한은 전혀 문제시되지 않았습니다. 아이젠하워 대통령은 명백한 용어로, 그 점에 대해 이 대통령의 주의를 당부했고 저 자신도 같은 문제로 급박한 표명을 했습니다. 6월 18일 한국 정부의 행위는 마찬가지로 이 대통령이 최근 몇 주 동안 개인적으로 여러 번 시사했던, 유엔군사령부 하에 있는 남한군대의 철수 관련하여 자국 정부에 의한 일방적인 어떤 조치도 취하지 않겠다거나 유엔군사령부와의 사전 논의 없이 그러한 군대에 어떠한 간섭도 않겠다는 공식적인 약속을 위반한 것입니다. 저는 주권 국가의 책임 있는 수장이 한 그런 약속들을 기꺼이 받아들였습니다. 하지만 이제 이 대통령이 일방적으로 예전의 약속들을 파기한 것과 반공 전쟁포로의 대규모 탈주를 단지 도와준 것이 아니라 한국 정부의 군대와 관료들에 의해 그렇게 되었다는 점은 정말로 비극적입니다.

유엔군사령부는 남한 정부가 전쟁포로의 석방 관련하여 일방적인 조치를 취할 수 있는 수단을 가지고 있다는 점을 당연히 알고 있었습니다.[1] 그것은 또한 남한 정부의 몇몇 부대들이 그러한 조치의 채택을 사적이건 공적이건 권장했다는 것은 주지의 사실입니다. 그렇지만 이승만 대통령의 개인적 약속들은 그러한 종류의 어떤 조치도 저와 사전협의 없이 취해지지 않을 것이라는 충분한 보장으로 여겨졌습니다. 그러한 심각한 행동으로 인한 저의 놀라움과 실망을 어떻게 표현할지 모르겠습니다.

몇몇 남한 지도자의 휴전협정에 대한 비타협적인 태도가 더욱 더 두드러졌던 최근 몇 주 간의 전개를 보고, 조심스럽게 저는 북한 반공포로들을 감시하는 남한군대의 헌병부대들을 유엔의 다른 부대들로 교대시켜야 할 적절한 시기라고 생각했습니다. 미국 정부가 모두 알고 있는 상황에서, 그것은 여러 이유로 인해 그만두기로 결정되었습니다.

만족스러운 방식으로 그들의 임무를 수행했던, 특별히 연루된 남한군대의 보안군은 어떤 무관심의 신호도 주지 않았습니다. 같은 종족으로서 자신들이 지키는 포로들과 같은 언어로 말하면서 그들은 사령부 하의 어떤 사람보다 더 필요를 충족시켜 주었습니다.

2. 전반적으로 민감한 상황 속에서, 남한군대를 교대시키는 모든 움직임은 그러한 군대와 남한에 대한 신뢰의 부족을 가리키고 수용소에서는 유엔군사령부가 정확히 피하고자 했던 한국과의 어떤 상황으로 몰아넣을 수 있을 것입니다.

3. 지난 몇 주간의 적군이 개시한 유감스러운 공격 때문에, 유엔의 전투부대는 안 좋은 상황을 만들지 않고는 국경에서 차출할 수 없을 것입니다. 남한군의 보안부대를 교대시키기 위해 필요불가결한 수천 명의 차출은 전선의 우리 군에게 매우 심각한 출혈이 될 것입니다. 동시에 저는 문제의 각 수용소에서 일반적 정보 프로그램을 통해 전쟁포로 관련한 문제들에 대해 유엔군사령부가 휴전협상에서 취한 입장을 반공포로 쪽에 완전히 이해시킬 것을 지시했습니다. 전쟁

---

1) 미국은 상비(常備)계획(Everready plan)을 구상하고 있다. 상비계획은 이승만 정권을 무너뜨리고 유엔군사령부가 군정을 실시하는 계획이었다. 이 계획은 구상에 그쳤으나 부산정치파동과 반공포로석방 때 검토되었다.

포로 송환 속에서 무력도, 강제도 허용되지 않았다는 사실은 자신들의 미래에 대한 매우 당연한 두려움과 걱정이 잦아질 것이라는 희망 속에서 매일 재확인되었습니다. 게다가, 저는 그러한 전쟁포로의 안전을 책임지는 관료들에게 폭동을 제압하기 위한 전략을 개발하고 통제 조치를 마련하도록 지시했습니다. 이 문제에 대해 제가 내린 모든 지시는 워싱턴의 상층으로부터 전적인 승낙을 얻어냈습니다. 일방적인 위반으로 인해, 남한 정부의 자발적인 약속에 의한 예고 없이, 공모와 몇몇 남한 헌병의 이탈로 인해, 상당수의 반공포로들이 수용소를 탈출하여 남한 정부의 눈에 띄는 지원과 도움으로 지금은 남한을 가로질러 분산되었습니다.

수천 명의 포로들의 대규모 탈주를 가능하게 만들면서 이 대통령과 정부 관료들이 자행한 행위는 저와 사령부에 깊은 실망을 안겼습니다. 그것은 모든 기반이 사라졌다는 의심을 낳게 했고, 판문점에서 체결한 최근의 전쟁포로에 대한 합의를 폐기하거나 뒤엎기 위해 남한 정부와 유엔군사령부가 결탁했다는 의심을 낳았습니다.

그러한 결탁은 없으며, 유엔군사령부는 어떤 방식으로든 아무런 허가도 없는 그러한 조치를 취하지 않았습니다. 전적인 책임은 오로지 이 대통령과 한국 정부에 있습니다.

국방부에 전달 요망.

드장

【205】 한국 전선의 상황(1953.6.22)

[전 보]	한국 전선의 상황
[문 서 번 호]	898-900
[발 신 일]	1953년 6월 22일 08시 00분
[수 신 일]	1953년 6월 22일 12시 10분
[발신지 및 발신자]	도쿄/드장(주일 프랑스대사)

국방부에 전달 요망

사이공 공문 제650-652호

6월 21일 군사령부는 현재 일본에 머물고 있는 187번째 공군부대를 한국으로
파견한다고 발표했습니다. 인천상륙작전에 참가했고 이미 거제도 폭동 때 개입
했던 이 엘리트 부대는 한국 병참관구사령관의 배치에 따라 부대를 강화시키는
데 목적을 두고 있습니다.

현재 사령관 헤렌 장군은 다음 7월에 미국으로 돌아가야 합니다. 그의 후임
인 로튼[1] 장군은 출발지에 있다가 어제 대구에 도착했습니다.

포로수용소를 지휘하는 맥 카[2] 장군은 남한군대가 미군 감시부대의 저항에
도 불구하고 무력으로 포로들을 석방시키기 위해 탱크 2대를 사용할 것이라는
소문을 부인했습니다.

6월 29일 미국 관료가 제공한 탈주자 30,000명이라는 숫자는 확인되지 않았습
니다. 마지막 숫자는 20일과 21일 밤에 탈출한 668명을 포함한 27,092명입니다.

---

[1] J. 로턴 콜린스(Joseph Lawton Collins, 1896-1987). 한국전쟁 당시 미 육군 참모총장(1949-1953).
[2] Mac Carr.

중부지역의 서쪽 전선 화천 북쪽에서, 지난 3일전부터 멈춘 적군의 공격은 북한강을 따라가는 남한군의 위치를 습격하였습니다.

드장

【206】 남한 당국에 대한 미국의 의중(1953.6.22)

[전 보]	남한 당국에 대한 미국의 의중
[문 서 번 호]	4820-4825
[발 신 일]	1953년 6월 22일 19시 30분
[수 신 일]	1953년 6월 23일 01시 30분
[발신지 및 발신자]	워싱턴/보네(주미 프랑스대사)

보안

뉴욕 공문 제1035-1040호

　북한포로 탈주에 대한 공산 측의 공식적인 반응은 미 국무부의 관할부처를 놀라게 하지 않았습니다. 사실 사람들은 그러한 태도를 예상했고, 대체로 중국·북한이 그보다 덜 언급하거나 요구하지 않을 수 없을 거라고 판단했습니다. 특히 관심을 끄는 것은 공산 측이 관계를 단절하지 않았다는 것입니다.

　사실을 말하자면, 미국의 관심사는 현재 남한과 클라크 장군의 사령부의 관계보다 유엔군사령부와 중국·북한의 관계에 덜 드리워져 있습니다. 그리고 이 문제에서 어제 이 대통령이 클라크 장군에게 남아 있는 송환거부 북한포로의 석방을 요구하지 않겠다고 한 약속을 제외하고 약간의 진전은 최근 이루어진 것 같습니다.

　남한 없이 휴전협정에 조인할 수 있었다는 이 대통령과의 최근 대화 이후 장군이 공식적으로 발표하자, 제 동료 중 한 사람이 오늘 혹시 그것은 미국 정부가 그러한 해결책으로 가려는 것인지 존슨 씨에게 물어보았습니다. 미 국무부의 고위관료는 클라크 장군은 실제 유엔군사령부의 이름으로 조인할 권한이 있다고 주장하면서도, 제 동료가 던진 질문에는 "현재 답할 준비"가 되어 있지 않다고 덧붙입니다. 남한 없는 휴전협정의 조인은 상당히 근본적인 어려움들을 드러낸다는 것을 분명합니다. 미국 당국의 당장의 행동은 근본적으로 이 대통령의 의사를 명확히 알아내고 그에게 사령부 군대, 즉 남한 주둔 유엔군의 안전을 위태롭게 하는 남한의 처신을 더 이상 참지 않겠다는 유엔군사령부의 의지를 분명히 알리는 데 주안점을 두고 있습니다.

그것이 덜레스 씨와 이 대통령의 메시지를 들고, 콜린스 장군, 언론과 정보 업무를 위한 미 국무차관, 동북아시아 국장을 대동하고 오늘 오후 워싱턴을 떠난 로버트슨의 임무였습니다.

존슨 씨는 또한 지난 금요일 중국·북한의 항의에 대한 답변이 주어지기 전까지는 미국과 남한 간의 상호원조협약의 승인은 언제가 유지되며 아마도 얼마 기간 동안 계속될 것이라고 밝혔습니다.

혹시 영국 정부가 이 대통령에게 최근 미국 정부와 유사한 항의를 한 것처럼 프랑스도 그러한 행보를 했으면 하고 미국 정부가 원하는지 제 동료가 존슨 씨에게 물어보자, 미 국무부 고위관료인 그는 캐나다 당국도 영국이 한대로 할 준비가 되어 있다고 덧붙이며 긍정적으로 답했습니다.

보네

【207】 한국 정부에 보내는 영국의 외교각서(1953.6.23)

[전　　　　보]　한국 정부에 보내는 영국의 외교각서
[문 서 번 호]　789
[발　신　일]　1953년 6월 23일 14시 15분
[수　신　일]　1953년 6월 23일 18시 31분
[발신지 및 발신자]　런던/ 마시글리(주영 프랑스대사)

한국 정부에 보내는 영국의 외교각서

　1. 본 정부는 남한 정부 대통령이 스스로 책임을 지고 여러 한국포로들의 석방을 명령했다는 내용의 6월 18일자 발표를 비통한 놀라움 속에 알게 되었습니다. 그것은 유엔군사령부 하에 있는 몇몇 수용소의 수천 포로들의 탈주에 대한 것이었습니다.

　2. 군대를 한국에서의 활동에 참여시킨 유엔 회원국으로서, 영국 정부는 한국 정부가 1950년부터 인식하고 있는 유엔군사령부의 권한을 심각하게 위반한 점을 엄중하게 바라봅니다. 영국 정부는 최근 한국 정부가 이러한 종류의 어떤 일방적 행동도 하지 않겠다고 유엔군사령부에 약속하면서 태도를 확실히 했음을 알고 있습니다.

　3. 영국 정부는 상당히 심각해질 가능성이 있는 사건의 경과를 걱정스럽게 바라봅니다. 한국에 유엔군사령부에 정직하게 협력하도록 되어 있는 정부가 없는 한, 한국의 용감한 군대를 포함하여 그토록 많은 사람들의 희생 덕택에 얻어진 모든 결과에도 불구하고 한국인의 평화와 안녕은 위태롭게 될 것입니다.

마시글리

【208】 한국에 외교각서를 전달한 영국 의회의 상황(1953.6.23)

[전 보]	한국에 외교각서를 전달한 영국 의회의 상황
[문 서 번 호]	2790-2792
[발 신 일]	1953년 6월 23일 15시 30분
[수 신 일]	1953년 6월 23일 15시 35분
[발신지 및 발신자]	런던/마시글리(주영 프랑스대사)

보안

본인의 전보 제2748호 참조

　외무부가 준비한 항의외교각서는 어제 남한 정부에게 전달되었습니다. 제가 별도 전보로 전해드린 이 각서의 내용은 어제 의회에서 낭독되었습니다.
　수상이 사무국이 내놓은 안에 다른 몇몇 양식과 마찬가지로 개인적인 표시를 덧붙인 것이 보입니다. 유엔군사령부 권한에 대한 남한의 위반에 사용된 "신의 없는"이라는 평가는 그만이 압니다.
　한편 『타임스』의 외교부 기자에 따르면 서울로 부낸 영국의 외교각서는 한국에 참전한 다른 유엔회원국과 공동으로 취한 행동으로 여겨져서는 안 된다는 점을 말씀드립니다. 비록 그 메시지가 다른 회원국들이 미국 정부가 이미 대표단들에 표명한 강력한 지지를 담고 있다 해도 말입니다.
　저는 혹시 외무부가 우리 대사관에도 밝혔던 것처럼 이러한 각서의 전달을 분명히 예상했었는지 알고 싶습니다.
　어제 이쪽저쪽에서 열심히 집결시킨 뒤 의회에서 발표를 했던 처칠 경이 갑자스러운 질문에 답하면서 다음과 같이 밝혔음을 덧붙입니다.

"우리는 현재 앞으로 어떤 일이 벌어질지 모릅니다. 평화와 양심의 정치를 지지하기 위해 한국으로 보충 병력을 보낼 수도 있습니다."

마시글리

【209】 영국 수상의 암시적 표현 방식(1953.6.23)

[전 　　　 보]	영국 수상의 암시적 표현 방식
[문 서 번 호]	2804-2806
[발 　 신 　 일]	1953년 6월 23일 21시 20분
[수 　 신 　 일]	1953년 6월 23일 21시 35분
[발신지 및 발신자]	런던/마시글리(주영 프랑스대사)

본인의 전보 제2790호 참조

　극동 담당 미 국무차관은 오늘 오후 우리 대사관에 수상이 개인적으로 일요일 하루 동안 어제 서울에 전달한 외교각서를 매우 상세히 검토했다고 알려주었습니다.

　특히, 유엔에 충성으로 협력할 "하나의" 정부의 필요성을 강조하는 마지막 양식은 처칠 경의 펜에서 나왔습니다. 유엔이 이 대통령을 물러나게 할 가능성에 대한 암시에 주의해야 할까요? 미 국무부 고위요원이 현재 수상의 감정을 해석해본 한에서, 알렌 씨는 긍정적으로 답변했을 것입니다. 그러한 일이 가능하다고 처칠이 믿었다는 것은 이닙니다. 도쿄로부터 얻은 정보들은 결국 클라크 상군이 대통령의 인기가 그렇게 높은 한 한국에 "군사정권"을 성립시킨다는 것은 불가능하다고 판단했음을 확인시켜 줍니다. 하지만 유엔군의 의도에 대한 의문들이 돌아다니게 내버려두는 것은 나쁘지 않습니다. 베이징과 모스크바에서 그러한 말이 서구의 진정성의 증거를 만들어주는 반면, 한국 정부는 더 많이 숙고하게 될 것입니다.

　알렌 씨에 따르면, 보충 병력의 파견이 가능하다는 암시는 같은 의미로 해석될 것입니다.

오늘 만난 미 국무차관은 내용의 뉘앙스에 있어 몸짓의 가치를 부여했습니다.

마시글리

【210】 포로탈출 사건 관련 미국의 대처에 대한 프랑스의 견해(1953.6.23)

[전 보]		포로탈출 사건 관련 미국의 대처에 대한 프랑스의 견해
[문 서 번 호]		902-908
[발 신 일]		1953년 6월 23일 02시 03분
[수 신 일]		1953년 6월 23일 09시 31분
[발신지 및 발신자]		도쿄/드장(주일 프랑스대사)

2급 비밀

보안

사이공 공문 제654-660호

1. 지난 8일 동안 이승만 대통령을 여러 번 만난 인물은 제게 대통령의 정신 상태에 대해 그에게서 어떠한 굴복을 기대하기란 어렵다는 정보를 주었습니다.

이승만 씨는 5월 25일의 미국 반대안에 기초하여 체결된 휴전협정은 자국의 멸망을 뜻한다고 굳게 확신했습니다. 제 교섭자 앞에서, 그는 자국 역사의 어떤 순간에는 국민들은 영웅적 행위들이 불합리한 것으로 보일 수 있어도 그러한 행위에 의해서만 생존을 보장받을 뿐이라고 말했습니다.

한편, 그러한 문제 속에서, 휴전협정에 대한 투쟁 속에서, 이승만 씨는 조국의 통일을 위해 그의 주변에 한국에 의미가 있는 모든 것을 비웃습니다.

대통령에게서 최고권 행사를 빼앗기 위한 계엄령 발표 또는 모든 다른 시도는 미군과 한국군 사이에 매우 심각한 사태를 불러올 위험이 있습니다. 공동방어의 원칙 첫 번째 적용이 유엔과 원조 받은 국가 간의 싸움으로 퇴보하는 것은 서글픈 일일 것입니다.

2. 이승만 씨와 공산군에게 일치하는 두 가지 행동을 동시에 펼침으로써만 이 난관을 벗어날 수 있을 것 같습니다.

유엔 측이 했듯이, 중국·북한 측의 의향에 유엔군사령부가 개입되지 않은 그 사건에 대한 유감을 표명한 후, 탈출하여 시민 속으로 잠적한 포로들은 찾아낼 수 없음을 분명히 알리는 것이 좋을 것입니다. 협상 재개를 위해 공산 측이 제기한 조건들 중 첫 번째는 그러므로 실현 불가능합니다. 이러한 상황서 요구하는 모든 휴전협정을 거부하는 것이 됩니다.

제 생각에는 아무 것도 이승만 씨에 대한 단호한 정책의 공표와 유감의 표명 속에서 너무 멀리 가는 것 이상으로 불행한 것은 없을 것입니다.

만일 공산군 측이 그들의 방식대로 억류하고 있는 포로들의 5분의 4를 풀어주지 않았다면, 이승만 씨는 그와 같은 방식을 덜 취하려 했을 것입니다. 다른 한편으로는, 이 대통령의 태도는 공산군 측의 선전이 주장하듯이 미국인들의 꼭두각시가 아니라는 것을 보여줍니다. 두 가지 사실은 필요할 때 상기시키면 유용할 수 있을 것입니다.

이승만에 관해서는, 실제 휴전협정의 체결을 위해 유엔과의 협력으로 이끌 수 있는 유일한 기회는 전쟁의 중지가 유엔군이 자국의 독립 보장과 한국의 통일을 거부하는 것을 전혀 의미하지 않는다는 점에서 그를 설득하게 될 것으로 보입니다. 미국 정부의 방어조약의 제공은 이러한 방향으로의 첫 걸음이 되었습니다. 휴전협정에 뒤따라와야 하는 정치회담 안건의 첫머리에 한국 통일이 나타나도록 하는, 유엔군이 그러한 목표가 달성되지 않는 한 그 국가에 머물 것이라는, 유엔의 이름으로 주어진 보장에 의해 그것은 완성될 수 있을 것입니다.

3. 이승만 대통령을 압박하면서 중국·북한에 협력하는 태도가 너무 두드러지는 것은 제 생각에는 문제를 해결하기보다 상황을 더 심각하게 만들 수 있을 것입니다.

자유 국가만큼 공산 세계에도 어려운 순간에 적어도 그것은 소련이 현재 유럽에 느끼는 심한 환멸을 보상해 줄 것입니다.

드장

【211】 미국 기자의 최덕신 장군과의 인터뷰(1953.6.23)

[전   보]   미국 기자의 최덕신 장군과의 인터뷰
[문 서 번 호]   909
[발   신   일]   1953년 6월 23일 03시 00분
[수   신   일]   1953년 6월 23일 10시 14분
[발신지 및 발신자]   도쿄/드장(주일 프랑스대사)

22일자로 도쿄에 도착한 부산발 전보 제38호

최덕신 장군은 미국 신문기자와의 대담에서 다시금 5월 28일 해리슨 장군에게 보내는 편지에 밝힌 몇 가지 관점을 강조했습니다. 이 대통령과의 사전 접촉없이 작성된 유엔의 제안들은 그것이 담고 있는 예기치 않은 양보로 대통령을 충격에 빠뜨렸다고 거듭 말하면서, 최 장군은 이 대통령에게 좀 더 적합한 제안을 생각해보고 내밀 수 있도록 워싱턴 당국이 한국에 대한 태도를 재검토하고 휴전협정 조인을 미뤄주길 바라는 마음을 표했습니다. 그는 최소한 미국이 휴전협정 조인 이전에 방어 및 공격 군사동맹의 결론을 목표로 한 이 대통령의 요구에 동의해야 한다고 덧붙였습니다.

드장

【212】 이승만 대통령과 클라크 장군의 회담(1953.6.23)

[전   보]   이승만 대통령과 클라크 장군의 회담
[문 서 번 호]   911
[발   신   일]   1953년 6월 23일 03시 00분
[수   신   일]   1953년 6월 23일 09시 32분
[발신지 및 발신자]   도쿄/드장(주일 프랑스대사)

1. 6월 22일 어제 아침 머피 씨를 대동하고 한국에 온 클라크 장군은 이 대통령과 한 시간 반 동안 회담을 가졌고, 그런 다음 기자회견을 했습니다. 사령관은 지나친 낙관주의를 보이고자 하지 않으면서, 이 대통령과의 회담은 고무적이었으며 더 큰 희망을 주었다고 밝혔습니다. 그는 이 대통령이 남한이 동의하지 않아도 준비되어 있던 자국 정부의 휴전협정 조인을 승인했다고 강조했습니다. 그러한 휴전협정을 했었는지 아닌지는 다른 문제였습니다. 그는 워싱턴이 그에게 계엄령을 선포하라고 명령했다는 것은 명백히 부인했습니다. 그는 최소한의 그런 종류의 계획은 전혀 없었다고 주장했습니다. 한국은 주권 국가입니다. 혹시 남한이 유엔군사령부에서 자국 군대를 빼낼 것을 이 대통령이 그에게 통고했는지에 대한 질문을 받은 장군은 그 문제는 브릭스 대사 및 다른 사람들과 논의했었다고 밝혔습니다. 장군은 항시 이 대통령이 그러한 불행한 조치를 취했다면 그는 그러한 결정을 내리기 전에 자신과 상의했을 것이라고 이해했습니다. 그러한 순간은 아직 오지 않았습니다. 이 대통령과 클라크 장군은 미국 군대와 한국 군대를 격렬한 전투로 몰아넣을 수 있는 모든 행동을 피하기로 합의했습니다. 대통령은 아직 억류 중인 북한포로의 석방을 요구하지 않았습니다. 탈주 포로 체포 문제는 논의되지 않았습니다. 남한 정부가 국가 통일 없이 휴전협정을 승낙할 것인지를 한 기자가 물어보자, 장군은 이 대통령에게 그 질문을 던질 것을 제안했습니다. 사령관은 또한 유엔군 참모부는 현재 남일 장군

과 펑더화이 장군의 6월 20일자 편지에 대한 답을 준비하고 있을 것이며 전체 회의는 이러한 답변이 준비가 되면 판문점에서 소집될 것이라고 언급했습니다. 클라크 장군은 기자회견 중 몇몇 남한의 근위부대에 대한 지휘를 남한의 헌병 사령관에게 위임시키도록 하는 명령에 대해 언급했습니다. 그는 남한 군대는 여전히 자신의 지휘 아래 있으며 그것은 정당하다고 명확히 밝혔습니다.

(이하 판독 불가)

드장

【213】 이승만 대통령과 클라크 장군의 회담에서 도출된 외교각서(1953.6.23)

[전   보] 이승만 대통령과 클라크 장군의 회담에서 도출된
               외교각서
[문 서 번 호] 4891-4893
[발   신   일] 1953년 6월 23일 18시 50분
[수   신   일] 1953년 6월 23일 23시 50분
[발신지 및 발신자] 워싱턴/보네(주미 프랑스대사)

보안

뉴욕 공문 제1041-1043호

오늘 미 국무부에서 수집한 정보에 따르면 남한 당국자들은 지난 주말 있었던 이승만-클라크의 첫 번째 회견으로부터 연합사령관에게 외교각서를 받아냈다고 합니다.

그 문서에는, 남한 정부는 다음과 같은 조건 하에 휴전협정 규정 시행 관련하여 유엔군사령부의 명령을 실행할 것이라고 밝히고 있습니다.

1. 정치회담을 90일 기한으로 개최한다.
2. 미국·한국의 원조협정은 휴전협정 이전에 매듭지어져야 한다.
3. 미국의 공군·해군 지원은 남한 군대의 장비와 물자의 보급과 더불어 계속되며, 이것은 "방위협정 규정들 외"의 것이다.

이러한 조건들은 이 대통령이 UP통신과의 인터뷰에서 언급한 내용들에 부합합니다. 그럼에도 인터뷰와 다르게 외교각서는 유엔군과 중국 공산군의 한국

철수를 언급하고 있지 않습니다.

보네

【214】미 국무부의 한국 관련 회의 내용(1953.6.23)

[전   보]   미 국무부의 한국 관련 회의 내용
[문 서 번 호]   4894-4896
[발   신   일]   1953년 6월 23일 19시 15분
[수   신   일]   1953년 6월 23일 06시 25분
[발신지 및 발신자]   워싱턴/보네(주미 프랑스대사)

보안

뉴욕 공문 제1044-1046호

존슨 씨는 오늘 미 국무부의 한국에 관한 회의에 따른 다음의 정보를 전했습니다.

1. 6월 23일에 제8수용소의 전체 북한포로 35,472명 중 27,272명이 탈출했고, 1,147명은 다시 붙잡혔으며(본인의 전보 4720호에 나타나는, 미 국방부에게서 받은 1942라는 숫자는 수정되어야 함), 44명이 사망하고, 130명이 부상당했습니다.

송환거부 북한포로 9,303명이 수용소에 남겨져 있습니다.

2. 비무장지대

탈주 사태가 발생했을 때 비무장지대의 경계는 양측 교섭단에 의해 정해져야 했습니다. 유엔군사령부 대표단은 그럼에도 이 일이 실행되기를 요구했지만 중국·북한은 거부했습니다.

3. 클라크-이승만의 회담

  워싱턴에서 사람들은 클라크 장군이 이 대통령과 가진 두 사람의 회담에 이어 더 이상 탈주 사태가 발생하지 않기를 바랐습니다.

  로버트슨 씨가 남한 지도자에게 전달하는 임무를 맡았던 것으로, 이승만 대통령에게 보내는 덜레스 씨의 개인 메시지 번역문을 별도 전보로 전해 드립니다. 이것은 극비 메시지입니다.

보네

【215】 덜레스 씨가 이승만 대통령에게 보내는 메시지(1953.6.23)

[전 보]	덜레스 씨가 이승만 대통령에게 보내는 메시지
[문 서 번 호]	4897-4909
[발 신 일]	1953년 6월 23일 18시 15분
[수 신 일]	1953년 6월 23일 23시 15분
[발신지 및 발신자]	워싱턴/보네(주미 프랑스대사)

보안

1급 비밀

뉴욕 공문 제1047-1059호

이승만 대통령에게 보내는 1953년 6월 22일자 덜레스 씨의 메시지 번역문

　　"경애하는 대통령 각하,

　　귀하의 나라, 한국의 친구로서 저(덜레스)는 각하(이승만)께 말씀드립니다. 각하께서도 알고 계시듯이, 저는 오래전부터 자유롭고 단결된 한국의 구현을 위해 일하고 있습니다. 1947년 그리고 또 1948년에, 유엔에서, 저는 유엔의 이름으로 한국이 자유롭고 통일되어야 한다는 원칙의 수락과 정부의 성립으로 이끄는 주도적 행동(?역할)을 했습니다. 1950년 6월 19일, 거의 3년 전 오늘, 저는 각하 쪽에 섰었고, 한국 국회에서 연설을 했습니다. 저는 평화적으로 단결과 독립과 힘을 구현할 한국에 대해 말했습니다. 저는 우리 국가가 그러한 목적을 이루도록 노력을 다하겠다고 약속했습니다. 전쟁은 항상 현존하는 위협이었고 각하의 국민들은 혼자라고 느꼈기 때문이며, 저는 자유세계의 단결은 하나의 현실이라고 주장하며, "여러분은 혼자가 아닙니다. 인류의 자유

에 대한 거대한 계획의 완수 속에서 여러분이 역할을 유용하게 수행하기를 계속한다면 여러분은 결코 혼자가 아닐 것입니다"라고 말을 맺었습니다.

단결을 위한 이러한 약속은 남한 전체에서 열렬한 환영을 받았습니다. 약속은 신속하게 시험대에 올랐으니 6일 후 침략자가 쳐들어왔기 때문입니다. 몇 시간 안에 한국의 용맹한 군대는 최정예 군대에 의해 혼란에 빠졌고, 한국 영토는 침략 당했습니다. 여러분은 그리하여 자유세계의 도움을 청했습니다. 그들은 도와주러 왔습니다. 유엔은 움직였고 미국은 신속하고 관대하게 각하의 이름으로 한 그들의 호소에 답을 했습니다. 우리는 원칙적으로 자유세계의 단결을 믿기 때문에 답한 것입니다.

단결의 원칙은 희생 없이 적용될 수 없습니다. 아무도 자신이 원하는 것을 정확히 할 수 없습니다. 미국의 젊은이들은 그들이 원하는 것을 하지 않았습니다. 백만 이상의 미국 청년들이 먼 나라 한국으로 가기 위해 그들의 집과 가족과 평화로운 일상을 떠났습니다. 그들은 그곳으로 갔습니다. 어두운 시간 속에서 각하께서는 대단히 무거운 재앙으로부터 벗어나기 위해 자유세계의 단결에 입각한 희생의 원칙을 내세웠기 때문입니다. 각하의 나라로 간 미국 청년들 중 24,000명이 죽었고 110,000명이 부상당했습니다. 우리의 자본 지원은 백만 달러에 이릅니다. 그것은 각하께서 내세웠던 단결의 원칙에 대한 충성을 믿고 지불한 가치입니다. 각하께서는 우리가 무력으로 단결하고 무력으로 북한을 물리치기 위해 한국으로 싸우러 그리고 죽으러 갔다는 것을 전적으로 잘 알고 있습니다. 우리는 그와 같은 불의가 전쟁의 의지에 의해서 다시는 원칙을 용납하지 않습니다. 만일 사실, 그것이 유효한 원칙이 있다면, 우리는 세계 곳곳에서 싸울 것이며, 가난과 파괴의 합은 셀 수가 없습니다. 우리는 단결이 무장 공격을 물리칠 수 있을 것이라는 점을 보여주기 위해 한국에 왔습니다.

그것은 이루어졌습니다. 공격 이전에 존재했던 것보다 좀 더 확장된 영토에서 한국의 권위를 다시 세우는 휴전협정을 적군이 내밀었습니다. 어떤 전쟁 포로도 무력으로 송환되지 않을 것입니다. 제가 약속드렸듯이 각하의 정부와 우리 정부가 서로 공국에는 한국이 통일로 이끄는 조치를 취하기 위해 일하는 동안 정치회담이 열릴 것입니다. 각하의 나라는 기다리면서 우리와 함께 상호방위조약에 참여할 수 있을 것이며 그 자체로 북한 사람들에게 강력한 인기를 끌 수 있는 경제원조계획의 혜택을 받을 수 있을 것입니다.

미국 정부와 사실상 모든 자유세계의 정부들은 그러한 생각들이 명예롭게 받아들여질 수 있다는 의견을 표명했습니다. 우리의 독립 선언은 우리가 인류의 의견을 존중해야 함을 명확히 합니다. 인류의 도움을 요청하고 받을 수 있는 누구라도 당연히 그러한 의견을 모를 수 없습니다.

각하께서 단결의 원칙을 저버린 것으로 보이는 순간이 바로 그러합니다. 전쟁이 각하께서 원하는 모든 것을 안겨주지 못했고 각하께서는 연합국들이 단결을 깨려는 지점에 있는 것 같았습니다. 각하께서는 이미 유엔군사령부의 권한을 무시하고 일방적으로 행동했고 제게 유엔군사령부로부터 한국 군대를 빼려고 시도했다고 말했습니다.

각하께 그렇게 행동할 권리가 있습니까? 단결의 원칙을 내세우고 우리에게 그 값을 지불하겠다고 요구한 것은 바로 각하입니다. 우리는 고통과 피로 그것을 지불했습니다. 각하께서는 필요한 때에는 그처럼 높은 값을 치르고도 지켜달라고 요청했던 원칙을 이제 마음대로 저버릴 수 있습니까?

각하께서는 만일 각하의 공화국이 지금 따로 길을 만들려고 한다면, 그것은 끔찍한 재앙을 의미할 것이라는 점을 알고 있습니다. 공산주의자들이 내부적인 커다란 혼란에 직면해 있는 순간에 그것은 그들에게 더 큰 승리를 안기고 그들을 즐겁게 하는 일이 될 것입니다. 왜냐하면 그들은 자유세계가 각자 자신이 원하는 대로 100% 실현하는 한에서의 단결이라는 원칙에 따라 작동한다면 존재하지 않을 것임을 잘 알고 있습니다.

상호의존의 원칙은 희생을 동반합니다. 그것이 우리 쪽의 희생을 동반했듯이 각하 쪽의 희생을 동반할 것입니다. 각하의 국가는 오늘 각하의 고유한 군대의 희생과 위대한 가치 덕분에만 존재하는 것이 아니라, 각하를 도우러 온 각하 쪽에서 죽은 다른 이들 덕분에 존재합니다. 우리가 각하의 요청으로 구하러 가서 그토록 값비싼 희생을 치른 이러한 국가적 생명을 파괴할 도덕적 권리가 지금 각하께 있습니까? 우리가 지금 단결을 외칠 때 각하께서는 귀를 닫을 수 있습니까?

저는 국무차관 로버트슨 씨에게 각하의 생각을 전해달라고 요청했습니다.

단순한 전보의 교환에서 올 수 있는 몰이해의 우려가 있기에 그 시간은 매우 중요합니다. 그는 아이젠하워와 저의 전적인 신뢰를 받고 있습니다.

존 포스터 덜레스."

보네

【216】 이승만 대통령이 유엔군사령부에 제시한 원칙들(1953.6.24)

[전 　　　　 보]	이승만 대통령이 유엔군사령부에 제시한 원칙들
[문 서 번 호]	925
[발 　 신 　 일]	1953년 6월 24일 09시 00분
[수 　 신 　 일]	1953년 6월 24일 15시 00분
[발신지 및 발신자]	도쿄/드장(주일 프랑스대사)

1. 6월 22일 서울을 떠난 클라크 장군은 이승만 씨와의 2차 회담 이후 어제 저녁 도쿄로 돌아갔습니다. 그는 언론 발표를 고수했습니다. 통신사에 따르면 휴전협정 조인의 경우 유엔군사령부에서 한국군대를 빼내겠다는 대통령의 협박을 접게 하지 못했을 것입니다.

이승만 씨 쪽에서는 어제 부분적으로 선언문 형식으로 쓴 인터뷰를 『유나이티드프레스』 기자에게 해주었습니다. 대통령은 3가지 원칙을 수반하는 계획의 수락에 있어 그의 지지를 휴전협정에 종속시킬 것입니다.

> 1) 중국군의 철수 또는 그것이 불가능하다면, 중국군과 유엔군의 동시 철수. 남한군대와 북한군대에 맡겨진 한반도의 통치.
> 2) 휴전협정 이전 미국과 남한 간의 방위협정 체결.
> 3) 정치회담의 3개월 기한, 이 기간에 어떤 만족스러운 해결도 얻어내지 못한다면 전쟁 재개. 이 모든 것이 불가능하다면, 그리고 만일 유엔이 전쟁 중단을 원한다면, 유엔은 결과를 고려하지 않고 그렇게 한 것이라고 이 대통령은 주장했습니다. 우리로 말할 것 같으면, 우리만의 전쟁을 계속하길 원한다고 보입니다.[1] 기자들의 인상은 이 대통령이 정치회담을

---

[1] 이승만 대통령은 한국전쟁 기간에 북진통일을 주장하며 휴전회담에 반대하였고, 이후 미국을 압박하기 위한 수단으로 유엔군사령부로부터 한국군의 철수와 북진을 주장. 그러나 실제로는 한미상호방위조약을 압박하기 위한 수단으로 활용한 것이었음.

통한 한국 통일의 실현이 불가능할 경우 자신의 행동의 자유를 유지하
고 싶어 한다는 점이었습니다.

2. 야당인 민주국민당 사무총장인 조병옥은 어제 이 대통령이 유엔에 협력하
게 될 것이고 한국을 위해 홀로 전쟁을 계속하는 것은 자살이나 마찬가지라고
말했습니다. 그의 집은 50명 시위자가 습격해서 모든 것을 부숴버렸습니다. 그
자신도 낯선 사람 4명에 의해 심하게 폭행당했습니다. 도시에 뿌려진 수백 장의
전단지들이 그를 배신자라고 비난했습니다.

드장

【217】 이승만과 장제스, 이승만과 미국의 공모에 대한 기사(1953.7.01)

[전 보]	이승만과 장제스, 이승만과 미국의 공모에 대한 기사
[문 서 번 호]	1444
[발 신 일]	1953년 7월 1일 09시 00분
[수 신 일]	1953년 7월 1일 10시 40분
[발신지 및 발신자]	모스크바/족스(주소련 프랑스대사)

오늘자 모든 언론은 한국 사건에 대한 베이징 발 신화통신 통신문 두 편을 게재했습니다.

첫 번째는, 장제스 도당에 협력하는 이승만이 현재 남한에 있는 중국인민지원군을 석방하려 한다는 것입니다. 대만에서 그들을 이끌기 위해서 말입니다. 통신문에 따르면 미국이 서울과 대만 정부의 뒷거래가 용이하도록 피랍된 북한 포로의 귀환을 위한 아무런 조치도 취하지 않았다고 합니다. 오히려 그와는 반대로 미국이 수용소 전체 감독을 하기로 한 이후 포로 납치는 계속 되고 있습니다.

두 번째 통신문에 따르면, 모든 징후가 소위 상호원조조약 체결을 위한 미국과 이승만 간의 비밀 협상이 거의 체결될 것임을 보여주고 있습니다. 미국과 이승만의 공모가 명백해 보인다는 우려를 표하며 통신문은 끝맺습니다.

족스

【218】 한국사건을 다루는 소련 언론의 태도(1953.7.1)

[전   보] 한국사건을 다루는 소련 언론의 태도
[문 서 번 호] 1447-1448
[발   신   일] 1953년 7월 1일 16시 00분
[수   신   일] 1953년 7월 1일 19시 30분
[발신지 및 발신자] 모스크바/족스(주소련 프랑스대사)

제1435호 참조

소련 언론은 계속 같은 태도로 한국 사건을 다루고 있습니다.

간단히, 신중하게, 미 정부를 직접적으로 문제 삼지는 않지만, 미 당국과 이승만의 "공모"를 규탄하거나 적어도 미국이 아직 도발을 중지하기 위한 효과적인 어떠한 조치도 취하지 않았음을 알리는 신화통신 통신문을 게재하면서 말입니다.

그래서 지금은 어려움을 증대시키고 싶은 것도 문제를 까다롭게 하고 싶은 것도 아니라는 인상, 휴전협상이 실패할 경우 취하게 될 입장을 보여주면서도 계속 휴전협상이 체결되기를 바란나는 인상을 남기고 있습니다.

족스

【219】 한국정부에 각국의 견해서 전달(1953.7.1)

[전 보]	한국정부에 각국의 견해서 전달
[문 서 번 호]	989-991
[발 신 일]	1953년 7월 1일 01시 00분
[수 신 일]	1953년 7월 1일 11시 45분
[발신지 및 발신자]	도쿄/드장(주일 프랑스대사)

6월 25일자 제43호 브리옹발 편으로 6월 30일 도쿄 도착

우리 부서 전보 제1158호로 내려진 지시에 따라 어제 저는 한국 외무부와 교섭했습니다.

외무부장관과 부통령 둘 다 서울에 없어서 저는 이런 경우 업무를 담당하는 정치부장 최문경에게 최대한 빨리 장관이 직접 보기를 바란다고 하면서 프랑스 정부의 견해서를 전달했습니다. 현재의 교통수단으로는 26일 이전에 이들을 만날 수 없을 거라 여겼기 때문입니다.

최문경은 방금 이 견해서가 오전 중에 변영태 외무장관에게 전달되었다고 알려주었습니다.

어제 오후 저의 방문을 맞이하며, 최문경은 웃으며 영국과 유엔총회 사무총장, 호주가 이미 교섭한 후, 한국 정부는 23일 파리의 AFP통신 뉴스가 이미 알렸던 프랑스 대표들도 기다리고 있었다고 알려주었습니다.

사실 어제 영국대사관 담당자가 자기는 22일 조정환 차관에게 영국대표들의 극히 격렬한 표현까지 전달했다고 말해 주었습니다.

한편, 현 유엔위원회 의장인 호주 대표는 위원회 제1비서 마티유 씨를 동반하여 호주의 견해서를 전달하기 위해 서울을 방문했습니다. 호주 대표와 변영태 장관은 이를 계기로 회담을 가졌습니다. 변 장관은 한국정부가 계획된 휴전협

상 조건인 3개월의 '세뇌'후 피할 수 없는 송환 위협을 받는 포로들을 석방하는 것에 의거했던 것이라고 되풀이 했습니다. 그는 또한 한국 정부가 휴전 이후에도 오랫동안 한국에 군대를 주둔시키겠다는 미국의 계획 역시 절대적으로 신뢰하지는 않는다고 했습니다. "젊은이들을 돌아오게 하기 위해", 휴전협정 조인 직후 미국에서 나타날 수 있는 필연적인 움직임에 반드시 따르는 여론의 압력을 받은 미 정부의 변덕이 확인될 수도 있다고 여기는 것입니다.

드장

【220】 유엔한국민사지원처 개편 건(1953.7.1)

[전 보]	유엔한국민사지원처 개편 건
[문 서 번 호]	미상
[발 신 일]	1953년 7월 1일
[수 신 일]	미상
[발신지 및 발신자]	도쿄/드장(주일 프랑스대사)
[수신지 및 수신자]	파리/슈만(프랑스 외무부장관)

유엔한국민사지원처[1] 개편 건

도쿄 통합사령부는 6월 25일 양민 구호를 위한 주한 군사 조직인 유엔한국민사지원위원회가 7월 1일부터 유엔군사령부에 편입되어 '한국민사처[2]'로 불리게 될 것이라고 발표했습니다.

이번 변화는 현재 있는 조직 내에 2개 행정 단계를 폐지하는 것도 포함됩니다. 사실 UNCACK는 통신국 직속 기관입니다.

클라크 장군은 직접 본인의 책임 하에 새로운 기구의 활동을 펼칠 것이며, 미국과 다른 유엔 회원국이 한국에 제공하는 경제원조 공급이 효과적이고 신속하게 더 나은 조건 속에서 보장될 수 있기를 희망한다고 했습니다.

새로운 기구는 호머 케이스[3] 장군이 앤드류 잭슨 베넷[4] 씨의 보좌를 받으며 지휘를 맡게 될 것입니다. 그는 주한 총사령관의 경제고문직을 맡게 될 것이며, 한국을 위한 경제이사회인 주한경제위원회에 참석할 것입니다.

---

[1] UNCACK(United Nations Civil Assistance Command in Korea).

[2] KCAC(Korea Civil Assistance Command).

[3] Homer Case.

[4] Andrew Jackson Bennett.

케이스 장군은 한국에서의 모든 민간지원 형태의 행정 책임을 맡습니다. 그의 업무는 특히 양민 복구, 원조 분배, 유엔한국재건단인 UNKRA가 시도하지 못할 재건 계획 실행을 위한 프로그램을 세우게 될 것입니다.

1952년 3월 30일 제135호 편지에서 보고했던 대로, UNCACK가 한국에 공급한 원조, 즉 UNKRA가 한국 재건에 출자한 금액은 꽤 대규모이며 많이 초과된 상황입니다. 그래도 이 기구들이 이때까지 약간 억지로 명맥을 유지하면서 특히 장기적인 재건이라는 이론적 토대를 세우려 노력했음은 사실입니다. 지금까지는 정말 효과적인 업무를 실행할 상황이 허락되지 않았습니다.

드장

【221】 한국 휴전을 위한 국제회의에 대한 프랑스 측 견해(1953.7.2)

[전   보] 한국 휴전을 위한 국제회의에 대한 프랑스 측 견해
[문 서 번 호] 1410-1412
[발   신   일] 1953년 7월 2일 17시 00분
[수   신   일] 미상
[발신지 및 발신자] 파리/파로디(프랑스 외무부 사무총장)

보안

런던   제9590-9599호

워싱턴   제8623-8632호, 제8633-8645호

뉴욕   제1939-1948호, 제1949-1961호

오타와   제805-814호, 제815-827호

한국 휴전에 대한 국제회의 건

(워싱턴, 뉴욕, 오타와 행) 런던에는 다음의 전보를 보냅니다.
(4개국에): 귀하의 전보 제2902호 참조

본인은 귀하가 보고한 회담의 첫 번째 조항으로, 총회의 조기 소집은 시기가 적절치 않다는 영국과 우리의 견해 일치에 대해 만족스럽게 평가합니다.
기타 사항들은 처음 검토한 바에 따라 다음의 소견을 제기하는 바입니다.

제2항
지금부터 휴전협상이 중단될 때 총회가 취할 전반적인 해결 노선을 막기는

어려울 것 같습니다. 사실 중·한에 맞서 오프노 유엔 프랑스대사와 젭 유엔 영국대사가 강조한 만족할만한 일은, 영국 외무부가 거론한 위험을 무릅쓰고 이승만의 인기를 강화하는 것으로 득실을 저울질하는 것입니다. 그래서 신중함이 필요하고, 현 상황만이 가장 적합한 초안 작성에 도움이 될 것입니다.

제3항

영국 외무부와 우리의 우려사항은 같습니다. 또한 현재, 우리가 어렵게 동의한 타협들과 정전에 이르기 위한 중요한 관심사 간에 균형이 이루어져야 합니다. 게다가 우리는 우리 측 의견에서 남한 정부의 수장인 이승만이 수차례에 걸쳐 군대를 전선에서 철수시키겠다고 한 위협을 무시할 수 없을 것입니다. 그런 위협이 실제로 행해진다면 위태로운 상황에 이르게 될 수 있습니다.

제4항

이 조항에 대해서는 영국 외무부와는 반대의 결론으로 기울어질 것 같습니다.

사실, 협상을 재개하는데 있어서 필수 조건으로 보이는 이상, 그래서 가정 a)대로 중단될 경우에도 휴전협상에 이르게 하기 위한 것이라면 유엔총회가 중·한 의견을 청취하는 것이 인정될 거라고 여길 수 있습니다. 반면 휴전협상이 체결된다는 가정 b)로 보자면, 양측 중 한쪽을 내표하는 총회가 시로 이후의 회담을 준비하기 위한 자체 토론에서 왜 다른 "측"을 받아들일 건지 잘 설명할 수 없습니다. 중·한 측이 이 같은 초기단계부터 특히 서구열강이 집착하지 않을 문제들을 이번 프로그램에 상정하려 하면서 정치회담 자체로 접근해야 할 문제를 거론하려했다는 것은 분명합니다.

어쨌든 중·한 측이 정기회기 외의 시간에 총회 의장과 교섭하도록, 또는 분야별 회담으로 협의 기구를 용이하게 해서 실상 휴전협정 60조 같은 조치들과 일치를 이룰 수 있도록 구체화된 분과위원회 의상과 교섭하노록 유엔에 내표단을 보내라는 요청을 받았다고 생각할 수도 있습니다.

제5항

본인은 글래드윈 젭 씨가 가졌던 생각에 비해 영국 외무부의 애매한 입장에 관해 관심을 갖고 지적한 후 오프노 대사에게 이에 관한 지시사항을 전달합니다.

정치회담 참가자에 대한 문제는 가장 복잡한 문제 중 하나입니다. 이번 소송절차 심의 과정에 장차 직접적으로 영향을 미칠 것이기 때문입니다. 우리의 이전 통신으로 몇몇 관점들은 이미 귀하도 알고 있을 것입니다. 그래서 귀하가 본인에게 보고한 것에 대해서는 어떤 양상을 재검토하는 것이 아니라면 재론하지 않겠습니다.

본인은 "원탁협상"의 경우 회담을 너무 중요하게 확대해석한다는 우려로 과대평가할 필요는 없다고 봅니다. 반대로 분야별 협상의 경우 유엔 측이 분야를 대표하기 위해 몇 개 정부를 지명하는 경우, 반대편인 중-(북)한 측은 분명 외몽골처럼, 자신들이 선택한 국가가 동수(同數)로 참석할 것을 요구하게 될 우려가 있습니다.

다른 한편, 이러저러한 투표 방법을 미리 고려하는 것이 바람직한지 여부를 생각해봅니다. 무엇이든, 우리가 투표를 하면 인도처럼 중립 성향의 국가들은 의지에 의해서 뿐 아니라 어쩔 수 없는 상황으로도 아마 공산 측 관점에 유리한 방향의 중재자로 여겨질 것입니다. 그래서 결국 같은 규모의 양측이 평화회의에 있는 것이 보통이기 때문에 만장일치로만 결정하기로 하는 것이 바람직할 것입니다. 게다가 이 같은 해결책은 인도차이나 문제에 관해 놀랄만한 모든 위험을 피하게 할 겁니다.

귀하도 아디시피 어떤 방법이어도 어려움이 있는 "협상을 통해서"거나 "협상 주변"의 타협, 아마도 중-한 측에서 회담 참석을 미리 고려하는데 있을 타협 방법을 제시한 것 같습니다. 한편으로는 미국과 남한, 다른 편으로는 프랑스, 영국, 소련을 포함한 8개국 중 휴전협정의 직접 협상자들에 대해서는 서구와 소련 간에서처럼 양측 간 미리 비공식 합의가 이루어질 것입니다. 모든 참가자 목록은 총회가 참가자 간 예외 없이 계속 진행할 것입니다. 이러한 점은 불분명한 영국외무부 사고의 연장선상에서 귀하 전보의 끝에서 두 번째 문단의 요약처럼 보입니다. 어쨌든 이 문제는 깊이 숙고할 만합니다.

외교단 대표
파로디

런던용: 1952년 8월 18일 미 업무문서 제2961호 명세서로 전달.
암호과용: 1953년 6월 30일 워싱턴, 뉴욕, 오타와로 영국발 제2902-2914호 전보로 전달.

아시아에 전달 요망.

【222】 이승만 대통령에게 보내는 케이시 외무장관의 메시지에 대한 보고(1953.7.2)

[전 보]	이승만 대통령에게 보내는 케이시 외무장관의 메시지에 대한 보고
[문 서 번 호]	394-AS
[발 신 일]	1953년 7월 2일
[수 신 일]	미상
[발신지 및 발신자]	캔버라/로셰(주호주 프랑스대사)
[수신지 및 수신자]	파리/슈만(프랑스 외무부장관)

1953년 3월 28일 본인의 보고 제169/AS호
이승만 대통령에게 보내는 케이시 외무장관의 메시지

전달: - 사무국
- 회의사무국
- 도쿄 주재 프랑스대사관
- 부산 주재 프랑스공사관
- 런던 주재 프랑스대사관

이승만 대통령께 보내는 호주 외무장관의 6월 26일 메시지를 동봉하여 우리 외무부에 전달합니다.

남한 대통령의 태도, 상당수의 북한군 포로를 석방한다고 한 대통령의 결정, 유엔최고사령부에 대해 보인 불복종은 휴전협정 체결을 재검토할까봐 우려했던 호주 여론을 뒤흔들었습니다. 공산군의 위험을 잘 알고 있음에도, 호주는 장기간 이어지는 이 전쟁에 지쳐 있습니다. 최근 석방된 포로들의 진술이 현재 널리 퍼져서 병사들의 가족을 불안하게 하고 있습니다.

케이시 장관은 한국 내각이 북한 포로를 석방하겠다고 내린 결정에 호주 국민과 정부가 분노하고 있다고 말하면서 전반적인 감정을 표했습니다. 장관은 통일을 실현하고자하는 한국인의 열망을 이해한다고 하면서, 휴전협상에 참여하는 것에 동의하고 협상 체결을 막을 수 있는 일은 아무것도 하지 말라는 아이젠하워 대통령의 호소에 이승만 대통령이 귀를 기울이기를 희망한다고 했습니다.

우리는 아이젠하워 대통령의 특사가 방한(訪韓)했을 때 우리 호주와 다른 나라가 한 지혜로운 충고들로 남한 대통령의 방해 작업이 멈출 수 있게 되리라고 생각했습니다. 이승만 대통령은 국방장관을 해고함으로써, 이성에 호소한 우리의 입장을 이해했다고 믿도록 했습니다. 그러한 환상은 짧게 지속되었을 뿐입니다.

어제 저녁, 우리는 여전히 답보 상태이고, 한국의 혼돈은 해결될 기미가 보이지 않는다고 외무부 사무국장이 제게 말했습니다.

[견　해　서]　한국관련 정치회담에 대한 견해서
[문 서 번 호]　미상
[발　신　일]　1953년 7월 2일
[수　신　일]　미상
[발신지 및 발신자]　미상

견해서

한국 관련 정치회담

　한국 휴전협정 계획은 양측이 임명한 대표들이 참여할 정치회담 이후 협정 체결과 발효가 이어질 3개월 후 "한국에서의 모든 외국군 철수 문제 및 한국문제의 평화적 해결이라는 과제 등을 협상을 통해 해결하기 위해……" 회의를 예정하고 있습니다.

　6월 22일자 견해서에서 회의사무국은 이 회담의 준비와 조직을 검토했습니다. 이 문제는 아시아국이 이 견해서에서 간략하게 살펴보기로 한 많은 정치적 문제를 제기하고 있습니다.

　1. 회담 구성은 1951년 말 이후 미국과 영국, 프랑스 유엔대표단 간 의견교환의 대상이었습니다. 이날 이후의 견해들은 우리 연합국의 견해와는 좀 거리가 있었습니다.

　영국이 동조했던 것으로 보이는 미국은 회담이 꼭 전장에서 맞섰던 양측 대표들로 구성되어야 한다고 여깁니다. 우리 연합국에 따르면, 유엔 기구를 양측 간의 중재자라기보다 오히려 교전군 중 하나로 만든 이 같은 해석은 정전협정

원문 자체로 강요하는 것이 됩니다. 또 한편으로는, 이 해석이 절차상의 사전 논의도 없이 북한과 중공의 회담 참가를 보장하고 있습니다.

영국과 미국 정부 역시 호주와 콜롬비아, 프랑스, 태국, 터키, 영국, 미국 즉, 한국 작전에 적극 참여했던 열강들을 포함할 유엔대표단 구성에 대해 원칙적으로는 합의했습니다.

공식적으로는 이쪽 진영도 반대 진영도 아닌 소련은 회담에 "초청받은" 열강으로서만 인정될 것이며, 유엔 명의의 활동은 하지 못할 것입니다.

우리는 영국 및 미국과의 협상 초기부터, 한국전쟁의 해결에 관심 있는 모든 열강, 특히 소련이나, 아니면 적어도 아시아 중립국을 동등하게 인정하는 회의를 위한 계획에 대해 우리의 우선순위를 준비하고 알렸습니다. 이러한 생각은 지난 가을 유엔 의회연설에서 비신스키가 말했던 것과 유사합니다.

이 관점은 미 정부에서는 고려되지 않았던 것입니다. 미국은 특히 우리가 생각하는 것 같은 회담은 유엔과 너무 느슨한 관계를 유지할 뿐이라고 여깁니다. 다른 한편, 미 정부는 소련이 회의에 정당한 권리를 지닌 채 참석하는 것을 인정하려 하지 않으며, 유엔의 이름으로 활동하는 국가들과 단순히 초청된 국가들을 계속 구별하고자 합니다. 영국의 의견으로 소련 정부에 보낸 초청이 미 국무부가 받아들일 수 있는 양보의 한계입니다.

매우 확실하게 의사를 표명할 공산국들의 연합전선에 맞서 갖가지 대립으로 나뉘는 서구 열강들과 현재 비공산주의 아시아 국가들의 입장은 다당제 회담에서는 특히 불확실하다는 것을 인정하지 않으면 안 됩니다. 대만 정부를 배제하면서 중공 정부에 보낸 초청은 한편으로는 중공 정부 체제를 인정하는, 즉 우리가 이익을 얻지만 주지는 않는 것에 관심을 가질 수 있다고 인정하는 것입니다.

또, 영국 외무부가 내세웠던 것처럼, 더 이상 양쪽 반대 진영의 대표권을 보장하는 문제가 아니라 한국전쟁과 극동에 관심 있는 국가들의 대표권 문제가 되었을 때부터 참가국 수를 제한하는 것은 어려울 것입니다. 결국, 투표 방식에 관한 문제가[1] 표출될 수밖에 없을 것입니다.

[1] 남한은 다수결 투표, 북한은 투표함 선거.

이런 이유로, 아시아국은 영국 정부와 미 정부가 제시한 논의를 고려하고 우선 한국문제 해결에서처럼 회담 조직에서 서구 열강과 그 동맹국 간에 침략에 저항하는 것에서 보였던 연대를 유지할 필요성에서 착안한 타협안을 우리 연합국과 조정하는 것이 이익일 거라고 생각합니다. 효과적이기 위해 어느 정도 제한된 유엔대표단의 단결력은 단지 예정된 협상의 원활한 진행을 확실히 실행할 여지가 있을 겁니다.

한국 사태의 항구적 해결에 이르기 위해서는 한국에 참전한 열강들과 아시아 자유국가들 간에 변함없고 우호적인 교섭은 유지할 필요가 있습니다.

그런 점에서, 회담에 인도가 참석하는데 대해 우리는 미 정부와 의견이 맞지 않습니다. 미국은 사실 인도 대표가 양측 간 중재자 역할을 하는 게 아니라 중국과 북한의 주장을 강화하는 결과를 초래할 수도 있다고 우려하고 있습니다.

게다가 인도 정부에 보낸 초청장은 법적인 난관에 부딪히는 것입니다. 사실 인도는 정전협정 제37조로 부여된 "특별" 규정에 따른 중립국입니다. 포로송환 위원회의 배려로 인도의 참석으로 인정된 이 중립성은 양측 중 한 진영인 유엔 기구 측에서는 정치회담 참여에 초청하는 것과는 간신히 양립할 수 있는 것 같습니다. 최근 논의는 교전국 간의 회담이면서 결국 '토론회' 형식을 포기하는 것만이 유효할 것이라고 한 점을 주목해야 합니다. 소련의 참석처럼, 인도의 참석은 회의 성격 자체에 문제를 제기하게 됩니다.

또한 우리는 미국이 표명한 이의가 인도 정부의 정치 변화와 아시아에서의 공산주의 위험에 대한 인도의 점진적인 인식뿐 아니라, 비판할 여지가 충분해 보이는 규칙을 제외하고도 남아있을 만한 우려를 충분히 고려하지 않았다고 간주할 수 있습니다. 더구나 회담의 권한이 극동문제 전체로 확대될 경우, 한국 정전 구상에서 매우 큰 역할을 했으며, 인도차이나 사태의 평화적 해결에 이르도록 우리에게 유용한 활동을 펼쳤던 아시아의 가장 민주적인 국가가 배제되는 것은 상상할 수도 없을 것입니다.

결국 앞서 제시된 바대로 양측 간의 회담이라는 발상이 인정되었다면 인도가 정당한 권리를 갖고 참석하도록 하는 것은 불가능한 일이라는 점이 밝혀졌을 것입니다. 소련을 감안하지 않고 실시된 구별을 없애줄 수 있는 방법처럼, 즉 적어도 소련처럼 "초청된" 국가의 자격이라는 다른 형태로 참가하는 것은 인정할 것입니다. 우리는 이 두 국가가 2개의 중립국휴전위원회에는 없다는 예를 들어 세 번째 중립국, 서구적인 방침을 지닌 국가 스웨덴을 기술적으로 보탤 수 있을 것입니다.

회의 장소는 특별한 정치적 이의가 나타나면 안 됩니다. 어쩌면 인도 같은 아시아 국가 중 한 곳의 국가적 긍지를 부추기려 할 수도 있는 공산 측의 행동을 예견하거나, 우리 스스로 제네바나 스톡홀름보다는 오히려 뉴델리나 스리랑카의 콜롬보 같은 아시아의 수도를 곧바로 제안하는 것이 더 나을 수도 있습니다.

2. 정치회담의 주요 목적은 제60조에 따라 한국문제의 평화적 해결입니다.

우리는 지금의 "데탕트"라는[2] 문제가 단기간에 긍정적으로 해결될 수 있으리라고는 생각하지 않습니다. 1950년 교전국 중 한쪽, 이후 상대편을 위해 한국을 무력으로 통일하려 했던 두 번의 시도는 실패했었습니다. 하지만 평화적인 방법에 의한 한국의 통일은 이승만과 김일성 지지자들 간은 말할 것도 없고, 소련과 미국의 관계에서는 거의 상상할 수도 없는 합의와 상호 신뢰도를 전제로 하는 것입니다. 한국인들 자체의 격렬한 도약이 없는 한, 1945년 세워진 임시 체제는 휴전 이후 더 이상 이어지지 않을 것 같습니다. 양 진영은 1950년 점령했고 거의 되찾은 영토들을 포기하려 하지 않을 것입니다.

또, 공산 측이 지금부터 회담 실패에 대한 세계 여론전을 준비하는 것 같다는 것에 주목해야 합니다. 이런 점에서, 인정해야 할 것은 한·미 뒷거래가 그들에게 손쉬운 논거를 제공한다는 것입니다. 현재 주한 미군의 특권에 대한 논평을 다시 하고 있는 모스크바 언론은 미국 측의 그러한 행위가 정치회담을 크게 훼손할 거라고 했습니다. 다른 한편, 외교부는 더 이상 휴전은 중재할 수 있는 것이 아니라고 믿도록 하는 베이징라디오의 발표가 무엇이던 간에 프랑스 공산주의 언론이 한편으로는 아무 것도 쓰지 말라는 지령을, 또 한편으로는 미국이 지

---

[2] 휴전협정 체결을 앞두고 전선이 어느 정도 소강상태에 있음을 의미하는 것 같음.

금부터 이번 휴전을 위반하도록 방법을 마련하려 한다고 전하라는 지령을 받았을 것으로 알고 있습니다. "이승만의 도발적 언사들"은 이런 의미에서 해석되어야 합니다. 갑자기 급변하는 상황이 있으면 안 되기 때문에 여전히 매우 신중하게 표현하면서, 그때부터 당 언론은 계속 휴전협정 체결이 확실한 듯이 보이려 할 것입니다.

물론 휴전협정보다야 회담이 상대편의 의도를 있는 그대로 테스트하는 것일 수 있습니다. 유엔은 미래를 생각하고 평화를 지킬 수 있는 기대의 해결이라는 유일한 목적에 이르는 데 있는 건설적이고 너무나 야심적인 계획을 제시하면서 상대의 의도를 시험해 볼 수 있을 것입니다.

월터 리프먼이 지적했던 바대로 한국문제에 접근하는 데는 두 가지 방법이 있습니다. 첫 번째는 가능한 한 한국 전체의 정부 구성을 위한 선거를 제안하고 국가 재건을 위해 꼭 필요한 권력과 책임을 이 정부에 주자는 것입니다. 두 번째는 재건을 우선시하고 남북한 간 상업 교류 및 모든 것의 교환을 이루면서 정치적 통일의 기반을 세우자는 것입니다. 정신적 경제적 통일이 정치적 통일보다 앞서게 될 것입니다.

미 기자 리프먼이 바라본 바대로 두 번째 해결책이 가장 현명해 보입니다. 그는 "우리는 민주주의 경험 없이 곧바로 거센 내전과 국제전쟁을 치른 어느 국가에서의 자유선거 조직에 관한 어떠한 환상도 가지고 있지 않다. 즉 이 선거에서 한국을 재건시킬 수 있는 적당히 유능한 정부가 배출되는 것을 본다는 어떠한 희망도 없다. 열강들이 휴전협정에 부합하는 법과 질서를 유지하는 동안 재건작업은 유엔이 관리 감독하는 게 더 나을 것이다"라고 합니다.

몇 년의 유예 기간을 두면 내전에 관련된 지도자들을 대체할 남북한 한국의 새로운 세대가 대두될 수 있을 것입니다. 한편 기다림이 필요한 이 해결책은 다시 완전히 주권을 지닌 일본이 이 일에 관여한다고 인정하지 않으면 한국의 어떠한 해결도 영구적일 수 없다는 사실을 고려해야 할 것입니다. 사실 우리는 일본제국이 한국의 3대 이웃 강대국 중 하나라는 것, 한국의 미래에 대한 일본의 정책이 적어도 중국과 러시아만큼 막대한 영향력이 있다는 것을 모를 수는 없습니다.

당장은 실현 불가능한 한국문제에 대한 전면적인 해결이 아니라면, 양측이 성의를 다한다면 회담은 양측 간에 받아들일 수 있는 "타협안"을 정하면서 유용한 역할을 할 수 있을 것입니다.

다른 한편, 포로교환에 대한 합의에 따라, 정치회담은 결국 송환 거부 포로들을 다루어야 합니다. 이 문제의 논의를 위한 30일간의 유예 기간 결정은, 적어도 이 문제가 해결될 수 있을 거라고 생각하게 합니다. 그때까지 근거 없이 행한 반공 포로들의 '탈옥'[3]이 아니어도 말입니다.

결국 회담은 한국에서 외국군 철수에 대해 합의에 이를 수 있을 것입니다.

미국의 여러 유력인사들이 드장 대사에게 제공한 정보에 따르면, 미국은 공산 측의 동의로 미군 철수를 한국 정치 문제의 확실한 해결에 달려있게 하는 정치적 해결 문제와 이 문제를 연결하려는 의도가 있다고 합니다.

대치 병력의 지금 상태로는, 중공군 출발과 동시에 일어나는 유엔군 출발은 1950년 때처럼 사용하지 않는다고 남한을 내버려 두지는 않을 것입니다. 오히려 이승만 정부 측의 경솔한 행위를 우려할 수 있습니다. 아마 공산 측은 이점에 대해 보장을 얻으려 할 것입니다. 이에 관해 아마 마지못해 최근 아이젠하워 대통령이 약속한 한-미 정부 간 조약체결이 사태를 복잡하게 만들지는 않을까 우려되는 부분입니다.

남한 정부가 유엔에 충실히 협력하지 않으면, 외국군 철수도, 포로 송환도, 전적인 정치협상도 성공할 수 없을 것임이 분명합니다. 상대적이라 할지라도 정치협상의 성공은 특히 체결된다는 전제하에 적용될 휴전 방법에 달렸습니다. 그런 점에서 최근 이승만이 행한 행위는 거의 낙관적이라고 할 수 없습니다. 남한 대통령의 인기 때문에 그의 대안을 고려할 수 없는 처지에서, 현재 유일한 희망은 남한 정부를 그들 자신 이익과 정면으로 부딪히지만 않는다면 이성과 양심으로 다시 이끌 미 외교술의 효과적인 활동에 있습니다.

어떻게 보면 미국은 이승만 박사 주위로 국민감정을 결집시키며 막대한 원조를 해주면서도 그 성공 자체로 당황한 것 같습니다. 미국은 열렬한 반공국가이

---

3) 원문에는 석방대신 '탈옥évasion'으로 기재되어 있음.

자 군사적으로 강한 남한을 세웠었으나 동시에 유엔의 의지에 맞서는 방법도 제공했습니다. 지금 미국은 무력화시키거나 약화시키지 않고도 억제되지 않은 듯한 군대의 관리를 꼭 회복해야 합니다. 드장 대사가 알려주었듯이, 유엔이 도우러 왔던 정부와 싸우게 되는 것을 본다는 것은 불합리의 극치인 것 같습니다. 그 점에 있어서 공산 측은 그들이 인정한 바 있는 유럽이서의 실패를 충분히 보상받을 기회를 얻게 될 것입니다.

그래도 만약 미국이 남한 정부를 알아듣게 설득할 수 없었다면, 정치회담 개시 이전에 유엔에 호소하는 것이 필요한 것으로 드러날 수 있을 겁니다.

3. 정치회담 단계에서 유엔이 원하지 않더라도 한국에서의 국제문제는 거의 반드시 제기될 것입니다. 한국 사태에 얼마간이라도 관련된 모든 문제를 의제에 등록하기 바라는 공산 측의 간곡한 요청에 응하기 위해 이해할 수 없는 "등등……"이라는 표현이 제60조에 포함되었습니다. 그들에게는 특히 대만 문제와 유엔에서 중공 정부 승인 문제를 상기시키는 중요했습니다.

이러한 단어들을 받아들이면서 유엔대표단 측은 형식적으로 이 단어들을 한국에서의 국제문제들이 검토될 수 있을 거라는 의미로 해석하지는 않았다고 분명히 했습니다. 한국문제와 한국의 것이 아닌 문제의 상관성 때문에 이러한 입장을 유지하는 것은 분명 어려울 것입니다.

한국 사태에 가장 밀접하게 관련된 첫 번째로 제기될 수 있는 문제는 중국으로 가는 전략 물자에 대한 금수조치 문제입니다. 군령에 의한 이 조치는 사실 적대행위를 중지하고 한국에서 군대를 철수해야 한다고 유엔이 베이징 정부한 권유와 관련된 것입니다.

현 상황에서 아시아와 서방의 비 공산권 국가들과 중국 간의 막대한 교역 흐름을 전혀 제한하지 않고 회복하는 것은 베이징 정부가 베트민에 부기와 전략 물자를 공급하는 데 용이하게 할 수 있을 거라는 것은 의심할 여지가 없습니다.

그런 사정으로, 어쩌면 관련 정부들, 특히 미국과 영국, 일본의 전적인 동의 하에 소련 진영 전체에 관한 현행 전략물자 수출 통제 시스템을 강화하면서 금수조치와 인도차이나 전쟁 간의 명백한 관계가 없다고 얼버무리는 것은 유용할 것입니다.

은밀한 특성을 지닌 이런 통제는 유엔이 결정한 금수조치를 대신할 것이며, 극동 평화의 전반적인 회복이 이루어져야만 없어질 것입니다.

대만 문제 역시 1950년 6월 트루먼 대통령의 발표 및 결정으로 한국 사태와 연관되어 있습니다. 분명 아이젠하워 대통령은 전임 대통령이 내린 명령을 철회했었지만 이것은 대만을 지지한다는 것을 강조하는 의미였습니다.

아마 중국은 이러한 지지를 끝내라고 협상국인 미국에 요구할 것입니다. 미국 측은 분명 회담 검토에서 이 문제가 거부될 거라고 했습니다.

반면, 미 정부는 우리처럼 한국의 평화와 인도차이나의 평화를 구분 짓지 않는 것에 대한 정치적 우려를 하고 있습니다. 이에 대해 아이젠하워 대통령의 승인을 받은 미 국무장관은 집권하기 이전부터 확고하게 이러한 태도를 지지하고 있습니다. 이 같은 결정은 3월 워싱턴 협상 중 명확히 드러났으며, 포스터 덜레스 미 국무장관의 최근 성명으로도, 아이젠하워 대통령의 4월 10일 담화로도 확인되었습니다.

두 전쟁의 상관성을 인정하는 것은 우리가 원하는 바를 미리 알아주는 것입니다. 그러나 정치회담 의제에서 적어도 중국 문제의 몇 가지 측면의 기재사항에 관련하여 미국의 태도 변화가 없는 한, 공산 측은 어떤 형태로든 인도차이나 사태 검토를 인정하려들지 않을 거라는 사실을 우리에게 감추면 안 됩니다.

이 견해들을 고려해 인도차이나 문제에 대한 접근 방식 검토는 한국의 평화 협상을 계기로 접근될 수 있을 것이며 이후의 견해서에서 다루어지게 될 것입니다.

【224】 이승만-로버트슨 회담의 진행 상황(1953.7.3)

[전 보]	이승만-로버트슨 회담의 진행 상황
[문 서 번 호]	5102-5104
[발 신 일]	1953년 7월 3일 09시 10분
[수 신 일]	1953년 7월 3일 14시 15분
[발신지 및 발신자]	워싱턴/보네(주미 프랑스대사)

뉴욕 공문 제1102-1104호

오늘 오후, 우리 직원 중 한 명이 최근 이틀 간 열린 이승만-로버트슨[1] 회담의 진행 상황에 대해 미 국무부에 물었습니다.

화요일 저녁 대한민국 대통령이 미 국무차관보에게 전달했던 협정 초안의 새 버전은 협상을 진전시킬 수 있는 어떠한 새로운 요소도 포함하고 있지 않다는 것이 매우 명백합니다.

이 같은 견해차의 기본은 정치회담이 한국 통일을 위한 만족스런 결과에 이르지 못하면 어쨌든 참전했던 미국이 적대행위를 재개한다는 약속을 얻으려는 이승만 대통령의 고집에 있습니다.

미국이 받아들일 수 없다고 여기는 조건이 바로 그것입니다. 미국 측의 모든 형태의 자동 원조를 배제한 6월 6일 아이젠하워 대통령의 제안에 국한하고 있습니다.

이 대통령이 휴전협정 체결부터 결정에 이르기까지 정치회담에 주어진 유예 기간을 90일로 제한하자는 주장을 다시 하지는 않았다 해도, 이 점에 있어서

---

[1] 로버트슨(Walter S. Robertson, 1893-1970). 미 국무부 극동 담당 차관보(1953-1959). 아이젠하워 대통령 특사로 방한하여 휴전협상 및 한미 동맹 체결에 대한 회담을 전개.

그의 의도에 대한 의혹이 여전히 남아있는 것 같습니다.

로버트슨 특사의 체류기간 동안 미 정부는 아직 어떠한 한계도 정하지 않았습니다. 하지만 미 국무부의 업무는 계속 희망이 남아 있다고 하면서 그들의 비관적 생각이나 이번 특사의 임무 실패가 내포하는 위험 규모를 감추는 것이 아닙니다. 지금까지 판문점에서는 최근 클라크 장군의 편지에 중-한 측 답변의 의미에 대한 어떠한 지시도 받지 못했습니다.

보네

【225】 이승만-로버트슨 회담에 대한 캐나다 정부의 입장(1953.7.4)

[전 보]	이승만-로버트슨 회담에 대한 캐나다 정부의 입장
[문 서 번 호]	421-425
[발 신 일]	1953년 7월 4일 12시 55분
[수 신 일]	1953년 7월 4일 19시 05분
[발신지 및 발신자]	오타와/라불레(주캐나다 프랑스대사관 참사관)

보안

2급 비밀

뉴욕 공문 제74-78호

워싱턴 공문 제75-79호

어제 저녁 있었던 로버트슨과 이승만의 협상을 언급한 캐나다 외무부 아시아
국장 로닝[1]은, 피어슨 외무장관이 품고 있던 희망이 줄어들었지만 아직 다 없
어진 것은 아니라고 말했습니다.

외무부의 업무는 휴전협정 체결을 따라야 하는 특별 총회와 정치회담에 관한
문제를 계속 검토하는 것입니다. 하지만 지금 외무부는 미-남한 협정이 실패하
는 경우에 주의를 집중하고 있습니다. 로닝 씨에 따르면 외무부장관은 남한 대
통령의 태도로 만들어진 상황을 검토·조사하기 위해 소집된 특별 총회라는 회
의를 무턱대고 검토하고 있지는 않다고 합니다. 외무장관은 격렬한 논의를 우
려하며, 간신히 실제 논의 결과만 생각하고 있습니다. 장관은 미 정부가 이승만
을 설득할 모든 방법을 사용하고 모든 기회를 끝까지 이용하기 위해 필요하다

---

[1] Ronning.

고 판단될 모든 시간을 쓸 수 있기를 바라고 있습니다.

로버트슨 특사가 워싱턴으로 귀국한 후, 미 정부 스스로 이승만과 협의할 어떠한 가능성도 없다고 볼 경우에만 관련 주요 열강과의 협의 후 특별 총회 소집이 검토되어야 할 것입니다. 적어도 이것이 피어슨 장관의 의견입니다. 어쨌든 피어슨 장관은 몇몇 열강이 초조한 태도를 표하지는 않을까, 미 정부의 견해를 충분히 고려하지 않고 회의를 소집하려는 것은 아닐까 우려하고 있습니다.

이승만의 거부로 휴전협정 체결이 이루어지지 않거나 이루어지지 않을 거라는 가정으로 총회가 소집될 경우, 외무부 아시아 국장 로닝은 영국 외무부(런던 전보 제2902-0914호 참조)처럼 중공과 북한이 이 특별 총회로 인정받으면 안 된다고, 오히려 그들을 설득하기 위해 초청할 아무런 이유도 없다고 생각하는 경향이 있습니다. 그러면 결국 문제는 유엔 진영을 재정리하는 것으로 귀착될 것입니다. 로닝 국장에 따르면 이런 경우 특별 총회가 정해야 할 목표는 두 배가 될 거라고 합니다. 하나는 이승만과의 협상에서 어쨌든 그가 절망적인 행위를 하도록 하지 않고 미국의 입장을 강화하는 것이고, 다른 하나는 중-한이 자신들의 입장을 강화하려는 맘이 생기지 않도록 휴전을 이루고자 하는 의지에 있어서 유엔의 일체감을 표명하는 것입니다.

로닝 국장은 그런 일의 어려움을 잘 알고 있습니다. 현 상황들은 결정적일 것입니다. 총회 의장인 캐나다 외무장관의 가장 중요한 걱정은 채택될 결의안이 미국과 남한 간 직접 대화의 재개를 막지 않도록 하는 것이 될 거라고 합니다. 피어슨 외무장관은 결국 직접 대화만이 휴전협정 체결에 반드시 필요한 조건을 정하도록 할 수 있다고 생각한다는 것입니다.

이 회견 중 로닝 국장은 개인적인 견해라고 하면서, 자신은 설득을 단념한 미 정부가 경우에 따라서는 이승만 대통령에 대한 무력 행위를 하게 되는 건 아닐까 하는 가능성도 배제하고 있지 않다고 했습니다.

라불레

【226】 미-한 회담에서 이승만 대통령의 의도(1953.7.4)

[전 보]	미-한 회담에서 이승만 대통령의 의도
[문 서 번 호]	999-1003
[발 신 일]	1953년 7월 4일 08시 00분
[수 신 일]	1953년 7월 4일 14시 12분
[발신지 및 발신자]	도쿄/드장(주일 프랑스대사)

6월 30일자 부산발 제48호, 도쿄 도착

"서울에서 전개되는 협상은 절대 기밀로 이루어지고 있어서 지금 거의 협상 범위에 대해서도 그 진행 상황에 대해서도 명확한 생각을 갖지 못하고 있습니다.

어쩌면 우리는 이 대통령이 요구하는 미국의 군사안전보장이 협상의 목표라는 것을 알고 있습니다. 또 어쩌면 상호 만족한다는 순전히 의례적인 발표 이상으로 어떤 정보들은 최소한 그저께까지는 이 협상이 협정에 긍정적으로 전개되고 있다고 생각하게 합니다. 특히 대중 집회가 거의 멈추었고, 무엇보다도 이 박사가 자신의 반대 세력에 유용한 긴장감 있는 분위기를 분명히 조성했던 정부 성명도 거의 멈추었습니다. 하지만 원칙 합의가 이 대통령이 만족하도록 잘 이루어진 어제부터 부차적인 어려움들이 나타나고 있음이 분명해지고 있습니다. 오늘 오전 50분간 열린 5차 회담에서도 이 난관은 제거된 것 같지 않았으며, 전날 회담에서도 로버트슨 특사는 "더 이상 어려움이 없다면 다른 회담은 분명 필요치 않을 것"이라는 입장을 보였습니다.

그러므로 어제 6월 19일 공산당 의견서에 답변 하면서 미국-남한 회담에 그 자신이 참석한 이후, 클라크 장군이 합의된 조건들로 공산 측이 휴전협정에 서명하게 할 수 있었다면, 다시 반복되지는 않았지만 오늘 오전 도쿄에서 라디오로 방송된 발표는 어쨌든 "한국정부는 수용하거나 아니거나"라고 한 이

전 그의 언급을 되풀이한 것으로 여겨졌습니다(본인의 전보 제41호 참조).

한편, 전에 중지됐던 휴전협상의 조건에서 현재 논의된 군사 안전 보장이 한국의 비준을 얻기에 충분하다고 외국의 여론을 얻은 것 같을지라도 결국 이승만 대통령이 자신이 6월 25일 담화에 있는 두 가지 사항 중 두 번째 사항을 무시하지 않았다고 생각할 수 있습니다, 그는 정치회담 기간을 3개월로 제한하고 이 회담이 실패할 경우 군사작전을 재개할 수 있다는 자신의 주장을 축소했던 것 같습니다.

그런 점에서, 현지 여론은 한국문제의 정치 국면을 해결해야 하는 국제회담에 앞서 고위층 미-한 회담이 곧 이루어지고 회담의 범위와 목표를 정할 것이라는 생각에 집착하는 듯합니다.

어쨌든 이런 의미에서 한국이 미 정부가 24일에 행했던 계획을 회담이 한국이 아닌 곳에서 열린다면 남한 대통령의 의향대로 로버트슨과 닉슨 또는 덜레스 대신에 이 박사에게 위임하는 것으로 해석하는 체 한다고 생각할 수 있습니다.

이에 관해 변영태 외무장관은 이 박사는 한국 외에서는 아이젠하워 대통령과의 회담에만 동의할 것이라고 발표해야 합니다.

요즘 이승만 대통령 측근 중 몇몇 인사 측에서는 이 박사가 곧 휴전협정이 이어질 미-한 정치회담에 미국 측 대표로 맥아더 장군이나 밴 플리트 장군을 파견하길 바라는 것 같다고 알려주었습니다."

드장

【227】 이승만 메시지를 다루는 미 언론의 태도(1953.7.4)

[전 보]	이승만 메시지를 다루는 미 언론의 태도
[문 서 번 호]	5147-5148
[발 신 일]	1953년 7월 4일 13시 50분
[수 신 일]	1953년 7월 4일 19시 30분
[발신지 및 발신자]	워싱턴/보네(주미 프랑스대사)

뉴욕 공문 제1105-1106호

독립기념일을 맞아 이승만 대통령이 미국 국민에게 보낸 메시지는 대부분 신문에서 1면에 거론됐지만 따로 게재되지는 않았습니다. 대한민국 대통령이 전투를 "도중에" 포기하지 않겠다고 표한 의도와 참전 중인 미국 국민에게 보내는 호소를 주목하는 서울과 도쿄발 통신문에 대략적인 발췌문이 재수록 되었습니다.

이 메시지는 일주일 전 이 대통령이 채택한 원칙적인 입장에 대해 호감을 표했던 신문들 중 얼마 안 되는 사설 논평을 대상으로 하고 있습니다. 특파원의 모든 기사는 로버트슨이 협상대상자가 얻길 바라는 확신을 해 줄 수 없다는 점과 상원이 결코 "자동원조" 조약을 비준해주지 않을 거라는 점을 꼭 강조하고 있습니다.

이 같은 언론의 신중함은 임박한 휴전협정에 대한 희망에 깊이 실망한 여론의 깊은 감정을 확실히 표현하고 있습니다. 극렬 공화당계는 며칠 전부터 고집스러운 이승만을 격려해 줄만한 모든 연설 행사를 삼갔습니다.

보네

【228】 유엔총회 소집 시기에 대한 미-영-프의 입장(1953.7.4)

```
[ 견   해   서 ]  유엔총회소집 시기에 대한 미-영-프의 입장
[ 문 서 번 호 ]  76-SC
[ 발   신   일 ]  1953년 7월 4일
[ 수   신   일 ]  미상
[발신지 및 발신자]  미상
```

의견서

장관님께

한국 사태에 대한 워싱턴 회담 건

버뮤다 회담 연기 전, 한국 휴전협정이 체결될 걸로 예상하고 있을 때, 회의 사무국은 지난 6월 22일 제68호 견해서로 판문점 협정 참여가 제기하는 문제들, 그중 몇몇은 3개국 회의 중 거론되었어야 했을 것 같은 문제들에 대한 장관의 주의를 촉구하였습니다.

사무국이 전개한 의견은 워싱턴 회담 전에 유효한 것입니다. 어쨌든 이승만의 처신으로 야기된 상황 때문에 다음에 있을 회담들의 방향은 휴전협정이 체결된다는 가정과 체결이 어려울 것이라는 가정에서 동시에 나올 것 같습니다.

그리하여 장관들은 우선 유엔총회 소집에 대한 의사표명을 해야 할 수도 있습니다. 인도의 영향을 받은 몇몇 회원국은 총회에서 토론이 더 혼란스럽게 된 상황을 해결하는 데 기여할 수도 있을 거라는 점에서 맨해튼[1]을 생각하고 있습니다.

---

[1] 뉴욕의 유엔본부가 있는 곳.

장관께서도 아시다시피, 제7차 회기가 끝나지는 않았지만 단지 1952년 4월 18일 결의안으로 보류 중일뿐입니다.

> "의장은 한국문제 검토를 재개하기 위해 이 총회를 다시 소집한다.
> 1. 통합사령부가 이사회에 한국 휴전협정 체결을 알리게 될 때
> 2. 회원국 대부분이 상황 전개가 이 문제에 대한 검토를 요한다고 여길 때"

최근 6월 말에 피어슨 장관은 의장이라는 그의 권한으로 회원국의 협의를 구하지 않고 총회를 소집할 계획이라는 점을 시사했습니다. 한국문제를 다루기 위한 총회를 바로 소집하는 것에 관해서는, 피어슨이 앞서 인용한 결의안의 매우 명확한 표현으로 그럴 수 있는 것인지 여부를 아는 점은 논의해볼 수 있습니다.

어쨌든 영국의 우유부단한 모습 이후 지금 영국 정부는 프랑스 정부처럼 협의 원칙을 준수시켜야 하는 것으로 정한 것 같습니다. 그런데도 미 정부는 계속 집착하고 있습니다. 사실 중공-북한 뿐 아니라 이승만과의 협상에 책임을 갖고 이끄는 미국은 이미 극도로 까다로운 협상을 더 복잡하게 할 수 있는 모든 개입을 피하고자 신경 쓰고 있습니다. 이는 우리가 이해하는 걱정이어서 로버트슨 특사가 결과를 얻지 못하거나 일단 결과를 얻었을지라도 엄밀한 말해 휴전협상에 대한 영향을 전혀 주지 못할 경우가 아니면 판문점에서 난관에 처했을 때 총회 소집 시기 검토는 우리는 시기상조로 여기고 있다고 전했습니다.

사실 무엇보다도, 이승만 씨와 같은 기질을 지닌 자에게는 그의 행위를 너무 공개적으로 비난한 총회 결의안이 이승만에게 좀 더 심각한 발의를 하도록 하는 것은 아닐지 우려할 수 있습니다. 이미 위협한 바도 있고 위험한 상황을 만들 수도 있는 전선에서의 남한군 철수 같은 발언 말입니다.

그러므로 이 점에 대해서는 미국의 단호한 입장을 예상해도 되지만, 이 경우에는 우리의 관점과 영국의 관점에 부합합니다. 3개국 의견이 일치해도 대다수 국가들이 총회 소집이 시기상조라는 그들의 의사를 접을 수 있을지는 의문입니다.

[견 해 서] 한국 관련 정치회담에 대한 견해
[문 서 번 호] 미상
[발 신 일] 1953년 7월 6일 20시 25분
[수 신 일] 미상
[발신지 및 발신자] 미상

장관을 위한 견해서

한국 관련 정치회담 건

한국 휴전협정 계획은 3달 후 한국문제 해결을 위한 정치회담을 예정하고 있습니다. 이에 관해 회담의 성격과 구성, 또 회담의 권한이라는 두 가지 문제가 제기됩니다.

Ⅰ. 첫 번째 문제에 대해서는 두 가지 견해가 있습니다.

영국이 동조하는 것 같은 미국은 전장에서 대립한 양 진영의 대표들로 구성되어야 한다고 생각합니다. 즉 한쪽은 중공과 북한, 다른 한쪽은 한국에 전투부대가 있는 7개국이 대표하는 유엔 측으로 말입니다(호주, 콜롬비아, 프랑스, 미국, 영국, 태국, 터키).
1952년 우리 외교부는 소련과 인도나 인도네시아 같은 아시아 '중립' 열강처럼 한국전에 관련된 모든 열강들을 동등하게 인정하는 토론회 형식의 회담으로 기울었습니다.
이 관점은 몇 가지 이견에 부딪혔습니다.

1) 미국은 소련이 정당한 권리를 갖고 회의에 참석하는 것을 인정하지 않았습니다.
2) 공산권의 연합전선에 맞서는 다당제 회담에 있어서 많은 불일치로 서로 갈라지는 서구 열강과 비 공산권 아시아 국가의 입장이 불확실한 것 같습니다.
3) 대만을 배제하고 중공에 보낸 초청은 사실상 중공 정부를 인정하는 것이 될 것입니다.
4) 참가자 수를 제한하는 것은 교전국 간 회담에서 보다 더 어려울 것입니다.
5) 채택된 투표 방법은 무엇일지에 대한 것입니다.

조정안이 가능한 것은 다음의 두 가지 원칙에서 착상을 얻은 것입니다.

- 한국 사태의 해결에 있어서 한국에 참전한 열강들 간 긴밀한 연대 유지.
- 이 열강들과 아시아 자유국가들 간 항구적 교섭 유지.

두 번째 항목은 제한적인 형태로 인도를 한국 해결안에 참여시키는 것이 유익할 거라는 점입니다.

이러한 견해를 고려해 우리는 교전국 간의 회담형식은 받아들일 수 있을 것입니다. 하지만 소련과 인도, 또 어쩌면 휴전중립국위원회를 본떠서 세 번째 열강이면서 서구방침의 스웨덴 같은 중립국은 정당한 권리를 지닌 참석국이 아닌 '초청'국으로 이 회의에 기술적으로 참여시킬 수 있을 것입니다.

뉴델리나 심라[1]가 될 수도 있는 아시아 도시를 회담 장소로 제안하면서 공산 측의 행동일 미리 방지하는 것이 나을 수도 있습니다.

---

[1] 심라(Simla). 인도 북서부 도시. 1865-1939년까지 인도의 여름 수도였으며 1947-1953년 찬디가르가 주도로 지정되기 전까지 펀자브 주의 행정 중심지였음.

Ⅱ.

1. 회담의 주요 목표는 한국문제의 평화적 해결입니다.

이 문제에 대한 확실한 해결책은 거의 있을 법하지 않습니다. 공산 측 언론은 이미 미국에 의한 휴전협정 위반과 회담 실패를 염두에 두고 독자들을 준비시키고 있다는 것에 주목해야 합니다.

그러나 유엔대표단은 건설적인 제안을 해야 할 것입니다.

    1) 유엔대표단은 가능한 한 빨리 대한민국 전체의 정부를 세우기 위해 선거를 제안할 수도 있을 것입니다. 하지만 실질적으로는 이 계획이 모든 관련국의 동의를 얻을 기회는 전혀 없으며, 만약 있었더라도 그런 선거는 관할 정부를 설치하게 하는 것입니다.

    2) 너무 과하지 않으면서 보다 현실적으로 문제에 접근하는 다른 방법은 유엔이 통제 관리하는 재건을 우선시하고 남북한 간 수많은 교류를 회복시키면서 정치적 통일의 기초를 세우는 것입니다. 정신적 경제적 통일은 이렇게 정치적 통일보다 먼저 시작될 것입니다. 이 같은 임시 타협안은 전쟁에 관련된 지도자들을 대체하는 한국의 새로운 세대가 대두되고 장차 지속가능한 해결안에는 일본도 참여하도록 할 수 있을 것입니다.

2. 정치회담은 결국 30일 후에 송환 거부 포로들을 처리해야 할 것입니다. 중국 포로에 대한 문제는 거의 제기되지 않을 것입니다.

3. 정치회담은 한국에서 외국군 철수를 검토할 것입니다. 미국은 이 문제를 정치적 해결 문제와 연결시킬 의도를 가진 것 같습니다.

이와 같은 다양한 사항에 대해 유엔대표단은 남한 정부의 충실한 협력을 얻을 수 있어야만 효과적으로 행동할 수 있을 것입니다.

그러므로 한-미 협상의 성공은 단지 휴전협정 조건뿐 아니라 휴전협정 체결 이후의 정책 조건이기도 합니다.

【230】 한국 휴전협정 관련 문제에 대한 견해서(미상)[1]

[견 해 서] 한국 휴전협정 관련 문제에 대한 견해서
[문 서 번 호] 미상
[발 신 일] 미상
[수 신 일] 미상
[발신지 및 발신자] 미상

견해서

한국 휴전협정과 관련하여 제기된 문제들

Ⅰ. 휴전협정 체결

대한민국의 동의가 있건 없건 시작하겠다는 의향을 표한 마크 클라크 장군의
편지에 중-한의 호의적인 답변은, 이승만이 이러한 압력에 양보한 것 같지 않기
때문에 미국을 매우 미묘한 상황에 놓이게 합니다.

1. 그래도 만약 남한 대통령과 합의가 이루어진다면, 정치회담에서 그들의 태
도를 결정하게 될 미국이 그에게 해줄 수 있는 보장을 어느 정도 평가할 필요가
있을 것입니다.

2. 로버트슨 특사가 실패하면, 휴전협정 적용을 보장하기 위해 미국은 어떤
조치를 취할 생각인가?

[1] 1953년 7월 6일일 것으로 추정됨.

유엔총회 특별회기 소집 예정을 인정할까요? 미 국무부는 유엔기구가 이승만을 유엔과 협력하도록 할 수 있을지 매우 의심합니다. 하지만 회원국 대다수가 특별회기 소집에 호의적인 태도를 보인다면, 미국은 그 가능성도 고려할 것입니다. 미국이 보기에 흥미로운 문제는 유엔도 전쟁의 한쪽 편이라는 것입니다. 그러므로 중국과 북한이 그들의 관점을 총회에서 알리게 하는 것은 문제가 아닐 것입니다.

Ⅱ. 휴전협정 체결 후 제기되는 문제들

1. 합의는 휴전협정 체결 이후 곧바로 이어질 다음의 절차에 따라 이루어집니다.

클라크 장군의 유엔총사령부 보고 - 아직 서명하지 않은 사절단장들의 성명서 서명[2] - 참전 16개국 수도에서 발표 - 이 단계의 실행을 좋게 평가하는 조인국 상임 대표자들이 유엔사무총장에게 보고.

2. 16개국 성명

1) 처음 세 개 문단

외무부는 최근 몇몇 관련국이 이유가 없는 것은 아니지만 "현 상황에서 이를 채택하는 것이 더 나을 거라고 생각한다"는 것을 강조했습니다. 우리는 이미 1952년 1월 몇 가지 문구의 위협적인 특징에 이의를 표했었습니다.

그런데 미 국무부는 이 성명서 텍스트에 대한 모든 수정을 반대하고 있습니다.

2) 네 번째 문단

어쨌든 지금 긍정적인 답변을 고려하는 것 같은 필리핀을 제외하고, 다른 모든 조인국들은 동의합니다. 이 추가사항에 대한 절차는 해결해야 할 것입니다.

---

2) [원주] 현재 사절단장들 중 반 이상은 이 성명서에 서명했음.

이 점에 대해 미 국무부는 이미 부분적으로 서명한 문서에 이 문단을 덧붙이는 것을 고려하는 것 같습니다. 서명이 성명서 자체의 페이지와는 다른 페이지에 있기 때문에 실제로는 이것이 쉬운 방법입니다. 관련국 사절단장들은 사전에 이 수정본으로 제공받을 것입니다.

3. 유엔에서의 절차

1952년 8월 18일 미국의 연구 자료는 아직 미 국무부의 승인을 받지 못했습니다. 미 국무부는 최근 몇 주 동안 이 문제들을 검토했지만 아직 결정을 내리지 못했습니다. 그러니까 미국은 명확한 사항에 대한 동맹국의 제안에 문을 열어놓고 있는 것 같습니다.

미국의 입장에 대해 대표가 따르고 있는 지시는 미 국무부 부서들이 이루었던 것입니다.

1) 안전보장이사회

휴전협정 체결 때부터 이사회는 적대행위 종식을 기록하고 휴전협정이 잘 마무리된 것에 만족할 것입니다. 소련의 동의를 바라는 이 결의안은 안보리와 총회의 이전 결정사항을 전혀 참고하지 않을 것이며 또다시 침공을 비난하지도 않을 것 같습니다.

어쨌든 지금 미 국무부는 안보리의 개입을 피하는 것이 더 나은 것은 아닌가 자문하고 있습니다.

2) 유엔총회

(1) 중공-북한이 총회에서 정견 발표하도록 인정할 것인가?

영국외무부는 그런 방향으로 기우는 것 같습니다. 베이징 정부 대표들이 유엔에서의 중국 의석 문제를 제기하기 위한 기회를 잡으려고 하지 않겠다는 보장을 사전에 받는다는 조건으로이라면 말입니다. 외무부는 중-한 대표단이 총회 의장이나 총회를 대표하는 위원회와 만나게 하는 것으로 그치는 것이 바람직하다고 시사했습니다.

어떠한 본질적인 문제도 이번 특별 총회에서 논의되면 안 될 것입니다. 최근 브라질이 회담에 안보리 회원국과 중공, 북한, 대한민국 대표를 포함하자고 제안하겠다는 의향을 표했더라도 말입니다. 그러니 중국 문제에 대한 논의는 피하기 어려울 듯합니다.

(2) 제안될 결의안 본문과 관련해, 외무부의 견해와 1952년 8월 18일 미국이 작성한 문서에서 보고된 견해 사이에는 상반된 점이 있습니다. 아마 영국은 미리 알고 있던 것 같습니다만, 미국 문서에는 소련이 결의안 A를 받아들이거나 안 받아들이거나 하는 두 가지 가정을 예상하고 있습니다.[3] 이 계획은 안전보장이사회나 총회의 이전 결정들을 전혀 참고하지 않은 것입니다. 또한 유엔을 대리하는 국가들과 대한민국, 또 휴전협정 제60조에 인용된 "다른 편들" 즉 중공과 북한 정부들 간에 회담 개최를 예정하고 있습니다. 유엔을 대리하는 국가는 호주, 콜롬비아, 프랑스, 태국, 터키, 영국, 미국입니다. 유엔을 중재자가 아닌 교전 중인 군대 중 하나로 만들 그 결의안은 소련을 회담 초청국으로 인정할 것입니다. "협상테이블 주위"가 아니라 "협상테이블을 통해"라는 표현으로 말입니다.

소련이 결의안 A에 동의하기를 거부하면, 총회가 조정 업무를 수행하도록 하는 훨씬 강경한 B안이 A안에 삽입될 것입니다.

외무부는 이 B안에 절대 동의하지 않았습니다. 외무부는 소련이 양측을 대표하는 열강들과 동등하게 회담에서 의석을 차지하도록 해야 할 거라고 생각합니다. 이것은 현재 영국의 의견 같기도 합니다. 또한 역시 영국 외무부 의견처럼, 베이징과 외교적 교류를 하고 있는 인도가 아시아 주요 열강의 자격으로 회담

---

3) [원주] 실제로 두 개의 결의안 본문이 있음. A_2는 언커크UNCURK의 해체를 결정하고 A_2안에 따라 회담에 초청된 열강으로 구성된 위원회를 창설하자는 것임. 이 위원회는 회담에서 유엔 기구 측을 대표할 뿐 아니라, 그때까지 언커크가 맡았던 임무를 확실히 실행하고 속행하는 책임을 맡게 될 것임. 소련이 A_1를 거부하면 언커크가 계속 불신을 야기했던 기구였다는 것에 준거해 A_2가 제시될 것임. 작년에 외무부는 이 위원회의 힘별이 복립한 요소를 도입하게 할 뿐이라고 간주했음. 외무부는 결의안 A의 범위 내에서 언커크의 기준을 제한하기만 하면 된다고 여겼음.

에 참석하는 것이 더 바람직할 것입니다.

일반적으로, 외무부는 엄격하고 차별적인 문구보다는 유연한 문구를 선호합니다. 외무부가 보기에 미국의 제안은 공산 진영이 같은 수의 참가국이 회담에 참석하게 해달라고 요구하는 것을 보게 될 위험이 있는 것 같습니다. 그런 면에서 외무부는 한편은 미국과 남한, 다른 쪽은 중국과 북한, 여기에 몇몇 국가들로 예를 들어 프랑스, 영국, 소련을 포함한 8개국의 참석이라는 타협을 검토할 것 같습니다. 이에 대한 양측 간, 서구와 소련 간에 사전 협의가 이루어진다면 말입니다. 모든 참가국은 총회가 예외 없이 열거하게 될 것입니다.

4. 정치회담

1) 장소
미국은 스리랑카처럼 '중립' 영토를 선택하고자 할 것입니다. 하지만 그들의 입장이 결정적으로 정해진 것은 아닙니다.

2) 회담 기간
로버트슨-이승만 회담 결과와 관련해 문제가 제기될 수 있지만, 이 점에 대해 이승만의 요구는 미국으로부터 얻어낼 수 있지 않을까 하는 군사적 명령에 관계된 것이 사실입니다.

3) 의제
미 국무부 부서들은 포스터 덜레스 장관에게 의제에 한국문제 등록만 제안하라고 권했습니다. 그래도 회담 전개가 다른 문제들의 검토에 이르게 될 가능성도 배제하지 않았습니다. 이들은 회담 외의 대표단 간 교섭이 의제에 없는 문제들에 대해 조사하고 면담하도록 할 수 있으리라고 생각합니다.

4) 결정투표
문제는 대부분 참가국 목록 문제에 관한 것입니다. 하지만 외무부는 양측이 대등한 입장으로 만나는 그런 회담에서, 결정은 만장일치로 이루어지기를 바랍니다. 만약 인도차이나 문제를 떠올렸을 때, 바로 그것이 우리가 확보하게 될 보장일 것입니다.

【231】 한국 관련 정치회담에 대한 영국 정부의 입장(1953.7.7)

[전 보]	한국 관련 정치회담에 대한 영국 정부의 입장
[문 서 번 호]	3024-3029
[발 신 일]	1953년 7월 7일 15시 00분
[수 신 일]	1953년 7월 7일 15시 55분
[발신지 및 발신자]	런던/마시글리(주영 프랑스대사)

보안

귀하의 전보 제9590호 참조

영국대표단이 워싱턴 회담으로 떠난 이틀 간, 우리 대사관 참사관은 유능한 정무차관보와 함께 한국 사태에 대한 마지막 개괄적 검토를 진행했습니다.

앨런 씨는 상황을 고려한 솔즈베리 경이 덜레스 장관에게서 로버트슨과 이승만 대통령 회담에서 있었던 일을 듣는데 열중했었다는 것을 숨기지 않았습니다. 미국 정부가 생각한 것과 다양한 가정 속에서 해야 할 계획이 무엇인지에 관한 것이었습니다. 로버트슨이 7월 11일 한국을 떠난다는 의사를 표명했으므로, 어쩌면 그의 보고를 들을 수도 있을 것 같습니다.

이 회담이 실패할 경우, 영국 외무부는 유엔에 호소한다는 것 말고 아직 다른 해법을 발견하지 못한 것일까요? 하지만 실효성 있는 것은 무엇일까요? 수용할 만한 결의안을 어떻게 작성할까요? 결의안에 대해 앨런 씨는 앞서 인용한 외무부 전보에 포함된 견해에 전적으로 동의했습니다.

계속 같은 가정에서, 중-한 측이 남한이 인정하지 않을 휴전협정을 받아들일 거라고 정말 기대할 수 있을까요? 만약 그렇다면, 군대가 이전 동맹국을 진압하는 것을 도울 수 있을까요?

반면 '정상적인' 휴전협정이 체결될 수 있다면, 영국외무부는 어떤 의미에서든 더욱 분명히 적극적인 활동이 수행될 수 있다고 느낍니다.

1. 정치회담 준비

앨런은 총회에서 중-한의 의견을 듣도록 하는 것의 어려움을 인정합니다. 외무부가 중-한 대표단과 총회 위원회 간의 교섭을 암시한 표현은 매우 주의 깊은 검토를 할 필요가 있어 보입니다.

2. 이번 회담 참석

여기서 다시, 외무부가 한 제안은 전반적으로 우려사항에 대한 답변 같습니다.

3. 한국문제에 대한 해법

르벨 씨는 자유선거라는 방식으로 단번에 결정적인 해법을 찾거나, 재건을 우선시해서 통일을 고려해 시간에 맡기자는 해결안에 대해 쓴 월터 리프먼의 최근 기사를 암시했습니다. 그러자 앨런 씨는 영국 외무부는 분명 양자택일 중 두 번째 사항에 찬성한다고 알려주었습니다. 미국이 북한 재건에 참여하는 것에 동의한다면, 주민들과 유엔 간의 접촉은 점차 상황을 누그러뜨리고, 나중에는 통일 문제를 보다 긍정적으로 생각하도록 할 수 있을 거라고 말입니다.

4. 한국 이외의 문제들

베이징 정부는 전략물자 금수조치 철회 문제를 제기할 것 같습니다. 중공이 한국전쟁과의 관계가 정립되었다 하더라도, 그 문제가 극동의 모든 상황에 관계된 만큼, 외무부는 적대간계 종식이 그 자체로 끝을 가져오는 건 아닐 거라고 여깁니다. 일단 코콤[1]이 자세히 검토한 문제와 이 기구가 정한 만족스러운 절차라는 점에서 외무부는 중국을 만족시키지 않을 것입니다.

---

[1] 코콤(COCOM, Coordinating Committee for Export Control to Communist Areas). 대공산권 수출통제위원회.

유엔에서의 중국 의석 문제에 대해, 언젠가는 긍정적인 결정이 필요할 것이라는 모든 점을 고려해 영국 외무부는 서두르지 않고 대처할 것입니다. 거기에는 일단 중공이 만족스럽다고 판단되는 증거를 보일 경우에만 역할을 해야 할 좋은 방법이 있습니다.

마시글리

【232】 이승만을 비판하는 소련 언론(1953.7.7)

[전 　　　 보]	이승만을 비판하는 소련 언론
[문 서 번 호]	1508-1510
[발 　 신 　 일]	1953년 7월 7일 15시
[수 　 신 　 일]	1953년 7월 7일 18시 43분
[발신지 및 발신자]	모스크바/족스(주소련 프랑스대사)

본인의 전보 제1447-1448를 참조

　소련 언론은 신화통신을 인용하고 있는 베이징 주재 타스통신의 장문의 통신문을 게재하면서 이승만의 "범죄 도발"을 계속 더욱 심하게 공격하고 있습니다.

　언론은 한편으로는 남한군의 유엔군사령부 통행, 남한군에서 석방된 북한군 포로의 한국 경찰 수하로 입대 등 이승만이 로버트슨에게 제시한 조건을 보고하고 있으며, 다른 한편, 송환을 원하지 않아서 대만으로 보내질 중국인민지원군 전쟁포로 석방을 위한 이승만과 장제스 간의 결탁을 알리고 있습니다.

　언론은 이승만이 다른 8,000명의 북한군 전쟁포로도 석방하길 원하며 비무장화되어야 할 지대에서 자신의 '괴뢰군'을 철수시키는 것을 거절할 거라고 알렸습니다.

　이승만의 휴전 '반대 공작'에 대해 말하고 미 정책이 남한 지도자의 행동에 관대하다고 알리는 다른 공문은 이승만의 협박에 처해있는 미국이 평화의 적을 너무 신중히 대하고 있다고 표현합니다.

족스

【233】 특별총회 소집에 관한 피어슨 유엔총회 의장의 입장(1953.7.7)

[전 보]	특별총회 소집에 관한 피어슨 유엔총회 의장의 입장
[문 서 번 호]	428-436
[발 신 일]	1953년 7월 7일 13시 25분
[수 신 일]	1953년 7월 7일 18시 25분
[발신지 및 발신자]	오타와/라불레(주캐나다 프랑스대사관 참사관)

매우 긴급
보안

뉴욕 공문 제79-87호 - 워싱턴
런던 전보 제2957-2959호, 뉴욕 공문 제1318-1321호

새로운 회담에서 캐나다 외무부 아시아국장은 다음 사항을 분명히 했습니다.

첫째: 총회 소집 가능 일자

피어슨 유엔총회 의장과 함마르셸드[1] 유엔 사무총장은 오타와 회담에서 미-한 회담이 실패할 경우 있을 특별 국회 소집 날짜를 정하지 않았었습니다. 이 둘의 회견 때에는 지금과는 관점이 달라서 회담의 주요점은 특별 총회와 휴전협정을 체결해야 하는 정치회담을 대상으로 하는 것이었습니다(본인의 전보 제405-410호 참조). 피어슨 의장은 함마르셸드 사무총장이 우연히 언급한 7월 15일이라는 날짜가 미-한 회담 결렬이라는 이 두 번째 전제에서 유효한 지표가

---

[1] 다그 함마르셸드(Dag Hammarskjold, 1905-1961). 스웨덴 출신으로 1953년 4월부터 2대 유엔사무총장 역임.

된 것으로 이해했습니다. 하지만 그때부터 7월 3일자 뉴욕발 AFP 소속 앤 웨일(Anne Weill)의 기사처럼 몇몇 언론 보도문은 이 주제에 대해 양산된 것 같은 오해로 외무장관의 주의를 끌었습니다. 이에 관해서는 유엔사무총장과 이야기한 바 있으며, 함마르셸드 사무총장은 피어슨 의장에게 7월 10일 한국 사태에 대한 담화를 해야 한다는 것과 회담 일자를 언급하지 말고 총회가 소집될 수 있는 과정에 대해서는 모호함을 유지하도록 주의하라고 알려주었습니다.

둘째: 특별총회 소집 절차

미국에는 항상 긍정적으로 남고 싶으면서도(본인의 전보 421-425호), 총회 의장으로서의 피어슨 씨는 다른 유엔 회원국들에게 자신이 철저히 총회 소집을 피하려는 인상을 주는 것은 아닐까도 걱정하고 있습니다. 그래서 그는 네루에게 보낸 답변에서 총회 의장으로서의 책임감을 자각하고 있다는 것을 표명하고자 했습니다(본인의 전보 제411-413호 참조). 지난 금요일 오타와에 전해진 인도 정부 수장인 네루의 답변은 한편으로는 첫 번째 메시지에서 피어슨이 해준 설명에 대한 동의와, 또 한편으로는 취해야 할 행동을 결정하는데 있어서 총회 의장의 판단에 대한 신뢰의 표현을 담고 있습니다.

피어슨 의장은 4월 결의안 사항들이 총회 의장의 당연한 권위를 제한하고 있지 않으며, 이 권위에 근거해 총회 의장이 회원국과의 의논 없이도 자신의 발의도 총회를 소집할 수 있을 거라고 법적으로 매우 강하게 주장할 수 있는 것으로 여깁니다. 그렇다고 그렇게 하겠다는 의향이 있는 것은 아닙니다. 의장은 또한 총회 소집의 시기에 대해 다른 유엔 회원국들에게 먼저 의논할 수도 있을 것입니다. 결국은 발의에 따라 또 거의 하나 혹은 몇몇 국가의 압력으로 총회 소환 장치를 작동시킬 수 있을 것입니다. 이것은 그가 내켜하지 않는 세 번째 해결 방법입니다. 사실 그는 몇몇이 자신을 신속함이 부족하다고 비난하고, 유엔 기구의 권위와 명성이 손상되지는 않을까 우려하고 있습니다. 또한 그는 완전히 난관에 봉착할 경우, 자신이 총회 의장으로서 행동해야 하기 이전에 관련 주요 열강들 간에 협의가 이루어지기를, 또 미 결국 정부 역시 특별 총회 소집에 동조할 것을 매우 바라고 있습니다.

이 점에 관해 제가 로닝 아시아국장에게 최근 외교부 전보에서 드러난 것과 같은 프랑스 정부의 견해를 알리자, 로닝 국장은 현재 온타리오 서부에서 선거 유세 중인 피어슨 의장이 가까운 시일 내에 발의하는 것을 검토하고 있지는 않다고 밝혔습니다. 사실 그는 미 정부가 월터 로버트슨 특사의 보고서를 여유 있게 검토하고, 그때 열려있을 가능성을 조사해 특히 프랑스와 영국 외무장관들과 워싱턴 회담 때 필요한 협의를 할 시간이 있어야 한다고 여기는 것 같습니다.

한편 캐나다 외무장관은 뉴욕 주재 대표에게 다른 대표단의 의견을 매우 정확히 파악하라고 주문했습니다.

라불레

【234】 미-한 회담에서 이승만의 요구(1953.7.7)

[전 보]	미-한 회담에서 이승만의 요구
[문 서 번 호]	1029-1033
[발 신 일]	1953년 7월 7일 08시
[수 신 일]	1953년 7월 7일 11시 45분
[발신지 및 발신자]	도쿄/드장(주일 프랑스대사)

7월 3일자 제49호 브리옹발 편으로 7월 6일 도쿄 도착

본인의 이전 전보에 이어

월요일부터 파악할 수 있었던 이승만-로버트슨 회담에서 나타난 차이점은 그저께 협상결렬을 염려할 수 있을 만큼 확실했습니다.

처음의 낙관주의는 소위 초기 회담 때 보였던 더 타협적인 이 박사의 태도에 근거한 것이었습니다.

하지만 6월 28일 저녁, 구두(口頭)로 교환했던 점을 확인하기 위해 로버트슨이 그의 요청에 따라 전날 작성한 통첩에 대한 답변으로, 이 박사는 자신의 요구 대부분을 다시 살리는 통첩을 로버트슨에게 제출했다고 합니다. 사실 기껏해야 대통령은 휴전 전에 중공군의 한국 철수를 위한 이전 요구사항들을 포기한 것 같습니다.

반대로 그는 한편으로는 군사 및 정치적 안보 보장을 요구하고 있답니다.

군사적인 관점에서 이승만은 일본에 부여한 것과 비슷한 보장을 미국에게서 얻어내길 바라고 있습니다.

정치적인 관점에서는 "휴전 이후 북한이 반드시 가할 수 있는 정치적 침범에 대해 자신의 체제 보호"를 요구할 것입니다.

다른 한편으로는 휴전을 위해 요구되어, 군사작전 재개 가능성으로 승인된 정치회담을 제한하기 위해 그의 ㅁㅁㅁ와 주장을 전부 유지하려 할 것입니다.

이 같이 이승만이 처음 입장으로 회귀함으로써, 이 박사가 계획한 관점으로는 십중팔구 군사적 보장을 검토할 의향이 거의 없고 기껏해야 무의미한 것으로 밝혀질 정치회담에서 미국의 철수 가능성을 언급할 준비가 됐을 뿐이지만 대통령이 집착하려는 비준에 당연히 반대하는 미국의 강한 불만을 야기하게 될 것입니다.

이런 생각을 유지한 채, 이 대통령과 로버트슨 특사 외에도 머피 유엔사무국장, 브리그스 주한 미대사, 다른 편으로는 백두진 국무총리, 변영태 외무장관이 참석한 29일 회의는 같은 날 공산 측에 보내는 답변을 전달한 후 클라크 장군에게 한 설명을 확인하는 것같이 분명 양측의 완강한 반대를 보일 것입니다.

새로운 긴장의 징후들이 한국 측에서 바로 뚜렷하게 나타났습니다. 지방언론은 공산 측에 보내는 견해서를 대한민국 주권에 대한 용인할 수 없는 위협으로 쓰고 있으며, 특히 여론은 견해서에 포함된 "휴전 사항 준수를 위해 유엔총사령부 측의 군사 경계 조치"라는 규정에 강력히 반발했습니다.

변영태 외무장관이 이어질 정치회담의 사전 제한 없는 휴전에는 반대라는 재확인 성명을 재개하는 외에도, 다양한 징후들, 특히 어제부터 경찰이 외교사절단 주위에 취한 것 같은 보호조처들은 대규모 시위 기구가 다시 움직일 수 있다는 생각이 들게 했습니다.

서울에서 로버트슨과 이승만이 계속 교섭을 유지하고 있다는 점과 이 회담이 협의에 이를 것이라고 아이젠하워 대통령이 급히 확신을 표명한 점은 어제 하루 동안 데탕트를 불러일으킨 것 같습니다. 사실상 문외한이 보기에는, 분명 이미 그저께부터 참모장교 회의에서 구상된 "군사적 대비" 활용과 휴전협정 체결에 공산 측이 동의하는 것은 지금 이승만이 사용하는 뻔한 방법들이 극도로 위험한 상황을 야기시킬 수도 있다고 여길 만합니다.

드장

【235】 미-한 협상에 대해 존슨 차관보의 국무회의 내용 보고(1953.7.7)

[전 보]	미-한 협상에 대해 존슨 차관보의 국무회의 내용 보고
[문 서 번 호]	5190-5195
[발 신 일]	1953년 7월 7일 19시 35분
[수 신 일]	1953년 7월 8일 06시 35분
[발신지 및 발신자]	워싱턴/보네(주미 프랑스대사)

보안

오늘 오후 한국에 대한 미 국무부 회의에서 존슨 차관보는 지난 일주일간 로버트슨-이승만 회담의 전개 상황에 대한 일반적인 정보를 제공했습니다.

눈여겨봐야 할 어떠한 전개도 이루어지지 않았다고 강조한 후, 이번 회담 결과는 완전히 부정적인 것 같지는 않지만 이 같은 느낌이 확실해질 것인지 알기 위해 아직 기다려야 한다는 것을 받아들여야 한다고 밝혔습니다.

그런 점에서 논의는 6월 6일 서한에서 아이젠하워 대통령이 제안한 "미 정책의 기본 요소"가 있는 상호안보조약에 집중되었습니다.

이승만은 계속 미 특사에게 한국 통일을 위해 미국이 군사적 수단을 이용할 것이라는 약속을 얻어내려 하고 있습니다. 정치회담이 실패할 경우, 로버트슨 특사는 미 헌법이 행정부 수장에게 그런 약속을 하는 것을 금했다고 다시 설득하려 했습니다.

어쨌든 대한민국 대통령은 전보다 아이젠하워 대통령의 제안에 더 흥미를 표했으며, 그가 희망했을 조약의 비준이 제기한 문제를 고려하기 시작했음이 분명합니다. 하지만 그는 기분이 매우 수시로 변하는 인물이어서, 존슨 특사는 예로서 비무장지대에서도 중국포로들에게 해당하는 송환위원회 업무를 유지하는 것이 어떠하냐고 제시했다가 다음날 이 주장을 다시 재검토했던 일을 인용했습니다.

모든 낙관주의는 너무 시기상조라는 것이 판명되었습니다. 그래도 미 국무부는 7월 7일 서울에서 일어난 시위의 성격에 고무적인 의미를 부여하는 것 같습니다. 시위 참가자들이 상호방위조약뿐 아니라 한-미 우호 유지의 필요성까지 거론하는 깃발을 들고 있었다는 것입니다.

언론 보도문에 따르면 부여할 유예 기간에 대한 질문을 받은 로버트슨 특사가 정해진 유예 기간 이후 한국 통일을 위해 어떠한 만족스런 결과도 나오지 않았다면 미 대표단이 정치회담을 그만두라는 제안을 했을 거라고 합니다. 존슨 차관보는 그 정보는 이 대통령이 요구한 군사 명령 확약 약속을 미국이 거절하지 않았다는 의미만 있을 뿐이라고 덧붙이며 그 같은 보도를 부인했습니다.

마크 클라크 장군의 최근 서한에 대한 공산 측 답변에 관련하여, 미 국무부는 이 문제가 중공-북한 측의 요구에 따라 워싱턴 시간으로 오늘 저녁 10시 판문점에서 예정된 연락장교회의의 대상이 될 것인지 여부를 아직 모르고 있습니다.

보네

【236】 미국의 미-한 회담 의도를 비판하는 소련 언론(1953.7.8)

[전 보]	미국의 미-한 회담 의도를 비판하는 소련 언론
[문 서 번 호]	1522
[발 신 일]	1953년 7월 8일 16시 15분
[수 신 일]	1953년 7월 9일 18시 39분
[발신지 및 발신자]	모스크바/죅스(주소련 프랑스대사)

　　소련 언론은 오늘 처음으로 한국 사태에서 미국을 직접적으로 문제 삼고 있습니다. 한편으로는 모든 신문은 신화통신 해석을 수록한 베이징발 타스통신 보도문을 게재하고, 이승만의 도발에 대응하지 않을 뿐 아니라 남한 대통령의 행동을 자신들의 목적을 위해 이용한다며 미국을 비판하고 있습니다. 같은 보도에 따르면 로버트슨과 이승만 사이에 이루어졌다는 협의는 정치회담에서 예정한 3개월의 논의 이후 다시 행동의 자유를 찾을 수 있도록 해서 미국이 공산주의와 계속 싸울 수 있을 거라는 겁니다.

　　또 한편 『프라우다』의 코리오노프 기자의 중요 기사는 "이러한 도발들이 누구에게 이익이 되는가"라고 묻고 있습니다. 그는 "남한의 실세가 유엔군사령부라는 명칭을 한 미 사령부의 손아귀가 아니라 이 괴뢰군단의 손아귀에 있는 순간을 누가 진심으로 믿을 수 있을까?"라고 썼습니다. 비슷한 질문을 수차례 제기한 후, 기자는 "이 모든 이야기는 얼간이들에게나 맞는 시시한 이야기"라고 합니다. 3년 간 이승만은 미군이라는 "후방부대 뒤에" 숨었으며, 물적으로나 군수품으로도 미국의 원조에 "항상 의존했고 의존하고 있다"고 계속 이어갑니다. 코리오노프 기자는 이승만과 이승만의 영향을 받는 척할 뿐인 미군 지휘관들 및 시민들 간의 "외교협상 코미디"라고 비판했습니다. 역시 처음으로 기사는 한국과 베를린을 대놓고 연관지으며 "평화를 두려워하는 몇몇 지도자들"에게 책임을 물었습니다. 이들은 아데나워, 이승만, 장제스 같은 자들을 통해 선동을 조직했던 사람들이며, 이 "뛰어난 선동의 거장들"은 소련에 압력을 가하기 위해 말에서 행동으로 옮겼습니다. 기자는 미국이 자신들은 미해결된 모든 문제를 평화적으로 해결하길 원한다고 하면서 동시에 이러한 도발을 꾸미고 있다며 "소련은 말이 아니라 행동으로 국제문제를 평화적으로 해결하고자 하는 모든 이들에게 지지와 원조를 계속하고 있다"고 했습니다.

족스

【237】 정전회담에[1] 대한 각 측의 입장(1953.7.9)

[전 보]	정전회담에 대한 각 측의 입장
[문 서 번 호]	1050-1056
[발 신 일]	1953년 7월 9일 08시 45분
[수 신 일]	1953년 7월 9일 12시 00분
[발신지 및 발신자]	도쿄/드장(주일 프랑스대사)

보안

긴급

2급 비밀

워싱턴, 런던, 사이공 공문 제751-757호

국방부에 전달 요망

1. 클라크 장군과 머피 유엔사무국장이 오늘 아침 한국으로 출발했습니다. 저는 이들을 어제 저녁 만났습니다.

6월 29일 클라크 장군의 편지에 대한 공산 측 답변은 이미 워싱턴에 전달되었습니다. 미 정부는 이승만과 아무런 협의가 이루어질 수 없었을지라도 휴전협정에 서명하라는 명령은 유지했습니다.

2. 어제 중-한 총사령관이 클라크 장군에게 보낸 서한은 참모장교와 미 정부가 공산 측도 정전을 원한다는 생각을 굳히게 했습니다.

이 편지는 남한 사령부와 결탁한 유엔군사령부에 대한 비난을 유지하고 있습

---

1) 정전회담과 휴전회담의 의미가 다르지만 한국전쟁에서는 별 차이가 없이 사용됨.

니다. 편지는 유엔군사령부의 설명과 태도가 불충분하다고 여기고 있습니다. 공산군이 전선에서 남한군 60,000명을 석방했었던 사실에서 끌어낸 논의를 거부했습니다. 편지는 대한민국 정부가 휴전협정 존중을 약속하기 위한 진지한 보장을 취하라고 요구합니다. 편지는 또한 유엔군사령부의 바람직한 조치에 대한 확약서를 요구하며 휴전협정과 협정 체결을 위한 여러 가지 준비 실행을 논의하기 위해 대표단이 모이자고 제안했습니다.

클라크 장군과 머피 사무국장은 빠른 시일 안에(주말이나 다음주초 쯤) 협정 체결이 이루어질 수 있을 거라고 여긴 것 같습니다.

3. 유엔 총사령관은 이승만의 태도에 여전히 매우 걱정하고 있습니다. 26일 시작된 이승만 대통령과 로버트슨의 회견은 28일 이후 아무런 진전이 보이지 않았습니다. 정치회담의 기간 제한에 대해, 미 정부는 타협으로서 한국 통일에 대해 세 달 후에도 어떠한 결실을 얻어내지 못하면 남한 정부와 동시에 회담을 그만두겠다고 약속했습니다.

이승만은 만족스럽게 여기지 않았습니다. 그는 만약 이런 일이 벌어지면 미국이 다시 적대행위를 재개해 줄 것을 요구하고 있습니다. 그런 약속이 없으면, 이승만은 휴전에 동의하지 않고 유엔군사령부에서 자신의 군대 철수를 유보하고 전투를 계속하기까지 할 것입니다. 군수품 공급을 금지하겠다는 미국의 위협도 그를 위압하는 것 같지 않습니다.

4. 남한군 14개 사단은 반 이상 전선에 참여 중이거나 대기 중에 있으며, 이승만의 태도는 유엔군사령부가 위험하게 될 수도 있는 매우 민감한 상황에 놓이게 했습니다.

모든 남한군 부대가 동 금화의 동부 지역에 모이도록 조치가 취해졌습니다. 서부 지역은 미군 부대와 영연방 사단, 유엔 분견대가 장악하고 있습니다.

재집결은 거의 끝났습니다. 현재 미 7사단을 사이에 두고 각각 양구 북쪽 지역에 주둔한 미 40, 45사단과 철원 지역에 주둔한 남한군 1, 2사단은 더 이상 교대하지 않습니다.

5. 미 사령부는 어제까지도 휴전협상 체결 이후 남한군이 경계선 남쪽 2㎞ 뒤로 물러서는 것을 거부하거나 북쪽으로 공격할 수도 있는 것처럼 여겼습니다. 이러한 공격은 사단포병대 만이 지원할 수 있을 것입니다. 군단 포병대도 공군도 지원하지 않을 것입니다. 때문에 공격은 탄환이 떨어지면 중단될 것이지만, 적의 반격을 야기할 수 있을 것입니다. 미 사령부는 앞으로의 공격이 경계선에서 멈추기를 바라고 있습니다. 이 경계선이 돌파되어 남한군은 쫓기고 위태롭게 되면, 유엔군의 안전을 위해 남한군의 패주(敗走)를 막는 데 필요한 조치를 위해야 할 것입니다. 이는 적대행위 재개를 의미하는 것이 됩니다.

그래서 모든 희망은 공산 측의 전투를 끝내겠다는 욕망과, 정확히 희망의 성격과 조치를 알고 있는 공산 측이 이 대통령이 할 만한 제안에 절도 있게 반응하는 것에 달려 있습니다.

드장

【238】 필리핀의 유보적 입장(1953.7.10)

[전 보]	필리핀의 유보적 입장
[문 서 번 호]	119-122
[발 신 일]	1953년 7월 10일 18시 48분
[수 신 일]	1953년 7월 10일 16시 19분
[발신지 및 발신자]	마닐라/부아제(미상)

보안

매우 긴급

본인의 전보 제118호에 이어

　약속했었음에도 불구하고 네리 외무차관이 정해진 날 어떠한 답변도 주지 않고, 어제의 모임에서도 모든 대화를 피했었기에 저는 그에게 다시 면담을 요청했습니다.

　차관은 저를 다시 접견했고, 가능한 모든 논의를 다시 다루었던 오랜 토론 중에 네리 차관은 현재 워싱턴에 있는 외무부 사무국장인 엘리잘데[1] 씨와 통화하며 이 문제를 이야기했었으며, 엘리잘데 씨는 이에 대해 키리노 대통령과 이야기했었다고 말했습니다. 네리 씨는 말 그대로 몇 차례나 결정적으로 "지금 당장은 우리가 답변할 수 없다는 것을 귀하의 정부에 알려주십시오. 이는 동의도 거부도 아닙니다. 우리는 정세를 기다려 보는 것이 낫다는 입장입니다" 라고 했습니다.

　네리 차관은 이 문제에 대해 회감했던 미국대사에게도 이미 같은 답변을 했

---

1) 엘리잘데(Elizalde). 필리핀 외무부 사무국장.

다고 덧붙였습니다.

저는 그에게 지금과 같은 상황에서 그러한 늑장 답변은 거부와 같은 의미라고 지적했습니다. 그는 필리핀 정부의 생각으로는 그런 것이 아니라며 강력히 반박했습니다.

저는 그러면 허를 찔릴 우려가 있다고 했습니다. 그러자 네리 씨는 한국의 휴전협정이 조인되기는 아직 멀었고, 어쨌든 그때 "워싱턴에 있는 우리 대표는 우리가 주어야 한다고 생각하는 명령을 받게 될 것"으로 확신한다고 답했습니다.

제가 필리핀만 추가 조항 서명에 거부하면 일어날 상황에 대해 거론하자, 그는 다른 열강들도 모두 동의한 것은 아니라며 반박했습니다. 그가 잘못 생각하고 있는 거라고 일깨워주려 했습니다만, 필리핀만이 협상 결과를 문제 삼을 수 있을 거라는 사실에 대리 긍지를 느끼는 것 같다는 인상을 받았습니다.

전보 제116호로 이미 제가 제시했던 것처럼, 워싱턴에 있는 우리 대사가 엘리잘데 사무국장과 교섭을 가졌다면 그도 같은 답변을 얻었을 거라고 네리 차관도 제게 말했습니다.

그는 "어째서 비망록을 제게 건네주지 않으시나요?"라고도 했습니다. 저는 이 협상들의 탑 시크릿이 그때까지 제게 허락되지 않았을 뿐더러 아마 우리 정부도 그 필요성을 몰랐다고 답변한 후 신생 공화국에 대한 최종 동의였다고 설득했습니다. 이 문제가 다시 재론되지는 않았습니다. 제 생각에는 현 상황에서 다른 답변을 얻기는 불가능한 것 같습니다. 필리핀이 우리와 우호적으로 합류할 결성을 할 수 있도록 하는 것은 단지 시간과 더 열강들의 만장일치 결정만이 가능한 일일 것입니다.

부아제

【239】 정치회담 참여를 원하는 터키 정부(1953.7.10)

[전 보]	정치회담 참여를 원하는 터키 정부
[문 서 번 호]	1347-1348
[발 신 일]	1953년 7월 10일 20시 20분
[수 신 일]	1953년 7월 11일 02시 15분
[발신지 및 발신자]	뉴욕/오프노(주유엔 프랑스대표)

오늘 오전, 터키 상임대표단 단장 사르페 씨는 터키 정부가 파리, 런던, 워싱턴 주재 대사들에게 파견된 담당 주재국 정부에 휴전협정으로 예정된 정치회담에 대표국이 되었으면 하는 터키의 희망을 각자 알리도록 했다고 말했습니다. 터키 정부는 이 회담에 유엔군의 일환으로 참전한 한국에 16개국이 모여야 할 것으로 여기고 있습니다. 어쨌든 이 같은 노력에 터키의 기여 정도는 이 회의에 터키가 참석해야한다고 여길 만합니다.

사르페 씨는 글래드윈 젭 경, 캐벗 로지, 또 제게 이런 과정을 알려주고 이 점에 대해 우리 대표단들이 할 수 있는 조치를 알아보라는 명령을 받았습니다. 사르페 씨는 미국의 로지 씨는 매우 신중하고, 영국의 글래드윈 젭 경은 매우 우호적이라고 생각하고 있었습니다. 저는 프랑스 정부가 틀림없이 터키 정부의 희망을 가장 우호적으로 고려할 것이라고 확인해 주었습니다.

오프노

【240】 미-한 회담 내용과 미국 측 입장(1953.7.10)

[전 보]	미-한 회담 내용과 미국 측 입장
[문 서 번 호]	5227-5232
[발 신 일]	1953년 7월 10일 18시 00분
[수 신 일]	1953년 7월 10일 18시 25분
[발신지 및 발신자]	워싱턴/보네(주미 프랑스대사)

보안

뉴욕 공문 제1117-1122호

최근 미 국무부는 한국 상황 전개에 대한 다음 정보를 우리 직원 중 한 명에게 전달했습니다.

1. 로버트슨-이승만 회담

2주 만에 처음으로 희망이 생겼다. 현재 이승만은 휴전이 '불가피하다'는 사실을 받아들이는 것 같다. 이틀 전 로버트슨 특사는 어젯밤 서울을 떠날 계획임을 알렸다. 이승만은 출발을 며칠 늦추도록 했다. 그래서 회담은 계속되고 있다.

대한민국 대통령은 중국 포로건 북한 포로건 비무장지대에서 이송되고 송환위원회의 활동이 실행된다는 조건에서 포로에 대한 합의를 시행하는데 협조할 준비가 되었다. 클라크 장군은 필요한 안전 보장으로 이러한 이송을 약속할 수 있으리라 여긴다. 공산 측의 동의를 계속 얻으려 하는 것은 어제 판문점에서 열린 휴전회담 본회의에서 해리슨 장군이 제기했다는 사항 중 하나이다.

공산 측이 서부한나년, 통합사령부는 핀문검 서쪽 기방, 비무장지대 남쪽에 있는 남한 영토 중 한 곳에서 이송하는데 이승만의 동의를 얻으려 할 것이다.

2. 휴전회담

해리슨 장군은 다음 네 가지 사항을 거론하라는 명령을 받았다.

1) 포로위원회 중 체코, 폴란드 회원들은 이 위원회 업무에 참여할 준비가 언제 되는가?
2) 2개 언어로 휴전협정 결정문 작성. 상세 번역 사항이 완전히 이루어져야 한다.
3) 비무장지대 경계 완료.
4) 중국과 북한 포로들이 비무장지대에서 포로송환위원회에 넘겨지는 것에 중한 측은 동의할 것인가?

물론 미 국무부는 남한이 반대할 경우 통합사령부가 휴전협정 적용을 위해 공산 측이 해리슨 장군에게 요구했을 어떤 보장을 제공할 수 있다고 전제하고 있습니다. 유엔대표단장은 6월 29일자 클라크 장군의 편지를 참조하여 답변해야하며, 필요하다면 유엔군이 남한의 뜻과는 다르더라도 어떤 경우에도 개입하지 않을 것이라는 점을 명확하게 해야 합니다. 하지만 이러한 일만 일어나지 않으면, 클라크 장군은 다른 모든 안보조치를 취할 것입니다.

보네

【241】 미-한 회담과 판문점회담에 대한 미 국무부 보고(1953.7.10)

```
[ 전        보 ]   미-한 회담과 판문점회담에 대한 미 국무부 보고
[ 문 서 번 호 ]   5239-5245
[ 발  신  일 ]   1953년 7월 10일 20시 30분
[ 수  신  일 ]   1953년 7월 11일 02시 30분
[발신지 및 발신자]  워싱턴/보네(주미 프랑스대사)
```

보안

뉴욕 공문 제1122-1128호
본인의 전보 제5227-5232호 참조

오늘 오전 우리 직원 중 한 명이 미 국무부에서 얻은 보다 낙관적인 정보에
따르면, 존슨 차관보가 오늘 오후 15개 열강 대표들에게 어제 자 판문점 회의
보고를 평가하는 상황 발표를 했다고 합니다.
이 총회가 비밀로 '실행'되었던 만큼, 보고 내용 역시 비밀 취급입니다.

1. 로버트슨-이승만 회담
남한 정부는 특히 정전 실행을 "막지 않겠다"고 미 협상가들에게 알렸습니다.
남한은 비무장지대에서 중국과 북한 반공포로 이송에 "협력하는데" 동의할 것
입니다. 존슨 차관보는 "미래에 관한 다른 문제들은 완전히 해결되지는 않았습
니다. 이 문제들이 현재 매우 명확하지 않을 수는 있지만, 우리가 정전 단계로
가는데 방해할 수는 없습니다. 우리는 이 정전협정 체결을 최대한 서두르려 노
력하고 있습니다"라고 덧붙였습니다.

2. 판문점 회담

어제 회의에서 중한 대표단 단장은 해리슨 장관에게 특히 휴전협정 실행 시 군대와 남한 정부가 제공할 수 있는 보장에 대해 물었습니다. 군대와 남한 정부가 협의를 이룰 것인지, 남한군이 휴전협정에 따를 것인지, 2㎞ 철수 명령은 따를 것인지, 만약 남한군이 거부하면 통합사령부는 어떤 효과적인 조치를 취할 것인지, 또한 적십자단과 포로송환위원회, 반공포로들에게 "설명하는" 임무를 맡은 공산 측 대표들의 안전을 보장하기 위해서는 어떠한 조치를 취할 것인지 등의 질문이었습니다.

이러한 질문에 해리슨 장군은 우선 다음과 같이 말하며 답했습니다. "우리로서는 현재 유엔군사령부 산하에 있는 남한군이 정전 이후에도 같은 사령부 소속에 머물 것이며, 휴전을 하고 2㎞ 후방으로 철수할 것으로 간주하고 있습니다." 하지만 분명히 하기를 "우리는 남한 정부가 휴전 시행에 완전한 협조를 준비할 것이라는 점만 보장할 수 있다"고 한 후, 마크 클라크 장군이 감독과 송환에 관련된 여러 구성원들의 안전을 위해 "경찰 보호"를 제공할 것이지만, 어떠한 경우에도 휴전협정 조항을 준수하도록 하기 위해 남한군을 공격하라는 명령을 내리지는 않을 것이라고 알려주었습니다. 그래서 해리슨 장군은 중국과 북한 반공포로에 관한 송환 업무가 "가능한 한 가장 자유롭고 안전한 조건에서 이루어지도록" 비무장지대에서 시행되는 것은 어떨지 제안했습니다. 통합사령부가 비무장지대에서 이 포로들의 이송을 맡게 될 것이라고 하면서 말입니다.

공산 측은 이러한 발표를 기록하기만 할 뿐이었습니다. 다음 본회의는 오늘 저녁 10시로 정해졌습니다(워싱턴 시간).

이러한 정보를 설명한 존슨 차관보는 공산 측의 반대만 없다면 포로협약에 대한 조치(제4조)는 송환위원회가 비무장지대에서 반공포로들의 이송 및 포로 담당 업무를 실시하는 것을 휴전위원회가 막지는 않을 거라고 강조했습니다. 한편 클라크 장군은 "모든 일이 순조롭다면" 휴전은 대략 일주일 후면 이루어질 수 있을 것으로 여기고 있습니다.

보네

【242】 성명서 추가 조항 작성 건에 대한 프랑스와 미국의 입장(1953.7.11)

[전 보]	성명서 추가 조항 작성 건에 대한 프랑스와 미국의 입장
[문 서 번 호]	5293-5295
[발 신 일]	1953년 7월 11일 23시 00분
[수 신 일]	1953년 7월 12일 01시 20분
[발신지 및 발신자]	워싱턴/보네(주미 프랑스대사)

보안

2급 비밀

뉴욕 공문 제1138-1140호

귀하의 전보 제9067호 참조

　최근 몇 주 동안 휴전협상 체결 이후 제기될 문제들에 대한 일반적인 대화의 일환으로, 우리 직원 중 한 명은 미 국무부 관련 부서와 함께 16개국 성명의 수정 가능성 문제를 거론할 기회가 있었습니다.

　우리 직원과 함께 대화를 나누었던 여러 상대들의 반응은 완전히 부정적이었습니다. 그들 중 몇몇은 우선 성명서에 4항을 첨가한다는 우리의 제안에 미 국무부가 매우 신중한 태도를 보이거나 늑장부리는 것조차 아니라면, 작성할 때 이미 많은 어려움을 야기했던 성명서에 대해 16개국 열강 간의 새로운 협상 개시를 피하는 것만 신경 쓰는 것일 뿐이라고 했습니다. 결국 지금 형식, 즉 처음 3개 항에 국한된 이 문서는 이미 관계 사절단장의 반 이상이 서명했던 것이며, 휴전협정 체결이 매우 가까운 것 같습니다.

　제가 바라는 유리한 의미로 필리핀 정부가 결정하게 되면 곧 미국의 새로운 개입(본인의 전보 제5291호와 뉴욕 공문 제1136호 참조)에 이어 제4항이 보태어질 것입니다.

서명은 이미 별개의 페이지에 되어 있기 때문에 사실 실질적인 어려움은 생기지 않을 것입니다. 우리 대사관의 동의하에 미 국무부는 다른 14개 정부 대표들에게 이 수정에 대해 확인할 겁니다. 이러한 상황에서 우리 외무부의 반대가 없다면 저는 이 절차가 만료되는 대로 성명서에 서명할 예정입니다.

보네

【243】 미-한 회담 결과에 대해 부정적인 영국 언론보도(1953.7.13)

[전 보]	미-한 회담 결과에 대해 부정적인 영국 언론보도
[문 서 번 호]	3146-3149
[발 신 일]	1953년 7월 13일 21시 20분
[수 신 일]	1953년 7월 13일 22시 00분
[발신지 및 발신자]	런던/마시글리(주영 프랑스대사)

이승만 대통령과 로버트슨 특사의 회담 결과는 매우 신중하고 꽤 비관적이기까지 한 영국 언론의 논평을 야기했습니다. 『뉴스크로니클』, 『맨체스터가디언』, 『데일리텔레그래프』는 제각각 '혼란', '불확실성', '한국에서의 어려운 합의' 등의 제목으로 이 회담에 대해 전해진 아직은 불명확한 정보를 분석하려 애쓰고 있습니다.

막연하고 모호한 보도문 용어들과, 워싱턴이 부인하고 있지만 남한 측에 따라 이승만 대통령이 얻은 양보의 범위에 대해 작성된 성명서는 한국 정부 수장의 의도에 의구심이 들도록 합니다. 그것이 정확하다면, 이 대통령은 정치회담에서 허용할 단 세 달 동안만 휴전을 방해하지 않겠다는 약속만 한 것이고, 이대통령은 다시 행동의 자유를 얻게 되는 것입니다. 정치회담이 한국 통일을 위한 협의에 이르지 못하면, 『뉴스크로니클』과 『맨체스터가디언』이 쓴 것처럼 로버트슨 특사의 주장이 결국 실패로 끝나고 이전에 나타났던 어려움들까지도 그대로 남아있게 되는 것 같습니다. 공산 측이 그러한 조건, 특히 이 대통령이 휴전협상을 존중하지 않고 자기가 결정한 순간 북한을 공격하지 않으리라는 완전한 보장 없이 중공군 철수 조건에 어떻게 동의할지 잘 알지도 못한다고 언론은 덧붙였습니다.

보수 신문 『데일리텔레그래프』 편집사는 "이 대통령이 민족하면 할수록 중한 측의 동의를 얻는 것은 점점 더 어려워질 것이 분명하다. 이승만은 그가 자신의 동맹국들로부터 억지로 얻어낼 수 있는 양보가 단순히 적에 대한 적대행위를 늘리고 휴전을 불가능하게 하는 목적일 뿐이라면 그러한 양보는 무의미하다는 사실을 잘 생각해봐야 할 것이다. 침략의 재발을 막는다는 가장 분명한 희망은 어떠한 의미이건 간에 국지적인 면에서 얻어낸 보장에 있는 것이 아니라 지금은 한반도의 군사 상황으로 매우 불리하게 된 실질적인 세계전략에 있다"고 이어갔습니다.

마시글리

【244】 미-한 회담을 대하는 미국 측의 입장 분석(1953.7.13)

[전 보]	미-한 회담을 대하는 미국 측의 입장 분석
[문 서 번 호]	1067-1069
[발 신 일]	1953년 7월 13일 08시 00분
[수 신 일]	1953년 7월 13일 10시 25분
[발신지 및 발신자]	도쿄/드장(주일 프랑스대사)

7월 8일자 부산발, 12일 도쿄 도착

　변영태 외무장관의 최근 성명들은 6월 30일부터 이승만-로버트슨 회담이 분명 이르게 된 난관에 부딪힌 상황만을 확인시켜주었습니다(본인의 이전 전보 참조).

　이승만은 휴전 이후 소집된 정치회담 3개월 후에도 완전한 휴전이 실패할 경우 적대행위 재개 가능성을 요구했습니다. 결국 그에게 있어서 적어도 소위 한국의 동의에 기반한 휴전 기회를 위태롭게 하는데 충분해 보이는 이러한 입장을 이 대통령이 포기하게 될 수도 있다고 여기게 할 것은 사실 아무것도 없습니다.

　6월 29일 클라크 상군 메시시에 담긴 제인에 이어진 공산 측의 깊은 침묵은 이승만이 이러한 생각에 더욱 빠지도록 할 뿐이었습니다.

　모든 것은 사실 로버트슨 특사가 회담과 각서 교환에 더 이상 어떠한 중요성도 부여하지 않는다고 생각하게 합니다. 그는 아마 협상 개시 중지라는 유감스러운 결과를 피하기 위해, 또 어쩌면 한국의 분열을 야기할 수도 있는 위험을 재평가할 기회와 그에 대처할 감독위원회에 부여된 가능성을 군에 주기 위해서만 회담을 이어가고 있는 것 같습니다.

　그런 점에서, 그저께 테일러 상군이 세시한 유엔군이 인진히게 철수될 수도 있을 거라는 의견은 분명 어떠한 적의 반대도 한국군이 두려워할 만하지 않다는 것에 근거한 것이든 아니든 간에 확신을 반영한 것입니다. 미국이 생각하는 위험 상황은 포로 석방 시도 가능성에 집중되어 있는 것 같습니다.

하지만 만약 감독 조치가 한정된 범위 내에서 생각할 수 있는 것이라면, 분명 이 박사의 신호만을 기다리고 있는 경찰 조직과 청년 조직의 영향으로 넘쳐나는 군중에 통합사령부가 대처할 방법이 무엇인지 모두 궁금해 할 수 있습니다.

드장

【245】추측하기 어려운 이승만 대통령의 휴전협상에 대한 입장(1953.7.13)

[전 보]	추측하기 어려운 이승만 대통령의 휴전협상에 대한 입장
[문 서 번 호]	1070-1071
[발 신 일]	1953년 7월 13일 08시 00분
[수 신 일]	1953년 7월 13일 11시 05분
[발신지 및 발신자]	도쿄/드장(주일 프랑스대사)

7월 9일자 부산발 제51호, 7월 12일 도쿄 도착

어제 판문점 협상 재개는 당연히 정부도 모르는 사이 휴전협정 체결이 빨라진다는 두려움이 간파된 한국 측의 긴장을 높일 뿐이었습니다.

그런 점에서, 어쩌다가도 통합사령부 권한에서 한국군을 예고 없이 빼지는 않겠다고 이 대통령이 클라크 장군에게 한 확약을 상기시킨 변영태 외무장관은 휴전협상 체결이 "벼락같이" 이루어지지 않기를 바라고, 유엔군 사령관이 모든 "혼란"을 피하기 위해 한국 정부에 3일 전에 미리 예고해 주기를 희망한다고 말했습니다. 그는 이어 "이에 대한 의견을 주지 않으면, 한국 정부는 뒤따를 수 있는 혼란의 책임을 질 수가 없을 것"이라고 분명히 했습니다.

아마 이 대통령은 한국의 생존을 보장해 줄 모든 협의를 받아들일 준비가 됐을 때 선언했던 것 같습니다. 하지만 이미 그보다 앞서 있었던 수많은 거짓 정보보다 이러한 방식에 더 집착해도 안 될 것 같습니다. 더구나 저와 접견했던 미 대사관 참사관은 오늘 오전 제게 필시 로버트슨이 이 대통령을 전혀 꺾지 못해서 내일 떠날 생각이라고 말해 주었습니다.

드장

1953년 1월 6일~7월 31일   563

【246】 이승만-로버트슨의 성명(1953.7.13)

[전 보]	이승만-로버트슨의 성명
[문 서 번 호]	1072
[발 신 일]	1953년 7월 13일 02시 15분
[수 신 일]	1953년 7월 13일 14시 35분
[발신지 및 발신자]	도쿄/드장(주일 프랑스대사)

아래는 7월 12일[1] 어제 서울에서 발표된 이승만 대통령과 로버트슨 특사의 성명입니다.

"최근 2주 동안 우리는 한미 간에 존재하는 깊은 우의를 강조하고, 또한 휴전협정과 포로교환 및 앞으로의 정치회담에 관련해 제기된 논란의 소지가 있는 문제들에 대한 상호합의 실현을 추진했던 솔직하고 진심어린 의견을 교환하였다.

이러한 토의는 3년 전 공산군의 침략이 시작된 이후 우리의 관계를 나타냈던 우리의 공동 목표를 위한 긴밀한 협력을 휴전협정 이후에도 계속하고 연장하고자 하는 우리의 결의를 더욱 확고하게 해주었다.

전쟁포로에 관해, 우리는 어떠한 포로도 강제조치의 대상이 되어서는 안 되고, 정해진 기간 후에는 공산관할로 돌아가길 원하지 않는 모든 포로들이 한국에서 석방되거나, 반공 중공포로의 경우에는 그들이 선택한 목적지에 자유롭게 갈 것이라는 우리의 결의를 재확인하였다.

우리 양국 정부는 상호방위조약 체결에 동의하고 있으며, 이에 대한 협상이 진행 중이다.

이와 동시에 우리는 정치, 경제, 방위 분야의 협력을 논의했으며 우리의 회

---

1) 한국 시간 7월 11일.

담은 이러한 주제에서 광범한 협의의 여지를 보여주었다.

특히 우리는 가능한 최단 시일 내에 우리의 공동목표 즉 자유롭고 독립된 통일한국의 실현을 위해 함께 노력한다는 우리의 결의를 강조하고자 한다.

우리는 우리의 회담이 진척시켰던 동맹의식과 그 결과 초래된 광범한 합의가 확고하고 지속적인 평화를 극동에 보장하는 우리의 위대한 목적으로 분명 이끌게 될 전폭적인 상호 배려 유지와 상호협조정신이 뒤따를 것으로 믿는다."

국방부에 전달 요망.

드장

【247】 한국 상황에 대한 미 국무부의 정보 제공(1953.7.14)

[전 보]	한국 상황에 대한 미 국무부의 정보 제공
[문 서 번 호]	5480-5488
[발 신 일]	1953년 7월 14일 22시 30분
[수 신 일]	1953년 7월 15일 03시 40분
[발신지 및 발신자]	워싱턴/보네(주미 프랑스대사)

보안

뉴욕 공문 제1153-1161호

오늘 미 국무부는 15개국 대표들에게 한국 상황의 다양한 양상에 대한 정보를 제공했습니다.

1. 군 상황

7월 13일 공산군이 중부전선에 개시한 공격은 비슷한 조건에서 봤을 때 1951년 5월부터 일어났던 공격 중 가장 격렬합니다. 5개 군단 소속의 중공군 6개 사단이 남한군 점령지로 향했습니다. 몇몇 지점에서 남한군은 6km 정도 후퇴해야 했으며, 그중 2개 사단이 완파되었습니다.

이 작전을 "제한적이지만 광범위하게 이용될 수 있는 목표물을 위한 대규모 공격"이라고 규정한 미 국방부는 공산군의 의도를 다음과 같이 가정했습니다.

- 중공·북한이 현재 사용하고 있는 전선 근처의 새로운 통신선 관리를 위해 전선을 회복시키려는 시도.
- 서울 지도층을 동요시키기 위해 대규모 공격을 남한 사단에 집중.

한국전쟁 관련 프랑스외교문서 VI [1953. 01. 06~1953. 07. 31 / 장관실문서(1950. 06. 25~1952. 12. 10)]

2. 로버트슨 특사

이승만 대통령은 "두 부분으로 이루어진" 공동성명 원칙을 무난히 수용했습니다. 7월 11일 발표된 이 성명서는 휴전이 이루어질 것이라는 점과 한국 정부가 휴전협정 시행에 협력할 것을 전제하고 있습니다. 통신사들이 한국 대통령이 한 애매한 몇몇 발언들을 보도했었더라도, 이 대통령이 자신의 기본 입장을 고수했지만 다른 방법들도 검토했다는 것을 강조한 서울 당국자들의 7월 13일 발표 성명을 '사용'하는 걸로 만족하는 것이 바람직합니다. 로버트슨 특사는 "이루어진 합의 중 아무것도 휴전의 즉각적인 실행을 반대하는 것이 없었다"고 알렸습니다.

3. 판문점 회담

해리슨 장군은 송환위원회의 체코 및 폴란드 위원들이 여유 있을 날짜와, 중공과 북한 반공 포로를 중립지역에서 이송 가능한지, 또 휴전협정 체결과 수정을 위해 해결해야 할 상세한 사항들로 참모장교 차원에서 최대한 빨리 마무리지으면 좋을 것에 대해 물었지만, 중·한 측은 해리슨 장군의 질문에는 답변도 않은 채 논의를 계속 연장하고 있습니다.

그런데 마크 클라크 장군 대리는 7월 12일 회의에서 유엔군사령부는 석방된 한국인 포로 27,000명을 포로수용소에 복귀시키라는 사항만 제외하면 공산 측이 제기한 모든 사항에 대해 보장해줄 수 있다고 말했습니다. 남한군은 사격을 멈추고 휴전하는 순간 2km 후방으로 물러설 것이라고 말입니다.

중립국 위원들 및 포로에게 설명임무를 맡은 공산 측 대표들의 안전은 보장될 것입니다. 남한군이 휴전 이후에도 "공격적인 행동을 개시"하거나, 중·한군이 "휴전을 유지하기 위한" 조치에 반하는 행동을 취하면, 유엔군사령부는 "휴전을 지체하게 될 것"이라고 했습니다. 그런 경우 남한에 어떠한 지원이나 물질적 원조도 제공하지 않을 것입니다. 남일 장군이 제기했던 형식으로 그 문제를 다시 거론한 해리슨 장군은 남한 정부가 휴전협정을 따를 것이며 그에 관한 조치를 실행하고 "휴전 기간 동안" 유엔군과 긴밀히 협조할 것이라고 분명히 했습니다. 중·한 대표단 단장은 이 마지막 문구를 만족스럽게 생각하지 않았습니다. 그는

"휴전 기간"이라는 표현을 유엔군사령부와 "공모"한 이승만이 휴전을 막지 않을 동안의 기간을 90일로 한정했다는 의미로 해석했습니다.

이러한 토의를 설명하는 존슨 차관보는 아마도 판문점에서 공산 측이 늦장부리는 태도와 중부전선에서 남한군 부대에 가한 공격 간에 어떤 관계가 있는 것 같다고 말하는 데 그쳤습니다.

4. 유엔에서의 절차

현 상황에서 미 정부는 한국문제를 검토하기 위한 유엔 특별총회에서 아무런 장점은 없고 많은 단점만을 보게 될 것입니다. 지금 현재 휴전협정 체결은 완전히 공산 측에 달려 있습니다.

한번 협정이 체결되면, 미 국무부는 정치회담을 준비해야하는 총회 소집 준비에 3, 4주는 필요할 것으로 여기고 있습니다.

보네

【248】한국과 인도차이나 관련 영국·미국 정부에 보내는 프랑스 정부의 견해서
(1953.7.14)

[견 해 서]	한국과 인도차이나 관련 영국·미국 정부에 보내는 프랑스 정부의 견해서
[문 서 번 호]	미상
[발 신 일]	1953년 7월 14일
[수 신 일]	미상
[발신지 및 발신자]	미상

1953년 7월 14일 포스터 덜레스 미 국무장관과 솔즈베리 경에게 제출한 견해서

1. 자유세계가 추구하는 중요한 목표 중 하나는 극동에서 공산주의의 확장을 억누르는 것입니다. 이는 프랑스가 인도차이나에서, 또 미국이 한국에서 특히 지키고자 하는 이익이 아닙니다.

2. 법적으로 유엔이 주도하는 한국전쟁과 프랑스와 프랑스연합국이 주도하는 인도차이나 전쟁 간에는 아무런 연관이 없습니다. 하지만 유엔 측에서 보자면 군부와 정치부의 고위층에 의해 그 연관성이 여러 차례 인정되었습니다. 한국에서 인도차이나를 거슬러 말레이시아에 이르기까지 극동은 여러 작전지역이 나뉜 독특한 전선을 형성하고 있습니다.

3. 그러므로 같은 전쟁이라도 따로따로 분리해서 추진했거나 또 계속 추진하고 있는 유엔이 전쟁에서 서로 지원했었고 여전히 서로 지원하는 것처럼 평화의 추구로 결집되는 것은 당연한 것입니다.

4. 반면 다른 모든 유엔 회원국과 마찬가지로 프랑스 정부가 간절히 원했던 한국에서의 휴전협정체결이 중공이 베트민에 지원을 늘리는 결과가 되었다면 불합리한 일일 것입니다. 북아시아에서의 전쟁 종식이 남아시아의 전쟁으로 바뀐다고 유엔의 임무가 완수되는 것은 아닐 겁니다.

5. 한국 휴전 전망이 어떨 것이라고 단언할 수 없더라도, 프랑스 정부는 지금 중공이 조심스레 온갖 산물과 전쟁 물자를 베트민에 공급하는 것이 최근 세 달간 눈에 띄게 증가했다는 것을 불안스럽게 주목하고 있습니다. 이러한 사실이 앞으로 몇 달간 더 심해진다면 우려해야 할 일입니다.

6. 유엔의 결정한 사항 내에서, 정치회담은 휴전협정 체결 뒤 최대 90일 이내에 열려야 합니다. 이 정치회담이 정말로 한국문제들을 가장 중요한 것으로 여길 것이고 특히 그러한 문제를 해결해야 한다는 것은 분명합니다. 하지만 정치회담 임무에서 근본적으로 원하는 성공이 우선 인도차이나 분쟁의 증대로 나타나면 안 될 것입니다.

7. 워싱턴에서 3국 외무장관들이 확인했던 바와 같이, 절차상 정치회담 의제로 인도차이나 문제를 등록하는 것은 어려울 수 있습니다. 하지만 이러한 시도가 성공해야 한다면 분명 인도차이나가 간접적으로라도 극동의 한쪽에 평화를 회복시키려는 회담의 혜택을 얻으려 노력하는 것이 불가능하면 안 됩니다.

8. 분명 유엔대표들은 결론 없는 회의를 무한정으로 연장시킬 의도를 갖고 있지 않으므로 어쩌면 우리는 정치회담 중에 중공의 태도를 판단하는데 지체하지 않을 것입니다.

이런 태도가 완전히 성과가 없다면—성과가 없을 수도 있으므로—더 이상 인도차이나 상황에 대해 어떠한 만족스런 회담 효과를 바라는 것은 더 이상은 분명 어림도 없는 일일 것입니다.

반대로, 한국문제의 만족스런 해결을 막으려하지 않고 분위기가 보다 우호적으로 전개된다면, 회담장 안팎에서 중국 협상 담당자에게 중공의 선의가 38선 이북 지역에 한정될 수 없을 거라는 점과 그러한 평화 정신을 확산시키면서 어떤 위험을 감수해야 할 수도 있다는 점을 이해시킬 기회가 주어질 수 있습니다.

9. 그런 작전을 어떻게 전개시켜야 할까요? 다시 한 번 말하지만 회담 업무는 인도차이나에서의 적대행위 중지와 같은 보조로 전개시켜야 당연한 일일 것입니다.

어쨌든 최소한 정치회담의 직무가 다음과 같은 결과를 초래하는 것은 당연한 일입니다.

> 1) 중공은 중공의 모든 선의에 대한 명백한 증거가 동남아시아에서 주어지지 않는 한 특히 군대 철수에 관한 어떠한 결실도 얻은 것으로 간주할 수 없을 것이다.
> 2) 중공은 전체 극동의 상황이 계속 3개국의 공동 검토 대상이라서 원칙적으로 한국에 한정된 협상에 대한 직접적인 영향력을 행사하는 느낌을 가질 것이다.
> 3) 점차 중공의 이익은 38선 이북에서 적대행위의 연장최종 중지이건 혹은 연장된 것이던 중공 자체를 위해 가능한 특혜를 얻기 위해 베트민에 보내는 지원을 축소하는 것이라는 결론에 도달할 것이다.

10. 동시에 프랑스 정부는 프랑스 연합국들과 프랑스의 관계에 있어서 작전에서도 주도권을 먼저 잡으려고 했던 이후, 최근 정치적인 면과 동시에 군사적인 측면에서도 우리에게 허용될 수 있을 만큼 재건을 시도한 인도차이나에서 계속 상황이 호전되도록 할 것입니다.

11. 보다 고도로 계획된 정치공작과 프랑스-베트남의 결합은 베트민 지원 정책이 더 정당화될 수 있는지, 또 결국 중공에게 있어서 보편적인 공산주의 신조

말고는 거의 신뢰할 수 없는 한 동맹국을 포기하는 것보다 더 비싼 값을 치르는 것은 아닌지 중공 정부가 의문을 갖도록 할 수 있을 것입니다.

12. 프랑스 정부가 인정하고 있지 않는 앞의 생각들은 당연히 아직 불확실하고 한국뿐 아니라 전체 극동의 평화 회복을 서두르기 위해 가장 적절한 방법을 찾기 위한 최초의 시도일 뿐입니다. 프랑스 정부는 방향을 가르쳐 주길 원했을 뿐입니다. 7년 간 지속된 전쟁으로 정당화 된 공정한 정신 안에서, 그 중요한 이유가 동남아시아 전체의 보호를 보장하는 동시에 자유를 수호하는 노력이 시도되어야 할 것 같은 방침 말입니다.

이점에 관해 미 정부와 영국 정부의 관점을 알려주시면 감사하겠습니다.

【249】 총회소집에 대한 네루 수상의 서한과 유엔 사무총장의 입장(1953.7.15)

[전 보]	총회소집에 대한 네루 수상의 서한과 유엔사무총장의 입장
[문 서 번 호]	1365-1369
[발 신 일]	1953년 7월 15일 17시 10분
[수 신 일]	1953년 7월 16일 01시 00분
[발신지 및 발신자]	뉴욕/오프노(주유엔 프랑스대표)

워싱턴 공문 제559-561호, 오타와 공문25-27호

오늘 오전 유엔 사무총장은 판디트 네루 수상이 피어슨에게 보냈으나 아직 발표되지 않은 총회소집 가능성에 대한 메시지를 개인적으로 제게 전달해주었습니다.

내용은 다음과 같습니다.

"최근 한국에서 보이는 추이에 따르면, 이승만은 계속 고집을 부리면서 휴전을 방해할 의도를 보이고 있는 반면, 중한 정부는 휴전협정 체결을 위해 계속 동의할 것 같습니다. 곧 휴전협정이 체결되면 이승만이 만든 새로운 상황에 비추어 볼 때 즉각 총회로 검토되어야 할 것입니다. 반대로 휴전이 불가능할 것 같다면, 총회는 정치적인 문제 및 다른 제반 문제들처럼 상황을 재검토해야 합니다.

때문에 상황은 미묘하고 어려울 뿐더러 임계점에 다다랐습니다. 평화를 이루고 이 평화를 방해할 수 있는 정치적 흐름을 막기 위한 노력은 총회가 소집되었더라면 보다 용이했을 거라고 생각합니다. 그래서 워싱턴 회담이 열릴 것입니다. 서는 이러한 진진시항을 고려해 휴전협정이 체결되든 휴전이 불가능하든 그 결과 생기게 될 새로운 상황을 고려하기 위한 총회 소집 단계를 지금

부터 검토해보시길 귀하께 제안하는 바입니다.

총회소집 전에 휴전이 이루어지길 바랍니다.

자와할랄 네루"

피어슨 총회 의장과 마찬가지로 다그 함마르셸드 사무총장은 계속 현 상황에서 모든 총회 소집은 시기상조이며 적당한 때가 아니라고 여기고 있습니다. 그는 제게 총회 소집이 필요하고 회원국 대부분이 확실히 소집을 요구할 때는 판문점 협상이 최종적으로 중단될 경우일 뿐이라고 말했습니다.

다그 함마르셸드 사무총장은 휴전협정이 체결되는 경우, 협정 조인 후 15일 이내에 총회가 소집되어야 한다고 생각합니다. 그는 미국이 생각하고 있는 3-4주는 너무 길다고 판단합니다. 총회가 분명히 해결해야 할 가장 어려운 두 가지 문제는 정치회담 구성과 회담 논의 조정 문제라고 말합니다. 그가 계산한 바에 따르면 32-33표 가량이 참여국 수에 인도를 포함하는 것에 찬성할 것입니다. 그런 경우 네루 수상을 언짢게 하고 그의 공개적인 의견에 반대하는 것보다는 즉시 입장을 표명하는 것이 유엔군을 위해서도 좋은 정책인 것 같다는 사무총장의 생각입니다. 또한 사무총장은 정치회담이 "대면협상(across the table)"이 아니라 "원탁협상(around the table)" 논의가 되기를 원하는 것 같습니다. 그는 중재로서 결국 1939년 귀하의 전보로 검토된 표현이 꽤 맘에 들었던 것 같았습니다.

오프노

한국전쟁 관련 프랑스외교문서 VI [1953. 01. 06~1953. 07. 31 / 장관실문서(1950. 06. 25~1952. 12. 10)]

【250】 네루 수상의 서한과 총회 의장의 입장(1953.7.16)

[전 보]	네루 수상의 서한과 총회 의장의 입장
[문 서 번 호]	450-452
[발 신 일]	1953년 7월 16일
[수 신 일]	1953년 7월 17일 00시 00분
[발신지 및 발신자]	오타와/라불레(주캐나다 프랑스대사관 참사관)

보안

워싱턴 공문 제92-94호, 뉴욕 공문 제91-93호

　지난 7월 9일 판디트 네루 수상이 피어슨 의장에게 보낸 메시지(본인의 전보 제443-444호 참조)에 관해 캐나다 외무부 로닝 아시아 국장이 제게 제공한 정보는 이 메시지 본문(뉴욕에서 파리로 타전한 전보 제1365-1367호 참조)과 가까스로 양립할 수 있는 것 같아서, 저는 이에 대해 로닝 씨에게 다시 물었습니다.
　로닝 국장은 캐나다 외무장관이 서류를 받자 네루 수상이 희망하는 편지의 정확한 전달 범위에 대해 오타와 주재 인도 고등판무관에게, 또 뉴욕 주재 캐나다 대표를 통해 유엔 주재 인도 상임대표에게 물었다고 분명히 말했습니다. 그런데 그들의 답변은 서로 달랐습니다. 오타와 주재 인도 고등판무관 사스케나[1] 씨는 뉴델리 정부의 수장인 네루 수상이 총회 소집을 요구할 의향이 있었다고 하는 반면 유엔 주재 인도 상임대표 다얄[2] 씨는 판디트 네루 총리가 한국 사건

---

[1] Saskena.
[2] 라제시와르 다얄(Rajeshwar Dayal, 1909-1999), 인도 내무부장관, 유엔 인도대표, 1955년 유고슬라비아 주재 대사 겸 불가리아 · 루마니아 대사, 1958년 유엔 레바논 감시위원, 1960년 유엔 사무총장 특사, 1965년 프랑스 주재 대사 역임

에 관해서는 빠른 행동과 이성을 잃지 않아야 한다는 필요성에 대해 다시 한 번 총회 의장의 주의를 환기시키길 원한다고 했습니다. 피어슨 의장은 두 번째 해설이 더 마음에 들었습니다. 그는 판디트 네루의 이 메시지가 이승만-로버트슨 회담이 끝나기 전에 작성되었다는 것을 핑계로, 휴전협상이 이루어지지 않을 경우 한국에서의 상황이 악화되기 전에 특별 총회를 소집할 필요성을 인식하고 있다는 것을 다시 한 번 확신시켜주면서 네루 수상에게 답변했습니다. 그러자 판디트 네루 수상은 피어슨 씨에게 매우 짧은 메시지로 총회 의장의 판단을 신뢰하고 있으며, 그 판단에 일임하겠다고 확인해 주었습니다.

어쨌든 결국 피어슨과 네루의 서신 교환에 관한 회고적인 성격만을 지닌 이번 설명은 외무장관이 총회를 너무 빨리 소집할 경우 발생할 부정적인 측면들을 너무 의식하고 있다는 것을 보여주는 게 이익이라는 것을 나타내는 것 같습니다.

라불레

【251】 총회 소집에 대한 피어슨 의장의 입장(1953.7.16)

[전 보]	총회 소집에 대한 피어슨 의장의 입장
[문 서 번 호]	453-454
[발 신 일]	1953년 7월 16일 08시 00분
[수 신 일]	1953년 7월 17일 11시 30분
[발신지 및 발신자]	오타와/라불레(주캐나다 프랑스대사관 참사관)

보안

워싱턴 공문 제95-96호, 뉴욕 공문 제94-95호

유엔 사무총장처럼(뉴욕발 전보 제1368-1379호 참조) 총회 의장 역시 휴전협 정이 체결되면 최대한 단기간 내에 총회가 소집되어야 한다고 여기고 있습니 다. 유엔사무국 업무와 관련된 문제를 검토하는 외무부 부서에 따르면, 이 유예 기간은 10-15일이 될 수 있다고 합니다.

외무부 아시아국장이 제게 말한 바에 따르면, 어쨌든 피어슨은 원칙적으로 관련 열강들이 가능할 때, 그리고 휴전협정 체결 날짜가 정해질 때 다음 단계의 "마지막 장면"을 준비하기 위해 총회 소집 전에 베이징과 모스크바 정부와 비공 식 회담을 하는 것이 유용하고 시의적절한 것인지 아닌지의 문제를 검토하길 바라는 듯합니다.

그는 그런 준비가 없으면 특별총회에서의 논의가 너무 격렬한 성격을 띠고 정치회담이 타협이라는 결과에 이르지 못할까봐 우려합니다.

서구 열강이 이런 과정을 채택하기로 결정하고 비공식협상을 잘 이끌기 위해 2주 이상 더 필요한 것 같았다면, 개인적으로 이 점에 대해 분명히 밝혔던 로닝 국장에 따르면 피어슨 의장은 아마 2주 이상의 기간이 총회 소집 이전에 소요되는 것을 긍정적으로 고려할 것 같습니다.

라불레

【252】 한국에 대한 대만의 태도(1953.7.17)

[전 보]	한국에 대한 대만의 태도
[문 서 번 호]	382-384
[발 신 일]	1953년 7월 17일 17시 35분
[수 신 일]	1953년 7월 17일 13시 48분
[발신지 및 발신자]	타이베이/카탕[1](미상)

워싱턴, 도쿄 공문

모든 중국 언론과 마찬가지로 국민정부는 매우 관심 있게 한국 상황의 추이를 주시하고 있습니다. 이승만 대통령의 태도는 가장 열심히 해석되는 대상입니다. 최근 외국 외교관을 위한 대만 남부 단체 여행에서 한국대사는 가장 대접을 받는 대상이었으며 의전부서는 그를 계속 부각시켰습니다.

하지만 저는 남한을 위해 보이는 우상화처럼 요란스런 과대광고 이상으로 대우하고는 있지만 하찮게 여기는 것은 아닌지 의심스럽습니다.

몇몇 언론통신사가 휴전협정이 체결되면 국민군은 한국에 파견될 거라는 뉴스를 퍼뜨렸으나 곧 부인되있습니다. 이에 관해 가장 암담했던 침입시기에 총사령관이 남한에 제공했던 원정군을 남한 자체가 거부했었다는 점을 상기시키고, 그와 함께 중국군을 제2전선에서 기진맥진하게 하느니 차라리 대륙을 향해 돌격하게 하는 것이 더 이성적일 거라고 덧붙였습니다.

조지 예[2]의 성명도 마찬가지여서 이 성명에 따르면 국민정부는 대만에서 반공 중국인 포로를 맞을 준비가 되었습니다.

---

1) Cattand.
2) 조지 예(Georges Yeh, 葉公超, 1904-1981). 대만 외무장관.

이에 관해 서울에서는 어떠한 공식적이고 구체적인 제안도 이루어지지 않았습니다.

외무장관의 발언이 국민당 프로파간다로 이용되었다면, 타이베이 정부가 군을 약화시키고, 비생산적인 난민단을 늘이고, 현 정치정국에서 꼭 필요한 미국 보호자이자 공급자의 반감을 사게 할 만한 조치를 취하는데 전혀 관심을 두고 있지 않음이 확실합니다.

카탕

【253】 공동성명에 대한 주요 열강의 입장(1953.7.17)

[전　　　　보]	공동성명에 대한 주요 열강의 입장
[문 서 번 호]	5539-5542
[발　신　일]	1953년 7월 17일 19시 15분
[수　신　일]	1953년 7월 18일 00시 15분
[발신지 및 발신자]	워싱턴/보네(주미 프랑스대사)

보안

뉴욕 공문 제1165-1168
오타와 공문 제42-45호

우리 오타와 대사관이 전해온 정보는 대체로 7월 14일 3개국 외무장관 회의에서 미 국무장관 포스터 덜레스가 이점에 대해 했던 발언과 일치합니다.

솔즈베리 경 문제에 대해 미 국무장관은 휴전 시 16개국 성명을 공표하는 것이 적절한 것인지 다른 나라 장관들에게 물었습니다.

이 섬에 내해 영국 장관은 보다 진정된 분위기를 바랄 수도 있는 순간에 분위기를 망칠 우려가 있는 성명 내용에 심각한 우려를 표명했습니다. 어쨌든 영국 내각은 입장을 정하기 전에 다른 의견들을 충분히 고려할 것입니다.

덜레스 장관은 이 문제를 나중에 재검토하자고 제안했습니다. 그는 성명 공표가 추구하는 목적 중 하나는 한국 지도자들에게 보장해주는 것이었지만 어쩌면 한미 간 검토된 상호안보조약은 더 중요한 영향력이 있을 수 있다고 알려주는 정도로 그쳤습니다.

그러자 프랑스의 비노[1] 의장은 휴진협정 공식 발표 직후 성명이 즉가 공개되어야 하며 결국 성명 내용을 감춰야 한다면 그에 대해 15개국의 동의를 받았던 것은 쓸데없는 일이 될 것이라는 생각을 매우 분명히 표명했습니다. 성명은 침공이라는 비극적인 경험이 있었던 사람들을 안심시킬 목적이었습니다. 그중 4항은 상식적인 것을 간결하게 표명 하고 있으며 프랑스는 거기에 최대의 중요성을 부여하고 있습니다.

우리 직원 중 한명이 최근 의향을 묻자 미 국무부는 미 정부가 이 문제에 대해 새로운 결정을 하지는 않았다고 확인해주었습니다. 게다가 그 문제는 3국 장관들이 다시 검토하지는 않았습니다. 하지만 포스터 덜레스 장관의 7월 13일 성명은 적어도 불확실성을 나타내고 있습니다. 미 국무부 관할 부서들은 지금까지 이에 대한 특별한 명령을 받지 않았습니다. 저는 그들과 계속 연락을 취하고 있습니다.

보네

---

1) 조르주 오귀스탱 비도(Georges-Augustin Bidault, 1899-1983). 레지스탕스 지도자, 총리(1946, 1949-1950), 외무장관(1944-1948, 1953-1954) 역임. 식민지 독립에 반대하는 극우 비밀조직에 가입한 바 있음.

【254】 미 국무부의 이승만-로버트슨 회담에 대한 공개 설명(1953.7.19)

[전 보]	미 국무부의 이승만-로버트슨 회담에 대한 공개 설명
[문 서 번 호]	5574-5580
[발 신 일]	1953년 7월 19일 20시 30분
[수 신 일]	1953년 7월 19일 01시 30분
[발신지 및 발신자]	워싱턴/보네(주미 프랑스대사)

보안

뉴욕 공문 제1169-1175호

어제 미 국무장관이 했던 라디오와 텔레비전 담화에서 포스터 덜레스 장관과 로버트슨 특사는 한국에서의 상황을 설명했습니다.

미 국무장관은 이 상황의 조건을 다음과 같이 분석했습니다.

1. 유엔은 명예로운 평화를 만들 준비가 되었지만 공산 측이 전쟁을 원한다면 "우리도 같은 준비를 해야 한다."

이런 경고는 틀림없이 판문점에서 중-한 측의 지연태도와 며칠 전 개시한 격렬한 공격에 직면해 미국 견해에서의 증대된 초조함에 답하는 것이다.

아시아에서 군사사건을 전혀 지지하지 않는 경향의 기자들까지도 공산 측이 이승만의 의도에 대해 얻었던 더 많은 보장을 계속 요구할 경우에는 어찌할지 앞으로의 전망에 대해 질문하기 시작했다. 이에 대해 워싱턴에서는 대개 오늘 저녁 판문점 회담이 매우 큰 중요성을 띠고 있는 것에 기대하고 있다.

2. 휴전은 어떠한 정부의 앞으로 행동도 보장할 수 없을 것이다. 이승만 대통령은 "예정된 휴전을 실행하는 데 있어서 어떠한 방해도 하지 않을 것이라는 분명한 확언"을 해주었다.

3. 3개국 장관들은 휴전과 정치회담이 이루어진다면 "평화적인 방법으로 한국 통일을 이루도록 최선을 다할 것"이라고 합의했다. 또한 공산 측이 휴전협정을 위반하면 3개국이 "평화와 안보 회복을 위해 강력하게" 대응하겠다는 합의도 했습니다.

4. 3개국은 "적어도 앞으로 있을 회담까지는" 중공에 대한 공동정책을 유지할 것입니다. 이것은 한국이 전략 산물 수출 금지 철회와 중공에 대한 유엔 승인이 자동으로 따라오지는 않을 거라는 것을 의미한다.

5. 한국 휴전은 아시아의 다른 편에서 평화 회복을 해치면 안 된다(본인의 전보 제5568호).

델레스 장관의 질문에 대한 답변 형태로 방송된 로버트슨의 발표는 전쟁에서 남한군 역할, 국가가 겪어야 할 황폐화의 규모, 국민의 용기가 몇 번이나 강조되면서 이승만에 대한 극도의 호의를 지닌 듯이 비춰졌습니다. 이 발표에서 두 가지 사항을 기억해야 합니다.

1) 어떠한 경우에도 "신의와 함께인" 미국은 그들 동맹국인 한국을 공격하게 할 상황 전개가 되게 하면 안 된다.
2) 공산 측이 성의껏 협상하지 않고 정치회담이 결과 없이 연장될 것이 명확해졌다면, 미국은 적의 위선과 술책으로 여겨질 이 회담을 끝내려 할 것이다.

로버트슨-이승만 협정의 여러 양상 중 하나에 대한 명확한 정보가 공개적으로 제공된 것은 처음입니다. 7월 12일 해리슨 장군이 중-한 측에 제공한 확약에 대한 정보에 연결해보면 그가 사용했던 "휴전 기간"이라는 표현(본인의 전보 제5480호 참조)같이 이루어진 협정과 또 경제 및 군사 원조와 비 자동적인 성격의 상호원조조약에 대한 개략적인 범위를 정할 수도 있는 것으로 보입니다. 공산 진영의 방해로 정치회담이 사실상 어떠한 결과도 얻지 못한다면 미국은 정치회담을 끝내기 위해 영향력을 행사하는 데 동의할 것입니다. 대한민국 대통령은 송환위원회 업무를 중립지대에 한정하는 데 대한 중-한 협정 조건으로 휴전협정 실행에 협력하고 적어도 한동안 그 규정을 존중하는 데 동의할 것입니다.[1] 최대 유예 기간이 미리 규정되었을까요? 회담 속행이 불필요하다고 정하는 데는 어떤 기준이 채택될까요? 이 대통령은 무엇이 그의 의도인지 분명히 했나요? 제기된 질문은 많은데 지금까지 미 국무부는 이에 대한 어떠한 답변도 주지 않았습니다. 저는 가까운 시일에 이에 대해 다시 질문할 생각입니다.

보네

---

[1] 실제로 이승만 대통령은 중립국감시위원회단의 대표들을 인정하지 않아 인천항에서 판문점까지 헬기를 타고 이동하였음.

【255】 공동성명 내용과 공개에 대한 캐나다 정부의 입장(1953.7.20)

[전 　　　 보]	공동성명 내용과 공개에 대한 캐나다 정부의 입장
[문 서 번 호]	457-459
[발 　신 　일]	1953년 7월 20일 18시 55분
[수 　신 　일]	1953년 7월 21일 02시 10분
[발신지 및 발신자]	오타와/라불레(주캐나다 프랑스대사관 참사관)

보안

긴급

뉴욕 공문 제98-100호, 워싱턴 공문 제99-101호

저는 캐나다외무부에 프랑스 정부가 16개국 성명에 부여한 중요성을 다시 강조했습니다. 이에 대해 제가 회담한 아시아 국장은 제게 성명의 현재 내용이 캐나다 정부 편에서 보면 신중하게 한다는 것을 상기시켰습니다. 그는 자신이 성명 프로젝트를 상황에 보다 적합하도록 조정해보는 책임이 있었다고 했습니다. 그는 같은 성명 내용으로 두 가지 다른 가능성을 대상으로 해야 하는 어려움에 봉착했습니다. 하나는 중-한 침략자들이 적대행위를 재개하는 것에 대한, 또 하나는 침략 피해자 측 남한의 휴전협정 조항을 위반할 수 있다는 것에 대한 사항 말입니다. 이러한 조건에서 캐나다 정부는 성명에 대해 다음과 같은 태도를 적용했었습니다.

어떠한 성명서도 중-한 측에 제출되지 않기를, 즉 어떠한 성명도 공개되지 않기를 바라는 것 같았습니다.

이러한 근본적인 해결책이 없다면, 영국이 비공식적으로 제안했던 바대로 성명이 수정되지는 않지만 공개되지도 않을 거라는 해결안(본인의 전보 제455호

참조)에 동조할 것 같습니다.

이 두 번째 해결안에 대해 너무 많은 이의가 제기되면 캐나다 정부가 했던 약속을 존중해 마지못할지언정 현재 내용으로 선언문을 공개하는 데 동의할 것 같습니다.

로닝 국장은 성명서 3개 조항에 대해서는 캐나다 정부의 의문 사항이 있지만, 우리의 요청으로 채택된 4항에 대해서는 전혀 없다는 점을 분명히 했습니다.

저는 성명서가 "완전히 숨겨진다"는 것에 프랑스 정부가 반대하는 이유(워싱턴 발 전보 제46-47호, 파리 타전 전보 제5411-5422호 참조)를 강조했습니다. 로닝 국장은 이 내용을 피어슨 씨에게 알릴 것입니다.

라불레

【256】 정치회담 참여국가 구성에 대한 캐나다 로닝 국장과의 회견(1953.7.20)

[전 보]	정치회담 참여국가 구성에 대한 캐나다 로닝 국장
	과의 회견
[문 서 번 호]	460-462
[발 신 일]	1953년 7월 20일 19시 30분
[수 신 일]	1953년 7월 21일 02시 30분
[발신지 및 발신자]	오타와/라불레(주캐나다 프랑스대사관 참사관)

워싱턴 공문 제102-104호

뉴욕 공문 제101-103호

오늘 저와 가졌던 회견 때 한국 사태에 대한 정치회담 구성문제를 언급한 로닝 아시아 국장은 어쨌든 캐나다 외무장관의 생각은 다음 8개국이 참가해야 한다는 것이라고 알려주었습니다. 미국, 프랑스, 영국, 남한, 북한, 중공, 소련, 인도 말입니다. 투표 문제로 다른 나라 역시 참여해야 할 필요가 있다면, 다음 그룹 중 각각 1개국 씩 3개국을 추가하는 것을 생각해볼 수 있었습니다.

> 공산국 계열: 폴란드나 체코슬로바키아
> 중립국 계열: 스웨덴이나 인도네시아
> 서방 계열: 태국, 캐나다 또는 호주
> (열거된 국가들은 당연히 예를 든 것일 뿐이었습니다.)

캐나다 외무부 관계부서들은 인도의 참여가 꼭 필요하다고 여기고 있습니다. 그들이 생각하기에 두 번째로 언급된 다른 어떤 국가들의 참여나, 캐나다의 참여 역시 인도의 참여가 확실해지기 전에 검토되어서는 안 된다는 것입니다. 하지만 이 조건이 이루어졌다면, 참가국 수를 늘릴 필요가 있을 경우 캐나다에 호소한다는 것에, 정치회담 때는 더 이상 총회 의장이 아닐 피어슨 씨가 분명 만족할 거라고 로닝 국장이 말해 주었습니다.

라불레

【257】 주미 한국대사의 도발적 담화에 대한 주의 촉구(1953.7.20)

[전 보]	주미 한국대사의 도발적 담화에 대한 주의 촉구
[문 서 번 호]	5596-5598
[발 신 일]	1953년 7월 20일 21시 15분
[수 신 일]	1953년 7월 20일 03시 10분
[발신지 및 발신자]	워싱턴/보네(주미 프랑스대사)

뉴욕 공문 제1177-1179호

우리 직원 중 한 명은 로스앤젤레스에서 금요일 저녁에 한 워싱턴 주재 한국 대사의 담화에 대해 미 국무부에 주의를 촉구했습니다. 담화에서 한국대사는 한국의 통일이 휴전 이후 180일 안에 이루어지지 않으면 남한군이 "공격할 수도 있다"고 선언했답니다. 이 발언은 같은 날 로버트슨이 한 발표와 비교되어야 할 것이며, 누가 정치회담에서의 유예 기간을 언급했을까요?(본인의 전보 제5574호 참조). 하지만 앨런(Allen) 씨는 교전 중인 양측이 동의한 문서가 판문점 협정으로 대체될 때까지는 미국이 해준 보장들은 이루어질 휴전을 무기한으로 간주할 것이라고 거론한 로버트슨 담화에 설명을 덧붙일 수가 없었다고 답변했습니다. 그는 "하지만 이것이 회담을 무한정 지속하도록 내버려 둘 준비가 된 것은 아닙니다"라고도 했습니다.

양[1] 대사의 담화에 대해 앨런 씨는 앞서 인용한 문구를 체면을 지키고 싶어하는 욕망이자 분명 최근 몇 주 동안 어떤 경우에도 계속 방어만 했던 상황이라는 논리에 머무는 것에 너무 신경을 쓴 채 담화를 한 양 대사 개인의 차원으로

---

[1] 양유찬(梁裕燦). 주미 대사(1951-1960).

여기고자 하면서 그 범위를 최소화하려 애썼습니다.

보네

【258】공동성명 발표 및 추가 조항에 대한 미 국무부의 활동(1953.7.20)

[전 보]	공동성명 발표 및 추가 조항에 대한 미 국무부의 활동
[문 서 번 호]	5599-5601
[발 신 일]	1953년 7월 20일 21시 20분
[수 신 일]	1953년 7월 20일 03시 15분
[발신지 및 발신자]	워싱턴/보네(주미 프랑스대사)

보안

뉴욕 공문 제1180-1182호

본인의 전보 제5539호 참조

오늘 미 국무부 관할 부서는 이에 대해 다시 물었던 우리 직원 한 명에게 미 국무부가 오늘 국무부 보좌관들 및 국방부 대표들과 16개국 성명 발표에 대해 회담해야 한다고 알려주었습니다.

워드 앨런 씨는 또 어제 공개된 남일 장군의 판문점 선언이 물론 휴전협정의 모든 조항을 실행하겠다는 중한 측의 약속을 내포하고 있으며, 16개국 성명 공개에 찬성하지 않는 사람들에게 보충 논거를 해 줄 수 있다고도 했습니다. 반대로 이 문서의 존재와 이에 대해 검토된 과정에 관한 정보를 얻은 이승만을 설득했던 미 정부는 성명 발표를 포기하면서 남한 대통령에게 미국이 휴전협정 체결 다음날부터 "유화정책"을 실행하고 싶어 한다는 인상을 줄까봐 우려하는 것 같습니다.

미 국무부는 이 일에 대해 일어날 수 있는 추이를 즉각 제게 알려줄 것입니다. 여하튼 4항은 문구가 완결되자마자 제가 서명하기로 한 성명서 내용에 추가

될 것입니다. 이미 서명한 사절단장들은 이 수정안에 그들 정부가 동의한다는 연락을 미리 받았을 것입니다. 미 국무부는 그들에게 지금 원본에 제4항이 올랐다는 것을 확인해주는 데 그칠 것입니다.

보네

[전 보]	로버트슨이 주재한 16개국 회담
[문 서 번 호]	5629-5638
[발 신 일]	1953년 7월 21일 20시 45분
[수 신 일]	1953년 7월 22일 01시 15분
[발신지 및 발신자]	워싱턴/보네(주미 프랑스대사)

보안

2급 비밀

뉴욕 공문 제1195-1204호

오늘 오전 미 국무부는 16개국 회담이 로버트슨의 주재로 열릴 거라고 알려 주었으며, 저 역시 직원 한명과 참석했습니다. 상당수의 사절단장이나 대리대사들 역시 이 회담에 참여했습니다.

저는 정치회담 업무에서 어쩌다 정해진 유예 기간에 관해 이승만과 체결할 수 있었던 합의의 성격과 이 유예 기간이 만료되었을 때 어떠한 해결방안도 한국 통일을 못 이루게 할 경우 한국정부가 취하려는 조치에 대해 미 국무차관보에게 물었습니다.

로버트슨 씨는 제 질문에 답하면서 이승만과의 회담 분위기와 결과에 대한 몇 가지 정확한 정보를 주었습니다. 여론 앞에서 체면을 세우기 위해 이승만은 최근 몇 주 동안 자신의 양보를 숨기게 되는 너무나 극단적인 입장을 공개적으로 취했습니다. 게다가 그는 휴전과 정치회담이 중-한에게는 그들이 전쟁으로만 이룰 수 있었던 목적을 다른 방법들로 실현하기 위한 책략일 뿐이라고 매우 확신하고 있습니다. 그는 특히 휴전협정으로 계획된 다양한 위원회 업무를 위해 남한에 공산분자가 침투하는 것을 두려워합니다. 그는 로버트슨에게 이 공산분자들이 전복활동에 돌입한다면 혼란이 뒤따를 수 있다고 몇 차례나 말했습니다. 이승만의 애국심은 종종 이성적인 논의를 이해하지 못하고 감정적인 요인의 영향을 받아 무책임한 행위를 하게 만들 수 있는 맹신적인 모습이 보입니다.

아마 자기 자신도 한국이 미국에서 떨어져나가지 않는 것이 훨씬 낫다는 것을 인정했지만 그를 둘러싸고 있는 몇몇 주변 인사들은 다른 의견입니다. 특히 현명하고 영향력이 크지만 위험스런 맹신자인 외무장관 변영태는 미국과 유엔이 매우 조심해야 할 행동을 하는 인물입니다.

서울 회담에서 "폭넓은 합의 영역"이 도출되었다하더라도, 두 가지 문제가 규명되지 않았습니다. 첫 번째는 휴전에 "방해하지 않는" 정해진 기간 이후 남한 정부의 태도 문제입니다.

1. 이승만은 공동성명 발표 이전에는 로버트슨과의 회담 결과에 대해 언론에 설명하지 않는다는 것에 동의했었습니다. 성명을 발표하기로 한 전날, 이 대통령은 정치회담 개시 후 90일간 한국 통일에 관련해 해결이 이루어지는 것이 없다면 남한 정부는 다시 자유롭게 행동할 것이라는 점을 어느 미국 언론 특파원에게 명확히 해야 한다고 생각했습니다. 로버트슨 국무차관보가 그에게 설명을 요구하자, 이승만은 한국이 정치회담에 참여할 것이지만 무기한으로 협상할 의도는 없었다는 것이라고 답했습니다. 이 회담이 성과도 없이 90일 이상 오래 끌어야 한다면, 한국대표단은 철수할 것이고 남한 정부는 미국에 전투 재개를 원조해달라고 요구한 것 같습니다. 로버트슨은 이에 관해 미 대통령은 약속도 할 수 없다는 것을 이승만 대통령에게 다시 한 번 상기시켰습니다. 하지만 90일의 논의 이후 남한이 아닌 미국이 보기에 공산 측이 성의껏 협상하지 않고 남한에서의 전복 활동 개시를 위해 지연시키는 태도를 취하는 것이 분명하다면, 미 대표단 역시 회담장을 떠날 것이지만, 미 정부는 나중의 결정에 관해서는 어떠한 약속도 하려고 하지 않았습니다.

최소한 그런 사태가 생기면 미국이 정신적 물질적 원조를 약속해 줄 수 있는

지 물었던 이승만에게 로버트슨 차관보는 당연히 미국이 공산 측 대표와 다른 참가국 대표 간의 회의에서 어떤 방법으로도 회담 기간을 제한할 수 없었다고 덧붙이면서 부정적으로 답했습니다.

2. 미 정부는 필리핀이나 호주와 체결했던 것과 같은 조약의 일반적인 방침에 유사한 상호방위조약을 남한에 해주었습니다. 이승만 대통령은 이 조약이 미국과 일본 사이에 이루어진 조약에서 단단히 영감을 얻고 싶어 했습니다.

미 국무차관보 로버트슨은 서울에서 이승만 대통령으로부터 휴전협정 시행 이후 적어도 6개월 동안 휴전을 방해하지 않겠다는 약속을 얻어냈다고 상기시키면서 설명을 마쳤습니다. 게다가 통합사령부는 이승만이 전투를 재개할 생각이었다 해도, 이는 남한군에게 매우 어려운 작전일 것이라고 여깁니다.

아마 이 지적은 때가 곧 안정되기를 기대하며 가능한 한 빨리 휴전협정을 확실히 체결하려는 미국의 관심사를 설명하는 것입니다.

그러나 로버트슨 차관보는 이승만의 개성도, 그의 주변인물도 차관보 자신의 표현에 따르면 여전히 "위험한" 요소들을 내포하고 있는 상황을 복잡하게 할 수 있는 주도적인 행동에 확실한 보장이 있는 것은 아니라는 점을 감추지 않았습니다.

보네

[전 보]	휴전협정 과정과 논의사항에 대한 미 국무부의 15
	개국 대상 설명회
[문 서 번 호]	5639-5645
[발 신 일]	1953년 7월 21일 21시 25분
[수 신 일]	1953년 7월 22일 02시 30분
[발신지 및 발신자]	워싱턴/보네(주미 프랑스대사)

보안

뉴욕 공문 제1205-1211호

제가 별개의 전보로 보고한 로버트슨 차관보가 한 설명에 이어, 오늘 오후 존슨 차관보는 15개국 대표들에게 판문점 협상의 현 상황에 대한 정보를 제공해주었습니다.

7월 19일 회의에서 성명을 공개하기 전에, 남일 장군은 해리슨 장군에게 자신의 의도를 알렸습니다. 해리슨 장군은 반대하지 않았습니다. 이어 보류 중인 문제들을 처리해야 할 합동위원회에서 참모장교와 연락장교 임명에 대한 협의가 빠르게 이루어졌습니다. 증명서와 문서 수정, 구체적인 조인식 준비, 비무장지대 양측에 펼쳐졌던 분계선 도면, 휴전위원회 가동을 위해 취해야 할 조치들, 휴전협정 개시 일자 지정 같은 문제들 말입니다. 이에 관해 해리슨 장군은 휴전 일자와 공표 일자를 일치시키자고 제안했습니다. 공산 측 역시 감독위원회와 송환위원회의 체코 및 폴란드 위원들이 베이징에 도착했다고 알렸습니다.

두 가지 문제가 아직 남아 있습니다.

1. 송환위원회 업무는 북한과 중국 반공 포로가 이송되어야 할 비무장지대로 한정되어야 한다는 통합사령부의 제안에 중한 측이 아직 답변을 하지 않았습니다. 중한 측은 이 사항에 대한 결정이 휴전위원회에 의뢰하지 않고 휴전 이전에 이루어질 것이라는 점을 알려주는 데 그쳤습니다.
2. 그들은 미 국무부가 "이상하다"고 평한 휴전협정 체결에 관한 제안을 작성했습니다. 또한 남한의 태도로 보아, 총사령관들이 조인식에 자리하는 것은 적절하지 않은 것 같다고도 했습니다. 협정은 본부에서 그들 각자 따로따로 서명한 후 연락장교들이 맞서명을 하게 될 판문점에 보내질 것입니다. 통합사령부는 이 제안을 반대하기로 하고, 중국과 북한 총사령관들이 그들의 안보를 걱정하면 그때 가서 평양·판문점 간 도로에 공습하지 않겠다는 모든 보장을 해주기로 했습니다.

존슨 차관보는 지금까지 참모장교회의가 좋은 분위기에서 전개되고 있으며 그들의 업무는 5-6일 더 연장되면 안 될 거라고 알려주었습니다.

하지만 포스터 덜레스 국무장관은 오늘 기자회견에서 임박한 휴전협정 체결 전망에 대해 매우 신중한 낙관론만을 보여주었습니다. 그가 생각하기에 물론 이러한 신중함은 중-한 측과의 협상 경험과 이승만 대통령의 실제 의도에 있는 불확실성, 또 즉시 격해지는 의견과 상황이 보여주는 것보다 더 분명한 희망을 야기하지 않을까 하는 우려에 부합하는 것입니다.

보네

【261】 이승만 태도에 대한 로버트슨 특사의 속내(1953.7.22)

[전 보]	이승만 태도에 대한 로버트슨 특사의 속내
[문 서 번 호]	1103
[발 신 일]	1953년 7월 22일(우편 전달)
[수 신 일]	1953년 7월 25일 10시 42분
[발신지 및 발신자]	도쿄/르 제니셀(주일 프랑스대사관원)

1953년 7월 12일자 제53호 브리옹발 편으로, 7월 22일 도쿄 도착

인용

"오늘 오전 10시 마침내 로버트슨 특사가 미국 귀국을 위해 한국을 떠났습니다.

8일 저녁 이 대통령 지시(본인의 이전 전보 참조)에 따라 로버트슨은 전에 정해졌던 출발일을 금요일로 연기하기로 막판에 결정했습니다. 이 대통령과 그날 마지막으로 한 번 더 협의하기 위해서 말입니다. 어쨌든 "이 여사와 산책하겠다"는 대통령의 갑작스런 결정으로 이 회담은 다음날인 11일로 또 연기되어야 했습니다.

그래서 결국 회담은 어제 열렸습니다. 이 회담이 끝난 후 2주간의 협상 결과를 알릴 성명서가 작성되었지만 이 대통령의 특별한 요구로 오늘 오전 10시에야 발표될 수 있었습니다.

신중하면서도 특히 애매하게 작성된 이 성명은 사실상 미-한 공동 결의를 기록하는 데 그치고 있습니다.

- 포로 강제 송환에 반대한다.
- 방위조약 협상을 계속 추진한다.

- 최대한 빠른 시일 안에 자유 독립 통일 한국 건설이라는 공동의 목표를 이루기 위한 노력을 기한다.

이 성명에 한국의 공식적인 휴전 동의 기미가 없다는 것은 로버트슨 특사의 실패를 어느 정도 확실히 드러내고 있습니다.

사실, 아이젠하워 대통령 특사의 태도 역시 어제 저녁부터 외국에서 라디오로 방송된 뉴스를 순화시키는 양상이 있는 단순한 낙관론에 반한다는 것을 충분히 보여주는 듯합니다.

미 대표단이 부산에 몇 시간 머무는 것을 계기로 오늘 아침 브릭스 주한 미대사가 주재한 식사 자리에서, 미 특사 3명과 미 대사관 참사관 몇 명 외에 영국대사와 유엔위원회 의장, 또 제가 참석했습니다. 식사 테이블에서 제 옆에 자리했던 로버트슨은 협상 중에 느꼈던 실망감, 특히 오늘 아침 비행기에 오르는 순간에야 알게 된 이 대통령의 마지막 책략으로 느낀 불안스러운 불확실성을 숨기지 않았습니다. 로버트슨은 "그의 요청으로 지키기로 합의했던 보안을 명백히 위반하고 있는 이 박사는 오늘 오전 10시에 발표하기로 했던 성명서 내용을 어제 오후 늦게 『스크립스하워드』[1] 특파원을 불러 자기의 설명을 더해 성급하게 누설했습니다. 저는 더 이상은 믿을 수가 없습니다……."라고 했습니다.

분명 당황한 로버트슨 특사는 특히 이 같은 시간 차이로 언론과 대면하게 된 난처한 상황을 불평했습니다. 그는 특히 이 대통령이 누설하면서 덧붙인 해설을 신경 쓰고 있음이 분명했습니다. 그 해설로 알 수 있는 내용은 다음과 같습니다.

- 한국 정부는 원칙적으로 계속 휴전을 반대할 것이다. 단지 "유엔과 공산 측 간에 휴전협정이 이루어질 경우에만 90일 동안 협상을 "방해"하지 않기로 약속할 것이다.
- 휴전 기간 동안 어떠한 공산군이나 인도군도 한국 영토를 침입하면 안 될 것이다.

---

1) 『스크립스하워Scripps-Howar』. 미국의 18개 도시에서 일간지·일요지 등 신문과 통신사 및 라디오·텔레비전 방송국도 경영하고 있는 그룹.

- 한국인들은 "한국이 3개월 만에 통일될 수 있을 것이며 중국군이 이 기간에 한국에서 철수"할 거라는 미국의 확신에 아무런 집착도 하고 있지 않다.

이승만의 사전 누설은 소위 이승만-로버트슨 만남의 어떠한 비밀스런 양상을 반영하기도 그렇지 않기도 했습니다. 이 정보들이 이 대통령의 최종 입장을 보여주지 않은 것은 아니며, 아마도 어쨌든 꼭 필요한 전면적인 한국의 동의에 기반한 휴전에 대한 희망도 거의 보여주고 있지 않는 것 같습니다.

브리옹발"

인용 끝.

르 제니셀

【262】 판문점 회담 연기의 의미(1953.7.22)

[전 보]	판문점 회담 연기의 의미
[문 서 번 호]	1105
[발 신 일]	1953년 7월 22일(우편 전달)
[수 신 일]	1953년 7월 25일 10시 42분
[발신지 및 발신자]	도쿄/르 제니셀(주일 프랑스대사관원)

1953년 7월 16일자 제54호 브리옹발 편으로, 7월 22일 도쿄 도착

인용

"매일 판문점 회담이 비밀리에 계속되고 있지만, 평양 라디오방송이 알린 회담 연장과 회담에 대한 다양한 정보들은 이미 협정이 체결되기는 힘들어졌다고 생각할 수 있도록 했습니다.

어쨌든 공산 측은 휴전협정이 "체결될 수 있다"는 이승만-로버트슨 회담에 의거한 유엔대표단이 분명히 표한 확신보다 더 확실한 보장이 따르는 협정 체결을 원하는 것이 분명해 보입니다.

또 막대한 후퇴를 야기한 중부와 동부 전선에서 펼친 공산군의 대규모 공격은 유엔군사령부가 판문점에 있는 공산 측의 늑장이 솔직한 의심이라기보다 술책이라고 여기도록 합니다.

오늘 이 같은 정보를 확인해 주는 것 같은, 지금부터 48시간 내에 판문점에서 결정적인 전개가 있을 수 있겠다고 직감하게 하는 중요한 두 가지 사건이 일어났습니다.

하나는 오늘 아침 클라크 장군이 갑자기 서울을 방문해 "해리슨 장군이 14일 회의장을 일부러 떠나며 회담을 중단했었다"고 라디오 방송으로 밝히며 협상의 비밀 유지를 위반했다고 공산 측을 비난한 일입니다.

다른 하나는 특히 유엔대표단이 도쿄 긴급메시지를 기다리며 15분이 지체된 오늘 오전 회의가 끝난 후 해리슨 장군이 회담 재개를 토요일로 연기한 일입니다. 연장된 이번 휴회는 지금부터 부분적으로는 결국 휴전협정 체결이냐 협상 중단이냐 하는 양자택일을 분명히 하도록 공산군에 부여된 유예 기간으로 해석될 것입니다.

하지만 아마도 이번 회의 연기는 새로운 제안을 검토하도록 하는 목적도 있습니다.

브리옹발"

인용 끝.

르 제니셀

【263】 휴전협정과 정치회담에 대한 덜레스 장관 성명 보도(1953.7.22)

[전 보]	휴전협정과 정치회담에 대한 덜레스 장관 성명 보도
[문 서 번 호]	5647-5649
[발 신 일]	1953년 7월 22일 12시 15분
[수 신 일]	1953년 7월 22일 17시 45분
[발신지 및 발신자]	워싱턴/보네(주미 프랑스대사)

절대우선문건

뉴욕 공문 제1212-1214호

통신사 보도문은 이미 어제 포스터 덜레스 장관이 기자회견 중 발표한 성명 대부분을 전했습니다.

미 국무부가 오후 늦게 전달한 공식 버전을 게재한 다음 부분은 특히 우리 주의를 끕니다.

"한국 휴전에 이어 예정된 정치회담 안건에 대해 우리는 다른 문제들이 제기된다는 가능성을 꼭 배제하지는 않을 것이며, 본인은 특히 3개국 외무장관 공동성명에 따라 아이젠하워 대통령과 본인이 몇 번 거론했던 가능성에 의거하고 있는 것입니다. 즉 우리는 다른 곳에서 공격하기 위해 한국 휴전으로 군대를 자유롭게 할 수 있을 것이라고는 분명 생각하고 있지 않다는 것 말입니다. 사실 이것은 한국문제일 뿐이라거나 한국을 넘어선 관련문제라고 말할 수 있겠지만, 우리는 이 문제에 대한 논의를 배제하지 않을 것입니다."

이 성명은 우선 인도차이나에 철저히 전념하고 있는 중국에 반복 경고하는 것입니다. 게다가 미 국무부는 경우에 따라서 정치회담은 한국 말고도 다른 곳에 있었던 공산군의 침공이라는 전체적인 문제를 논의할 수 있을 거라는 점을 이런 형태로는 처음으로 보여주었습니다. 또 한국에서의 휴전으로 자유롭게 된 침략군을 사용할 수 있다는 점들을 명시하지 않았다면, 7월 14일 공동성명에서 참고할 점은 특히 16개국 성명 제4항에도 보이는 문구를 대상으로 하고 있습니다.

보네

【264】 휴전문제 합의내용에 대한 이승만과 미 국무부 각각의 성명(1953.7.22)

[전 보]	휴전문제 합의내용에 대한 이승만과 미 국무부 각 각의 성명
[문 서 번 호]	5672-5676
[발 신 일]	1953년 7월 22일 21시 40분
[수 신 일]	1953년 7월 22일 02시 50분
[발신지 및 발신자]	워싱턴/보네(주미 프랑스대사)

뉴욕 공문 제1226-1230호

　휴전 시행에 남한이 취할 조치를 질문한 외국 신문사 특파원들에게 어제 이승만이 한 발언에 대하여 포스터 덜레스가 오늘 발표한 성명 전문을 다음번 외교행낭으로 외무부에 보내드리겠습니다.

　이런 공개적인 형태로 또 외교적 수단으로 계속되는 로버트슨-이승만 협상 속행은 오해와 남아있는 어려움을 확실히 나타내고 있습니다. 미국은 이승만의 최근 성명에서 이 대통령이 약속하고 7월 11일 아이젠하워 대통령과 포스터 덜레스 장관에게 보낸 편지에 서면으로 기록된 "의사 진행 방해"를 하지 않겠다는 약속을 지키기 거부하는 것에 내포된 위협을 봤습니다. 중-한이 휴전협정 체결을 원하고 있다고 확신하고 있지만, 그래도 미 정부는 그러한 거부가 내포할 수도 있는 좋지 않은 결과와 최대한 낙관적으로 가정해도 공산 측을 위해 세워진 거라는 뛰어난 프로파간다 강령을 두려워합니다. 이승만 측은 휴전 이전에 그가 얻고 싶어 할 양보라는 방법에 미국을 좀 더 끌어들이기 위한 협박 수단을 그런 식으로 사용한다는 사실을 모르고 있습니다. 그는 미 국회에서 마음대로 지원해줄 수 있다고 생각했었음에도 불구하고 상원이 한국에 제공된 상호원조조약을 검토하기 위한 회기 연장을 고려하고 있지 않음을 확인한 것에 분명 실망했습니다.

포스터 덜레스 성명은 해리슨 장군이 이미 제공한 몇몇 보장들을 중-한 측에 간접적으로 확인하는 동시에 불완전한 논의의 틀 안에 포함되어 있는 것입니다.

사실 미 국무부는 남한 대통령이 "정치회담 실패 시 한국 정부의 입장을 정할" 권리를 가지고 있음을 모두 인정하면서, 미국이 더 이상 다른 양보는 할 수 없다는 것을 분명히 암시하고 있습니다. 오늘 포스터 덜레스가 발표한 단 한 가지 새로운 조건은, 휴전협정 체결 시 최대한 빨리 이승만 대통령을 만나는 데 달려 있다는 것입니다. "정치회담에서 양국의 노선을 협의하고 한국 통일을 이루기 위한 최대한의 기회를 이 회담에서 확보하기 위해서" 말입니다.

오늘 이 같은 공개성명 교환에 대해 제가 질문할 수 있었던 존슨 차관보는 미 국무부가 이러한 새로운 전개들을 걱정하고는 있지만 자신은 휴전협정 체결이 임박했다고 믿는다는 것 역시 숨기지 않았습니다.

보네

【265】 정치회담 시기와 장소에 대한 논의(1953.7.24)

[전 보]	정치회담 시기와 장소에 대한 논의
[문 서 번 호]	1401-1404
[발 신 일]	1953년 7월 24일 23시 00분
[수 신 일]	1953년 7월 25일 04시 15분
[발신지 및 발신자]	뉴욕/오프노(주유엔 프랑스대표)

워싱턴 공문 제578-579호, 오타와 공문 제38-41호

오늘 피어슨 유엔총회 의장은 유엔 사무총장과 한국에 파병 중인 주요 대표
단장들을 점심식사에 초대했습니다. 한국 건과 총회 다음 회의 건은 전반적인
면에서 모든 참여자들이 계속 주요 화제의 대상으로 삼는 것이었습니다.

의장은 총회에서 투표한 결의안이 강제하는 것처럼 휴전이 공식 발표되자마
자 총회를 소집할 생각입니다. 휴전이 이번 주 말에 이루어지면, 8월 13일에 회
의 날짜가 정해질 것입니다. 피어슨 의장은 몇몇 대표단이 더 빠른 날짜를 원했
던 것 같다고 했습니다. 그가 보기에 선택했던 것 같은 결정은 미국의 요구사항
을 충분히 고려한 듯합니다. 헨리 캐벗 로지 미국 주유엔 상임대표는 우리 앞에
서 3주에서 4주의 유예 기간에 대해 말하기도 했습니다. 저는 피어슨 의장에
게 우리 생각에는 소련과 중국이 포함된 주요 관계국들이 총회가 할 결정에 대
한 사전 협의의 토대를 그들끼리 정할 수 있도록 예정된 기간이 충분해야 할
거라고 말했습니다.

미 국무부가 휴전협정 체결과 총회 회의 간에 똑같이 긴 시간이 흐르기를 바
랐던 이유에 대해 유엔대표들 중 한 명이 묻자, 캐벗 로지 대표는 "총회 회기
전에 정치회담 회의에서 제기된 모든 문제에 대해 그와 합의에 이르기 위해"
포스터 덜레스 장관이 이승만 대통령과 대면해 그를 만나기로 약속했었다고 답

했습니다. 이 성명은 상당수 유엔대표들을 놀라게 하고 동요시켰는데, 특히 분명 이러한 결정을 몰랐던 글래드윈 젭 경은 더욱 그러했습니다. 이 성명이 중요하고 염려스럽게 여겨졌던 그는 즉시 영국 정부에 이 내용을 전보로 알리겠다고 말했습니다.

모든 대표들은 만장일치로 총회가 해야 할 결정에 대해 사전 협의가 이루어지는 것이 바람직하다고 여겼습니다. 이에 관해 필요한 교섭이 관련국 대사들과 미 국무부 간에 워싱턴에서 이루어질 것인지, 유엔대표단들끼리 뉴욕에서 이루어질 것인지 알아야 하는 문제가 제기되었습니다. 특히 영국과 캐나다 대표를 비롯해 전반적인 의견은 정상적이고 효과적인 유일한 방법이라고 선언한 이 후자의 절차에 크게 찬성을 표했습니다. 반대로 캐벗 로지 미국 대표는 이런 교섭이 워싱턴에서 이루어지는 것을 당연한 것으로 여기는 것 같았습니다. 그는 남한을 참여시키기에 그곳이 훨씬 편리하다고 내세우면서 정당화하고 있습니다. 이러한 논지는 대표들 측의 찬성을 거의 받지 못했습니다. 모두 같은 의견으로 드러나자, 캐벗 로지 대표는 우리에게 자기는 미 국무부의 결정에 맡기겠다고 말했습니다.

오프노

【266】 특별총회와 정치회담에 대한 캐나다 관련 부서의 의견 요약(1953.7.24)

[전 보]	특별총회와 정치회담에 대한 캐나다 관련 부서의
	의견 요약
[문 서 번 호]	474-483
[발 신 일]	1953년 7월 24일 20시 00분
[수 신 일]	1953년 7월 24일 20시 05분
[발신지 및 발신자]	오타와/라불레(주캐나다 프랑스대사관 참사관)

보안

매우 긴급

워싱턴 공문 제112-118호

뉴욕 공문 제112-118호

최근 캐나다 외무부 아시아 국장과 가진 회담에서 저는 로닝 국장에게 한국에 대한 특별총회와 정치회담에 대한 프랑스 정부의 의견(외무부 전보 제947-950호, 제385-397호 참조)은 전체적으로 캐나다 정부의 의견과 매우 비슷하다고 알려주었습니다.

로닝 아시아 국장은 휴전 직후 제기될 모든 문제들에 대한 관련 부서의 의견을 요약해주기 위해 오늘 오전 차관이 뉴욕의 피어슨 의장에게 보낸 전보 내용을 제게 알려주었습니다.

1. 외무장관은 휴전협정 체결과 특별총회 소집 간의 기간이 가능한 한 짧아야 하지만, 한쪽은 서구, 다른 한쪽은 소련과 중공 사이의 비공식 회담이 총회의 역할을 정해진 사전 협의로 공식화시키기에 충분해야 된다고 여기고 있습니다.

2. 캐나다 외무부의 관련 부서들은 휴전협정 제60항에 대한 엄격한 해석은 논의가 "대면협상"으로 행해질 회의로 만들 것이라는 점을 인정합니다. 그들은 이 점에 대해 유엔총회가 너무 엄밀하게 이 조항 내용에 사로잡혀야 한다고 생각하지 않습니다. 또 관련 부서들은 1952년 12월 결의안에서 소련은 "원탁협상" 회담을 생각하는 것 같았으며, 모스크바는 베이징 사전 협의를 이루지 않고 이 길로 더 나아갈 수는 없을 거라고 평가하고 있습니다.

3. 캐나다 관련 부서에서는 소련과 인도가 정치회담에 꼭 있어야 한다고 여깁니다. 그런데 이들이 보기에 이 두 열강의 참여는 "원탁협상" 회담 형식으로 접근되어야만 확실해질 수 있을 것입니다.

4. 인도 참여에 찬성하는 많은 논거는 다음과 같습니다. 아시아 열강 중 가장 큰 비 공산권 국가라는 점, 휴전을 이루는 데 중요한 역할을 했다는 점, 송환위원회 중재자라는 점, 서구의 동기와 입장을 중공에 설명할 수 있는 유일한 국가라는 점 등등.

5. 사실성을 보여주고 지리적으로 다른 지역, 아랍-아시아권이나 남미처럼 유엔에 형성되어 있는 다른 연합, 또 각기 다른 이데올로기 경향으로 보다 균형 잡힌 대표를 정치회담의 책임에 끌어들이기 위해, 외무부 부서들은 여하튼 회담에 참여해야 할 국가들에 다른 7개국을 합류시킨다는 생각을 떠올렸습니다 (본인의 전보 제460-462호 참조). 이 추가 7개국은 캐나다, 콜롬비아, 터키, 호주, 체코슬로바키아, 폴란드, 스웨덴입니다.

태국을 제외하고 1952년 8월 18일 미 국무부 업무계획에 인용된 모든 국가들과, 버마와 스위스를 제외하고 1952년 12월 소련 계획에서 인용된 모든 국가들이 회담에 참여하게 될 것 같습니다.

6. 캐나다 부서들은 회담 장소로 콜롬보를 선택할 것을 권하고 있습니다.

7. 캐나다 부서들은 총회는 대체로 "회담 문안"을 정하기만 하고 회담 안건은 최대한 회담 자체에 남겨 두어야 할 거라고 여깁니다.

라불레

【267】 판문점 협정에 다한 공산 측과 미국의 입장(1953.7.24)

[전 보]	판문점 협정에 다한 공산 측과 미국의 입장
[문 서 번 호]	1108-1111
[발 신 일]	1953년 7월 24일 08시 00분
[수 신 일]	1953년 7월 24일 12시 25분
[발신지 및 발신자]	워싱턴/르 제니셀(주일 프랑스대사관원)

7월 20일 부산발 제56호, 24일 도쿄 도착

어제 연장된 판문점 회의에서 공산 측은 결국 "준비가 휴전협정 체결을 위해 이루어졌다"는 것을 받아들였습니다. 어쨌든 공산 측은 다음의 사항을 강조할 듯합니다.

공산 측은 유엔군사령부가 제시한 다음의 보장에 동의한다.

- 남한 정부와 남한군은 휴전협정에 따른다.
- 공산 측은 해결된 것으로 여겨지지 않은 문제, 즉 한국이 석방시키고 다시 잡히지 않은 포로들 문제를 정치회담에서 제기하는 것을 보류한다.
- 인도의 중립군 한국 상륙 문제는 휴전협정 체결 전에 해결되어야 할 것이다.
- 공산 측은 남한군이 휴전협정 체결 이후 12시간 후 전투를 중지하고 비무장지대에서 72시간 후 철수할 것이라는 보장을 강조한다.
- 한국이 휴전협정을 위반하면, 유엔군은 개입하지 않고 공산군은 군사 행위를 할 수 있을 것이다.
- 유엔군사령부는 중립국위원회의 자유로운 활동과 특히 송환 거부 포로에게 "설명"해수는 일을 맡은 감독관의 안전을 보장해 주어야 한다.

이러한 사항들은 공산 측이 7월 10일부터 꾸준히 계속 문제 삼았던 것들이라고 합니다.

아마 유엔대표단이 공산 측에 제시했다는 보장들 각각은 로버트슨 특사가 서울 회담에서 얻으려고 생각했던 깊은 확신에 근거한 것입니다.

한국의 기질과 최근 6월 18일 사건으로도 자세히 나타난 이 대통령의 별난 성격에 대한 경험, 로버트슨을 흥분시켰던 7월 12일 공동성명에 대한 이 대통령의 설명(본인의 전보 제52호 참조), 반공포로 송환과 인도군의 한국 상륙에 대한 남한 정부의 변함없는 반대, "휴전을 위태롭게 하려는 술책으로 해석될 수 있는 일은 개인적으로 아무 것도 말하지도 하지도 말라"는 이승만의 최근 명령 등은 어쨌거나 깊이 생각할 수 있습니다.

아마 미국의 판문점 협상은 다음 사항들을 희망하며 "예상된 위험"을 감수하기로 결정한 것 같습니다.

- 공동성명에는 공식적으로 표명되지 않았지만 정해진 기간(아마도 6개월)
  동안 휴전협정을 깨뜨리지 않는다는 약속을 충실히 지킬 것이다.
- 그 사이 아마 상황은 한국의 확고한 태도와 주장들을 약화시킬 것이다.

어쨌든 공화당 행정부가 출범한 이후 모두 교체되어 한국에 파견된 미 감독관들의 최근 견해가 너무 지나치게 깊은 낙관론을 유도했던 것은 아닌지 생각해볼 수 있습니다.

르 제니셀

【268】 한국 지원비(원조)에 대한 아이젠하워 대통령의 발의(1953.7.24)

[전 보]	한국 지원비(원조)에 대한 아이젠하워 대통령의 발의
[문 서 번 호]	5743-5744
[발 신 일]	1953년 7월 24일 23시 00분
[수 신 일]	1953년 7월 25일 04시 30분
[발신지 및 발신자]	워싱턴/보네(주미 프랑스대사)

뉴욕 공문 제1237-1238호

오늘 오전 아이젠하워 대통령은 첫 번째로 2억 달러를 남한 재건에 배정한다는 법안 동의를 요청하기 위해 의회의 공화당 지도자들을 백악관으로 소집했습니다. 이 금액은 한국에서의 적대행위 중지로 방위비에 쌓은 금액에서 떼어낼 듯합니다.

백악관을 나서면서 놀랜드 의원은 의회는 틀림없이 이 안건에 찬성할 것이며 이 금액은 매우 광범위한 계획의 첫 부분만을 충족시킬 뿐이라고 했습니다.

휴전이 금방 이루어지면, 미 행정부는 의회에 회기 종료 전에 이 계획 전체를 제출할 것입니다.

아이젠하워 대통령의 이번 발의는 분명 미국이 휴전협정 체결 직후 남한 정부에 했던 약속을 준수할 생각임을 이승만 대통령을 위해 확인해주는 것이 목적입니다.

보네

【269】 휴전을 알리는 네덜란드 언론(1953.7.27)

[전 보]	휴전을 알리는 네덜란드 언론
[문 서 번 호]	607
[발 신 일]	1953년 7월 27일 19시 00분
[수 신 일]	1953년 7월 27일 22시 49분
[발신지 및 발신자]	헤이그/가르니에(주네덜란드 프랑스대사)

오늘 오전 한국전쟁 종식을 보게 된 데에 만족감을 표하고 평화가 이어지기를 희망한 이사회 의장에 이어, 오늘 저녁 외무부 무임소(無任所) 장관 룬스[1]는 신문 1면에 게재된 성명을 냈습니다.

"유엔의 목적, 즉 통일 한국 실현이 아직 이루어지지 않았다는 것을 잊으면 안 되지만, 일시적으로 비극적인 전쟁을 끝낸 이 휴전이 우리를 매우 만족시키는 까닭이 있습니다. 본인은 유엔이 연대감으로 침략국을 물리칠 수 있었으며 아시아로 철의 장막을 이동하는 행위를 막을 수 있었다는 사실을 매우 중요하게 여깁니다. 우리는 세계가 (판독 불가) 침공을 중지시키기 위해 노력함에 있어서 국제연맹이 겪은 것과 비슷한 실패를 목격하지 않았다는 것에 만족할 수 있습니다. 이런 날에, 본인은 우리의 공익을 위해 자신의 목숨을 희생했던 분들을 기리며 정중하게 경의를 표하고자합니다."

가톨릭 신문은 모든 논평에서 만족을 표했으며, 장관이 한 성명의 표현을 설명할 뿐이었습니다. 『테이트』[2] 기자는 중재의 1차 목표가 이루어졌다는 점과

---

[1] 요셉 룬스(Joseph Luns, 1911-2002). 네덜란드 외무장관(1952-1971), 나토 사무총장(1971-1984) 역임.
[2] 『테이트Tijd』. 네덜란드 신문.

남한을 상대로 한 공격을 물리쳤다는 점을 강조합니다. 『폭스크란트』[3] 역시 "서방의 인내심이 오늘 보상을 받았다. 지금 처음으로 데탕트의 느낌이 있다"고 썼습니다. 하지만 가톨릭 신문 두 군데는 해결해야 할 문제의 중요성에 매달렸습니다. 이 신문들은 마오쩌둥 인정 문제가 어떻게 해결될 수 있을지 문제시하며 공산 측의 새로운 요구를 걱정하고 있습니다. 그에 대해 『폭스크란트』는 "서방은 융통성 있는 것과 동시에 신중하고 결속감 있어야 할 것이다"라고 썼습니다.

『마스보드』[4]는 유엔국가 간의 항구적인 협력 필요성을 강조합니다.

자유주의 신문에서도 한국에서의 유엔 중재 성공을 인정했습니다. 어쨌든 이 신문들은 "침공이 패배했다하더라도 동서양 간 더 좋은 동맹을 계속 추구해야 할 것"이라고 썼습니다.

『헤트파털란트』[5]는 "다음 정치회담 때는 범아시아 해결책이 추구되기를 요청한다"고 했습니다. 이 신문은 그런 일이 생기는 것은 미국이 베이징에 대해 더 타협적인 태도를 채택할 때에만 가능할 것이라고 여깁니다.

사회주의 기관들도 매우 만족감을 표하면서 우파가 승리한 것을 보게 된 것에 축하하고 극동의 올바르고 항구적인 평화 수립 조건에 집중하고 있습니다.

『헤트파롤』[6]은 인도차이나 문제의 어려움에 대해서는 ㅁㅁㅁ로 간주하고, 서방의 외교단이 "평화적인 해결책을 찾을 수 있고 중국과 러시아의 협력관계가 느슨해지기"를 바란다고 썼습니다.

공산당 신문 『바아르하이트』만 특별 페이지에 물론 신문이 이해하는 의미대로 "미국의 패전 역사를 할애하고 휴전협정 체결을 평화군의 승리로 소개"하고 있습니다.

가르니에

3) 『폭스크란트Volkskrant』. 1919년 설립된 인민신문이라는 뜻을 지닌 중도좌파 성향의 네덜란드 조간신문.
4) 『마스보드Maasbode』. 네덜란드 가톨릭 신문.
5) 『헤트파털란트Het Vaterland』.
6) 『헤트파롤Het Parool』. 1941년 저항신문으로 창간된 네덜란드 신문.

【270】 정치회담 속행 조건으로 미 국무부가 이승만에게 해준 약속의 부당성에
　　　대한 보도(1953.7.27)

[전　　　　보]	정치회담 속행 조건으로 미 국무부가 이승만에게
	해준 약속의 부당성에 대한 보도
[문 서 번 호]	1410-1412
[발　신　일]	1953년 7월 27일 20시 25분
[수　신　일]	1953년 7월 28일 01시 45분
[발신지 및 발신자]	뉴욕/오프노(주유엔 프랑스대표)

워싱턴 공문 제582-584호

　90일 후에도 논의가 적절한 방향을 잡지 못하면 정치회담을 보이콧 하겠다고
미 정부가 이승만에게 해준 약속 관련 본인의 7월 24일 제1389호 전보가 제공한
정보에 대해 오늘 오전 워싱턴 주재『뉴욕타임스』특파원이 기사로 썼습니다.
특파원은 미 정부가 이 같은 실행 결정을 휴전협정 위반으로 생각지는 않을 거
라는 사실을 공산 측이 통보받지 못했다고 덧붙였습니다.

　특파원은 미 대표단이 반드시 한국 대표단을 따르게 하는 데는 한국 측이 회
담장을 떠나는 것으로는 충분치 않을 거라고 분명히 했습니다. 미 정부는 협상
을 계속하는 데 있어서 공산 측이 지닌 진의를 평가할 자유를 계속 유지할 것입
니다.

　이 많은 사건들은 이승만과 포스터 덜레스 장관 간의 협의가 지금부터 회담
결과에 가할 막연한 위협을 지금부터 6개월 간 경감시키거나 가중시킬 수 있을
것입니다. 우리는 물론 회담이 한도 끝도 없이 비생산적인 협상에 빠지는 건
아닐까 하는 미 국무부의 우려를 이해하고 있습니다. 하지만 적대행위를 중지
한 바로 그날 공산 측의 프로파간다와 외교단이 자기들 입맛대로 쉽게 이용할

수도 있을 결정을 밝히는 것이 과연 필요하고 적절했을까요?

휴전협정의 세부사항이 합의에 이르는 데 2년 이상 필요했는데, 회담에서 다루어야할 모든 문제를 해결하는 데 3개월이면 충분하기를 이성적으로 바랄 수 있을까요?

오프노

【271】 휴전에 대한 스웨덴 언론의 반응(1953.7.27)

[전 보]	휴전에 대한 스웨덴 언론의 반응
[문 서 번 호]	164
[발 신 일]	1953년 7월 27일 14시 00분
[수 신 일]	1953년 7월 27일 18시 50분
[발신지 및 발신자]	스톡홀름/뒤사일라(주스웨덴 프랑스대사)

　한국 휴전협정 체결에 대한 스웨덴 신문들의 첫 논평들은 적대행위 중지에 만족감을 표하고 있지만, 동시에 여론을 지나친 낙관론에 대해 경계하도록 했습니다. 또한 신문 논평은 국제적으로 전개된 이 전쟁의 범위를 매우 강조했습니다.

　『스톡홀름티드닝』은 한국 사건이 공산당 침략국에 대한 값비싼 교훈이 될 것이라고 하면서 "하지만 한국 사건은 자유세계에도 공산주의를 꼼짝 못하게 하기 위해서는 군대 특별소집이 필요하게 될 것을 보여준 것 같다"고도 썼습니다. 자발적인 원조와 미국의 막대한 재력이 없으면 유엔은 한국에서 무력하게 될 뿐입니다.

　자유주의 『다겐스 뉘헤테르』[1]는 다음과 같은 결론을 내립니다.

　　"한국전쟁은 전후 역사에서의 전환점일 뿐 아니라 서구 민주국가들의 전례 없는 재무장, 즉 곳곳에서 신중을 요하게 될 경제계획 결과의 재무장을 야기한 듯하다. 하지만 대체로 미국은 성공적으로 시련을 감내한 것 같다. 한국전쟁은 원칙이라는 이름으로 행해졌다. 즉 어디에서 시작되었든 모든 침공이 격퇴되어야 한다는 원칙 말이다. 전쟁 말기에 남한이 전념했던 작전이 이 사건

---

1) 『다겐스 뉘헤테르Dagens Nyhter』. 1864년 창간된 스웨덴 일간지.

의 중요성을 바꾸는 것은 전혀 없다. 자유 진영은 이 원칙을 지키도록 해 준 미국인에 대해 빚이 있다."

보수주의 『스벤스카다그블라데트』[2]는 한국의 휴전이 아직 평화는 아니라는 사실을 지적하고 있습니다. 정치문제가 논의될 때 동요를 예상해야 할 것입니다. 남한 정부가 새로운 어려움을 야기하지 않을까 우려하는 것도 당연합니다.

뒤 샤일라

[2] 『스벤스카다그블라데트Svenskadagbladet』. 1884년 창간된 스웨덴 일간지.

【272】 휴전협상에 대한 변영태 외무장관의 발언(1953.7.27)

[전   보] 휴전협상에 대한 변영태 외무장관의 발언
[문 서 번 호] 1122
[발   신   일] 1953년 7월 27일
[수   신   일] 미상
[발신지 및 발신자] 도쿄/르 제니셀(주일 프랑스대사관원)

파리 외교단 제1122호

7월 22일자 브리옹발 편으로 제57호, 7월 27일 도쿄 도착

인용

　19일 판문점에서 이루어졌던 진전으로 한국인들에게 기대할 수 있었던 반응이 바로 일어났습니다.
　어제부터 "대통령 측근"들의 다양한 발언은 갑작스러운 황당한 사건들이 낳은 긴장을 드러냈으며, 장문의 공산 측 견해서를 깊이 검토한 이후 이승만 박사가 중요한 발표를 할 것이라고 예상하게 했습니다.
　5월 28일부터 판문점 회담에는 계속 불참했던 최덕신 휴전회담 대표와의 회견에 이어 변영태 외무장관은 "한국인에게는 너무나 큰 치욕"인 협정 조인에 남한 휴전 협상 대표는 참여하지 않을 거라고 했습니다. 이 기회에 그는 남한 정부는 휴전협정에 반대하지 않을지라도 현 사항들에는 결코 동의한 바 없으며, 이 점에 있어서 한국의 입장은 변함이 없다고 하였습니다. "이승만-로버트슨의 공동성명으로 보이는 협정은 분단국가로 남게 하는 휴전협정에 대해 한국의 동의는 전혀 포함되어 있지 않다. 우리가 합의했던 모든 것은 대한민국의 궁극적인 열망이 보장받기만 한다면 휴전에 반대하지는 않겠다는 것

이다"라고 했습니다. 한국의 휴전협정 반대는 미국 측의 "어떤 보장들"을 고려하여 "중지"되었던 것이며, "이 같은 보장들이 따를 거라는 데 대한 믿음이 줄어들게 되면 대한민국도 입장을 바꿀 것"이라고 밝혔습니다.

남한이 먼저 행할 수도 있는 적대행위에는 유엔이 지원하지 않겠다고 한 공산 측에 해준 해리슨 장군의 "보장"을 거론한 변영태 장관은 "우리에게 미국을 대표해 온 사람은 해리슨 장군이 아니라 로버트슨 특사이다. 우리 정부는 해리슨 씨와는 어떠한 외교협상도 추진한 바가 없다"라고 말했습니다.

브리옹발

인용 끝.

르 제니셀

장관실문서
(1950년 6월 25일~12월 10일)

【273】 1950년 6월 25일 북한의 남침 소식(1950.6.25)

```
[ 보   고   서 ]  1950년 6월 25일 북한의 남침 소식
[ 문 서 번 호 ]  미상
[ 발   신   일 ]  1950년 6월 25일
[ 수   신   일 ]  미상
[발신지 및 발신자]  미상
```

주불 미국대사는 6월 25일 12시 30분 파로디[1] 외무부 사무총장을 내방했습니다. 미 국무부 방침에 따라 당일 오후, 프랑스 정부에 한국문제를 검토하기 위한 안전보장이사회 회의를 수락할 것과 주유엔 프랑스대사 쇼벨[2] 씨에게 이 방향으로 지시를 내려줄 것을 요청했습니다.

그리고 파로디 씨에게 북한의 남침에 대해 보고하는 서울주재 미국대사의 전보를 전달했습니다. 이 침략은 대규모 군사작전으로 묘사되었습니다.

파로디 씨가 빌로[3] 씨와 13시에 회담을 가진 후, 14시 20분에는 드 라 투르넬[4] 정치부장이 쇼벨 씨에게 전화하여 프랑스 정부는 안전보장이사회 개최를 수락한다고 알리며 미국이 강력하게 나오면 따라 강경한 태도를 취해달라고 요청하였습니다.

쇼벨 씨는 이 시각 이사회 소집에 관한 문제인지 모르고 있었습니다.

이어 정치부장은 영국 주재 프랑스대사에게 프랑스 정부의 입장을 알렸습니다.

---

[1] 알렉상드르 파로디(Alexandre Parodi, 1901-1979). 프랑스 외무부 사무총장. 유엔 안보리 상임대표, 유럽 평의회 사무총장, 모로코 대사 역임.

[2] 쟝 쇼벨(Jean chauvel, 1007-1979). 주유엔 프랑스대사.

[3] Bilault.

[4] 르로이 드 라 투르넬(Guy Leroy de La Tournelle, 1898-1982). 프랑스 외교관. 외무부 정치부장.

마시글리5) 씨는 15시 이 통화를 할 때 특별한 정보를 가지고 있지 않았습니다.

---

5) 르네 마시글리(René Massigli, 1888-1988). 주영 프랑스대사. 유엔 사무총장 역임(1954-1956).

【274】 1950년 6월 25일 이후 한국 사태와 유엔(1950.7.12)

[보　고　서]	1950년 6월 25일 이후 한국 사태와 유엔
[문 서 번 호]	59 SC
[발　신　일]	1950년 7월 12일
[수　신　일]	미상
[발신지 및 발신자]	파리/회의사무국
[수신지 및 수신자]	파리/로베르 슈만(프랑스 외무부장관)

장관께 드리는 보고서

1950년 6월 25일 당일 새벽 북한 군대가 남한 정부의 영토에 자행한 계획된 남침 소식이 전 세계에 전해졌습니다.

38도 가상 경계선을 따라 양분된 한국의 분단이 1945년 8월 포츠담회담의 결과물이라는 것은 잘 알려진 사실입니다. 이 회담에서 미국과 소련의 수뇌부는 양국 군대가 38선의 남과 북에서 각각 패전한 일본군의 무장해제 임무를 맡기로 결정했습니다.

한국에서조차도, 특히 1949년 6월 미 점령군이 철수한 후 북의 공격 가능성은 배제하지 않았습니다. 그러나 해외 관찰자들은 공산주의자들이 남에서 침략적 성격을 띠지 않으면서도 게릴라 활동의 확장으로 침략을 실현하기를 기대할 것이라고 생각했습니다.

중장비 탱크와 소련제 장비를 갖춘 4개의 사단이 서해안과 동해안 사이의 여러 지점에서 38선을 넘었습니다. 그동안 더 작은 병력들은 과거 게릴라 활동이 가장 왕성했던 지역 근처인 36도선 주변까지 동해안을 따라 착륙하였습니다.

주한 미국대사는 즉각 미 정부에 이 사실늘을 알렸고 미국은 안전보장이사회를 긴급 소집하였습니다. 얼마 후, 프랑스 대표 한 명을 포함해 서울에서 활동 중인 유엔 한국위원회도 유엔 사무총장에게 전보를 보내어 상황의 심각성을 알리고 안보리가 이 사태를 논의할 것을 제안했습니다.

6월 25일 14시에 트리그브 리[1] 사무총장은 북한 공산당국이 유엔헌장의 원칙을 위반했다고 안보리에 알렸습니다. 자유중국, 쿠바, 에콰도르, 프랑스, 영국 대표의 지지를 받은 미국대표는 9표의 찬성과 유고슬라비아의 기권으로, 북한 당국이 즉각 적대행위를 멈추고 유엔위원단의 감시아래 군대를 38도선 이북으로 철수시킬 것을 권고하는 결의안(별첨 1)을 채택하도록 하였습니다.

6월 26일 한국위원회는 공산군의 공략으로 위험에 처한 서울로부터 여러 전보을 보냈습니다. 위원회는 안보리가 수여하는 임무를 성공적으로 수행하기 위해 필요한 조치를 취하겠다고 했지만, 상황은 급속히 나빠지고 있으며 전쟁을 멈추라는 명령에 복종하리라는 기대는 헛된 것이라고도 전했습니다. 한국위원회는 또한 위원회 산하의 군사 감독관들에 의해 작성된 보고서를 검토한 후, 가장 비밀리에 준비되고 실행된 이 침략에 대한 책임은 오직 북한군에게 있으며 그 당시 남한 군대는 순전히 수비대형으로 전개되어 있었다고 확인했습니다(별첨 2).

6월 26일에서 27일 밤사이 자신의 참모들과 상의한 트루먼 대통령은, 북한당국이 이 27일 안보리 결의안을 전혀 존중하지 않으므로, 이 결의안 실행을 위한 미국정부의 모든 원조를 제공하기 위하여 자국의 공군과 해군을 한국에 파견하여 남한 군대를 방어하고 원조해 줄 것을 명령하였습니다. 그는 또한 그 법적 지위에 대해서는 나중에 상세하게 설명될 것입니다만, 미 제7함대에도 대만에 대한 모든 공격을 미리 방지하라는 명령을 내렸으며, 반면 대만정부에게도 본토의 중국정부를 향하여 벌이고 있는 공군과 해군 작전을 중지해 줄 것을 요구하였다고 덧붙였습니다. 마지막으로 트루먼 대통령은 필리핀에 미군 병력을 강화할 것이며 프랑스령 인도차이나 반도에서는 군사원조에 박차가 가해질 것이

---

[1] 트리그브 리(Trygve Halvdan Lie, 1896-1968). 노르웨이 출신의 유엔 초대 사무총장.

라고 발표했습니다(별첨 3).

이러한 결정을 내리는 동시에 그는 모스크바 주재 미국대사를 통해 북한당국이 안보리의 권고를 따르는 데 영향을 행사해달라고 소련정부에 요청하는 각서를 전달했습니다(별첨 4).

6월 27일, 서울은 함락되었고 남한 군대는 후퇴하면서 포격하기 시작했습니다. 그럼에도 미당국은 여자와 아이들을 대피시켰습니다. 이승만 정부는 수원(수도에서 남쪽으로 50㎞ 떨어짐) 방향으로 떠나 미대사를 대동하고 대전으로 향했고, 유엔위원회는 수원까지만 동반했습니다. 함락된 서울에는 영국 장관과 프랑스 대리공사 그리고 그 직원들, 몇몇 프랑스 선교사들과 영국 상업종사자들만이 남았습니다. 수원에서부터 한국정부와 연락이 단절된 위원회는 일본으로 떠났습니다.

같은 날 안보리는 한국문제를 논의하기 위해 두 번째 회의를 열었습니다. 이 회의 끝에 새로운 결의안이 찬성 7표 반대 1표 기권 1표로 채택되었습니다. 북한당국을 향한 안보리의 지난 번 권고는 전혀 효과가 없었다는 사실을 강조하고 상황을 회복시키기 위해서는 긴급 군사조치가 필요하다고 여기는 이 결의안은 유엔 회원국들에게 침략자들을 물리치기 위한 모든 원조를 대한민국에 제공할 것을 권고하고 있습니다(별첨 5).

6월 25일부터 소련의 라디오와 신문은 "남한도당에 의한 북한 침략"과 인민군의 "반격"에 따른 승리를 언급하는 데 그치고 있는 반면, 27일자 『프라우다』는 트루먼 대통령의 성명 중 특히 중화인민공화국에 대해 직접적 침략행위를 저지른 대만을 방어하기로 한 결정을 비난하면서 긴 논평을 내놓았습니다.

한편 전날 이미 남한을 군사적으로 원조한다는 미국의 결정에 동의했던 영국 정부는 일본 해상의 유엔 배치 영국 해군을 파견하면서 미국의 행동을 지지한다고 밝혔습니다.

6월 29일 유엔 사무총장은 6월 27일 안보리가 채택한 결의안 문서를 모든 회원국에 전달하면서, 채택된 권고문에 근거하여 그들이 제공할 수 있다고 생각하는 원조의 규모와 방법을 자신에게 알려달라고 부탁했습니다. 트리그브 리 사무총장의 요청에 따라 유엔 위원회의 선두그룹이 한국으로 떠났습니다.

6월 27일 미국 각서에 응답한 그로미코[2] 씨는 "소련이 지켜온 타국의 내부 문제에 개입하지 않는다는 전통적 원칙"을 거듭 강조하며 이 간섭을 "용인할 수 없는" 것으로 평가했습니다(별첨 6). 한편 중국인민정부는 6월 30일 대만과 한국에 대한 "미국의 침략"을 고발하면서 아시아의 국민들에게 극동에서의 미국의 침략을 중지하기 위해 "모두 하나 되어 일어나자"고 권유했습니다.

맥아더 장군이 대한민국 대통령 이승만 박사와 만났던 짧은 한국 여행을 통해 남한병력으로 조직된 모든 저항력이 사라진 것을 확인한 후, 트루먼 대통령은 6월 30일 미국 육군 병력을 투입하고 공군활동을 38도선 이북으로 확장하도록 허용했습니다.

같은 주에 세 번째로 소집된 안보리에서 이집트 대표는 "팔레스타인 사태에서의 안보리의 회피"와 "한국전쟁은 동서간의 깊은 대립의 새로운 단면일 뿐"이라는 사실을 내세우며 6월 27일 자신이 결정한 기권의 입장을 재확인했습니다. 반면, 인도 대표는 안보리의 조치에 대한 자국 정부의 찬성 입장을 전달했습니다.

사무총장의 편지에 대한 답장이 이어졌고, 7월 1일에 이미 47개국이 자신들의 입장을 알려왔습니다. 이 숫자 중 4개국 즉 소련, 체코슬로바키아, 폴란드, 유고슬라비아가 안보리의 결정에 반대했고, 이집트와 예멘 2개국은 소극적인 태도를 보였습니다.

7월 3일 미 육군 선발대가 부산에 착륙하여 이승만 정부의 임시 수도 쪽으로 향했습니다.

대표단 간의 수차례 비공식 의견교환 후, 영국과 프랑스 대표단은 7월 7일 한국 사태에 관한 안보리 4차 회담에서 공동으로 결의안을 발표했습니다. 찬성 7표와 기권 3표(유고슬라비아, 인도, 이집트)로 채택된 이 결의안은 대한민국에 기꺼이 원조를 제공하고자 했던 미국에 감사를 표했고, 이어 제공된 병력은 미

---

[2] 안드레이 그로미코(Andreï Gromyko, 1909-1989). 유엔 안보리 대표. 주미 소련대사, 외무장관 등을 역임.

국의 권한으로 통일된 지휘권 아래 배치할 것을 권하면서 미 정부가 이 병력의 사령관을 지정해줄 것을 요청하였으며, 이 군대들이 유엔기구의 깃발을 군사작전 참여국의 국기와 동시에 게양할 권한을 부여했습니다.[3]

---

3) 유엔은 1950년 6월 26일과 28일에 긴급 소집한 유엔안전보장이사회의 결의에 따라 7월 7일 유엔군사령부를 창설했음. 그런 뒤 미 극동군사령관 매아더 원수를 유엔군사령관으로 임명함. 곧이어 자유진영 연합국의 병력들이 속속 도착해 마침내 유엔군이 편성됨. 맥아더는 7월 15일 도쿄 미 극동군사령부 옥상에서 미 육군참모총장 콜린스로부터 유엔기를 받았음.

【274-1】 별첨 1―대한민국 침략 고발에 관한 안전보장이사회의 결의안

대한민국 침략 고발에 관하여 473회 안전보장이사회에서 1950년 6월 25일 채택된 결의안

안전보장이사회는,

유엔 한국임시위원회의 감독과 조언을 받았던 대한민국 정부가 '한국인의 대다수가 거주하고 있는 한반도의 일부에 대한 통치권을 실제적으로 행사하는, 그리고 유엔 대한민국임시위원단의 감시 하에 한반도의 일부의 유권자의 자유의지의 정당한 표현인 선거에 의하여 합법적으로 수립된 대한민국의 유일한 정부'라고 규명한 1949년 10월 21일의 유엔총회 결의 사항을 상기하면서,

유엔이 대한민국의 완전한 독립과 통일을 위해 노력해온 결과에 해를 끼칠 수 있는 일들에 대한 우려와 이런 유해한 성격의 어떤 행위도 금할 것을 회원국들에게 요청하는 유엔총회의 1948년 12월 12일과 1949년 10월 21일 결의안에서 숙고된 관련 내용에 의거하여,

그리고 유엔 한국위원회가 작성한 보고서에 기술된 상황이 대한민국과 그 국민의 안전과 복지를 위협하고 있으며 한국에 전적인 군사 분쟁을 유도하는 데 대한 총회의 우려에 의거하여,

북한의 군이 대한민국을 무력 공격한 것에 대한 엄중한 우려를 표명하며, 이 행위가 평화를 파괴하는 것이라고 규정한다.

그리하여,

1. 적대행위의 즉각적인 중단을 요구하며 북한 당국에 그들의 무장 군대를 38도선 위로 철수할 것을 요구한다.

2. 유엔 한국위원회에 요청한다.
   1) 충분한 검토를 거친 상황에 대한 권고들을 지체 없이 신속하게 통보할 것.

2) 북한군의 38도선 이북으로의 철수를 감시할 것.

3) 안전보장이사회에 본 결의안의 이행을 지속적으로 통지할 것.

3. 모든 유엔 회원국들에게 본 결의안 이행에 있어 유엔에 전적인 원조를
   제공할 것과 북한 당국에는 어떤 원조도 중지할 것을 요청한다.

【274-2】 별첨 2—유엔 한국위원회의 군사적 상황 보고

1950년 6월 26일 유엔 한국위원회가 군사적 상황에 대하여 보고하기 위해 사무총장 앞으로 보내는 전보

위원단은 오늘 10시 회의를 열고 전쟁 진행 상태와 위원단의 군사 감독관들이 38선을 따라 직접 실행한 관찰 결과에 대한 가장 최근의 보고서를 검토하였다. 이 정보에 의하면 위원회는 현재 다음과 같이 평가하고 있다.

> 첫째, 군사행동의 실제 흐름을 볼 때 북한 체제가 남한에 대하여 치밀하게 준비되고 합의된 대규모의 침입을 실행하였다.
> 둘째, 38선 곳곳에 남한 병력이 순전히 수비대형으로 전개되어 있었다.
> 셋째, 그들의 정보기관 보고서가 침략이 임박하다고 믿을 이유가 전혀 없다고 했으므로 남한 군대는 전적으로 습격을 당하였다. 위원회는 사건의 추이를 지켜보고 새로운 사실은 보고할 것이다.

【274-3】 별첨 3—트루먼 대통령의 6월 27일 성명

한국을 위한 미국의 군사원조에 관한 "트루먼 대통령의 6월 27일 성명"

한국의 국경분쟁과 치안유지를 위해 한국 내에 주둔하고 있는 미국군은 북한 침략세력의 공격을 받았습니다.

유엔 안전보장이사회는 침략군에게 전쟁행위를 중지할 것과 38도선에서 철수할 것을 요구하였습니다. 그러나 그들은 이를 받아들이지 않고 오히려 더욱 거센 공격을 해왔습니다. 안전보장이사회는 이번 결의안을 집행하기 위해서 유엔의 모든 회원국들이 유엔에 원조를 제공하도록 요구하였습니다. 이러한 분위기에서 본인은 미국의 공군과 해군을 한국에 파견하여 그들을 방어하고 원조해 줄 것을 명령하였습니다.

한국에 대한 공격은 공산국가가 독립국을 정복하여 파괴하려는 방법을 넘어서서 무장침략과 전쟁을 유발하려 한다는 사실을 분명히 보여주었습니다. 이들은 유엔의 안전보장이사회가 국제평화와 안전을 유지하기 위해 만들어 놓은 명령들을 어겼습니다. 이러한 분위기에서 중공군이 대만을 점령한 것은 태평양 지역의 안전과 미국의 군대가 이 지역에서 수행하는 합법적이고 타당한 역할에 직접적인 위협을 가하는 일이 될 것입니다.

따라서 본인은 제7함대에 대만에 대한 어떠한 공격도 미리 방지하라는 명령을 하달하였습니다. 이러한 조치의 당연한 결과로써 본인은 대만 정부가 본토의 중국정부를 향하여 벌이고 있는 공군과 해군 작전을 중지해 줄 것을 요구하였습니다. 제7함대는 이러한 요구가 받아들여지는 것을 보게 될 것입니다. 앞으로의 대만 정부 상황에 대한 결정은 태평양 지역 내의 안전이 회복되는 것과 일본과 맺는 평화정착 노력이나 유엔이 내리는 결정을 마땅히 기다려야만 합니다.

본인은 또한 필리핀 내에 있는 미국의 군대를 충원하여 필리핀 정부의 군사원조에 박차를 가하도록 지시했습니다.

또한 본인은 프랑스 군대의 인도차이나 내의 연합군에게 군사원조를 제공하고, 그들과 긴밀한 협력관계를 형성하기 위한 군사 작전을 시도하도록 지시했습니다.

본인은 유엔의 모든 회원국이 유엔헌장을 무시하고 한국에서 벌어진, 최근의 이러한 공격행위의 중대성을 조심스레 숙고할 것임을 알고 있습니다. 국제문제가 힘의 원리에 따라 이루어지는 사회로 돌아가는 일은 더 이상 효과적이지 않습니다. 미국은 법의 원리를 계속 지켜나갈 것입니다.

본인은 안전보장이사회의 미국 대표인 오스틴 대사에게 이러한 조치들을 이 사회에 보고하도록 지시하였습니다.

【274-4】 별첨 4—미국 정부의 각서

6월 27일

우리 정부는 저에게 북한군이 38선을 넘어 남한 영토에 무력으로 침입한 사실을 프랑스 정부에 알려달라고 지시했습니다.

소련 대표가 6월 25일 안보리 회의에 참여를 거부하고 있어 미국 정부가 이 문제에 대해 소련 정부에 직접 호소할 수밖에 없는 상황입니다.

소련 정부와 북한체제 간의 우호적 관계는 주지의 사실이므로, 미국 정부는 소련에게 이 침략에 어떤 역할도 하지 않을 것이라는 약속과 북한당국이 즉각 그들의 군대를 철수하도록 영향력을 행사해달라고 요청하고 있습니다.

【274-5】별첨 5—1950년 6월 27일 안전보장이사회의 결의안

　대한민국에 자행된 침략 고발에 관하여 1950년 6월 27일 474회 유엔 안전보장이사회가 채택한 결의안

　안전보장이사회는,
　북한군의 대한민국에 대한 무력공격은 평화를 파기하는 행위로 규정하고,
　적대행위의 즉각적 중단을 촉구하며,
　북한당국이 무장군대를 38선 이북으로 즉각 철수할 것을 요청하며,
　유엔 한국위원회가 지적한바 같이 북한당국은 적대행위를 중단하지도 군대를 38선 이북으로 철수시키지도 않았음으로 국제평화 및 안전을 회복하기 위해 긴급한 군사 대책이 요구된다는 점에 주목하고,
　대한민국이 유엔에 평화와 안전을 보장하기 위한 즉각적이고 효과적인 조치를 요청한 바에 주목하여,
　유엔 회원국이 무력공격의 격퇴와 이 지역에서의 국제평화 및 안전을 회복하기 위하여 대한민국에 필요한 원조를 제공할 것을 권고한다.[4]

---

4) 6월 25일 미국은 유엔에서 한국전쟁 문제를 논의하기로 결정하고 곧바로 유엔 안전보장이사회에 결의안을 제출함. 북한을 침략국으로 규정하고 이를 저지하고자 유엔군을 조직할 수 있다는 명분이 마련되었음. 결의안은 소련의 불참과 유고슬라비아의 기권으로 찬성 9표로 통과되었음. 7월 7일 유엔군 구성을 위한 회에도 소련은 불참했고, 인도, 이집트, 유고슬라비아는 기권했음.

【274-6】 별첨 6—미국 각서에 대한 소련의 답변

6월 29일

소련 정부가 입수한 확실한 정보에 의하면 한국 사태는 북한 영토에 남한 군대가 침입함으로써 발생된 것이다.

그러므로 이 사태에 대한 책임은 남한과 뒤에서 그들을 조종하는 자들에게 있는 것이다. 알려진 바와 같이 소련 정부는 미국 정부보다 먼저 자국 군대를 한국에서 철수하였고, 따라서 다른 국가의 내부 문제 불간섭원칙을 이행하고 있다.

소련 정부가 안보리 회의 참석을 거부했다는 것은 거짓이다. 안보리의 상임이사국 중 하나인 중공이 안보리 회의에 인정되지 않았기 때문에 이사회는 합법성을 지닌 결정을 내릴 수 없는 상태이므로 소련 정부는 참여의지에도 불구하고 참석할 수가 없었다.[5]

---

[5] 소련 대표가 안전보장이사회에 불참한 이유 중 하나는 이미 1950년 초부터 안보리 참여를 거부하고 있었다는 점임. 중국에서 공산주의 혁명이 성공하자 소련은 중국 대표를 국민당이 아닌 공산당이 정권을 잡은 중국이 해야 한다고 주장한 것임.

【275】한국 사태(1950.7.12)

[보　고　서]　한국 사태
[문 서 번 호]　60 SC
[발　신　일]　1950년 7월 12일
[수　신　일]　미상
[발신지 및 발신자]　파리/회의사무국
[수신지 및 수신자]　파리/로베르 슈만(프랑스 외무부장관)

장관께 드리는 보고서

　6월 27일 안보리에서 채택된 권고문에 따라, 유엔 사무총장은 미국이 대한민국에 제공할 수 있는 원조의 성격을 알려달라고 요청했습니다.
　장관께서는 49개국이 트리그브 리 사무총장에게 보낸 답장의 방향을 보여주는 아래 도표를 참고하실 수 있습니다.

【275-1】 별첨 1—1950년 6월 27일 안보리 결의안에 따른 사무총장의 서한에 대한 유엔 회원국들의 답신

반대:

소련, 우크라이나, 벨라루스, 폴란드, 체코슬로바키아, 유고슬라비아.

각하 사유:

이집트, 시리아, 사우디아라비아, 예멘.

지원 없는 찬성:

아프가니스탄, 아르헨티나, 벨기에, 볼리비아, 브라질, 미얀마, 콜롬비아, 코스타리카, 쿠바, 도미니카 공화국, 에콰도르, 에티오피아, 그리스, 과테말라, 아이티, 온두라스, 아이슬란드, 인도, 이라크, 이란, 이스라엘, 레바논, 라이베리아, 룩셈부르크, 멕시코, 파키스탄, 파나마, 파라과이, 페루, 살바도르, 스웨덴, 터키, 남아프리카 연방공화국, 우루과이, 베네수엘라.

경제 또는 위생 원조 약속:

칠레:	구리, 질산염
덴마크:	페니실린 함유 약품
니카라과:	고무, 인력(병력인지 노동력인지 밝히지 않음)
노르웨이:	상선
필리핀:	코프라, 비누, 쌀, 백신
태국:	쌀

군사원조 약속:

오스트레일리아:	공군
캐나다:	구축함 3대

자유 중국: 3개 사단, 공군, 해군

미국: 육군, 해군, 공군 부대

프랑스: 소형쾌속전투함

영국: 일본해상 주둔 해군 병력

뉴질랜드: 프리깃함 2대

네덜란드: 구축함 1대

【276】 한국전쟁에 대한 유엔의 협력(1950.7.20)

[보 고 서]	한국전쟁에 대한 유엔의 협력
[문 서 번 호]	744 SC
[발 신 일]	1950년 7월 20일
[수 신 일]	미상
[발신지 및 발신자]	뉴욕/쇼벨(주유엔 프랑스대사, 유엔 상임대표단 단장)
[수신지 및 수신자]	파리/로베르 슈만(프랑스 외무부장관)

이달 18일자 본인의 전보 제1044-47호를 통해 저는 각하께 한국 군사작전 지속을 목적으로 하는 육군 할당 병력을 확보하기 위한 트리그브 리 사무총장의 요청에 대해 말씀드린 바 있습니다.

오늘 미 대표단은 저에게 개인적으로 비밀리에 어떤 상황에서 사무총장의 요청이 이루어졌는지에 대하여 추가적인 정보를 주었습니다.

그 시작은 미국 대표단 단장인 오스틴 씨와 트리그브 리 사무총장의 담소에서 비롯된 것 같습니다. 트리그브 리 씨는 한국을 구하기 위해 다방면으로 각고의 노력을 쏟았습니다. 그는 대한민국의 존재와 설립이 유엔을 통해 이루어졌기 때문에 한국을, 혹은 최소한 남한을 자신의 자식들 중 하나로 여깁니다. 이성보다는 감정에 좀 더 충실한 오스틴 씨는 도움을 호소하는 원조 방법을 찾는 데 기꺼이 협조합니다. 그러므로 트리그브 리 씨와 협의한 후 오스틴 씨는 미 국무부 지시가 내려지도록 개인적으로 주도한 것으로 보입니다. 실제로 이 지시는 대표단에 전달되었고, 오스틴 씨가 이에 대해 아무것도 모르는 상태일 때 그로스[1] 씨는 12일에 저에게 그 사실을 알려주었습니다.

제가 보기에 미 국무부 사무국은 트리그브 리 씨의 새로운 요청에 만장일치

---

[1] 어니스트 그로스(Ernest A. Gross, 1906-1999). 주유엔 미국대사.

로 동의하지는 않은 것 같습니다. 미 대표단 역시 그러하지 않다는 것을 알고 있습니다. 미 국무부와 대표단은 사실 미지근한 답변의 위험성과 몇몇 정부들이 느낄 곤란함과 어려움에 대해 인지하고 있었습니다. 이 정부들은 그들에게 제시된 요청에 호의적인데도 불구하고 말입니다. 이 다양한 감정들은 유엔의 국제무대에서 감지됩니다. 영국 대표단은 이달 14일 이루어진 트리그브 리 씨의 기자회견을 통해서야 그의 의도를 알게 되었습니다. 영국 대표단은 이것을 규정 위반으로 간주하며 격렬하게 유감을 표했고 불편한 감정을 숨기지 않았습니다.

안보리 현직 의장인 선데[2] 씨에게는 의논하지도 알리지도 않았습니다. 그는 안보리의 지원 아래 놓인 사건에 대해 자신의 의견을 표명할 기회도 갖지 못한 상태에서 중요한 진전이 이루어진 것은 매우 유감이라고 말했습니다. 이사회에 속하지 않는 캐나다, 벨기에, 스웨덴, 네덜란드 대표조차도 이 행동의 이상함을 지적했습니다. 이것이 미국의 주도하에 유발되었다는 사실을 모르는 그들은 사무총장에게 모든 원망을 돌렸습니다.

저는 앞서 말씀드린 본인의 전보에 진술된 의견들에 대해 알리기 위해 이 주제에 대해 그로스 씨와 대화를 할 기회가 있었습니다.

그로스 씨는 저와 동감하는 입장을 숨기지 않았습니다.

그렇지만 그는 한국에서 미국이 맡은 책임 때문에 정확히 말해 현장에서 미국 사령부가 쓸 수 있는 수단을 확장하려는 트리그브 리 씨의 업무를 제약하는 일이 미국 대표단으로서는 쉽지 않다고 덧붙였습니다.

각하께서 혹시 다른 지시를 내리실지도 몰라 저는 입장표명을 뒤로 미루었습니다. 저는 다만 미국 대표단과 사무총장 사이에 너무 드러나는 철저한 결탁이 가져올 수 있는 위험을 피하는 것이 좋겠다는 염려를 그로스 씨에게 재확인하는 것으로 그쳤습니다.

리 사무총장의 요청에 대한 여러 국가들의 답안 처리에 관하여 저는 이 경우에는 사무총장이 우체국 직무만 다하는 것이 좋을 것으로 보인다고 말했습니

2) 아르네 선데(Arne Sunde, 1883-1972). 주미 노르웨이대사. 당시 유엔 안보리 의장.

다. 이사회에 의해 원칙적 결정이 내려지고 이 결정에 따라 한국에서 유일한 사령부가 세워졌으므로 이 사령부 스스로가 지금부터는 이러저러한 원조를 이용하기에 적절한지를 평가할 수 있는 전적인 자격을 지닌다는 사실을 인정할 수 있습니다. 그렇지 않은 행동 방식은 불가피하게 불편한 마찰을 가져올 것이고, 이어 세심한 검토 후에 그 원칙이 기각되었던 이사회의 특별위원회를 구성하게 될 것입니다.

그로스 씨는 이 대담에서 우리의 부담과 어려움을 너무도 잘 알고 있음에도 불구하고 본인의 전보 제1043호의 결론을 다시 한 번 확인했습니다. 미국 외의 다른 국가들이 한국 지상전에 실제로 참여하는 문제는 미국 여론에서 점점 중요성을 띠고 있습니다. 일반인들이 대표단 앞으로 보내는 우편물들이 설득력 있게 이를 증명해 줍니다. 이런 이유로 미 대표단은 뭔가가 이루어지길 아주 간절히 바라고 있습니다. 그에 따르면 "앞으로 일어날 수 있는 모든 일에 대비하여 양국 간에 확고한 결속을 다질 필요성 때문에" 특히 프랑스의 참여를 바라고 있다고 합니다.

제가 들은 정보에 의하면, 리 사무총장은 52개 정부에게 보낸 정식 공문에 그치지 않습니다. 그는 개인 밀사를 파견하여 자신의 활동을 이어나갈 계획이며 그중 몇몇은 제가 알기로는 곧 파리에 도착한다고 합니다.

쇼벨

【277】 한국에 대한 군사 원조(1950.7.27)

[보 고 서]	한국에 대한 군사 원조(장관회의 준비용)
[문 서 번 호]	미상
[발 신 일]	1950년 7월 27일
[수 신 일]	미상
[발신지 및 발신자]	파리/프랑스 외무부 아시아-오세아니아 사무국
[수신지 및 수신자]	파리/로베르 슈만(프랑스 외무부장관)

장관께 드리는 보고서(차기 장관회의 준비용)

차기 장관회의에서 프랑스 원정군의 남한 파견 문제가 거론될 경우 필요할 수 있는 정보로서, 7월 27일 현재 실제로 군사원조를 승인했거나 또는 단지 제안한 국가들의 목록입니다.[1]

공군
- 미국(작전 중)

---

[1] 한국전쟁에 프랑스 정부는 '유엔군 산하 프랑스 대대'란 이름으로 지상군을 파견했음. 프랑스는 우선 7월 22일 극동 함대 소속 구축함 1척 라그랑디에르 호(La Grandiere)를 먼저 파견했음. 이 함정은 7월 29일 한국 해역에 도착했고, 미국 제7함대에 배속되었음. 8월 25일, 프랑스 정부는 구축함 외에 지상군의 파견도 결정하여 1개 대대 규모의 지상군을 파견하기로 하고, 현역병과 예비역 중에서 지원자를 모집했음. 프랑스 대대는 제1중대가 해병대, 제2중대가 수도방위부대, 제3부대가 공수부대와 외인부대의 지원병으로 구성된 새로운 부대였음. 총 병력 수는 약 400명이었음. 프랑스 대대는 10월 25일 프랑스 본토 마르세유에서 출항하여 11월 29일 부산에 도착했음. 약 2주간에 걸쳐 현지 적응 훈련을 마친 프랑스 대대는 미국 제2보병사단 예하 23연대에 배속되어 전투에 참가하게 됨. 당시의 육군참모총장 앙리 블랑(Henri Blanc) 장군은 랄프 몽클라르(Ralph Monclar) 중장의 강력한 요청으로 예비역과 현역 지원병으로 편성되는 독립부대를 창설해서 대대 규모의 병력을 파견하게 됨. 몽클라르 중장은 대대를 지휘하기 위해 본인 스스로 중령 계급장을 달고 한국전에 참여했음. 대대 규모이기에 독자적인 부대 운영이 아니라 미 제2사단 23연대에 배속되어 미군과 연합 작전을 수행했음.

- 영국, 탑승 비행기(작전 중)

- 캐나다, 항공운송함대

- 그리스, 승무원 포함 항공운송부대

- 호주(작전 중)

- 중국(중국의 제안은 거절됨)

해군

- 미국(작전 중)

- 영국(작전 중)

- 캐나다, 구축함 3대

- 프랑스: 소형쾌속전투함

- 뉴질랜드: 프리깃함 2대(작전 중)

- 네덜란드: 구축함 1대

- 중국(중국의 제안은 거절됨)

육군

- 미국(작전 중)

- 영국, 보병 1개 여단, 약 3,000명

- 터키, 4,500명

- 태국, 2,000명(무장과 수송 포함되지 않음)

- 오스트레일리아

- 뉴질랜드(7월 27일 뉴욕 헤럴드 지에 의하면)

- 쿠바

- 중국, 3개 부대(중국의 제안은 거절됨)[2]

- 볼리비아, 장교 30명

[2] 한국전쟁이 발발하자 장제스는 미국 정부와 극동군사령관 맥아더 장군에게 산악과 평지전투
가 가능한 3개 전투사단과 이를 공수할 수송기, 필요할 경우 해상수송선을 제공하겠다고 했
음. 하지만 맥아더는 자유중국군이 훈련이 부족하고 모병 박격포기 없다는 이유를 들어 이
제안을 정중히 거절했음. 또한 미국 정부는 이를 구실로 중공이 한국전에 개입해 전쟁이 확대
될 것을 우려하여 이를 거절했음.

【278】 소련의 의도(1950.7.27)

[보 고 서]	소련의 의도	
[문 서 번 호]	미상	
[발 신 일]	1950년 7월 27일	
[수 신 일]	미상	
[발신지 및 발신자]	모스크바/샤테뇨[1])(주소련 프랑스대사)	
[수신지 및 수신자]	파리/로베르 슈만(프랑스 외무부장관)	

장관님께,

소련 정부가 한국 사태에서 끌어내고 싶은 주요 만족감 중 하나는 유엔이 결의안에 집행력을 제공할 공동 군대를 설립하는데 회원국 만장일치의 동의를 이끌어내지 못하는 무력함을 지켜보는 것입니다. 소련정부가 유엔총회를 미국 정부가 공들여 만든 주제들을 투표하는 기계로 여기는 한, 안보리가 그 결정을 존중받기 위해서는 단 한 국가 미국의 알선을 부탁할 수밖에 없다는 소련 스스로의 주장을 뒷받침하기 위한 새로운 근거로 이용할 수밖에 없습니다.

이때부터 소련은 주저 없이 한국에서의 미국을, 베트남에서의 프랑스를, 아마 가까운 미래에는 근동에서의 영국을 사적인 자국의 이익을 추구하는 나라들이라고 주장합니다. 이 국가들은 국제적 약속을 지키고 대부분의 나라들이 계속 따르거나 분담하지는 않고 박수갈채만 보내는 행동들을 실현하기 위하여 여기에 군을 제공하도록 요청받았는데도 말입니다.

자국 군사들이 자기 군대의 군복을 입지 않는 군사작전들을 통하여 자국 무기와 적의 무기를 비교하는 시험대를 만들고, 소련 군대가 습득한 훈련기술의

---

1) 이브 샤테뇨(Yves Chataigneau, 1891-1969). 주소련 프랑스대사(1948-1952).

장을 구축하고, 서양민주진영이 해외 작전지역을 위해 현재 배치하고 있는 대부분의 사단들이 어디서 호출과 대기를 명령받는지 그 진원지를 포착하기 위해 구상한 계획에서 소련이 바라는 것은 바로 이 무기력인 것입니다.

18세기 몽골족의 전설을 되살리는 한국 기획 의도는 일본에 대륙의 군사들을 수송하기 위한 비행장과 승하선 부두를 한반도 돌출부 곳곳에 설치하는 것입니다. 또한 소련이 마오쩌둥 정부를 선동하는 목적은 마오쩌둥 정부가 대만에서 중국을 하나로 만드는 과업을 이루기 위해 미국 군대와 충돌하게 하고, 따라서 어떤 경우에도 미국과 타협하지 않게 하면서, 공산국가 연맹에서 중국이 독립적 자질을 갖지 못하도록 막으면서 미국 제7함대가 푸젠성 상륙기지를 폭격할 위험이 커질수록 소련의 지원을 강력히 유지하게 하는 데 있습니다.

인도차이나 반도에서 소련 정부가 9월 이전(3월 25일 본인의 공문 참조)에 베트민에 유리한 해결을 여전히 기대한다면 베트민은 소련이 북한에게 부여한 무기와 군수품의 혜택을 볼 수 있을 것이고, 잘 무장되고 전문적으로 조직된 수많은 중국 빨치산의 도움 또한 받을 수 있을 것입니다. 이 빨치산들의 숫자와 그 기술은 우리 군대에 혼란을 야기할 수 있습니다. 그러나 소련은 이 작전에서 베트민이 매우 갈망하는 물자보급 회복이라는 소득만 바라는 것이 아닐 것입니다. 그들이 더 바라는 것은 공산군의 승리가 인도차이나와 연합한 국가들을 아직 모르고 있는 특히 파키스탄, 인도, 인도네시아 같은 동아시아 국가들에게 불러일으킬 혼돈입니다. 게다가 그들은 프랑스 본토와 북아프리카의 대중의 머릿속에 우리 군의 쇠약한 이미지를 주입시키는 효과를 기대하는 것은 물론입니다.

이란에서는 아제르바이잔족, 마젠다란족, 코라산족 또는 루리스탄족 등과 군장비의 특징을 제외하고는 구분이 힘든 아제르바이잔족, 쿠르드족, 투르크멘족, 우즈베크족, 타직족의 침입이 이상하게도 쿠르드족, 루르족, 카슈카이족의 반란을 강화시켰습니다. 여기에 소련 참모부와 군대의 직접적 가담은 발견하지 못했지만, 소련정부가 내부를 정리하기 위해 뒤따라 일어나는 무질서를 다룰 수 있도록 허용하면서 다만 사태가 기대에 부응하지 않을 경우 이란 영토에 자유 이란정부를 수립하는 것은 제외했습니다.

지금으로서는 한국과 동독 상황을 비교(본인의 7월 24일자 공문 제802/EU호)

가우리를 남한군 없는 북한군 침공이 서독에서 재생될 수 있다는 두려움에 빠지게 합니다. 만약 서양 연합국이 독일 인민공화국 경찰 병력의 공격에 대항한다면 이들과만 충돌하게 될 것입니다. 그러나 연합국이 적의 원초기지를 넘어 반격을 지속한다면 소련군대의 점령지대에서 싸우게 될 것이고 그에 따라서 전쟁은 확산될 수 있습니다.

어쨌든 소련은 서양 연합국을 한국 국민의 통일에 대한 열망과 같은 독일 국민의 깊은 열망을 방해하는 존재로 묘사할 것이고, 반면 소련은 아마도 평화 옹호자, 국가 해방과 인간의 경제 독립 운동의 투사 노릇을 사방에 하고 있습니다.

그런데 그들이 자신들에게 유리한 구호를 퍼뜨려 이익을 보도록 내버려두어서는 안 되는 것입니다.

최근 스웨덴 학생들이 주도한 국가와 개인의 권리를 보장하는 범위 내의 평화를 호소하는 자발적 행위는 주목할 만합니다. 이것은 행복을 약속하며 독재의 횡포에 각 개인을 구속하는 체제의 세계적 확산에 평화수호를 구실삼아 굴복하지 않으면서도, 평화를 보존하려 노력하고 자신의 가정과 국가를 전쟁의 고통으로부터 배제하려는 개인의 강렬한 바람을 충족시킵니다.

한국의 동질성과 마찬가지로 독일의 동질성 회복을 제안하는 것 또한 연합국이 해야 할 일입니다. 유엔군이 북한을 38도선 이북으로 물리치고, 유엔이 이 문제에 관해 자신이 채택한 결의안을 내세울 수 있고, 소련은 거기에 더 이상 반대할 근거가 없을 때, 서양연합국의 의지는 다시 한 번 시험대에 오를 것입니다.

공산군의 직권 아래 한국 전역에 실시된 핵심적 사회개혁들, 특히 새로운 체제에서 농촌의 지지를 기대한 토지분배를 비판하지 않는 것 또한 중요합니다. 집단농장 개발을 위한 국가토지할인 기업들에 맞선 시골 소농지의 보호자 역할을 연합국이 제대로 하고 싶다면, 이것은 공산주의에 대항하는 연합국의 최고 무기가 될 것입니다. 한국에서 이 정책을 성공한다면 차후에 연합국이 중화민주공화국과의 분쟁 조정을 합의하는 것에도 역시 도움이 될 것입니다. 소련연맹과 인민민주주의연맹 내에서 의지와 행동의 자율성을 보장하는 중국의 모든 대비책을 장려하는 것이 좋을 것입니다. 그 영토의 크기나 인구, 오래된 문명의 연공을 볼 때 중국은 이 연맹의 최고 국가 소련과 대등하게 교섭할 수 있기 때문입니다.

또한 이 정책을 성공시키려면 지금부터 유엔이 규정한 법규의 어떤 위반도 용납하지 말아야 하고, 타국의 영토에서 위반을 일삼거나 영토 간에 현재 확립된 국경선 또는 경계선을 침범하는 모든 국가는 유엔의 어떤 병력을 사용해서라도 즉시 벌할 것이라고 공지해야 합니다.

이러한 위협은 도덕적 힘을 가지게 될 것이고 그 힘은 미국이 혼자만 민주연맹의 군사 역할을 하는 것이 아니라 임무를 나눈다는 점에서 더욱 커질 것입니다. 또한 이런 이유로 제게는 한국에서의 프랑스군 가담이 베트남에서의 미군 가담만큼이나 중요해 보이는 것입니다.

경구

샤테뇨

【279】 38선 돌파(1950.10.5)

[보 고 서]	38선 돌파
[문 서 번 호]	미상
[발 신 일]	1950년 10월 5일
[수 신 일]	미상
[발신지 및 발신자]	파리/회의사무국
[수신지 및 수신자]	파리/로베르 슈만(프랑스 외무부장관)

장관님을 위한 보고서

지난 9월 21일, 자신의 주간 기자회견에서 트루먼 대통령은 미군이 38선 앞에서 멈출 것인지 아닌지를 결정하기 위해서 워싱턴 정부가 아니라 유엔으로 가겠다고 밝혔습니다.

그 다음 주 있었던 여러 발표들이 보여주듯이 9월 말 들어 미국의 태도에 빠르고 갑작스런 변화가 있었습니다.

9월 28일, 38선 통과에 대해 질문을 받은 트루먼 대통령은 막연한 대답을 할 뿐이었습니다. 이미 얼마 전부터 맥아더 장군 참모본부가 표명한 시각에 관해 소문을 퍼뜨리고 다닌 유엔의 미국 대표단은, 6월 25일, 27일 안보리의 결의안이 연합사령관이 북한에서의 군사작전을 지속하도록 암묵적으로 허용하고 있다는 생각을 믿게 하려고 복도에서 애쓰는 모습이었습니다.

결국 북한에 위치한 목표물들에 대한 공중 또는 해상 폭격은 항의를 불러일으키지 않았습니다.

안보리 결의안의 내용에서와 마찬가지로 형식에 대한 논쟁을 이끌어내는 미 대표단은 특히 자신들의 주장을 뒷받침하기 위해서 한국에 이득을 가져다 줄 수 있는 상황을 이용해야 할 것이라고 강조했습니다.

한국전쟁 관련 프랑스외교문서 Ⅵ [1953. 01. 06~1953. 07. 31 / 장관실문서(1950. 06. 25~1952. 12. 10)]

한국 통일을 용이하게 하려는 생각에 워싱턴 국무부는 안보리의 새로운 동의 (소련의 거부 때문에 어쨌든 불가능한)가 필요 없는 순전히 군사적인 문제로 간주하는 체하는 사전 준비 단계인 38선 통과 문제와 그 원칙이 미국이 보기에 유엔총회 결의안의 주제가 되어야 할 것 같은 사안인 점령 문제 사이에 구분을 지었습니다. 9월 21일 제출되고 10월 4일 첫 위원회에 의해 채택된 8개국 공동 결의안은 이러한 사고방식을 반영하고 있습니다.

이 구분 덕분에 38선을 넘는 문제는 총회의 검토에서 벗어나 맥아더 장군의 판단에 완전히 맡겨졌습니다. 이 점에 관하여 맥아더 장군은 처음부터 미 정부로부터 행동의 자유를 부여받았던 것 같습니다. 이 방식은 최근에 "짐승을 포위하는 데 충분히 어려움을 겪었다. 도망가도록 두지 않겠다"라고 말한 것으로 알려진 이 장군의 새로운 실수가 있을 때마다 백악관이 전면에 놓이게 되는 것을 피하는 장점이 있을 것 같습니다.

한국에서조차도 38선 통과는 필수적인 것으로 간주되고 있는 것은 분명합니다. 유엔사령부는 물론, 빠른 대응이 복잡함을 피하는 최선의 방법이라 생각하는 트리그브 리 사무총장의 특사 카친 대령[1], 그리고 복원된 이승만 정부까지도 그렇게 여기고 있는 것입니다. 이승만은 새로운 전쟁을 피하려면 유엔군이 한국 전역을 점령해야 한다고 10월 1일 발표했습니다.

같은 날 맥아더 장군은 자신의 "메시지"를 북한당국에 보냈습니다.

한국문제 해결의 필수 전제조건에 대해 어떤 이들은 38선 통과가 이루어져야 한다는 주장을 하고 또 다른 이들은 그것은 모든 평화적 수단이 실패할 경우 최후의 수단일 뿐이라는 주장을 합니다. 9월 29일 8개국 결의안에 협조하는 것을 거부하고 차후에 타협점을 구상할 소위원회의 모임을 갖자고 제안한 인도의 입장을 재차 밝힌 네루의 언론 성명이 보여주는 바와 같습니다.

사실 38선은 뚫렸지만 현재까지는 단지 남한부대만 38선을 넘은 것으로 보입니다.

우리의 워싱턴 주재 대사관은 미 대통령과 지도자들을 끌고 가는 듯 보이는

---

1) 알프레드 카친(Alfred G. Katzin, 1906-1989). 유엔사무총장의 특사.

미국의 만장일치 여론에 주목하라고 알려왔습니다. 오직 네루의 태도에 실망한 미 지도자들은 중국의 반응과 저우언라이[2]의 경고에 더 신경을 쓰는 모습을 보입니다.

그러나 미 국무부의 중국사무국 국장에 따르면, 저우언라이 중국 외교부장은 10월 8일 파니카 인도대사에게 "유엔군"이 38선을 넘을 경우 중국 공산군은 북한에 들어갈 것이지만 남한군만 38선을 넘는다면 움직이지 않을 것이라고 공식적으로 밝혔다고 합니다.[3]

그러나 미 정부는 이 발표의 위협적인 말투는 인도대사에 의해 과장되었을 것이라고 보는 것 같습니다. 미 정부는 실제로 마오쩌둥이 그렇게 결심한 것이라면 그의 경고가 더 선명했다고 보고 있습니다. 그 위험을 인정하면서도 중국의 협박을 실질적이기보다는 표면적인 것으로 여기는 것입니다. 아울러 극동 담당 비서보좌관은 10월 4일 우리 측 대리공사에게 총회의 첫 번째 위원회에서 38선 통과 문제를 내포한 영국 안건의 표결이 끝나면, 맥아더 장군이 신속하게 자신의 군대를 38선 너머로 진격시킬 것이라고 밝혔습니다.

같은 시간대에 뉴욕에서 쇼벨 씨가 총회의 분위기는 온화했고 한국문제에 관한 소련의 발언은 강경했으나 격렬함은 없었다고 전하는 전보를 보내왔습니다.

---

[2] 저우언라이(周恩來, 1898-1976). 중화인민공화국의 총리와 외교부장 역임.
[3] 10월 3일 저우언라이는 긴급히 주중 인도대사 파니카를 만나 미군이 38선을 넘어 전쟁을 확대시키면 "우리도 가만히 있지 않고 간섭할 것이다"라고 재차 경고함. 이 경고는 미국이 38선을 넘으면 중국이 한국전쟁에 개입하겠다는 것을 의미하는 것으로 미군의 군사적 행동의 한계를 선포한 것임.

【280】 대한민국(1950.10.16)

[서   한] 대한민국
[문 서 번 호] 미상
[발   신   일] 1950년 10월 16일
[수   신   일] 미상
[발신지 및 발신자] 한국/임병직(한국 외무장관)
[수신지 및 수신자] 파리/로베르 슈만(프랑스 외무부장관)

장관님께,

　먼저 총회에서 절대 다수의 찬성으로 채택된 한국 관련 현 결의안에 대한 귀
국가의 강력한 지지에 대한민국 국민과 정부를 대신해 깊은 감사를 전합니다.
　한국 국민들과 정부는 한국의 통일과 재건을 위해 새로이 구성된 유엔위원회
에 전적으로 협력하며 분단된 조국을 통일하고 국가의 경제를 재건설하는 데
모든 노력을 다할 것을 약속드립니다.
　장관께서도 공산주의자들의 침략으로 빚어진 우리나라의 파괴와 황폐에 대
해 물론 알고 계실 것입니다. 그러나 고결하고 부단한 위원회의 노력, 그리고
우리 국민과 정부의 강력한 의지로 인해 우리 앞에 놓인 수많은 난제들을 만족
스럽게 해결해 나갈 수 있을 것이라 우리는 믿어 의심치 않습니다.

　경구

외무장관
임병직

【281】 맥아더 장군의 공산주의자들과의 발전소에 대한 협상(1950.11.7)

[전   보] 맥아더 장군의 공산주의자들과의 발전소에 대한
                 협상
[문 서 번 호] 2122
[발 신 일] 1950년 11월 7일 3시
[수 신 일] 1950년 11월 7일 10시 15분
[발신지 및 발신자] 도쿄/드장[1](주일 프랑스대사)

보안

  UP통신 통신문은 맥아더 장군이 한국의 전력발전소에 관해 공산주의자들과의 모든 협상에 항상 반대해왔고 여전히 반대 입장을 고수하고 있다고 주장합니다.

  평소 저와 대담을 나누는 상대방 역시 저에게 이렇게 알려 주었습니다(본인의 전보 제2090호). 사실상 저는 총사령관 대변인의 발언에 대한 확인은 하지 못했습니다. 이 발언에 의하면 총사령관이 타협 가능성을 인정했다고 합니다(본인의 전보 제2116호 참조).

                                                                드장

---

[1] 모리스 드장(Maurice-Ernest-Napoléon Dejean, 1899-1982). 주일 프랑스대사(1950-1953).

【282】 만주 중국 후방에 대한 미 공군의 개입 문제(1950.11.13)

[전 보]	만주 중국 후방에 대한 미 공군의 개입 문제
[문 서 번 호]	2716-2718
[발 신 일]	1950년 11월 13일 17시 20분
[수 신 일]	1950년 11월 14일 01시 15분
[발신지 및 발신자]	뉴욕/쇼벨(주유엔 프랑스대사)
[수신지 및 수신자]	파리/로베르 슈만(프랑스 외무부장관)

보안

매우 긴급

워싱턴 공문 제835-837호

본인의 전보 제2686호에 이어

한국전쟁에 관한 베이징의 의도를 좀 더 정확하게 파악할만한 새로운 정보는 없지만 만주 중국 후방에 대한 미 공군의 개입 문제는 이미 언론에 오르내리고 있습니다.

제기되는 문제는 대략 다음과 같습니다. 국경에서 실시된 폭격(이달 10일자 도쿄발 전보 제470호)이 중국의 병력지원을 막지 못할 경우, 그리고 이 군사들이 공세를 다시 시작할 경우 유엔군은 한 방어선에 집결하여 한반도 통로를 막아야 하는가? 아니면 이 모든 결과와 더불어 전투를 받아들여야 하는가?

이러한 경우 미국 여론과 행정부 자체가 워싱턴이 처음부터 한국 사태에 부여하고자 했던 국제관계적 성격을 잊고 있는 건 아닌지 염려해볼 수 있습니다. 국경 너머로 공군을 보내는 결정이 오직 맥아더 장군 한 사람의 권고에 따라 단지 미국 정부에 의해서만 이루어지는 것을 막고 싶다면, 유엔군은 찬성하지 않기에는 너무 늦은 순간에 이 조치를 받아들이도록 요청받은 상태에서, 우리는 지금부터 우리의 주요 상대국들과 함께 서로 의논하는 것이 좋을 것입니다. 만약 런던이 여기에 동의한다면, 그나마 우리가 기정 사실 앞에 놓인 것이 아니라고 알고 있음을 강조하기 위해서라도 영국과 우리 프랑스가 공동으로 워싱턴에 의사표현을 하는 것이 좋을 것 같습니다.

쇼벨

【283】 긴급 월경 추적권(1950.11.14)

[의 견 서]	긴급 월경 추적권[1]
[문 서 번 호]	미상
[발 신 일]	1950년 11월 14일
[수 신 일]	미상
[발신지 및 발신자]	회의사무국
[수신지 및 수신자]	파리/로베르 슈만(프랑스 외무부장관)

의견서

슈만 단장께서 접견하지 못한 미국대사가 오늘 사무총장과 회담을 가졌고 이 것은 다른 여러 정부에 전달되었습니다.

그는 한국 전선에서 전투기들이 기습하여 유엔군을 공격한 후 중국 국경 뒤쪽으로 숨어버린 상황에 대하여 미국 정부는 염려하고 있다고 말했습니다.

미 정부는 외국 영토상에서의 추적권을 인정하는 국제법 이론(긴급 월경추적권)이 존재한다고 언급하였습니다. 미국의 이러한 발표를 한 목적은 미 정부가 이 권리를 사용하게 될 수도 있다는 것을 알리는 데 있는 것입니다.

미대사는 육군의 보강이나 물자보급 문제가 아니라 오직 공군의 기습 문제라고 분명히 선을 그었습니다.

회담 끝에 그는 이 문제가 유엔을 거치지 않고 미 사령관이 이 추적권을 사용할 것이라고 생각하지는 않는다고 덧붙였습니다. 유엔사무총장은 이것을 개인적인 의견으로 이해했고, 이 의견이 미국 발표 방향에 상응하는지는 확실치 않습니다.

---

[1] 긴급추적권(緊急追跡權, Right of Hot Pursuit). 연안국의 영해(또는 접속수역이니 경제수역 등 관제수역)에서 타국 선박이 연안국의 국내법을 위반한 경우에 연안국의 군함이 위반 선박을 공해까지 계속 추적하여 나포할 수 있는 권리.

【284】 중국 전투기 추적에 관하여(1950.11.15)

[의 견 서] 중국 전투기 추적에 관하여
[문 서 번 호] 미상
[발 신 일] 1950년 11월 15일
[수 신 일] 미상
[발신지 및 발신자] 파리/프랑스 외무부 법률고문
[수신지 및 수신자] 파리/로베르 슈만(프랑스 외무부장관)

2급 비밀

의견서

　현재 북한군을 지원하고 있는 전투기를 중국 영토에서 추격하는 문제는 11월 15일 유엔 사무총장과 가진 회담에서 미대사가 언급한 "긴급 월경추적권"으로 이해되었습니다.

　해상법에서 추적은 교전상태의 군사작전과는 완전히 구분되는 평화 시의 개념입니다. 다음과 같은 가정을 해 볼 수 있습니다. 해군의 전함이 아닌 한 외국 민간선박이 한 국가 공권력의 지배하에 놓인 해상 거리에서 이 국가의 법과 규정을 위반하고, 공해(公海)로 도망하며 해상연변국가의 전함이 이에 관하여 실행하고자 하는 치안행위를 벗어나려 합니다. 도망가는 선박이 공해에 도달하기 전에 잡지 못한 추격 전함은 공해에서 추적을 계속할 권리가 있습니다. 그러니까 이 추적은 영토해상에서 시작되어 공해까지 계속된 추격입니다. 이 추격의 권리는 1930년 헤이그협정 이후 이의 없는 현행 국제법입니다만 중국 전투기 문제에 적용시키기에는 어려운 제약들이 많습니다.

첫째, 이것은 전함이 아니라 상선에 반대하는 평화 시의 치안작전의 문제입니다. 둘째, 추격당하는 선박이 다른 국가의 영토해상에 진입하자마자 추격은 중단되어야 합니다. 추격하는 선박은 타국의 영토해상에서 권력행위를 행사할 수 없기 때문입니다. 마지막으로 추격 권리는 치안활동을 타당하게 하고 연변 국가의 위기와 위험을 초래하는 영토국가의 권리침해를 전제로 합니다. 남용이 있을 경우 대처하는 조건으로 말입니다(주류 밀수입 시도 후 미국 해안경비함에 의해 추격되던 중 침몰한 캐나다 선박의 손실이 미국의 책임으로 결론이 난 "I'm alone" 사건의 중재 참조. 또한 1826년 미국연방대법원 "마리아나 플로라"[1] 사건에서 스토리[2] 판사의 선고 참조).

미국정부가 생각하는 선례는 아마 멕시코 영토에서 1916년 3월 9일부터 1917년 2월 6일까지 퍼싱 장군의 원정부대가 추격하던 판초 비야 반군의 경우일 것입니다. 미국 정부는 강도나 반역자들을 추격하기 위해 양 정부의 군대가 두 나라의 국경을 넘을 수 있도록 여러 번에 걸쳐 멕시코와 합의에 이르려 시도를 했습니다. 상호성의 개념은 이 시대 미국과 멕시코 사이의 외교 교류에 있어 항상 부각되었습니다. 1916년 6월 20일 미 국무장관은 멕시코 영토에서의 원정 효과를 확실히 보장했습니다.

> "비야 무리들을 생포하고 타파 또는 해산시켜야 한다. 멕시코 당국이 이를 효과적으로 이행한다는 확신이 들면 이 임무를 멕시코에 넘겨줄 수도 있다."

미 정부는 공동 국경의 보호를 위한 이웃 나라들의 협력을 기대할 권리가 있습니다. 추적에 관한 일반적 원칙이 이러하다 보니 이 개념을 북한 공중전에서 발생한 문제에 적용하기에는 어려움이 있어 보입니다.

그러므로 외무부 법률고문단은 중국 전투기 사태를 다루는 데 있어 단지 추

---

[1] 포르투갈 한선 '마리아나 플로라(Marianna Flora)'와 한문에 대하여 지방 법원에 제기된 치초이 명예훼손 소송. '미국의 상거래를 보호하고 불법 복제의 범죄를 처벌하는 행위'에 관련됨.
[2] Storey.

격 장소만 논하는 것은 법률적 오류가 될 것으로 봅니다. 현재의 어려움을 해결하기 위해서는 다음과 같은 국제법의 일반 원칙들에 근거를 두는 것이 좋을 것 같습니다.

1. 각 국가는 타국의 국경을 존중해야 한다. 그러므로 원칙적으로 유엔군은 어떤 경우에도 중국 국경을 넘어서는 아니 되며, 이 금기원칙은 당연히 공군에게도 적용된다.
2. 모든 국가는 타국의 문제에 개입하지 말아야 한다. 그러므로 중국은 내정불간섭원칙에 관한 유엔의 표결과 결정뿐 아니라 일반국제법의 규칙까지도 위반할 수 있는 모든 행위를 삼갈 의무가 있다.
3. 국제법상 법률적 규정 위반에 대한 제재는 점점 중재에 맡겨지지 않는 추세이다. 각국은 스스로 응징할 수 없고, 다만 국가에 해를 끼치는 상황을 강제로 종결하고자 구제책을 모색함에 있어 어떤 다른 대책도 없을 경우에만 예외적으로 용납될 수 있다.

이렇게 매우 일반적인 법률적 범위 안에서 북한 국경 너머 중국 전투기 추격을 정당화할 방법을 모색해 볼 수 있습니다. 이러한 전쟁의 확대를 일으킬 수밖에 없는 정치적 측면을 검토할 필요 없이, 법률적인 관점에서 보면 이 추격원칙을 결정하기에 앞서 유엔기구의 개입을 요청할 수밖에 없습니다. 추격권은 국제관계가 협정에 의한 국가연합 형태로 조직되지 않았던 시절로 거슬러 올라갑니다. 유엔기구들은 추격권에 대하여 사실상의 상황을 검토하고 입장을 표명해야 할 것입니다. 한국에서 유엔에 의한 이 권리의 행사는 이러한 사전 검토 없이는 생각할 수 없는 일입니다. 왜냐하면 현행법상 이론의 여지가 없는 명백한 법규가 아니라 본 의견서에서 설명된 바와 같이 그 적용 조건이 이루어지지 않습니다. 사실 미국은 추격 원칙 그 자체보다는 오히려 그것의 기초인 자위권을 언급하고 있습니다. 그러나 한국전투에 유엔군이 조직된 순간부터 그 군대의 집단 자위권 허용 결정권은 오직 유엔에 있습니다.

【285】 동북아시아 사무국장 존슨 씨와 회담(1950.11.16)

[전 보]	동북아시아 사무국장 존슨 씨와 회담
[문 서 번 호]	4771-4775
[발 신 일]	1950년 11월 16일 23시 12분
[수 신 일]	1950년 11월 17일 07시 40분
[발신지 및 발신자]	워싱턴/보네[1](주미 프랑스대사)

보안

2급 비밀

각하의 전보 제9851-9852호 참조

뉴욕 공문 제1061-1065호

오늘 우리 측의 밀레[2] 씨가 이달 14일 미대사 브루스 씨[3] 발표의 주제가 된 문제에 관하여 동북아시아 사무국장 존슨[4] 씨와 회담을 가졌습니다.

이 주제에 관한 우리 사무국의 지시가 없는 관계로 밀레 씨는 당연히 자신의 의견이라고 선을 그으면서 한중 국경을 통과하는 추격권에 관한 미 정부의 계획은 프랑스 정계에 심각한 우려를 불러일으킬 것이라고 표명했습니다.

밀레 씨가 미 당국의 의도로는 브루스 씨의 행보가 통지로 해석되어야 하는 것인지 또는 사전협의로 해석되어야 하는지를 묻자, 어떤 모순이 없진 않았지

---

1) 앙리 보네(Henri Bonnet, 1888-1978). 주미 프랑스대사(1944-1954).
2) 프랑스 외교관 르네 밀레(René Millet, 1910-1978)로 추정됨.
3) 데이비드 브루스(David K. E. Bruce, 1898-1977). 주불 미국대사. 프랑스, 영국, 독일 3개국 대사 늘 보누 시낸 유일인 인물.
4) 알렉시스 존슨(Alexis Johnson, 1908-1977). 미 국무부 극동 담당 차관보. 동북아국장 권한대행, 한국전쟁 휴전에 일익을 담당. 체코슬로바키아, 태국, 일본 대사 등을 역임.

만 존슨 씨는 첫 번째 해석이 가장 정확하지만 그래도 워싱턴 정부는 추격권을 사용하기 전에 한국에 군사를 파견한 정부들의 의견을 최우선시한다고 대답했습니다.

존슨 사무국장이 미 사령부는 우선 사전에 유엔에 협의할 계획이 없다고 분명히 적시하자 밀레 씨는 쇼벨 씨의 전보 제842-844호와 제845-848호(파리 제2789호, 제2807호)에서 소개된 그러한 대응방식에 반대하는 논거를 다시 펼쳤습니다.

존슨 씨는 이런 상황에서 중국의 군사개입을 멈추게 하고 현 상황을 끝내야 한다는 의식을 단단히 가지고 있는 맥아더 사령관의 추격권이 수락될 수 있도록 우리는 어떤 해결책을 제안하는지 물었습니다.

밀레 씨는 이 결과에 관하여는 지시가 없었으며, 처음부터 끝까지 가장 따뜻한 분위기에서 진행된 이 회담의 목적은 우리의 염려를 미 국무부에 공식적으로 통지하는 것이었다고 대답하면서, 그러나 고도로 불리한 현 상황을 끝내기 위해 미국이 검토한 해결책은 말하자면 중공과 50개국 이상이 전쟁을 선포하는 것 같은 훨씬 더 불리한 또 다른 상황을 불러올 수도 있다고 말했습니다.

존슨 씨는 그것을 인정했지만 우리가 두려워하는 만큼 위험이 크다고는 믿지 않은 것 같아 보였습니다.

이 회담에서 우리 측 밀레 씨는 중공이 개입하는 전면전의 위협을 막기 위한 방법을 수용하는 행정부의 의지와 상관없이 그것은 전술한 브루스 대사의 교섭방식인 추격권 사용을 맥아더 사령부에게 금할 수 있는 것은 아닐 거라는 인상은 거두었습니다.[5]

보네

[5] 중국의 참전으로 수세에 몰리자 맥아더는 11월 7일 중국군의 보급선인 동시에 북한군이 전열을 가다듬고 있던 만주지역에 폭격을 허용해 달라는 요구를 합동참모본부에 발송했다. 맥아더는 작전지역의 제한조건으로 만주와 북한 국경을 넘어가는 적의 공군기는 일종의 완벽한 성역을 갖게 되어 유엔군의 사기가 저하된다는 것을 밝히고 새로울 지침을 내려주기를 요청했다. 11월 10일 또다시 맥아더는 압록강을 넘어 대규모로 증강되는 적군을 격퇴할 수 있도록 만주 지역으로의 확전을 요청했다. 그러나 3차 세계대전을 우려한 영국의 반대와 트루먼 대통령과의 불화로 4월 11일 맥아더는 해임되었다(이상호, 『맥아더와 한국전쟁』, 푸른역사, 2012, 270-275쪽).

【286】 주미 영국대사에게 보낸 영국 외상의 친서(1950.11.16)

[친 서 (사 본)]	주미 영국대사에게 보낸 영국 외상의 친서
[문 서 번 호]	미상
[발 신 일]	1950년 11월 16일
[수 신 일]	파리/주프랑스 영국대사관
[발신지 및 발신자]	파리/주프랑스 영국대사관
[수신지 및 수신자]	파리/로베르 슈만(프랑스 외무부장관)

영어문서 불문번역

1급 비밀

애치슨 국무장관과의 대담을 위해 주미 영국대사 올리버 프랭크[1] 경에게 보낸 영국 외상 베빈[2] 씨의 친서 사본

1. 저를 포함한 저의 동료들은, 한국전쟁에의 중공 개입을 볼 때 한국 외부로의 갈등확산 위험이 커지고 있는 상황에서 우리는 한국에서 전쟁의 연장을 초래하지 않는 해결책을 찾는 노력을 해야 할 것이라고 생각합니다.

2. 우리는 다음과 같은 개요에 따라 안보리가 채택하는 결의안 안에서 구체화될 수 있는, 새로운 방식의 문제 접근을 염두에 두고 있습니다.
이 결의안은

---

[1] 올리버 프랭크스 경(Oliver Franks, 1905-1992). 주미 영국대사(1948-1952). 애틀리 및 베빈과 뜻을 함께함.

[2] 어니스트 베빈(Ernest Bevin, 1881-1951). 당시 영국 외무장관. 서유럽연합, 북대서양조약기구의 창설에 앞장섬.

1) 이전의 결의안들을 상기하고, 북한군대의 주력을 파괴하고 북한 당국으로부터 유래하는 모든 위협을 근절함으로써 전쟁은 실상 끝난 것으로 간주될 수 있으며, 지금부터 지체 없이 정치적 경제적 회복이라는 시급한 작업에 착수할 수 있다고 천명하는 것입니다.
2) 모든 군대와 외국 병사들이 철수하게 되는 비무장지대 설정을 제안합니다. 이 지대는 유엔에 의해 지정된 선(대략 동쪽 흥남에서 시작하여 서쪽 정주에 이르는)에서 현재 한국, 만주 그리고 시베리아 사이의 국경까지 확대 적용될 것입니다.
3) 이 비무장지대는 한국 전체의 통일을 대비하며 일시적으로 세워질 것이라는 것을 선포합니다.
4) 같은 주제에 관한 유엔의 여러 결의안에서 이미 규정된 유엔의 목적을 다시 한 번 선포하고, 유엔은 중국의 이익을 해칠 의도가 전혀 없음을 중국 중앙인민정부에 새로이 알리는 것입니다.

3. 동시에 이 결의안은 비무장지대에 관련된 책임을 맡게 될 적합한 유엔 기구를 준비해야 할 것입니다. 게다가 중국 중앙인민정부가 이 유엔 기관과 협력할 양식도 준비해야 합니다.

4. 특별히 까다로운 문제는 검토된 비무장지대에서 북한 정부와 남은 북한군에 주어진 운명일 것입니다. 최선의 해결책은 북한군대가 그들의 무기를 버리고 유엔군의 보호 아래 이 지대의 사실상의 임시행정부가 설립되는 것입니다. 그렇지만 이 해결이 실현하기 어려울 것이라는 것도 잘 알고 있습니다.

5. 정치적인 관점에서 보면 위에 기술된 제안들은 한국의 모든 전투를 서둘러 마감하게 해줄 뿐 아니라 전략적 중요도가 빈약한 구역에서의 비용이 많이 드는 군사적 의무에서 벗어날 수 있게 해 줄 수 있습니다. 또한 중국에게 유엔은 만주에 대한 어떤 침략적 의도도 없다는 것을 증명해 보일 수도 있는 것입니다.

6. 이 제안들은 유엔 쪽의 일방적 양보를 전제로 한다고 반박할 수 있을 것입니다. 그러나 사실 그렇지 않습니다. 중국 역시 검토된 비무장지대에 배치시킨 막대한 군대를 철수해야하고 따라서 그들에게 군사적으로 매우 유리한 위치를 포기해야 하는 결과를 초래합니다. 문제의 이러한 측면과 현 상황이 내재한 한국 외부로의 갈등이 확산되는 심각한 위험에 대하여 특히 미국 측에 강조해야 할 것 같습니다. 사실 갈등확산의 심각한 위험을 감수하지 않고 채택된 계획에 따라 성공적으로 이 전쟁을 끝내는 것은 더 이상 가능한 것 같지 않아 보입니다.

7. 군사적 관점에서 보면, 위의 제안들은 막대한 혜택을 제시합니다.

흥남부터 정주까지 유엔의 경계선은 확대 거리가 150마일밖에 안 되지만 북한 국경까지는 400마일입니다.

결국 어떤 선이 채택되든 국경에서의 게릴라 활동 위협은 잔존할 것입니다. 그러나 만약 유엔이 한국 국경까지 모든 영토를 점령한다면 중국 영토를 침해하지 않고는 공군력을 유리하게 이용할 수 없을 것입니다.

만주의 목표물부터 공격하지 않는 한 맥아더 장군이 한국 국경까지 진군할 충분한 병력을 가지고 있는지 그리고 뒤이어 거기서 그 병력을 유지할 수 있는지 의심스럽습니다.

8. 만약 미 국무부가 이 제안들을 수용할 수 있다면 우리는 위의 제2-4항에 표명된 견해를 바탕으로 결의안을 작성할 것입니다. 우리는 국방부도 결의안을 작성하여 두 안건을 대조해볼 수 있기를 바랍니다. 기다리는 동안 저는 영국 대표단에게 현 의제에 대한 결의안 회의 날짜 연기를 받아낼 수 있도록 노력해 달라고 요청했습니다. 만약 미국 정부가 비무장지대의 설정에 관해 위의 제안을 찬성한다면 유엔군이 현 위치를 넘는 모든 새로운 총 진군은 포기하는 것이 중요할 것입니다.

9. 애치슨[3] 국무장관과 상의한 후 긴급히 진보를 주시기 바랍니다. 우리가 제안하는 정책에 대한 수많은 반대의사를 어렵잖게 볼 수 있고, 이 제안에 대한

세밀한 조정에도 어려움이 적지 않을 것입니다. 게다가 중국이 이런 종류의 모든 제안을 거부할 수도 있습니다. 그들이 거절한다면 그러한 태도는 단지 나쁜 일을 꾸미고 있다는 의미일 것입니다.[4]

---

3) 딘 애치슨(Dean Acheson, 1893-1971). 미국 국무장관.

4) 1950년 11월 30일, 트루먼 대통령은 기자회견에서 "원자폭탄 사용을 검토하고 있다"고 말했고, 트루먼이 핵을 사용하겠다는 기자회견을 하자 영국의 애틀리 총리가 즉시 미국으로 날아가 핵 사용을 만류하는 데 앞장섰음. 애틀리는 한국도 중요하지만 유럽 방어에 더 큰 비중을 둬야 하며, 유럽에서 전쟁이 발발할 경우를 대비해 전쟁억제력으로서 핵무기를 남겨 두어야 한다고 했음. 이런 주장은 유럽국가 지도자들에게 많은 공감을 얻었음.

【287】 한국 사태(캐나다 대사관이 외무성에 제출한 외교 의견서)(1950.12.19)

[의 견 서]	한국 사태(캐나다 대사관이 외무성에 제출한 외교 의견서)
[문 서 번 호]	2472 sc
[발 신 일]	1950년 12월 19일
[수 신 일]	미상
[발신지 및 발신자]	파리/회의사무국
[수신지 및 수신자]	파리/로베르 슈만(프랑스 외무부장관)

발송 명세서

서류명칭	수	소견
한국 사태 캐나다 대사관이 오늘 외무부에 제출한 외교 의견서 복사본	1	참고용

2급 비밀

한국 침략행위에 항전하기로 결정했을 때부터 민주진영 국가들은 한국 지역 내로 전쟁을 제한하고 이 전쟁을 가장 짧은 시간에 끝내기 위해 최대한 노력하는 결단을 보였습니다. 중국과의 전쟁에 이익을 볼 나라는 소련뿐입니다.

중국과의 전쟁은 사실, 3차 세계대전이 발발할 경우 주요 전쟁을 이끌기 기대하고 있는 소련이 서유럽 지역 같은 다른 지역을 희생시켜가며 이미 제한되어 있는 민주진영 군대 병력을 위험하게 높은 규모로 탕진해버릴 것입니다.

중국과의 전쟁은 중국을 도울 소련군의 개입을 초래한다는 데 그 위험이 있습니다. 중국공산정부가 한국에 대대적 개입을 결정하기 이전에 소련은 중국에게 유엔이 중국에 맞서 보복조치를 취할 경우 원조를 하겠다고 약속했습니다.

그러므로 한국 상황은 세계의 전략, 그리고 현 소련진영과 민주진영 간의 군사력의 균형에 비추어서 관찰해야 합니다. 민주진영의 확고한 태도로 보아, 시간적 요인은 우리에게 유리하게 작용하고 있습니다. 그러니 유엔헌장에 근거한 우리의 의무를 게을리 하지 않고 최대한 시간을 벌려고 애쓰는 것이 중요합니다.

더욱이 미국뿐 아니라 서유럽과 아시아 민주국가들의 여론까지도 우리가 전쟁을 피하기 위해 할 수 있는 모든 것을 다 하고 있다고 믿어주는 것이 중요합니다.

우리의 모든 노력에도 불구하고 중국과 소련이 전쟁을 개시할 경우 민주국가들이 하나로 뭉쳐서 이 공격에 대항해야 합니다. 이것은 재앙을 피하기 위한 지속적인 공동의 노력을 하지 않는 한 어려울 것입니다. 그러므로 가능한 마지막 순간까지 공산중국과 합의를 통한 해결 가능성을 검토해야 합니다. 이런 이유로 중공이 공격을 해올 경우의 상태에서 유엔이 내릴 모든 결정은 경솔할 것이라 생각됩니다.

그동안 문제가 되는 사항에 대하여는 중공과 모든 대화의 가능성을 검토해야 합니다. 군사적 상황이 안정되자마자 휴전명령이 지켜질 수 있을 것입니다. 이어 비무장지대의 설정도 검토될 수 있을 것입니다. 이런 상황에서 협상을 통하여 타협안에 이르도록 노력할 수 있을 것입니다.

이에 대해서는 대만, 유엔에서의 중국 대표권 같은 중국 문제의 다른 국면들 역시 고려해야 할 것입니다.

이 의견서는 다음과 같은 정부에 전달되었다.

호주   뉴질랜드
벨기에   파키스탄

스리랑카   네덜란드
프랑스   남아프리카 연방
인도   터키
노르웨이   영국
미국

【288】총회: 제1위원회 전 중국의 한국 개입(1951.1.9)

[의 견 서]	총회: 제1위원회 전 중국의 한국 개입
[문 서 번 호]	SC
[발 신 일]	1951년 1월 9일
[수 신 일]	미상
[발신지 및 발신자]	파리/주프랑스 영국대사관
[수신지 및 수신자]	파리/로베르 슈만(프랑스 외무부장관)

　　회의사무국은 장관님 앞으로 아래 복사본으로 동봉하는 1월 4일자 의견서에서 12월 18일부터의 정치위원회의 활동을 요약하고 베이징 정부의 한국 개입 연장이 가져오는 문제에 관한 주요 정부들의 입장을 보고해드린 바 있습니다. 1월 3일 회의에서는 3인위원단의 보고가 있었습니다. 이 회의는 대다수의 대표단이 알고 있는 절차에 따라 진행되었습니다. 인도 대표가 낭독한 3인위원단의 보고서는 그들이 임무를 이행하기 위해 해왔던 시도를 연대기적으로 설명하고 이 노력들이 실패로 돌아갔다는 것을 인정하며 결론을 내리는 데 그쳤습니다. 어떤 건설적인 보충방안도 없었습니다. 엔테잠[1]과 피어슨[2] 대표는 보충방안을 포함시킬 준비가 되었다고 했으나 베네갈 라우[3] 경은 네루 총리에게 사전승인을 받아야한다는 핑계로 회피하였습니다. 회의가 영국의 제안으로 휴회되기 전, 피어슨 씨는 노르웨이 대표의 질문에 답하면서 3인회는 후일 일단 휴전이 승인

---

[1] 나스롤라 엔테잠(Nasrollah Entezam, 1900-1980). 주유엔 이란대사(1947-1950)였으며, 1950년 제5차 회의 유엔총회 의장. 주미 이란대사(1950-1952) 역임.

[2] 레스터 B. 피어슨(Lester B. Pearson, 1897-1972). 캐나다 외무장관, 국제연합안전보장이사회 의장, 제7차 국제연합총회 의장 역임. 국제연합 감시군 파견으로 1957년 수에즈위기를 해결한 공로로 노벨평화상을 수상. 자유당의 당수 총리 역임.

[3] 베네갈 라우(Sir Benegal Narsing Rau, 1887-1953). 주유엔 인도 대표(1950-1952). 남한에 대한 무력 지원을 권고할 당시 안전보장 이사회 의장이었음. 정전 3인단 대표.

되고 나면 한국문제의 평화적 해결이 그 근거를 둘 수 있는 원칙을 알릴 수 있기를 희망했다고 강조했습니다.

베네갈 라우 경 다음으로 발언하게 된 소련 대표 말리크[4] 씨는 주로 "남한군과 미군이 한국에서 저지른 잔혹함"에 대해 꽤나 많은 참고자료를 가지고 주장했습니다. 이 발표는 견디기 힘든 분위기를 만들었고 오스틴 씨의 너무 애매한 대답 또한 이 분위기를 연장시키기는 마찬가지였습니다. 오스틴 씨는 38선 통과가 중국 정부를 "대한민국 침략의 공모자"로 만들었으나 그렇다고 전투를 계속한다는 것과 베이징과의 대화는 지속된다는 사실을 인정한다는 미국의 결정에는 변화가 없을 것이라고 밝혔습니다.

회의사무국의 전술한 보고서에 설명된 결의안의 공동 서명자 6개국 대표에 의해 1월 4일 이루어진 두 번의 비공식회담을 통해 오스틴 씨는, 미국 여론을 만족시키기 위해, 3인위원회를 계속 유지하면서도 중국의 공격을 규탄할 필요성을 강조했습니다. "집단조치위원회"에 단지 외교적, 경제적 또는 재정적 차원에서 중공에 가할 수 있는 제재를 규정하라고 권고하면서 말입니다. 중공 처벌은 표결 시 너무 많은 기권을 초래할 수 있다고 밝힌 영국대표는 여러 가지 방책을 제안하였습니다.

- "3인위원회의 지속적 노력
- "3인 위원회가 끌어낼 수 있었던 원칙들을 담은 결의안의 채택(쇼벨 씨가 제공한 비밀정보에 따르면 이 원칙들은 다음과 같습니다. 휴전은 관련된 양측의 어떤 쪽에도 특혜를 가져다주어서는 안 된다. 그 목적은 독립적이면서 민주적인 통일 한국을 이루는 것이다. 군의 철수는 단계적으로 이루어질 것이다. 유엔은 한국 정부가 설립될 때까지 정부의 기능을 수행할 것이다. 극동에서의 분쟁문제를 해결하기 위한 미국, 영국, 소련, 중공 간의 협의는 지속될 것이다.)
- "이스라엘이 추천한 종류의 결의안 채택

[4] 야코프 말리크(Yakov Aleksandrovich Malik, 1906-1980). 주유엔 소련대사(1948-1952, 1968-1976). 일본 주재 소련대사, 소련외무차관, 영국 주재 소련대사 역임. 한국전쟁 시 정전을 제안.

- "아시아 12개국의 제안 채택
- "어느 정도의 처벌 조치"라는 문구가 추가되면 영국 정부는 이 모든 계획
  안을 수락할 것

이날 미국 대표는 라틴아메리카 대표들이 그들 정부의 사전 동의 없이 약속하는 것을 망설인다는 것과 아시아 국가들이 중국 처벌에 대한 모든 방안에 반대한다는 사실을 확인했습니다.[5]

---

[5] 1951년 1월 13일 유엔총회 정치위원회는 '한국문제 3인위원회'가 13개 국가의 제안에 기초해 제출한 한반도 문제 해결의 기본원칙을 담고 있는 "보충보고"를 통과시켰다. 이 보고는 즉각적인 정전 실현을 건의하고 있었다. 그러나 1월 17일 저우언라이는 중국이 정전을 거절한다는 결정을 선포했고, 그 이유로 이 제안은 미국이 호흡을 가다듬을 기회를 찾은 후 다시 전쟁을 치르려는 음모가 있다고 비난했다(심지화, 「중국의 한국전쟁 참전결정에 대한 평가」, 『한국전쟁과 중국』, 백산서당, 2001, 268쪽).

【289】 네루 총리의 전언(1951.1.20)

[보 고 서]	네루 총리의 전언
[문 서 번 호]	미상
[발 신 일]	1951년 1월 20일
[수 신 일]	미상
[발신지 및 발신자]	파리/미상
[수신지 및 수신자]	파리/로베르 슈만(프랑스 외무부장관)

오늘 네루 총리는 출발을 앞두고 오를리 공항에서 저에게 다음과 같이 말했습니다.

"오늘 아침 베이징 주재 우리 대표로부터 중국정부의 최근 각서는 협의를 거부하지 않으며 오히려 협상을 지속할 수 있도록 해준다는 것을 알아달라고 요청하는 전보를 받았습니다. 이를 장관님께 알려주시기 바랍니다. 저는 이 문서를 주의 깊게 읽었습니다. 그 표현양식은 물론 오만하지만 내용에 있어서는 다른 이전의 각서들에 비해 더 타협적이었습니다. 저는 시간을 벌어야 한다는 점과 유엔협상을 연장해야 한다는 점에 프랑스정부와 동감했습니다. 제가 지금 드리는 이 정보를 통해 경과를 지켜보자고 권고할 이유가 하나 더 늘었다는 사실을 알아주시길 바랍니다."

저는 이 전언을 오늘 저녁 쇼벨 씨에게 보고했고 그는 전보로 이를 전달해달라고 요청했습니다.

【290】 1951년 1월 26일 미국 대사관이 프랑스 외무부에 전달한 각서(1951.1.29)

[각 서]	1951년 1월 26일 미국 대사관이 프랑스 외무부에 전달한 각서
[문 서 번 호]	240
[발 신 일]	1951년 1월 29일
[수 신 일]	미상
[발신지 및 발신자]	회의사무국
[수신지 및 수신자]	파리/로베르 슈만(프랑스 외무부장관)

발송 명세서

서류명칭	수	소견
한국 사태 1951년 1월 26일 미국 대사관이 프랑스 외무부에 전달한 각서 비공식 번역본	1	참고용

2급 비밀

각서

파리, 1951년 1월 26일

유엔의 몇몇 회원 국가들이 중국공산체제 규탄 결의안을 지지한다는 입장을 내세우기 전에 집단조치위원회에 권고하게 될 중공에 대한 대책에 관해 미국은 어떤 입장을 취하는지를 알고 싶어 한다는 것을 미 국무부는 이해합니다. 비록 국무부가 아직 이 문제에 관한 검토를 끝내지 않았다하더라도, 유엔의 우호적 대표단들과의 회담에서 기초로 사용될 수 있는 다음과 같은 핵심방향은 끌어낼 수 있었습니다.

집단조치위원회가 유엔총회에 권고할 수 있는 행동은 다음의 3가지 항목으로 나눌 수 있습니다.

1. 군사적 대응

처음부터 미국 정부는 끊임없이 전쟁이 한국 국경을 넘어 확산되지 않도록 예방하는 데 노력을 기울였습니다. 그리고 유엔사령부는 가장 심각한 도발에 부딪치고 유엔군이 비싼 대가를 치루는 상황에서도 중공 영토에 대한 공격 명령을 내리지 않았습니다. 미국 정부는 한국에서의 적대행위를 제한하기 위해 계속 노력할 것이며, 현 상황에서 집단조치위원회에 중공 영토에 대한 어떠한 군사작전도 권고를 요청할 의도가 없습니다.

2. 경제적 대응

미 정부는 중공과의 무역에 전적인 통상금지를 실시했습니다. 집단조치위원회가 모든 유엔 회원국에 의한 경제 재제의 적용 가능성을 검토해주길 희망하고 있습니다. 미국 정부는 유럽, 중동 그리고 아시아의 몇 나라들, 특히 인도와 영국은 경제적 이유만큼이나 정치적 이유로도 전적 통상금지령을 내리기 위한 모든 노력에 강력한 반대의사를 표시할 것이라는 것을 잘 알고 있습니다.

따라서 미 정부는 자유세계의 단일성을 최대한 유지하기 위해 긴급조치로서 회원국들에게 중공 군대에 사용될 수 있는 주요 생산품과 중공의 전쟁능력에 직접적 유용성을 지닌 물품의 수출에 대한 부분적 통상금지를 의결하는 권고를 받아들일 수 있습니다. 이러한 물품에는 군수품을 생산하는 데 직접적으로 사용되는 석유제품, 탄환, 원재료, 군수품 등이 포함될 것입니다. 이런 성질의 부분적 통상금지는 미 국무부로서는 필수불가결하고 더 이상 축소할 수 없는 최소한의 조치입니다. 스스로 자급자족이 가능한 중국의 거대한 부분인 농경 경제에 대한 효과는 비교적 미미할 것입니다. 그러나 중공의 군사작전 지속과 확장을 제약할 수는 있을 것입니다. 이것은 서유럽의 공급을 짓누르는 두드러진 부담의 증가나 부가적인 행정적 어려움을 초래하지는 않을 것입니다. 부분 통상금지 권고는 회원국들에게 비교적 빨리 이루어질 수 있으므로, 우선 이 방법으로 시작하여 현재 미국이 실시하고 있는 것과 같은 좀 더 철저한 통상금지 조치가 필요하고 또 그것이 바람직한지에 대한 문제는 차후에 검토하기로 미루는 것이 가능합니다.

3. 정치적 대응

비록 미 국무부가 중공체제의 행위 때문에 중공체제를 인정하는 회원국들에게 중공과 외교관계를 단절하라고 권고하는 결정을 유엔으로부터 얻어내려고 애쓰는 것이 전적으로 합리화된다고 평가하더라도, 필요한 강한 압박도 거기서 유래하는 악감정도 정당화할 수 없는 완전히 형식적인 문제라는 것을 알고 있기 때문에 미 국무부는 이러한 일종의 국제정치적 처벌을 채택하게 하려는 압력을 행사하려는 계획은 당분간 없습니다. 미국은 집단조치위원회가 중국공산 정부를 아직 인정하지 않은 회원국들에게 중공을 인정하지 말라고 권고하기를 강력히 권할 것입니다. 이것은 중공에게 자유세계의 혜택을 장악하기 위한 비소련 외교 대표권을 허용하는 것입니다. 중국이 외부세계와 소통할 때 소련이 유일한 통로가 되는 것을 면하게 해주는 것입니다. 이것은 외교 관계의 완전한 단절을 얻어내려 할 때 충분히 발생할 수 있는 영국과 인도 그리고 스웨덴의 강력한 반대를 피하는 길이기도 합니다. 집단조치위원회가 유엔 기구 내에서 중국공산체제를 인정하지 말라고 권고하고 중국 공화국의 대표로서 유엔 활동에 참여하지 못하도록 권고하는 것 또한 생각해볼 수 있습니다. 더불어 집단조치위원회가 유엔과 그 회원국은 중국 공산당의 한국 침입에서 빚어지는 모든 영토적 변화 또는 정치적 상황의 합법성을 인정하지 않는다고 명시하는 성명을 승인하도록 총회에 권고하기를 바라고 있습니다.

미 국무부는 위에서 소개된 모든 대응이 어떤 복합적 문제를 일으키고 집단조치위원회 또는 정상적인 외교 통로에 의해 검토되어야 할 정도의 난관을 초래할 수 있다는 것을 인정합니다. 미 정부는 위에서 정립된 것과 같은 계획이 중국공산주의자들에 의한 새로운 전쟁의 준비를 막을 수 있고, 소련이 중국 공산군에 제공하는 군수물자 때문에 소련에게 부과되는 공제가 증가될 것이라 믿고 있습니다. 이 계획은 또한 자유국가들이 중국공산체제에 정책을 변경하도록 지속적 압력을 행사하고, 수락할 만한 원칙에 대해 유엔과 합의점을 찾게 할 수 있도록 해줍니다.

물론 우리는 이 계획이 중국공산체제를 무릎 꿇게 할 수 있다거나 가까운 미래에 중국공산군이 이끄는 한국의 전쟁에 현저한 효과를 내리라 기대하는 것이 아닙니다. 그렇지만 도덕적 효과를 과소평가하지 않는 것은 중요합니다. 중국공산체제에 제재를 가하려는 유엔의 집단 대응이 중국, 나머지 소련 진영 또는 그 밖의 세계에서 초래할 심적 효과를 과소평가하지 말아야 합니다. 위에 제시된 제안들은 유엔의 권위는 유지되어야 하는 한편 집단안보를 실현할 수 있는 힘의 연대는 지켜질 것이라는 이념과 함께합니다.

【291】 유엔총회: 제1위원회에서 중국의 한국 개입 논의(1951.1.30)

[보 고 서]	유엔총회: 제1위원회에서 중국의 한국 개입 논의
[문 서 번 호]	13 SC
[발 신 일]	1951년 1월 30일
[수 신 일]	미상
[발신지 및 발신자]	파리/회의사무국
[수신지 및 수신자]	파리/로베르 슈만(프랑스 외무부장관)

장관을 위한 보고서

정책위원회에서 중국의 침략을 처벌하는 미국 결의안 초안이 발표된 지 일주일 이상이 흘렀는데도 이에 관한 어떤 투표도 아직 이루어지지 않았습니다. 정책위원회의 제안에 대한 그들의 답에 이은 베이징당국의 해명은 실제로 영연방 소속 국가 대표들에 의해 충분히 고무적이라고 판단되었습니다. 특히 회의 중 중공의 해명서를 낭독한 인도 대표는 여러 정부들이 이 새로운 문서를 검토할 시간을 주기위해 1월 22일 회의를 24일로 연기해줄 것을 요청했습니다. 프랑스 언론에 의해 중국의 새로운 제안처럼 소개된 이 문서는 사실 캐나다 총리의 권유에 따라 인도대사가 질문한 세 가지 문제에 단 한 가지 답만 담고 있습니다. 그들이 내놓은 상세한 설명(별첨 1)은 정책위원회가 이끌어낸 원칙과 17일자 중국의 응답 간에 미국 정부가 즉각적으로 확인했던 양립불능 요소보다는 적어보였습니다. 이 해명은 특히 중국 "인민지원군"들의 조건적 한국 철수 원칙을 언급하며 7자 협상에 앞서 휴전 먼저 하는 것에 사실상 수락했습니다.

1월 22일 연기 투표(영국과 프랑스가 포함된 찬성 27표, 미국 포함 반대 23표, 기권 6표)는 절차상의 문제지만 서유럽과 미국 대표단 간의 존재하는 견해차를 부각시킬 뿐이었습니다. 영국의 양원에서 23일 발표한 애틀리[1] 씨의 성명과 뉴욕의 한 지역 신문을 통해 보도된 쇼벨 씨의 발언을 보면, 중국 공산당의 유죄를 선포할 것을 요청하고, 유엔의 베이징체제 인정에 미국의 반감을 표명하고 있는 시선을 끄는 두 결의안을 미 상원이 반대 없이 채택한 점과 비교되어 이러한 관점의 대립은 더욱 두드러집니다.

그사이 우리 외무부의 19일자 각서에 22일 답을 한 워싱턴 정부는 중국 공산당의 침략을 처벌하는 결의안 투표가 중국 대륙과의 "전면" 전쟁에 통합사령부의 개입 허락을 포함하는 것은 아님을 보장했습니다. 그러나 만주 기지로부터의 대규모 공중전이 있을 경우 유엔군의 보호에 필요한 대책을 세울 권리에 대한 여지는 남겨놓았습니다. 그래도 제재 문제에 관한 우리의 입장은 인정했습니다.

16일자 자신의 답변에 내놓은 베이징의 설명에 대해 24일 논평을 한 오스틴 씨는 22일의 의견보다는 더 절제된 표현으로 이 해명들은 "오직 혼동과 분열을 살포할 목적밖에 없다"라고 되풀이했습니다.

1월 25, 26, 27일 개최된 4차례 회의 후에, 위원회는 현재 4개의 결의안을 제출받은 상태입니다. 그중 2건은 오래전 사건이 지나간 일인데, 그중 적어도 첫 번째 건은 공동서명자들 조차도 포기한 것으로 간주될 만합니다. 그것은 바로 중국의 한국 개입을 확인한 6개국의 결의안과 미국의 한국 침략을 규탄하고 한국에서의 외국 군대 철수를 권유하는 소련의 결의안입니다. 다른 2개의 안건은 현재 토론 중인 것들입니다.

- 1월 20일 오스틴 씨가 제출하고 회의사무국의 이전 보고서에서 분석되었던 미국 안건
- 아시아와 아랍의 12개 국가가 1월 24일 정책 위원회에 제출하고 25일 베네갈 라우 경이 발표한 안건. 그는 중국공산정부의 전언들을 인정하면서, 비공식회담을 통한 극동지역의 여러 문제를 평화적으로 해결하기 위해

---

1) 클레멘트 애틀리(Clement Richard Attlee, 1883-1967). 영국의 1945년 선거에서 대승하고 노동당 내각을 세워 총리가 됨.

세워야 할 대책들을 의논하기 위한, 베이징이 제시한 즉각적 7개국 대표 회담을 제안하고 있습니다. 이 인도 대표는 이 계획안 자체는 아랍과 아시아 12개국이 지난 12월에 이미 발표한, 그러므로 미국 계획안에 비해 우선권을 보장해야 할, 첫 계획안의 수정본일 뿐이라고 말했습니다.

한편 이스라엘 대표는 25일 미국 계획안에 대하여, 중공에 적용할 제재의 결정을 담당위원회에 의뢰하는 것을 조건으로 하자는 수정안을 제안했습니다. 소련이 속해있지만 중국 국민당 정부도 속해 있는 "평화감시위원회"의 위원들로 위원회를 구성하여 한국문제와 극동지역의 다른 문제들도 평화적으로 해결할 방법을 모색하고, 이 기구가 실패했을 경우에만 미국 결의안에 의해 예정된 위원회가 행동을 개시하는 방안입니다.

- 그 주에 있었던 회의에서 나왔던 발언들 중 주목해야 할 것들은 다음과 같습니다.
- 피어슨 캐나다 외무장관의 발언: 미국 계획안을 "시기상조이며 현명하지 못한" 것으로 규정지으면서도 찬성 투표를 하겠다고 밝힘.

그는 이전에 결의안을 발표하지는 않았지만 한국문제와 극동지역의 다른 문제들에 관한 가능한 협상 계획안을 구상했었습니다. 중국의 답장에서 언급된 7개국의 뉴델리회담, 이 회담을 통해 휴전을 발효시키기 위한 모든 대책을 세울 위원회의 지정, 13일 정책위원회가 승인한 원칙에 따른 한국문제 해결에 대한 회견 이후의 검토가 그것입니다.

- 25일 글래드윈 젭2) 경의 발언: 미국 계획안에 열정 없는 지지를 보냈으나 특별 위원회를 통해 가할 제재를 검토하자는 방안에 대해서는 반대 입장을 취함.
- 아시아와 인도 국가 대표들의 발언: 중공 제재에 강력한 반대의사 표명.

2) 글래드윈 젭(Gladwin Jebb, 1900-1996). 주유엔 영국대사. 1945년 유엔 초대 사무총장 역임.

- 마지막으로 오스틴 씨의 발언: 27일 그는 미 계획안 문건에 의하면 중재
위원회가 어떤 결과에 도달할 수 있는 것으로 보일 경우 제재를 검토하기
로 한 위원회는 그 보고서를 발표하지 않을 것이라고 강조했음.

파리와 워싱턴 간의 의견 교환에 따라 미국 계획안은 두 위원회의 상호간
역할에 대한 오스틴 씨의 지적을 명시한, 그리하여 프랑스 대표단의 전적인 지
지를 받은 수정본 형태로 제시될 수도 있습니다. 다른 한편 아랍과 아시아 대
표단들은 캐나다 대표가 제시한 몇 구상들을 자신들의 계획안에 포함시킬 계획
입니다.[3]

---

[3] 1월 30일 유엔총회 정치위원회는 찬성 44 대 7(기권)로 미국이 제안한 중국을 침략자로 낙인
찍는 안을 통과시켰다. 5월 18일 유엔총회는 미국 측 요구가 그대로 반영된 중국대륙에 대한
금수조치 결의안을 통과시켰다. 경제봉쇄의 결과는 중국이 경제건설에서 부득이 소련과 동구
권 국가들에 과도하게 의존하는 결과를 초래했다(심지화, 「중국의 한국전쟁 참전결정에 대한
평가」, 『한국전쟁과 중국』, 백산서당, 2001, 276쪽).

【291-1】 별첨 1—베이징주재 인도대사가 중국 외무장관에게 제기한 몇 가지 질문에 대한 중화인민공화국의 답변

1. 한국으로부터 모든 외국 군대들이 철수한다는 원칙이 승인되고 실시된다면 중화인민공화국은 중국인민지원군이 중국으로 철수하도록 책임을 질 것이다.

2. 한국전쟁의 결론과 한국문제의 평화적 해결에 관하여, 우리는 두 단계로 실행할 수 있다고 생각한다.

> 단계 1: 제한된 일정 기간 동안의 "휴전"은 7개국 회담의 첫 회의에서 합의가 가능하고 시행에 들어갈 수 있으며 이런 방식으로 협상은 지속될 수 있다.
>
> 단계 2: 한국전쟁이 완전히 끝날 수 있기 위해서, 그리고 동아시아에서 평화가 보장될 수 있기 위해서는 전쟁의 종식을 위한 모든 조건이 정치적 문제와 관련하여 의논되어야 하고 다음과 같은 안건에 대해 합의에 이르러야 한다.
> - 한국에서의 모든 외국 군대 철수를 위한 시기와 대책
> - 한국인 스스로가 한국의 내부문제를 해결할 수 있기 위한 단계와 대책을 포함하는, 한국인을 위한 제안들
> - 카이로 선언4)과 포츠담 선언5)에 따른 대만과 대만 해협에서의 미군 철수

---

4) 제2차 세계대전 말기인 1943년 11월 27일 연합국 측의 루스벨트 · 처칠 · 장제스가 카이로 회담의 결과로 채택한 대일전(對日戰)의 기본 목적에 대한 공동성명. 그 주요 내용은 첫째, 미국 · 영국 · 중국 3국은 일본에 대해 가차 없는 압력을 가한다. 둘째, 3국은 일본의 침략을 저지 · 응징하나 영토 확장의 의사는 없다. 셋째, 제1차 세계대전 이후 일본이 얻은 태평양제도를 박탈하고, 만주 · 타이완 등은 중국에 반환한다. 또한 한국에 대한 특별 조항을 넣어 '한국민이 노예 상태에 놓여 있음을 유의하여 앞으로 한국을 자유 독립 국가로 할 것을 결의한다'고 명시하였음. 선언은 이상의 목적으로 3국은 일본의 무조건 항복을 촉진하기 위해 계속 싸울 것을 천명하였는데, 1945년 포츠담선언에서 조항이 재확인되었음.

- 극동지역 관련 다른 문제들

   3. 중화인민공화국의 유엔에서의 자격에 대한 합법성을 절대적으로 인정한다는 보장이 있어야 한다.

5) 1945년 7월 26일 미국 대통령 트루먼, 영국 수상 처칠, 중국 총통 장제스가 포츠담 선언에 서명하였고, 그 후 8월 8일 소련 공산당 서기장 스탈린도 대일전 참전과 동시에 이 선언에 서명함. 포츠담 선언은 모두 13개 항목으로 되어 있으며, 제1-5항은 전문(前文)으로 일본의 무모한 군국주의자들이 세계 인류와 일본 국민에 지은 죄를 뉘우치고 이 선언을 즉각 수락할 것을 요구, 제6항은 군국주의의 배제, 제7항은 일본영토의 보장점령, 제8항은 카이로선언의 실행과 일본영토의 한정, 제9항은 일본군대의 무장해제, 제10항은 전쟁범죄자의 처벌, 민주주의의 부활 및 강화, 언론·종교·사상의 자유 및 기본적 인권존중의 확립, 제11항은 군수산업의 금지와 평화산업유지의 허가, 제12항은 민주주의 정부수립과 동시에 점령군의 철수, 제13항은 일본군대의 무조건 항복을 각각 규정함. 포츠담 선언은 제2차 세계대전 막바지에 연합국이 일본에 대해 최종적으로 무조건 항복을 요구하고, 또 제2차 세계대전 이후의 일본에 대한 처리 방침을 포괄적으로 제시했다는 점에서 역사적 의의가 있으며, 한국문제와 관련해서는 제8항에서 '카이로선언의 조항은 이행될 것'이라고 천명함으로써, 전후 독립을 재확인하였음.

【292】 한국 사태(조정과 제재)(1951.2.22)

[보 고 서]	한국 사태(조정과 제재)
[문 서 번 호]	미상
[발 신 일]	1951년 2월 22일
[수 신 일]	미상
[발신지 및 발신자]	뉴욕/쇼벨(주유엔 프랑스대사)
[수신지 및 수신자]	파리/로베르 슈만(프랑스 외무부장관)

한국 사태

조정과 제재

총리와 외무장관이 최근 런던을 방문했을 때, 애틀리 씨가 워싱턴에서 다룰 주제에 관해 토론을 나눈 뒤, 이 주제에 관한 프랑스와 영국의 견해일치가 공개적으로 확인되었습니다.

총리가 좀 더 최근에 워싱턴을 방문했을 때 프랑스와 미국 정부에 관련하여, 그리고 양국 간의 연대에 있어서도 견해 일치를 공개적으로 거듭 확인했다. 국회에서도 다수가 이 주장에 동의하였습니다.

그런데 아시아 정책의 몇 가지 핵심적인 안에 있어 런던과 워싱턴은 서로 동의하지 않습니다. 이 주제를 결정하고 동맹국 간의 심각한 오해를 피하는 것은 우리에게 달린 문제가 아닙니다. 한국 사태의 전개는 그 자체가 다가오는 두 달 사이에 유엔에서의 이 오해들을 생기게 만드는 속성을 지닙니다.

이때부터 우리에게는 문제가 제기됩니다.

우리는 두 우호관계 사이에서 선택을 해야 하는 상황에 놓이게 될 것입니다. 이 선택의 어려움은 상당한 정도로 런던과 워싱턴이 각각 취하는 입장은 추상적인 성질의 것이 아니고 전문기술자의 결론에 입각한 것도 아니라는 사실에 있습니다. 이 입장들은 매우 세밀하고 구체적인 관심사, 즉 영국에게는 경제적, 미국에게는 전략적 관심사에 결합되어있으며, 두 국가의 의회가 강력하고 격렬하게 표명하는 폭넓은 여론의 흐름에 의해 양쪽에서 지지를 받고 있습니다.

또 다른 문제는, 만약 우리가 프랑스-미국 간의 연대 유지를 대서양 조약의 일환으로 우리의 안보를 강화하는 데 필수적이라고 여긴다면, 어떤 대책 안에서 어디까지 이 유지에 대한 배려가 우리만의 구상과 의도를 조정 또는 방향전환을 하는 계기가 될 수 있고 또 되어야 하는지를 아는 문제입니다.

사실 이 문제들은 최근 중국의 한국 공격에 대한 규탄을 포함한 미국 계획안에 대한 토론 중에도 이미 제기되었습니다. 처음에 미국은 즉각적 제재가 따르는 급진적 규탄을 원했고, 제재에 반대한 영국은 일반적으로 전조단계가 있는 규탄을 주장했습니다. 이러한 대립은 우리가 알고 있는 충돌로 표출되었습니다. 이 대립은 결의안 표결 이후에 또다시 나타났습니다. 처음에 워싱턴은 미국 정부가 믿지 않는 중재를 시도하는 위원회를 가볍게 여겼고 오직 제재를 검토할 위원회 구성에만 몰두하며 이 위원회의 구성과 활동을 추진하길 원했습니다. 반면 제재를 막으려고 작정한 영국은 중재위원회가 그 임무를 지속할 수 없다고 인정하지 않는 한 이 특별위원회의 구성을 최대한 늦추려 했습니다.

표결 이후는 물론이고 토론 중에도 프랑스 대표단은 미국의 구상을 영국의 관점에 접근시키는 중도 해결책을 이끌어내려고 애써왔습니다. 프랑스는 끊임없이 중재위원회와 제재를 검토하는 특별위원회가 되도록이면 그들의 직무를 나란히 수행할 수 있도록 강조했습니다. 당연히 결의안 내용에 따라 특별위원회의 보고는 중재위원회가 임무를 지속하지 못할 경우와 그 불가능 상태가 증명된 후를 제외하고는 총회에 전달되지 않을 것이기 때문입니다.

이런 방향에서 프랑스 대표단은 자신의 영향력을 행사하도록 노력해야 합니다. 이를 위해 지금부터 프랑스가 처하게 될 곤란함을 지금부터 거론하는 것이 바람직해 보입니다.

물론 이 거론으로 지금부터 각 안건에 관한, 그리고 두 달 동안 유효한 강령을 작성할 수는 없을 것입니다. 그러나 그것은 우리의 입상이 될 수 있는 일반적인 견해를 끌어낼 수 있습니다.

예상해야 할 어려움은 보통 잠정적 제재 검토 시, 특별위원회 보고서에 대한 최종 토론 시, 그리고 마지막으로 이 보고서를 총회로 전달하는 문제가 제기될 순간에 나타날 것입니다.

1. 잠정적 제재의 검토

이 검토의 주창자인 미국 정부는, 우리가 알고 있듯, 미 국무부가 일방적으로 결정한 조치에 대한 유엔 회원국들의 동조를 기대하고 있습니다. 반면, 제재는 그 어떤 것도 중국에는 별 효과가 없을 것이지만 영국의 이익에는 전적으로 타격을 입히게 될 것이라고 보는 영국 정부는 가능한 한 모든 조치에 반대할 계획입니다.

우리 프랑스는 제재에 관하여 합의를 우선시한다는 원칙이 명확히 표명되었으므로 제재에 관하여 객관적 입장을 취하고, 토론에 부쳐진 여러 조치의 성격을 고려한 우리의 의견을 작성할 수 있을 것으로 보입니다.

이 조치는 정치적, 경제적일 수 있습니다. 미 국무부는 현시점에서는 적어도 제재의 명목으로 군사적 조치는 권하지 않을 것이라고 우리에게 알려왔습니다. 그러므로 잠정적 군사적 조치의 문제는 따로 다루기로 하겠습니다.

1) 정치적 조치

미 정부는 분명 유엔이 회원국들에게 침략자와 외교 관계를 단절하라고 권고하는 것을 보는 만족감을 여론에 보여주고 싶었을 것입니다. 그러나 베이징에 대사를 파송하는 것에 굉장한 중요성을 두는 인도, 그리고 실패했음에도 불구하고 중국공산정부에 정상적 대표단을 세우고자 하는 희망을 포기하지 않은 영국의 확고한 반대에 부딪힌다는 것을 확인하고 포기한 것으로 보입니다.

완전한 단절이 아니라면, 미 국무부는 대사들의 철수를 염두에 두었습니다. 그러나 이 완화된 조치도 같은 국가들의 같은 반대를 불러일으킬 것은 분명한 것 같습니다.

따라서 총회가 회원국들에게 베이징과 모든 새로운 관계를 피하라고 권고했으므로 워싱턴은 현재 자신의 입장을 확고히 하는 데 만족해야 할 수도 있습니다. 이러한 권고에 따라 중공을 인정하지 않은 국가들은 중공을 인정하지 않을 것이며, 인정했지만 중공과 외교관계를 수립하지 않은 국가들은 외교관계를 수립하지 않을 것이고, 대리공사만 파송한 국가들은 절대로 대사를 파송하지 않을 것입니다. 마지막으로 특히 유엔은 공격의 책임이 있는 공산정부를 중국 대표로 인정하지 않는 것으로 결정할 것입니다.

미국 대표와 여러 차례 회담을 하면서 프랑스 대표단은 지금까지 제재정책에 관하여는 특별위원회의 권한을 논의하는 데 그쳤습니다. 이 위원회는 사실 채택될 수 있는 조치들과 그 영향을 검토하는 총회를 위한 기술적 기구입니다. 그러므로 이 기구가 작성할 결론 역시 기술적 성격을 지닐 것입니다. 그런데 정치적 제재는 그 성격 자체로도 이런 종류의 평가를 벗어난것입니다. 어떻게 12개국 대표들이 60개 회원국으로 구성된 총회를 위해 권위를 인정받는 결론을 낼 수 있는지 모르겠습니다.

이에 프랑스 대표단은 특별위원회에 정치적 역할을 맡기는 것은 그 임무를 무겁고 복잡하게 만드는 것이 될 것이고 이는 미국의 의도와 반대되는 것 같다고 덧붙였습니다. 워싱턴이 정치적 제재를 제안해야 한다고 판단할 경우, 오스틴 씨는 마음대로 총회에 직접 제출할 수 있을 것입니다.

위원회 또는 총회 앞에 문제가 제기된다 해도, 런던과 워싱턴의 견해 대립 이상으로는 사태의 본질이 영향을 받지 않습니다.

우리 프랑스는 장제스와 공식적으로 단절하지 않았고, 우리는 베이징을 인정하지 않았으며, 우리는 현재 인도차이나 문제 때문에 유엔의 합법적 대표로 중국공산정부의 인정하는 투표를 할 수 없는 입장입니다. 당장은 미국의 제안이 우리를 불편하게 하는 일은 없습니다. 그러나 이 제안들은 중공과 외교관계를 이미 수립하고 베이징에 대표단이 이미 있는 국가들의 이익에 일종의 특혜를 초래하는 결과를 가져올 수 있습니다. 게다가 만약 인도차이나 사태의 전개가 우리로 하여금 중국공산정부와 접촉을 원하는 상황으로 몰고 가면 이 제안은 우리에게 큰 부담이 될 수 있습니다. 마지막으로 과거의 경험들을 미루어보면, 특히 스페인의 경험은 정치적 제재의 효과 없음과 일단 이 제재들이 채택되고 나면 정상으로 되돌아오기는 굉장히 어렵다는 사실을 동시에 보여주었습니다.

이런 이유로, 강제적이거나 너무 상세한 양식의 채택에 반대하는 것이 좋을 것 같습니다. 반면 우리는 총회가 회원국들에게 경우에 따라서는 중공과의 쌍방관계에서 한국문제에서 베이징이 취한 태도를 고려하라고 권고하는 것은 수락할 수 있어 보입니다.

중공의 유엔 승인은 한국문제가 해결되지 않는 만큼이나 있을 수 없는 일로 남아있습니다. 공격을 규탄하는 미국 결의안에 의거하여, 총회가 공격이 끝맺을 때까지 문제의 모든 검토를 연기하기로 결정하는 것에는 아마 문제가 없을 것 같습니다.

2) 경제적 조치

미국 여론이 중국 봉쇄를 기대한다 해도, 현 단계에서는 그것을 제시하지는 않을 것이라고 미 국무부는 설명했습니다. 봉쇄는 여기서 다만 참고삼아 언급되었습니다.

반면, 미국 대표단은 이미 워싱턴 정부에 의해 일방적으로 결정된 조치, 즉 외국의 중국 자산 동결, 그리고 군수품과 전략적 원재료에 대한 부분적 통상금지의 국제화를 추진하려는 의도를 밝혔습니다.

이 두 조치 명령은 분명 영국에는 중국 자산이 거의 없지만 중국에 있는 영국 자산은 막대하다는 사실을 강조하는 영국 대표단의 강렬한 반대의 대상이 될 것입니다. 글래드윈 젭 경은 부분적 통상금지의 불리함에 대해서는 의사표현이 덜 명료하지만 홍콩이 거기서 대부분의 자산을 잃을 것은 확실합니다. 이리하여 미국인들이 "홍콩 스캔들"이라 부르는 것은 중단될 것입니다.

그러나 중국 자산의 잠정적 봉쇄 앞에 망설이는 국가는 영국만이 아닙니다. 중국에 중요한 투자를 실시하고 처분하지 않은 벨기에는 그 투자가 위태로워질 것을 염려하고 있고, 이 염려는 결정적으로 반 랑겐 씨[1]의 특별위원회 의장 임무를 반대하게 만듭니다. 우리 프랑스도 같은 입장에 놓여있습니다. 따라서 우

---

[1] 페르낭 반 랑겐호프(Fernand van Langenhove, 1889-1982). 주유엔 벨기에 대표.

리는 이 봉쇄에 반대해야 할까요?

프랑스-미국 간 관계의 시각에서 보면, 전체적으로 미국의 견해가 기대하는 바에 크게 못 미치는 대책들 중 하나에 대한 프랑스의 반대는 문제가 됩니다. 그 대신 중국에 있는 프랑스 자산에 대해 중공이 실시할 것이 틀림없는 역봉쇄가 실질적으로 초래할 문제를 계산해보는 것이 맞을 것입니다.

군수품과 전략적 원재료에 대한 부분적 통상금지는 우리가 이미 일방적으로 그것을 실행하고 있다는 점에서 우리에게는 문제가 되지 않을 것으로 보입니다. 문제가 될 수 있는 것은 목록입니다. 프랑스 대표단은 이 부분의 자세한 지시용어들을 갖추고 있는 것이 좋겠습니다.

그런데 우리가 무시해서는 안 되는 점이 한 가지 있습니다. 만약 부분적 통상금지의 결과로 중국이 고무나 석유 같은 제품을 박탈당하게 될 경우, 중국은 그것들을 생산하는 지역을 제압하려 할 것입니다. 이렇게 되면 코친차이나, 말레이시아 그리고 인도네시아에 대한 위협이 커지게 되는 것입니다.

2. 특별위원회 보고서의 채택

런던과 워싱턴 사이의 견해대립이 제재의 여러 범주를 토론하는 중에도 나타난다면, 결론을 내는 시점에서는 더 극명하게 나타날 것입니다. 영국 대표단은 보고서 작성을 늦추려고 애쓸 것이고, 미국 대표단은 그것을 서두르려고 할 것이라고 생각하고 있어야 합니다.

양쪽 다 우리의 지지를 믿고 있습니다. 영국 대표단의 목록에는 프랑스 대표단이 제재에 반대하는 대표단으로 기록되어 있습니다. 반면, 자신들의 현재 계획을 매우 절제한 것으로 여기고 있는 미국 대표단은 여론의 호소를 걱정하고 있는 정도여서, 프랑스가 당연히 자신들을 지지할 것이라고 믿고 있습니다.

우리 쪽에서는 양쪽에 대하여 어떤 입장도 결정하지 않았습니다. 오히려 제재 원칙에 관하여 우리의 평가 자유를 보장하길 희망한다는 것을 보여주었습니다. 그러므로 보고서를 작성해야 할 순간이 오면 토론 중에 우리의 취할 입장을 확정할 수 있을 것 같습니다. 보고서를 총회에 전달하는 것은 어차피 합의의 실패 확인에 달려 있으므로 보고서 준비 절차에 반대할 필요는 없는 것 같습니다.

3. 총회에 보고서 전달

여기서 제기되는 문제는 합의 실패를 확인하는 문제입니다.

워싱턴은 이 실패를 이미 예정되었던 사실로 여깁니다. 그로스 씨의 말을 빌리자면, 3인위원회는 첫 구성에서부터 "미국 국민들의 신뢰를 잃었습니다". 엔테잠과 그 패거리들은 갱생하기에 힘이 들 것입니다. 미 국무부에게 있어서 합의 절차 규정은 총회의 만족을 위한 것뿐입니다. 중요한 것은 특별위원회입니다. 유엔의 망설임을 확인한 데다 한국전쟁이 좀 더 유리한 양상을 보이자 미 국무부는 이 위원회 개시의 연기를 수락하기에 이르렀습니다. 이런 심리는 바뀔 수 있습니다.

한편 미국 행정부는 여전히 총회에서 승인된 원칙들을 자신들이 할 수 있는 양보의 한계점이라고 여기고 있으며, 앞의 원칙들에 대한 자체적 해석을 그만둔 것 같지는 않습니다.

다시 말해, 중공이 그 입장을 완전히 바꾸고 순전히 군사적인 바탕 위에 휴전을 수락하지 않는 한, 모든 다른 문제는 그 자체의 이점에 따라 처리되어야 할 것이고, 국무부는 비교적 빠른 시일 내에 합의 실패를 인정하고 제재 계획안을 총회에 제출하려 할 것입니다.

영국은 이미 언급한 모든 이유 때문에 거기에 반대할 것이고, 오히려 중공과의 합의를 위한 모든 시도를 두둔할 것입니다.

바로 이때 우리가 지금까지 했던 모든 선택은 여러 나라들이 당연히 지지할 절대적 중요성을 지닌 투표로 표명될 것입니다.

이 모든 문제에서 프랑스 대표단은 지나치게 과격한 충돌을 피하고 몇 가지 상세한 안건에 대한 협의 방안을 찾도록 노력할 수 있습니다. 지금까지 프랑스가 해온 일이기도 합니다. 그러나 프랑스는 또한 이미 그러해왔듯 방침을 결정하기도 할 것입니다.

프랑스가 행사할 수 있는 타협적인 영향력, 그것을 행사할 수 있는 권위는 상당 부분 프랑스의 솔직함에 달려있을 겁니다. 우리가 제재 원칙에 반대하지 않는다면 영국도 그것을 아는 것이 적절하고, 또 우리가 이런 저런 조치에 근본적인 반대 의견이 있으면 미국에게도 알리는 것이 맞는 것입니다.

【293】 한국 사태(군사적 문제)(1951.2.22)

[보　고　서]	한국 사태(군사적 문제)
[문　서　번　호]	미상
[발　신　일]	1951년 2월 22일
[수　신　일]	미상
[발신지 및 발신자]	뉴욕/쇼벨(주유엔 프랑스대사)
[수신지 및 수신자]	파리/로베르 슈만(프랑스 외무부장관)

한국 사태

군사적 문제

미 국무부는 미국 결의안 투표는 통합사령부에게 주어진 권한을 논증하는 것처럼 해석되지는 않을 것이라고 우리에게 알려왔습니다. 또 국무부는 현 단계에서는 중공에 대한 군사적 제재를 요청하지는 않을 것이라고 말했습니다.

애틀리 씨가 워싱턴을 방문했을 때 들은 언질 이후에 나온 이 확약들은 원칙적으로 만족스러운 것들입니다. 그러나 우리의 거듭된 주장에도 불구하고 미국 정부는 안보리가 북한의 침략에 관하여 명백히 밝힌 분쟁의 확대를 피하려는 의지에 대한 재강조를 이 결의안에 포함시키길 거부했습니다.

미국 대표단은 이 거부에 대해 프랑스 대표단에게 설명했습니다. 미국 정부는 분쟁 확대를 의도하지도 희망하지도 않으며, 이러한 분쟁 확산을 막기 위해 할 수 있는 모든 것을 할 준비가 되어있으나, 경우에 따라 어떤 형태의 행위를 금지하는 것으로 해석될 수 있는 문구에 손이 묶이는 것을 원하지 않는다는 것입니다. 그로스 씨는 만주에 있는 기지에서부터 중공이 미군을 상대로 대대적 공중전을 벌인다면 이 기지에 대한 보복행위를 할 수 있는 가능성과, 중공이 그들의 공격을 한국 영토 밖으로 옮겨간다면 적중할 필요가 있을 중국 영토의 이 지점에서 반격할 가능성을 열어놓는 것이라고 상세히 설명했습니다.

이 경우든 저 경우든 유엔사령부의 자주적 발의는 아닙니다. 미 정부는 당분간 한국 외에서는 먼저 행동개시를 하지 않을 것이라고 기꺼이 확약을 합니다. 그러나 현 단계의 어떤 문구도 미국에게 반격을 금지하지 않고 있으며, 미국은 그러한 금지는 절대 수락하지 않을 강경한 태도를 보이고 있습니다. 이 결정을 뒷받침하기 위해 그로스 씨는 유엔군의 안전을 살펴야 할 필요성을 언급합니다. 만약 사령부가 자신을 보존할 자유가 없다면 그 안전이 위험해질 수 있다는 것입니다. 이 주장도 물론 유효합니다. 그러나 우리는 전쟁의 확산에 관하여 일어날 실제적 결과들 중 하나는 우리가 중공 정부의 손에 좌우되는 상황에 놓이게 된다는 사실을 간과해서는 안 됩니다. 사실 만주 기지에서부터 공군기습을 개시하면서 만주에서 미국의 폭격을 유도하는 것은 중국에게 달려있습니다. 또 중공은 도쿄에 습격을 개시하면서 중국 영토 창하이나 다른 장소에 반격을 부추기는 것도 할 수 있습니다.

며칠 전부터 제시되는 또 다른 군사적 문제는 유엔군의 "제한된 공격"의 역할에 관한 것입니다. 38선을 또다시 통과하는 문제입니다. 아주 최근까지 미국이 이 선을 넘겠다는 의지는 어디에서도 나타나지 않았습니다. 그렇지만 이 점에 관해서도 워싱턴은 통합사령부의 손을 묶지 않길 기대하는 것이 분명합니다. 프랑스 정부는 며칠 전 어떻게 해서든 유엔군이 이 경계선 이하에 머물러야 된다고 강조하는 데 전념했는데, 트루먼 대통령은 "이 지역 내"의 안전을 회복하는 사령부의 임무를 언급하는 현 단계의 문구대로, 유엔군이 이 임무를 위하여 북한을 뚫고 들어가는 것이 허용되었다고 선언하며 미 정부는 이 문구의 수정을 희망하지 않는다고 밝혔답니다.

마지막으로 현안은 아닌 듯 보이지만 언론과 미 국방부에서 거론된 문제로, 대만의 군대 사용에 관련된 것입니다. 대만군의 군비상황과 현재 워싱턴이 더 나은 물자를 제공할 수 없는 상황은 최근 군관계자들 사이에서는 이런 종류의 모든 공격계획에 장애물처럼 여겨지고 있습니다. 그러나 그 누구도 중공이 한국에 쏟는 노력 때문에 군사적으로 악화되고 따라서 중국 내국을 기습할 수 있다고 생각하지 않습니다.

대만의 중국대륙 원정은 가능성이 없어 보입니다. 통합사령부가 유지하려는 38선을 통과하는 자유와 마찬가지로 워싱턴이 유지하기를 원하는 중국 공격에 반격할 권리는 기정사실에 우리를 드러내는 것일 뿐입니다.

미국의 격렬한 반대를 불러일으키지 않더라도, 미국의 공식 발표나 유엔의 제한적 결정에서 이 위험이 없을 것이라는 보증을 볼 수 있을 것 같지는 않습니다. 이런 성격의 발표나 결정은 프랑스 대표단이 유엔에서 우리 외무부의 주의를 끄는 데 불리한 점만 드러냅니다. 유엔사령부가 참을 수 있는 한계에 대해 경고를 받은 상대측은 그것을 이용해 이득을 챙길 것입니다.

새로운 자유 투쟁은 중국 발의의 경우, 소련과 그 위성국들이 오랫동안 연장시킬 수 있는 언쟁을 추측할 수 있을 것입니다. 마지막으로 특히 38선에 관하여는 유엔의 몇 달 전의 결정을 부인하는 모양새를 보이게 되고, 이 결정을 주창한 미국에 그 다음 사건들의 책임을 돌리려 하는 소련과 중국의 책임회피에 중요성을 부여하게 됩니다.

처음부터 유엔이 한국에서 이어온 활동은 유엔의 감독을 벗어나는 것입니다. 소련 국적의 사무부총장이 사무국에 자리를 잡고, 그 다음이 잘 보여주는 것처럼, 말리크 씨가 안보리에서 자신의 자리에 복귀하는 것에 대한 염려로 미국 대표단은 안보리와 유엔사령부 간의 효과적 연계를 세우는 데 계속 반대해왔습니다. 이 방향으로 작성되었던 제안들, 특히 프랑스의 제안들을 재개하기에는 이제 너무 늦었습니다. 유엔 차원에서 이루어질 수 없는 것은 동맹국 간에 이루어질 수 있고 이루어져야 합니다. 한국 파견도 마찬가지로 순전히 미국만의 계획이 아니라는 점에서 연합의 모습을 나타냅니다. 그러므로 이 연합국들은 그들의 공동 행위로 인해 처해질 수 있는 위험에 대해서도 정보를 받는 것이 정상이고 각자는 질문을 할 수 있어야 하고 어떤 확답을 받을 수 있어야 하는 것은 당연한 일입니다. 몇 가지 상세한 부분에 대하여 영국과 프랑스 총리가 행한 일이 바로 그것입니다. 이러한 접촉은 정상적인 외교통로를 통해 유지될 수 있는 것입니다.

최근 유엔에서는 지속되었다면 아마 유사한 결과에 이르렀을 동향이 하나 나타났습니다. 비공식적으로 한국에 군대를 파견한 국가 대표들이 가끔 모이게 될 단체를 조직하는 문제였습니다.

이 모임이 만약 개최된다면, 현 상황과 잠정적 전개의 몇 국면을 토론하는 계기를 제공하게 될 것입니다.

【294】 미 극동 담당 국무차관보의 발표(1951.4.3)

[전 보]	미 극동 담당 국무차관보의 발표
[문 서 번 호]	2646-2649
[발 신 일]	1951년 4월 3일 23시
[수 신 일]	1951년 4월 4일 09시
[발신지 및 발신자]	워싱턴/보네(주미 프랑스대사)

보안

2급 비밀

뉴욕 공문 제517-520호

외무부에 전달

1. 러스크 미 극동 담당 국무차관보[1]는 오늘 오후 외교 사절단장 모임에서, 다음 금요일 회의에서 이들과 함께 38선 통과에 관한 발표 문제와 한국에서 유엔의 목적에 대해 다시 의논할 예정이라고 밝혔습니다. 이 주제에 대해 질문을 받은 정부들의 답변은 실제로 이 날짜에 모두 워싱턴에 도착할 것입니다. 러스크 씨는 미 정부는 이 발표가 반드시 이루어져야 한다는 생각을 절대적으로 못 박은 것은 아니라고 덧붙였습니다.

2. 이어, 미 극동 담당 국무차관보는 얼마 전부터 미 정부는 가까운 미래에 유엔군에 대항한 공산주의자들의 대대적 공중전 개입의 가능성을 배제하지 않

---

[1] 데이비드 러스크(David Dean Rusk, 1909-1994). 국제연합담당관, 극동 담당 국무차관보, 록펠러 재단 이사장, J.F.케네디 정부의 국무장관 역임. 한국전쟁 당시 확전을 주장하는 맥아더의 의견을 반대하는 트루먼을 도움.

고 있다고 밝혔습니다. 최근 적의 공군 활동이 급격히 증가한 점과 정보부에 의해 전해진 정보를 통해 이러한 짐작을 하게 된 것입니다.

미국 참모부에 의하면 소련 전투기 미그기는 현재 38선에 절대 개입할 수가 없습니다. 반면, 중국 공산주의자들이 사용하는 쌍발전투기는 그와 달리 남한 전체는 물론 동맹국들의 선박까지도 쉽게 폭격할 수 있을 것이라고 합니다.

러스크 씨는 이러한 가능성 안에서 지금까지 전쟁의 확산을 막기 위해 모든 노력을 다 해온 미국 정부가 이러한 태도를 더 이상 유지할 수 없다고 판단하고 있으며, 자신의 군대를 보호하는 데 전력을 기울이는 유엔통합사령부는 적의 영토에서, 특히 적의 비행기가 제8군의 부대와 군사시설을 공격하기 위해 비행하게 될 기지에서 적을 폭격할 수밖에 없게 될 것이라고 밝혔습니다.

본인의 전보 제2558호에서 알려드린 바와 같이 중공군의 집결과 움직임이 점점 미 당국을 걱정시키고 있습니다.

러스크 씨가 오늘 표명한 중공 공군의 대대적 공격에 대한 염려도 이러한 차원의 걱정에 속하는 것입니다.

보네

【295】 중국공산군에 관한 정보(1951.4.3)

[전 보]	중국공산군에 관한 정보
[문 서 번 호]	2658-2660
[발 신 일]	1951년 4월 3일 23시
[수 신 일]	1951년 4월 4일 09시
[발신지 및 발신자]	워싱턴/보네(주미 프랑스대사)

보안

2급 비밀

뉴욕 공문 제521-523호

오늘 외교 사절단장 모임에서 제공된 중공군에 관한 정보는, 후방에서 이들 병력이 증가한(152,000명이 늘어난 304,000명) 사실과 전방 자체에서는 감소 (60,000명이 줄어든 66,000명)했음을 보여줍니다.

반면, 북한군은 모든 부분에서 증가한 것 같습니다.

전방 49,000명(+21,000), 후방 166,000명(+7,000).

후방에서의 중공군의 증가는 3개 군단을 포함한 제19대대로 주로 구성된 제1 야전군의 도착에 기인합니다.

현재 중공군 2개 사단만이 유엔군과 교전 중입니다. 포병사단인 제26사단과 제39사단입니다.

적은 38선 이북에서 견고하게 요새화한 것 같습니다. 이 진지들 앞에 수많은 지뢰들이 설치되어 있다고 합니다.

지난 3월 동안 연합국의 공중전의 결과는 다음과 같습니다.

- 수송차량 2,015대 파괴, 1,250대 훼손.
- 11,000명 사망.
- 탱크 28대 파괴, 30대 훼손.

지난 며칠 동안 미군 제10군단과 답보상태에 있는 동쪽 지역 남한군 부대들의 작전지역을 제외하고 유엔은 약간의 진전이 있었습니다. 현재의 방어선은 임진강 하구에서 출발하여 화천 저수지 지역을 지나 양양에 이릅니다.

미군 제24사단은 4월 2일부터 제1군단에 편입되었습니다.

보네

【296】 영국이 프랑스에 전달한 각서(1951.4.3)

[전 　 　 보]	영국이 프랑스에 전달한 각서
[문 서 번 호]	1232-1237
[발 　 신 　 일]	1951년 4월 3일 23시 30분
[수 　 신 　 일]	1951년 4월 4일 09시
[발신지 및 발신자]	뉴욕/유엔 프랑스외교단

보안

절대우선문건

뉴욕 공문: 슈만 장관에게 긴급 전달 요망

영국 대사관이 1951년 4월 2일 프랑스외무부에 전달한 각서의 공식 번역문

1. 영국 정부는 한국 사태의 해결을 위한 새로운 방안의 가능성을 검토하였습니다. 유엔 병력이 현재 38선 가까운 곳에 있으므로 새로운 군사작전을 피할 수 있는지 검토할 기회를 놓쳐서는 안 될 것입니다.

2. 현재 중국 정부는 국제중재위원회와 협력하지 않을 것이 거의 확실한 것 같습니다. 그래서 중재위원회가 추구하는 목적을 다른 방법으로 이룰 수는 없는지 생각해 볼 수 있습니다. 예를 들어 한국과 관련해 따라야 할 정책을 표명한 확실한 선언이 이루어질 수도 있습니다. 이 선언은 한국에 군대를 파견한 모든 국가의 동의를 받고, 군사적 연루에 대해서는 통합사령부에 의해 정식으로 인정될 것입니다. 이렇게 될 때 영국 정부는 베이징, 그리고 모스크바까지도 직접 접근하여 중공이 중재위원회가 제시하는 것과 다른 절차에 의한 해결을

모색할 준비가 되어있는지 알아볼 타당한 이유가 있다고 간주할 수 있을 것입니다. 영국은 의약과 구급 원조를 제공한 인도, 스웨덴, 덴마크도 이 선언에 참여할 수 있기를 바랍니다.

3. 영국 정부는 다음과 같은 실천 계획을 구상하고 있습니다.

한국에 군대를 파견한 모든 국가에 의해 이루어진 공동선언에는 통일되고 독립적인 한국이 모든 외국 군대의 철수와 함께 이루어지기를 바라는 이 국가들의 염원이 표명될 것입니다. 그리고 군사적 방법보다는 타협에 의해 이 목표를 달성하려한다는 사실도 표명될 것입니다.

트루먼 대통령의 선언에 제시된 개괄적 정책의 군사적 연루가 유엔사령부에 의해 완전히 승인되었다는 것을 명확히 하고자 유엔사령부를 지명한 국가원수 트루먼 대통령의 선언과 동시에 추가선언이 이루어 질 수 있습니다.

정치적 성격의 이 두 선언을 발표한 후, 중공 정부, 그리고 나아가 소련 정부에게까지 공동선언을 부각시키고, 한국문제의 평화적 해결에 대한 희망을 표명하면서, 이 해결에 이르기 위한 최선의 방법에 대해 중공과 소련 정부에게 그들의 견해를 제시하라고 권유하는 방식의 교섭을 시도할 수 있습니다.

4. 영국 정부는 소련정부에 대한 교섭은 중공과의 교섭에 사용되는 것과는 다른 절차에 따라 이루어져야 한다고 봅니다. 소련과는 프랑스, 미국, 영국이 중국과는 영국정부와 인도가 교섭을 하는 것입니다. 스웨덴 정부도 중국과의 교섭에 의견을 전달할 수 있을 것입니다.

5. 엄밀한 의미로, 한국에 군대를 파견한 국가라고 해서 다 유엔의 이름으로 발언할 수 있는 권한이 있지는 않습니다. 그러나 그들의 군대가 사용되는 목적이 유엔의 목적과 일치하기 때문에 이 목적에 대한 공동선언을 할 권리는 있는 것입니다. 유엔사령부에 의한 군사적 연루에 대해 정식으로 작성된 동의를 갖춘 이러한 선언은 중공과 러시아에 영향력을 가질 수 있을 것이고 협상의 길을 열기 위한 빗장 역할을 할 수 있을 것입니다. 차후단계에서 동의가 이루어진

모든 해결에 유엔을 연결하는 것은 자연적으로 중요한 일일 것입니다. 인도적으로 가능하다면, 우리도 마찬가지로 타협적 해결과 유엔군의 철수가 한국에 공산주의의 확대를 가져오지 않도록 분명히 노력해야 할 것입니다. 이에 따라 유엔은 선거 감시, 재건 등의 문제에 개입해야 할 것입니다. 이 문제들은 임박한 것들이 아님을 고려하지만 영국 정부는 이 문제들을 시야에서 놓쳐서는 안 된다고 생각합니다.

6 중공이 새로운 협상시도를 수용하여 대화할 준비가 되어있는지를 알아보는 것이 어렵다 할지라도, 영국 정부는 매정한 거절을 무릅쓰고라도 이러한 노력을 할 필요가 있다고 봅니다.[1]

7. 영국대사는 이 문제에 대해 미국 정부와도 유사한 방식으로 교섭하고 슈만 장관께 이 제안들을 통지하라는 지시를 받았습니다.

8. 영국 정부는 이 제안들에 관한 프랑스 정부의 견해를 알고 싶어 합니다.

외교단

---

[1] 중국군의 참전 후 전선이 38선 근처로 고정되면서, 미군을 중심으로 한 유엔과 중국은 전쟁을 어떻게 끝낼 수 있는가 하는 고민에 봉착했음. 1950년 12월, 1951년 3월, 유엔에서는 영국의 주도로 전쟁을 끝내기 위한 제안이 이루어졌으나, 중국이 이를 받아들이지 않았음. 중국은 협상내용에 중국공산당이 유엔안전보장이사회 중국 대표로 참여해야 한다는 내용까지 포함할 것을 요구했음.

【297】 영국 각서의 번역문 전달(1951.4.3)

[전 보]	영국 각서의 번역문 전달
[문 서 번 호]	1239
[발 신 일]	1951년 4월 3일 23시 30분
[수 신 일]	1951년 4월 4일 09시
[발신지 및 발신자]	뉴욕/유엔 프랑스외교단

보안

1급 비밀

긴급

본인의 전보 제1165호에 이어

한국 사태의 가능한 해결에 관해 영국 대사관이 제게 전달한 각서의 공식 번역문을 보내드립니다. 이 문서는 런던주재 우리 대사관이 제게 내린 지시(전보 제1149-50호)들의 연장선상에 있습니다. 영국 대표는 이 각서가 슈만 장관에게 상달되기를 희망했습니다. 외교 사무국의 답변을 전해 드리겠습니다.

외교단

【298】 한국전쟁의 새로운 방어선(1951.4.3)

[전　　　　　보]	한국전쟁의 새로운 방어선
[문 서 번 호]	281-285
[발　신　일]	1951년 4월 3일
[수　신　일]	1951년 4월 4일 13시 10분
[발신지 및 발신자]	도쿄/드장(주일 프랑스대사)

도쿄에서 문서 제336-340호로 워싱턴에 전달되었음

보안

국방부에 전달 요망

외무부 전달

워싱턴 공문 제336-40호, 뉴욕 공문 제281-285호

1. 임시 목표선(본인의 전보 746호)로 정해졌던 38선 남쪽 근처에 도달한 제8군은 임진강과 동해안 그리고 북위 15㎞까지 연결되는 새로운 돌격을 실시했습니다.

새로운 방어선은 임진강, 한탄강, 화천 저수지를 따라 양양의 동북연안까지 이릅니다. 화천 남쪽에서 중공군과 북한군의 막대한 집결이 눈에 띈 점을 감안할 때 이 지역에서의 강한 저항이 예상된다. 따라서 현재 서쪽에서 동쪽까지 다음과 같은 군이 지키고 있습니다.

제1군단 작전지역(임진에서 가평 북서쪽): 남한군 제1사단, 제3보병사단, 제29영국연대, 벨기에와 필리핀 분견대, 제25보병사단, 터키 예비연단.

제9군단 작전지역(가평부터 춘천 동쪽 30㎞까지): 제27연대, 대한민국 육
　　군 제6부대, 그리스와 태국 분견대와 함께 제1기병사단, 제7보병사단.
제1해병사단은 기갑사단 뒤에 예비로 배치될 것이며 화천 저수지에 도착했
　　을 때 드러날 것임.
제10군단 작전지역: 제2보병사단, 대한민국 육군 제5, 제7부대, 송옥리에
　　예비로 남아있는 분견대. 해안지역 50㎞ 반경에 대한민국 육군 제3군단
　　과 제1군단이 뒤따름.
제187공수연대는 대구 예비부대로 이동. 대한민국 제8부대는 남한군 제11
　사단을 대신하여 대전 지역의 게릴라 소탕작전에 배치.

어제, 8군 인명 피해는 20명 정도로 미약했습니다.

2. 4월 3일 맥아더 장군의 전언에 의하면 적은 전략적이고 전술적인 그들의
대 부대들의 집결에 돌입하고 새로운 소부대들은 후방에 배치했습니다.
　적어도 63개의 사단으로 추산되는 그 집결은 전쟁 이후 가장 많은 숫자일 것
입니다. 이 공문은 어제 리지웨이 장군[1]이 했던 발표와 비교해봐야 합니다. 제8
군 사령관 리지웨이 장군은 한국에 커다란 위기가 아직 남았다고 단언했습니
다. 이 위기는 물론 넘길 수 있겠지만 쉽지는 않을 것 같습니다.

드장

1) 매튜 리지웨이(Matthew Bunker Ridgway, 1895-1993). 한국전쟁 당시 워커 장군을 이어 미 8군
　사령관(1950-1951), 맥아더 장군이 해임된 후 및 유엔군 최고사령관이 됨(1951-1952). 콜린스를
　이어 미 육군 참모총장 역임(1953-1955).

【299】 한국 사태: 미국, 영국, 프랑스 3개국 성명 계획안(1951.6.19)

[보　고　서]	한국 사태: 미국, 영국, 프랑스 3개국 성명 계획안
[문　서　번　호]	50 SC
[발　신　일]	1951년 6월 19일
[수　신　일]	미상
[발신지 및 발신자]	파리/회의사무국
[수신지 및 수신자]	파리/로베르 슈만(프랑스 외무부장관)

장관님께 드리는 보고서

지난달 말, 적어도 국지적으로는 한국 사태의 해결을 진전시키려는 시도에 호의적으로 보이는 상황에서, 외무부는 장관께서도 아시다시피 미국, 영국, 프랑스 정부의 성명을 발표하여 이 서양 3개국이 38선을 따라 비무장지대를 설정함으로써 확실한 휴전을 검토할 준비가 되어있다고 선언하려는 계획을 구상했었습니다.

이러한 의도에서 워싱턴과 런던에도 전달된 이 계획안을 장관님께 아래와 같이 동봉합니다.

보네 주미 프랑스대사는, 우리의 계획이 "그 간략함을 높이 평가한" 미 국무차관보의 "진정한 관심을 끈" 것으로 보인다고 했습니다. 영국 외교부는 서양 3개국만의 선언에 있을 수 있는 장점을 부인하지 않았고 이 문제를 검토해보겠다고 밝혔습니다.

그러나 이미 이전에 성명문 구상이 토론되었을 때처럼, 런던은 한국전쟁에 참여하는 16개국의 선언 쪽을 선호하고, 워싱턴은 유엔사령부를 책임지는 국가원수로서 처신하는 트루먼 대통령의 성명 쪽을 선호합니다.

우리 프랑스는 16개국의 호소는 받아들여질 가능성이 희박하다는 것을 내세웁니다. 중공은 실제로 유엔에서 나오는 접근방법을 일체 무시했으며, 16개국 선언을 유엔 결정의 어떤 실행도구로 볼 가능성도 있습니다. 또 한편, 같은 주제에 관해 수많은 다른 성명이 발표된 후 나오는 트루먼 대통령의 선언은 기대할만한 영향력과 결과를 가져오지 못할 것입니다.

이 때문에 우리는 유엔의 목표 안에서 유엔과 덜 직접적으로 연관된 다른 방책을 찾게 된 것입니다. 즉 특히 국제평화와 안전에 책임이 있는 3개국의 성명은 더 많은 반향을 일으킬 것이고 소련의 정치선동 앞에서 우리의 평화에 대한 의지를 솔직히 천명할 수 있는 장점이 있습니다.

【299-1】 별첨 1—프랑스 정부의 성명발표 계획안

한국의 유혈사태와 한국인들이 겪고 있는 참화와 황폐에 종지부를 찍는 데 관심을 가지고, 자유롭고 독립적인 한국 창시에 관하여 유엔이 수없이 선포한 최종적 목표에 해를 끼치지 않고 이 결과에 도달할 수 있다고 믿으며,

전체의 평화를 위해 이 지역에서의 적대감의 존재가 품고 있는 위협을 제거하길 바라며,

현 분쟁의 연장과 확장을 막기 위해 능력이 닿는 한 어떤 것도 소홀히 하지 않으려 하며, 국민들의 희망을 인식하고 있는,

미국, 영국, 프랑스 정부는,

1. 즉각적인 휴전을 위한 중재와
2. 안보리 5개 상임이사국의 국민이 아닌 국가에서 선정된 유엔 소속 감독관을 통해 감시될, 38선을 따라 비무장지대의 설정을 검토할 준비가 되어있음을 선포한다.

이 선언을 하면서, 우리 3개국 정부는 우리의 제안에 효과가 뒷받침된다면, 전제조건이 일단 이루어지고 나면, 한국 사태의 해결을 위한 협상의 시작과 한국전쟁의 폐허를 재건하고 그 국민들의 고통을 덜어줄 방법의 실행이 가능하다고 믿는다.

이 선언을 읽어보면 나타나듯, 휴전에 한정된 선언의 즉각적인 목적은 서양 열강의 희망이 무엇보다 유혈사태를 멈추고자 하는 것임을 여론 앞에 강조하는 것입니다. 우리는 이 선언과 동시에 모스크바와 베이징에 교섭을 병행하자고 제안할 것입니다. 워싱턴과 런던이 이에 반대하는 것 같지는 않습니다. 만약 모스크바와 베이징, 이 두 도시에서 모든 대화가 대만의 양도와 유엔에서의 중공 대표권 인정에 맞춰지는 경우가 생긴다면, 한국을 벗어나는 문제라는 근거를

한국전쟁 관련 프랑스외교문서 VI [1953. 01. 06〜1953. 07. 31 / 장관실문서(1950. 06. 25〜1952. 12. 10)]

들어 두 정부는 전쟁을 즉각 멈추도록 하는 명제로만 집중하여 피하는 것이 자연스러운 대응일 것입니다. 이렇게 하여 우리는 세계 앞에 전쟁을 지속한 데 대해 적이 져야할 책임을 고발할 자격을 가질 수 있게 될 것입니다.

【300】 프랑스의 한국 원조 참여(1951.6.26)

[보 고 서]	프랑스의 한국 원조 참여
[문 서 번 호]	1439 SC
[발 신 일]	1951년 6월 26일
[수 신 일]	미상
[발신지 및 발신자]	파리/회의사무국
[수신지 및 수신자]	파리/로베르 슈만(프랑스 외무부장관)

한국 원조에 대한 프랑스의 참여 문제에 관하여 여러 번에 걸쳐, 마지막으로는 1951년 3월 15일 회의사무국 보고서 제29호를 통해 장관님의 주의를 촉구해왔습니다. 의회는 이를 위한 예산 등록 검토를 거부했습니다.

유엔총회의 결의에 따라 1950년 12월 1일자로 "한국의 구호와 재건을 위한 계획의 자금조달을 위한 분담금 명목으로 여러 정부가 지불할 수 있는 금액에 대하여 회원국 그리고 비회원국과 상의하는 임무를 맡은 "중재위원회"는 5월 21일 사무국의 책임 하에 결산대조표 형식으로 자신의 활동 결과를 설명하는 보고서를 배포하도록 하였습니다.

게다가 안보리의 호소에 발송된 긴급구조의 명목으로 300,000달러에서 41,000달러로 돌아온 우리 분담금의 수치가 표시된 도표에 원조계획에 대하여는 프랑스 앞에 없음 표시가 되어 있습니다. 그런 중에 43개 정부가 후원금을 약속했고 당연히 미국(162,500,000달러)과 영국(28,000,000달러)이 앞줄에 기재되어 있습니다. 우리가 분담금을 안 내게 되면 작은 국가들도 비교적 높은 수치의 금액을 발표한 만큼 더더욱 눈에 띕니다. 이들은 당장은 결과가 불투명한 참여의 이론적 성격을 기준으로 금액을 결정했습니다.

물론 프랑스 대표는 지금까지 각국이 공개적으로 자신의 부담금 금액을 알리도록 요청하는 전체회의의 위협을 벗어나는 데 성공했습니다. 총회 결의안의 엄격한 해석을 근거로 몇몇 대표들이 주기적으로 이 회의에 대한 구상을 들뜨게 만들고 있습니다. 위원회의 보고서와 사무국에 의한 배포는 우리의 지불불능을 적잖게 노출시킵니다. 이 노출은 위원회 보고서에 이어 사무국이 우리에게 보내는 새로운 요청에 대한 우리 측 대답의 부재 또는 부정적 대답을 더 부추기게 될 것입니다.

그런데 이 노출은 미국에 큰 파문을 던지고 반(反)프랑스 선동의 미끼가 됩니다. 보네 대사는 한국에서 미군의 거의 고립 상태를 앞에 둔 맥아더 장군의 파면에 대한 조사위원회의 논쟁으로 예민해진 여론의 초조함이 점점 심해지고 있다고 알려주었습니다.

이런 심리상태는 우리와도 무관할 수 없을 것입니다. 설령 그것이 의회의 결정에 대해 여전히 가능한 파급효과뿐이라 할지라도 말입니다.

한국 원조에 관한 문제가 처음으로 제기되었을 때 장관께서도 군사행동에 대한 우리 쪽 참여의 어려움 때문에 재정적 원조 부분에 노력을 하지 않을 수 없다고 의견을 표명하셨습니다.

이 고찰은 여전히 유효하고 우리 부담의 무게가 얼마든 우리는 특히 극동지역에서 그 부담에 대처해야 합니다.

회의사무국은 유엔의 최근의 움직임에 직면하여 이 문제를 장관께 맡겨야 한다고 믿고 있습니다.

【301】 한국 사태(1951.7.2)

[보 고 서] 한국 사태
[문 서 번 호] 56 SC
[발 신 일] 1951년 7월 2일
[수 신 일] 미상
[발신지 및 발신자] 파리/회의사무국
[수신지 및 수신자] 파리/로베르 슈만(프랑스 외무부장관)

장관님께 드리는 보고서

 회의사무국은 장관님께 말리크 씨의 선언이 야기한 사건의 전개부터 리지웨이 장군이 북한 사령부에 보낸 메시지까지의 연대기적 보고서를 아래와 같이 동봉합니다.[1]

 이 보고서는 우리 대사관들에 의해 외무부에 공식적으로 전달된 정보에 의해 작성된 것입니다.

---

[1] 유엔에서 영국의 중재가 성공을 거두지 못하고 휴전협상은 결국 미국과 소련에 의해 제기되었음. 미국은 유엔 주재 말리크 소련대사를 통해 협상이 필요하다고 제안했음. 이때 말리크 대사를 만났던 미국 측 인사는 미군의 38선 북진에 비판적이었던 케넌이었음. 케넌은 트루먼 대통령의 요청으로 뉴욕에서 말리크 소련대사와 비밀 회동, 휴전 가능성을 타진했음. 말리크 는 미국의 제안을 받아들여 1951년 6월 23일, 공식적으로 휴전을 제안했음. 소련의 제안에 대해 중국과 북한은 반대하지 않았고, 미국 역시 자기들이 먼저 제안했기 때문에 받아들였음.

【301-1】 별첨 1—말리크 씨의 선언부터 리지웨이 장군이 북한 사령부에 전달한 서한까지의 보고서

안보리 소련 상임대표 말리크 씨는 1951년 6월 23일 유엔의 라디오 방송에서 서양 국가들의 전체적 정책과 미국의 한국 개입을 긴 시간 비난한 뒤, 특히 미국의 대만 장악을 고발하고 중공의 유엔대표권 수락 반대를 규탄하면서 다음과 같은 표현으로 자신의 성명을 마쳤습니다.

> "더불어 소련 국민들은 현 상황에서 가장 까다로운 문제인 한국전쟁 문제 역시 해결될 수 있다고 믿고 있습니다. 이를 위해 당사자들은 한국문제에 관한 평화적 해결의 길을 약속할 수 있어야 합니다. 소련 국민들은 첫 번째 조치로서 교전국 사이에 정전과 38선을 중심으로 양쪽군의 철수를 계획하는 휴전을 목표로 하는 토론이 시작되어야 할 것이라고 믿고 있습니다. 이러한 조치가 내려질 수 있을까요? 저는 가능하다고 믿습니다. 피비린내 나는 한국의 전투를 끝내고자 하는 신중한 바람이 뒷받침된다면 말입니다. 한국에 평화를 자리 잡게 하기 위해서 그것은 지나친 요구는 아니라고 생각합니다."

이 발언의 중요성은, 한국 사태가 시작된 이래 처음으로 공산진영 측이 정치적 조건을 단서로 달지 않으면서 전쟁의 잠정적 중지에 대한 언급을 한 평화에 대한 암시라는 점에서 충격을 받은 세계여론과 사무국들에 의해 금방 드러났습니다. 우리는 소련과 중국이 지금까지 무엇보다 대만의 법적자격과 중공의 유엔대표권 문제를 포함하지 않은 의제에 대한 모든 협상 가능성을 항상 거부해 왔음을 기억하고 있습니다.

휴전의 무조건적 제안처럼 보이는 말리크 씨의 발언은 심지어 프랑스 정부가 계획하고 워싱턴, 런던과 상의하고 있던 성명 계획안(6월 19일 장관 보고서 제50호)과도 일맥상통하고 있습니다. 소련 대표의 진짜 의도가 무엇이었든 간에, 그가 가능성을 열어놓은 대화를 피하지 않는 것이 중요했습니다. 장관께서는 6

월 25일 이런 방향으로 워싱턴과 런던의 대사들이 미국과 영국 정부에 대해서도 이 관점을 강력히 지지하도록 권유하는 공식적 발표를 하셨습니다.

동시에 모리슨[2] 씨도 영국 하원에서, 분쟁을 끝내기 위한 영국 및 다른 유엔 회원국들의 노력에 이제부터 동참하겠다는 소련의 신중한 바람을 반영하는 말리크 씨의 성명에 희망을 표명했습니다. 그는 침략군을 최초의 분계선 저쪽으로 격퇴하는 데 있었던 유엔의 군사적 목적이 이루어졌다는 사실을 상기시키고, 영국정부는 말리크 씨의 담화를 고려하여 평화의 회복을 위해 이미 약속한 협의를 계속해나가겠다고 강조했습니다.

영국 외무부의 견해 역시 『타임스』가 그 해설에 붙인 「런던의 신중한 낙관론」이라는 제목에서 드러났습니다. 이 신문에서도 모리슨 씨가 강조한 바와 마찬가지로 말리크 씨의 의견이 중공, 북한과 조율이 된 것인지에 대한 문제가 제기되었습니다. 또한 다른 위험 지역에서의 소련 정책에 좀 더 많은 행동의 자유를 부여하기 위한 소련정부의 술책은 아닌지에 대해 신경 쓰는 모습도 보였습니다.

미국에서는 트루먼 대통령이 다음과 같이 발표했습니다.

> "우리는 늘 그래왔던 것처럼 오늘날 한국문제의 평화적 해결에 협력할 준비가 되어있습니다. 그러나 그것은 공격을 확정적으로 중지하고 한국과 꿋꿋한 한국 국민에게 평화와 안전을 돌려주는 진정한 해결이어야만 합니다. 한국과 세계의 나머지 지역에서 우리는 세계 평화를 위해 실제적으로 나아가게 하는 모든 시도를 다 할 준비가 되어있어야 합니다. 그리고 우리는 세계전쟁에 대한 쓸데없는 위험을 내포할 수 있는 경솔한 행위 또는 공격을 고무시킬 수 있는 유약한 행위들은 전염병처럼 피해야 할 것입니다."

일종의 유보적 입장이 묻혀있는 이 발언은 워싱턴의 우리 대사관이 국무부와의 대화에서 포착한 자제된 낙관론과 같은 인상을 줍니다. 국무부는 말리크 씨

---

[2] 허버트 모리슨(Herbert Stanley Morrison, 1888-1965). 영국노동당 간부. 1920-1950년대에 걸쳐 하원의원, 부총리 · 추밀원 의장, 외무장관(1951.3-1951.10) 등을 역임.

의 성명 후 얼마 지나지 않아 다음과 같은 공식입장을 발표했습니다.

> "말리크 씨의 연설이 공산주의자들이 지금 한국에서의 공격을 종결하고
> 자 하는 의지를 의미한다면, 우리는 지금까지 그래왔듯 적대행위의 중단과
> 재발을 방지하기 위한 조치의 채택에 관하여 우리의 역할을 다할 준비가 되
> 어 있습니다. 그러나 말리크 씨 연설의 내용은 또다시 정치적 선동이 아닌
> 다른 것을 포함하고 있는지에 대한 의문이 제기됩니다. 만약 다른 것을 포
> 함하고 있다면 현 분쟁을 종식하기 위한 토론에 적절한 방법들은 얼마든지
> 있습니다."

애치슨 국무장관은 6월 25일부터 자세한 정보를 얻기 위해 말리크 씨와 접촉
하고 나중에는 커크[3] 제독을 통해 크렘린과 접촉하기로 결정했습니다. 휴전협
정만 놓고 볼 때, 그는 유엔사령부가 함께 교섭해야 할 공산주의 진영 총사령관
이라는 인물에 대해 신경을 쓰고 합의 내용의 실행 보장에 대해서도 염려하였
습니다. 마지막으로 38선 남쪽 경계를 정해야 할 비무장지대의 한계선과 남한
정부쪽에서 예상되는 난관은 곤란한 문제가 아니었습니다.

소련대표의 연설이 큰 동요를 불러일으킨 뉴욕에서는 미국 기자 한 명이 26
일에 워싱턴의 소련 대사관에 전화를 하여 말리크 씨의 제안에 대한 몇 가지
질문에 답을 얻어내기도 했습니다. 이미 홍콩의 공문들은 베이징라디오에 의하
면 "중공 국민들은 전적으로 동의"했다는 소식을 전했습니다. 소련대사는 이 기
자의 질문에 "첫 단계로서"라는 말은 정치적 문제는 휴전 관련 협상과 분리되며
추후 단계를 예정하는 것을 의미한다고 대답했습니다. 다른 한편, "교전국"이라
는 표현은 모든 법률상의 미묘함을 배제한 실제로 서로 싸운 자들을 의미한다
고 했습니다. 이러한 해명은 성명 그 자체가 불러일으킨 기대를 더 강화시켰습
니다. 대부분의 유엔대표단들은 미국 정부가 자국의 내부 정책의 난관 때문에
이 기회를 놓치지 않을까 하는 우려밖에 없었습니다. 이러한 염려는 특히 영국

---

3) 앨런 커크(Alan G. Kirk, 1888-1963). 주소련 미국대사(1949-1951). 해군 장관 출신으로 룩셈부르
크, 대만 주재 대사 역임.

과 영연방(캐나다, 오스트레일리아, 뉴질랜드) 대표들과 스칸디나비아 대표단에게서 더욱 뚜렷이 나타났습니다. 이들 각 대표단은 미 대표단에게 말리크 씨의 제안이 제공하는 기회를 붙잡도록 워싱턴 정부를 설득할 것을 당부했습니다.

우리 외무부의 지시로 라코스트[4] 씨도 동일하게 반응했습니다. 이 염려는 국무부의 유보적 입장을 정당화할 만한 근거를 키워온 수뇌부의 공식 입장이 도쿄에서 발표되면서 더더욱 생생해졌습니다. 이 공식입장에서는 말리크 씨가 언급한 "평화적 해결의 길"은 어디로 가는 것인지, 그리고 "교전국"은 무엇을 의미하는지, 어떤 정부가 대화에 참여할 것인지, 38선으로부터의 군대 철수는 단지 잠정적 공격 시 좀 더 나은 위치에 적을 배치하기 위한 것은 아닌지를 자문하고 있습니다.

마지막에는 이 제안에는 그 선의를 확신할 수 있게 하는 어떤 요소도 보이지 않고, 협상의 잠정적 실패의 심각성을 생각하는 것이 좋을 것이라고 단언하고 있습니다.

그동안 몸이 불편한 말리크 씨는 26일부터 그와 접촉하려 노력한 그로스 씨를 접견할 수 없었습니다. 말리크 씨와 역시 접촉을 시도해온 엔테잠 씨와 베네갈 씨도 마찬가지였습니다.

27일, 마시글리[5] 영국 주재 프랑스대사가 런던에서 전보를 보내왔습니다. 모리슨 씨가 젭 씨에게 "반드시" 말리크 씨를 만나라고 권유했으며, 모리슨 씨는 이 문제가 정체되지 않도록 협상을 둔화시킬 수 있는 조건은 제시하지 않으면서 신속하게 협상을 이끄는 데 집중하고 있다는 내용입니다.

도쿄에서 발표된 문건의 효과는 6월 27일 미국 하원의 외교위원회에서 애치슨 국무장관이 내놓은 발표 때문에 부분적으로 희미해졌습니다. 그는 유엔의 군사적 목적은 적을 물리치는 데 있었고 한국 통일은 또 다른 문제이므로, 38선에서의 전쟁 중단은 한국전쟁을 순조롭게 종결하는 것으로 간주될 수 있다고 말했습니다. 더구나 도쿄에서 발표된 각서는 공개용이 아니었고 리지웨이 장군

---

[4] 프랑시스 라코스트(Francis Lacoste, 1905-1993). 주유엔 프랑스 대표대리(1950-1954).
[5] 르네 마시글리(René Massigli, 1888-1988). 주영 프랑스대사(1944-1955).

의 개인적 정보를 위한 것이었다고 밝혀졌습니다. 이 혼란은 내부 여론의 일부, 남한의 예민함, 일본 여론에다 군대의 사기를 유지해야 하는 걱정까지 이 모든 문제 앞에 놓인 미 국무부의 어려운 상황을 적잖이 드러냈습니다.

결국, 커크 제독은 소련 정부의 해명을 요구하도록 요청받았습니다. 다음과 같은 질문들에 대한 해명입니다.

1. "소련 국민들"이란 표현은 소련 정부도 가리키는 것인가?
2. "정전"과 "휴전" 사이에는 정확이 어떤 범위의 차이가 있으며 소련 당국은 어떤 보증을 검토하고 있는가?
3. 소련에게 "평화적 해결의 길로 들어서기"라는 말은 무엇이라 생각하는가?
4. 말리크 씨의 성명은 베이징 정부의 견해도 대변하는 것인가?
5. 현장에서 적대하고 있는 사령부들의 대표 회의에 소련 정부가 호의적이라는 의미인가?

"교전국"이란 말의 해석에 대한 질문은 전혀 없었습니다. 소련이 북한을 언급하며 나오면 남한을 연결시켜야 하고 이렇게 되면 문제가 끝없이 제기될 것을 염려했기 때문입니다.

유엔대표들의 의견이 본질을 벗어나 시야를 흐리는 혼돈에 휩싸이지 않도록 하기 위해 6월 27일 외무부는 다시 한 번 라코스트 씨에게 여하튼 말리크 씨가 생각을 밝히도록 이끌 때의 이점을 거듭 강조하였습니다. 28일 웹 미 국무차관의 말로 판단하자면 미국 정부의 의도도 마찬가지인 것으로 보였습니다. 또한 28일 한국에 군대를 파견한 유엔 회원 16개국은 워싱턴에서 열린 주 2회 회의에서 상황을 좀 더 명확히 밝힐 필요성을 강조하고, 유엔군이 한국에 개입한 이유를 상기하며, 그들의 정부는 지금까지 그래왔듯 한국에서의 지속적이고 진정한 평화를 위한 활동에 언제든지 참여할 준비가 되어있다고 거듭 확신을 하며 공시입장을 발표했습니다 같은 날, 미국 하원의 외교위원회에서 연설한 애치슨 국무장관은 침략행위가 반복되지 않도록 매우 강력한 보증이 필요함을 거듭 강조하며, 가장 확실한 보증은 한국에서의 중공군 철수이며 이것은 다른 모든 외국 군대의 철수를 이끌 수 있다고 설명했습니다.

그는 전쟁이 재발할 경우 전면전이라는 결과를 가져올 수 있다는 것을 중공이 인지해야 하고, 소련이 한국에서 전쟁을 종결하고 예를 들어 인도차이나 또는 미얀마 같은 다른 곳에서 전쟁을 다시 시작할 수 있다는 가능성도 고려해야 할 것이며, 마지막으로 미군이 한반도에서 철수하더라도 그것은 미국으로 가기 위해서가 아니라 한국에서 멀지 않은 일본으로 돌아가기 위한 것이라고 덧붙였습니다. 이러한 설명은 당연히 미국 지도부들 사이에 사고의 방향을 이끌었습니다.

한편, 급히 뉴욕으로 돌아온 트리그브 리 사무총장은 말리크 씨 제안의 진정성에 낙관적인 모습을 보였습니다.

커크 제독이 모스크바 주재 우리 대사에게 털어놓은 바에 의하면, 6월 27일 주미 소련대사 그로미코 씨는 소련 국민과 소련 정부 사이의 차이가 있는지에 대한 질문에 말리크 씨의 성명에는 모호함이 있을 수 없다고 대답했다고 합니다. "정전"과 "휴전" 사이의 차이에 관한 질문에는 말리크 씨의 제안은 엄밀한 군사적인 국면에서만 한국문제를 검토하는 것이지 정치적 해결은 전혀 판단하지 않는다고 답했습니다. 중공 정부의 동의에 관한 질문에는 미국 정부가 중공 정부의 의향을 알아보는 일은 어렵지 않을 것이라고 대답했다고 합니다.

이 대답들이 똑같이 알려진 런던에서는 윌리엄 스트랭[6] 외무차관이 우리 대사에게 이 답변들을 고무적으로 본다고 밝혔습니다. 그는 영국 대리공사를 통해 중공에게 질문할 가능성을 내비쳤는데, 마시글리 영국 주재 대사는 중공 정부가 지금부터 우선 해결 불가능한 정치적 문제를 거론하지 않기는 어려울 것이라는 점을 강조하면서 이 견해에 강력히 반대했습니다.

6월 28일, 앙리 보네 주미 프랑스대사는 애치슨 미 국무장관과 대담을 갖고 다음과 같은 점을 분명히 했습니다.

---

[6] 윌리엄 스트랭(William Strang, 1893-1978). 영국 외무부차관(1949-1953).

- 미 국무부는 협정에서 정전과 휴전 문제만 본다.
- 정치적 협상은 두 번째 단계를 위해 남겨놓는다.
- 휴전협상은 참모부가 아직 정하지 않았지만 어떤 새로운 공격도 없을 것이라고 보증하는 성격의 조건을 바탕으로 리지웨이[7] 장군이 상대측의 군사령관과 이끌게 될 것이다.
- 미 국방부의 제안들이 동맹국 대사들에게 전달될 것이다.

애치슨 씨는 어쨌든 미 정부가 눈앞에 제공된 평화의 기회를 신중하게 살펴보기로 결심한 것으로 보이는 인상을 주었습니다.

이 계획의 전체적 개요를 수용하면서, 외무부는 6월 30일 보네 씨와 라코스트 씨에게 미국과 소련 사이의 대화를 방해하지 않으면서도 규칙적으로 관찰하여 소견을 작성하도록 지시했습니다. 다자회담의 경우 우리도 참여할 것이라는 점을 강조했습니다.

같은 날 6월 30일, 언론은 리지웨이 장군이 북한 총사령관에게 보낸 전언을 발표했습니다. "한국에서의 전투행위와 모든 군사 활동을 중지할 것과 그 휴전을 유지하기 위해 합당한 보증을 약속하는 휴전을 협의"(『피가로』인용)하기 위한 회견을 제안하는 내용입니다.

러스크 미국 극동 담당 국무차관보가 보네 프랑스대사에게 보낸 정보에 따르면, 리지웨이 장군에게 주어진 명령은 측정 의도에서 고안된 것이었습니다. 상대 쪽에서 선의를 보이면 전쟁 중지는 현실로 접어들었다고 추측할 수 있는 것입니다.

---

7) 매튜 리지웨이(Matthew Bunker Ridgway, 1895-1993). 한국전쟁 당시 워커 장군을 이어 미 8군 사령관(1950-1951), 맥아더 장군이 해임된 후 및 유엔군 최고사령관이 됨(1951-1952). 콜린스를 이어 미 육군 참모총장 역임(1953-1955).

【301-2】 별첨 2―리지웨이 장군에게 내려진 지시에서 검토된 휴전의 조건

2급 비밀

리지웨이 장군에게 내려진 지시에서 검토된 휴전의 조건(워싱턴 주재 프랑스 대사관의 정보)

1. 양측 혼합 군사위원회의 감시 아래 북한과 남한을 자유로이 통행할 수 있을 후방지역(비행기 포함)
2. 마을 포함 문제가 제시할 수 있는 의문을 피할 수 있도록 비교적 협소한 비무장지대
3. 긴급하지 않은 38선(적의 자존심을 위한 몇몇 철수)
4. 일대일 또는 합리적 비율의 포로교환(연합군 포로 5,000명, 적군 포로 150,000명)
5. 평화 모색 시 일어날 문제를 암시하지 말 것(이 문제들은 두 번째 단계로 유보)

【302】 휴전협정에 대한 전망(1951.7.15)

[전 보]	휴전협정에 대한 전망
[문 서 번 호]	5147-5152
[발 신 일]	1951년 7월 15일 4시 50분
[수 신 일]	1951년 7월 16일 4시 50분
[발신지 및 발신자]	워싱턴/보네(주미 프랑스대사)
[수신지 및 수신자]	파리/로베르 슈만(프랑스 외무부장관)

보안

장관님의 전보 제7234호에 답변 드립니다.

제가 여러 번 알려드린 것처럼, 중공의 한국 평화협상은 이곳 여러 사회에서 회의와 의심으로 받아들여졌습니다. 미국 정부에 가장 많이 주어진 경고는, 휴전협정이 성사될 경우 중공이 가장을 하고 뒤에 숨어 새로운 공격을 준비할 수 있다는 점과 소련의 공격이 지구촌의 다른 지역으로 이전될 가능성은 흔히 예상되었고 앞으로도 그럴 것이라는 점입니다. 인도차이나 공격이 가장 자주 언급된 가정이고, 미얀마, 홍콩 그리고 대만은 그래도 두 번째 선상에서 언급되었습니다. 정치계에서 소련의 공격적 전술이 서양에 쉴 틈을 줄 리가 없다고 믿는 자들은 극동을 벗어나 이란과 유고슬라비아를 소련의 새로운 전쟁 가능성의 장으로 꼽아 왔습니다.

미 교섭위원들은 상대방이 비타협적 태도를 보이지 않는다면 한국 휴전협정을 확고히 진행할 것입니다. 더구나 리지웨이 장군과의 최근 의견교환 시 이들은 비협조적 모습을 나타내지 않은 것으로 보입니다. 휴전협정 체결은 미국 정부로서는 고립주의와 반(反)유럽주의 경향의 적수에 대한 눈에 띄는 성공이 될 것입니다.

아시다시피 이 협상 중에는 어떤 정치적 조건도 꺼내어서는 안 됩니다. 저는 이 단계에서는 극동의 다른 군사문제까지 대화가 확대될 가능성조차 없다고 생각합니다. 게다가 원칙적으로 중공 정부는 여기에 참여하지 않는다는 사실을 잊어서는 안 됩니다. 문제는 잠정적 휴전협정 이후 어떻게 대화가 지속될 것인지에 대한 것입니다. 평화협정에 대한 토론은 아직 모호합니다. 여전히 불투명한 협상 절차와는 별개로 동맹국의 전략이 신속하게 협상을 이끄는 것인지 휴전에 긴 시간을 끌 것인지를 예상하는 것도 불가능합니다. 이 다양한 가능성들에 대해 상대는 어떤 태도인지 어느 국가(북한 또는 중공)가 유엔을 마주하고 교섭할 것인지조차도 모릅니다. 반면 평화협상 도중 또는 직후에 극동지역 관련 많은 문제들이 어떤 식으로든 토론 상에 오를 것만큼은 매우 확실해 보입니다. 유엔에서의 중공의 입장 또는 일본과의 관계 등에 국제적 관심이 향하도록 내버려둘 이유가 없다는 것이 정부의 견해라면 저는 그에 완전히 동의하는 바입니다.

동남아시아에서 제기되는 문제들과 분리하고, 인도차이나의 미국 원조를 제외한 모든 동남아시아의 군사적 책임을 오직 우리 프랑스에게 전적으로 떠넘기는 경향이 있습니다. 극동 문제에 관해 제가 최근에 가진 모든 회담에서 저는 말씀드린 이 경향에 반발했습니다. 비밀정보입니다만 며칠 후 저는 많은 미국 기자들 앞에서 발언할 기회를 가지게 될 것인데, 그때도 동일한 태도를 취할 것입니다. 애치슨 국무장관과 사안을 조절하기 전에 제가 받은 지시의 의미를 잘못 오해한 부분은 없는지 확인하고 싶습니다. 이 교섭은 두 가지 목적을 이루어야 하는 것 같습니다.

1. 미국이 러스크 극동 담당 국무차관보가 보인 보다 부정적인 입장(본인의 전보 제4873호 참고)을 버릴 수 있다는 기대를 확고하게 보여주면서, 지금부터 동남아시아 연합정책에 관해 제가 제출한 제안에 대한 미 국무부의 반응을 알아보는 일.
2. 우리 프랑스는 지금부터 한국의 휴전협정이 성사되는 경우 인도차이나의 분쟁에 관한 정치적 해결책을 세워야 할 것이라고 생각한다는 것을 알려주는 일.

우리 프랑스는 단지 중국이 연루된 모든 합의에는 연합국들에 맞선 규칙적이고 자발적인 중공군의 개입이 없을 것이라는 약속 사항이 포함되기를 요청한다고 제가 명확히 밝히는 것이 좋겠습니까? 이 조건을 내세우면서 우리는 우리의 요청이 미국과 유엔의 지명이 가능한 전권사절의 눈에 인도차이나의 상황을 국제 토론으로 끌어내려는 것처럼 해석되는 것은 원하지 않는다고 결국 강조해야 할 것입니다.

위의 제2항 관련 질문에 장관님의 견해를 저에게 전해주시고, 장관님의 전보에서 유추할 수 있었던 지시, 즉 평화협정이 아니라 휴전협정이면 중공에게 받아내야 할 약속에 관해 언급하지 말라고 한 지시에 대해 다시 한 번 확언을 해주시면 매우 감사하겠습니다.

보네

【303】 뉴욕에서 본 한국 사태(1951.7.17)

[의 견 서]	뉴욕에서 본 한국 사태
[문 서 번 호]	미상
[발 신 일]	1951년 7월 17일
[수 신 일]	미상
[발신지 및 발신자]	뉴욕/라코스트(주유엔 프랑스 대표대리)
[수신지 및 수신자]	미상/드 마르주리(주미 프랑스대사관 참사관)

라코스트 씨가 드 마르주리[1] 씨에게 전달한 의견서

북한군의 38선 이남 침공에 이어 갑작스레 관여하게 된 유엔이 처한 상황의 가장 핵심적인 요소들 중 가장 눈에 띄는 것 중 하나는, 안보리 회원국들을 위해서는 안보리의 표결에 투표하면서, 그리고 전쟁에 실제로 참여하고 있거나 할 예정인 회원국들과 미국을 위해서는 한반도 땅과 바다에서 포격을 해가며 방어를 하게 된 근본적으로 잘못된 성격의 유엔의 입장입니다. 지금 당장 반공산주의 십자군 전쟁을 위해 소련 궤도에 빨려 들어가지 않은 세계의 모든 국가 전체를 동원해야 할 순간이 왔다고 판단되더라도, 서양이 그토록 심각한 결정, 더 정확하게는 그토록 나쁜 명분에 대해 결정을 내려야 하는 상황까지 오게 된, 또는 오게 내버려둔 것은 유감이 아닐 수 없습니다.

5년 동안 미국은 소련만큼이나 한국의 반쪽에서 행동의 자유를 누렸습니다. 그들은 38선 이하의 한국인들-북쪽의 형제들과 정신적으로나 도덕적으로 많이

---

[1] 드 마르주리(Christian Jacquin de Margerie, 1911-1991). 1951년 당시 주미 프랑스 대사관 참사관. 마드리드, 워싱턴, 로마, 베를린 등에서 외교관으로 지내다, 주아르헨티나 프랑스대사, 주네덜란드 프랑스대사, 주그리스 프랑스대사 역임.

다르지 않고 민족적으로 외형적으로 구별되지 않는-의 정치적 '교화'를 실행할 여유가 충분히 있었습니다. 실제로 미국은 남한에서 자기들이 애착을 갖는 민주주의 선전 분야에서 특별히 강력한 노력을 펼쳤습니다. 그들은 심지어 군사 점령 상태로 거기에 주둔했고-그러므로 그들이 한국인들에게 새기고 싶었던 인상을 더 깊게 하는 데 무엇보다 특별히 유리한 상황에서- 북한에서의 소련보다 좀 더 오랫동안 머물렀습니다. 결국 그들은 철수했고, 자연적으로 한국은 여전히 울타리 양쪽에서 각각이 행사하는 영향력에 복종하는 상태였지만 뚜렷한 속박 없이 한동안 스스로 머물게 되었습니다.

갑자기 6월 25일, 북한이 이승만 정부의 억압과 북미 자본주의 제국주의자들의 속박에서 남한 형제들을 해방하겠다며 발동하기 시작했습니다. 그리고 무슨 일이 일어납니까? 24시간도 안되어 남한군대라 부르던 것의 반이 해체되고 증발했습니다. 하루 밤 사이에 혼란이 대한민국 영토 전체로 확산되었고, 곧이어 "제5열"[2]이 사방에서 나타나기 시작했습니다. 반면 국제적 지위가 없으며 자국 내에서도 합법적인 실재가 없는 반역자들의 무리로 알려진 북한군은, 미군 정규부대를 대적할 때도 희생정신으로 용맹하게 싸웠습니다. 그 정신은 그들이 휩쓸어버린 미국 군대를 지휘하는 장교들조차 감탄할 정도였습니다.

처음의 놀라운 성공의 군사적 양상은 당분간 차치하더라도 이러한 연속 사건으로 볼 때, 무엇보다, 한국 민족처럼 순진하고 극빈한 대중에게 작용하는 소련과 미국의 선동의 관통력에 관해 정치적으로 어떤 결론을 내려야 하는 것입니까? 뒤이어 유엔군이 북한군을 38선 이북으로 격퇴하고 한국의 국제적 지위를 규명해야 할 때(어떤 조건으로? 어떤 상대와 함께?), 그리고 그들의 취향과 요구에 합당한 교육으로 한국 국민을 도와야 할 때, 한국문제 해결—그런 날이 올

---

[2] 진격해 오는 정규군에 호응하여, 적국 내에서 각종 모략활동을 하는 조직적인 무력집단, 또는 그 집단의 구성 요원. 제5부대라고도 함. 1936년의 에스파냐내란 당시, 4개 부대를 이끌고 마드리드 공략작전을 지휘한 E.몰라 장군이 "마드리드는 내응자(內應者)로 구성된 제5부대에 의해서 섬령될 것이나"라고 아여, 사기 부내 이외에도 협력지가 있음을 시시한 데에서 유래되었다. 평시에도 상대국의 내부에 잠입해서 모략공작을 하는 자, 즉 간첩에 대해서도 넓은 의미로 제5열이라고 함.

때—의 전망에 관해서는 어떤 결론을 내려야 하는 것입니까?

어느 날 한국에서 그러한 조사가 가능하다고 가정한다면, 정말 자유로운 민중의 여론 조사에서 한국 전체에서 대다수가 다소 사회주의 체제 또는 소련 체제를 선택하지 않았으리라고 누가 감히 단언할 수 있겠습니까? 그리고 유엔이 전쟁의 참화를 폭발시키는 대신 지난 6월 25일 그 주에 한국 국민을 그대로 두었더라면 한국 전체가 저항 없이 어쩌면 열렬히 한반도 전 영토에 평양의 인민공화국 통치의 확장을 받아들였을 것이라는 증거가 있거나 그렇게 나타난다면 유엔은 어떤 태도를 보일까요?

물론 이러한 논거의 필요조건들은 결코 이루어지지 않을 것이고, 만약 그것들이 이루어질 수 있다면 이러한 결과를 가져오지 않겠지요. 그러나 여기에 대한 가정을 할 수 있다는 것 자체가 이미 지나친 일입니다. 현지 국민감정으로 볼 때 깊은 정치적 현실이 그토록 의심스럽고 미래의 전개가 그토록 불안정하게 보이는 한 사태에 미국이 온몸을 던지고 유엔기구 전체를 자신과 함께 끌어들였다는 것은 심각한 일입니다.

* * *

북한군의 남한 진입으로 갑자기 제기된 문제에는 즉각적 반응보다는 사건이 발생하기 한참 전 우선 개입하지 않는다는 강경한 결심 또는 모든 가능성 counselor에 대한 과감한 준비를 동반한 깊은 성찰이 필요했을 것입니다. 그런데 이 사건은 정치적으로나 군사적으로 미국 정부와 미 사령부의 전적인 무지, 전혀 예기치 못한 일에 대한 거의 완전한 무방비 상태를 드러내고 말았습니다.

1946년 초 일본과 워싱턴 참모부와 국무부에서는 38선을 에워싼 소련 군대가 서울뿐만 아니라 남한의 항구들을 "점령"하고 싶어 하는 날에는 하지[3] 장군의 두 사단이 "겨우 이틀도 저항하지 못할 것"과 부속 반도로 전락한 한국은 방어

---

[3] 존 리드 하지(John Reed Hodge, 1893-1963). 미국 제24군단장 역임.

불가능한 상태가 될 것이라는 것은 거의 신조에 가까운 것이었습니다. 게다가 왜 한국을 방어해야만 하는지 되묻기도 했습니다. 군사적으로 한국은 "자산"이 아니라 "골칫거리"였습니다.

미국 사령관은, 적어도 워싱턴에서는 지난 25일까지는 이 의견을 유지했다고 합니다. 어쨌든 우선 한반도를 지키기 위해 싸우는 것은 미 사령관의 계획에 없던 일이었고, 거기에 대한 아무런 준비도 하지 않았습니다. 다소 일부러 겉으로 보기에 정치적 "과제", 민주주의 교화, 군사 훈련관들, 군대 교육 등에 맡겨놓으면 공격이 있을 때 한국인들이 스스로 한국을 방어할 수 있을 것이라고 생각했던 것 같습니다.

달리 표현하자면, 한반도에 미군 주둔이 비교적 오랫동안 연장되었음에도 불구하고 미국 정부의 전체적 정책은 한국에 관해 다른 극동지역보다 더 앞을 내다보거나 더 긍정적이지 않았고, 6월 25일 발생한 일의 가능성은 검토조차 되지 않았던 것입니다.

38선 너머에서 준비되고 있는 것에 대해 알았다면 물론 거기에 대해 유념했을 것입니다. 한국에 미국 감시단을 파견하고 유지하는 일은 어려운 아마 거의 불가능한 일이었던 것은 사실입니다. 그러나 미국 사령부가 아무것도 모르도록, 미국 정부의 한국 정보원들이 아무것도 알리지 않고, 수년 동안—이 작업은 하루 이틀 사이에 이루어진 것이 아니므로—매우 많은 북한 청년들이 소집되었고 교육과 무기 사용과 최고도의 전투 방법에 대한 훈련(북한에서든 다른 곳에서든 중요하지 않음)을 받았다는 것이 있을 수 있는 일입니까?

오늘날 정보부는 그들이 이미 알고 있었고, 그들의 정보를 참모부 당사자들에게 전달했다고 주장합니다. 그러나 모든 일은 참모부가 마치 이 준비상황을 거의 모두 몰랐던 것처럼 진행되었습니다. 그리고 또 만약 미 사령부가 자신들이 대적해야 할 적의 탱크와 보병대와 선부기, 선술석 시시 등의 양과 질의 중요성에 대해 대략이라도 알고 있었다면 그들이 처음에 알린 대로 어떻게 그토록 무시무시한 적을 병력이 형편없이 무장된, 사령부가 하찮은 작전으로 즉시 국경에 던져버린 군사들 외의 다른 육군병력 파견 없이 단순한 공해군 작전으로 제압할 수 있다고 믿을 수가 있었을까요?

사령부가 일어날 일을 정말 알고 있었다면, 당연히 즉시 자신에게 돌아올 어떤 특권의식도, 이 상황에서는 거의 효과가 전무했던 어떤 지연작전도 사령부가 자신의 약점을 이처럼 다 드러내는 결정을 하게 할 수는 없는 일이었고, 며칠 전부터 사령부가 하고 있는 것처럼 훨씬 더 남쪽 전선에 즉시 저지선을 구축했어야 했습니다.

* * *

이러한 사실들은 미국과 연결된 국가들에게 영향을 미치지 않는 것이 아닙니다. 그러므로 새로운 "전략적" 무기들이 비교적 제한된 지리적 사정거리의 소위 "경찰" 작전의 필요에 부합하지 않는다는 사실, 많이 제기되었던 다른 무기들은 준비되지 않았거나 아마 오랫동안 준비되지 않을 것이라는 사실, 새로운 "전술" 무기들("무반동총", 바주카 포, 몇 가지 살상용 포탄)이 기대했던 것보다 훨씬 효과적이지 못하다는 사실 등이 갑작스레 드러난 것은 더 끔찍한 일입니다. 그리고 마지막으로 특히 전 세계 미군의 전체적 전투 대형이—미군 병력이 가장 집중되어 있는 곳과 가까운 곳에서—불완전하고 산만하다는 사실과 그 도움이 매우 미약하고 느리다는 사실을 실제적으로 증명했다는 것입니다.

* * *

유엔이 개입되어 빠져 있는 나름대로 심각한 혼돈의 정치적 외교적인 또 다른 국면은 이 전쟁의 지침이 되는 안전보장이사회 자체 내에 퍼져 있는 상황에 대한 인식 오류입니다.

소련의 자진 철수가 소련이 혼자 책임져야 하는 위법이라면, 유엔의 의회들 특히 안전보장에 의해 내려진 결정들은 거부권을 지닌 상임이사국 중 하나가 부재한 상태에서 효력이 있는 것일까요? 만약 그 결정들이 효력이 있다면 부재한 국가에 유효하게 대항할 수 있는 것일까요? 유엔과 서양 대부분의 법학자들의 공식적 견해는 그렇다고 말합니다. 그래도 소련이 그것을 인정하지 않는 것에는 변함이 없고, 그것은 법의 모든 문제를 떠나 중요한 사실의 문제입니다. 그리고 모든 대표들, 소련의 태도를 규탄하는 데 있어 가장 설득력을 보여주는 대표들 조차도 현재 상황에 대해서는 매우 난처함을 느끼며 미래가 매우 걱정스럽다고 공개적으로 인정합니다.

게다가 특히 한국에서 발생한 그 심각한 사태에 대해 안전보장이사회가 내린 결정들은 겨우 과반수를 넘겨 매우 불안정하게 내려졌을 뿐 아니라 그 구성에 있어서도 심각하게 이론의 여지가 있는 것이었습니다.

사실, 이 이사회의 표결에는 규약상의 회원국 중 하나의 출석이 모자랄 뿐만 아니라 이 회원국의 부재 동기는 사실상 세계적으로 권위를 잃은, 그리고 거의 모든 중국 국민과 영토에서 권력을 잃은—중국 국민당이 대만에 존재하고 국민당을 지지하는 중국인 집단들이 외국이나 대만에 존재하며 중국 내에서도 국민당 게릴라들의 소지역이 존재한다고 치더라도 이는 사실입니다—한 정부가 파견한 자들에 의해 안전보장이사회의 5개 상임회원국 중 한 국가가 대표되고 있기 때문입니다.

유엔 이사회에 의석을 차지하고 있는 "국민당" 중국 대표라는 지위는 법적으로 유효하다고 주장할 수 있을 것입니다. 그래도 안보리가 6월 25일과 그 이후 내려야 했던 것과 같은 그토록 중요한 결정들이 그토록 미약한 다수, 그것도 그 자격에 의심을 받는 국가가 포함되어 있는 그 미약한 다수결에 의지한다는 것은 당황스럽지 않을 수 없습니다. 이 다수에 포함된 몇 국가들조차도 이의를 제기하게 되었습니다. 특히 국민당 중국의 제녕에 봉의 투표를 어퍼 민 힌 인도, 그리고 한국 사태가 터진 순간부터 이 문제에 관해 인도와 같은 방향으로 투표하겠다는 의사를 표명한 영국이 그렇습니다.

* * *

이렇게 오늘날 지금까지 어떤 국가도 대적할 수 없는 자신감으로 자신의 장기판을 놓은 소련 앞에서 서양 국가들이 싸우는 이상한 상황을 구성하고 있는 몇 가지 특징들을 살펴보았습니다.

소련이 최근 추진한 북한이라는 졸(卒)의 약진, 상대진영을 엄청난 혼란에 내던진 이 움직임은 언젠가 소련이 기대한 바에 못 미치는 결과를 가져올까요? 모든 이들의, 무엇보다 미국의 눈을 뜨게 만든 이 타격행위가 오늘날 소련의 이익에는 너무 심각하게 깨져버린 것으로 보이는 균형을 언젠가는 재건할 수 있는 전체적인 침착함을 되찾는 것이 가능할까요?

그렇지 않으면 이 반응 또한 계획되었던 것일까요?

만약 그렇다면, 마지막 원대한 해명의 순간까지 적에게 숨 고를 시간조차 주지 않는 견디기 힘든 일련의 타격을 시작한 것일까요?

그렇다면 이 최종의 순간은 아주 가까이 온 것 같습니다.

그리고 그렇지 않다면, 철저히 산업적 동원을 이끌어내고 모든 사회 계층들에게 알리며 충분한 수의 군대를 구성할 의지와 시간이 미국에게 있을까요?

이 지체되는 불안한 시간 속에서도 몇 가지 긍정적인 점은 있습니다. 특히, 확실하고 대대적으로 보이는 핵무기 분야에서의 미국의 전진이 그것입니다.

또한 소련이 군사적인 수단으로 처음에는 볼 수 있는 이익이 있다하더라도 미국의 우수한 인력 보유와 경제적 잠재력의 막대한 우위 때문에 장기적으로 볼 때 당연히 성공할 확률에 대해 의구심을 가질 수 없는 상황에서 전적인 갈등의 위험을 무릅쓰기보다는 끊임없이 위험을 무릅쓰지 않고 가능하면 최대한의 즉각적 이익을 추구하려는 소련 정책에 대한 그럴듯한 추측도 있습니다.

마지막으로 아마도 가장 심각한 위험이 남아 있습니다. 극동에서의 미군의 점차적인 개입과 흡수, 아시아라는 거대한 늪에서 미군이 생성되는 대로 탕진하게 되는 위험, 이런 방식으로 종국에는 자신의 유일한 자원으로 축소되어 소련의 지배하에 좌우되는 대서양 유럽만을 남긴 채 서양세계 국가들의 보유고도 점차적으로 고갈될 수 있는 위험입니다.

* * *

순진한 오만만큼이나 불안감을 가지기 이전에 "세계 리더"의 역할을 담당해오면서 1947년 2월의 미국, 트루먼주의의 미국, 캐넌 씨의 "견제"정책의 미국, 자신의 상처에서 제대로 회복하지 못한 나이든 영국 직업군인은 자신들의 새로운 의무의 엄청난 규모를 정확히 인식한 듯 보였습니다. 아마 어떤 국가도 체험해보지 못했던 번영의 가장 최고의 경이로운 기쁨을 맛본 미국인들은 그로인해 그 권위와 번영이 그들에게 안겨준 자신들과 세계에 대한 의무의 의미, 그리고 세계와 미국이 처하게 되는 점점 더해지는 위험에 대한 개념을 살짝 잊어버렸습니다.

미국이 경솔하게 뛰어들었고 어쨌든 맹목적으로 모험을 시작한 한국 사태는 그들의 자존심에 특별히 모욕적이었던 초기의 실패로 인해 미국인들로 하여금 엄청난 분발을 유도하고 있는 것으로 보입니다. 그들은 그들에게 과해지는 정신적 육체적 노력을 끝까지 해낼까요? 그들은 그토록 멀리까지 그 노력을 지속힐 시간이 있을까요?

＊　＊　＊

1945년, 프랑스인들에게 인도차이나에 되돌아갈 방법을 인정하지 않으면서, 그 자리에 국민당 군대를 들어가게 하면서, 인도차이나에서 네덜란드가 항복하기를 강요하면서, 쇠퇴하고 낙심한 영국의 남아시아 포기에 박수를 보내면서, 공산주의에 대항하기 위해 아시아와 아프리카에서의 민족주의 해방을 이용하면서 미국은 곳곳에서 공산주의의 도래를 준비했습니다.

5년 전, 분명 간접적으로, 그리고 아마도 본의 아니게, 인도차이나로부터 우리 프랑스를 완전히 몰아내기 위한 운동의 탄생과 전개를 도우면서 미국은 이미 비교적 낡고 심오한 개화 촉진자의 행위에 기초를 둔, 대중의 진정한 유익을 수호하는 데 필수 불가결했던 프랑스의 존재에 해를 입히지 않고 적어도 부분적으로 현지 엘리트층의 열망을 만족시킬 수 있었던 유일한 방법이기도 했던 정책 체계에서 방향을 돌렸습니다. 요즈음에 와서야 매우 소수의 양식 있는 미국여론이 매우 느리게, 그리고 원래대로 돌아가기를 자주 반복해가며 희미하게나마 자신의 실수를 겨우 자각하기 시작하고 있습니다.

＊　＊　＊

자국과 세계를 향해 고유의, 매우 고귀한 책임을 지고 있는 프랑스 역시 조용히 그러나 확고하게 권한을 주장해야만 합니다. 이 권한은 동시대 갈등의 규모로 보면 조촐한, 그러나 프랑스로서는 대단히 중요한 군사력에만 상응하는 것이어서는 안 될 것입니다. 프랑스는 5년 전부터 자국만을 위해서가 아닌, 사람들이 그 진정성을 겨우 인정하기 시작한 명분을 위해 그토록 너그럽게 군사비용을 지불해오고 있습니다.

프랑스는 지금부터 과거 어느 때보다 더 강하게 자신의 목소리를 내야 합니다. 그렇게 해야 했지만 몇 년 전부터 여러 의회에서 사람들은 프랑스의 의견을 듣는 데 익숙하지 않거나 들을 줄 몰랐습니다. 최근 몇 주간의 경험이 다시 한 번 보여주고 있듯 프랑스는 질문을 하고 의견을 내고 어떤 결정에 참여할 충분한 자격이 있음은 너무도 자명한 일입니다.

【304】 1950년 7월 20일자 쇼벨 씨의 개인 편지 발췌

[발 췌 문]	1950년 7월 20일자 쇼벨 씨의 개인 편지 발췌
[문 서 번 호]	미상
[발 신 일]	미상
[수 신 일]	미상
[발신지 및 발신자]	미상

　오늘 외교 행랑에 맡겨진 공식 편지를 통하여, 저는, 제가 들은 바에 의하면, 리 사무총장이 한국에 군대를 보내야 할 필요성에 대해 여러 정부에 있는 자신의 친구들을 설득하기 위해 밀사를 파견할 계획을 갖고 있다는 정보를 전합니다.

　프랑스에는, 그로스 씨에게 들은 바에 의하면, 모크[1] 씨 그리고 플레뱅[2] 씨도 접촉하겠다고 하는 골데[3] 씨를 밀사로 보내게 될 것입니다.

　저 또한 우리 쪽의 표시가 보여줄 감정적 중요성에 대해 강조하면서 세디유[4] 씨에게 이 문제에 관해 말했습니다.

　세디유 씨는 개인적으로 플레방 씨와 연결되어 있으므로 플레방 씨가 파리에 도착하면 그에게 한 마디 하겠다고 제게 말했습니다. 여기서 두 가지는 구분됩니다. 골데는 리의 이름으로 말할 것이고, 세디유 씨는 플레방 씨에게, 이미 전보에서 제가 말씀드린 저의 입장을 재확인만 할 것입니다.

---

[1] 쥘 모크(Jules Moch, 1893-1985). 프랑스 내무장관)1947-1950), 국방장관(1950-1951) 역임. 유엔군 축위원회 프랑스 대표(1951-1960).
[2] 르네 플레뱅(René Pleven, 1901-1993). 1950년 10월 24일 유럽방위공동체 창설을 주장하는 플레뱅 플랜 발표. 당시 프랑스 수상.
[3] Goldet.
[4] Cédille.

[보　　고　　서]	개성 휴전회담에 관한 보고서
[문 서 번 호]	미상
[발　　신　　일]	1951년 7월 30일
[수　　신　　일]	미상
[발신지 및 발신자]	미상
[수신지 및 수신자]	파리/로베르 슈만(프랑스 외무부장관)

개성 휴전회담에 관한 보고서

　한국전쟁의 휴전을 위해 현재 개성에서 열리고 있는 회담은 결정적 단계에 들어선 것으로 보이며, "정전" 합의의 날은 이제 며칠 남지 않은 것 같습니다.

　그런데 마지막 순간까지 군사 분쟁을 종식시키려하는 회담의 운명과 관련해 이보다 더 큰 불확실성은 없었습니다. 1950년 6월 25일 시작된 한국전쟁을 해결하기 위해 유엔이 다양한 시도를 해온 지가 6개월이 넘었습니다. 이 시도들은 항상 실패했습니다.

　뉴욕 라디오 방송에서 연설을 하던 유엔 안보리의 소련 상임대표 말리크 씨가 마지막에 두 문장으로 소련은 한국 분쟁의 평화적 해결에 이를 수 있을 것이라 생각한다고 밝힌 것은 지난 6월 23일이었습니다.

　6월 25일 트루먼 대통령은 툴라호마[1] 연설에서 미국은 "실질적으로 공격을 종결하는" 조건으로 이러한 평화적 해결을 모색할 준비가 되어 있다고 선언했습니다.

　유엔군사령관 리지웨이 장군은 6월 30일 자신의 메시지를 전한 라디오 방송

---

[1] 미국 테네시 주.

에서 북한 원산항에 정박 중인 덴마크 병원선에서 즉각적 회담을 열자고 제안 했습니다.

7월 1일, 북한군총사령관 김일성과 중공인민지원군총사령관 펑더화이[2]는 회담의 원칙을 받아들였지만, 누구의 땅도 아닌 것으로 보이는 영토, 38선에서 5㎞ 떨어진 남한 개성에서 북한과 중공의 총사령관이 "유엔군총사령관" 리지웨이 장군에게 말을 건 것은 처음이라는 사실은 주목할 만합니다.

이렇게 성사된 대화는 그때부터 거의 쉬지 않고 지속되었고, 위에서 언급한 바와 같이, 아주 가까운 날짜에 한국에서 "정전" 선포가 이루어질 것으로 보입니다.

여러 협의 단계를 살펴보면 다음과 같습니다.

- 7월 8일 장교들의 예비회담이 7월 10일 회의를 위한 기술적 문제를 준비
  하기 위해 열림
- 7월 10일 개성에서 "협상 의제 채택"을 제1의제로 정한 본회의 개최

이 협상 의제 채택은 7월 10일부터 26일까지 지속되었습니다. 조이[3] 제독과 남일[4] 장군에 의해 지휘된 대표단들은 다음과 같은 의제를 제출하였다.

- 유엔 측 의제
1. 의제 채택
2. 전쟁포로수용소 부지와 국제적십자 대표들의 방문 허가
3. 본 회의를 포함한 차기 모든 회의 동안 한국 관련 군사문제만 다루는
   것으로 토론주제 제한
4. 한국에서 적대행위와 군사행동의 재발이 불가능하게 만든다는 조건하에
   서의 한국에서의 적대행위와 군사행동 중지

---

[2] 펑더화이(彭德懷, 1900-1974). 중국공산당의 군사지도자. 한국전쟁 당시 중국군을 지휘하고 1953년 판문점 휴전협정에 조인. 국방장관 역임(1954-1959).

[3] 찰스 터너 조이(Charles Turner Joy, 1895-1956). 2차대전과 한국전쟁 당시 미 해군 제독. 한국전쟁 중 많은 해군 활동을 지시함. 휴전협상 전반기(1952년 여름까지) 유엔군 측 수석대표.

[4] 남일(南日, 1913-1976). 한국전쟁 정전회담 당시 북한 수석대표.

5. 한국을 가로지르는 비무장지대 설립에 대한 합의
6. 군사정전위원회의 구성, 권한과 기능
7. 군사정전위원회 소속 군사감독관 단체가 한국 내부에서 실시할 감시원칙에 대한 합의
8. 이 단체들의 구성과 기능
9. 전쟁포로 관련 정리

-북한과 중공 측 의제
1. 의제 채택
2. 38선을 양측의 군사분계선으로 결정하고 한국에서의 적대행위 중지선 채택할 것
3. 한국에서 모든 외국군대 철수
4. 한국에서 정전과 휴전이 실행될 수 있는 구체적 합의
5. 휴전에 따른 후속합의와 전쟁포로 관련 협상

회의의 가장 중요한 포인트는 외국군대 철수 문제였습니다. 북한과 중공은 휴전의 가장 중요한 사전 조건으로 이 철수 문제를 들었습니다. 반면, 리지웨이 장군은 휴전 합의 서명을 하기 전 이 문제에 대해 어떤 약속도 하지 말라는 지시를 받았습니다. 좀 더 포괄적으로 말하자면, 유엔 협상위원들은, 휴전은 전적으로 군사문제이므로 순전히 군사적인 문제만 포함해야 하며 외국 군대 철수 문제는 이로부터 한국의 정치적 미래가 달려있으므로 군사적이자 정치적 문제라고 밝혔습니다.

두 번째 문제는 대치하고 있는 군사분계선 확정 문제였습니다. 북한은 38선을 분계선으로 정하길 원하고, 유엔대표들은 유엔군이 전략적으로 가상선인 38선보다 수비하기가 좀 더 쉬운 서남서 동북동 방향의 선을 전체적으로 점령하고 있으므로 의제에는 어떤 기준도 38선으로 명시되어 있지 않다고 요청했습니다.

마지막으로 휴전 감시를 보장하기 위해 국제기구에 의한 감독 문제는 협상의 어려운 주제였습니다.

우리는 협상 과정에 영향을 미치고 그때마다 회담의 실패를 염려하게 했던 두 가지 중요한 사건을 알고 있습니다.

먼저, 7월 12일 동맹국 측 특파원 20명의 개성 도착에 관한 분쟁입니다. 이들은 유엔대표단에 포함되어 있었음에도 불구하고 북한이 이들에게 개성으로 가는 길을 통과시켜주기를 거부했습니다. 그러자 리지웨이 장군은 7월 13일, 이점에 관한 요구가 관철되고, 개성출입의 자유, 그리고 개성과 이 도시 주변 8㎞ 지역까지의 중립화가 약속될 때만 협상에 임하겠다고 선포했습니다. 다음날 북한과 중공은 이 두 요구를 수용했고 협상은 7월 15일 재개될 수 있었습니다.

북한과 중공의 요청으로 7월 21일부터 23일까지 회담 중단된 일입니다.

7월 19일 딘 애치슨 국무장관은 한국에서의 외국군대 철수 문제에 관하여 한 공개연설에서 "진정한 평화가 수립될 때까지 유엔군은 한국에 머물 것"이라고 분명한 의도를 밝혔습니다. 7월 21일, 북한과 중공 대표들은 7월 25일까지 회담 연기를 요청했습니다.

협상이 재개되자 북한과 중공 대표단은 휴전협정 체결 전에 한국에서 외국 군대 철수는 포함시키지 않는 조건을 수락한다고 선포했습니다. 한편 유엔대표 단들은 협상 중 "한국에서 정전과 휴전이 실행될 수 있는 구체적 합의" 관련 안건 토의 때 북한이 외국군대 철수에 관한 견해를 피력할 수 있다고 지적했습니다. 7월 26일 협상 의제는 다음 형태로 완전히 채택되었습니다.

1. 협상 의제 채택
2. 양측 사이의 군사분계선 설정(한국에서의 적대행위 중지를 위한 근본적 조건인 비무장지대를 설정함으로써)
3. 정전과 휴전 실행 감시기관의 구성과 권한 및 기능을 포함한, 정전과 휴 전이 실행될 수 있는 구체적 합의
4. 포로교환에 관한 협정
5. 쌍방의 당사국 정부에 대한 권고

협상 의제의 첫 네 가지 안건은 7월 19일부터 양 대표단에 의해 거의 수락된

한국전쟁 관련 프랑스외교문서 VI [1953. 01. 06~1953. 07. 31 / 장관실문서(1950. 06. 25~1952. 12. 10)]

것이었습니다. 제5의제에 관해서는 의제 포함이 7월 25일 북한대표에 의해 요청되었고 7월 26일 유엔대표가 수락했습니다. 이 보충 의제를 통해 북한대표단은 휴전협정이 조인되어 효력을 발생한 뒤 일정한 기간 내에 당사국 대표 사이의 고위 정치회담을 소집하여 외국 군대의 단계적 철수 문제를 협의하자고 요구한 것입니다. 그런데 이 건의에 대한 양측의 채택이 휴전협약 서명에 필수조건인지 아닌지는 명시되지 않았습니다.

이 합의 후에 회담은 즉시 제2의제, 즉 양측 사이의 군사분계선 설정의 검토로 넘어갔습니다. 지금까지는 어떤 합의도 얻지 못했습니다. 북한과 중공은 38선의 무조건적 복구와 이를 중심으로 남북으로 각각 10㎞씩 비무장지대를 설치할 것을 주장했습니다. 남일 장군은 38선은 휴전협정의 중요한 주제이며 그 선의 침범이 전쟁의 원인이었기 때문에 38선의 복구하여 군사분계선으로 설정해야 한다는 점을 주장의 근거로 들었습니다.

한편, 유엔대표는 한국문제의 정치적 또는 영토적 해결에서 한번도 38선이 기본이 된 적은 없었다고 밝히며 비무장지대의 설정은 실제의 군사적 상황 위에서 이루어져야 한다고 주장했습니다.

조이 제독은 현재의 전선 약간 이남을 군사분계선으로 정하고 이를 중심으로 각각 남북으로 약 20마일씩의 비무장지대를 설치하자고 제안했습니다. 만약 육지에서의 정전이 선포되면 유엔군은 자연히 압록강 북쪽과 비무장지대 경계선 사이에서 해군과 공군의 군사작전도 중지할 것입니다.[5]

현재 검토 중에 있고 정전과 휴전 협정이 체결되고 나면 제안될 중요한 문제는 한국에서의 전쟁당사자인 유엔에 의한 이 협정의 승인 문제입니다. 6월 27일

---

[5] 1951년 7월 8일 개성에서 정전협상을 위한 절차문제가 합의되고, 7월 10일부터 본격적인 회담에 들어감. 16일이 지난 7월 26일에야 정전협상에서 논의할 5개 의제가 합의되었음. 그러나 의제 선택과 의상일정 채택을 규정한 제1의제를 제외한 모든 의제에서 유엔군과 공산군은 심각하게 대립했음. 제2주제인 군사분계선 설정 문제부터 부딪힘. 유엔군 측은 당시이 전선을 새로운 군사분계선으로 정하자고 한데 반해, 공산군 측에서는 38도선을 군사분계선으로 정하자고 함으로써 협상은 난항을 거듭했음.

소련대표의 부재 속에 한국에 대한 원조 결의안을 표결한 유엔안보리와 한국 사태가 몇 주 후 이송된 유엔총회 중 어느 쪽에 이 협정을 승인할 자격이 있겠습니까? 프랑스와 영국 정부는 한국에서의 유엔군총사령관의 보고가 항상 제출되었던 안보리가 휴전협정을 승인하는 것이 가장 신속하고 실질적인 절차라고 추천하기로 합의하였습니다. 사실 소련이 이 순간에 스스로가 제안한 협정에 반대할 가능성은 없어 보입니다. 이 승인 이후에야 한국의 정치적, 영토적 지위에 대해 더 광범위하게 토론할 총회가 요청될 것입니다. 이 문제를 즉각 유엔총회의 검토에 부치고 싶은 것으로 보이는 미 국무부와 이 점에 관한 협상은 계속됩니다. 미국 정부는 실제로 안보리에서 소련이 휴전조약에 대한 자국의 승인은 중공의 안보리 가입 허가에 달려있다고 할 것을 염려하는 것으로 보입니다.

프랑스의 관심을 끌고 프랑스 정부가 신경을 쓰는 또 하나의 문제는 정전조약체결이 일단 이루어지고 나면 조약 당사자들로부터 동남아시아의 또 다른 영토에서 새로운 적대행위를 개시하지 않겠다는 약조를 받아내는 문제입니다.

프랑스 정부가 보기에 정전을 추구하는 정치적 해결의 협상 자리에서 극동지역의 좀 더 광범위한 평화회복을 모색하는 것은 필수적입니다.

끝으로 특별히 프랑스의 관심사인 마지막 문제를 언급하겠습니다. 7월 4일 일본 주재 총사령부의 우리 측 대표는 리지웨이 장군이 프랑스인 민간수용자 석방 문제를 협상 중 최대한 빠른 시일 내에 거론해주길 요청했습니다. 이 수용자들 중에는 특히 1950년 6월 25일 서울에 있었던 공사 공무원 한 명과 언론 특파원 한 명, 그리고 여러 명의 종교인들이 포함되어 있습니다.

【306】 한국 사태(1951.8.24)

[보 고 서]	한국 사태
[문 서 번 호]	75 SC
[발 신 일]	1951년 8월 24일
[수 신 일]	미상
[발신지 및 발신자]	파리/미상
[수신지 및 수신자]	파리/로베르 슈만(프랑스 외무부장관)

장관을 위한 보고서

8월 20일 워싱턴 발 전보에 따르면, 히커슨[1] 국무차관보는 한국 참전국 대표 회의에서 리지웨이 장군의 전보를 낭독했다고 합니다. 리지웨이 장군은 이 국가들이 각각 개별적으로 다음과 같은 사실을 강조한 공개성명을 발표하게 해달라고 미국정부에게 요청하고 있습니다.

　　1. 38선을 기초로 한 군사분계선을 절대로 수락할 수 없다.
　　2. 공산주의자들이 수용해야 하는 "적절하고 합리적인" 노선은 현재 전선에
　　　서 가까운 군사방어선이다.

미 국무부는 리지웨이 장군의 제안에 호의적이며, 곧 트루먼 대통령에게 성명 계획안을 제출할 계획입니다.
영국 대표는 자국의 정부가 이러한 발의에 반대하지 않을 것이라고 밝혔습니다.
우리 프랑스 대표는 지시를 요청하고, 만약 그 지시가 긍정적이라면 8월 22일

---

[1] 존 D. 히커슨(John Dewey Hickerson, 1898-1989). 미 국무부 유엔 담당 차관보(1949-1953). 이후 핀란드와 필리핀 주재 대사 역임.

수요일 회의에서 발표할 프랑스 정부 성명의 원안을 알기 바라고 있습니다.

회의사무국은, 지난 6월 초, 미국과 영국 정부에게 휴전을 강조하는 3자 성명을 내자고 제안하는 문제가 거론되었을 당시, 설정해야 할 비무장지대의 남쪽 경계에 대해 외무부는 38선만을 염두에 두었다(워싱턴에 보낸 전보 제5354호)는 사실을 장관님께 상기시켜드려야 한다고 생각합니다.

결과적으로 워싱턴 정부와 영국 정부에 전달된 성명 계획안에는 좀 더 애매하게 38선을 "따라서" 비무장 지대의 설정을 언급하고 있습니다(6월 19일자 장관 보고서 제50호와 첨부 자료).

문제의 이 계획안은 발표되지는 않았습니다. 반면, 말리크 씨의 성명 발표 다음날, 6월 25일 연설에서 장관님께서는 특히 다음과 같은 발언을 하셨습니다.

"프랑스 정부는 말리크 씨의 성명을 사전의 정치적 조건 없이 구체적인 한 안건, 특히 여기서는 한국에서의 적대행위 중단과 38선으로부터 양쪽의 군대 철수에 대해 협상의 문을 열도록 한다는 점에서 긍정적으로 평가한다."

아마 앞서 있었던 일에 대한 기억 때문에 보네 대사는 정부가 리지웨이 장군의 제안을 받아들인다면 프랑스의 성명에는 유엔이 제안하는 노선은 경직되어 있지 않고, 따라서 유엔은 몇몇 변경을 거부하지 않는다는 내용도 적시할 수 있을 것이라고 의견을 제시합니다. 우리가 미국의 2번 제안에 동참한다고 해도 1번 문구의 고압적인 성격은 이미 우리가 취했던 이전 입장을 비추어볼 때 매우 난처한 것은 사실입니다.

장관님께서는 워싱턴의 통지에 어떤 방향을 제시하는 것이 좋은지 알려주시기 바랍니다.

참고자료로 8월 11일 개성 회담에서 제안된 여러 가지 휴전선의 가능성에 대한 의견서를 첨부합니다.

7월 26일 개성회담에서는 제2의제에 관한 토론에 착수하여 군사분계선과 비무장지대의 설정에 관하여 논의를 시작하였습니다.

먼저 공산대표단이 38선이 군사분계선으로 설정되어야 한다고 주장했습니다. 이에 그 이튿날 7월 27일, 조이 제독은 상대측이 그들의 주장을 뒷받침하기 위해 내놓은 논거들을 반박한 후, 한국전쟁의 공군, 해군, 육군 작전지대는 구분되어야 한다고 밝혔습니다. 이 구분에 따라 다음과 같은 경계선을 중심으로 20 "마일" 비무장지대를 설정하자는 반대제안의 근거를 세웠습니다.

- 북에서는 해전, 평산, 장항리, 세포리, 하마리 그리고 창영 지역
- 남에서는 청단, 박촌, 개성, 상녕, 철원, 금화, 문등리와 초도리 지역을 잇
  는 선

이 경계선은 전술된 날짜에 유엔군이 장악하고 있던 선과 동쪽으로 약간 겹치지만, 유엔군 노선 서쪽 중간 지점, 유엔군의 전선 북쪽에 위치해 있습니다[2].

미국의 반대제안에 따르면 군사분계선은 비무장지대의 남쪽과 북쪽 경계선 사이의 중간쯤에 위치해야 한다는 것입니다.

이러한 반대제안은 공산대표들의 반발을 샀고, 7월 28일 이들은 육군의 위치는 그들이 해군과 공군으로부터 받는 지원에 밀접하게 연결되어 있기 때문에 세 가지 지대 구분 논리는 터무니없는 것이라고 발표했습니다. 그리고 남일 장군은 38선을 분계선으로 하자는 처음의 주장을 반복하면서도, 적군이 38선을 중심으로 10㎞ 떨어져 20㎞ 폭의 비무장지대를 설정할 수 있도록 해야 한다고 덧붙였습니다.

---

[2] [원주] 실제로 미국은 두 개의 전선, 즉 유엔군이 장악한 전선과 좀 더 북쪽에 공산군이 장악한 선이 있다고 설명함. 리지웨이 장군이 주장하는 비무장지대는 크게 이 두 전선 사이의 공간을 포함.

그때부터 각 대표단은 각자의 방식을 고집하며 협상은 교착상태에 머무르게 되었습니다. 7월 31일 회의 마지막에 조이 제독은 유엔대표단은 38선을 군사분계선으로 채택하는 주장만 하지 않는다면 공산 측의 모든 제안에 대해 협의할 준비가 되어있다고 강조할 뿐이었습니다.

사실, 우리 대사관이 워싱턴에서 입수한 정보에 의하면, 리지웨이 장군은 군사분계선의 노선과 비무장지대의 폭에 관하여 약간 자율적으로 처리할 것으로 보입니다. 실제로 그는 공산대표단이 어떤 타협의 의지나 조금이라도 양보를 할 기미를 보일 경우에, 극단적으로 8월 1일자 전선의 남쪽에서 5에서 10마일 정도 떨어진 곳에 위치한 캔자스 라인[3]을 군사분계선으로 채택하더라도 현장에서 알아서 결정하도록 허가를 받았습니다.

여기서 캔자스 라인에 대해 설명하는 것이 좋을 듯합니다. 캔자스 라인은 지난 4월 초, 즉 4월 22일 공산군의 마지막 공세가 있기 전, 이 선이 거의 전선을 의미했기 때문에 미국이 강화하기 시작한 방어선입니다.

캔자스 라인은 임진강 하구에서 출발해 이 강 줄기를 따라 38선 북쪽으로 10㎞ 지점을 거쳐 화천을 통과한 후 화천 저수지 남쪽 둘레를 지나 동해안 상의 양양까지 연결하는 선입니다.

---

[3] 38선 20㎞ 북방에 설정한 임진강-화천-양양 방어선.

[보 고 서]	1951년 9월 14일 미 국무부에서 개최된 7차 회의 보고서
[문 서 번 호]	미상
[발 신 일]	미상
[수 신 일]	미상
[발신지 및 발신자]	미상

미국, 프랑스, 영국 3국 외무부장관 회의

1951년 9월, 워싱턴

1951년 9월 14일 미 국무부에서 개최된 7차 회의 보고서

극동문제

한국

애치슨 국무장관

두 번째 경우, 즉 휴전협상이 결렬되면 전쟁이 더 심해질 수도 있을 것입니다. 매우 강력한 공격 개시는 분쟁의 확대를 포함하는 모든 위험과 함께 걱정스러운 일이 될 것입니다. 이런 가능성 속에서 리지웨이 장군은 평양의 길목까지 작전을 밀어붙일 수 있는 행동의 자유를 부여받아야 합니다. 그러한 권력을 그가 행사하지 않을지도 모르지만 이 권력은 그에게 수락되어야 합니다. 또 한편, 한국 영토 내에 위치한 목표물의 폭격에 관한 모든 제한은 폐지되어야 합니다. 그러나 만주와 극동의 소련영토 폭격에 관한 제한은 유지될 것입니다.

마지막으로 만주 기지로부터 강력한 공중전이 발생할 경우 현재 연합군총사령부에게 주어진 지시는 재검토되어야 합니다. 원칙적으로 새로운 명령은 연합군간의 회담, 즉 직접 연관된 당사국 대표들 간의 회담에서 검토될 것입니다. 그러나 유엔군의 피해가 너무 커서 즉각적 반격이 필요한 상황이 되면 미 당국이 독자적으로 판단할 수밖에 없는 상황이 올 수도 있습니다. 리지웨이 장군은 지체 없이 반격하도록 허가를 받을 것입니다.

【308】 헤이터 씨가 외무부에 제출한 비공식 통지(1951.10.8)

[통 지]	헤이터 씨가 외무부에 제출한 비공식 통지
[문 서 번 호]	미상
[발 신 일]	1951년 10월 8일 15시 30분
[수 신 일]	미상
[발신지 및 발신자]	미상/헤이터
[수신지 및 수신자]	파리/프랑스 외무부

헤이터[1] 씨가 외무부에 제출한 비공식 통지

참조할 필요 없음

1951년 10월 8일 15시 30분

영국정부는 휴전협정이 실패할 경우 한국에서 취해야 할 태도와 관련된 제안들, 특히 이 주제에 관해 9월 14일 워싱턴에서 열린 3국 외무장관회담에서 애치슨 국무장관이 제시한 제안에 대하여 검토하였습니다.

애치슨 장관은 기억하시다시피 회담 결렬의 경우, 리지웨이 장군이 한국에서 "개미허리"까지 작전의 자유를 부여받고, 한국에 위치한 목표물 폭격에 가해진 제한을 없애는 것을 제안했습니다. 그러나 중국 상공 침략 금지는 현행대로 유지해야 할 것 같습니다. 대대적 만주 발 공중 공격이 있을 경우 리지웨이 장군은 시간이 있을 경우 워싱턴에서 그에게 내리는 지시를 따라야 하지만, 그의 의견으로는, 이런 경우 모든 지연은 자신의 군대의 안전을 위험에 처하게 하므로 공격이 개시된 기지를 없애기 위해 필요한 조치를 취해야 할 것입니다.

---

1) 윌리엄 헤이터(William Hayter, 1906-1995). 주중, 주불, 주소련 영국대사 역임.

영국 정부는 한국 "개미허리" 방향으로의 현저한 진전은 정부의 특별 동의 없이 실행되어서는 안 된다고 보고 있습니다. 그러나 이런저런 이유로 중공군에게 일어난 조직 붕괴와 사기 저하 앞에서 이러한 상황을 이용하지 못하게 방해하면서 리지웨이 장군의 자유를 빼앗는 것은 유감스러운 일이며, 그 너머는 안 되지만 개미허리까지 작전을 금지할 이유는 없을 것으로 보고 있습니다. 한국의 목표물(예를 들면 압록강과 나진 수력발전소)의 폭격문제에 관하여는, 우리는 전투의 완전 재개가 있을 경우 제한 해제를 수락했습니다. 그러나 만주 국경에서의 자제는 절대적으로 중요하다고 강조했습니다. 공산군이 주한 유엔군에게 만주의 기지로부터 대대적 공중 공격을 개시할 경우 만주 공군기지 위에서의 보복 폭격은 당연히 실행할 필요가 있을 것입니다. 우리는 미국에게 이러한 우리의 견해를 알렸습니다. 그러나 영국정부는 그토록 심각한 결과를 가져올 수 있는 행동지침 결정에 최종적인 동의를 미리 할 수가 없다고 설명했습니다. 따라서 우리는 미국에게 이러한 가능성이 있으면 리지웨이 장군에게 대응하라고 허가를 내리기 전 우리에게 의논해달라고 요청했습니다(미국은 우리의 견해를 아직 받아들이지 않았습니다).

애치슨 장관은 또한 리지웨이 장군이 유엔에서 휴전협정 실패 후 개성회담에 대한 전체 보고를 하는 것을 제안했습니다. 영국 정부는 이 점에 관해서는 동의합니다. 유엔사령부가 사무총장에게 보고서를 보내 유엔총회에 전달하도록 하는 것은 있을 법한 일입니다. 이 보고서의 중요 요소 중 하나는 협상 결렬의 책임이 전적으로 북한과 그 협력자들에게 있다는 것을 보여주어야 하는 점입니다.

애치슨 국무장관은 유엔이 한국에서 추구하는 목표를 재확인하고 이미 협력을 제공한 국가들과 아직 어떤 군대도 파견하지 않은 국가들에게 동시에 추가 병력을 요청할 것을 제안했습니다.

영국 정부는 유엔에 한국에서의 활동을 계속한다는 결심을 재확인하라고 요청하는 제안과 새로운 지원을 요청하는 것에 동의했습니다. 추가병력에 관해서도 나토를 위한 국가들의 협력에 해가 되지 않는 조건에서 우리는 동의합니다 (우리는 우리의 다른 지원 때문에 어떤 추가병력도 제공할 수가 없습니다).

애치슨 장관은 유엔이 중공에 맞선 새로운 경제적 조치, 현재의 무역제한 강화를 포함할 수 있는 조치를 요청할 것을 제안했습니다. 그는 유엔회원국들에게 중국 항구에 그들의 선박을 기항하는 것을 자발적으로 막아달라고 요청하고 기항하려 시도하는 선박들은 연합국 선박들에 의해 저지를 당하는 것을 수락해 달라고 요청할 것입니다(이것은 중국 항구에 기항하는 소련 선박에는 당연히 절대로 적용되지 않을 것입니다).

영국 정부는 미국이 해상 봉쇄가 아니라 경제제재인 중국행 모든 화물에 대해 유엔회원국이 출항금지 견해를 따르려 한다는 것을 확인하고 만족했습니다. 영국정부는 그런 봉쇄 결정에는 완전히 반대합니다. 특히 인도와 파키스탄을 비롯한 몇몇 유엔회원국이 이 같은 봉쇄조치에 참여하지 않을 것으로 보아 우리는 이러한 봉쇄조치가 단기적으로 심각한 중국전쟁의 가능성에 이르도록 하지도 목표를 채울 수도 없을 거라고 생각합니다. 또한 홍콩에는 매우 심각한 결과를 초래해 홍콩을 위협하는 위험이 심화될 수도 있습니다. 어쨌든 우리는 5월 18일 결의안에 의거해 현재의 수출금지 문제와 이를 강화할 방법을 논의할 준비를 해야 할 것입니다.

애치슨 장관은 일본에서 일본군을 징집하려는 미국의 계획에 대해 알려주었습니다. 이들을 한국에서 활용하려는 것이 아니라 적의 공중 상륙에 대비한 일본 섬의 방어와 그들의 내부적 안전 보호를 보장하기 위해서입니다. 영국정부는 이 군대의 장비가 나토 다른 국가들에 피해를 주지 않는다면, 그리고 군사적 시각에서 일본에서 미군의 일부를 철수하여 한국으로 이송할 필요가 있다면, 최소한의 일본 내부 안전 병력 재정비는 이루어질 수 있다고 여깁니다(이런 군대의 재정비는 특히 일본군 재정비가 엄격히 금지되어 있는 기간 동안, 즉 평화조약이 법적 효력을 발하기 시작할 때까지, 소련의 차후 모든 도발을 방지하는 방식으로 이루어질 것입니다).

영국 정부는 또한 남한군의 교육훈련을 강화하려는 미국의 제안에도 동의했습니다.

【309】 한국 참전용사들의 파리 체류

[연 설 문]	한국 참전용사들의 파리 체류
[문 서 번 호]	미상
[발 신 일]	미상
[수 신 일]	미상
[발신지 및 발신자]	미상

한국 참전용사들을 위한 연설

프랑스 국민은 어떠한 상황에서도 이상을 위해 투쟁하는 용기를 높이 살 줄 아는 국민입니다. 프랑스 정부는 한국 참전용사 대표단을 기꺼이 환영합니다. 프랑스 정부는 모든 자유 국민들이 그들에게 보내는 감사와 감탄을 전합니다.

오늘 아침은 유엔 기구에 대한 경의가 우리 땅에서 프랑스에 대한 경의와 만나는 순간입니다. 대통령님, 프랑스 대표단은 모욕당한 평화를 구제하기 위한 우리의 요청에 응답한 사람들에게 우리 모두가 지불하는 명예에 이렇게 참여시켜 주심을 감사드립니다.

이상할 정도로 강력하고 은밀하게 준비되어온 침략행위가 우리 기구가 보호를 책임진 한 국가의 독립성을 위험에 처하게 만들었습니다. 자신의 운명의 주인으로서 자유 한국의 통일로 이끌기 위한 협상이 진행되고 있었습니다. 이러한 공격은 유엔 기구의 권위뿐만이 아니라 유엔헌장과 세계인들의 모든 평화적 협력이 기초하는 근본적인 원칙까지 무너뜨린 것입니다.

우리는 국제 도덕성에 도전을 받았습니다. 우리는 무능한 항의만 하고 있을 수는 없었습니다. 그 무능은 또 다른 악행을 부추겼을 것입니다. 우리는 모욕당한 정의에 우리 힘과 희생이라는 공동의 협력을 제공해야 했습니다.

미국은 이 공동 기획에서 가장 무거운 몫을 맡았습니다. 다른 국가들도 그들의 능력이 되는대로 어떤 특별한 이익의 추구도 없이 동참했습니다. 모두는 유엔의 청백깃발 아래 줄을 섰습니다.

이 사람들은 그들이 입은 제복과 그들의 출신 국가를 영광되게 합니다. 그들은 국가적 이익을 초월하는 명분을 위해 싸웁니다. 역사는 몇몇 대단한 열광의 시대에 십자군전쟁, 종교적 또는 이데올로기적 무훈을 겪었습니다. 더 자주는 불행하게도 국가적 이기주의가 폭발하는 피나는 전쟁들을 겪었습니다.

애국심, 국가를 만들어낸, 훌륭한 임무들을 제안하고 실행시키는 무엇보다 고결한 이 감정은 자주 빗나가고 편협한 맹신으로 타락하여 이렇게 불안정과 동족상잔이라는 고통의 근원이 되어버렸습니다.

우리는 지금도 앞으로도 절대로 조국을 부인하거나 조국을 향한 우리의 의무를 잊지 않을 것입니다. 그러나 우리는 각각의 조국 위에 국가의 이익을 뛰어넘는 공동이익이 존재하고 이 공동이익 안에 우리 국가들의 개별적 이익이 녹아 있고 혼합되어 있다는 사실을 점점 더 분명히 알게 됩니다.

여러 나라 국민들 사이의 연대법칙은 현대적 인식에 필수불가결한 것입니다. 평화의 보존, 공격에 맞선 방어, 빈곤에 맞선 투쟁, 조약의 존중, 정의와 인간존엄의 수호에 있어 우리는 서로서로 연대감을 느낍니다.

인간을 섬기는 것은 국가에 대한 충성과 마찬가지로 하나의 의무가 되었습니다. 이렇게 하여 우리는 점점 국가들을 하나로 연결하는 것, 공동된 것에 대한 시각과 추구가 드러나고, 서로 다른 것과 반대되는 것은 양립해 나가는 하나의 세계라는 개념으로 나아가는 것입니다.

상주군이든 임시로 징집되었든 유엔군은 이 연대의 상징이자 보증입니다. 어떤 이상을 위해, 세계 모든 국민들의 안녕을 위해 싸우는 자들의 영웅정신 안에서 국가적 차원의 모든 염려에서 벗어나 초국가적 정의 위에 세워진 세계적 평화를 추구하는 인류의 새로워진 의식이 펼쳐지는 것입니다.

이것이 오늘 이 자리의 중요한 의미입니다.

우리는 살아있는 자들과 고인들에 의해 실천된 봉사와 희생의 훌륭한 가치 앞에, 그리고 그들을 인도한 비범한 정신의 위대함 앞에 특히 경의를 표합니다.

그들이 갈구한 열망에 대한 유일한 보상을 곧 받을 수 있습니다. 그것은 자유 속에서, 세계 평화를 위한, 정의의 승리입니다.

【310】 유엔 한국 참전용사 단체의 파리 체류(1951.11.29)

[보 고 서]	유엔 한국 참전용사 단체의 파리 체류
[문 서 번 호]	미상
[발 신 일]	1951년 11월 29일
[수 신 일]	미상
[발신지 및 발신자]	미상

  한국 참전 장교, 하사관, 병사들 48명의 단체가 트리그브 리 유엔 사무총장의 초대로 12월 1일 토요일 파리에 도착합니다.

  이들은 오스트레일리아, 벨기에, 캐나다, 콜롬비아, 미국, 에티오피아, 프랑스, 그리스, 인도, 룩셈부르크, 뉴질랜드, 노르웨이, 필리핀, 네덜란드, 영국, 대한민국, 태국, 터키, 남아프리카 연방국을 대표하는 군인들입니다. 의무부대 소속의 인도와 노르웨이 대표를 제외한 모두는 전투부대 소속입니다.

  이들은 10월 24일부터 미국에 있다가 11월 26일 샌프란시스코를 떠났습니다.

  미 군용비행기로 소송된 이들은 12월 1일 토요일 15시에 프랑스 오를리 공항에 도착해 군대환영식을 받았습니다.

  조르주 피고,[1] 프랑스대사이자 유엔 사무부총장, 프랑스 정치인 한 명, 프랑스 고급장교 한 명이 이들을 맞이할 것입니다. 또 이 용사들의 소속 국가 유엔 대표단은 연락장교 한 사람을 파견할 것입니다.

  오를리 공항의 휴게실에서 다과를 든 후, 이들은 15시 45분 파리 체류 내내 묵게 될 "조르주생크[2]" 호텔로 향하게 됩니다. 이들은 프랑스군이 제공한, 한국전쟁에 참여하는 여러 나라들의 국기로 장식된 25대의 지프차로 이동하게 될

---

[1] 조르주 비도(Georges Bidault)로 추정됨. 여러 차례 프랑스 외무장관과 총리직 역임.

[2] George V.

것입니다. 이 차량들은 오토바이 호위대가 인도하게 됩니다.

3일 동안 진행될 공식 환영행사에 참석할 때마다 이 참전용사들은 같은 차량을 이용할 것입니다.

12월 1일 토요일 18시 30분, 이들은 파리 시청에서 파리 시위원회가 이들을 위해 여는 환영행사에 참여할 것입니다.

이들의 저녁식사와 파티는 용사들 자국의 유엔대표단이 비용을 부담합니다.

12월 2일 일요일 10시 25분, 이들은 지프차로 호텔을 떠나 샤요 궁으로 가게 됩니다. 그곳으로 이동하는 동선은 조르주생크대로, 알마 광장, 뉴욕대로 순입니다.

바르샤바광장에서 프랑스 분견대에 의한 군대 환영식이 있을 것입니다. 이 참전용사들 앞에서 유엔의 각국 국기들이 높이 게양될 것입니다. 이어 이들은 트리그브 리 사무총장과 조르주 비도, 그리고 유엔기구 고위 관계자들이 환영하기 위해 기다리고 있는 건물 안으로 입장하게 됩니다.

이들은 국회로 가서 유엔의 한국 개입에 반대하는 국가들을 제외한 여러 국가 대표단과 초청단이 자리한 가운데 트리그브 리 사무총장의 연설을 듣게 될 것입니다.

12시 30분경, 샤요 궁에서 450명의 손님이 모이는 공식 오찬에 참여하게 됩니다. 식사가 끝나면 한국참전국 대표들은 참전용사들을 위한 연설을 하게 됩니다.

15시 경, 이들은 지프차로 뉴욕대로, 알마광장, 몽테뉴대로, 샹젤리제 원형교차로, 샹젤리제 순으로 이동하여 개선문을 방문하게 됩니다. 이들은 군악대와 공화국 위병대 기마중대를 앞세우고 또 다른 공화국 위병대 기마중대가 이들의 뒤따르게 됩니다.

참전용사들은 개선문 무명용사의 묘에 그들 국가의 군대 이름으로 헌화를 하게 됩니다. 또한 유엔기구의 이름으로도 헌화가 있을 예정입니다.

기념식과 방명록 서명이 있은 후 같은 행렬로 샹젤리제로부터 원형 교차로까지 내려와 해산할 것입니다. 참전용사들은 바로 조르주생크호텔로 돌아올 것입니다.

그들은 일요일 저녁 단체로 샹젤리제에 있는 "리도쇼"를 관람할 예정입니다.

* * *

12월 3일 월요일, 그들은 "카페 드 라 페3)"에서 13시에 점심식사를 할 예정입니다.

18시에는 엘리제궁에서 대통령의 접견이 있을 것입니다.

저녁 무렵에는 "카지노 드 파리"에 가게 될 것입니다.

* * *

12월 4일 9시 15분에 그들은 지프차로 호텔을 떠나 오토바이 호위대의 수행을 받으며 오를리 공항으로 이동할 것입니다. 오를리 공항에서 도착 때와 마찬가지로 군대환송행사가 펼쳐질 것입니다.

이들은 미 군용비행기로 10시 30분 프랑스를 떠나 뉴욕으로 출발하게 됩니다.

---

3) Café de la Paix. '평화카페'라는 의미의 유명 레스토랑.

【311】 참전 용사들을 위한 연설 계획안

[연　설　문]　참전 용사들을 위한 연설 계획안
[문 서 번 호]　미상
[발　신　일]　미상
[수　신　일]　미상
[발신지 및 발신자]　미상

1급 비밀

참전 용사들을 위한 연설 계획안

[영어]

　　한국전쟁에 참여한 우리 국가들은 휴전협정을 체결하기 위한 유엔군 총사령관의 결정을 지지한다. 우리는 본성명을 통해 이 휴전협정의 조항들을 전적으로 그리고 충실하게 이행하겠다는 우리의 확고한 의지를 단언합니다. 우리는 이 협정의 상대 당사자들도 이와 같이 양심적으로 그 조항들을 준수하길 기대합니다.

　　우리가 실행해야 할 임무는 쉽지 않은 일입니다. 우리는 유엔에 의해 세워진, 그리고 한국의 통일과 독립과 민주주의를 기대한다는 원칙 위에서 한국이 공정한 해결에 이르기 위한 유엔의 노력을 지지할 것입니다. 우리는 또한 전쟁의 재해를 회복하는 한국 국민들을 돕기 위한 유엔의 노력을 지지할 것입니다.

　　우리는 유엔의 원칙과 목적에 대한 우리의 신뢰를, 한국에서 우리의 지속적 책임에 대한 인식과, 그리고 한국문제 해결을 모색하려는 선의의 결심을 다시 한 번 표명합니다. 만약 또 다른 침략 행위가 다시 한 번 유엔의 원칙에 도전해온다면 우리는 대비하고 지체 없이 대항할 것이다. 한국에서 다시 한 번 공격이 자행된다면 한국 국경 안으로 적대 행위를 제한하는 것은 분명 불가능할 것입니다.

[프랑스어]

1950년 6월 말, 유엔은 기구 그 자체뿐만 아니라 샌프란시스코 헌장이 기초한 근본 원칙까지 무너뜨릴 수 있는 국제상황에 처하게 되었습니다.

자유로이 동의한 약속을 무시하고, 한국의 통일을 위해 평화의 길로 가고 있던 협상의 결과를 기다리지 않은 채 전 세계가 열망하는 평화를 무시하고, 현대 장비를 갖추고 잘 교육된 지휘관들이 이끄는 유례없이 강력한 군대가 38선을 넘어 덤벼들어 남한 군대들을 혼란에 빠뜨리고, 차마 말로 표현할 수 없는 공격으로 한국 전체에 무력독재를 강요하는 위협을 가했습니다.

세계는 국제 윤리 앞에 던져진 이 도전 앞에서 무관심하게 있을 수 없었습니다. 약속의 존중과 평화의 사랑이라는 기치 아래 모인 이상을 품은 국가들은 더 이상 무력한 항의만 하고 있을 때가 아니라는 것을 깨닫고 침략자에 맞서 정의의 칼을 빼들어야 했습니다.

말로 형용할 수 없는 공격을 물리치고 그에 대한 존중 없는 세계가 폭력과 예속상태에 넘겨질 수 있는 그 원칙을 수호하기 위해 미국에게 비용부담이 크고 어려운 작전의 가장 큰 짐을 맡기고, 각국은 각각의 능력이 되는대로 유엔의 청백기 아래 줄을 섰습니다.

여러분은 평화를 구하기 위해 전 세계에서 모여든 이 군대들의 대표로 이 자리에 계십니다. 여러분의 국가는 세계입니다. 그리고 여러분이 입고 있는 제복이 나타내는 조국애는 여러분 각자에게 감동적인 동지애 속에서 영웅정신의 지고한 경쟁심을 주었습니다.

유엔은 여러분이 자랑스럽고, 자유 국민들은 침략을 무기력하게 만들며 평화를 위해 완강함과 용기로 싸워준 여러분에게 감사를 보냅니다.

한국의 전쟁터에서 여러분이 이룩한 연대, 그리고 탁월한 이상을 가지고 여러분이 여러분의 조약에 서명한 피는, 지구상에 전해진 것 중 가장 엄중한 메시지 속에 약속된 것처럼 언젠가는 평화는 선의의 인간들에게 주어질 것이라는 말의 가장 확실한 증거로 남을 것입니다.

【312】한국 원조(1951.12.29)

[보　고　서]	한국 원조
[문　서　번　호]	2678 SC
[발　신　일]	1951년 12월 29일
[수　신　일]	미상
[발신지 및 발신자]	파리/회의사무국
[수신지 및 수신자]	파리/로베르 슈만(프랑스 외무부장관)

발송 명세서

서류명칭	수	소견
한국에 대한 원조 정무차관 앞으로 당일 도착한 보고서 사본	1	참고용

　26일자 의견서를 통해 정무차관은 회의사무국장에게 한국 원조에 관한 11월 30일자 회의사무국 보고서의 결론에 전적으로 동의하며 이 문제에 대해 재무장관 측과 다시 교섭을 하겠다고 알려왔습니다.

　회의사무국이 실시한 조사에 의하면 재무부처는 1950년 12월 13일자 장관의 회의 결정에 따라 정한 그들의 입장을 여전히 유지하는 것으로 나타났습니다. 이 입장은 한국 원조 계획에 대한 프랑스의 참여에 완전히 부정적입니다. 재무장관은 기껏해야 긴급구조물품의 발송 형식으로 협력을 검토하는 것을 수락하는 정도입니다.

　여기서 구문이 필요할 것 같습니다. 긴급구조물품 발송은 유엔이 수로 전쟁으로 황폐화된 지역의 민간 난민들을 구제하기 위한 즉각적 원조라고 부르는 것에 해당합니다. 약품, 식품, 모포 등으로 구성되는 이 발송품은 완전히 다 쓰지 않아 따라서 재신청될 수 있는 1950년 예산 허가의 대상입니다.

그러나 이 구제 사업은 당연히 훨씬 막대한 금액을 요구하는 한국재건 원조와는 완전히 다른 것입니다. 전술한 회의사무국 보고서가 전례로 볼 때 이 재건 사업은 국제사회의 기금으로 이루어질 수도 있다고 암시한 것은 단지 이 한국 재건원조 기금에 관한 것이었습니다.

재무부가 두 사업 간에 혼돈하지 않도록 다소 의도적으로 조심하면서 장관께서는 이 재건사업에 대한 프랑스의 참여를 재무부장관에게 거듭 강조해야 할 것입니다.

【313】 3개국 회담과 한국휴전협정(1952.1.28)

[보 고 서]	3개국 회담과 한국휴전협정
[문 서 번 호]	미상
[발 신 일]	1952년 1월 28일
[수 신 일]	미상
[발신지 및 발신자]	파리/회의사무국
[수신지 및 수신자]	파리/로베르 슈만(프랑스 외무부장관)

보고서

지금부터 보름 전, (정확히 1월 13일) 그로스 씨, 로이드[1] 씨, 쇼벨 씨가 참여한 3개국 회담 중에 그로스 씨는 한국 휴전회담이 위기에 처하게 생겼고 15일 정도의 기한 안에 유엔총사령부는 협상이 순조로운 전개를 보일 것인지 아니면 최종적 실패로 돌아갈 것인지 판단하여야 될 것이라고 명확하게 밝혔습니다.

그때는 한국에 파병한 16개국의 대표들이 워싱턴에서 매우 중요한 결정을 하게 될 것이라고 그로스 씨는 말했습니다.

그로부터 그로스 미국대표는 이 문제에 더 이상 자세한 언급은 하지 않았습니다.

그동안 워싱턴에서 처칠 수상은 의회 앞의 연설에서 휴전협정이 결렬될 경우에 대비해 미국정부에 여러 가지 약속을 했다고 추측되는 발언을 하였습니다.

이 점에 관해 질문을 받은 영국대표단은 워싱턴에서 처칠 수상이 개인적으로 가진 회담에 대해서는 잘 알지 못한다고 밝혔습니다. 영국 외무부는 처칠 수상의 의회 연설 이후, 이 연설로부터 해석된 한국에서의 전쟁의 확산 가능성에 관

---

1) 셀원 로이드(Selwyn Lloyd, 1904-1978). 영국 보수당 정치인. 외무차관(1951-1954), 군수장관(1954-1955), 국방장관(1955), 외무장관(1955-1960) 역임.

한 극단적 결론을 적극적으로 부인하려 애썼다고 덧붙였습니다.

영국 외무장관 이든2) 씨의 파리 방문을 계기로, 판문점의 협상이 결렬로 돌아가게 된다는 가정 하에 한국에서 그리고 더 나아가 극동지역에서 어떤 조치를 취할지 영국정부의 현 입장에 대한 상세한 정보를 얻는 것은 매우 유익할 것입니다.

사람들은 사실 과거에 만주를 향한 미국의 결정을 자제하게 한 것은 프랑스와 영국 양측의 노력이었다는 것을 기억합니다. 또한 애틀리 총리의 최근 미국 방문 시 이 주제가 유익하게 합의되었던 것들 중의 하나였다는 것도 기억합니다.

만약 영국 정부가 현재 한국을 벗어난 전쟁 확산에 동의를 했다면 소련 자체에게 분쟁 확대의 위험은 명확하게 높아질 것은 확실합니다.

---

2) 앤서니 이든(Robert Anthony Eden, 1897-1977). 세 차례의 외무장관(1935-1938, 1940-1945, 1951-1955)과 45대 총리를 역임한 영국 정치인. 처칠의 외교 파트너 역할을 수행함.

【314】 휴전협정(1952.1.30)

[전 보]	휴전협정
[문 서 번 호]	미상
[발 신 일]	1952년 1월 30일 03시 30분
[수 신 일]	1952년 1월 30일 13시
[발신지 및 발신자]	도쿄/드장(주일 프랑스대사)

사이공 공문 제102호

1. 1월 29일 소위원회에서 공산대표들과 연합국대표들은 1월 26일 유엔대표단이 제출한 54항으로 이루어진 문건을 공동으로 검토하는 데 수 시간을 보냈습니다. 신중한 사무 분위기에서 진행된 검토과정에서 이미 마친 부분은 상당한 부분 의견 일치를 나타냈습니다. 중국 대표가 제안한 제10항의 가벼운 수정은 어떤 휴전협정이 체결될 가능성에서 중공은 북한에게 행정적 공산주의자들에 의해 지배될 영토에서 행정에 대한 임무는 북한에게 남겨둘 것 여기게 합니다.

니콜스[1] 장군은 유엔군총사령부의 계획은 협의의 기초를 계속 형성해 나가는 것이라고 알려주었습니다. 그런데 결과는 여전히 불투명합니다.

2. 한편 공산대표단은 1월 27일 전쟁포로에 관한 연합국 측 제안을 상세히 검토할 의향이 거의 없어보였습니다. 공산대표단 원칙에 대한 의견일치를 위해서는 상세한 검토가 선행되어야 한다고 주장했습니다. 그런데 자기들 측의 안

---

[1] 윌리엄 니콜스(William P. Nuckols, 1905-1981). 유엔사령부 정보 책임자, 극동 담당 홍보 담당관, 유엔대변인 역임. 니콜스 준장으로 알려짐.

건에 나와 있는 환자와 부상자를 우선적으로 교환하는 문제와 포로 교환 지점
에 대한 두 문단에 대해서는 동의했습니다.

3. 휴전협정대표단의 이형근[2] 장군이 남한 육군참모차장이자 육군 제2, 3군
단의 단장이었던 유재흥[3] 장군으로 대체되었다.

국방부에 전달 요망.

드장

---

[2] 이형근(1920-2002). 육군 제8사단장, 제2사단장, 육군참모총장 역임.
[3] 유재흥(1921-2011). 육군 제7사단장, 육군참모차장 역임. 1971년 국방부장관 역임.

[보　　　고　　　서]	한국의 휴전협정 보고서
[문　서　번　호]	488 SC
[발　　신　　일]	1952년 3월 25일
[수　　신　　일]	미상
[발신지 및 발신자]	파리/회의사무국
[수신지 및 수신자]	파리/로베르 슈만(프랑스 외무부장관)

장관님을 위한 보고서

　1951년 7월에 시작된 한국 휴전협정은 군사적인 만큼이나 정치적 주제에 대해 협상의 장기화를 야기했습니다. 그 복잡성은 근본적으로 공산주의자들이 현 단계에서 한국문제의 정치적 해결, 나아가서는 극동지역의 전체적 해결에 대한 협상에까지 접근하려 한 데에 있습니다. 그리하여 휴전 그 자체에 서명할 가능성은 희망과 실망 사이를 드나들었습니다.

　회의사무국은 판문점 협상담당자들이 현재까지 얻어낸 결과에 대해 점검을 해 보는 것이 좋다고 판단하였습니다. 이것이 아래 장관님께 동봉하는 보고서의 목적입니다.

【315-1】 별첨 1─한국의 휴전협정 보고서

휴전협정은 1951년 7월 초에 개성에서 시작되었습니다.
7월 26일, 다음과 같은 의제에 대해 동의하였습니다.

1. 협상의제의 채택
2. 적대행위 중지를 위한 필수조건인 비무장지대를 설정함으로써 양 군대 사이의 군사분계선 설정
3. 한국에서의 "정전"을 위한 구체적 대책: 실행 감시기관의 구성과 권한과 기능
4. 포로교환에 관한 대책
5. 쌍방의 당사국 정부에 대한 권고

마지막 의제의 포함은 유엔대표 측이 양보하여 이루어졌습니다. 사실 중공-북한대표단은 군사협정 단계에서 한국에서의 외국군대 철수에 관해 협의하기를 강력하게 주장했었습니다. 그리고 상당히 애매한 문구의 이 제5의제 첨가에 동의하고 나서야 유엔대표들은 의제에 관한 동의를 이끌어낼 수 있었습니다.

이어 휴전선에 관한 합의로 넘어갔습니다. 여기서 공산주의자들이 처음에 38선을 분계선으로 정하자는 의견을 굽히지 않아 엄청난 난관에 부딪히게 되었습니다. 게다가 일련의 사건들이 이미 충분히 어려운 회담을 더 복잡하게 만들었습니다. 회담은 8월 23일 중지되었고 우리는 완전히 중지되지 않을까 염려했습니다.

그러나 9월 6일, 유엔사령관이 회담 장소를 판문점으로 옮기자고 제안했습니다. 이 주제에 대한 협의가 10월 21일 서명되었고 협상은 같은 달 25일 이 장소에서 재개되었습니다.

상호간의 휴전선에 관한 협상은 곧 양보로 타협 단계로 접어들었습니다. 그 결과 이 선은 유동적 개념에 이르게 되었습니다. 즉 30일 이내에 휴전협정이

조인될 경우에 한해 특정한 어느 날의 현재 접촉선이 분계선으로 결정된다는 것입니다. 협정이 체결되는 즉시 이렇게 정해진 선을 중심으로 양측이 각각 2㎞씩 물러나 비무장지대를 설치하기로 했습니다.

이 기초 위에 11월 27일 합의가 이루어집니다. 비록 전투가 계속될 수 있다고 규정했지만, 1달 사이에 이루어질 수 있는 승리는 휴전협정이 체결되는 순간 취소될 수 있기 때문에 실제적으로 전투는 큰 의미를 지니지는 못했습니다. 그러므로 실질적인 정전 시기에 접어들게 된 것입니다.[1]

앞에서 말한 1달 기간은 12월 27일에 끝나는 것이었습니다. 이 날짜까지 다른 의제에 대해 아무런 협상이 이루어지지 않았으므로, 원칙적으로 새로운 분계선이 정해져야 했습니다. 그러나 협상 당사자들은 그때부터 제2의제에 대해 취소하지 않고 모여 협의를 계속했습니다. 따라서 군사분계선에 관한 11월 27일 협상은 암묵적으로 다달이 연기된 것입니다. 이 날짜부터의 전선의 안정이 이러한 상황을 가능하게 만들었습니다.

그래서 11월 말부터 제3의제와 제4의제에 대한 토론에 들어간 것입니다. 장래의 휴전 감시(제3의제) 문제와 전쟁포로 문제(제4의제)를 보장하기 위한 대책들을 각각 검토하기 위해 2개의 소위원회가 창설되었습니다.

제3의제 담당 소위원회는 여러 안에 대해 합의에 이르렀습니다.

중공-북한대표단은 분계선의 후방에 위치한 출입지역에서의 외국 감시에 대한 원칙에 동의했습니다. 바로 여기서 공산당국자들의 중요한 양보가 있었습니다. 게다가 처음에는 중공-북한 측은 교체나 교대 같은 군의 모든 움직임을 금지하자고 주장했으나 지금은 합의했습니다.

이 마지막 안건(월 1회 교대)에 대해 연합국은 인원수를 임시 불참 인원을

---

1) 정전협상 기간 동안 제2의제가 먼저 합의되었음. 양측의 교섭은 8월 22일에서 10월 25일까지 한차례의 중단을 거친 후에 다시 재개되어 지상 접촉선을 중심으로 이루어지게 됨. 정전협정이 조인되는 순간에 양쪽이 대치하고 있는 선을 중심으로 하여 새롭게 군사분계선을 그리기로 합의한 것임. 제2의제가 합의된 11월 27일 임시휴전선이 선언되었고, 12월 27일까지 전투가 중지되었음. 그러나 한 달 내에 정전협정을 조인하고자 합의했지만, 나머지 의제에 대해서는 합의가 이루어지지 않았으며, 결국 전투가 다시 재개되었음.

포함하지 않은 75,000명에서 60,000명으로, 그 후 40,000명으로 줄였습니다. 중공-북한 측은 월 25,000명에서 시작했습니다. 양측은 2월 22일 35,000명으로 합의했습니다.

마지막으로 처음에 휴전 기간 동안 봉쇄 금지를 중국 연안으로 확장하자고 주장했던 중공-북한 측은 3월 16일 미국이 요구한대로 봉쇄 금지가 한국 연안에만 제한되는 데 동의했습니다. 이 양보 대가로 같은 날짜에 미국 측의 양보도 있었습니다. 이것은 조금 후 설명이 이어집니다.

왜냐하면 특히 제3의제에 대한 소위원회에서의 양보는 미국 측에서 나왔습니다. 사실 처음에 감시위원회를 위해 한국 전역의 자유통행권을 요구했던 유엔 대표단은 지금은 입구에서의 감시 권리와 두 대표단에 맞는 연락사무소로 설치로 양보했습니다. 유엔대표단은 비행장에서의 공중 감시 권한을 포기했으나, 핵심적인 이 안건에 대한 협의는 연기되었습니다. 사실 공산 측은 한국 전체의 군사비행장 건설과 유지에 대한 감시 원칙을 거부했습니다. 출입지역에 관해서는 연합국은 처음 12개소에서 10개소 그리고 6개소를 주장했습니다. 처음에 3개소를 주장하던 공산 측은 4개소로 올렸습니다. 3월 16일 쌍방 5개소의 출입지역으로 합의를 했습니다. 이 출입지역(총 10개소)이 얼마 전 지정되었고 이제 이 출입지역들 주변의 감시할 지역의 경계선에 대한 토론만 남았습니다.

또한 미국은 3월 16일 공산군 측이 위에서 언급했던 해상봉쇄에 과해 양보한 대가로 휴전 동안 군대집결의 제한을 포기하였습니다.

한편, 미국은 중공-북한이 요구한대로 중립국감시단이 휴전을 감시하는 것을 수락하였습니다. 공산군 측은 이 중립국에 소련 포함을 요구했습니다. 미국은 이 점은 절대 양보할 수 없다고 선언하고, 유엔 측 지명국가로 스위스와 스웨덴을 제안했고, 공산군 측은 감시단으로 폴란드와 체코슬로바키아를 제안했습니다. 중공-북한은 이 제안을 거부했습니다.

결국 그리고 특히, 미국은 협상 초부터 가졌던 경직된 태도를 풀고 현 단계로 볼 때 제3, 4 의제 해결 후 회담은 군대 철수에 대한 대화로 접어들 수 있다고 수용했습니다. 미국은 이제부터 휴전 감시와 포로 문제에 대해 협상이 체결되는 대로 순전히 군사적인 성격을 잃은 협상이, 공산군 측이 요구한 "고위 정치회담 소집"을 준비할 수 있도록 주로 정치적 문제를 논의할 수 있다고 수락한 것입니다.

제4의제의 소위원회는 양측이 억류하고 있는 포로들의 명단을 교환했습니다. 제3의제 해결 이전에는 이 문제를 검토하지 않을 것이며 모든 포로를 석방한다는 사전 동의가 없이는 포로들의 명단을 제공하지 않겠다고 주장하던 중공·북한 측은 결국 상대 협상 당사자들에게 양보했습니다.

그들이 제출한 명단은 포로들 인명 숫자와 실종자 수 사이의 격차 때문에 유엔 측 요구를 만족시키지 못했습니다. 즉 12,000명의 미국인이 실종되었는데 포로 명단에는 미국인이 4,000명이 채 못 되는 인원이 기록되어 있는 것입니다. 남한정부 측에서도 90,000명의 실종된 남한 포로들의 흔적도 찾을 수 없다며 분개했습니다. 사실 감독관들은 다수의 이승만 측 군사들이 김일성 쪽으로 넘어가 재가입한 것으로 의심하고 있습니다.

한편, 환자와 부상자부터 즉각 교환하자는 미국의 제안에 중공·북한 측은 휴전이 체결되는 대로 이들을 석방하겠다고 답했습니다. 이들은 또한 국제적십자위원회 대표들이 포로수용소를 방문하게 해달라고 한 리지웨이 장군의 청원을 거절했습니다.

국제적십자위원회에 대해 공산군 측이 보여준 불신 때문에 리비[2] 제독은 포로 교환과 민간인 송환을 위한 이 기구 대표들의 협력을 포기해야만 했습니다. 그래서 그는 공산국과 연합국의 적십자 직원들로 대신하자고 제안했습니다. 이에 대해 중공·북한 측은 아직 답을 내놓지 않았습니다.

그러나 특히 의견대립이 여전히 가장 심한 부분은 자유송환과 이동 중이었던 민간인들의 귀환 약속에 관한 두 가지 중요한 문제입니다. 공산군 측은 자유송환 문제는 절대 양보하지 못한다고 선언했습니다.

지금 언급한대로 제3, 4 의제에 대한 완전한 합의가 이루어지지 못했음에도

---

[2] 리비(R. E. Libby), 미 해군 제독.

불구하고, 2월 6일에는 의제의 마지막 안건, 제5의제를 의논하기로 결정되었습니다.

공산군 측 대표들은 즉시 외국군대 철수 문제를 제기했습니다(이 문제는 연합국 측 반대로 의제에 공식적으로 등록되지 않았었고, 난관을 우회하기 위해 제5의제로 돌리기로 결정했는데 그 문구는 일부러 애매하게 작성되었다는 것을 우리는 기억합니다). 그리고 공산군 대표들은 협정이 조인되어 효력을 발생한 뒤 3개월 내에 유엔대표 5명과 중공-북한 측 대표 5명이 참석하는 정치회담의 소집을 요구했습니다. 여기서 공산군 측은 "한국의 평화와 관련된 다른 문제들"에 관해 협의한다는 전체적으로 애매한 표현의 제안을 포함하는 권유 계획안을 제시했습니다. 이것은 한국 분쟁의 해결을 극동지역의 평화 회복에 연결시키려는 시도였습니다.

2월 9일, 리비 제독은 총사령관들은 한국의 정치적 해결과 관련된 문제들을 검토할 자격이 없으며 단지 당사국 정부에 권유는 할 수 있다고 밝혔습니다. 이에 따라 정부에 의한 검토 문제는 다음 사항을 포함해야 합니다.

1. 한국군대가 아닌 군대들의 철수
2. 한국문제의 평화적 해결
3. 한국의 평화와 관련된 다른 문제들

2월 17일, 3항 마지막에 공산군 측의 주장에 따라 정치 회담을 열 때 복합적 문제를 야기할 수 있는 "기타 등등"이란 단어를 첨가한 이 방안이 합의되었습니다.

이 간단한 내력은 약 9개월의 협상 동안, 의제의 몇몇 안건에 대한 진전이 이루어졌음에도 불구하고, 협의는 현재 대립되는 다음과 같은 3가지 안건에서 부딪히고 있다는 사실을 잘 보여주고 있습니다. 바로 휴전을 보증하는 국가들 중 소련의 등장, 한국에서의 비행장 건설과 유지, 그리고 포로들의 자유송환 문제인데, 이 중 적어도 두 가지는 매우 중요해 보입니다.

또한 약 2개월 전부터 평양과 베이징의 라디오 방송은 미국이 북한과 중국에서 세균전을 시도했다고 비난했습니다. 애치슨 국무장관은 이러한 주장의 중대한 사안 앞에서 3월 10일 뤼에게[3] 씨 앞으로 보내는 편지를 통하여 국제적십자위원회가 한국에서 조사를 실시할 것을 지시했습니다. 군축위원회의 소련대표는 3월 20일 이 문제를 위원회의 의제에 부칠 것을 주장했습니다.[4]

이 새로운 불화는 판문점 협상에 또 하나의 난관이 되고 있습니다.

---

[3] 폴 뤼에게(Paul Ruegger, 1897-1988). 국제적십자위원회위원장(1948-1955).

[4] 휴전협상이 진행되는 상황에서 미군의 세균전 의혹이 제기되었음. 북한은 전쟁 당시 미군의 세균무기 사용에 대한 내용을 유엔에 항의했음. 1952년 2월 말 북한의 박헌영과 중국 총리 저우언라이는 미국이 한국에서 생물학전을 벌였다고 비난함. 세균전 의혹에 대한 비판과 조직적인 규탄시위는 농구권과 인도에서 일어났지만, 소사에 참여한 인사들이 보임된 엉국, 프랑스에서도 국제민주법률가협회와 국제과학조사단의 조사보고서, 세미나, 신문기사 등을 통해 문제 제기되었음.

【316】 상대 병력 수 조사(1952.5.16)

[전 보]	상대 병력 수 조사
[문 서 번 호]	987-988
[발 신 일]	1952년 5월 16일 08시
[수 신 일]	1952년 5월 16일 15시
[발신지 및 발신자]	도쿄/드장(주일 프랑스대사)

사이공 공문 제634-635호
국방부에 전달 요망

극동지역 미군참모부는 한국에 있는 적의 병력 수에 대해 재조사했습니다. 실제로 지금까지는 전투 이외의 다양한 이유로 인한 손실을 과대평가해 왔다고 생각하게 되었습니다. 5월 15일자의 다음과 수치는 이전 평가(5월 7일)를 약간 웃돌고 있습니다.

    1. 북한군 257,000명 대신 272,000명
    2. 중공군은 620,000명 대신 693,000명

이리하여 한반도 공산군 병력 수는 877,000명 대신 총 965,000명으로 추산됩니다.
당국기관은 이 수치의 증가는 최근 도착한 보강군대 때문이 아니라 실수를 교정한 때문이라고 강조했습니다.

드장

【317】 한국 상황(1952.5.24)

[보　고　서]	한국 상황
[문 서 번 호]	미상
[발　신　일]	1952년 5월 24일
[수　신　일]	미상
[발신지 및 발신자]	파리/프랑스 외무부 아시아-오세아니아 사무국
[수신지 및 수신자]	파리/로베르 슈만(프랑스 외무부장관)

　휴전협정과 유엔, 평양, 베이징 관계에 매우 심각한 새 위기가 발생했던 최근 두 달 사이에 한국 상황이 현저히 악화된 아시아 사무국은 최근 사건들에 대한 연구가 필요할 것이라 평가했습니다.

　이 두 보고서는, 하나는 현재 북한당국의 손에 붙잡혀있는 프랑스 민간인들에 관한 것이고 다른 하나는 한국의 프랑스 전투부대에 관한 것으로서, 함께 첨부합니다.

【317-1】 별첨 1—한국 상황에 관한 보고서

1951년 7월 9일 시작된 한국 휴전협정 체결을 위한 협상이 4개월 동안의 비생산적 토론 후에 완전히 교착상태에 빠지게 되자, 미국 정부는 지난 4월 관련국 정부들과 의논한 끝에 북한과 중공 대표들에게 합의에 이르지 못하고 있는 분쟁을 함께 해결하는 계획안을 제출하기로 결정했습니다.

4월 28일, 판문점의 연합국 대표단장은 공산 측에 절충안을 제출하여 분쟁에 놓인 세 가지 핵심 문제, 즉 북한에서의 비행장 건설 문제, 휴전협정의 실제 적용을 감시하는 임무를 맡은 중립국위원단에 소련을 포함시키는 문제, 그리고 전쟁포로 송환 문제를 해결하고자 하였습니다. 첫 번째 안건을 양보하면서 유엔대표단은 잠정적 협정의 조처에 비행장 재건설 금지를 언급하지 않는다는 점에 동의했습니다. 반면, 유엔대표단은 소련을 중립국으로 인정하는 문제와 연합국 측에 억류되어있는 중공과 북한 포로수용자들의 강제송환에 반대하면서 2, 3번째 안건에 대한 자신의 입장을 고수했습니다.

이 주장을 제안하면서 조이 제독은 유엔 측에서는 더 이상의 어떤 양보도 없을 것이며 이 제안은 다 채택하든지 포기하든지 둘 중의 하나라고 밝히며 가장 단호하게 최종적인 결단임을 강조했습니다.

이에 대하여 중공-북한 또한 5월 2일 연합국 측의 "일괄 거래"에 대한 최종적 거부에 해당하는 포괄 반대 제안을 작성했습니다.

이러한 사건들은 이미 길었던 휴전협상의 과정에서 전에 없던 가장 심각한 위기를 드러냈습니다. 중국의 신화통신과 미 정보국이 동시에 인정할 정도였습니다. 이들은 논쟁 중에 있는 가장 중요한 문제인 전쟁 포로의 송환 문제 해결에 대해 협의하기란 실질적으로 불가능하고, 더 나아가 현재 한국의 평화 회복을 막는 극복할 수 없어 보이는 걸림돌이라고 전했습니다.

* * *

그래도 판문점 회담은 진전은 없지만 지속되고 있으며, 어느 쪽도 결렬에 대한 책임을 지고 싶지 않아 보입니다. 또 다른 한편, 군사작전은 거의 전적으로 중단되었습니다. 이 상황은 한국 사태의 성격 자체에 생긴 1년 전부터의 변화를 조명해주고 있습니다.

기동전은 1년 동안 지속되었습니다. 밀려왔다 밀려가는 끊임없는 적들의 물결과 남한 방어군의 후퇴와 공격이 어떤 결정도 내지 못하고 있을 때 1951년 7월 회담의 개시는 어렴풋한 군사적 균형의 결과이자 이만 전쟁을 끝내고 싶은, 또는 적어도 휴식기를 가지고 싶은 전체 피로감의 반영입니다.

이 회담에서는 어떤 진정한 평화의 전망도 나오지 않았고, 군사적 국면이 더이상 중요하지 않은, 그리고 사실은 심리적인 면이 크게 작용하는 몇몇 정찰대의 투입이나 몇몇 공중전으로 점철된 미지근한 전쟁만 유발시켰습니다.

매우 중요한 역할은 이제 말이나 글에 달려있고 전쟁은 언론이나 포로수용소를 탐지한 후 전선에서 이루어집니다. 그러나 그 격렬함이나 쟁점은 여전히 같습니다.

다른 전쟁과 마찬가지로 이 전쟁에서 정치선동은 늘 어떤 역할을 했습니다. 그러나 실체적 힘 위에서 기초한다는 의미에서 심리적 무기의 중요성이 중대하고 결정적인 것으로 보인 것은 단지 몇 개월 전입니다.

이 부분의 첫 타격은 그때까지만 해도 완전히 새로운 구상이었던 전쟁포로의 "자유 송환"을 주장하고 자신들에게 억류되어 있는 중공·북한 포로들을 선별한 유엔총사령부에게 가해졌습니다.

이러한 발상과 그로 인해 판문점을 뒤덮은 난관은 회담을 세계가 최근 몇 년간 겪은, 어쩌면 모든 역사를 통틀어 가장 터무니없는 정치선동의 급격한 확산으로 이어지게 했습니다. 베이징이 이끌고 모스크바가 조정한 작전으로, 공산주의자들이 주장하는 세균전 때문에 한국에서 미국은 비난받게 되어버린 것입니다.

자료의 부족과 비현실성은 물론이고 조사관들의 미심쩍은 자격 등을 볼 때 이 고발은 처음부터 끝까지 조작된 것임이 분명합니다. 그러나 미국이 자신의 무죄를 증명할 길이 없는 상황에서, 공산주의자들의 조준 목표는 크게 보면 달성된 셈입니다. 먼저 이러한 공격은 당연히 정신적으로 무방비상태인 철의 장막 너머의 사람들까지 널리 판단력을 흐리게 만들고 "미국의 공격"에 대한 공포감이 팽창하게 만들었습니다. 또 한편, 자유세계 내부에서조차도, 이 공격은 수많은 사람들의 머릿속에 뭔가를 남길 의혹을 심었습니다. 이런 상황에서 상상을 초월하는 이 증오와 거짓의 분출을 가볍게 여겨서는 안 될 일입니다. 이것은 후에 비교적 무기력한 반격만을 불러왔지만 말입니다.

그런데, 동일한 안건 때문에 공산주의자들의 명분이 쓰라린 궁지에 몰리게 되었습니다. 왜냐하면 연합군 측에 억류되어 있는 중공-북한 포로들 중 특별히 많은 숫자의 포로들이 그들이 처한 상황에도 불구하고, 그리고 수용소 안의 공산군 지도자들은 물론이고 미 당국 자체까지 그들에게 가하는 압박에도 불구하고, 상당수가 본국으로의 귀환을 거부한다고 밝혔기 때문입니다.

도쿄 주재 우리 프랑스 대표는 휴전회담에서 4월 19일 거의 70,000명의 공산군 측 포로가 최근 자신들이 방어해야 했던 체제 아래 있는 조국으로 귀환하기보다는 미국에 억류당한 상태를 선호한다고 밝혀졌을 때 받았을 중공과 북한 대표들의 충격을 강조했습니다.

부산과 타이베이 요원들의 다소 은밀한 행동은 이 결과와 완전히 무관하지는 않을 것입니다. 그럼에도 이러한 사건은 공산주의가 시도한 정신정복의 약점을 보여주고 있으며, 북한, 그리고 특히 중공에게는 심각한 패배감을 안겨다줍니다. 왜냐하면 20,000명 중 15,000명 이상의 중공 포로들이 강력하게 강제송환을 거부한다고 밝힘으로써 중공 "인민지원군"들이 본국 귀환 시 한국에서 활약한 영웅들에게 부여될 영광에 대해서는 별로 관심이 없다는 사실이 특별히 드러났기 때문입니다.

이들이 민중들 중에서도 정치적으로 교육받은 구성원들이고 중국 인민해방군의 군인들은 보통 일반 중국인들에 비해 더 나은 대우를 받는다는 점에서 더욱 놀라운 이 사실은 공산주의 체제가 과시하는 만장일치에 대해 이상한 틈을 자아냅니다.

이러한 패배는 너무도 당연히 반격을 불러일으켰습니다. 공산군 측 주동자들에 의해 포로 수용소에서 계획적인 폭동이 일어나고 도드[1] 장군의 납치와 그 후임자 콜슨[2] 장군에 대한 무분별한 발표에까지 이르게 됩니다.

이 거제도 포로수용소 사건의 목적은 뚜렷합니다. 미국 포로수용소 안에서 공포정치가 탄압을 하고 있다는 것과 수많은 포로들이 했던 발표는 강요에 의해 이루어진 것이라는 것을 한국과 중국, 그리고 세계의 여론 앞에 보여주고자 한 것입니다.

5월 16일 남일 장군은 "전쟁포로들의 결의와 의연함이 유엔의 자유송환 정책에 몰락을 가져왔다"고 선언했습니다. 이 의견에 공감하는 것을 떠나 미군지도부의 미숙함과 믿기지 않는 어리석음이 키운 술책은 명백한 성공을 거두었고, 이는 틀림없이 철저하게 악용될 것입니다.

* * *

전쟁이 이런 상황에서 이런 형태로 오랫동안 지속될 수 있을까요? 예상하기는 묘사하기보다 더 어렵고, 리지웨이 장군 스스로도 아주 최근 "어떤 진단을 내리기에는 불가능하다"고 밝혔습니다. 그러나 주요 관련국들의 움직임과 경향을 보면 이에 관해 유용한 단서를 제공할 수 있습니다.

올 선거의 해를 맞아 미국 여론에 대한 염려 때문에 민주당 행정부는 최근 연합국 측 협상 당사들에게 강한 압박을 행사하기에 이르렀고, 이 염려는 공산주의자들에게 새로운 양보를 해주면서 공화당 경쟁자들의 공격에 노출되지 않도록 해야 하는 미 행정부에게 이제 압박감으로 작용하는 것이 틀림없습니다.

---

1) 프랜시스 도드(Francis T. Dodd). 1952년 2월 거제포로수용소 폭동 사건을 해결하기 위해 수용소장으로 임명되었으나, 5월에 자신이 포로가 되는 사건을 겪은 후 대령으로 강등됨.

2) 찰스 콜슨(Charles F. Colson). 1952년 5월 거제포로수용소장 노노 순상이 보로들에게 납시뇌사 사태 해결을 위해 제1군단 참모장이었던 콜슨 준장이 신임 수용소장으로 임명됨. 도드 준장의 석방을 위해 내건 포로들의 요구를 들어주게 되어 이후 대령으로 강등됨.

다른 한편, 협상 중 이미 동의한 양보 때문에 불안해하는 군은, 여러 개의 사단을 형성할 수도 있는 숫자인 132,000명의 중공-북한 병사들의 대량 귀환을 수락할 수가 없습니다. 이는 현재 숫자상의 불균형을 더 증가시킬 수 있는 것입니다.

좀 더 전체적 차원에서 보자면, 미 정부가 아시아와 다른 곳에서도 자신의 우방국과 유동적 입장에 있는 국가들 앞에서 체면을 잃어가면서 가장 준엄한 자신의 선언을 부인하고, 반(反)공산주의자를 선언한 포로들의 의지에 반해 본국으로 소환시키고, 트루먼 대통령에 의해 최근에 비난받은 "노예 밀거래"를 행할 수 없는 것은 확실합니다. 유엔 측의 새로운 양보가 잠정적 휴전을 승리로 보이게 하지는 않을 것이 확실합니다. 세계 공산주의를 위해서는 엄청난 반향을 일으킬 승리가 되겠지만 말입니다.

현재 미군에게는 어쩌면 새로운 무기의 사용은 제외하고는 타협에 이르기 위해 적에게 충분한 압박을 가할 수단이 아무것도 없습니다. 그리고 협상 결렬에 따른 분쟁 확산의 위험을 배제할 수 없고, 워싱턴은 이와 관련 극동에서의 자국의 군사적 입지의 취약성과 주요 동맹국의 염려를 알고 있습니다.

한편, 일본 지도자들은 미국 정책에 중재적 영향을 줄 수밖에 없습니다. 그들은 사실 일본이 소련의 잠정적 공격의 첫 희생자일 수 있다는 사실과 안전 조약에 따른 주일 미군 유지는—한국 참전부대와는 구분되는—중소상호원조조약 조항을 적용하여 일본을 공격하는 데 언제든지 구실이 될 수 있다는 사실을 모르지 않습니다.

따라서 워싱턴 측에서는 이에 대한 미국 여론의 경향을 보여주고, 국가에 의해 임명된 대통령에게 필요한 경우 새로운 무기 사용을 동반하든 동반하지 않든 공격행위를 결정할 충분한 권한을 주게 될 대통령 선거 이전에는 어떤 중요한 결정도 내리지 말아야 할 것으로 보입니다.

비록 현재 중공-북한 군대는 유엔군대보다 숫자나 군비에 있어 월등하지만 그들의 진지는 현재 새로운 공격에서 확실하게 이길만한 충분한 힘을 갖추고 있는 것 같지는 않습니다.

그런데 공산주의자들은 자신들이 이길 것이라는 확신이 있을 때—잘못된 계산으로 드러난 1950년 6월—또는 거의 절망적인 상황에서 강력한 개입이 필요할 때만—1950년 12월의 경우—군대를 진군시켰습니다.

그들의 습관적 용의주도함이 이번에는 구실과 토론거리를 제공하는 회담을 계속하면서, 현상을 유지하고, 적의 사기가 "악화되도록" 노력을 하며, 자기들의 군대와 국민들의 사기를 강하게 하라고 조언한 것 같습니다.

또 베이징 정부가 회담의 성공을 바라지 않는 특별하고 매우 강력한 이유가 있습니다. 다른 곳에 사용될 수도 있고 대륙에서 자신의 군사배치를 위협할 준비가 되어있는 미국 군대의 철수를 허용할 이유가 없는 것입니다.

두 번째, 중국에서 혁명의 이익을 위해 "반혁명주의자" 또는 "반동 상인" 같은 내부의 적을 연결시키는 외부의 적에 맞서면서 국민감정의 정화에 유리하게 작용하는 전쟁을 추구하고 싶은 욕망을 저버릴 수 없을 것입니다. 한국전쟁에 대한 1950년 11월 중공의 개입은 중공의 사기 풍토를 깊이 변화시켰고 몇 주 만에 통제하는 후견인, 개혁자, 진보주의자에서 공포정치의 독재 권력으로 변화하게 만들었으며, 세 가지 민중운동(미국에 대한 반대와 한국 원조, 반혁명주의자 말살, 토지개혁)의 개시로 인해 가장 강력한 반대자들의 근본적 숙청을 확신시켰습니다.

이에 관해 저우언라이는 1951년 10월 23일 연설에서 "작년 한 해 동안 중국 인민의 애국운동이 평시에는 10여 년, 더 나아가 수백 년 만에도 도달하기 어려운 전례 없는 기록을 세웠고, 이 분발은 우리나라의 정치적 정신적 일체감을 엄청나게 강화시켰다"라는 의미심장한 발언을 했습니다.

현재 시점에서, 자본주의자들 및 중산계급과 싸우는 새로운 민중운동을 조직해야 하는 필요성은 중공 정부가 같은 방법으로 외부 상황을 이용하도록 만듭니다. 이 의견이 모두가 인정하는 생각과 반대로 간다 하여도 최근 몇 년간의 사건을 비춰볼 때 중공은 그들의 혁명이 완전히 성공적으로 수행되지 않은 동안에는 적어도 전쟁—한국 또는 다른 곳—과 외부의 적이 필요하다고 보는 것이 과한 생각은 아닌 것 같습니다.

소련의 정책은 분석하고 해석하기가 좀 더 어려운 것 같습니다. 리지웨이 장군은 최근 극동에서의 이 국가의 잠재력이 올해 동안 엄청나게 증가했다고 알렸습니다. 그러나 현재의 불안정한 균형을 변화시키고 유엔의 한국에서의 실패와 전면전을 불가피하게 만드는 소련 군대의 개입이 임박했다고 여기게 만드는 것은 아무것도 없습니다. 또한 베이징의 주장에 예민할 수밖에 없는 크렘린이 현재 적대행위를 종식시키는 것이 이익이라고 여기게할만한 것 역시 아무 것도 없습니다.

이런 상황에서 한국전쟁의 현 성격이 근본적으로 변화하는 일은 공산주의자들 때문이든 연합국 때문이든 당장은 일어날 것 같지 않습니다. 전쟁의 확산은 실현 가능성이 많지 않아 보이며, 어떤 평화적 해결책도 보이지 않기 때문에 단 하나의 전망밖에 없습니다. 그것은 한국을 정복하기 위해 그 어느 때보다 무자비한 선동의 전장에서 투쟁이 지속된다는 것입니다.

이 전투에서 전체주의 진영은 전체주의의 본질이 부여하는 확실한 이점을 지니고 있습니다. 바로 자신의 지역에서 거의 절대적으로 정보를 독점하고, 당, 언론, 노조, 여성 또는 청년 단체, "평화의 당원들"과 "민주 법률가" 등 가장 다양한 형태로 전 세계를 통한 활동의 완벽한 협조를 가능하게 하는 지휘권이 모스크바로 집결된다는 것입니다.

그러나 포로송환 문제에서 공산주의자들이 겪은 실패는 전체주의의 선동술책이 언제든지 무너질 수 있다는 것을 명백히 보여주고 있습니다. 그러나 다만 한국에서 그들의 몇몇 대표들이 저지른 것과 유사한 심각한 실수를 반복하지 않는다는 전제 하에 유엔은 이 방면에서 일관성 있고 효과적이며 성공적인 활동을 펴나갈 수 있을 것입니다.

【318】 한국의 상황(1952.6.14)

[보 고 서]	한국의 상황
[문 서 번 호]	921 SC
[발 신 일]	1952년 6월 14일
[수 신 일]	미상
[발신지 및 발신자]	파리/회의사무국
[수신지 및 수신자]	파리/로베르 슈만(프랑스 외무부장관)

장관님께 드리는 보고서

지난 3월 25일 보고서 제488호를 통해 회의사무국은 그때까지 한국에서 힘들게 이어가고 있는 휴전협상의 결과를 정리해드렸습니다. 설명해드린 것처럼 회담은 다음의 세 가지 문제에 봉착했습니다. 바로 비행장 문제, 휴전 보장국에 소련 포함 문제, 포로의 자유송환 문제였습니다.

그때부터 이 중 두 가지가 장애물로 떠올랐고 마지막 문제는 여전히 해결되지 않은 상태에서 극복이 불가능해 보입니다. 게다가 한국의 혼란은 직접 영향을 주지는 않지만 엄밀히 말해 휴전회담에 두 가지 이상한 요인이 가중되어 더욱 악화되었습니다. 하나는 미군 포로수용소에서 일어난 공산주의자들의 폭동 사건이고 다른 하나는 남한 국내 정치에 따른 국면입니다.

* * *

먼저 휴전회담에 관하여 주목해야 할 새로운 사실은 4월 28일 판문점에서 연합국 내표 측이 세시한 총필 세안입니다. 휴진기긴 동인의 비행징 긴설 문제를 양보한 미국 협상 당사자들은 다른 두 가지 걸림돌 주제, 즉 휴전 감시 보장국

에 소련을 포함시키는 사안과 전쟁포로들의 자유송환 원칙에 대해서는 이전의 견해를 고집했습니다.[1]

이 주장을 제안하면서 조이 제독은 유엔 측에서는 더 이상의 어떤 양보도 없을 것이며 이 제안은 다 채택하든지 포기하든지 둘 중의 하나라고 밝히며 가장 단호하게 최종적인 결단임을 강조했습니다.

이에 대하여 중공-북한 측 또한 5월 2일 연합국 측의 "일괄 거래" 형식의 반대 제안을 작성했습니다. 만약 유엔이 억류하고 있는 북한과 중공 포로들을 조건 없이 송환하고, 비행장에 관하여는 휴전기간 동안 한국에서의 공군을 포함한 군사력을 증강하지 않겠다는 공산군 측이 이전에 제시한 약속을 지킨다면, 그들은 소련의 참여 문제는 자신들이 양보할 준비가 되어있다고 발표했습니다.

각자 자신의 주장을 고집하면서 판문점 회담은 6주 전부터 아무런 결과를 내지 못했습니다. 모두가 알다시피, 회담을 가로막는 것은 전쟁포로의 송환문제입니다. 수용소 내에서 실시된 조사에 의하면, 유엔에 억류된 132,000명[2]의 포로 중에 70,000명이 공산국가로 돌아가겠다고 한 것으로 나타났습니다. 이 숫자의 공개는 중공-북한 측 협상 당사자들의 격분을 불러일으켰습니다. 그들은 미국이 포로들의 반을 강제로 억류하려 한다고 비난했습니다. 동시에 그들은 미국이 포로 자유송환 원칙을 고집하며 제네바 협정을 위반하고 있다고 주장했습니다.

이 상황에서는 새로운 회기를 열기가 불가능하다는 것을 알고 있는 미국 대표들은 이달 7일 상대에게 공산 측 대표단이 새로운 사실을 제안하려 한다고 할 때에 협상을 재개하겠다고 알렸습니다.

판문점 협상이 포로 문제에서 거의 결렬 상태에 이른 것과 3주 전 공산군이

---

[1] 1952년 5월경에 이르면 포로교환 문제를 제외한 거의 모든 의제가 합의됨. 6개월에 걸친 제3 의제도 합의. 제3의제는 정전협정을 감시하는 기구를 구성하는 문제로, 특히 문제는 중립국에 대한 양측의 견해가 달랐음. 공산군 측에서는 중립국에 소련을 포함시켜야 한다고 주장. 소련이 전쟁 개전 과정에 깊숙이 고려했음을 고려할 때 이는 억지에 가까운 주장이었음. 결국 공산군 측이 이 안을 철회함으로써 합의가 이루어짐. 휴전감시 문제는 1952년 5월 2일 휴전감시 출입지역을 쌍방 5개소로 하고, 휴전감시 기구로 체코, 스위스, 스웨덴, 폴란드 등 4개국의 중립국감독위원회를 구성에 합의함.

[2] [원주] 처음 제네바에 보고된 숫자는 173,000명이었음. 그러나 37,000명은 처음에 전쟁 포로로 간주되었다가 나중에 시민 억류자로 재분류되었음.

억류되어 있는 거제도 포로수용소에서 터진 심각한 사고들이 우연히 겹칩니다. 이 사건들은 세균무기 사용 관련 비난은 당분간 접어두고 미국 당국의 순진함, 나아가 일종의 무관심이 전쟁포로들 간에 생기도록 내버려둔 난처한 상황을 최대한 이용하는 공산군들의 선동에 좋은 토양을 제공합니다.

이런 상황은 5월 초 수용소 소장인 도드 장군 납치사건으로 다시 부각되었는데 이 수용소의 포로들이 며칠 동안 소장을 억류한 사건입니다. 풀려나기 위해 토드 장군은 포로들이 주장하는 몇몇 조건에 서명해야 한다고 믿었고, 이 불행한 소장을 석방시킬 임무를 맡은 그 후임자 콜슨 장군은 유혈사태를 피하기 위하여 신중하지 못한 성명문에 끌려가고 말았습니다. 이 일 후에 두 사람은 최고사령부에 의해 파면되었습니다.

이러한 상황은 물론 공산당국에 유리한 것이었습니다.

5월 14일 판문점에서 남일 장군은 콜슨 장군의 성명서 사본을 흔들어대며 그것이 마치 공산주의자 포로들에게 가해진 학대의 증거이자 송환을 위해 포로들을 선별하는 데 사용된 강제 방식의 증거물인 것처럼 내세웠습니다. 그리하여 공산 측 라디오방송에서 거제도가 "공포의 섬"이 되어버렸습니다.

연합군의 통제에서 완전히 벗어났던 상황을 회복하기 위하여 어쨌든 이 섬에 많은 군대를 보내야 했습니다. 수용소 분류 작업은 쌍방 모두 피해자 없이 진행될 수 없었고, 적의 선동에 이토록 쉽게 이용당한 사건에서는 유엔의 위엄이 속수무책인 것은 의심의 여지가 없습니다.

그러나 엄격히 정치적 시각으로 보자면, 위에 언급된 사건들은 한국에서 일어난 헌법 위기에 비해 어쩌면 사소한 일일 수도 있습니다.

판문점 협상의 교착상태는 남한의 굉장한 신경과민을 불러일으켰습니다. 이미 오래 전부터 이승만 대통령은 유엔의 평화적인 노력에 대한 자신의 부정적 입장을 감추지 않았습니다. 그에 따르면, 한국문제의 해결은 적을 압록강 저쪽으로 퇴치하고 공산주의에 맞서는 정부아래 정치적 통일이 이루어져야만 가능하다는 것입니다. 그렇게 판문점에서 공산주의자들에게 동의해준 양보는 점점 불만을 키웠고 나아가 미국 당국에 대해 공개 성명을 표명하게 되었습니다.

이달 말로 정해진 대통령 선거를 앞두고, 남한 정계의 예민함은 새로운 돌발

사건을 야기했습니다. 여론이 보는 앞에서 공산주의에 대한 저항을 보여주어야 한다고 인식한 이승만 대통령은 국회 간선제 대신 국민에게 선택하도록 하는 대통령직선제를 위한 개헌안이 채택되도록 시도했습니다. 이 개혁안이 통과되지 못하자 정부에 대한 공산당의 음모를 핑계로 그는 5월 25일 대한민국 전역에 계엄령을 선포했습니다. 그는 여러 국회위원들을 체포하게 하고 40여 명을 구금했습니다. 이 때문에 국회 표결이 불가능해지자 이승만 씨는 국무총리를 교체하였습니다. 그는 야당 국회의원들을 국제공산당의 자금을 받았다는 혐의로 고발하고, 군과 경찰의 포위 속에 국회위원들의 동의 없이 압도적 다수의 기립 표결로 통과시켰습니다.

한국의 헌법과 기본법에 대한 위반이 발생할 때마다 개입하기 위하여 설립되었다고 일컬어지는 유엔한국 국제연합 한국통일부흥위원단[3]은 즉시 이 대통령에게 계엄령을 해제하고 체포된 국회의원들과 장관들을 석방하라고 요구했습니다. 그러나 대통령은 이 요구를 언짢게 받아들였고 이 요구에 전혀 개의치 않는다는 것을 행동으로 보여주었습니다.

그가 유엔사령관이 정비한 군사배치에서 한국군을 철수할 수도 있다는 가설은 클라크[4] 장군의 부산 방문을 초래할 정도로 매우 심각해보였습니다. 유엔사령관이 남한의 국가원수로부터 얻어낼 수 있는 것은 자신의 친위대로 배정된 군사들을 전선에서 철수하지 않겠다는 약속뿐이었던 것 같습니다.

클라크 장군의 제안으로 자국에서 휴가 중에 있던 무초[5] 주한 미국대사는 트루먼 대통령의 전언을 전달하기 위해 임시수도 부산으로 되돌아왔습니다. 미국 대통령은 유엔한국통일부흥위원단이 이 사건에 대해 취한 태도에 전적으로 동의하며, 한국 대통령이 어떤 "돌이킬 수 없는" 행동도 하지 않기를 바란다고 밝혔습니다. 그러나 미 당국은 이 신생공화국의 문제에 너무 드러나는 개입으로

---

[3] 국제연합 한국통일부흥위원단(UNCURK, United Nations Commission for Unification and Rehabilitation of Korea).

[4] 마크 웨인 클라크(Mark Wayne Clark, 1896-1984). 1952년 8월부터 리지웨이 장군을 이은 3대 유엔총사령관. 휴전협정 당시 유엔군 대표로 휴전 협정에 서명함.

[5] 존 무초(John J. Muccio, 1900-1991). 주한 초대 미국대사(1949-1952).

공산주의자들의 선동에 실마리를 제공하고 싶지 않은 난처한 입장이었습니다.

한편, 유엔 사무총장은 이 대통령 쪽에 절제를 권유하며 중재에 나섰습니다. 마지막으로 영국 정부는 수동적으로 지켜보지 않겠다고 결정했습니다.

로이드 외교차관을 대동한 알렉산더[6] 영국 국방장관은 실제로 부산으로 출발했습니다. 그들이 도쿄와 미국에서 가지고자 하는 회담들은 극동에서의 연합국의 정책과 전술 전반에 대한 영국 정부의 재검토를 시작하는 데 목적이 있는 것이 분명해졌습니다.

이에 관해 우리 외무부는 유엔 상임대표에게 명령하여 사무총장에게 남한 대통령이 벌인 민주주의 원칙의 위반에 대해 프랑스 정부는 우려를 표한다는 내용의 편지를 전달하도록 했습니다. 프랑스 정부는 한국 상황 전체에 대한 감시 권리를 다시 한 번 강조할 의도를 가진 사무총장의 발의에 동참합니다.

그리고 부산 주재 우리 측 대리공사는 7월 7일 이승만 대통령에게 프랑스 정부는 국제연합 한국통일부흥위원단의 개입을 찬성한다고 알리기 위한 교섭을 했습니다. 비록 대통령이 이 요청을 잘 받아들인 것 같지만 그가 내린 특별조치를 거둘 것 같지는 않아 보입니다. 그러나 한국 내에서 발생한 정치적 갈등 안에서 체면을 지킬 만큼의 타협은 눈에 뜨일 것으로 보입니다.

한편, 외세개입에 반대하는 캠페인이 점점 뚜렷이 드러나고 있습니다. 아주 최근 한 공식문서에서 대통령은 트리그브 리 사무총장의 방식을 무례하게 받아들이는 모습을 보였습니다.

따라서 부산의 위기는 심각합니다. 이 위기는 한국에서의 유엔 활동의 모든 정신적 버팀목을 앗아갈 수도 있습니다. 유엔이 두 한국 사이의 전쟁에 추가된 빨치산과 이승만 쪽의 적들 사이에 포고된 전쟁을 묵인하기는 어려울 것입니다. 많은 감독관들이 보기에 이러한 상황은 이 대통령이 한국에서 공산주의를 궁지에 몰 수 있는 단독 정치세력을 구성할수록 더더욱 난감하게 될 것 같다고 합니다.

---

[6] 해롤드 알렉산더(Harold Alexander, 1891-1969). 영국 군인이자 정치가. 캐나다 총독(1946-1952), 영국 국방장관(1952-1954) 역임.

【319】 한국에 억류된 프랑스 포로수용자(1952.6.24)

[보 고 서]	한국에 억류된 프랑스 포로수용자
[문 서 번 호]	미상
[발 신 일]	1952년 6월 24일
[수 신 일]	미상
[발신지 및 발신자]	파리/프랑스 외무부 아시아-오세아니아 사무국
[수신지 및 수신자]	파리/로베르 슈만(프랑스 외무부장관)

1950년 6월 27일, 외무부 직원 3명, 서울 대리공사 페뤼쉬[1](Perruche) 씨, 언어연수생 메아드모르[2] 씨, 그리고 통역비서 마르텔[3] 씨가 수도에 막 진입한 북한군에 의해 포로로 잡혔습니다. 이들과 함께 AFP통신 특파원 샹틀루[4] 씨, 여러 선교사들과 수녀들도 억류되었습니다.

우리 자국민의 석방을 얻어내기 위해 외무부는 소련과 체코슬로바키아 정부를 통해 평양당국에 요청하고 베이징 주재 인도와 스위스 대표들을 통해 중화민국 정부에 요청했지만 어떤 긍정적인 결과도 가져오지 못했습니다.

그런데 지난해 9월 소련 외무부장관이 페뤼쉬 씨, 메아아드모르 씨, 마르텔 씨, 그리고 샹틀루 씨에게서 그 당시 그들은 살아있으며 건강하다고 쓴 개인 메시지를 모스크바 주재 우리 대사관에 전해주었습니다.

더불어 판문점 회담 중에 이 문제가 거론되었습니다. 1952년 1월에 북한 대표가 자국 정부는 프랑스 국적 거류민 13명을 포함한 48명의 외국 민간인을 억류하고 있으며, 휴전이 조인되는 대로 조건 없이 재빨리 송환할 것을 보장한다

---

[1] 조르주 페뤼쉬(Georges Perruche). 주한 프랑스 영사 및 대리공사(1950년 3월-7월). 북한에 포로로 강제 수용됨(1950-1953).

[2] Meadmore.

[3] Martel.

[4] Chanteloup.

고 밝혔습니다. 하지만 그는 이 문제를 전쟁포로 문제에 연결시키는 것은 거부했습니다.

전쟁포로 송환에 관한 판문점 협상이 교착 상태에 빠진 상황에서 우리 외무부는 이 두 문제를 분리하는 것이 낫다고 판단하여, 6월 4일 워싱턴 주재 프랑스 대표에게 프랑스 외무부는 판문점에서 거론된 민간인 억류자 문제를 다시 한 번 검토하길 바란다고 미국 당국에게 알리길 지시했습니다. 그리고 공산군 측 협상 당사자들에게 우리 국민들과 북한 민간인을 협상하는 수에 맞추어 교환하자고 제안해줄 것을 권유했습니다.

미국의 첫 반응은 그다지 고무적이지 않았습니다. 국무부는 사실 인도주의 차원에서 지금까지 해온 모든 노력이―특히 부상자와 환자 포로들의 즉각적 교환―실패했다고 강조했습니다. 게다가 우리의 제안은 유엔사령부가 일정한 수의 북한 전쟁포로들을 민간인 억류자로 재분류하는 까다로운 문제가 제기될 수 있으며, 포로송환 문제 해결을 더 어렵게 만들 위험이 있다는 것입니다.

외무부는 이 답변을 듣고 드장 일본대사에게 이 문제에 대해 영국대사, 그리고 알렉산더 영국 국방장관과 접촉하라고 지시했습니다. 에슬러 데닝[5] 주일 영국대사에 따르면, 영국 정부는 지금까지 연합국 측 민간인 억류자들의 석방은 휴전체결에 달려있고 특별 협상을 하기는 힘들 것이라고 보고 있습니다.

그러나 알렉산더 국방장관은 일본주재 우리 대표에게 자신은 유엔대표단이 송환되기를 희망하는 이 민간 억류자들의 경우를 검토하자고 제안할 수는 없는지 궁금하며, 이것은 적어도 실망스러운 회담에 새로운 요소를 도입한다는 장점은 가지고 있는 것이라고 밝혔습니다. 영국 국방장관은 6월 23일 워싱턴을 방문할 때 미국과 이 문제를 논의할 것을 암시했습니다. 드장 대사의 제안으로, 외무부는 보네 주미 대사에게 이 주제에 관하여 알렉산더 경과 접촉하라고 지시했습니다.

---

[5] 에슬러 데닝(Esler Dening, 1897-1977). 2차 대전 이후 첫 주일 영국대사.

1950년 6월 27일, 외무부 직원 3명, 서울 대리공사 페뤼쉬 씨, 언어연수생 메아드모르 씨, 그리고 통역비서 마르텔 씨가 수도에 막 진입한 북한군에 의해 포로로 잡혔습니다. 이들과 함께 AFP 통신 특파원 샹틀루 씨, 여러 선교사들과 수녀들이 억류되었습니다.

우리 자국민의 석방을 얻어내기 위해 외무부는 소련과 체코슬로바키아 정부를 통해 평양당국에 요청하고 베이징 주재 인도와 스위스 대표들을 통해 중화민국 정부에 요청했지만 어떤 긍정적인 결과도 가져오지 못했습니다.

그런데 지난해 9월 소련 외무부장관이 페뤼쉬 씨, 메아드모르 씨, 마르텔 씨, 그리고 샹틀루 씨에게서 그 당시 그들은 살아있으며 건강하다고 적힌 쓴 메시지를 모스크바 주재 우리 대사관에 전해주었습니다.

더불어 판문점 회담 중에 이 문제가 거론되었습니다. 1952년 1월에 북한 대표가 자국 정부는 프랑스 국적 거류민 13명을 포함한 48명의 외국 민간인을 억류하고 있으며, 휴전이 조인되는 대로 조건 없이 재빨리 송환할 것을 보장한다고 밝혔습니다. 하지만 그는 이 문제를 전쟁 포로 문제에 연결시키는 것은 거부했습니다.

판문점 협상이 현재 사면초가 교착상태에 있으므로 아시아 사무국은 민간 억류자 문제를 휴전협상 문제와 분리하고, 북한사령부가 한 것처럼 모스크바를 통해 이 문제에 대해 평양에 새로운 요청을 해 보는 것이 좋지 않을까 판단합니다.

서울 주재 영국 전 장관이 포함한 일정한 수의 억류된 거류민을 두고 있는 영국 정부와 상의한 후, 현재 미국 측에 억류되어있는 북한 민간억류자와 우리 자국민과의 교환을 검토하는 것이 가능할 지 미국 정부에게 사전에 물어보는 것이 좋을 것 같습니다.

【319-2】별첨 2—한국의 프랑스 전투부대

1950년 8월에 형성된 유엔 프랑스 대대는 같은 해 12월에 한국 전선에 도착했습니다.

처음에 전체 병력 수가 39명의 장교와 172명의 하사관을 포함한 1017명의 군인으로 구성되었으나 여기에 몽클라르 장군이 이끄는 참모부 장교와 하사관 33명을 보태는 것이 바람직합니다.

초기에 2년으로 정한 한국 체류기간은 1951년 10월부터 1년으로 귀착되었습니다. 따라서 대대 병력의 절반이 1952년 초부터 본국으로 귀환되었습니다. 나머지 반은 올해 말이나 1953년 초에 귀환될 것입니다.

대대의 유지는 현역 지원병과 특히 예비군(약 3개월마다 120명)으로 행해집니다. 그러나 1951년 말 많은 교대로 인해 지원병의 수가 부족하여 250명에서 300명의 장교와 하사관, 그리고 국가지정 현역 군인들의 한국 파견이 필요했습니다. 이 조치는 1952년 말 다시 한 번 적용될 것 같습니다.

대대는 1950년 12월부터 여러 전투에 참여했습니다. 그중 가장 명예로운 전투는 소수의 프랑스 군인들이 수적으로 매우 월등했던 중공군의 광적인 돌격에 의기양양하게 저항한 하트브레이크 릿지 전투였습니다(1951년 9월).[6] 미국 군대와 트루먼 대통령으로부터 수여된 수많은 훈장과 개인 또는 집단 표창으로 기념된 이 수훈은 아주 최근 미국 의회에서 리지웨이 장군이 언급하기도 했습니다.

전쟁에 돌입한 후 프랑스 대대의 인명 피해는 막대합니다. 인명 피해는 다음과 같이 밝혀졌습니다.

---

[6] 단장의 능선 전투. 프랑스 대대는 미 23연대와 함께 중공군의 차단선을 돌파하고 5월 21일 한계리 남동쪽 643고지 부근으로 철수했음. 후방으로 물러나 재정비와 휴식을 취한 프랑스 대대는 단장의 능선 전투에 투입되었음. 미 23연대가 공격에 실패하고 물러난 탓에 프랑스 대대가 투입된 것임. 하지만, 프랑스 대대도 9월 15일과 26일 공격에서 100여 명의 사상자를 내고 능선 점령에 실패했음. 부대를 재정비한 프랑스 대대는 10월 6일 931고지, 10월 13일 851고지를 점령하는 데 성공했고, 단장의 능선 전투는 종료되었음.

사망자:	139명(장교 8명과 하사관 32명)
부상자:	640명
실종자 또는 포로:	13명(하사관 2명)
총:	792명

【320】 한국문제(1952.6.25)

[보　고　서]	한국문제
[문　서　번　호]	151 SC
[발　신　일]	1952년 6월 25일
[수　신　일]	미상
[발신지 및 발신자]	파리/회의사무국
[수신지 및 수신자]	파리/로베르 슈만(프랑스 외무부장관)

장관님을 위한 보고서

최근 6월 14일자 제921호까지 일련의 보고서를 통해 회의사무국은 장관님께 한국 상황에 대해 알려드렸습니다.

이 상황은 10일 전과 거의 같은 상황이며, 이 보고서는 차기 런던에서 열릴 3자회담에서 이 문제가 거론되기 전 장관님께 한국문제에 관한 가장 최근 정보를 드리기 위해 작성되었습니다.

그동안 전술한 보고서에서 주목했던 휴전협상의 진전을 복잡하게 만드는 요소들 중 하나의 칼날이 지금은 무디어졌다고 볼 수 있습니다. 실제로 북한 포로 수용소에서는 모든 것이 정상화된 것 같아 보입니다. 다만 휴전에 유리한 방향으로 본국으로 송환되길 바라는 포로들과 송환을 반대하는 포로들을 분리하는 방법에서 의문이 생길 수 있는 점이 남아 있습니다.

한국 내부의 상황에 관한 다른 요소는 여전히 많은 불확실성을 제공하고 있습니다. 그런데 대통령 선거일의 무기한 연기는 이 대통령의 입지를 강하게 만들 것이 확실합니다. 그러나 내부 대립의 원인들은 여전히 남아있고, 시간이 지나야 국민들이 대통령 편이라는 대통령의 주장이 사실인지 확인할 수 있을 것입니다.

그러므로 최근 며칠의 관심사는 극동지역에서 돌아오는 알렉산더 경의 판단과 압록강 수력발전소 폭격을 통한 군사 활동의 회복에 쏠려 있습니다.

영국 국방부장관의 공개 발표와 도쿄 주재 우리 대사와의 회담, 또는 마지막으로 워싱턴에서의 그의 발언에서 보네 대사가 알 수 있었던 것을 통틀어 볼 때, 알렉산더 경이 표명한 소감과 영국 위정자들의 방문이 원인으로 보이는 회의적 시각 사이에는 명백한 대비가 드러납니다. 군사적으로, 알렉산더 경은 연합군의 능력으로 공격 수단을 모두 집결한 듯 보이지만 이 가능성에 대한 임박한 전조는 전혀 보이지 않는 중공-북한의 잠정적 공격을 억제할 수 있다고 확신하는 듯합니다. 반대로, 알렉산더 경은 수적으로 매우 월등한 적 앞에서, 특히 충분한 예비군이 없는 유엔군 스스로가 공격을 성공적으로 수행할 상태라고는 믿지 않습니다.

다만 그는 연합군이 공군으로는 우세를 유지하고 있다고 인정했습니다. 병력 수가 우세한 것이 아니라, 북한 비행장의 집중폭격으로 공산군 측 비행기들이 멀리 떨어진 압록강 북쪽 기지에 머물러야하기 때문입니다.

포로수용소 문제는, 알렉산더 경은 이 문제를 유감스러운 사건 하나의 중요함에 귀결시켰습니다.

물론 내부문제에 관해 장관은 이 대통령의 독재적인 행태를 매우 유감스럽게 생각하지만, 현재로서는 그가 나라의 지휘권을 책임질 수 있는 유일한 사람이라는 것을 인정해야 한다는 것입니다.

마지막으로 휴전협정에 관해서는, 알렉산더 경은 출구가 보이지 않으며 중공 측이 어떤 경우에도 휴전을 희망하지 않는다고 생각하고 있습니다. 그러나 영국 장관들은 미국 대표들이 회담을 이끈 방식과, 미국이 그렇게 할 것이라는 소문도 있었지만 영국에게 회담에 참여할 것을 요청하지 않은 점을 비판하지 않았습니다.

드장 대사는 이 영국위정자들이 오타와 방문 시 또는 런던에 돌아가서 말할 수도 있을 것이라는 전제를 달면서, 그들의 발언에서 이들은 미국 계획의 엄청난 어려움을 깨닫고, 전쟁 지휘와 그와 관련된 모든 것을 볼 때, 또는 휴전협상의 지휘, 그리고 남한 정부와 당국을 살피는 처신 등 모든 면에서 미국은 최선을 다하고 있다는 소감을 표현했다고 전했습니다.

우리 대사는, 출발 시 예상할 수 있었던 것과 마찬가지로 다양한 측면의 한국 문제를 이끄는 데 있어 어떤 중요한 변화를 가져오기 위한 영국의 활동을 보여 주는 것과는 거리가 먼 알렉산더 경의 방문은, 아시아 문제에 관한 몇 가지 의견차가 있다고 하더라도 몇 개월 전부터 이미 이루어지고 있던 영국 정부와 미국 정부 사이의 협력을 강화하는 결과를 가져올 것이라고 보고 있습니다.

마시글리 주영 대사는 영국 외무부에서 입수한 정보를 통해 도쿄 주재 우리 대사가 준 정보를 전적으로 인정했습니다. 그는 도쿄 본부 미국 참모총장 자리에 한 영국 부관을 지목한 데 대한 클라크 장군의 원칙적 합의를 영-미 관계에 성립된 긴장 완화의 징후로 보고 있습니다.

압록강 수력발전소 폭격은 다른 차원의 반응을 불러올 수도 있을 것입니다. 하원에서 영국 정부가 한 발표는 알렉산더 경이 이를 사전에 알고 있었다는 첫날의 가설을 어쨌든 부인하는 것 같습니다. 이 보고서가 작성되는 이 시간, 우리 부처는 이 군사작전 재개에 관한 결론을 내리기에는 아직 정보가 부족합니다. 한편 영국에서는 이 문제의 거론이 불가피해 보이므로, 회의사무국은 이 보고서에 추가로 한국 분쟁의 확산을 가져올 수 있는 모든 발의가 반드시 요청해야 하는 사전 상의에 대한 우리 외무부의 입장이 재차 강조되어있는 참고자료를 동봉해야 할 것 같습니다.

마시글리 대사는 최근 전보(6월 24일)에서 런던에서는 워싱턴에서 정기적으로 두 주마다 열리는 회담에 만족하지 못하는 것 같다고 설명하고, 우리 대사관은 정치적 방향과 협상에 관한 모든 문제를 의논하기 위해 도쿄 주재 외국 대사들과 미국 사령부 사이의 공식적 보고 시스템을 조직하자는 제안을 했습니다.

압록강 폭격이 불러올 수 있는 전개에는 의심의 여지가 없으므로, 판문점의 사면초가 상태에서 빠져나오기 위해 책임자들 사이에서 새로운 방법들이 검토될 수도 있는 것입니다.

이 중에는 뉴욕 주재 우리 대표 오프노[1] 씨의 제안도 포함시킬 수 있을 것입니다. 그 제안에 따르면 포로문제는 나머지 토론과 분리하여 한국 외부에 소

1) 앙리 오프노(Henri Hoppenot, 1891-1977). 주유엔 프랑스 대표 역임(1952-1955).

재하는 합동위원회에 맡기고, 심의 결과를 기다리는 동안 이미 이루어진 합의를 기초로 실질적 휴전은 선포될 것이고, 합동위원회가 어떤 합의에 도달하게 되면 따라서 자동적으로 휴전으로 바꾸면 된다는 것입니다. 오프노 씨는 합동위원회를 각 사령부에서 선택한 두 사람과 공동합의에 의해, 아니면 국제사법재판소 소장에 의해 지목된 세 번째 사람으로 구성하자고 제안합니다. 그리고 멀긴 해도 제네바를 회의장소로 추천합니다.

장관님께서도 알고 계십니다. 보네 대사는 이런 제안을 워싱턴이 그대로 받아들일 것 같지는 않지만 이것이 미 당국이 관심을 가질만한 제안으로 평가했습니다. 한편 오타와의 게랭[2] 대사는 이와 같은 계획안은 한국 상황에 대해 염려를 보이고 있는 캐나다의 관심 사안에 부합한다고 썼습니다. 마시글리 주영대사에 따르면 오히려 5월 28일이 아닌 다른 기초 위에서 정전은 체결되지 않을 것이라는 서양 정부의 공식발표에 별로 연관성을 느끼지 못하고 있는데다가 포로문제 해결 이전의 정전선언은 유엔에게서 공중폭격이 행사하는 압력의 수단을 뺏을 수도 있다고 염려하는 영국에게는 훨씬 유보적일 것이라고 합니다.

최근의 압록강 폭격은 이 논거를 재조명하고 있으며, 그 소식이 알려진 날(6월 18일), 우리는 다시 한 번 영국과 미국이 우리를 제외하고 행동노선을 결정했다고 생각할 수도 있었습니다.

어떤 일이 있어도 휴전회담에서 보류 중인 이 마지막 문제의 해결책 모색은 세계 전체의 관심사이기 때문에 이루어지지 않을 수 없습니다. 6월 21일 기자회견에서 인도는 "양 진영과 우호관계를 유지해왔기 때문에 비교적 유리한 입장에 있다"는 점을 밝히며 포로교환 문제가 제시하는 이 총괄문제 해결을 돕기 위한 인도의 협조를 제안한 네루의 최근 발표가 이를 증명하고 있습니다. 인도가 보여준 강경한 의지에 대해 런던에서는 회의적인 시각을 보입니다. 베이징 주재 인도대사가 물러나고 후임자가 두 달 후에나 중국에 도착할 것이라는 점을 지적합니다.

---

[2] 위베르 게랭(Guerin Marie Hubert Guerin, 1896-1986). 프랑스군 장교이자 외교관. 캐나다(1949-1955), 브라질(1946-1949), 네덜란드(1945-1946)주재 대사.

【320-1】 별첨 1—보충자료(압록강 이북 군사작전 확대에 대한 프랑스의 입장)

1951년 초, 미 정부가 중국의 한국전쟁 개입을 규탄하는 결의안을 유엔총회에 제출하는 데 열중하고 있을 때, 프랑스 정부는 1월 19일 미국 대사관에 제출한 각서에서 이러한 결의안의 총회 표결이 통합사령부에 중국 영토를 상대로 군사적 조치를 취할 수 있는 암묵적 권한부여를 의미하지 않는다는 것을 분명히 해야 할 것이라고 강조했습니다.

미 대사관은 같은 달 22일 이 주제에 관해 미 국무부가 다음과 같이 밝혔다고 답했습니다.

> "1번 안건에 관해서는, 외무부장관께 비밀로 말씀드리지만, 1월 4일 트루먼 대통령이 한 기자회견에서 냈던 성명이 유엔의 중국 폭격 허용을 의미하지 않는 것과 마찬가지로, 미국 정부는 제출된 결의안 속 문제의 조항이 연합군에게 중국 대륙까지 적대행위를 전체적으로 확산시킬 수 있는 권한을 부여한 것으로 간주하지 않습니다. 이 성명에서 대통령은 한국에서 미국은 유엔과의 공조 하에 움직이며, 유엔의 허가 없이 중국을 폭격으로 공격하는 일은 하지 않을 것이고, 유엔에 이러한 허가를 요청할 계획도 없다고 분명히 밝혔습니다. 그러나 미국 정부는 통합사령부와 마찬가지로 자신의 지휘 아래 있는 유엔군을 보호하는 데 필요한 조치를 할 권한은 지켜야 한다는 생각을 항상 지지해 왔습니다. 다시 말해 만주기지로부터 유엔군을 향한 대대적 공중 공격이 있을 경우, 유엔은 이 공격의 출발점인 비행장들을 자유로이 폭격할 수 있어야 하고 중공군이 한국에서의 전쟁을 지원한다면 한국 외의 지역에서 유엔군의 공격으로 통합사령부는 자유로이 대항할 수 있어야 할 것입니다."

미국 각서의 나머지와 마찬가지로 이 점은 프랑스 정부가 지적하지 않았습니다. 그러나 프랑스 정부의 반대가 없다는 히커슨 미 국무차관보의 암시에 따라 나중에 지적한 것처럼, 미국의 각서는 앞서 보냈던 프랑스 각서에서 분리되어서는 안 되는 것입니다. 둘 다 중국을 규탄하는 결의안 표결 하루 전날 두 정부 각각의 입장을 규명하는 자료였습니다. 이 결의안 제출로 의견교환은 종지부를 찍었지만, 우리 대표에게 총회에서 우리 입장을 표명하라는 지시를 내린 것에서 볼 수 있듯 각자의 입장은 그대로 남아 있습니다. 몇 개월 후, 4월에 유엔군은 여러 곳을 통해 38선을 넘자 북한에서 중공군의 중요한 집결이 눈에 띄게 되고 만주에서 군사 활동의 증가가 알려졌습니다. 이 정보는 맥아더 장군이 중공을 비난하기 직전에 이미 했던 것처럼 그 중요성을 과장했을 가능성이 있다고 하더라도 국방부가 총사령관에게 중공군이 유엔군을 상대로 대대적 공중 공격을 실행할 경우 만주 비행장을 폭격하라고 허락할 정도로 우려할만한 수준입니다. 그로스 씨와 러스크 씨가 영국과 프랑스 측에 이 허가에 대해 인정을 하자 우리 외무부처는 1951년 4월 6일과 7일 두 전보를 통해 이 문제에 관한 프랑스의 입장을 1월 19일 각서에 규명된 대로 다시 한 번 상기시켰습니다. 보네 씨가 이 전보를 받기 전 부터 먼저 대응해서는 안 되지만, 러스크 씨는 실제로 4월 3일 만약 공산군의 쌍발폭격기가 남한 또는 연합군 선박들을 폭격하기 위해 만주 비행장에서 이륙한다면 미 정부는 분쟁을 제한하는 노력을 더 이상 할 수 없을 것이라고 보며, 자기 군대의 안전을 염려하는 유엔사령부는 적의 영토, 특히 그 비행기지에서 적을 폭격할 수밖에 없을 것이라고 발표했습니다. 3일 후 이 선언에 관한 한 질문에서 히커슨 씨는 위에서 이미 언급된 상황에서 1월 22일의 미국 각서를 언급했습니다. 그날 그는 공산군의 대대적 공중 공격이 있을 경우에도 총사령관은 중국 영토 기지에 유사한 폭격으로 반격하기 전에 워싱턴의 허가를 요청해야 하며, 더불어 이런 경우에도 미국 정부는 직접 관련국들과 사전에 의논하기 위해 "인도적으로 가능한 모든 것을 다 할 것"이라고 밝혔습니다.

4월 7일 우리 전보에 쓴 표현처럼 "맥아더 장군의 머릿속에 있는 생각과 같은 발상은 연합국 사령관에게 있을 수 없는 것이며, 전쟁의 전면화가 포함하는 위험은 그 어느 때보다도 유엔의 이름으로 평화를 해결하는 공동임무를 실행하겠다고 동의한 정부들과의 사전 논의와 동의가 필요하다"고 생각한 것은 우리만이 아니었습니다. 9일 보네 대사는 히커슨 국무차관보의 발언이 관계 국가들에서 불러일으켰을 우려를 미 행정부가 어느 정도 고려하기로 한 것 같다고 전보를 보낼 수 있었습니다.

그런데 며칠 후, 4월 26일, 『뉴욕타임스』는 자사 유엔 특파원의 속보를 실었습니다. 이 속보에 의하면 미국대표단 대변인이 발표하기를, 만약 공산주의자들이 유엔군에게 대대적 공중전을 개시한다면 만주 기지는 연합국 측 공군에 의해 폭격당할 것이라고 미 정부가 한국에 파병한 유엔 회원국들에게 통고했고 당사국들은 반대의사를 제기하지 않았다는 것입니다. 히커슨 국무차관보는 보네 대사에게 이 기사가 미국 정부의 입장이 바뀌었음을 뜻하는 것은 아니라고 부인했습니다. 뿐만 아니라 맥아더 장군을 리지웨이 장군으로 교체한 것은 너무 서둘렀던 미국의 자주적 행동의 위험을 줄이기에 알맞은 선택이었습니다.

그런데 히커슨 씨는 며칠 후 우리 대사관 직원 중 한 사람에게 아주 최근 리지웨이 장군이 미국 정부에 알리지 않고 이 폭격을 실행하게 된 상황이 있었다고 설명했습니다. 즉 그는 라디오-전선 상으로 워싱턴과 연락할 수 없는 일이 가끔 발생하기도 하는 기술적 불가능 상태에 처했던 것입니다.

우리 외무부가 이 발언 전체에서 받아들이는 것은 미국 정부의 입장을 따르면서 만주 기지의 폭격은 미국의 자주행동으로 갑자기 실행될 수 없고, 답을 얻는 데 얼마의 시간이 걸리든 논의하는 것이 원칙이 되어야 한다는 것입니다. 이 해석은 워싱턴으로 보내는 1951년 5월 11일자 전보에 기록되어 있습니다. 이 전보에서 외무부는 처음에 생각했던 대로, 만약 연합군이 위태로운 상태에 놓이게 되어 즉각적인 안전을 보호해야 할 필요에 의해 이 행동이 절대적으로 요구될 때에만 사전 동의 없이 즉각적인 행동을 취할 수 있다는 것을 인정한다는 견해 도입을 포기했습니다.

【321】 한국에서의 3국 정책 공조(1952.7.1)

[보　고　서]　　한국에서의 3국 정책 공조
[문 서 번 호]　　151 SC
[발　신　일]　　1952년 7월 1일
[수　신　일]　　미상
[발신지 및 발신자]　파리/프랑스 외무부 아시아-오세아니아 사무국
[수신지 및 수신자]　파리/프랑스 외무부장관실 실장

장관실 실장에게 드리는 보고서

　런던 회담에서 슈만 장관이 최근 한국 사건으로 발생한 심각한 문제를 언급하고, 애치슨과 이든 씨가 지금까지 사용되어온 세 정부 간의 논의 절차를 개선할 필요성을 인정하고 클라크 장군 쪽의 기존 군사연락기관들이 앞으로 결정될 조건 안에서 미국 총사령관 쪽의 정치적 연락까지 담당하는 것을 검토했습니다.

[보 고 서]	압록강 폭격
[문 서 번 호]	미상
[발 신 일]	1952년 7월 1일
[수 신 일]	미상
[발신지 및 발신자]	파리/프랑스 외무부 아시아-오세아니아 사무국
[수신지 및 수신자]	파리/로베르 슈만(프랑스 외무부장관)

보고서

북한의 수력발전소를 폭격하라는 미국 참모부의 결정이 공산군 침략이 2주년
이 되는 순간에 실행에 옮겨지자 유럽 여론에, 특히 영국에서 격렬한 감정을 불
러일으켰는데, 이후 일어난 사건들에 비추어볼 때 그 규모가 현실과 관계없는
것으로 보입니다.

6월 24일 개시된 작전의 군사적 · 정치적 이중적 성격은 목표 자체가 갖는 양
면성의 결과입니다.

1. 공습의 목표물인 수력발전소들은 모두가 한국 영토에 위치하고 있습니다.
이 발전소들은 두 개의 그룹으로 분리됩니다. 가장 중요한 압록강 지역의 수
력발전소 그룹과 1950년에서 1951년 사이 겨울에 유엔군에게 점령된 지역에 위
치한 북서쪽 수력발전소들입니다.

2. 이들 중 몇몇은 북한뿐 아니라 중국 중공업의 중심지인 만주, 그리고 다롄

과 뤼순항의 소련 기지까지도 전력을 공급합니다.

미 공군은 이 시설물들을 공격하면서 한국에서만 실행할 수 있는 그들의 임무 한계를 지켰습니다. 그렇더라도 미국사령부는 중국의 산업 잠재력을 공격한 것으로 본질적으로 정치적 차원의 결정을 내렸다고 볼 수 있습니다. 달리 표현해보자면, 도쿄 참모부는 법적으로 엄밀한 의미에서, 사전 합의 없이 이 작전에 착수하면서 유엔과의 약속에 쓰인 글자 그대로를 지켰습니다. 그러나 미국은 중국의 한국 개입을 규탄한 결의안의 유엔 표결이 중공에 대한 군사적 조치를 취할 수 있는 암묵적 허가를 포함하지 않는다고 자신의 동맹국들과 의견일치(1951년 1월 22일)를 보았기 때문에, 이 합의의 정신에 충실하기 위해 적어도 동남아시아 정책 상황에 큰 변화를 가져올 수 있는 모든 사건에 특히 관심이 많은 영국과 프랑스 정부와는 의논하는 편이 나았을 것입니다.

압록강 폭격의 시기적 적절함 역시 각계각층에서 심각한 의구심을 불러일으켰습니다. 유엔이 심각한 어려움—거제도 "폭동", 남한 내부 위기—에 처했던 때, 휴전협정이 사면초가에 들어가게 되었던 때, 미국이 공산주의 선동에 의해 극도의 맹렬한 공격의 대상이 되었던 때, 그리고 판문점 협상을 이용하여 회복된 중공-북한의 전쟁 능력이 놀라울 정도여서 적의 강경한 공격이 성공할 확률이 매우 높아보였던 때, 이 작전이 이루어졌습니다. 이 사건들 앞에서 세계 여론은 승리의 가능성에 대해서, 유엔의 실제 능력에 대해서, 그리고 연합국이 방어한다고 주장했던 가치에 대해서조차도 의심하기 시작했습니다. 1951년 7월 협상이 시작될 때부터 시작된 경과를 지켜보던 태도를 중단하면서 미국 정치지도자들과 군사지도자들이 추구하는 목표는 분명히 드러납니다.

"유화"적 시도의 헛됨을 확신하고, 포로 문제에서는 양보하지 않기로 결심한, 오직 강경 정책과 단호한 행동만이 공산주의자들을 놀라게 할 수 있고 이들을 타협으로 이끌 수 있다고 믿는 미 국방부와 국무부는 중공-북한 군대가 당하는 군사적 압력을 증가시켜야 한다고 판단했습니다.

오랫동안 강력한 적의 공군 조직을 강조한 후, 그리고 이렇게 하여 미국 대중에게 의식적이든 아니든 불안감을 조성하는 데 공헌한 다음, 유엔사령부는 명백한 공군의 우월성을 유지하고 있다는 사실을 확실히 보여주고 싶었고, 만약 적이 공격을 시작한다면 그 부담감을 무겁게 느끼기를 바랐던 것입니다. 북한 침략 2주년을 맞아 클라크 장군이 발표한 성명에서도 같은 심리가 나타납니다.

미국 국민 대부분이 동의할 뿐더러 민주당 행정부의 공으로 돌려질 이번 결정에는 미국 국내정치라는 동기도 무관하지 않은 것 같습니다. 민주당의 극동 "유화정책"은 지금까지 야당인 공화당이 좋아하는 비판 대상이었습니다.

잘 진행된 작전은 완전한 승리였습니다. 유엔공군은 아주 적은 인명 피해만 겪었습니다. 적의 시설물에 입힌 피해는 90%로 집계되었습니다. 작전의 범위와 투하된 비교적 조촐한 탄환의 양을 볼 때 약간의 과장을 포함한 듯 보이는 추산이기도 합니다.

군사적 차원에서 이 폭격은 지금까지 적의 어떤 반응도 불러일으키지 않았습니다.

정치적 차원에서, 중공-북한 휴전 대표단이 최근 며칠 동안 보여준 화해적 태도는 미국이 보여주기 시작한 결단성의 직접적인 결과가 아닌지 생각할 수도 있습니다. 그러나 이 새로운 태도에 대해 어떻게 생각해야 할지를 알기 위해서는 아직 얼마간 기다려야 할 것입니다.

여하튼 미국의 책임자들은 강경한 행동으로 적에게 위압감을 주고 이성적인 기초 위에서 휴전을 받아들이도록 만들며 유럽에서 우려하는 것처럼 분쟁을 확산시키지 않기를 기대했던 것은 확실해 보입니다.

* * *

그러므로 입록깅 폭격은 유엔사령부의 수깅 교체와 맞물려 미국 지도자들 사이의 태도와 방법에서 일어난 변화의 신호였고, 추구하는 목적에서의 변화를

보여주는 것은 아닙니다.[1)]

압록강 발전소를 파괴하라고 군인들에게 허가했을 때 사전에 다른 관계국 대표들에게 알리지 않은 것은 미 국방부의 실수라고 애치슨 국무장관이 영국 국회에서 성실하고 용감하게 인정했습니다.

이 사건들이 미국과 그 동맹국들의 관계에서 일으킨, 그러나 그 영향을 과장해서는 안 되는 위기는 적어도 미국 정부가 지금까지 사용된 의논절차를 개선해야 할 필요성을 인정하게 만드는 결과를 가져올 것으로 봅니다. 이 부분에 관한 여러 해결책이 런던회담 중에 검토되었습니다. 도쿄사령부 쪽에 이미 설치되어 있는 연락기관들의 권한 확대가 원칙적으로 채택되었습니다.[2)]

결국, 애치슨 씨, 이든 씨와 가졌던 회담 중에 슈만 장관께서 설명하신 것처럼, 프랑스 정부는 한국전쟁이 중국으로 확산될 가능성을 염려하는 것이지 최근 작전 그 자체에 대해서는 그다지 염려하지 않습니다.

이런 점에 비추어 비상시 참모총장들은 유엔에 알리지 않고 만주 중공기지 폭격을 허가할 수 있다고 밝힌 러베트(Lovett)[3)] 씨의 최근 발표는 프랑스 국민에게 심각한 염려를 일으키지는 않았습니다.

애치슨 국무장관은 물론 이 발표가 약간 잘못 해석되었다고 설명하면서 한국 외의 모든 공격을 위해서는 그 결정이 워싱턴에서 이루어져야 한다고 단언했습

1) 미국은 1952년 11월로 예정된 미 대통령선거 전에 휴전협상에서 우세를 점하고자 북한을 압박하는 강경 대응책을 썼음. 그것은 대대적인 북한지역 폭격이었음. 1952년 6월 23일, 미국은 500대 이상의 폭격기를 동원해 압록강에 위치한 북한 지역 전력 공급의 90% 이상을 차지했던 수풍댐과 10개의 수력발전소를 폭파함. 한국전이 세계대전으로 확전되는 것을 우려한 미국 정부는 중국-북한 국경지역에 대한 폭격을 엄격히 제한하고 있었는데, 이런 분위기가 바뀐 것은 휴전회담이 지지부진했기 때문이었음. 더욱이 1952년 5월 7일, 거제도 수용소의 북한군 포로들의 봉기로 수용소장인 도드 장군이 감금되는 사태가 발생하자 휴전회담은 점점 더 난항을 거듭함. 이런 상황에서 리지웨이 후임으로 마크 클라크 장군이 유엔군 사령관으로 취임하고, 클라크 사령관은 그동안 폭격의 피해를 입지 않고 있었던 수풍댐을 폭격하는 등의 강경책을 단행함.
2) [원주] 프랑스외무부는 워싱턴과 런던주재 프랑스대사관들에 이든 씨의 제안에 대해 얻어진 결과를 조사해달라고 요청했음.
3) 로버트 러베트(Robert Lovett, 1895-1986). 트루먼 행정부에서 국방차관보 이후 국방장관이 됨. 한국전쟁 시 군축프로그램을 계획함. 미 외교정책의 핵심로였음. "Undersecretary of State"라는 직함이 당시 『조선신문』에는 "국방장관대리"로 소개되었음.

니다. 그렇다고 해도 1951년 1월 22일 미국 대사관이 프랑스 외무부에 전달한 각서에 따르면, 미 정부는 "자신의 지휘 아래 있는 유엔군 보호에 필요한 조치를 취할 권리를 가진다"는 것입니다.

이 문장의 지나친 해석은 위험이 클 것이고, 이 문제에 대해 정부 간의 논의 절차를 조율하는 동시에 어느 경우에 유엔이 반격을 실시할 권리를 가지는 것인지 혹은 중공 영토 위에 추격권을 행사할 것인지를 자세히 규명하는 것이 적절할 것입니다. 미 사령부가 결정한 것과 유사한 행동들은 사실 유엔으로 하여금 지금까지 피할 수 있었던 끔찍한 가능성에 처하게 만드는 위험이 있습니다.

【323】 판문점 회담의 현 상황 보고(1952.7.19)

[보 고 서]	판문점 회담의 현 상황 보고
[문 서 번 호]	1104 SC
[발 신 일]	1952년 7월 15일
[수 신 일]	미상
[발신지 및 발신자]	파리/프랑스 외무부 아시아-오세아니아 사무국
[수신지 및 수신자]	파리/로베르 슈만(프랑스 외무부장관)

발송 명세서

서류명칭	수	소견
판문점 회담의 현 상황 1952년 7월 15일자 보고서 사본	1	참고용

보고서

판문점 회담의 현 상황

회의사무국은 판문점 협상에 관한 최근 보고서에서 포로문제가 야기한 사면 초가상태를 설명해드렸습니다.

자유송환 원칙에 강격한 태도를 보인 미국 대표들은 지난 4월 8일의 그들의 "마지막" 제안을 고집했습니다. 중공-북한 대표들은 그들대로 전쟁포로의 신분에 관한 제네바 협정을 상기하면서 지난 5월 2일 그들이 주장한 입장을 굽히지 않고 모든 포로들의 무조건적 송환을 요구했습니다.

한국전쟁 관련 프랑스외교문서 Ⅵ [1953. 01. 06~1953. 07. 31 / 장관실문서(1950. 06. 25~1952. 12. 10)]

이 상황에서 쌍방은 할 말을 다 한 것으로 보이기 때문에 지난달에는 유엔대표단의 요청에 따라 휴전협정을 3번 중단하는 일이 발생했습니다. 모든 새로운 협의는 교착상태에 빠진 것 같습니다.

1951년 12월 18일 제공된 명단을 바탕으로 중공-북한이 요구한 포로 중공인, 북한인 포로 수 132,000명과 미국이 대표로 제시한 자기 본국으로의 소환을 원하는 포로 수 약 70,000명 사이에는 간격이 너무 컸던 것을 우리는 기억합니다.

그러다 6월 22일, 미국이 27,000명의 남한 민간인 억류자를 석방했는데, 이들 대부분은 1950년 6월 첫 번째 침략 후 한국군에 강제로 편성되었던 사람들입니다. 이것은 공산주의 협상 당사자들에게 새로운 불만을 제공했습니다. 그동안 일어난 압록강의 수력발전소 폭격은 사람들에게 한국전쟁의 평화적 해결에 대한 희망이 포기된 것으로 여기게 만들었습니다.

그러나 이 폭격들은 사령부의 심리에서는 무엇보다 휴전회담에 임하는 중공-북한 협상 당사자들의 태도에 좀 더 유연함을 불러일으키기 위한 것이었습니다. 이들을 유도하기 위해 미국 대표단은 판문점에서 4월 28일 이전 제안과는 다른 안을 내놓기 시작했습니다. 비록 이달 1일에 이루어진 유엔이 제공한 이 새로운 제안에는 세부사항이 많이 제시되지는 않았지만 협상의 마지막 단계에서 공산주의 영토에 송환되기를 원하는 포로들의 명단만 전달하면서 미국의 발상은 상대로부터 "체면을 지키려는" 희망에서 착상을 얻은 것이라고 할 수 있습니다. 이런 방법은 휴전 조인이 이루어지자마자 "재검토된" 명단을 기초로 포로교환의 원칙을 작성한다는 휴전협정안의 제51항에 문자 그대로 부합하는 것입니다.

대화를 재개하려는 이러한 시도는 공산주의 대표단의 관심을 끌었고, 이들은 곧바로 비공개 협상을 재개하자고 요청했습니다.

이 마지막 협상단계에 대해 워싱턴 우리 대사관에 주어진 정보 중, 중공-북한은 양측이 각각 수용소 현장에서 각자가 직접 감독하는 영토 출신의 포로들을 석방하는 데 동의할 준비가 되어있다고 밝힌 점이 눈에 띕니다. 이리하여 6월 22일 전술한 미국이 실행한 작업이 인정되었고, 합의된 대로 27,000명의 남한 사람들이 자신들의 집으로 돌아가는 것으로 나타났습니다. 양쪽이 제시한 숫자

간의 차이는 그만큼 줄어드는 것입니다.

특히 공산주의자들은 이번에는 지난 5월 2일 그들이 한 제안에 대해 고집하지 않았습니다. 지난 12월 18일로 거슬러 올라가는 처음의 교환 명단에 더 이상 근거를 두지 않고 새로운 포로 분류를 제안합니다.

그러므로 이렇게 재개된 협상은 중점적으로 등급과 숫자로 이루어질 것으로 보입니다.

이 점에서 가장 의미 있었던 회기는 7월 12일과 13일 회의였습니다. 한편 중공-북한 측은 처음으로 그들이 송환을 요구하는 100,000명의 포로를 "현실적" 숫자로 제시했고 이 중에는 공산당국이 조건 없이 되찾기를 희망하는 유엔의 중공 포로 20,000명이 포함되어 있습니다.

또 다른 한편, 자유송환원칙을 재확인한 후 해리슨[1] 장군은 거제도 사건의 해결 이후 새로운 "검열"을 거친 83,000명의 숫자를 공개했는데, 이는 공산당국으로 송환되기를 희망하는 사람들의 숫자입니다. 이 인원 수 중 중공인은 단지 6,400명입니다.

그러므로 현재의 의견대립은 단지 쌍방이 제안한 두 총계의 차이에 있습니다. 즉 17,000명의 차이가 나는데, 이 중 공산당국이 무조건 송환시키기를 원하는 포로는 중국인 13,600명입니다.

게다가 연합국 협상 당사자들은 그들의 첫 번째 발표를 번복하면서 휴전 조인 이후 공정한 국제기구에 송환되기를 원한다고 하는 포로들을 넘겨줄 준비가 되어있다고 밝혔습니다.

공산대표단은 이 마지막 미국 제안을 검토하기 위해 48시간의 말미를 달라고 요청했습니다. 이 기한은 다시 48시간 연장되었습니다.[2]

---

[1] 윌리엄 K. 해리슨(William K. Harrison Jr). 거제도 포로송환 문제 유엔대표.

[2] 포로문제는 유엔 측이 본인의 의사를 확인하여 원하는 포로만 송환하자는 '자유송환원칙(자원송환원칙)'을 내걸고, 공산 측이 제네바협약에 의한 '자동송환원칙(강제송환원칙)'을 주장함으로써 해결이 지체되었음. 공산 측은 유엔 측 방안에 격렬히 반대했고, 거제도 포로수용소에서는 포로 심사와 그 과정에서의 고문, 살해 등에 저항하여 공산 포로들이 수차례에 걸쳐 폭동을 일으킴. 결국 포로 처리 문제의 이견으로 인해 휴전협상은 1952년 10월 8일 다시 중단되었음.

【324】 제1위원회에서의 오프노 프랑스대사의 연설문(1952.10.30)

[연 설 문] 제1위원회에서의 오프노 프랑스대사의 연설문
[문 서 번 호] Ref. 1952/POL/X/6
[발 신 일] 1952년 10월 30일
[수 신 일] 미상
[발신지 및 발신자] 뉴욕/유엔 프랑스대표단
[수신지 및 수신자] 파리/로베르 슈만(프랑스 외무부장관)

발송 명세서

서류명칭	수	소견
한국문제 주 유엔 프랑스대사 앙리 오프노 씨의 제1위원회 516회 회의 발표내용 원문	1	회의국 유엔사무국 정무국 언론정보국 런던 대사관 워싱턴 대사관

7차 총회 의제 제16항 한국문제

제1위원회(516회)에서 있었던 오프노 프랑스대사의 연설문

프랑스 대표단은 이 토론에서 현 한국 상황에 이르기까지 있었던 사건들의 순서를 다시 나열할 생각은 없습니다. 이에 관해서는 그의 훌륭한 발표로 의제 1항의 검토를 시작하면서 딘 애치슨 국무장관이 이미 필요한 자세한 사항들과 더불어 이미 충분히 폭넓게 설명하였습니다. 제1위원회와, 더 나아가 세계여론

은 이 사실들을 상기할 필요가 있었습니다. 미국대표단 단장께서 언급한 모든 과거에서 두 가지 핵심을 기억해야 합니다. 첫째, 침략이 자행되었다는 점, 둘째, 수많은 역경 후 이 공격은 중지되고 격퇴되었으며 유엔의 활동 덕분에 억압된 침략자는 원 위치로 돌아갔고 그들이 잠시 침범했던 영토는 해방되었다는 점입니다.

상식적인 사람이라면 그 누구도 이 침략 사실에 대해 의심할 수 없을 것으로 보입니다. 비신스키[1] 소련 장관이 터무니없이 강조한 1950년 6월 25일 이전의 몇 사건들에 있을 수 있는 해석이 무엇이든, 이 운명적인 날짜 이전, 38선 이남 또는 다른 곳에서 어떤 자주적 행동 또는 어떤 발표가 불러일으킬 수 있는 유보 사항이나 아쉬움이 무엇이든, 북한으로부터 자국을 분리하는 이 관념적 경계선을 먼저 넘은 쪽이 남한 군대가 아닌 것은 너무나도 분명합니다. 세계 모든 국가들의 관계를 해결할 결정적 원칙 중의 하나는, 침략은 어떤 경우에도 정당화되거나 구실이 있을 수 없다는 것입니다. 피해자라고 생각되건 도발을 당했다고 믿건 또는 위협을 당했다고 생각이 되어도 폭력을 동원한 예방행위는 허락되지 않습니다. 그것을 인정하는 것은 우리 기구의 기초를 전복시키는 일일 것입니다. 유엔 기구는 세계 모든 국가에게 모든 그들의 분쟁과 갈등의 평화로운 해결을 위한 방책과 수단을 열어주기 위해 설립되었습니다. 그것들을 해결하기에는 너무 느리고 무력하다고 판단하는 이들이 있다면, 그것이 사실이든 짐작이든 이 약점이 스스로 복수하는 어떤 나라도 정당화할 수는 없습니다. 우리는 이 중요한 원칙을 아무리 되뇌어도 충분치 않습니다. 늘 우리의 판단과 행동의 황금률로 삼아야 할 것입니다. 현재의 경우, 북한 정부가 위반한 것이 바로 이 원칙입니다. 유엔이 북한과 그리고 이 위반의 직접적 공모자들에게 적용한 것이 이 규범의 징계입니다.

힘든 전투를 치른 1년이 지난 후 유엔 깃발 아래 모인 군대들은 그들에게 부여된 목표를 이루었습니다. 침략은 격퇴되었고 침범당한 영토는 해방되었으며

---

[1] 안드레이 비신스키(Andrei Yanuar'evich Vyshinskii, 1883-1954). 우크라이나 출신 소련 외교관. 소련 외무장관 및 유엔 수석대표 역임.

가장 고귀한 국제 정의가 승리를 거두었습니다. 그러나 사보나롤라[2]과 함께 정의는 슬픔이라는 무기를 앞세워 전진하고 있었고, 이 승리를 위해 지불해야 했던 모든 희생과 고통에 대한 생각에 가슴이 아프지 않다면 그것은 인간의 마음이 아닐 것입니다. 거기에는 미국 국민이 가장 무거운 짐을 져야 했고 16개국이 각각 할 수 있는 만큼 군대를 보내면서 견뎌낸 희생이 있었습니다. 또한 자신들의 조국이 찢어지는 아픔을 감내한 한국 전체의 무고한 민간인들에게 덮친 고통도 있었습니다. 수많은 피와 수많은 눈물의 대가로 그들에게서 앗아간, 불행히도 결코 완전체로 돌려놓을 수 없이 파괴된 모든 가정들을 차별 없이 구제하는 것이 언젠가 유엔의 의무가 될 것입니다. 그리고 자신들의 지휘자들의 맹목적인 계획에 의해 이 유혈의 모험에 내던져진 모든 이들에게도 우리는 연민의 경의를 표하는 것을 잊지 않아야 할 것입니다. 누구보다 유엔군들은 적들의 용기와 희생정신을 인정할 것입니다. 침략을 일으킨 지휘자들에 의해 광신의 도구로 사용된 모든 이들에게 초래된 고통의 극단성에도 불구하고 우리가 그들의 행위에 대해 도덕적 규탄을 더욱 심하게 할 수밖에 없다면, 그리고 만약 중공과 북한 국민들의 고통 또한 우리가 명예로운 방법으로 끊임없이 평화의 재건을 모색해야 할 이유가 된다는 사실을 유엔이 인식하지 못했다면 유엔은 자신의 전 세계적 소명과 임무에 충실하지 못한 것이라 할 것입니다.

유엔 협상 당사자들이 약 1년 반 전부터 평화의 회복을 위해 추구해온 인내와 침착성에 대해서는 미국대표단 수장께서 이미 할 말씀을 다 하셨으므로 저는 덧붙이지 않겠습니다.

그러나 휴전협정이 열리는데 유리한 분위기가 탄생할 수 있었다면 그것은 적들이 자신들의 공격의 실패를 인정할 수밖에 없었다는 점뿐만 아니라 통합사령부가 이 결과에 도달하기 위해 엄격하게 필요한 목표물에만 전투를 제한할 수 있었기 때문이기도 합니다. 때로는 전쟁을 중단하기보다는 확산시킬 수 있는 계획에 몰두하게 하는 유혹이 컸다는 사실을 우리는 알고 있습니다. 유엔 회원

---

[2] 지롤라모 사보나롤라(Girolamo Savonarola, 1452-1498). 교황과 추기경들의 부패 타락에 맞서 성서대로 살자고 주장한 피렌체의 종교개혁자. 희생이 뒤따르더라도 원칙과 정의를 고수한다는 의미로 비유.

국 대다수가 보기에 이 같은 위험을 무릅쓴다는 것은 통합사령부에 위탁한 임무를 벗어난 월권행위였을 것이며, 가장 위기의 순간에 이에 관해 이루어진 고귀한 결정의 지혜와 자제에 경의를 표합니다. 우리는 며칠 전 딘 애치슨 국무장관으로부터 직접 미국 정부가 자신의 주장에 강경한 태도를 보일 것이며 모든 압박과 도발에도 불구하고 통합사령부의 계획은 한국 영토 내에서의 분쟁 제한을 지속해나갈 것이라는 말을 듣게 되어 기뻤습니다.

1년 반 전부터 판문점에서 휴전협상이 이어지고 있습니다. 협상은 중단되었다가 재개되었다가 또 중단되기를 여러 번 반복하며 진전을 보여 왔고 대립상태의 양측이 서로 합의한 양보를 볼 때 협상에 이르고자 하는 의지를 의심할수는 없을 것입니다. 한쪽이 다른 쪽에게 자신의 조건을 강요하지 않을 때, 정전과 휴전의 모든 합의를 포함하는 군사문제의 해결을 협상하기 위해 양쪽이동의할 때, 바로 이때 비로소 대치상태의 장군들에게 외교적 방법에 대한 방책이 요구되는 것입니다. 이 협상들이 이끌려온 방식에 대한 연합국 측의 비평적인 평가는 현시점에서 순전히 역사적 관심만을 제공할 뿐입니다. 우리가 거기에 신경을 쓰는 것은 소용없는 일입니다. 우리가 기억하게 될 것은 중공과 북한협상 당사자들의 기법, 즉 국가적 미사여구의 완곡한 표현을 통한 마르크스 변증법의 우회 등 협상의 모든 단계를 끊임없이 선전 목적을 위해 이용한 사실이유엔사령부 대표들의 임무를 용이하게 만들지 않았다는 것뿐입니다. 그리고 유엔사령부 대표들이 이 협상과정 동안 적어도 외교관의 기본 미덕, 즉 인내를 보여주었다는 사실은 기억될 것입니다.

결국 협상은 이루어질 수 있었고, 더 이상 순수한 군사적 문제가 아니라 장군들의 기술적 역량의 문제이면서 유엔이 의사표명을 할 권리가 있는 정치적, 법적, 도덕적 국면을 나타내는 단 한 가지 문제, 즉 포로교환 문제를 제외하고는 자세한 사항을 포함한 휴전협정서도 작성될 수 있었습니다.

위원회의 모든 회원들은 여전히 진행 중인 논쟁의 성격을 알고 있습니다. 프랑스가 여러분에게 제안되었던 결의 계획안에 공동 서명한 21개국 중의 하나라는 사실 한 가지만으로도 이 에 관해 연합국 협상 당사자들이 정한 원칙에 프랑스가 동의한다는 것은 더 말할 나위도 없는 것입니다.

이런 입장의 합법성은 본 위원회 회원들 대다수에게 깊은 감동을 준 논거와 표현으로 애치슨 장관께서 지지해주셨습니다. 장관께서는 모든 포로들의 송환에 대한 절대적 권리를 의무로 바꾸어 그들의 의지에 반하여 송환시키려고 무력과 폭력을 사용하는 것은 제네바 협정의 목적과 중요성을 벗어나는 것임을 강력하게 보여주셨습니다. 모든 협정은 상식적으로 원칙에 근거하여 해석되어야 합니다. 저는 그 참가자들이 인권을 존중하고 보호하려는 배려에 고취되어 참여했는지를 알아보기 위해 1949년 제네바 외교회담 심의를 매우 가까이서 지켜보았습니다. 그들이 예방하고자 했던 것이 바로 전쟁의 중단을 넘어 바로 포로 점유의 남용인지를 지켜보기 위함이기도 했습니다. 1940년 독일이 내 나라 프랑스를 희생시키면서 본을 보였고 불행히도 몇 나라들이 그것을 답습하기도 했습니다. 포로의 이익을 우선하는 이 원칙에 따르면, 포로에게 해가 되는 확대 해석을 내놓을 수는 없는 일입니다. 송환은 대부분의 경우에 지금까지 이루어지고 적어도 과거에 이루어져 왔던 규정입니다. 국가적 전쟁이 이념전쟁을 겸하지 않고 국가 간의 분쟁이 내전의 성격을 띠지 않은 모든 역사의 시간동안 포로병이 자신의 국가 복귀에 있어 망명을 선호하는 정당한 이유를 가지는 것은 생각할 수도 없는 일이었습니다. 반면 포로를 점유한 국가가 승리를 거두었다면 포로를 무기한 자신의 진영에 억류할 권리를 남용하는 것은 금지되지 않았습니다. 제네바 협정의 서명자들이 염두에 두었던 것이 바로 이 악습의 방지인데, 소련이 자국의 명예를 걸고 1919년에서 1924년 사이 15개에서 20개의 협정에 가입하고 전쟁의 절정기에 소련이 부인할 수 없는 이 보증에도 불구하고 나치 포로들에게 그 특권을 확대했던 이 자유송환의 조항을 규탄하길 원했다고 가정하면 이것은 상식과 진실에 반하는 일이 될 것입니다. 그런데 오늘날 중공·북한 협상 당사자들은 이 원칙에 동의하기를 거부하는 것입니다.

　정전 즉시 모든 포로 송환은 일반적인 규정으로 남아야 하고, 포로가 자신을 억류한 국가에 남을 권리는 예외적으로 심사숙고해야 할 것입니다. 이 권리의 실행은 그것을 원하는 모두에게 무차별하게 인정될 수 없으며 그것을 요청하는 자들이 내놓는 이유는 경우마다 깊은 심사의 대상이 되어야 한다는 말입니다. 포로가 속한 출신 국가의 현 상황과 복귀 시 포로가 노출될 위험, 그 결정을 정당화하는 동기의 정당성과 진실성에 비추어 그 이유가 검토되어야 할 것입니다. 물론 개인적 사정이나 선호도에 의한 단순한 이유는 규정 위반을 정당화할 수 없을 것입니다. 억류자의 힘에 의해 포로에 가해지는 압력의 부재 또한 인정되어야 할 것입니다. 그렇지 않으면 모든 군대에게 탈영을 장려하는 결과를 가져오게 될 것입니다. 어떤 군 당국도 이러한 전례의 탄생을 도와서는 안 될 것입니다.

많은 보고서에서 이렇게 일어난 문제들은 양심적 병역거부자의 경우, 즉 개인적 철학적 종교적 확신에 따라 제복을 입고 무기를 드는 것을 거부하는 개인들의 경우가 일으키는 문제에 가깝습니다. 앵글로색슨 국가에서는 법적 규정이 정해져 있습니다. 이 점에 있어 저는 우리나라를 시작으로 모든 나라들이 여기에서 착상을 얻어 국가적 의무의 요구와 개인의 존중을 타협을 위해 노력하기를 희망합니다. 병역의무 면제는 그들의 진실성, 그들 확신의 절박함에 대한 어떤 의심의 여지가 없어야 하는 길고 심오한 조사를 거쳐야만 부여되는 예외적인 규약입니다. 고칠 것은 고치고, 책임당국이 억류 국가에 남도록 허락된 포로들과 본국에 현존하는 규범을 적용해 송환될 포로들을 구분하는 과정에서 생각해야 할 참작 상황들입니다.

제가 이 문제의 법률적, 도덕적 측면까지 약간 확대한 것은 제가 언급한 원칙들이 유엔사령부에 의해 전체적으로 존중된 것으로 보이기 때문입니다. 우리에게 제출된 자료에 의하면 자유가 보장되는 조건 내에서 포로들에게 선택을 제안했고, 처음에는 그들을 송환 후 그들을 기다리고 있는 운명을 걱정하는 포로들을 안심시키기 위해, 그리고 그들에게 약속된 보장이 직접 그리고 완전히 그들의 의식에 전달되도록 연합군 당국과 중공-북한 사령부 사이에 일종의 협력이 이루어졌습니다. 그러므로 이 중 대부분의 경우 그들의 선택은 사정을 잘 아는 상태에서 이루어졌으며, 힘으로 이기기에는 그들을 결심시킨 이유들이 너무 강했던 것으로 보입니다. 중공과 북한 당국은 물론 이 경우의 개인들 각각을 확인하고 그들의 자국민이 본국으로 돌아가도록 설득할 수 있어야 한다고 요구할 권리가 있습니다. 그러나 이 가능성은 유엔사령부가 그들에게 제출한 마지막 제안 하나하나가 다양한 형태로 열어주고 있습니다. 그리고 우리는 비신스키 소련장관이 겨울 연설에서 이런 제안을 전혀 내비치지 않았던 것을 유감으로 생각하는 바입니다. 불행히도 이 제안들은 지금까지 통째로 거부되었고, 절충안을 찾고 건설적인 협상안을 찾기보다 중공-북한 사령부는 모든 포로들의 전적, 강제적 송환의 절대 원칙을 고집하면서 새로운 양보로 제시하는 것들은 같은 원칙의 잘못 감춰진 양상을 보여줄 뿐입니다.

이 원칙은 그 필연적인 가혹함 때문에 유엔의 이름으로 말하는 사람들은 그것을 인정할 수가 없고, 유엔사령부는 상대의 부정적인 태도로, 협상을 임시중단하면서 생성된 사면초가 상태를 인정하고 확실히 지혜롭게 대응했습니다. 유엔사령부가 이전의 수많은 실망에도 불구하고 적이 협상을 재개하기 위해 새롭게 제시하는 사안들에 대해 거부하지 않고 역시 지혜롭게 대처할 것이라고 생각할 수 있으므로, 이 사면초가 상태를 벗어날 수 있도록 하는 새로운 요소를 포함하고 있는지를 알아보는 것도 중요합니다.

우리의 노력은 이러한 출구를 모색하기 위해 꾸준히 이루어져야 하고, 유엔의 모든 대표단들이 그것을 위해 협조를 해야 하기 때문입니다. 우리가 언급한 원칙들을 존중하고 다른 방책을 정한다는 차원에서 다른 양상도 가능할 것이며 이를 추구하여 우리의 지성과 창의력과 감성의 모든 방편을 다 바쳐야 합니다. 어떤 대표단은 이미 우리에게 모범을 보였습니다. 멕시코 정부가 유엔사령부에게 전달한 제안을 통해 길을 열었고 그에 대해 프랑스 정부는 즉각 관심을 표명했습니다. 페루 대표께서 총회에서 한 훌륭한 연설에서 그는 멕시코 발의의 원칙에 동의하면서 그 가능성을 확대하기 위한 매우 흥미로운 제안을 제시했습니다. 본국 송환을 거부하는 포로들을 유엔기구의 보호 아래 둘 수 있는 가능성은 신중하게 검토할 가치가 있습니다. 심각한 이념의 동기가 망명 소환을 선호하게 한다면 이 포로들에 대한 정치적 망명자 자격 인정은 특히 유엔기구가 그들에게 거기서 유래하는, 그리고 보편적으로 만민법에 의해 인정되는 신분을 보장할 수 있게 할 수 있는 것입니다. 모두를 위해 명예로운 해결을 위한 다른 방도들도 당연히 모색될 수 있으며 탐구되어야 합니다. 우리는 모두가 여기에 전념해야 하고, 특히 지리적, 역사적, 문화적으로 중공과 북한 국민들에게 가까운, 따라서 그들의 지도자들의 관점을 가장 잘 이해하고 우리의 견해를 밝혀줄 수 있으며 특혜나 사람의 명예를 문제 삼지 않고 우리가 안고 있는 난관의 인간적이고 공정한 해결에 기초가 될 수 있는 방안을 찾아낼 수 있는 위치에 있는 국가들의 대표들에게 호소합니다. 그리고 또한 이번만은 논쟁의 관심에서 벗어나 이 문제에 대한 실질적이고 건설적인 답안을 모색하는 데 동참하고 8년 전 소련이 우리의 공동 승리의 명분에 도움을 주었던 것과 같은 도움을 평화의 명분에 주기를 우리 모두가 기대하고 있는 소련 대표단에게도 호소합니다.

비신스키 장관의 최근 연설이 우리들 중 많은 이들에게 준 실망에도 불구하고 이렇게 호소하는 바입니다. 지금까지 대부분을 차지했던 역사적 논쟁에 지체하지 않겠습니다. 우리는 현재 과거의 사건에 대해 무익하게 토론하는 것보다 미래를 향해 나아가는 것이 우리가 할 수 있는 최상입니다. 비신스키 장관이 포로 송환에 관한 소련의 입장을 밝힌 보고에 대해 그에게 가장 명료하고 짧게 다음과 같은 질문을 하고자 합니다. 이 자리에 계시지 않지만 우리를 갈라놓고 있는 물리적 정신적 거리 너머로 저의 질문을 들을 수 있길 바랍니다.

비신스키 장관님, 제가 장관님의 발언을 이해하기로는, 포로 송환의 의무는 관례라고 말씀하셨습니다. 이 점에 대해 우리 모두는 동의합니다. 그리고 장관께서는 이 규범은 거기에 더해진 예외와 함께 인정되었다고 덧붙이셨습니다. 이것 역시 우리도 인정합니다.

이어 이 예외들은 외부 요소에 의한 것일 수 있다고 설명하셨고 그것은 역사적 상황에서 이 예외의 정당성을 찾아야 할 것이라고 하셨습니다. 이 예외들에 관해서는 소련이 일정한 수의 협정에 서명도 했던 사안입니다. 이러한 설명은 완벽히 정당한 것입니다. 그렇다면 저는 이것을 묻고 싶습니다.

현재 우리가 처한 상황이 1919년 소련이 놓였던 상황만큼이나 보통상황과는 다른, 소련이 이 당시에 찬성했던 예외와 비슷한 예외들을 전쟁포로 강제송환의 원칙에 적용하는 것이 정당화될 수 있는, 결국 비슷한 상황이 아닌지 우리와 함께 검토할 용의가 있으십니까?

포로 송환에 관한 절대권은 휴전협정에서 모든 전례에 부합하면서 인정되고 등록될 것입니다. 그러나 예외적 조항은 이에 관해 청원을 표명하는 자들을 위해 이 송환을 거부할 수 있는 가능성도 마련해두고 있습니다. 이 청원을 통해 그들을 현재 억류하고 있는 당국이 참석하지 않은 자리에서 따라서 모든 외부적 억압을 피하고 그들의 본국 사람들이 포함되어 있는 위원회 앞에서만 그들의 결정을 표명할 수 있는 그들은 중립적 영토 또는 중립화된 영토로 이송될 곳을 말할 수 있습니다.

이러한 절차는 실제로 유지해야 할 원칙을 보존하게 할 것입니다. 그 적용에 있어 이 절차는 장관께서 직접 인정하신, 몇몇 상황이 정당화할 수 있고 우리의 눈에 인격 존중이 요구되는 예외들을 제시하게 될 것입니다. 모든 것을 고려하여 이러한 상황들은 소련이 10월 혁명 직후에 직면했던 상황과 모든 면에서 그리 다르지 않습니다. 우리는 순전히 내전도 아니고 국가전도 아닌 상반된 이념이 대치하는 갈등의 상황에 처해 있습니다. 즉시 이 제안을 수락하라고 하는 것이 아니라, 장관님의 이전 의견을 번복하지 않고 거기에 대해 검토하고 숙고해 볼 수 있다고 생각하시는지 알아보기 위해 제가 드리는 질문에 가부(可否)로 대답하실 수 있습니다.

비신스키 장관님, 앞으로도 고통받는 이 한국에 평화와 통일이 되돌려지기 전까지 우리 앞에 일어날 모든 난관의 해결이 당신의 대답에 달려 있는 것은 아닙니다. 그러나 당신의 대답은 전쟁의 모든 재난이 덮친 한국의 수백만 사람들에게, 그리고 전 세계에서 그들의 고통과 운명에 연대의식을 느끼는 모든 이들에게 희망을 줄 수도 있고 아닐 수도 있는 것입니다.

【325】 슈만 단장과 변 남한대표의 회담 보고서(1952.11.14)

[보 고 서]	슈만 단장과 변 남한대표의 회담 보고서
[문 서 번 호]	1632 SC
[발 신 일]	1952년 11월 14일
[수 신 일]	미상
[발신지 및 발신자]	뉴욕/미상
[수신지 및 수신자]	파리/로베르 슈만(프랑스 외무부장관)

발송 명세서

서류명칭	수	소견
한국에 관하여 슈만 단장과 변 남한대표의 회담 보고서(1952년 11월 14일, 뉴욕)	1	참고용

슈만 단장과 변 남한대표의 회담 보고서

(1952년 11월 14일, 뉴욕)

슈만 단장은 11월 14일 변영태[1] 대한민국 외무장관과 회담을 가졌습니다. 변 장관은 한국에서의 프랑스 전투부대의 활약에 대한 자국 정부의 감사의 메시지를 전했습니다. 그는 프랑스 부대가 한국군과 긴밀히 활동하고 있다고 강조했습니다. 슈만 단장은 이 메시지를 자신의 정부에 전달하겠노라고 대답했습니다.

이어 변 장관은 한국의 유엔 가입 문제를 언급했습니다. 그는 소련의 거부가

---

[1] 변영태(卞榮泰, 1892-1969). 외무부장관(1951-1955), 1953년부터 국무총리 겸임.

자국의 유엔 접근을 아직은 오랫동안 막을 것이라는 것을 알고 있습니다. 그러나 그는 이 문제가 지속적으로 유엔 앞까지 전달되기를 희망하고 한국 정부를 지지하기 위한 프랑스 정부의 도움을 요청했습니다. 슈만 단장은 변 장관에게 프랑스 정부의 지지를 약속했습니다.

뒤이어 한국 장관은 제1위원회에서 인도 대표단이 제안한 안건을 언급했습니다. 자신의 견해로는 포로들을 중립국에 이송하는 것은 공산주의자들이 북한으로 돌아가고 싶어 하지 않는 반공산주의자들에게 물리적 정신적 압박을 가할 것이기 때문에 이미 진행된 분류작업을 문제 삼을 것이라고 했습니다.

슈만 단장은 한국 장관에게 프랑스 대표단은 인도의 안건에서 제기된 문제에 관해 완전히 자유권을 가지고 있다고 설명하고, 책임을 맡게 된 오프노 프랑스 대표에게 변 장관의 견해를 전달하겠다고 약속했습니다.

【326】한국에 관한 소련의 제안(1952.11.28)

[보　고　서]	한국에 관한 소련의 제안
[문 서 번 호]	247 SC
[발　신　일]	1952년 11월 28일
[수　신　일]	미상
[발신지 및 발신자]	파리/회의사무국
[수신지 및 수신자]	파리/로베르 슈만(프랑스 외무부장관)

장관 보고서

　소련대표단은 이달 25일 추가 정치위원회에서 자신들이 이미 2주 전에 제출했던 한국문제 해결에 관한 결의안을 소개했습니다.

　이 결의안의 초기 작성문서를 참고자료로 동봉합니다. 결의안에는 한국문제 해결을 위한 11개 국가(미국, 프랑스, 영국, 소련, 중공, 인도, 미얀마, 스위스, 체코슬로바키아, 조선민주주의인민공화국과 남한)로 구성되는 위원회의 감시 아래서 한국인 스스로에 의해 통일이 되도록 하는 방향으로 가야한다고 제한하고 있습니다. 이 위원회는 특히 쌍방 모든 전쟁포로의 송환에 협력해야 한다고 일부러 더 강렬하게 촉구하고 있습니다.

　판문점 협상 당사자들이 이미 찬성한 휴전협정안의 제안과 비교할 때, 소련 결의안은 요컨대 휴전이 조인되기 전에 휴전협정안 제60항에 적용되는 정치적 회담을 소집하고 현재 휴전조인에 유일한 장애물인 포로문제는 접어두자는 말입니다. 게다가 앞서의 제60항이 그 구성은 정하지 않았지만 언급한 정치 회담은 소련의 견해와 같은 개념입니다.

　그동안 이달 22일자 제242호 장관 보고서를 통해 장단점이 분석되었던 인도 결의안이 총회에 제출되었습니다. 비신스키 소련 외무장관은 그 안을 거부하면서도 아래 동봉하는(별첨 2) 추기(追記)를 위해 자신의 논리에 유리한 것은 뽑아내려 여념이 없었습니다. 실제로 소련 결의 안 제1항이 되는 이 추기는 정전이 즉각 이루어져야 한다고 명기하고 있습니다. 비신스키 씨는 선동의 차원에서 자신의 첫 번째 주장과 포로송환에 대한 동의가 이루어지고 난 후에야 실행에 들어가기로 한 인도의 제안에 덧붙인 것입니다.

게다가 소련결의안에는 11개국위원회의 결정은 3분의 2 다수결로 이루어져야 할 것이라고 명시하고 있습니다. 상기 위원단 구성을 검토하는 데 이러한 조건은 어떤 방향으로든 실행하기 불가능해 보입니다.

사실, 이 11개국을 참조하면, 4개국이 서양 진영에 속하고, 4개국은 소련 진영에, 나머지 3개국(인도, 미얀마, 스위스)은 중립국으로 간주될 수 있습니다. 그러므로 양 진영 이쪽이든 저쪽이든 중립국 3개국의 협조만으로 필요한 8표를 얻기란 불가능한 일입니다. 이것은 모든 결정에 만장일치를 요구하는 것이나 마찬가지이며 실제로 거부권을 창시하는 것과 같은 것입니다. 그리고 정전이 실행에 들어간 이후 같은 문제가 여전히 남을 것이라고 해도 과언이 아닙니다.

【326-1】 별첨 1—소비에트 사회주의 연방: 결의 계획안

소비에트 사회주의 연방 결의안

1952년 11월 11일

국제연합 한국통일부흥위원회의 보고서를 검토한 총회는,

한국전쟁에 직접 연루된 국가뿐 아니라 관여하지 않은 다른 국가들도 참여하는, 한국문제의 평화적 해결을 위한 위원회를 설립하는 것이 필수불가결한 일이라고 판단한다. 이 위원회는 미국, 영국, 프랑스, 소련, 중공, 인도, 미얀마, 스위스, 체코슬로바키아, 조선민주인민공화국과 남한으로 구성될 것이다.

그리고 상기 위원회의 감시 아래 한국인들 스스로에 의해 통일이 이루어지는 방향으로 한국문제해결을 위한 즉각적 대책을 세우도록 앞서 언급된 위원회에게 책임을 부여한다. 이 대책 에는 위원회가 전쟁포로의 송환에 양측의 완전한 협력이 제공되도록 하는 방안도 포함된다.[1]

---

[1] 38선 이북지역에 대해서는 한국전쟁 발발 후인 1950년 10월 7일 유엔한국위원회를 대신하여 조직된 유엔한국통일부흥위원회(UNCURK)가 통제권을 갖게 되었음. 이때는 소련 대표가 유엔에 복귀한 다음이었지만, UNCURK는 안전보장이사회가 아닌 유엔총회의 결의에 따라 구성되었음.

【326-2】 별첨 2—소비에트 사회주의 연방: 소련 대표단의 결의 계획안 추기(追記)

1952년 11월 25일

소련대표단이 재검토한 결의안의 제1항으로서 다음의 본문을 추가한다.

"한국의 교전당사국들에게 즉시 그리고 완전히 전쟁을 중단할 것, 즉 교전
당사국들이 이미 동의한 휴전협정 계획에 따르면서, 소련 결의안에 제시된
한국문제의 평화적 해결을 위한 위원회의 검토에 포로들의 완전한 송환 문제
를 넘기고, 이 위원회에서 회원의 3분의 2 다수결로 문제가 해결되는 것으로
하며, 육해공의 모든 전쟁작전을 중단할 것을 촉구하는 것은 필수적이라 판
단된다."

다음 행은 "설립하는 것이"로 시작된다.

【327】 한국문제: 인도 결의안에 제1위원회의 투표(1952.12.2)

[보 고 서]	한국문제: 인도 결의안에 제1위원회의 투표
[문 서 번 호]	250 SC
[발 신 일]	1952년 12월 2일
[수 신 일]	미상
[발신지 및 발신자]	파리/회의사무국
[수신지 및 수신자]	파리/로베르 슈만(프랑스 외무부장관)

장관 보고서

유엔 정치위원회는 어제 레바논 대표단이 불참한 가운데 찬성 53표, 반대 5표 (소련 진영) 그리고 기권 1표(중국)로 한국문제 관련 인도 결의안 전체를 채택 하였습니다. 즉 이 결의안은 물론 소련과 그 속국들을 제외한 회원국들의 거의 만장일치를 얻어낸 것입니다. 유엔에서는 드문 이러한 결과는 약간의 설명을 필요로 합니다.

인도 결의안은, 11월 22일자 제242호 장관보고서에서 그 장단점이 분석되었 던 초기 결의계획안에서 두 번의 재검토를 거쳐 나온 결과입니다. 인도대표 메 논[1] 씨의 초기 문건 위에 이루어진 수정은 주로 미국 대표단이 이 인도 대표에 게 제시한 제안들의 결과였습니다.

애치슨 국무장관은 실제로 다음과 같은 노력을 하였습니다.

　　1. 포로송환 위원단을 4명이 아닌 5명으로 늘려, 보충될 위원은 처음 4명의

---

[1] V. K. K. 메논(Vengalil Krishnan Krishna Menon, 1897-1974). 인도 최초의 고등판무관, 유엔총회 인도대표(1946), 유엔 주재 차석 대표(1952) 역임. 유엔에서 한국전쟁 휴전 문제 조정을 알선하 고 네루의 특사로 동서 냉전 완화를 위해 일함.

회원 사이에서 선택에 대한 대립이 생길 경우 단장이자 중재 역할을 할 사람으로 총회에서 지명되어야 한다는 것을 명시하게 합니다.

2. 어떤 포로도 자신의 의지에 반하여 자신의 본국으로 돌아가게 강요되지 않는다는 원칙을 선언하게 합니다.

3. 송환을 자원하는 포로와 거부하는 포로를 정하는 최종 분류 날짜를 앞당기게 합니다.

메논 씨는 요컨대 이 결과를 위해 제안된 수정안에 동의했다고 말할 수 있습니다.

특히 총회가 신임을 표명한 아래 동봉한 본문의 제17조항과 마지막 조항을 참조하자면, 이 조항은 명시적으로 말하지 않지만 자유송환 원칙을 인정하고 있습니다. 왜냐하면 휴전협정안에 제시된 정치회담에서 30일 내에 협상에 이르지 못하면 본국송환을 거부하는 포로들의 운명은 유엔으로 넘겨질 것이기 때문입니다. 따라서 최초의 인도 계획안에 대해 있을 수 있었던 비판. 즉 이 부분에 있었던 아무런 해결책을 제시하거나 가져오지 못한다는 비판이 사라지게 됩니다(처음 계획안은 사실 이에 관해 어떤 동의도 이루어질 수 없는 것처럼 보이는 정치회담에 맡기는 데 그쳤습니다).

미국의 요구사항에 친절하게 귀를 기울인 메논 씨는 반면 몇몇 대표단으로부터는 서양의 취향에 맞추기 위해 초기 결의안을 변질시켰다는 비난을 감수해야 했습니다. 그에게 비난이 있었지만 단지 공산주의 대표들로부터였습니다. 어제 이루어진 표결 결과는 주목할 만한 것 이상입니다.

이러한 결과는 그 전에 있었던 연속 표결에 연루된 것입니다. 이 과정에서 인도 원안에 소련의 수차례 수정이 대다수에게 거부당했습니다. 이 수정안은 실제로 인도 결의안을 오로지 소련 결의안으로 대체하려는 것이나 마찬가지였습니다(지난 11월 28일 장관 보고서 제247호).

총회가 일단 정치위원단의 투표를 인정하고 나면 인도 결의안 조항들은 유엔의 이름으로 북한과 중공 정부에 제시될 것입니다. 따라서 지난 9월 말에 미국 협상 당사자들에 의해 판문점에서 이루어진 "마지막" 제안을 이 조항들이 대체하게 될 것입니다.

상기 조항들은 내용면에서는 9월의 제안과 크게 다르지 않음은 분명합니다. 이 조항들이 제시하는 유일한 변화는 사전 심문을 거친 모든 포로들은 그들을 억류하고 있는 당국에 의해 석방되고 국제송환위원회에 회부된다는 것입니다. 단지 절차의 문제인 셈입니다.

유엔총회 / 영문 불어 번역

7차 총회
제1위원회
의제 16 a)

유엔한국통일부흥위원회의 보고서
인도결의안(2차 검토)

유엔총회는,

1952년 10월 18일자 유엔사령부의 "한국전쟁과 휴전협정의 현 상황"에 관한 특별보고서와 한국 관련 다른 보고들을 받은,

판문점 협상 덕분에 휴전의 길에서 이루어진 놀라운 진전과, 한국에서의 적대행위 중단과 한국문제 해결을 위한 동의안을 평가하고 승인한,

아직 미결상태의 단 한 가지 문제에 대한 양측 간의 의견대립이 휴전체결을 방해하고 있다는 사실과 아직 보류 중인 이 문제가 해결될 수 있다는 원칙을 토대로 전체적으로 이미 동의가 이루어졌다는 사실을 더불어 인정하는,

적대행위 지속의 결과로 계속 발생하고 있는 막대한 인명손실, 전쟁의 황폐화, 그리고 엄청난 고통을 마음속에 간직하는,

적대행위의 중단을 하루빨리 이끌어야 할 필요성과 한국문제의 평화적 해결의 필요성을 깊이 인식하는,

휴전협정안의 제60조항에 예정된 정치회담의 소집을 서두르고 촉진하기를 희망하는,

전쟁포로의 석방과 송환은 1949년 8월 12일 "전쟁포로 대우에 관한 제네바

협정"의 조항, 국제법에 따라 성립된 원칙과 관례, 그리고 휴전협정안의 직접 관련된 조항에 따라 이루어져야 한다는 것을 단언하고,

그들의 본국 복귀를 방해하거나 보장하기 위해 전쟁포로들에게 무력행사가 이루어져서는 안 되며, 모든 상황에서 이들은 관대하게, 제네바 협정의 관련 조항에 따라, 그리고 이 협정의 보편적 정신으로 대우받아야 한다는 것을 단언하며,

따라서 총회 의장에게 공평하고 합리적인 합의의 기초로서의 다음의 제안들을 중화인민공화국 정부와 북한 당국에 전달하면서 이 제안들을 수락하도록 권유하기를 간청하고, 총회에서 본 회의 중 기회가 되는 대로 보고해 주기를 간청한다.

제안 사항

1. 모든 전쟁 포로들의 본국 복귀를 용이하게 하기 위해 체코슬로바키아, 폴란드, 스웨덴, 그리고 스위스, 즉 휴전협정안의 37 조에 적용되는 중립국감시위원회를 구성하기 위해 공동합의로 지명된 적대행위에 참여하지 않은 4개국의 대표들로 구성된 송환위원회를 설립한다. 각 진영이 2개국씩 지명하고, 안보리 상임이사국의 대표는 이 위원회에 참여할 수 없다.

2. 전쟁포로의 석방과 송환은 1949년 8월 12일 "전쟁포로 대우에 관한 제네바 협정"의 조항, 국제법에 따라 성립된 원칙과 관례, 그리고 휴전협정안의 직접 관련된 조항에 따라 이루어져야 한다.

3. 그들의 본국 복귀를 방해하거나 보장하기 위해 전쟁포로들에게 무력행사가 이루어져서는 안 된다. 그들의 인격에 대한 어떤 폭력행위, 그들의 존엄성 또는 자존심에 대한 어떤 모욕도 어떤 형태로든지, 어떤 목적으로든지 용납되지 않는다. 이 규정이 존중되고 있는지에 대한 감시는 송환위원회와 그 위원들이 맡게 된다. 전쟁포로들은 모든 상황에서 관대하게, 제네바 협정의 관련 조항

에 따라, 그리고 이 협정의 보편적 정신으로 대우받아야 한다.

4. 군의 감시와 양측 각각의 감독 하에 있는 모든 전쟁포로는 석방되고 합의된 수에 따라, 합의된 교환 장소, 합의된 무장지대에서 송환위원회에 회부된다.

5. 유엔군 최고사령관 클라크 장군에게 10월 16일 보낸 편지에서 조선인민군 최고사령관 김일성 장군이 제안한 것처럼 전쟁포로의 분류는 그들의 국적과 거주지에 따라 즉시 실행된다.

6. 분류 이후, 전쟁포로들은 즉시 본국으로 복귀할 자유가 있고, 양측 관련 당국은 가장 빠른 기한 내에 그들의 복귀를 돕는다.

7. 송환위원회가 이러한 목적으로 정한 조항에 따라, 각 분쟁 당국은 자국 소속 전쟁포로에게 그들의 권리가 무엇인지를 설명하고, 본국으로 복귀에 관련된 모든 정보, 특히 할 경우 모든 정보 할 자유와 능력이 있으며, 본국으로 복귀할 경우 모든 정보, 특히 송환될 수 있는 전적인 자유를 알려줄 수 있다.

8. 양측의 적십자회는 송환위원회의 일을 돕고, 휴전협정안 조항에 따라 전쟁포로들이 송환위원회 임시재판소로 있을 수 있도록 도울 것이다.

9. 전쟁포로들은 송환위원회와 기구, 기관들에 이 기구들 또는 그중 하나에, 위원회가 이 목적을 위해 택할 조항들에 따라, 그들과 관련된 모든 문제에 대해 그들의 희망하는 바를 제출하고 소통할 자유와 알릴 자유가 있다.

10. 상기 3조항에도 불구하고 본 송환협정의 어떤 조항도 송환위원회(또는 권한이 주어진 대표)의 임시재판소에 속한 포로들을 감시하는 그들의 합법적 지위와 책임을 행사할 권리를 해치는 것으로 해석되지 않는다.

11. 본 송환 협정의 사항과 이 협정의 적용 사항은 모든 전쟁포로들이 알도록 한다.

12. 송환위원회는 스스로의 기능과 임무를 다하기 위해 합법적으로 필요한 원조를 제공할 것을, 위원회의 결정에 따라, 분쟁 중인 양측에, 그들이 속한 정부에, 그리고 유엔 회원국에 요청할 자격이 있다.

13. 양측이 본 제안들을 기초로 어떠한 송환 합의를 체결하게 될 때, 송환위원회는 상기 합의를 해석할 권한을 지닌다. 위원회 내에서 의견대립이 생기면 과반수의 결정에 따른다. 과반수가 얻어지기 불가능한 것으로 드러나면 다음 조항의 조치들과 1945년 제네바 협정의 제132조에 따라 공동 합의로 지명된 중재자가 재결권을 갖는다.

14. 송환위원회는 그 첫 회기에 그리고 휴전이 체결되기 전에, 언제든지 위원회를 위해 준비되어있고, 다르게 협의하지 않는 한, 의장의 기능을 수행할 중재자를 선택하고 임명한다. 만약 첫 회기 이후 3주 안에 위원회가 중재자 지목에 합의하지 못하면 이 문제는 총회에 부쳐진다.

15. 송환위원회는 또한 휴전 후 공무원들이 감시단 또는 위원회에 의해 기능이 대리되거나 맡겨질 다른 기구들에, 또는 모든 전쟁포로들의 본국 귀환을 서두르기 위해 휴전협정안의 조항 하에 중재자의 자격으로 소속될 수 있도록 유용한 모든 조치를 취한다.

16. 당사자들이 송환 협의에 동조하고 중재자가 위의 제14조에 따라 지명되면, 휴전협정안을 수락한 것으로 전제한다. 송환 협의에 의해 수정되지 않은 한 휴전협정안의 조항들은 적용가능하게 된다. 이 협의에서 예정된 송환대책의 실행은 휴전협정이 체결되었을 때 시작된다.

17. 휴전협정 조인 후 30일이 지나면[2] 본 제안에 기술된 절차에 따라, 또는 다른 방법으로 채택된 절차에 따라 본국으로 송환되지 않은 전쟁포로들의 거취 문제는 휴전협의안 60조항이 이에 관한, 특히 그들의 억류가 끝날 시점에 대한 정보 등 대책 권유를 동반한 소집을 예상하는 정치회담에 부쳐진다. 60일의 추가 기한이 지난 후에도 위에서 기술된 절차에 따라 본국송환이 이루어지지 않은, 또는 정치회담에 의해 그들의 거취가 해결되지 않은 전쟁포로가 있으면, 그들을 감시하고 유지하고 그들의 추후 거취에 관한 모든 초치를 취할 책임은 유엔 기구로 이송되고, 유엔은 포로들에 관한 모든 문제에 있어 국제법에 따라 엄중히 대응할 것이다.

[2] [원주] 위원회에 의해 채택된 덴마크 수정안.

【328】 총회 토론 이후 한국문제와 아이젠하워 장군의 방문(1952.12.10)

[전   보] 총회 토론 이후 한국문제와 아이젠하워 장군의 방문
[문 서 번 호] 600 AS
[발   신   일] 1952년 12월 10일
[수   신   일] 미상
[발신지 및 발신자] 도쿄/드장(주일 프랑스대사)
[수신지 및 수신자] 파리/로베르 슈만(프랑스 외무부장관)

2급 비밀

　유엔총회[1]의 토의 종결 후, 그리고 아이젠하워 장군의 짧은 전선 방문(12월 2-5일) 다음날, 한국문제는 국제정세에서 가장 염려스러운 국면 중 하나로 남아 있습니다. 현재 괌부터 하와이까지 "헬레나" 순양함 위에서도 선출된 대통령과 가장 측근 참모들 사이에 계속되는 토론의 중심에 있는 한국문제는 다음과 같은 몇 가지 사실 아래 놓여 있습니다.

　1. 휴전에 대해서는 이성적으로 더 이상 앞을 내다볼 수 있는 상황을 기대할 수는 없습니다. 워싱턴의 입장에서는 현실적으로 실망입니다. 개성과 판문점의 긴 회담 중에 미국 측의 실수와 미숙함이 있었습니다. 그러나 유엔사령부가 진심으로 휴전을 희망했다는 것은 부인할 수 없는 사실입니다. 휴전을 얻어내기 위해 유엔사령부는 많은 양보를 했습니다. 군사적으로 수락할 수 있는 한계까지 갔습니다. 많은 망설임 끝에 그토록 오랫동안 논쟁해왔던 북한 비행장 건설 문제도 대신 공산주의자들이 포로문제에 대해서는 양보하기를 기대하면서 양보

---

[1] [원주] 12월 3일 인도 제안 채택과 12월 7일 유엔총회 의장의 베이징과 평양 정부를 향한 요청.

하기로 했습니다. 유엔사령부는 4월 28일의 총괄 제안에 큰 희망을 걸었습니다. 합의에 의한 진전이 전혀 없는 상황에서 다른 방법을 시도했습니다. 회담에서의 태도를 강경하게 하고 적에 대한 군사적 압박을 높인 것입니다. 판문점 회담에서 사이를 두고 수력발전소를 포함한 북한 산업발달 가능성이 보이는 곳에는 무조건 폭격을 감행하고 해군과 공군을 동원한 해안 폭격을 강화했습니다. 해리슨 장군의 양자택일적인 3가지 "최종"제안(9월 28일)을 거부당한 후에야 유엔사령부는 회담의 최종 성공에 대해 심각하게 의심하기 시작했습니다. 반면, 유엔사령부는 인도의 제안에 대해 긍정적인 결과를 전혀 기대하지 않았습니다. 뉴델리 정부가 구상한 방안은 회담에 정말 새로운 어떤 요소도 가져다주지 못하고 논리적으로 판문점 연합국 대표단의 마지막 3가지 양자택일 제안과 비슷한 처지가 될 것이라고 보았습니다. 소련 외무장관 비신스키의 연설(11월 26일)과 베이징(11월 27일)과 평양(12월 6일)에서 나온 통신발표는 소련이 핵심적으로 한국전쟁의 연장에 관계하고 있고, 좋든 싫든 간에 그 위성국 중공과 북한은 모스크바의 지침을 따르고 있다는 것을 명백히 보여주었습니다. 이것은 인정하기 힘든 사실이지만 인정해야 합니다.

2. 1) 결실을 맺지 못한 회담 17개월 동안 한반도 대치상태의 힘의 균형은 근본적인 변화를 겪었습니다.

육군의 경우는 적에게 유리하게 흘러갔습니다.

미국 참모부에 따르면 한국에서의 공산군 병력은 1952년 12월 1일자로 1,050,000명에 이르는데, 이 중 중공군이 760,000명, 북한군이 290,000명입니다. 이들은 연합군의 육해공동군과 공수부대에 의한 후방작전에 맞서기 위해 지속적으로 고심하는 적군 사령부의 조처에 따라 은밀하게 배치되어 있습니다.

북한군의 약 3분의 1(보병대 21개 사단, 포병대 5개 사단, 대전차 태세 2개 중대, 기갑부대 3개 연대, 로켓발사대 1개 사단, 북한군 3개 군단)은 지속적으로 전선에 배치되어 있습니다. 중공 보병대 32개 사단과 북한군 6개 군단이 제1과 제2예비사단으로 분배 배치되어 있고, 해안을 따라, 특히 동해안에 밀도 높은 군을 배치시켜 놓았습니다. 전투에 재빨리 투입될 수 있는 만주에 집결된 군대는 약 600,000명 정도로, 북한-만주 전투현장 총병력은 1,650,000명입니다. 적의 수적 우위는 이렇게 하여 한국에서 2대 1, 북한-만주 지역에서는 3대 1에 다다릅니다.

미 정보국이 입수한 정보에 의하면, 남쪽 지방에서 온 새로운 중공군들이 현재 만주 방향으로 향하고 있다고 합니다.

이에 비해, 유엔군 육군은 남한병력이 약간 증가한 것을 고려하면 500,000명으로 추산되며, 이 중 미군이 250,000명(7개 사단과 기관들), 대한민국국군이 200,000명(전선 배치 8개 사단, 예비사단 2개, 훈련사단 2개, 총 12개 사단과 6개 독립 연대), 20,000명이 영국군, 그리고 여러 유엔의 소집병들이 12,000명입니다.

적군과 연합군의 전투 대형은 참고자료로 동봉하는 2장의 참모부 지도에 표시되어 있습니다.

2) 적의 병력의 막대한 증가가 대적하고 있는 힘의 균형을 급변하게 한 유일한 요인은 아닙니다. 물자의 막대한 대량유입은 적의 실전능력과 성격을 완전히 변화시켰습니다.

1951년 7월 휴전협정이 시작될 무렵, 휴대용 병기와 박격포만으로 무장되었던 군대가 가장 현대화된 장비와 설비를 갖춘 놀라운 군대로 대체되었습니다.

특히 공산군 포병대는 최근 몇 개월 사이에 많은 향상을 이루어, 소유한 대포의 수, 화력과 포탄의 풍부한 보유로 무시무시한 저력을 드러내고 있습니다. 보병대의 직접 지원을 받는 대포 또는 중박격포가 약 천대 가량으로 추산됩니다. 중공-북한군은 한반도 내에 총 약 3,000대 정도의 포를 배치하고 있습니다. 전문가들은 현재 중공 포병대가 사용하는 방법과 지난 세계대전 동안 소련 포병대가 사용했던 방식의 유사함에 충격을 받고 있습니다. 그들은 특히 특정한 목표물에 수 시간 동안 실시하는 집중 포격 방식을 식별해냅니다. 소련 훈련교관들이 연합군 공군 손실의 대부분을 야기한 방어제공 작전2)의 포병대를 훈련시

---

2) Defensive Counter Air(Défense contre les aéronefs). 영공을 침투하거나 아군에 대하여 공격을 시도하는 적 공군력을 탐지, 식별, 요격 및 격파하는 작전.

킨 것은 역시 명백합니다.

그럼에도 불구하고 포병대 분야에서 연합군은 명백한 우위를 유지하고 있습니다. 그것은 그들 장비의 통일성(105㎜, 155㎜, 203㎜ 크기의 포), 상위 구경의 사용,[3] 실질적으로 제한된 탄약 보급, 사격 조준을 위한 정찰기의 사용에 기인한 것입니다. 적군은 사실 전선 지역에서는 많은 탄약을 보유하고 있기 때문에, 연합군이 금지폭격으로 기대하던 결과를 내지 못했습니다. 연합군 포병대가 세운 기록(120,000문)에서 그리 멀지않은, 하루에 90,000문까지 발사할 수 있었습니다. 그러나 유엔사령부는 연합군 공군에 의해 타격을 받은 적군은 대규모 공격에 필요한 만큼 제때에 쓸 수 있는 탄약 보유고가 많지 않을 것으로 보고 있습니다.

연합군 역시 탱크 부분에서 상당히 우위를 유지하고 있습니다. 연합군은 약 1,500대의 탱크를 배치하고 있는데, 그중 많은 부분이 "패튼"입니다. 적은 소련제 탱크 "T-34" 약 500대와 자동 대포 150문을 보유하고 있는 것으로 보입니다. 이 중 3분의 1이 전선에서 사용되고 대부분은 연안 방어 태세에 분배되어 있습니다.

휴전협정 시작 이후 나타난 적의 공군은 MIG-15기의 우수한 성능과 미군기 "F-80"과 "F-84"를 뛰어넘는 기술적 탁월함 덕분에 빠른 시간 내에 비약적 발전을 이루었고, 한동안 미국 공군의 우월성에 심각하게 이의를 제기할 수 있는 수준이 되었습니다. 부분적으로 캐나다에서 들여온 "F-86"기가 대량 도착하여 상황을 회복할 수가 있었고, 이어 미국에서 더 많은 전투기가 들어오는 바람에 상황을 공고히 할 수 있었습니다. 몇 달 전 공산 측 공군은 청천강 유역에서 공군기지를 세우려 시도했었습니다. 거기서 포기한 후 압록강 북쪽에 기지를 정했습니다. 현재 적의 공군은 1천여 대의 MIG기를 포함한 전투기 1,800기를 보유하고 있지만, 전선지역에는 파견하지 않고 평양 남쪽에는 모험을 하지 않고 있습니다. 만주 국경 가까운 곳(그 유명한 "MIG 통로")에서 요격기 간의 격렬한 전투가 이루어지고 있습니다. 지금까지는 조종사의 뛰어난 훈련과 조준,

---

3) [원주] 적의 가장 큰 구경은 120㎜의 박격포이다.

사격 배치의 우월한 자질 덕분에 미국 공군이 명백히 유리한 전투를 벌이고 있습니다. 이러한 접전은 적의 조종사들에게는 역력히 사격 훈련의 계기가 되고 있습니다. 그러나 적의 공군들은 그들의 훈련에 매우 비싼 값을 치르고 있습니다.

3) 포병대의 위력, 포병과 공군 사이의 훌륭한 협력 덕분에, 전선 위의 상공뿐 아니라 한국 영토 전체의 상공에 대한 완벽한 제공력 덕분에, 그리고 한반도 주변의 해상에 대한 완벽한 점거 덕분에, 유엔군은 지금까지 중공-북한 지형의 기복이 심한 경관 때문에 바로 보병이 결정적 역할을 하게 된 나라에서 보병대의 막대한 우위를 벌충할 수 있었습니다.

대치상태의 군대들은 한국의 낮은 산들이 제공하는 훌륭한 자연 방어진지를 견고하게 조직하여 군사분계선 양쪽으로 은밀히 방어진지를 구축하고 있어 전쟁은, 서로 힘의 균형을 이루며 현재 주어진 방법으로는 어떤 결정의 가능성도 군사적 차원에서는 보이지 않는 소모전의 양상을 띠었습니다.

3. 그러나 정확히 정체상태는 아닙니다. 몇 개월 전부터 전쟁은 재개되었습니다. 전쟁은 국지전의 성격을 유지하면서도 격렬함과 상상을 초월하는 잔혹함으로 점철되었습니다. 전체적으로 이 전쟁들은 많은 인명을 앗아갔습니다. 아무것도 이 전쟁이 적의 계획 속에서 대대적 공격작전의 서곡이라는 것은 보여주지 않습니다.

몇몇 군사적 성공을 거두었을 때, 성공을 하지 못해 그랬을 수도 있지만 어쨌든 적은 그것을 악용하려 하지는 않았습니다.

반면, 적은 여러 상황에서 많은 희생이 따르는 반격을 부추겼습니다. 이 과정에서 몇몇 연대 전체가 괴멸되기도 했습니다. 공산군사령부의 핵심 목표는 중공-북한 군대 내의 대량학살에는 개의치 않고 기어이 유엔군에게 확실한 손실을 입히고, 오로지 최대한 많은 사람을 죽이겠다는 것으로 보입니다.

이것이 파로디 씨와 쾨니그[4] 장군이 참석한 최근의 한 회담(11월 28일)에서 클라크 장군이 직접 우리에게 인정한 해석입니다.

게다가 이 전략은 넓은 의미에서 적이 기대하는 결과를 가져다주고 있습니다.

9월 말, 국방부가 밝힌 전쟁 초부터 발생한 미국의 인명 피해는 118,569명이며, 이 중 전사자 18,676명, 부상자 87,239명, 실종자 12,654명에 이릅니다.

12월 5일 알려진 수치는 127,383명 중 전사자 20,004명,[5] 부상자 94,367명, 실종자 13,01명입니다.

그러니까 10월과 11월 두 달 사이의 인명 피해만 해도 8,814명, 그중 사망자 1,328명과 실종자 358명에 이르는 것입니다.

같은 기간의 공산군 인명 피해는 60,000명입니다. 그러나 이것은 그들에게 중요하지 않습니다. 무엇보다 적들에게 중요한 것은 유엔군을 서서히 누르면서 동시에 미국 여론의 신경을 건드리는 것입니다. 미국의 내부전선 또한 한국의 연합군 전선만큼 노리고 있는 것입니다. 아이젠하워는 정상적으로 아시아를 위해 싸워야 할 사람은 아시아인들이라고 선언했을 당시 그는 자국 내에 매우 확산된 감정에 굴복한 것뿐이었습니다.

4. 공화당의 승리(11월 4일)가 확실시되기 전, 그리고 아이젠하워의 한국 방문이 거론되기 전부터 미국 사령관은 여러 가지 이유로 무한정 연장될 수 없다고 보는 상황에서 탈출구를 찾으려 고심했습니다.

첫째, 미 사령관은 연합군이 1951년 여름부터 처하게 된 답보상태가 아시아 국민들에게는 무력함의 표시로 해석되었고 미국군의 명성을 심각하게 훼손한다고 간주합니다. 이 의견은 미 사령관 밴 플리트[6] 장군이 제게 표명한 것입니다. 인도대사와의 최근 대담을 통해 저는 이 의견이 아주 근거 없는 것은 아니었다

---

4) 마리-피에르 쾨니그(Marie Joseph Pierre François Kœnig, 1898-1970). 프랑스의 유명 장성 출신 정치인. 프랑스연합당(RPF) 의원(1951-1955), 사회공화당(RS)의원(1956-1958), 국방장관(1955) 등을 역임.

5) [원주] 국방부가 내놓은 수치는 재소집된 제대군인을 뺀 것이므로 실제로 미국의 인명 피해는 훨씬 더 많음. 1950년 6월부터 인명 피해는 300,000명을 넘음. 12월 1일, 적의 인명 피해는 전쟁 초부터 시작해 총 1,777,081명, 그중 포로 122,781명, 전사자 1,299,600명, 다른 이유로 인한 피해사 354,700명으로 집계됨.

6) 밴 플리트(James Award Van Fleet, 1892-1992). 한국전쟁 당시 리지웨이 장군을 이은 미군 제8군 사령관 및 유엔군 사령관(1951-1953).

는 것을 알게 되었습니다.

밴 플리트 유엔사령관은 더구나 몇 개월 전부터 초래된 눈에 띄는 인명 피해는 어떤 진전이나 군사적 상황의 개선도 없다는 것을 인정합니다.

마지막으로 그는 끝없는 자신의 피로 무한정 제자리걸음해야 하는 군사들의 사기를 지탱하기는 결국 어려울 것이라고 평가합니다.

이리하여 사령관은 다음과 같은 다양한 해결책을 검토하기에 이르렀습니다.

1) 미군의 임무를 덜어주기 위해 그는 할 수 있는 방법을 동원하여 한국군의 조직과 훈련에 박차를 가했습니다. 밴 플리트 장군은 특히 이 일에 몰두했습니다. 그는 아주 상당한 결과(훈련받은 10개 사단, 교육 중인 2개 사단, 조직 중인 2개 사단)를 얻었습니다. 필요한 시설이 배치됨에 따라 자신의 노력을 계속하고 있습니다. 한국군 현재 사단으로 편입되거나 또는 연대에 편입된 200,000여 명의 한국군 말고도 250,000여 명의 동원된 남한인 집단이 존재하는데 유엔사령부는 거기서 병력을 끌어올 수 있습니다. 그러나 남한 군대가 잠정적 공격으로 이어질 수 있는 현재의 전선(240㎞) 또는 단축된 전선(약 150㎞)에서 버틴다는 것은 솔직히 가까운 시일 내에는 가능하지 않은 일입니다. 새로운 한국군 부대들의 파견으로 미군 몇 사단이 철수하여 전술적 예비부대를 형성할 수 있기면 한다면 이미 훌륭한 결과일 것입니다.

게다가 한국군은 병력수가 몇이든 아직은 오랫동안 군수품 보급을 미국 물자 보급 원조에 전적으로 의지할 수밖에 없을 것입니다. 이러한 의존은 숫자가 늘어날수록 커질 수밖에 없을 것입니다.

2) 극동지역 미군수뇌부 역시 35,000명의 병력 제공을 항상 주장해온 장제스 군대를 사용한다는 가능성을 고려해보았습니다. 아이젠하워의 한국 방문 시 주대만 미 군사고문단장 체이스[7] 장군의 참석은 이런 점에서 특별합니다.

더구나 참모부는 중국 현역 군인 대부분이 한국이나 만주에 집결되고 새로운

[7] 윌리엄 커티스 체이스(William Curtis Chase). 대만 주둔 미군군사고문단 단장(1951-1955).

징집병들이 북으로 향하고 있는 시점에서, 미얀마 국경을 떠도는 국민당 군대를 이용하고 남쪽 해안을 따라 대만군의 유격전을 두드러지게 하면서 중국 남쪽 지방에서 교란작전을 부추기는 것이 적절하지 않을까 생각했습니다.

3) 그러나 사령부는 한국에서 전선의 밀어붙이기와 힘을 합쳐 적진의 붕괴와 한반도에서 공산군을 전멸로 몰아갈 수 있는 육해공동군과 공수부대의 대규모 전략의 가능성을 무엇보다 먼저 검토하였습니다. 저는 11월 13일자 통지문에서 이러한 방향으로 이루어지고 있는 준비에 대한 여러 상황증거를 제시하였습니다. 그 이후 저는 클라크 장군에게 그가 한국 내에서 군사적 결정이 모색될 수 있다고 보고 있는지 질문할 기회가 있었습니다. 그는 단호하게 부정했습니다. 그는 전쟁을 만주 적군의 기지, 특히 공군기지까지 확대하는 것은 필수불가결한 것으로 보고 있었습니다. 이리하여 그는 소련의 태도는 무엇일지를 생각하게 되었습니다. 그는 아직 몇 년 동안은 소련이 전면전을 고려할 수 없고, 현재 소련의 계획에서 이러한 결정을 예상하지 못했다면 미 공군의 만주 공격이 소련을 전쟁으로 끌어들이지 않을 것이라고 생각하는 쪽으로 기울었습니다.

저의 생각에는 소련이 공개적으로, 공식적으로 전쟁에 참여하지는 않으면서 중공이 홀로 미국에 점령당하는 것을 그냥 두지는 않을 것으로 보입니다. 최근 중·소 회담 때 뤼순과 다롄에 무기한으로 주둔하고자 하는 의지를 표명하고, 인도가 제안한 해결 방법을 격하게 거부한 소련에게는 북한-만주 지역이 매우 중요한 요지입니다.

현재 한국에서 일어나는 소련과 미국 간 승부의 관건은 그야말로 다름 아닌 일본을 포함한 모든 아시아의 소련 지배입니다. 군사작전이 압록강을 넘는다면 소련은 현재 중공군에게 제공하고 있는 원조를 막대하게 늘릴 것이 분명해 보입니다. 1951년 10월 중공이 동원했던 상상이 틀림없이 반복되는 것을 보게 것이고, 현실에서 붉은군대 부대들일 뿐인 소련 자원병들이 나타나는 것을 보게 될 것입니다.

4.[8]) 미국이 분명한 이유로 한국전쟁에서 빨리 빠져나오기는 불가능합니다. 군사적으로나 재정적으로 부담이 되고, 미국 여론에게는 아무런 결과도 없는 이 전쟁이 내포하는 피해와 희생과 함께 현 상황이 무기한 지속되도록 내버려 두는 것은 용납하기 어려운 일입니다. 휴전협정이 성사되지 못했고 군사적 해결책의 모색은 전쟁의 확산이라는 심각한 위험을 제기합니다. 그러나 부득이하게 미 극동사령부는 이러한 방향으로 기울 것 같습니다. 다른 한편, 소련의 목적은 다른 지역을 위해 준비된 미국의 병력과 자원을 최대한 축소시키기 위해 미국을 점점 더 깊이 한국에 연루시키는 것임이 명백해 보입니다.

이상이 도쿄에서 보는, 현재 아이젠하워 원수와 그 보좌관들의 검토에 부쳐진 상황의 주요 요소들입니다.

12월 5일 서울에서 그가 했던 매우 신중한 발표에는 그의 결정이 몰고 올 수 있는 여파에 대한 정확한 인식과 더불어 심사숙고를 한 뒤에야 결정을 내리겠다는 의지가 잘 나타나 있습니다. 그러나 이 발표를 통해 위에서 언급했던 여러 대책이나 해결책들 중 어떤 것도 완전히 배제되었다는 결론을 내릴 수는 없습니다.

유엔의 미래와 넓은 의미에서 평화의 운명은 미국 국민이 그에게 기대하고, 한 대통령이 백악관 문턱에서 내려야 하는 가장 신중한 결단에 달려 있습니다.[9])

드장

---

[8]) 원래는 5번이어야 하지만, 원문 작성자의 실수로 보임.

[9]) 휴전 분위기는 1953년에 들어서 분명해짐. 1952년 말 미국 대통령선거에서 아이젠하워가 당선되었고, 한국전쟁의 종전을 공약으로 내세웠음. 3월 소련에서는 스탈린이 사망했고, 중국 또한 혁명이 성공한지 1년도 안된 시점에 한국전쟁에 참전했기 때문에 부담이 컸음. 결국 정전협상은 휴회 6개월 만인 1953년 4월 16일 공산군 측의 요청으로 재개되었음. 재개된 지 4일 만에 병상포로가 교환되었음. 4월 26일에는 중단되었던 휴전회담이 재개되었음. 결국 양측은 귀국희망 포로는 송환하고 귀국거부 포로는 중립국 송환위원회에 인계하여 그 의사를 확인토록 함. 여기에서 결정되지 않은 포로들은 인도군이 관할하는 지역으로 이송하여 양측이 설득작업에 들어가기로 합의함. 이러한 와중에서 휴전에 반대하는 이승만이 6월 18일 반공포로들을 일방적으로 석방했음. 미국은 이러한 상황에 직면하여 이승만에게 한미상호방위조약 등대한 공약의 강화를 약속함으로써 그를 달랬음. 7월 27일 휴전협정이 조인되고 3년여에 걸친 한국전쟁은 종료됨.

피가로Le Figaro 723

▶ ㅎ

옮긴이

이지순 성균관대학교 프랑스어권문화융합연구소 소장

박규현 성균관대학교 프랑스어권문화융합연구소 책임연구원

김 영 성균관대학교 프랑스어권문화융합연구소 선임연구원